高中物理
解题方法与技巧
第2版

主编 尹雄杰 王文涛

编委（按姓氏笔画排序）

卫青山 龙玉梅 何 婧 张 勇
张凤莲 张晓顺 孟繁秋 潘 浩

中国科学技术大学出版社

内 容 简 介

本书是东北师范大学附属中学首席教师科研课题的研究成果，系统介绍了隔离法、整体法、图像法、微元法、递推法、临界法、对称法、等效法、类比法、转换法、补偿法（包括建构法）、极限法（包括极端法）、假设法、反证法、降维法、估算法（包括近似法）、模型法、量纲法、逆向法、数学方法共20种解题方法.

本书涵盖了高中物理所能用到的几乎所有的解题方法，内容的翔实和全面是本书的一大特点.对每一种解题方法都按方法概述、例题精析、思维训练和参考答案的板块模式编写，板块的联结是逻辑的联结，更是思维的联结，物理思维的贯通是本书的又一大特点.用大量的例子（特别是高考真题）总结出解题的规律和方法，例题多、例题新、解答细是本书的第三大特点.为每一种解题方法设计了思维训练的环节来平滑联结"会看"和"会做"，这是本书的第四大特点.

本书适用于高中生，对高一、高二、高三学生（尤其是准备参加强基计划校考的学生）都有很好的帮助；也可作为广大一线物理教师和物理爱好者的参考书.

图书在版编目(CIP)数据

高中物理解题方法与技巧/尹雄杰，王文涛主编. —2版. —合肥：中国科学技术大学出版社，2021.2(2022.8重印)
ISBN 978-7-312-05147-0

Ⅰ.高…　Ⅱ.① 尹… ② 王…　Ⅲ.中学物理课—高中—题解　Ⅳ.G634.75

中国版本图书馆CIP数据核字(2021)第020211号

高中物理解题方法与技巧
GAOZHONG WULI JIETI FANGFA YU JIQIAO

出版　中国科学技术大学出版社
安徽省合肥市金寨路96号，230026
http://press.ustc.edu.cn
https://zgkxjsdxcbs.tmall.com/
印刷　合肥市宏基印刷有限公司
发行　中国科学技术大学出版社
开本　787 mm×1092 mm　1/16
印张　24.75
字数　598千
版次　2017年3月第1版　2021年2月第2版
印次　2022年8月第5次印刷
定价　63.00元

第2版前言

学习物理就要解物理习题;反过来,解物理习题不一定能促进物理的学习.机械性地、生搬硬套物理公式地做习题是无济于事的,只能导致解题失败,一次次的解题失败将给学生带来多大的心理阴影可想而知.做物理习题时,只有讲究方式方法,才能有效促进物理学习.其实,物理解题方法体现出来的更深层次的内涵是思维方法,从这层意义上说学习物理时应用的解题方法是影响学生一生幸福的大事.《高中物理解题方法与技巧》一书自出版以来,广受学生、老师和物理爱好者的喜爱,多次加印,遗憾的是还有几种解题方法没有编写进去.弥补遗憾的方法只能是出版第2版,把遗漏的"量纲法""逆向法"等重要的物理解题方法加进去.

作者参加物理教学工作近四十年,不断发现总结不同的解题方法,深感虽然每一种解题方法相对独立,但是更多的是不同方法之间彼此联系、彼此印证.当以不同的视角、不同的方式、不同的切入点看待同一物理问题时,就有了不同的解题方法.因此使用不同的解题方法就是在潜移默化地培养自己的思维模式和方法,无疑,这是高中物理教学的最大魅力和作用.

东北师范大学附属中学　尹雄杰

2020年12月

前　言

本书是教育科研课题的研究成果.2012年,我承担了东北师范大学附属中学物理学科首席教师科研课题——高中物理解题方法的研究.课题组成员有尹雄杰、卫青山、王文涛、张凤莲、何靓、张晓顺、孟繁秋、张勇、潘浩等老师.在开题和课题进行过程中,一直有把课题的研究成果公开出版发行的计划,书名拟为《高中物理解题方法与技巧》.

学习物理就要解题,解题就要讲方法.高中物理解题方法各式各样、五花八门,尽管有不少老师对此进行了研究,但多是零散且不系统的.我们通过"高中物理解题方法的研究"课题的实施,对高中物理解题方法进行了系统研究,对散落的、不同的解题方法做了收集、整理、归纳和总结,对高中物理中难学的内容从学生解题的角度做了有意义的探讨.物理难学往往表现在物理题不会做上,物理题不会做往往是解题方法不当所致.不管是有意还是无意,学生解题通常受一定思维方式支配,对此,我们希望通过"高中物理解题方法的研究"课题的开展,对解题时所体现的思维的特点、功能和方法做进一步的研究,以此揭示物理试题背后的秘密.

课题进行到现在,对物理和物理教学美妙的热爱或热爱的美妙,使课题研究进行得相当顺利.阿尔伯特·爱因斯坦说:"当你不需要靠它养家糊口的时候,科学是非常美妙的."倘若教师这一职业不再仅仅为了养家糊口而从事,作为一名物理教师,我问我自己:什么是物理?我为什么教物理?我如何教物理?面对这样三个问题并试图做出回答的时候,我感觉到了困难,同时觉得也很美妙!自第一节物理课开始,我就一直问这些问题.到现在已经上过两万多节物理课,我似乎找到了答案,又似乎没有找到答案.当然,先人或同行们对这些问题已经做过很多种回答,可以从他们的著作或论文中找到答案.但是,那毕竟是他们做出的答案,更重要的是,随着时间的推移,这些问题随着环境的变化会出现新的情况,这些问题将永远是问题.反复思考和解答这些问题的时候,就是一个老师走向成熟、走向专业化的时候.

课题进行过程中我们发现:就解题而研究解题,会很肤浅和单薄.从研究者的角度，必须把"解题方法"纳入物理和物理教学的大背景中考虑.我们发现课题研究的过程才是最重要的.对物理学的认识和再认识是重要的.刚刚走上教师岗位的时候，时常记起大学老师说的话：牛顿力学改变了整个世界，因此享受生活的每一个人都要感谢牛顿的贡献.的确，物理学取得的成果极大地丰富了人们对物质世界的认识，有力地促进了人类文明的进步.自然，在很长一个时期，带着对物理学敬畏的心情，把物理教学的目标锁定在知识层面上，认为教物理就是要把物理知识准确地、尽可能多地传授给学生，供他们今后一生受用，毕竟"知识就是力量".似乎学习与工作是截然分开的.然而令人困惑不已的是，我们传授学生那么多的物理知识，其中不乏像"$F=ma$"这类极其重要的知识，但在他们日后的生活和工作中，却很少显示出这类知识有什么直接的功用.以至过了若干年后，许多学生把所学的物理知识几乎忘得一干二净，用他们的话说，"全部还给老师了".我为此感到深深的失落.但每当我向他们提出"高中三年岂不白读了"的反诘时，这些离开学校多年的学生却又都会异口同声地做出否定的回答，一致认为高中阶段的学习对于他们的成长起到了重要的奠基作用，可又说不清究竟是哪些知识具体起了作用.我想，这大概好比吃饭，谁都不会否认吃饭对于生存的意义，然而谁又都说不清楚，吃了这顿饭究竟是在身上的什么地方起了作用.看来物理教学中一定蕴含着某些"超知识"的力量，我努力寻找着答案.偶然看了一篇有关诺贝尔物理学奖的报道之后，我找到了答案.有人统计发现，自20世纪中叶以来，在诺贝尔化学奖、生理学或医学奖，甚至经济学奖的获奖者中，有一半以上的人具有物理学的背景.这意味着他们从物理学中汲取了智能，转而在非物理领域获得了成功.反过来，却从未发现有非物理专业出身的科学家问鼎诺贝尔物理学奖的事例.这就是物理智能的力量.我恍然大悟，我苦思冥想、极力寻找的答案是"智能"，是物理教学中蕴藏的一整套的逻辑、程序和方法.我似乎还原了物理教学的本质——物理教学是一种体现"智能"的教学.这也正是物理教学中体现的"五种能力".物理教学应重视能力本位！难怪国外有专家十分尖锐地指出：没有物理修养的民族是愚蠢的民族！美国《今日物理》杂志曾就什么是物理学向读者广泛征求意见，最后，他们推崇的答案是：物理学家所做的就是物理学.这话乍听似觉偏颇，其实不无道理.因为在今天看来，物理学更多地体现出一种智能."代表着一套获取知识、组织和应用知识的有效步骤和方法，把这套方法用到什么问题上，这问题就变成了物理学."从这个意义上说，物理教学绝不仅仅是

知识的传授、教会学生解答几个物理问题那么简单，也不等价于物理试卷的满分. 物理教学过程中“智能”的体现是至关重要的.

从广义上来说，文化指的是人类历史实践过程中创造的物质财富和精神财富的总和. 它包括科学文化和人文. 同样，物理学作为人类认识世界、探索未知的一种实践和精神活动方式及成果，是人类文化的重要组成部分. 物理学的这种亦理亦文的两面性，在它的发展进程中与日积淀、内涵巨丰. 为什么不在物理教学的过程中激活物理文化的火花，展现物理学的另一个层面呢？探讨物理文化的渊源，品味物理文化的内涵，领略物理文化的外延. 一是最大限度地开发科学的人性意义，使科学人文化，人文科学化，加强两种文化的沟通和交流，促进科学与人文的融合，从“物本主义”向“人本主义”转变，倡导以人为本的科学发展观. 二是拓宽物理学的教育功能，使受教育者不仅掌握必要的物理知识，而且受到物理文化的熏陶. 到这个时候，我的物理教育观又一次得到了提升. 大家知道，物理学是以实验为基础的科学，它的基本研究方法就是实践，因而在客观性上表现为“真”；物理学创造的成果最终是为了造福于人类，它在目的性上体现出“善”；另外，物理学还在人的情感、意识等多方面反映了“美”. 正因为物理学本身兼具真、善、美的三重属性，我们完全有理由说，物理不仅是一种文化，而且是一种高层次、高品位的文化. 物理学作为自然科学的重要组成部分，在经历了近代科学革命的洗礼后，逐渐形成了自己稳定的创造主体——物理科学共同体、特有的科学研究方法、特有的语言符号、丰富的成果以及共享的人类群体，并已经以相对独立的文化——物理文化，存在于人类整体文化之中，同时潜在地影响着人们的生活方式和思维、行为方式. 基于上述对物理文化的认识，我越来越强烈地感到物理文化对物理教育教学所带来的启示意义. 根植于物理和物理教学中的文化是永恒的！

从生物基因问题谈起，有助于我们今天从人类学、哲学高度重新思索“人是什么”. 这对物理教学有着深刻的意义. 生物基因研究得到的下面四个数据，将会引发人们的联想，让人深思：

一是人与其他高级动物的生物基因差别不超过2%；

二是人与最接近人的黑猩猩的生物基因差别不超过1.28%；

三是2002年进一步发现人与老鼠的生物基因差别不超过1%；

四是人与人的生物基因差别不超过0.1%.

用如此微小的生物基因差异，怎能充分说明人与动物、人与人存在方式的

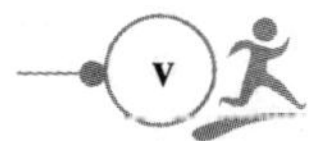

重大差异？受此启发，有不少社会学者正致力于寻求在人类文化传承与发展过程中有着哪些最为核心的要素，将基因上升为表征系统发展要素的哲学范畴，从而提出了“文化基因”的概念．文化基因是指相对于生物基因而言的非生物基因，主要指先天遗传和后天习得的、主动或被动、自觉与不自觉而置入人体内的最小信息单元和最小信息链路，主要表现为信念、习惯、价值观等．文化基因是人类文化系统的遗传密码，核心内容是思维方式和价值观念，特别是如何处理人与自然、人与人、心与物等关系的核心理念．人和动物的差异显而易见应当是在文化基因上人类的进化比一般的生物进化更为复杂，人具有双重进化机制，除了生物基因进化机制外，还有文化基因进化机制．教育正是推动文化基因进化的重要途径．学校教育的要义，不只是文化现象的展示与诠释，而在于文化基因的传承和发展．物理教育当然也不例外．那么，蕴含在物理教学中的“文化基因”究竟有哪些呢？我以为主要体现为三个方面，即科学知识、科学方法和科学精神，因为这三者是构成科学素养的最基本的要素．如果将科学素养比作一座金字塔，那么科学知识犹如塔基，科学方法就是塔身，科学精神则是塔尖．物理教学的最高宗旨，就是构建这座宏伟的科学素养之塔而添砖加瓦．换言之，物理教学的核心价值就在于促进学生实现三个转化：一是把人类社会积累的知识转化为学生个体的知识，使他们知道世界是什么样的，成为一个客观的人；二是把前人从事智力活动的思想方法转化为学生的认识能力，使他们明白世界为什么是这样的，成为一个理性的人；三是把蕴含在知识中的观念、态度等转化为学生的行为准则，使他们懂得怎样使世界更美好，成为一个有创造力的人．文化基因丢掉了，民族将随之消亡！同样，物理教学中的文化基因丢掉了，物理教学将随之消亡．

人的生活是丰富多彩和积极向上的．在教师的层面上，我在慨叹生命易逝的同时，回首往事，亦有点满足，因为我至少做了点研究．若能通过课题研究反映出对问题的思考，而且引起更多的思考，则已足矣．把教学中的点滴感悟写出来就是我想做的一件事，这个过程算不算是研究，我不知道；写出来的东西算不算论文，我也不知道．苏霍姆林斯基说：“如果你想让教师的劳动能够给教师带来乐趣，使天天上课不至于变成一种单调乏味的义务，那就应该引导每一位教师走上从事研究的这条幸福道路上来．”我确实在这样做的时候感到了快乐．假如在我头脑里闪现了火花，哪怕是一缕微弱的亮光，我也愿意去享受它的温暖．

课题进行时我们对选择这样的课题有了进一步的认识：首先，物理是一门科学，因此要用严谨的科学态度对待每一道物理问题，不能让“解题的流产”成为学生的一种习惯；其次，物理是一种智能，因此物理解题中要培养学生思维的模型和模式、方式和方法；最后，物理是一种文化，解题是物理教学的重要环节，让学生在解题中感受到成功的喜悦，寻找到试题背后的故事．选择本课题的目的是把物理解题中蕴含的思维的特质和智能的功力挖掘出来，使物理解题发挥出它原本的效能．只有在这样的视角下看研究的课题，才能准确把握课题的研究方向．物理教师做得最多的一件事是什么？毋庸置疑，就是编题、解题．学生学物理时做得最多的一件事是什么？不是记物理听课笔记，而是解物理问题．无论是在时间上还是在空间上，解物理问题占有相当大的比例，对此不做一番系统的研究岂不是一件遗憾的事！“高中物理解题方法的研究”是“三个问题”的子课题．很大程度上学生对物理的兴趣是在顺利做出物理题的成功喜悦中培养出来的．现实的情况是学生承受一次次解题失败的打击，或多或少．解题的“失败”已使学生感到“麻木”，以至于远离物理、远离科学．物理成了学生抹不去的记忆．解物理问题是学生学习物理的重要组成部分，挖掘物理习题中如此神秘、如此美妙的科学精神、智能因素和文化基因也是物理学习的重要内容．研究高中物理解题中的思维过程显得如此重要，它是帮助学生顺利解题的重要保证．把学生的解题过程上升到思维的层次，使其所做物理题显现出该有的地位和应有的作用，让学生欣赏着解物理问题．

课题研究到结题时诞生了《高中物理解题方法与技巧》这本书，书中收集、整理的不同的物理解题方法有隔离法、整体法、图像法、微元法、递推法、临界法、对称法、等效法、类比法、转换法、补偿法（包括建构法）、极限法（包括极端法）、假设法、反证法、降维法、估算法（包括近似法）、模型法、数学方法等．对每一种解题方法都有方法概述、例题精析、思维训练三大板块．

对物理解题方法概述的过程是理解方法的过程、定义方法的过程，是对“方法”再研究的过程，是从简单实践上升到理论概括的过程．我们通过大量的例子总结和归纳出每一种解题方法的定义、使用条件、解题步骤等．显然，翔实的例子和高度的概括是“方法概述”这一部分的特点．

问题说没说清楚，看能不能举出相关的例子来．对每一种解题方法，我们力求给出大量的例子加以说明和阐释，这是课题研究最为重要的部分，毕竟无论是老师还是学生对“例子”的欢迎程度都远大于对“理论”的欢迎程度．尽量穷举相应的例子是对“例题精析”板块所能做的唯一选择.

给定了定义,精析了例子,却没有思维训练的过程还是不圆满的,于是第三部分我们用十几个物理问题给读者“尝试”的机会,力求答案准确无误.

至于本书适合的读者,仁者见仁,智者见智,如果它能给你带来一丝一毫的思考和再思考,足矣!

最后,借本书的出版发行,谈谈自己当物理教师的感受.

古人云:“家有两斗粮,不当孩子王.”我已在教师的岗位上耕耘了32个春秋.对我个人而言,是教师的幸福感使我如同约会恋人般准时站在讲台上,和学生一道把蕴藏在物理教学中的丰富内涵挖掘出来,探索的过程本身充满了幸福的感觉.杨启亮教授在一次学术报告会上说:“教师的职业境界有四个层次:一是把教育看成社会对教师角色的规范、要求;二是把教育看作出于职业责任的活动;三是把教育看作职业良心的活动;四是把教育活动当作幸福的体验.”当把物理教学看作幸福的体验的时候,就会深深感到物理教学中原来有着如此丰富的内涵,也会使你毫无选择地更自觉、更有意识地去挖掘和开发它的育人功能,全面提升人的素质;另一方面又使我们看到物理原来有着如此美好的禀性,从而会更加钟爱物理,更有激情地去从事物理教学.我以为,只有真正热爱物理的物理教师,才能做到不仅教会学生理解物理、应用物理,而且还能进一步引导他们去感悟物理、欣赏物理.离了谁地球都照样转,离了谁物理教学都依旧存在.是教物理过程中快乐的体验令我不能放弃物理.高尚、崇高只是一种来自外在的评价,而幸福是行为主体的内在体验,只有与人的内在情感体验相联系的活动才具有坚实的基础和永恒的活力.从某种意义上说,各行各业都具有奉献的性质,人的社会性决定了人的活动的奉献性.但能够把工作当成幸福的人从奉献中不曾感到有什么损失,实际上,他甚至不会意识到他自己是在奉献,他只从工作中感到生命的充实和生活的乐趣.夸美纽斯把教师看作太阳底下最光荣、最高尚的职业,反映了他对教师职业强烈的情感上的偏爱.“高尚”是一种评价,把教育说成是“最高尚”的职业,也就意味着其他职业不是“最高尚”的;而“幸福”是一种体验,任何人都可以把自己的工作体验为“最幸福”的,教师职业的“最幸福”并不排斥其他职业的“最幸福”.可惜我的“最幸福”常常被“高考的物理及其教育”弄得很不幸福.如果我们不教物理,学生不学物理,将会对他们今后的发展留下哪些缺憾?一种显而易见的回答是,学生将因此学不到许多重要的物理知识.这话没错,但不够全面.因为除此之外,学生还将失去更为重要的有关科学方法、科学精神等方面的培养与熏陶,从而最终影响他们的科学素养的提高.当前,物理已经深入到社会的方方面面,成为每一位有素养的公民都应该懂的知识.对于大多数学生来说,他今天学习物理的目的,恐怕不是为了明天去进一步研究物理,而是有助于他去面对或解决所遇到的大量非物理的问题,为他们今后一生的文明、健康、高质量的生活奠定基础.这也印证了赵凯华先生的话:"一个人学了物理之后干什么都可以,他的物理没有白学.在我看来,对于学物理的人无所谓改行……"如果教物理是喝茶,那么写论文就是品茶了.百余篇论文当中隐隐约约、点点滴滴散落着我的物理教学观的变化过程:物理教学最终目标的聚焦点,既不在知识的本位上,也不在学科的本位上,而应该落实在我们的教育对象——学生的本位上.正如《面向全体美国人的科学》一书中所说的:"教育的最高目标是使人们能够为过一个实现自我和负责任的生活作准备."据此,对于"为什么教物理"这样的问题,最确切的答案就是:为提高全体学生的科学素养而教.这应该成为我们的物理教学观.至于"如何教物理",亦如爱因斯坦所说:"用专业知识教育人是不够的.通过专业教育,他可以成为一种有用的机器,但不能成为一个和谐发展的人.要使学生对价值有所理解并且产生热烈的感情,那是最基本的.他必须对美和道德上的善有鲜明的辨别力.否则,他连同他的专业知识就更像一只受过很好训练的狗,而不像一个和谐发展的人."物理教学不是训练人的过程,而是促使人和谐发展的过程.

我没有 M 厘米厚的荣誉证书,也没有 N 多次的表彰奖励,在32年的教学经历中这一定是一种遗憾.但是,在与物理的融合中我找到了当物理老师的感觉,这便是幸福.有人说我是厚积而薄发,有人说我是水到而渠成,如果是这样的话,那一定是和很多很多的人有着千丝万缕的联系.此时,我想到的是一定要感谢给予我帮助的人,我要感谢给予我机会的人,我要感谢给予我能量的人.他们就在我身边,从未走远.

东北师范大学附属中学　尹雄杰

2016年1月

目　　录

1 隔 离 法

1.1 隔离法概述

任何事物总是由各个部分组成的，事物的整体和局部之间既有联系又有区别.正因为如此，在处理具体的物理问题时，可以根据不同的情况把整个物理系统或整个物理过程分隔成几个部分，应用相应的物理规律进行处理.由于各物体在各种不同情况下会产生不同的结果，所以针对不同情况恰当地应用隔离法可以为解决问题创造条件，排除与事物无关的因素，使该事物的主要特征明确地显现出来，从而进行有效处理，使一些无法从整体来解决的问题得到满意的结论.同时，由于事物之间总是相互关联的，对局部事物问题的研究也有利于我们进一步了解局部之间的相互关系以及局部和整体之间的相互关系，往往能突破一点掌握全局，使问题得到顺利解决.

通过下面的两个例题我们先感受一下隔离法解题的妙处，解题之后品味隔离法当中所蕴含的思维品质.

例 1 如图 1.1 所示，用轻质细绳连接的 A、B 两个物体沿着倾角为 α 的斜面匀速下滑，问 A、B 之间的细绳上有弹力吗？

解析 弹力产生在直接接触并发生形变的物体之间，现在细绳有无形变无法确定.所以从产生原因上分析弹力是否存在就不行了，应结合物体的运动情况来分析.

隔离 A 和 B，受力分析如图 1.2 所示，设弹力 T 存在，将各力正交分解，由于两物体匀速下滑，处于平衡状态，故有

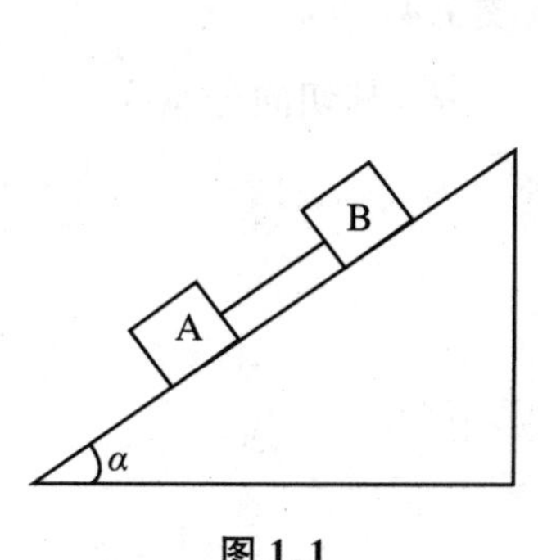

图 1.1

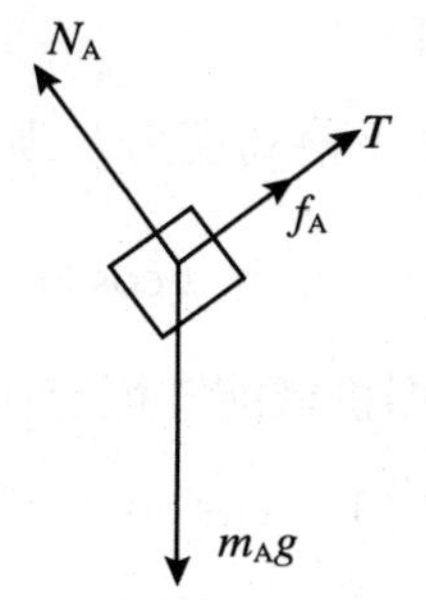

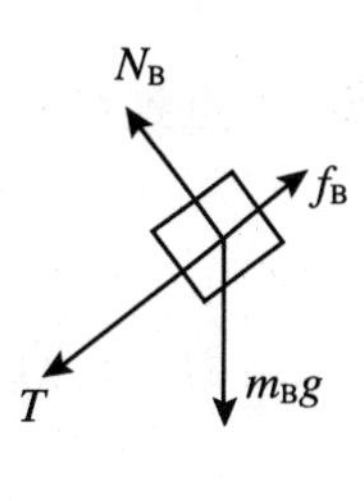

图 1.2

$$m_A g\sin\alpha = T + f_A, \qquad ①$$

$$m_B g\sin\alpha + T = f_B. \qquad ②$$

设两物体与斜面间的动摩擦因数分别为 μ_A、μ_B，则

$$f_A = \mu_A N_A = \mu_A m_A g\cos\alpha, \qquad ③$$

$$f_B = \mu_B N_B = \mu_B m_B g\cos\alpha. \qquad ④$$

联立①～④式，得

$$T = m_A g(\sin\alpha - \mu_A\cos\alpha) \quad 和 \quad T = m_B g(\mu_B\cos\alpha - \sin\alpha).$$

若 $T=0$，应有 $\mu_A=\tan\alpha$，$\mu_B=\tan\alpha$. 由此可见，当 $\mu_A=\mu_B$ 时，绳子上的弹力 T 为零. 但若 $\mu_A\neq\mu_B$，绳子上一定有弹力吗?

我们知道绳子只能产生拉力. 当弹力存在时，应有 $T>0$，即 $\mu_A<\tan\alpha$，$\mu_B>\tan\alpha$. 所以只有当 $\mu_A<\mu_B$ 时绳子上才有弹力.

只有揭示矛盾，才能解决矛盾. 把 A、B 隔离开来，才能把连接 A、B 的绳中的弹力暴露出来，使其成为外力，影响着 A、B 的运动. 这是隔离法解题的最大妙处!

例 2 如图 1.3 所示，用长为 L 的细绳悬挂一个质量为 m 的小球，悬点为 O 点，把小球拉至 A 点，使悬线与水平方向成 30°角，然后松手，问：小球运动到悬点正下方的 B 点时，悬线中张力多大?

解析 如图 1.4 所示，小球从 A 点释放后到 C 点被拉紧前做自由落体运动. 小球在 C 点被拉紧的过程中，由于绳子的冲力作用，小球沿绳方向的速度分量从 v_2 减为零. 之后，小球以 L 为半径、以初速度 v_1 从 C 点开始做圆周运动. 整个过程(从 A 到 B)中，机械能不守恒.

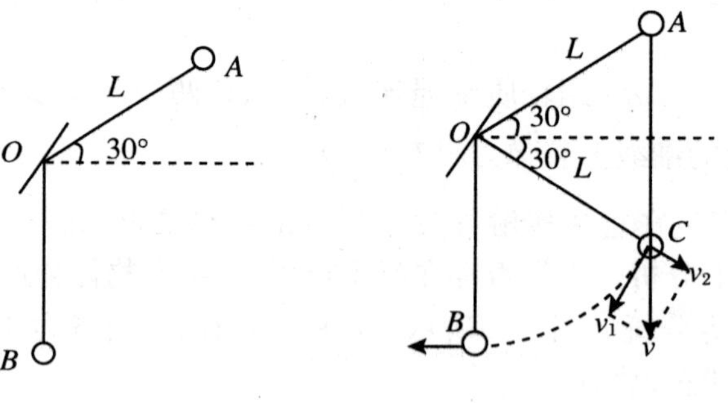

图 1.3　　图 1.4

小球从 A 点到 C 点自由下落高度为 L，则有 $v=\sqrt{2gL}$，其切向分量为

$$v_1 = v\cos 30^\circ = \sqrt{\frac{3gL}{2}}. \qquad ①$$

小球由 C 点运动到 B 点，根据机械能守恒定律，有

$$mgL(1-\cos 60^\circ) = \frac{1}{2}mv_B^2 - \frac{1}{2}mv_1^2. \qquad ②$$

小球在 B 点，根据牛顿第二定律，有

$$T - mg = m\frac{v_B^2}{L}. \qquad ③$$

联立①～③式，得

$$T=\frac{7}{2}mg.$$

显然，对涉及多个不同过程的物理问题进行精细分析，并确定各个分过程的特征是应用规律列方程的首要条件. 把小球的运动分解成四个阶段处理：第一阶段是 $A\rightarrow C$ 的自由落体运动；第二阶段是 C 点的速度分解；第三阶段是 $C\rightarrow B$ 的圆周运动，这个过程机械能守恒；第四阶段是 B 点的圆周运动. 这样把运动隔离开来，揭示出在 C 点因绳子绷紧小球有机械能损失，有效地避免了从 A 点到 B 点直接应用机械能守恒定律的解题错误.

从思维的层次上说，隔离就是暴露矛盾，暴露隐藏在题目中的条件. 从解题的层次上说，就是挖出"陷阱"、不跳"陷阱"，识破"圈套"、不钻"圈套"，有一种解题的成功感.

例 3 如图 1.5 所示，叠放的 a、b、c 三块粗糙物块，其上面的接触处均有摩擦，但摩擦因数各不相同，当 b 物体受到一水平拉力 F 作用时，a、c 与 b 保持相对静止，向右做匀加速运动，此时(　　).

A. a 对 c 的摩擦力方向向右

B. b 对 a 的摩擦力方向向右

C. a 对 b、a 对 c 的摩擦力大小相等

D. 桌面对 c 的摩擦力大于 a、b 间的摩擦力

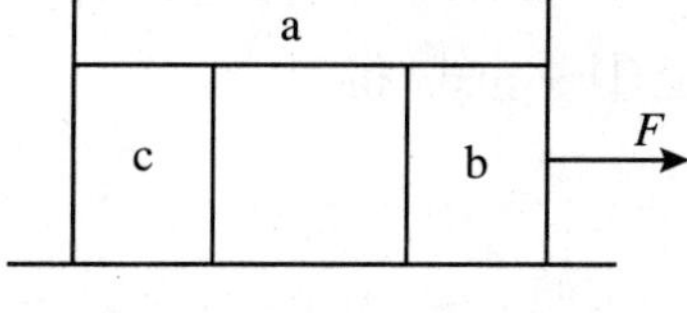

图 1.5

解析 根据物体的运动情况判断物体的受力情况，再根据物体间的相互作用关系判断另一物体的受力情况. 解此题的关键是选好研究对象. 先隔离 c 物体，受力如图 1.6 所示，整体向右做匀加速运动，因此 a 对 c 的摩擦力方向向右，所以 A 选项正确. 再隔离 a 物体，根据牛顿第三定律，c 对 a 的摩擦力方向向左，而 a 的加速度方向向右，根据牛顿第二定律可知，b 对 a 的摩擦力方向应向右，并且 $f_{ba}>f_{ca}$，故 B 选项正确，C 选项错误. 通过研究 c 物体可以看出，桌面对 c 的摩擦力 f_c 小于 a、c 间的摩擦力 f_{ac}，故 $f_c<f_{ac}<f_{ba}$，D 选项错误.

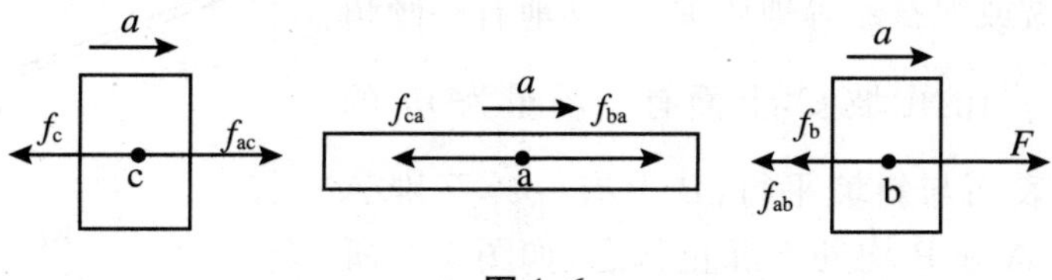

图 1.6

例 4 (2004 年高考全国Ⅰ卷)图 1.7 中 $a_1b_1c_1d_1$ 和 $a_2b_2c_2d_2$ 为在同一竖直面内的金属导轨，处在磁感应强度为 B 的匀强磁场中，磁场方向垂直导轨所在的平面(纸面)向里. 导轨的 a_1b_1 段与 a_2b_2 段是竖直的，距离为 l_1；c_1d_1 段与 c_2d_2 段也是竖直的，距离为 l_2. x_1y_1 与 x_2y_2 为两根用不可伸长的绝缘轻线相连的金属细杆，质量分别为 m_1 和 m_2，它们都垂直于导轨并与导轨保持光滑接触. 两杆与导轨构成的回路的总电阻为 R. F 为作用于金属杆 x_1y_1 上的竖直向上的恒力. 已知两杆运动到图示位置时，正在做匀速向上运动，求此时作用于两杆的重力的功率大小和回路电阻上的热功率.

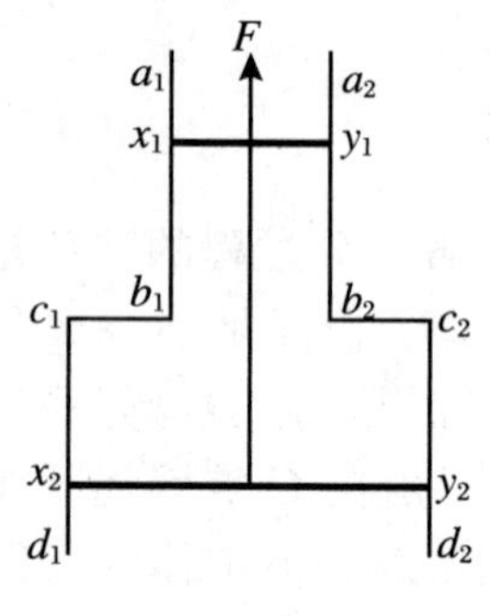

图 1.7

解析 设杆向上运动的速度为 v，因杆的运动，两杆与导轨构成的回路的面积减少，从而磁通量也减少. 根据法拉第电磁感应定律，回路中感应电动势的大小为

$$E = B(l_2 - l_1)v. \quad ①$$

回路中的电流为

$$I = \frac{E}{R}. \quad ②$$

电流沿顺时针方向. 两金属杆都要受到安培力作用，作用于杆 x_1y_1 的安培力为

$$f_1 = BIl_1, \quad ③$$

方向向上. 作用于杆 x_2y_2 的安培力为

$$f_2 = BIl_2, \quad ④$$

方向向下. 当杆做匀速运动时，根据牛顿第二定律，有

$$F - m_1g - m_2g + f_1 - f_2 = 0. \quad ⑤$$

联立①～⑤式，得

$$v = \frac{F - (m_1 + m_2)g}{B^2(l_2 - l_1)^2}R,$$

$$I = \frac{F - (m_1 + m_2)g}{B(l_2 - l_1)}.$$

作用于两杆的重力的功率大小为

$$P_G = (m_1 + m_2)gv = \frac{F - (m_1 + m_2)g}{B^2(l_2 - l_1)^2}R(m_1 + m_2)g.$$

电阻上的热功率为

$$P_Q = I^2R = \left[\frac{F - (m_1 + m_2)g}{B(l_2 - l_1)}\right]^2R.$$

例 5 （2015 年高考新课标Ⅱ卷）下暴雨时，有时会发生山体滑坡或泥石流等地质灾害. 某地有一倾角 $\theta = 37^\circ\left(\sin 37^\circ = \frac{3}{5}\right)$的山坡 C，上面有一质量为 m 的石板 B，其上、下表面与斜坡平行，B 上有一碎石堆 A（含有大量泥土），A 和 B 均处于静止状态，如图 1.8 所示. 假设某次暴雨中，A 浸透雨水后总质量也为 m（可视为质量不变的滑块），在极短时间内，A、B 间的动摩擦因数 μ_1减小为$\frac{3}{8}$，B、C 间的动摩擦因数 μ_2减小为 0.5，A、B 开始运动，此时刻为计时起点；在第 2 s 末，B 的上表面突然变光滑，μ_2保持不变. 已知 A 开始运动时，A 到 B 下边缘的距离 $l = 27$ m，C 足够长，设最大静摩擦力等于滑动摩擦力. 取重力加速度大小 $g = 10$ m/s^2. 求：

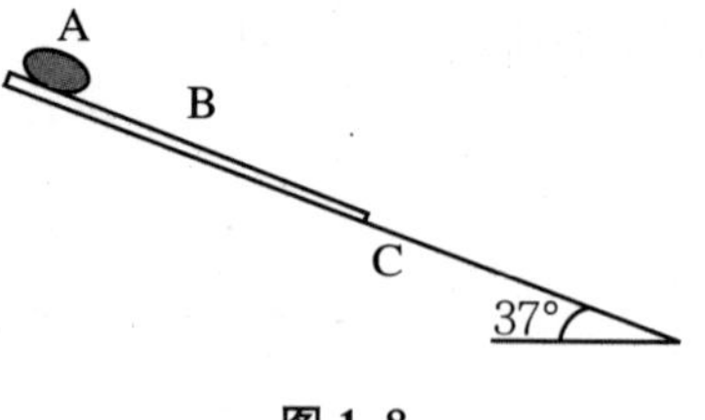

图 1.8

(1) 在 0～2 s 时间内 A 和 B 加速度的大小.

(2) A 在 B 上总的运动时间.

解析 (1) 在 0～2 s 时间内，A 和 B 的受力如图 1.9 所示，其中 f_1、N_1 是 A 与 B 之间的摩擦力和正压力，f_2、N_2 是 B 与 C 之间的摩擦力和正压力. 根据滑动摩擦力公式和力的平衡条件，有

$$f_1 = \mu_1 N_1, \quad ①$$

$$N_1 = mg\cos\theta, \quad ②$$

$$f_2 = \mu_2 N_2, \quad ③$$

$$N_2 = N_1 + mg\cos\theta. \quad ④$$

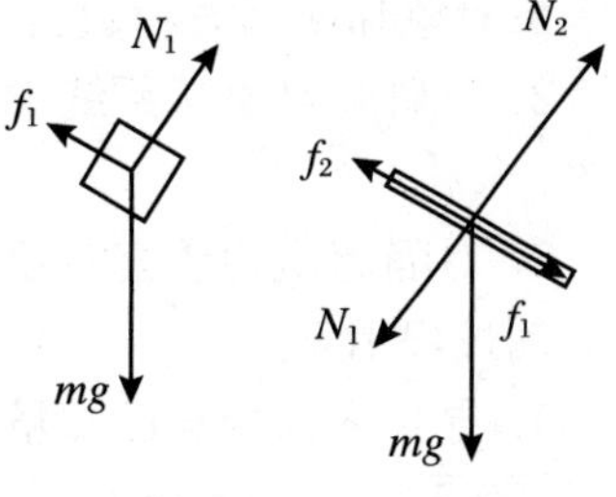

图 1.9

规定沿斜面向下为正. 设 A 和 B 的加速度分别为 a_1 和 a_2，根据牛顿第二定律，有

$$mg\sin\theta - f_1 = ma_1, \quad ⑤$$

$$mg\sin\theta + f_1 - f_2 = ma_2. \quad ⑥$$

联立①～⑥式，并代入题给条件，得

$$a_1 = 3 \text{ m/s}^2, \quad a_2 = 1 \text{ m/s}^2.$$

(2) 在 $t_1 = 2$ s 时，设 A 和 B 的速度分别为 v_1 和 v_2，则有

$$v_1 = a_1 t_1 = 6 \text{ m/s},$$

$$v_2 = a_2 t_1 = 2 \text{ m/s}.$$

在 $t > t_1$ 时，设 A 和 B 的加速度分别为 a_1' 和 a_2'. 此时 A 与 B 之间的摩擦力为零，同理可得

$$a_1' = 6 \text{ m/s}^2,$$

$$a_2' = -2 \text{ m/s}^2.$$

即 B 做减速运动. 设经过时间 t_2，B 的速度减为零，则有

$$v_2 + a_2' t_2 = 0.$$

解得

$$t_2 = 1 \text{ s}.$$

在 $t_1 + t_2$ 时间内，A 相对于 B 运动的距离为

$$s = \left(\frac{1}{2}a_1 t_1^2 + v_1 t_2 + \frac{1}{2}a_1' t_2^2\right) - \left(\frac{1}{2}a_2 t_1^2 + v_2 t_2 + \frac{1}{2}a_2' t_2^2\right) = 12 \text{ m} < 27 \text{ m}.$$

此后 B 静止不动，A 继续在 B 上滑动. 设再经过时间 t_3 后 A 离开 B，则有

$$l - s = (v_1 + a_1' t_2) t_3 + \frac{1}{2}a_1' t_3^2.$$

可得

$$t_3 = 1 \text{ s} \quad (\text{另一解不合题意，舍去}).$$

设 A 在 B 上总的运动时间为 t，有

$$t = t_1 + t_2 + t_3 = 4 \text{ s}.$$

隔离法是把系统分成若干部分并隔离开来，对每一对象分别分析，分别列出方程，再联立求解. 广义的隔离法还包括将一个物理过程从其全过程中隔离出来.

运用隔离法解题的基本步骤：

1. 明确研究对象或过程、状态，选择隔离对象. 选择原则：一是要包含待求量，二是所选隔离对象和所列方程数目尽可能少.

2. 将研究对象从系统中隔离出来或将研究的某状态、某过程从运动的全过程中隔离出来.

3. 对隔离出的研究对象、过程、状态进行分析研究，画出某状态下的受力图或某阶段的运动过程示意图.

4. 寻找未知量与已知量之间的关系，选择适当的物理规律列方程求解.

例 6 (2015 年中国科学技术大学自主招生)如图 1.10 所示，山坡上两相邻高压塔之间架有匀质粗铜线，平衡时铜线弧形下垂，最低点为 C，已知弧线 BC 的长度是 AC 的 3 倍，而左塔 B 处铜线切线与竖直方向成 $\beta=30^\circ$角. 问右塔 A 处铜线切线与竖直方向所成角 α 是多少？

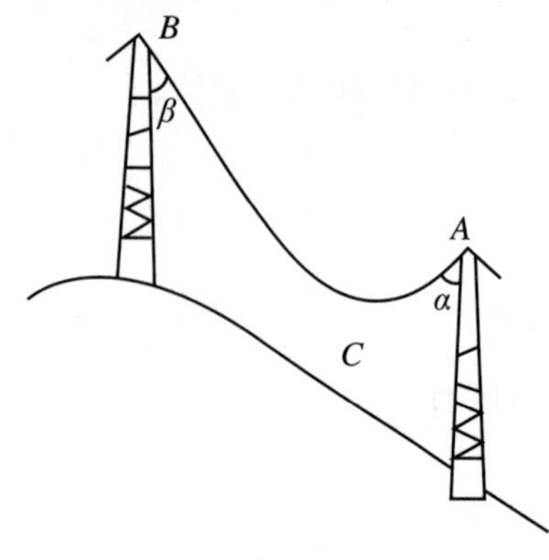

图 1.10

解析 设 A 端、B 端的张力分别为 T_A、T_B，铜线总重为 mg. 对 ABC 整体在水平方向做受力分析，有

$$T_A\sin\alpha = T_B\sin\beta. \quad ①$$

对 AC 段在竖直方向做受力分析，有

$$T_A\cos\alpha = \frac{1}{4}mg. \quad ②$$

对 BC 段在竖直方向做受力分析，有

$$T_B\cos\beta = \frac{3}{4}mg. \quad ③$$

联立①～③式，得

$$\tan\alpha = 3\tan\beta.$$

所以 $\alpha=60^\circ$.

例 7 (2006 年上海交通大学自主招生)如图 1.11(a)所示，U 形管竖直固定在静止的平板车上，U 形管竖直部分和水平部分的长度均为 l，管内充有水银，两管内的水银面距离管口均为$\frac{l}{2}$. 若将 U 形管管口密封，并让 U 形管与平板车一起做匀加速运动，运动过程中 U 形管两管内水银面的高度差为$\frac{l}{6}$，如图 1.11(b)所示. 求：

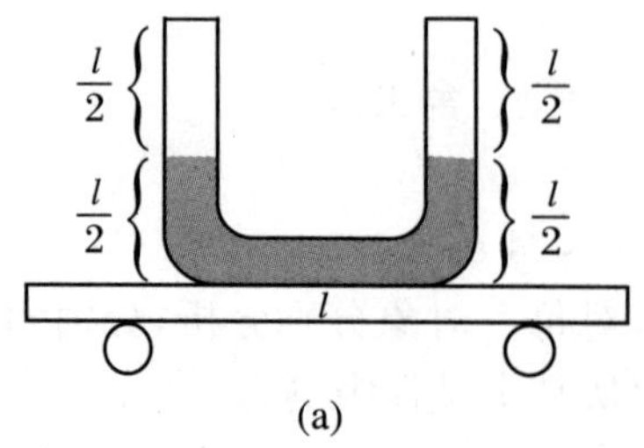

(a)

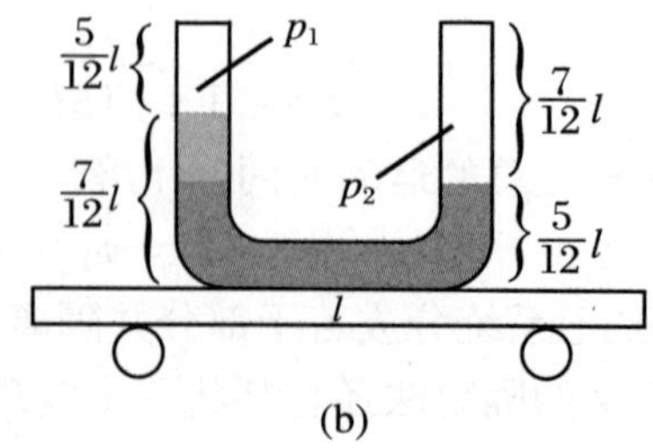

(b)

图 1.11

(1) 小车的加速度.

(2) U 形管底部中央位置的压强.(设水银质量密度为 ρ,而大气压强恰好为 $p_0=\rho gl$,空气温度不变.)

解析 (1) 两管内水银面的高度差为$\frac{l}{6}$,则左管内水银面升高$\frac{l}{12}$,右管内水银面下降$\frac{l}{12}$.由于空气温度不变,对左、右管内封闭气体,根据玻意耳-马略特定律,有

$$p_0\cdot\frac{l}{2}S=p_1\left(\frac{l}{2}-\frac{l}{12}\right)S,\qquad ①$$

$$p_0\cdot\frac{l}{2}S=p_2\left(\frac{l}{2}+\frac{l}{12}\right)S.\qquad ②$$

解得

$$p_1=\frac{5}{6}p_0=\frac{6}{5}\rho gl,\qquad ③$$

$$p_2=\frac{6}{7}p_0=\frac{6}{7}\rho gl.\qquad ④$$

以管底部水平部分的水银为研究对象,如图 1.12 所示.根据牛顿第二定律,有

$$\left(p_1+\rho g\cdot\frac{7}{12}l\right)S-\left(p_2+\rho g\cdot\frac{5}{12}l\right)S=\rho\cdot lS\cdot a.\qquad ⑤$$

联立③~⑤式,得

$$a=\frac{107}{210}g.\qquad ⑥$$

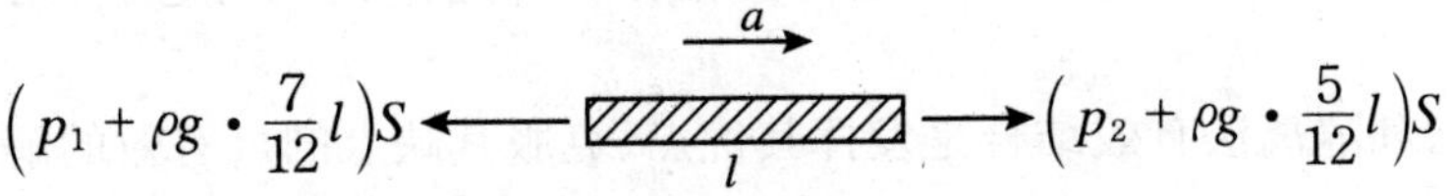

$\left(p_1+\rho g\cdot\frac{7}{12}l\right)S$ ← [l] → $\left(p_2+\rho g\cdot\frac{5}{12}l\right)S$,$a$ →

图 1.12

(2) 以管底部水平右半部分的水银为研究对象,如图 1.13 所示.根据牛顿第二定律,有

$$pS-\left(p_2+\rho g\cdot\frac{5}{12}l\right)S=\rho\cdot\frac{l}{2}S\cdot a.\qquad ⑦$$

联立④⑥⑦式,得

$$p=\frac{107}{70}\rho gl.$$

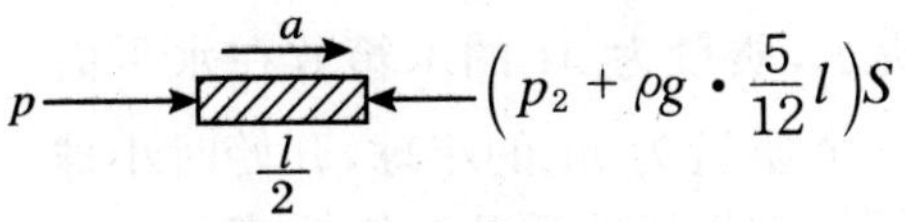

p → [$\frac{l}{2}$] ← $\left(p_2+\rho g\cdot\frac{5}{12}l\right)S$,$a$ →

图 1.13

例 8 如图 1.14 所示,电路中 R_1、R_2、R_3和 R_4 为可变电阻,R_5 为固定电阻,两电流表及电源内阻均不计,则( ).

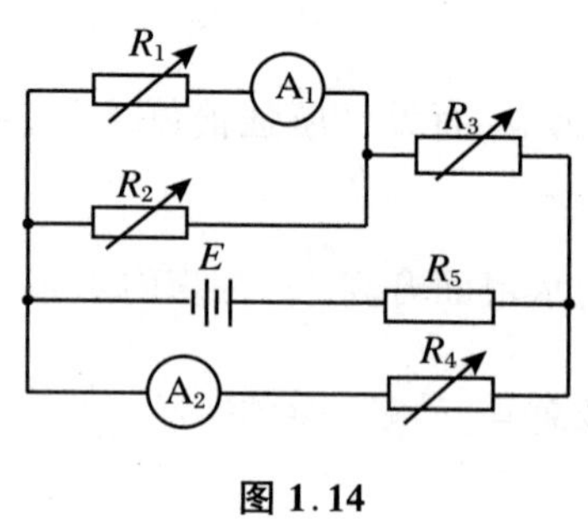

图 1.14

A. 只增大 R_1,A_1 读数减小,A_2 读数增大
B. 只减小 R_2,A_1 读数减小,A_2 读数增大
C. 只增大 R_3,A_1 读数减小,A_2 读数增大
D. 只减小 R_4,A_1 读数减小,A_2 读数增大

解析 A 选项中,对整个电路有 $I=\frac{E}{R}$,由于 $R_1\uparrow\Rightarrow R\uparrow\Rightarrow I\downarrow$,则对电阻 R_4 有 $U_4\uparrow=E-IR_5\Rightarrow I_4\uparrow=\frac{U_4}{R_4}$,对电阻 R_1 有 $I_1\downarrow=\frac{R_2}{R_1+R_2}(I-I_4)$,故 A 选项正确.

B 选项中,对整个电路有 $I=\frac{E}{R}$,由于 $R_2\downarrow\Rightarrow R\downarrow\Rightarrow I\uparrow$,则对电阻 R_4 有 $U_4\downarrow=E-IR_5\Rightarrow I_4\downarrow=\frac{U_4}{R_4}$,对电阻 R_1 有 $I_1\downarrow=\frac{E-IR_5-(I-I_4)R_3}{R_1}$,故 B 选项错误.

同理可得出 C、D 选项正确.

由以上的例题可以看出:

1. 多过程、多物体系统应用整体法解题简捷、准确,但要注意它的适用条件,隔离法解题时比整体法复杂.

2. 整体和部分是相对的,在解决具体问题时,应灵活地将整体法和隔离法结合起来使用,既可从整体考虑,也可对部分隔离.

3. 不要片面地认为整体法只适用于静力学和牛顿运动定律,在动量定理、动量守恒定律、动能定理、机械能守恒定律、能量的转化和守恒定律、热学、电学、光学中均可应用整体法.

4. 整体法和隔离法有效结合是发挥其优点、克服其缺点的最有效的解题途径.

1.2 隔离法例题精析

1.2.1 从整体中隔离物体

确定研究对象是解题的第一步,从整体中隔离物体是要把研究的对象隔离出来,使研究对象的主要特征清晰地显示出来,从而进行有效的处理.

例 1 如图 1.15 所示,质量为 M 的木箱放在水平面上,木箱中的立杆上套着一个质量为 m 的小球,开始时小球在杆的顶端,由静止释放后,小球沿杆下滑的加速度为 $a=\frac{1}{2}g$,则小球在下滑的过程中,地面对木箱的支持力为多少?

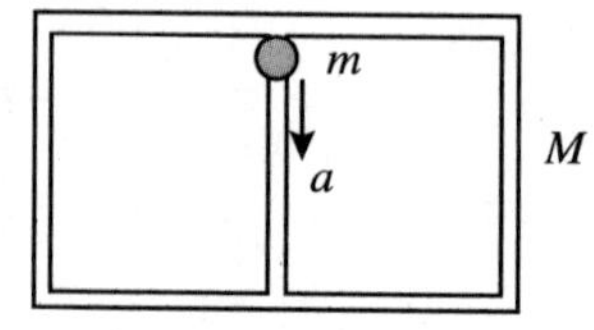

图 1.15

解析 木箱对地面的压力取决于木箱的重力及立杆受到小球的作用力.以小球 m 为研究对象,其受重力 mg 及摩擦力 f 作用,如图 1.16(a)

所示.根据牛顿第二定律,有

$$mg - f = ma. \quad ①$$

以木箱 M 为研究对象,其受重力 Mg、支持力 N 和摩擦力 f' 作用,如图 1.16(b)所示.木箱处于平衡状态,则有

$$N = Mg + f'. \quad ②$$

根据牛顿第三定律,有

$$f' = f. \quad ③$$

联立①~③式,得

$$N = \frac{2M + m}{2}g.$$

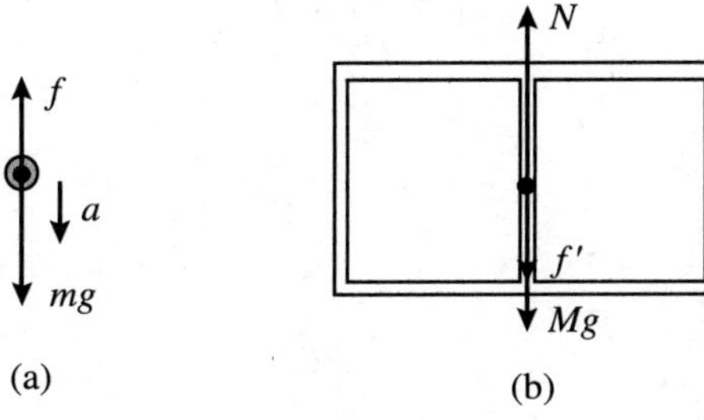

图 1.16

1.2.2 从整体中隔离过程

物体往往参与几个运动过程,为了求解,需通过某个运动过程中的物理量,寻求所求量与未知量之间的关系,就要把某些运动过程从运动的全过程中隔离出来,或把整个运动过程隔离成几段来研究.

例 2 (2004 年高考全国Ⅰ卷)一小圆盘静止在桌布上,位于一方桌的水平桌面的中央.桌布的一边与桌的 AB 边重合,如图 1.17 所示.已知盘与桌布间的动摩擦因数为 μ_1,盘与桌面间的动摩擦因数为 μ_2.现突然以恒定加速度 a 将桌布抽离桌面,加速度的方向是水平的且垂直于 AB 边.若圆盘最后未从桌面掉下,则加速度 a 满足的条件是什么?(设重力加速度 g 已知.)

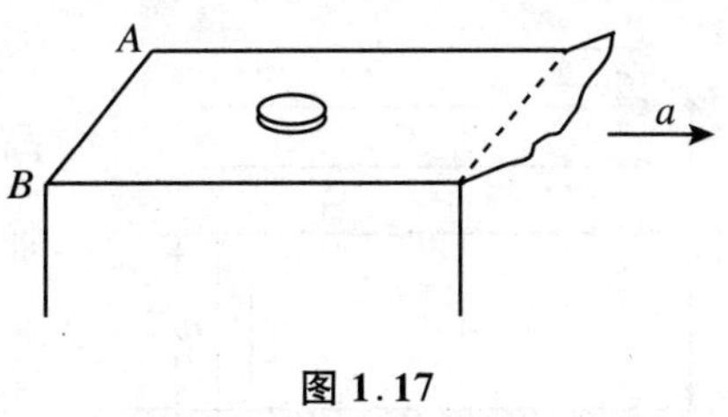

图 1.17

解析 圆盘不从桌面上掉下,把它的整个运动隔离为先在布面上做匀加速直线运动,后在桌面上做匀减速直线运动.两个运动过程衔接的物理量是盘在桌布上滑行的末速度,其临界条件是两过程位移之和为半个桌长.

设圆盘的质量为 m,桌长为 l.桌布从圆盘下抽出的过程中,盘在桌布上做匀加速直线运动,设其加速度为 a_1,则有

$$\mu_1 mg = ma_1. \quad ①$$

桌布抽出后盘在桌面上做匀减速直线运动,设其加速度为 a_2,则有

$$\mu_2 mg = ma_2. \quad ②$$

设盘刚离开桌布时的速度为 v，移动的位移为 x_1，离开桌布后再运动距离 x_2 便停下，则有

$$v^2 = 2a_1x_1, \tag{3}$$

$$v^2 = 2a_2x_2. \tag{4}$$

小圆盘没有从桌面上掉下的条件是

$$x_1 + x_2 \leqslant \frac{1}{2}l. \tag{5}$$

设桌布从盘下抽出所用时间为 t，在这段时间内桌布移动的距离为 x，有

$$x = \frac{1}{2}at^2, \tag{6}$$

$$x_1 = \frac{1}{2}a_1t^2. \tag{7}$$

而

$$x - x_1 = \frac{1}{2}l. \tag{8}$$

联立①～⑧式，得

$$a \geqslant \frac{\mu_1 + 2\mu_2}{\mu_2}\mu_1 g.$$

1.2.3 从过程中隔离效果

应用隔离法时，往往不仅要把研究的物体隔离开来，同时也要把物体上产生的效果与整体效果隔离开来，这样才能确定隔离物体上产生的作用.

例 3 (1990 年高考上海卷)如图 1.18 所示，一个质量为 m，电量为 q 的带正电的小球，从距地面 h 高处以一定的水平速度抛出，在距抛出点水平距离 L 处，有一个竖直管子，且管口距地面高为 $\frac{h}{2}$，为了使小球能无碰撞地通过管子，在管子上方加一水平向左的匀强电场.试计算：

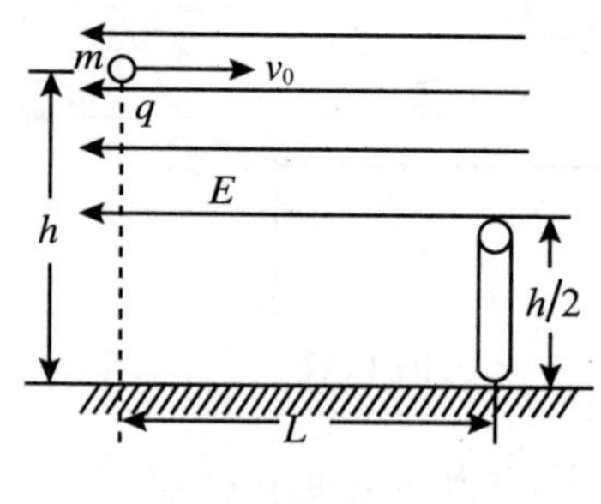

图 1.18

(1) 小球的初速度 v_0.

(2) 电场强度 E 的大小.

(3) 小球落地时的动能 E_k.

解析 小球无碰撞地穿过管子的条件：在管子上方水平分速度为零.把电场的效果与重力的效果隔离开来讨论.在竖直方向，重力使小球做自由落体运动，有

$$\frac{h}{2} = \frac{1}{2}gt^2. \tag{1}$$

在水平方向，电场力使小球的速度由 v_0减小为零，有

$$L = \frac{v_0}{2}t, \tag{2}$$

$$0 = v_0 - \frac{qE}{m}t. \tag{③}$$

联立①~③式,得

$$v_0 = 2L\sqrt{\frac{g}{h}},\quad E = \frac{2mgL}{qh}.$$

根据动能定理,有

$$mgh - qEL = E_k - \frac{1}{2}mv_0^2.$$

解得

$$E_k = mgh.$$

1.2.4 从连续中隔离微元

应用物理规律解题时,经常碰到连续流体运动的问题,此时需要从连续的液体中隔离出一个“微小单元”作为研究对象.

例 4 (2008 年浙江大学自主招生)如图 1.19 所示,一支细水管出水率为 0.8 kg/s,沿水平方向冲击质量为 1.2 kg 的木块,使木块在水平面上滑动,设木块所受水平摩擦力为 1.8 N,当木块以加速度 $a = 0.5\ \text{m/s}^2$ 运动时,求水管管口水的出射速度.(可以近似认为水在水平方向发射,与木块碰撞后,水的速度可以忽略.)

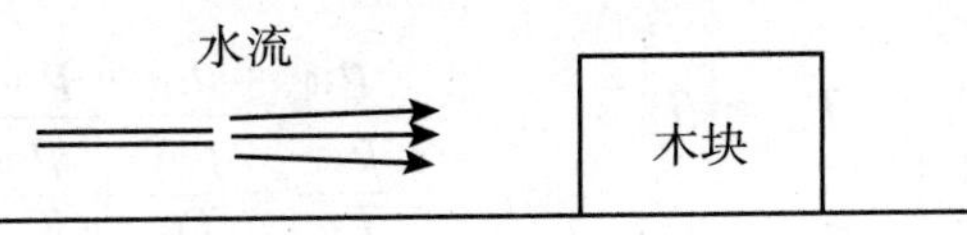

图 1.19

解析 在水平方向上,木块受到水流的冲击力和地面的摩擦力,根据牛顿第二定律,有

$$F - f = ma.$$

代入数据,得

$$F = 2.4\ \text{N}.$$

在处理流动物体时,需要把起作用的一部分隔离出来分析.对冲击到木块上的水柱,取一微小质量 Δm,根据动量定理,有

$$F\Delta t = \Delta m \cdot v.$$

而 $\frac{\Delta m}{\Delta t} = 0.8\ \text{kg/s}$,代入数据,得

$$v = 3\ \text{m/s}.$$

1.2.5 从关联中隔离因素

对各种物理现象进行比较时,常常由于这些现象中包含的因素较多,讨论起来比较复杂.若去除相同因素,把不同因素隔离出来进行比较,往往能使问题简单化.

例 5 (2014 年北京大学科学营)如图 1.20 所示的平面圆环是一个与外界绝热且自身封闭的 O 形盒的俯视截面图,图中未能显示盒的厚度.盒中有三片质量可忽略的可动隔板，将O形盒的内部空间等分为体积同为 V_0 的三个互不连通的区域1、2、3，其内各装有比热为常量的同种理想气体，初始温度和压强分别为 T_{10}、T_{20}、T_{30} 和 p_{10}、p_{20}、p_{30}. 而后因压强不均等且隔板导热，隔板各自绕O形盒中央轴无摩擦地转动，设隔板最后停下.

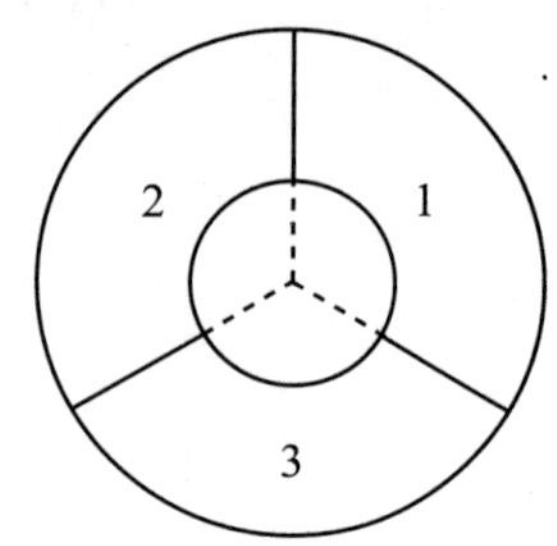

图 1.20

（1）试求此时区域1、2、3各自的温度 T_1、T_2、T_3 和压强 p_1、p_2、p_3.

（2）设 $T_{10}:T_{20}:T_{30}=1:2:3$，$p_{10}:p_{20}:p_{30}=3:2:1$，再求此时区域1、2、3各自的体积 V_1、V_2、V_3，答案中只能出现参量 V_0.

解析 设气体的摩尔质量、比热分别为 M、c；区域1、2、3内的气体物质的量分别为 n_1、n_2、n_3；系统末态温度处处相同，为 T_e；压强处处相等，为 p_e.

（1）根据理想气体状态方程，有

$$n_i=\frac{p_{i0}V_0}{RT_{i0}}\quad (i=1、2、3). \qquad ①$$

由于系统与外界绝热，则有

$$c\cdot n_1M\cdot(T_e-T_{10})+c\cdot n_2M\cdot(T_e-T_{20})+c\cdot n_3M\cdot(T_e-T_{30})=0. \qquad ②$$

联立①②式，得

$$T_1=T_2=T_3=T_e=\frac{p_{10}+p_{20}+p_{30}}{\frac{p_{10}}{T_{10}}+\frac{p_{20}}{T_{20}}+\frac{p_{30}}{T_{30}}}. \qquad ③$$

再由

$$p_e\cdot 3V_0=(n_1+n_2+n_3)RT_e=\left(\frac{p_{10}}{T_{10}}+\frac{p_{20}}{T_{20}}+\frac{p_{30}}{T_{30}}\right)\frac{V_0}{R}RT_e, \qquad ④$$

结合③式，得

$$p_e=\frac{1}{3}(p_{10}+p_{20}+p_{30}).$$

（2）根据理想气体状态方程，有

$$V_i=\frac{n_iRT_e}{p_e}\quad (i=1、2、3).$$

则

$$V_1:V_2:V_3=n_1:n_2:n_3=\frac{p_{10}}{T_{10}}:\frac{p_{20}}{T_{20}}:\frac{p_{30}}{T_{30}}.$$

由 $T_{10}:T_{20}:T_{30}=1:2:3$，$p_{10}:p_{20}:p_{30}=3:2:1$，得

$$V_1:V_2:V_3=9:3:1.$$

因为 $V_1+V_2+V_3=3V_0$，所以

$$V_1=\frac{27}{13}V_0,\quad V_2=\frac{9}{13}V_0,\quad V_3=\frac{3}{13}V_0.$$

1.2.6 从现象中隔离本质

从哲学的角度看，隔离就是为了暴露矛盾. 从现象中隔离本质是隔离法解题的最高

境界，是熟练应用隔离法的体现.

例 6 如图 1.21 所示，柔软的导线长 $L=0.628$ m，弯曲地放在水平面上，两端点在相距很近的 a 与 b 两点，匀强磁场的方向竖直向下，磁感应强度为 $B=2$ T，当导线中通过图示方向的电流 $I=5$ A 时，导线的张力为多大？

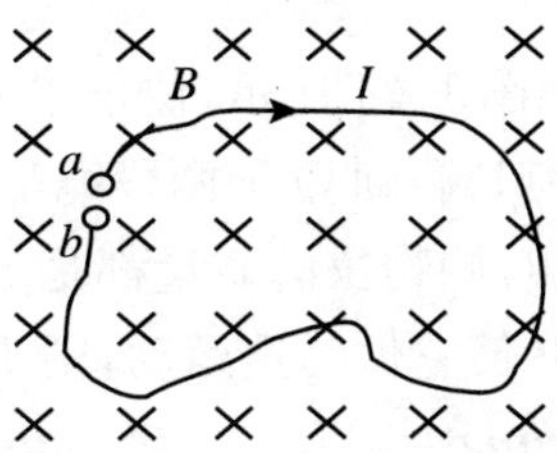

图 1.21

解析 由左手定则可知导线要绷紧形成圆形，如图 1.22(a)所示. 整体分析导线圆一定处于平衡状态.

导线中的张力隐藏在圆形导体中，必须用隔离的方法把它暴露出来. 现从整圆中隔离出半圆作为研究对象，如图 1.22(b)所示. 设张力为 T，则 $2T=F$，又 $F=BI\cdot 2R$，$2\pi R=L$. 将 $B=2$ T，$L=0.628$ m，$I=5$ A 代入上面各式，解得 $T=1$ N.

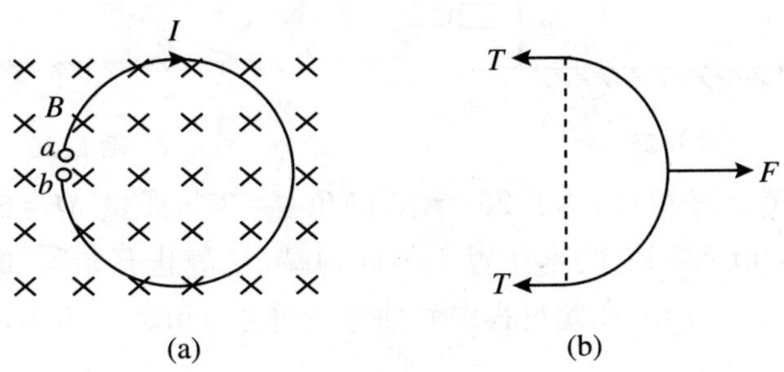

图 1.22

我们从以上六个方面研究了隔离法的具体应用，不难发现在研究一个复杂的运动过程中的某段运动或研究牵连在一起的几个物体之间的相互作用时，把复杂的问题分割成几个简单的问题或把复杂的物体系统分成几个单一的物体，分别对这些简单问题或物体进行研究，并找出各个环节间的联系，可以大大简化解题难度. 这种从全局到局部的思维过程和解题方法称为“隔离法”.

1.3 隔离法思维训练

1. (1998 年高考全国卷)如图 1.23 所示，质量为 $2m$ 的物块 A 与水平地面的摩擦可忽略不计，质量为 m 的物块 B 与地面的动摩擦因数为 μ. 在已知水平推力 F 的作用下，

A、B做加速运动.A对B的作用力为________.

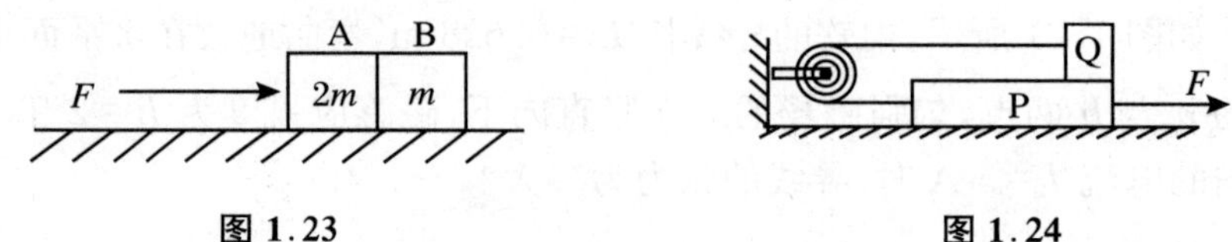

图1.23　　图1.24

2.(2006年高考全国Ⅱ卷)如图1.24所示,位于水平桌面上的物体P,通过跨过定滑轮的轻绳与物块Q相连,从滑轮到P和到Q的两段绳都是水平的.已知Q与P之间以及P与桌面之间的动摩擦因数都是μ,两物块的质量都是m,滑轮的质量、滑轮上的摩擦都不计.若用一水平向右的力F拉P使它做匀速运动,则F的大小为(　　).

A. $4\mu mg$　　B. $3\mu mg$　　C. $2\mu mg$　　D. μmg

3.(2008年高考四川卷)水平面上有带圆弧形凸起的长方形木块A,木块A上的物体B通过绕过凸起的轻绳与物体C相连,B与凸起之间的绳是水平的.用一水平向左的拉力F作用在物体B上,恰使物体A、B、C保持相对静止,如图1.25所示.已知物体A、B、C的质量均为m,重力加速度为g,不计所有的摩擦,则拉力F应为多大?

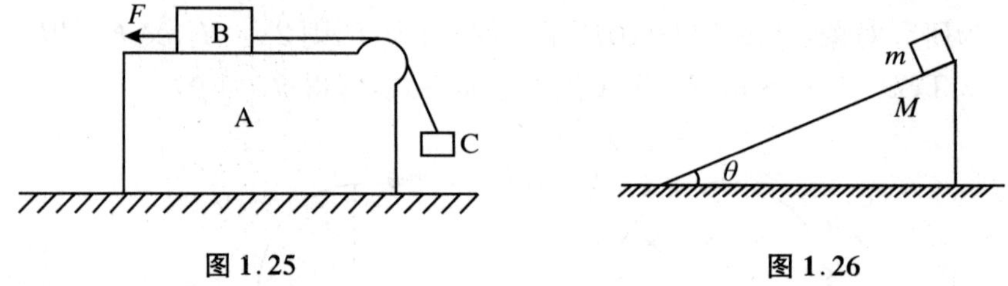

图1.25　　图1.26

4.(2010年高考上海卷)如图1.26所示,倾角$\theta=37^\circ$,质量$M=5$ kg的粗糙斜面位于水平地面上.质量$m=2$ kg的木块置于斜面顶端,从静止开始匀加速下滑,经$t=2$ s到达底端,运动路程$L=4$ m,在此过程中斜面保持静止($\sin 37^\circ=0.6$,$\cos 37^\circ=0.8$,g取$10\ \mathrm{m/s^2}$).求:

(1) 地面对斜面的摩擦力大小与方向.

(2) 地面对斜面的支持力大小.

5.(2009年高考安徽卷)在2008年北京残奥会开幕式上,运动员手拉绳索向上攀登,最终点燃了主火炬,体现了残疾运动员坚韧不拔的意志和自强不息的精神.为了探究上升过程中运动员与绳索和吊椅间的作用,可将过程简化.一根不可伸缩的轻绳跨过轻质的定滑轮,一端挂一吊椅,另一端被坐在吊椅上的运动员拉住,如图1.27所示.设运动员的质量为65 kg,吊椅的质量为15 kg,不计定滑轮与绳子间的摩擦,重力加速度取$g=10\ \mathrm{m/s^2}$.当运动员与吊椅一起正以加速度$a=1\ \mathrm{m/s^2}$上升时,试求:

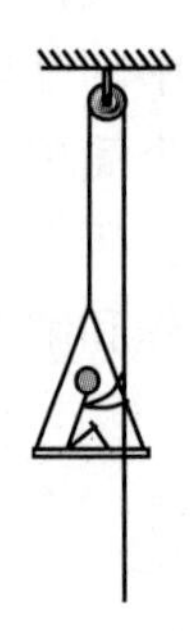

图1.27

(1) 运动员竖直向下拉绳的力.

(2) 运动员对吊椅的压力.

6.(2008年高考山东卷)直升机悬停在空中向地面投放装有救灾物资的箱子,如图

1.28 所示.设投放初速度为零,箱子所受的空气阻力与箱子下落速度的平方成正比,且运动过程中箱子始终保持图示姿态.在箱子下落过程中,下列说法正确的是(　　).

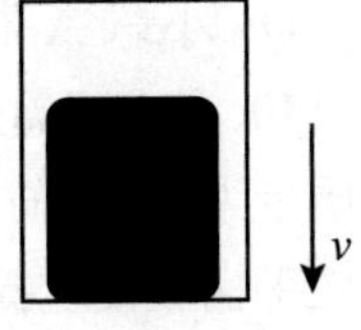

图 1.28

A. 箱内物体对箱子底部始终没有压力

B. 箱子刚从飞机上投下时,箱内物体受到的支持力最大

C. 箱子接近地面时,箱内物体受到的支持力比刚投下时大

D. 若下落距离足够长,箱内物体有可能不受底部支持力而"飘起来"

7.(1998 年高考上海卷)有一个直角支架 AOB,AO 水平放置,表面粗糙,OB 竖直向下,表面光滑.AO 上套有小环 P,OB 上套有小环 Q,两环质量均为 m,两环由一根质量可忽略、不可伸长的细绳相连,并在某一位置平衡,如图 1.29 所示.现将 P 环向左移一小段距离,两环再次达到平衡,那么将移动后的平衡状态和原来的平衡状态比较,AO 杆对 P 环的支持力 N 和细绳上的拉力 T 的变化情况是(　　).

A. N 不变,T 变大　　B. N 不变,T 变小

C. N 变大,T 变大　　D. N 变大,T 变小

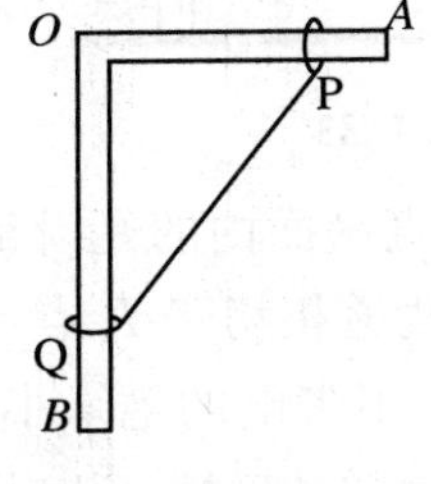

图 1.29

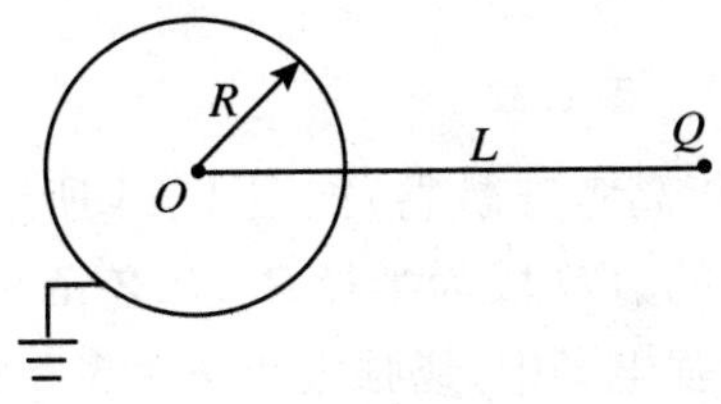

图 1.30

8. 如图 1.30 所示,空心金属球半径为 R,外壳接地,球外有一个点电荷,电量为 Q,到球心 O 的距离为 L,则金属球上感应电荷在球心 O 处产生的场强大小为(　　).

A. $k\dfrac{Q}{L^2}-k\dfrac{Q}{R^2}$　　B. $k\dfrac{Q}{L^2}+k\dfrac{Q}{R^2}$　　C. 0　　D. $k\dfrac{Q}{L^2}$

9. 如图 1.31 所示,光滑绝缘水平面上有带异号电荷的小球 A、B,它们一起在水平向右的匀强电场中向右做匀加速运动,且保持相对静止.设小球 A 的带电量大小为 Q_A,小球 B 的带电量大小为 Q_B,则下列判断正确的是(　　).

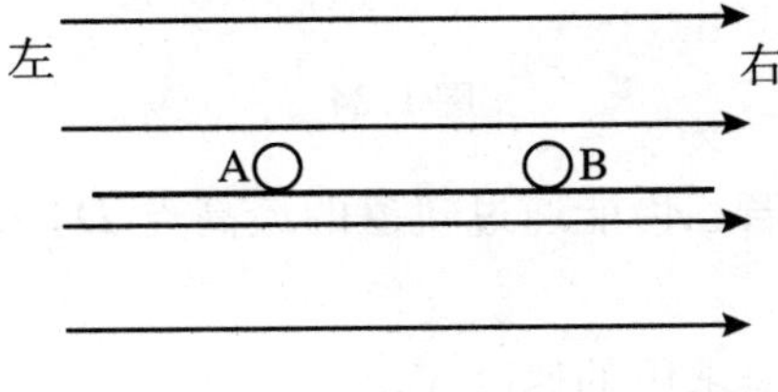

图 1.31

A. 小球 A 带正电,小球 B 带负电,且 $Q_A>Q_B$

B. 小球 A 带正电,小球 B 带负电,且 $Q_A<Q_B$

C. 小球 A 带负电,小球 B 带正电,且 $Q_A>Q_B$

D. 小球A带负电,小球B带正电,且 $Q_A < Q_B$

10. 一个圆筒形气缸静置于地面上,如图1.32所示.气缸的质量为 M,活塞(连同手柄)的质量为 m,气缸内部的横截面面积为 S,大气压强为 p_0,平衡时气缸内容积为 V.现用手握住手柄缓慢上提,设气缸足够长,在整个上提过程中气体温度保持不变,并且不计缸内气体的质量及活塞与气缸之间的摩擦,求气缸刚刚被提离地面时活塞上升的距离.

11. (1999年高考广东卷)如图1.33所示,一固定的楔形木块,其斜面的倾角 $\theta=30^\circ$,另一边与地面垂直,顶上有一定滑轮,一柔软的细绳跨过定滑轮,两端分别与物块A和B连接,A的质量为 $4m$,B的质量为 m.开始时将B按在地面上不动,然后放开手,让A沿斜面下滑而B上升,物块A与斜面间无摩擦.若A沿斜面下滑 s 距离后,细线突然断了,求物块B上升的最大高度 H.

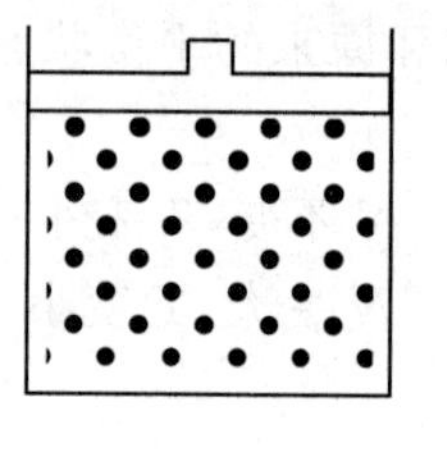
图1.32

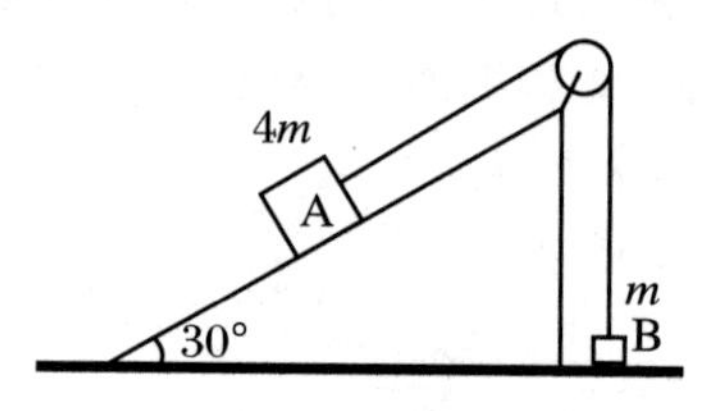

图1.33

12. (2010年高考安徽卷)如图1.34所示,ABD 为竖直平面内的光滑绝缘轨道,其中 AB 段是水平的,BD 段为半径 $R=0.2$ m的半圆,两段轨道相切于 B 点,整个轨道处在竖直向下的匀强电场中,场强大小 $E=5.0\times10^3$ V/m.一不带电的绝缘小球甲以速度 v_0 沿水平轨道向右运动,与静止在 B 点带正电的小球乙发生弹性碰撞.已知甲、乙两球的质量均为 $m=1.0\times10^{-2}$ kg,乙所带电荷量 $q=2.0\times10^{-5}$ C,g 取10 m/s^2.(设水平轨道足够长,甲、乙两球可视为质点,整个运动过程无电荷转移.)

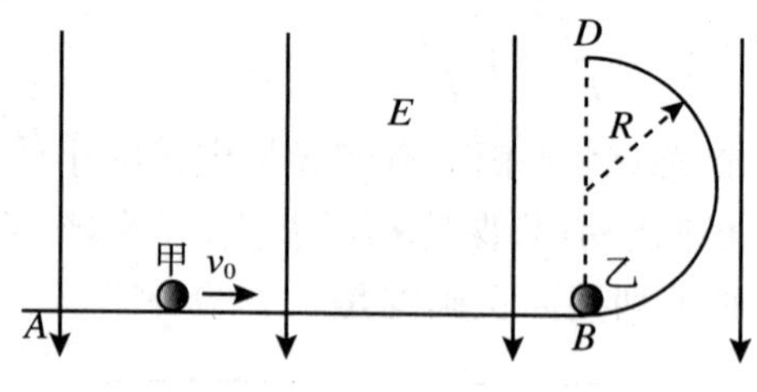

图1.34

(1) 甲、乙两球碰撞后,若乙恰能通过轨道的最高点 D,求乙在轨道上的首次落点到 B 点的距离.

(2) 在满足(1)的条件下,求甲的速度 v_0.

(3) 若甲仍以速度 v_0 向右运动,增大甲的质量,保持乙的质量不变,求乙在轨道上的首次落点到 B 点的距离范围.

1.4 隔离法思维训练参考答案

1. $\dfrac{F+2\mu mg}{3}$

2. A

3. $F=\sqrt{3}mg$

4. (1) 3.2 N,方向水平向左 (2) 67.6 N

5. (1) 440 N (2) 275 N

6. C

7. B

8. D

9. D

10. $\dfrac{(M+m)gV}{(p_0S-Mg)S}$

11. 1.2 m

12. (1) 设乙到达最高点的速度为 v_D,乙离开 D 点到达水平轨道的时间为 t,乙的落点到 B 点的距离为 x,则有

$$mg+qE=m\frac{v_D^2}{R},\qquad ①$$

$$2R=\frac{1}{2}\frac{mg+qE}{m}t^2,\qquad ②$$

$$x=v_Dt.\qquad ③$$

联立①～③式,得

$$x=0.4\ \text{m}.$$

(2) 甲、乙两球质量相等,发生弹性碰撞后速度互相交换.根据动能定理,有

$$-mg\cdot 2R-qE\cdot 2R=\frac{1}{2}mv_D^2-\frac{1}{2}mv_0^2.\qquad ④$$

联立①④式,得

$$v_0=\sqrt{\frac{5(mg+qE)R}{m}}=2\sqrt{5}\ \text{m/s}.$$

(3) 设甲的质量为 M,碰撞后甲、乙的速度分别为 v_1、v_2,根据动量守恒定律和机械能守恒定律,有

$$Mv_0=Mv_1+mv_2,\qquad ⑤$$

$$\frac{1}{2}Mv_0^2=\frac{1}{2}Mv_1^2+\frac{1}{2}mv_2^2.\qquad ⑥$$

联立⑤⑥式,得

$$v_2 = \frac{2M}{M+m}v_0.$$

由 $M \geqslant m$,可得

$$v_0 \leqslant v_2 < 2v_0. \quad ⑦$$

设乙球过 D 点时速度为 v'_D,根据动能定理,有

$$-mg \cdot 2R - qE \cdot 2R = \frac{1}{2}mv_D'^2 - \frac{1}{2}mv_2^2. \quad ⑧$$

联立⑦⑧式,得

$$2\ \text{m/s} \leqslant v'_D < 8\ \text{m/s}. \quad ⑨$$

设乙在水平轨道上的落点到 B 点的距离为 x',有

$$x' = v'_D t. \quad ⑩$$

联立②⑨⑩式,得

$$0.4\ \text{m} \leqslant x' < 1.6\ \text{m}.$$

2　整　体　法

2.1　整体法概述

应当把物理解题的整体法上升到思维的高度.整体思维又称系统思维,它认为整体是由各个局部按照一定的秩序组织起来的,要求以整体和全面的视角把握对象.中国古人的整体思维主要有以下特点:(1) 整体思维的积淀形成了八卦、六十四卦、五行生克等整体结构模式,这些模式反映了自然界乃至人类社会的一切事物的共同性.(2) 宇宙整体和作为整体的具体事物具有统一的结构,遵从相同的演化法则,并由此导出天地一指、万物一马、宇宙全息的结论.

整体思维对中国的历史、文化和生活的影响是巨大的.中国人素有的"大一统"思想,中医的"头痛医脚,脚痛医头"的整体疗法,以及中国文化偏重综合、弱于分析、概念的模糊性等都体现了这种思维方式.

高中物理的知识固然很重要,但是其思维模式更重要.整体的思维模式在物理解题中处处有所体现,其为培养学生的整体思维能力提供了很好的载体.那么,整体思维法在解物理问题时的优点体现在哪里?先看下面的例 1.

例 1　(2012 年高考广东卷)如图 2.1 所示,跨过定滑轮的绳的一端挂一吊板,另一端被吊板上的人拉住.已知人的质量为 $M=70$ kg,吊板的质量为 $m=10$ kg,绳及定滑轮的质量、滑轮的摩擦均可不计,取重力加速度 $g=10\ \mathrm{m/s^2}$.当人以 $F=440$ N 的力拉绳时,求吊板的加速度 a.

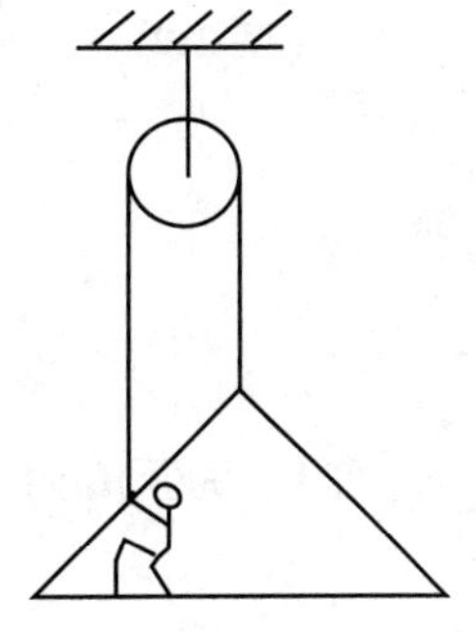

图 2.1

解析　要求吊板的加速度,似乎需将吊板隔离出来才能求解.事实上,人和吊板保持相对静止,即人和吊板有相同的加速度,所以可将人和吊板看作一个整体,对整体用牛顿第二定律求解即可.将人和吊板整体作为研究对象,整体受到重力和两条绳的拉力,则有

$$2F-(M+m)g=(M+m)a.$$

解得

$$a=1\ \mathrm{m/s^2}.$$

通过整体法分析物理问题，可以弄清系统的整体受力情况和全过程的受力情况，从整体上揭示事物的本质和变化规律，从而避开了中间环节的烦琐推算，能够灵活地解决问题，充分感受到解题的简洁明了，有一种痛快的感觉. 例 1 的解答过程也告诉我们，通常在分析外力对系统的作用时用整体法.

整体思维在辩证逻辑中作为一种独立的思维方式，其特定的原则和规律可归纳为三点.

第一点：连续性原则，即当思维对象确定后，思维主体就要从许多纵的方面去反映客观整体，把整个客观整体视为一个有机延续而不间断的发展过程.

第二点：立体性原则，即当思维对象确立之后，思维主体要从横的方面，也就是从客观事物自身包含的各种属性整体地考察它、反映它，使整体性事物内在诸因素之间的错综复杂关系全面清晰地展示出来.

第三点：系统性原则，即从纵横两方面来对客观事物进行分析和综合，并按客观事物本身所固有的层次和结构组成认识之网，逻辑再现客观事物的全貌.

高中物理解题中的整体法能有效地对学生进行整体思维模式的训练，非常好地体现了连续、立体和系统的原则. 通常有其遵循的解题方法和解题步骤.

例 2 (2014 年“北约”联盟自主招生)如图 2.2 所示，有半径为 R 的光滑细圆环轨道，其外壁被固定在竖直平面上. 轨道正上方和正下方分别有质量为 $2m$ 和 m 的静止小球，它们由长为 $2R$ 的轻杆固定. 已知圆环轨道内壁开有环形小槽，可使轻杆无摩擦、无障碍地绕着其中心点转动. 今对上方小球施加小扰动，则此后过程中该小球的速度最大值为________；当其达到速度最大值时，两小球对轨道作用力的合力大小为________.

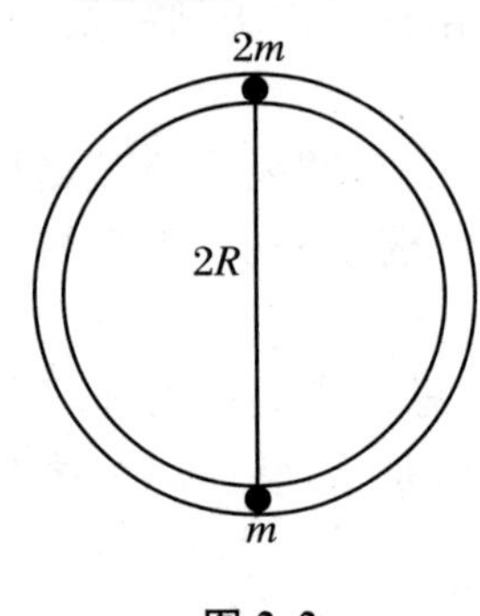

图 2.2

解析 当质量为 $2m$ 的球运动到最低点时，小球的速度最大，根据机械能守恒定律，有

$$2mg\cdot 2R - mg\cdot 2R = \frac{1}{2}(m+2m)v^2.$$

解得

$$v = \sqrt{\frac{4}{3}gR}.$$

取竖直向上为正方向，根据系统牛顿第二定律，有

$$F - 3mg = 2m\frac{v^2}{R} - m\frac{v^2}{R}.$$

解得

$$F = \frac{13}{3}mg.$$

根据牛顿第三定律，两小球对轨道作用力的合力为 $F' = \frac{13}{3}mg$，方向竖直向下.

例 3 如图 2.3 所示，甲、乙两滑块质量分别为 M、m，甲从光滑斜面上的 A 点由静止开始下滑，在 B 点(斜面与水平面连接处)与乙发生正碰(乙原静止). 碰后甲、乙都向右沿 EC 运动，最后分别停在 D 点和 E 点. 设碰撞过程中无动能损失，滑块与水平面间的摩擦因数均为 μ，测得 $BD = s_1$，$BE = s_2$，A 点到水平面的距离为 h，求 M 和 m 的比值.

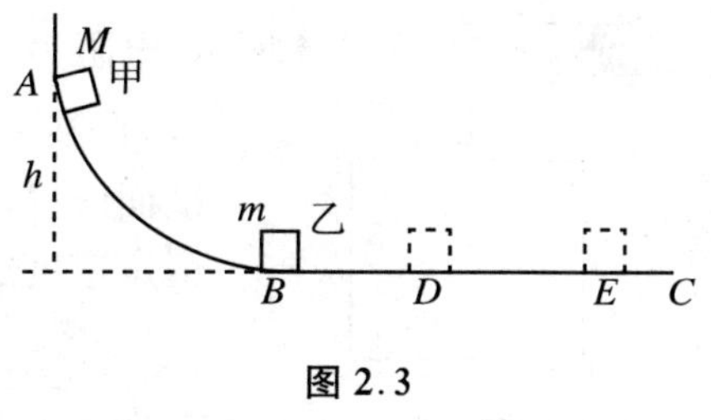

图 2.3

解析 ① 该题涉及两个物体组成的系统，运动过程复杂，若分别选取甲、乙为研究对象，运用动能定理或牛顿第二定律求解比较麻烦. ② 以整体为研究对象时，系统的初、末动能已知，且整个过程中合力的功很容易求出，又不需要考虑运动过程等细节问题，解答比较简便.

以整体为研究对象，根据能量的转化和守恒定律，有

$$Mgh = \mu Mgs_1 + \mu mgs_2.$$

解得

$$\frac{M}{m} = \frac{\mu s_2}{h - \mu s_1}.$$

通过以上两个例题，总结一下利用整体法解决问题的一般方法.

1. 明确研究的系统或运动的全过程. 通常分为下列三种情况：① 在静力学中不涉及内力且外力较少或内力较多时. ② 在动力学中连接体的加速度一致. ③ 在所有的守恒定律(或定理)的运用中.

2. 画出系统的受力图和运动全过程的示意图.

3. 寻找未知量与已知量之间的关系，选择适当的物理规律列方程求解.

自然界本身就是一个相互联系、相互依赖、相互制约、相互作用的多个物体、多个状态、多个过程的整体组合. 个别事物的变化会引起整体的变化，整体的变化也反映了局部的变化. 因此从整体上把握事物及其变化规律不仅有利于研究外部作用和事物之间整体变化的关系，也有利于在把握事物整体变化的基础上研究事物的局部变化. 现代科学发展最明显的特点就是既高度分化，又高度综合. 对任何复杂的科学，我们越是从整体角度对各个部分(元素)做出精确的理解和掌握，就越能正确地进行研究. 科学要想得到迅速发展，不仅要重视理论研究，也要重视科学思维方法的研究. 科学方法论的研究本身就是一个自我辩证否定的过程，而整体思维的提出在这个过程中是具有必然性的. 物理学以自然界为研究对象，其研究过程中整体思维是很自然的逻辑.

物理问题中，往往所包含的研究对象不是单个的物体，所给定的题设条件不是单一的条件，所涉及的物理过程不是孤立的过程. 这时，应把所涉及的多个物体、多个未知量、多个过程作为一个整体来研究思考. 整体法是指对物理问题中的整个系统或整个过程进行分析、研究的方法. 整体法的思维特点：整体法是从局部到全局的思维过程，是系统论中的整体原理在物理中的应用. 解物理问题时用整体法有着明显的优点.

例 4 如图 2.4 所示，电阻为 R 的矩形导体框 $abcd$，边长 $ab=L$，$bc=h$，质量为 m，自某一高度自由落下，通过一匀强磁场，磁场方向垂直于纸面向里，磁场区域的宽度为 h，若矩形导体框 $abcd$ 恰好以恒定速度通过磁场，线框中产生的焦耳热是多少？

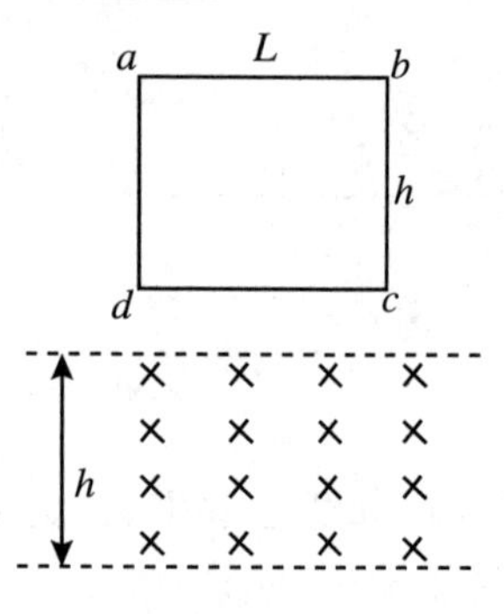

图 2.4

解析 以线框通过磁场的全过程作为整体，不考虑运动过程细节的分析，根据能量的转化和守恒定律，线框减少的重力势能全部转化为焦耳热，则有 $Q=2mgh$.

例 5 总质量为 M 的列车，沿水平直线轨道匀速前进，其末节车厢质量为 m，中途脱钩，司机发现后关闭油门，机车已行驶距离 L. 设运动阻力与重量成正比，机车关闭油门前牵引力是恒定的，则两部分停止运动时，它们之间的距离是多少？

解析 由题意设阻力与重量成正比的比例系数为 k，根据动能定理，对尾部车厢，有

$$-kmgs_1=0-\frac{1}{2}mv^2. \quad ①$$

对前部列车，有

$$FL-k(M-m)gs_2=0-\frac{1}{2}(M-m)v^2. \quad ②$$

列车脱钩前匀速行驶，则有

$$F=kMg. \quad ③$$

联立①～③式，得

$$\Delta s=s_2-s_1=\frac{M}{M-m}L.$$

若脱钩时就关闭发动机，则尾部列车和前部列车都做初速度、加速度相同的匀减速直线运动，停止运动时相距 $\Delta s=0$. 那么现在停止运动时的距离是如何产生的呢？机车的牵引力多做了 $W=kMgL$ 的功，使其前部列车克服阻力多前进了 Δs. 所以，整体考虑列车的运动，有

$$kMgL=k(M-m)g\Delta s.$$

解得

$$\Delta s=\frac{M}{M-m}L.$$

例 6 如图 2.5 所示，矩形盒 B 的质量为 M，底部长为 L，放在水平面上，盒内有一质量为 $\frac{M}{5}$、可视为质点的物体 A，A 与 B、B 与地面间的动摩擦因数均为 μ，开始时二者均静止，A 在 B 的左端. 现瞬间使物体 A 获得一向右的水平初速度 v_0，以后物体 A 与盒 B 的左右壁碰撞时，B 始终向右

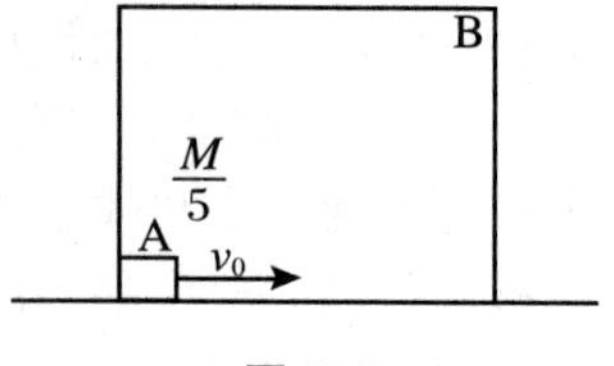

图 2.5

运动.当A与B的左壁最后一次碰撞后,B立刻停止运动,A继续向右滑行距离 $s(s<L)$ 后也停止运动,则:

(1) 若A第一次与B碰后瞬间被弹回的速率为 v_1,求此时矩形盒B的速度.

(2) 当B停止运动时A的速度是多少?

(3) 求B运动的总时间.

解析 (1) A第一次与B碰前,B保持静止状态,设A的质量为 m,根据动能定理,有

$$-\mu mgL=\frac{1}{2}mv_A^2-\frac{1}{2}mv_0^2. \quad ①$$

A、B组成的系统在第一次碰撞过程中动量守恒,设此时B的速率为 v_B,取向右为正方向,则有

$$mv_A=-mv_1+Mv_B. \quad ②$$

联立①②式,得

$$v_B=\frac{1}{5}(v_1+\sqrt{v_0^2-2\mu gL}).$$

(2) 最后一次碰撞后的过程中,设B停止运动时A的速度为 v_2,对A根据动能定理,有

$$-\mu mgs=0-\frac{1}{2}mv_2^2.$$

解得

$$v_2=\sqrt{2\mu gs}.$$

(3) 以A、B组成的系统为研究对象,系统在水平方向所受的外力就是地面对B的滑动摩擦力,且方向始终向左.设B运动的总时间为 t,取向右为正方向,根据质点系动量定理,有

$$-\mu(m+M)gt=mv_2-mv_A.$$

解得

$$t=\frac{\sqrt{v_0^2-2\mu gL}-\sqrt{2\mu gs}}{6\mu g}.$$

通过上面的三个例题可知,在分析和解决某些物理问题时,若善于并恰当地选用整体思维方法,往往能使问题简化,解题方便.以"整体"为对象来研究问题的方法,在整个物理学中有着广泛的应用.整体法不仅适用于静力学和牛顿运动定律,也适用于利用动量定理、动量守恒定律、动能定理、机械能守恒定律、能量的转化和守恒定律解题,甚至在热学、电学、光学中也处处可见它的应用.用好此种方法,不仅能使解题过程简洁,更能培养学生的发散和创新思维能力!学习物理一定要熟练掌握和灵活运用这一思维方法.

整体法和隔离法是解决物理问题,特别是平衡问题与动力学问题的常用方法,通常在分析外力对系统的作用时用整体法,在分析系统内各物体间的相互作用时用隔离法,而在实际解决问题时往往是整体法和隔离法交替使用.应用整体法与隔离法时应注意以下三点:

(1) 解答问题时,绝不能把整体法和隔离法对立起来,而应该把这两种方法结合起来,从具体问题的实际情况出发,灵活选取研究对象,恰当选用隔离法和整体法.

(2) 在使用隔离法解题时,所选取的隔离对象是连接体中的某一部分物体,也可以是连接体中的某一个物体,而这“某一部分”的选取,也应根据问题的实际情况灵活处理.

(3) 在选用整体法和隔离法时可依据所求的力:若所求的力为外力,则应用整体法;若所求的力为内力,则用隔离法.但在具体应用时,绝大多数的题目要求两种方法结合应用,且应用顺序也较为固定:求外力时,先隔离后整体;求内力时,先整体后隔离.先整体或先隔离的目的都是求解共同的加速度.研究物理问题时,所涉及的研究对象往往不是一个单独的物体或单一的孤立过程.

再看下面的三个例题.

例 7 如图 2.6 所示,一质量为 M、倾角为 θ 的斜面静止在水平桌面上,与桌面间的动摩擦因数为 μ,一质量为 m 的木块置于光滑的斜面上,为了保持木块相对斜面静止,水平推力 F 为多大?

解析 木块相对斜面静止,对木块和斜面整体,由牛顿第二定律,得

$$F - \mu(M + m)g = (M + m)a. \quad ①$$

以木块为研究对象,受力分析如图 2.7 所示,由牛顿第二定律,得

$$mg\tan\theta = ma. \quad ②$$

联立①②式,得

$$F = (\mu + \tan\theta)(M + m)g.$$

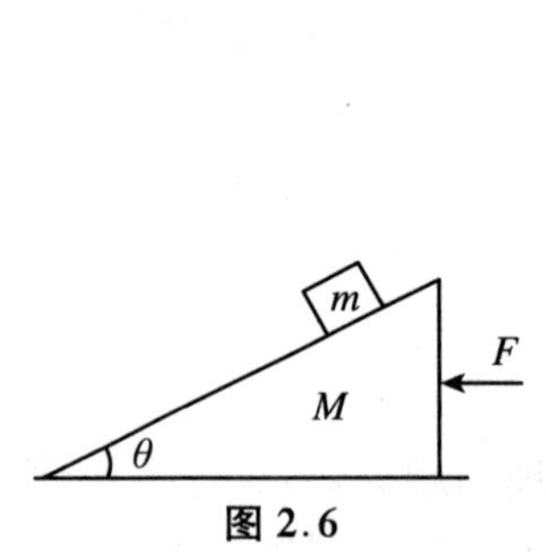

图 2.6

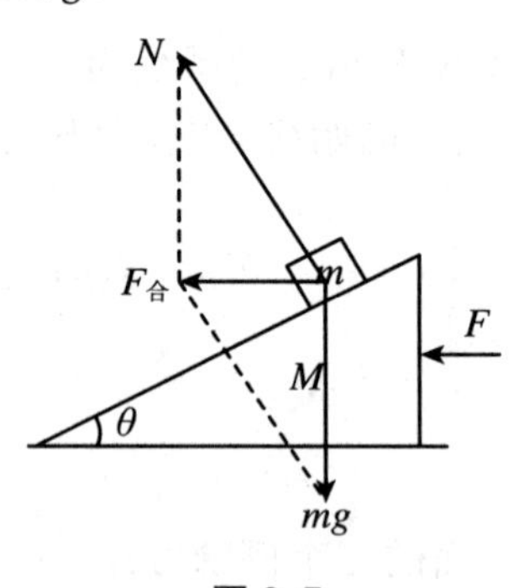

图 2.7

例 8 如图 2.8 所示,质量为 M 的斜劈形物体放在水平地面上,质量为 m 的粗糙物块以某一初速度沿劈的斜面向上滑,至速度为零后又加速返回,而物体 M 始终保持静止,则在物块 m 上、下滑动的整个过程中( ).

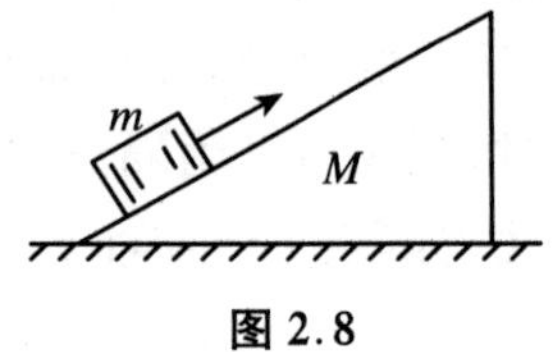

图 2.8

A. 地面对物体 M 的摩擦力先向左后向右

B. 地面对物体 M 的摩擦力方向没有改变

C. 地面对物体 M 的支持力总小于 $(M+m)g$

D. 物块 m 上、下滑动时的加速度大小相同

解析 整体受力分析如图 2.9 所示,整体受到地面的支持力 N_D、地面的摩擦力 f_D、重力 $(M+m)g$,物块在斜面上滑动过程中加速度方向始终沿斜面向下,分解加速度,可得 $(M+m)g-N_D=ma_y$,$f_D=ma_x$,由此分析可知 B、C 选项正确,A 选项错误;物块 m 上、下滑动的位移大小相等,由于上滑和下滑时物块和斜面的摩擦方向不同,物块所受合力不同,上滑时的加速度大小与下滑时的加速度大小不同,D 选项错误. 故正确答案为 BC.

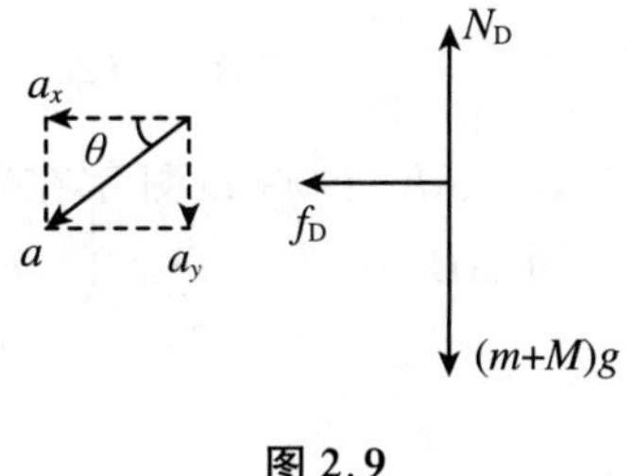

图 2.9

例 9 如图 2.10 所示,两根粗细均匀的金属杆 AB 和 CD 的长度均为 L,电阻均为 R,质量分别为 $3m$ 和 m,用两根等长的、质量和电阻均不计的、不可伸长的柔软导线将它们连成闭合回路,悬跨在绝缘的、水平光滑的圆棒两侧,AB 和 CD 处于水平. 在金属杆 AB 的下方有高度为 H 的水平匀强磁场,磁感强度的大小为 B,方向与回路平面垂直,此时 CD 处于磁场中. 现从静止开始释放金属杆 AB,经过一段时间(AB、CD 始终水平),在 AB 即将进入磁场的上边界时,其加速度为零,此时金属杆 CD 还处于磁场中,在此过程中金属杆 AB 上产生的焦耳热为 Q. 重力加速度为 g.

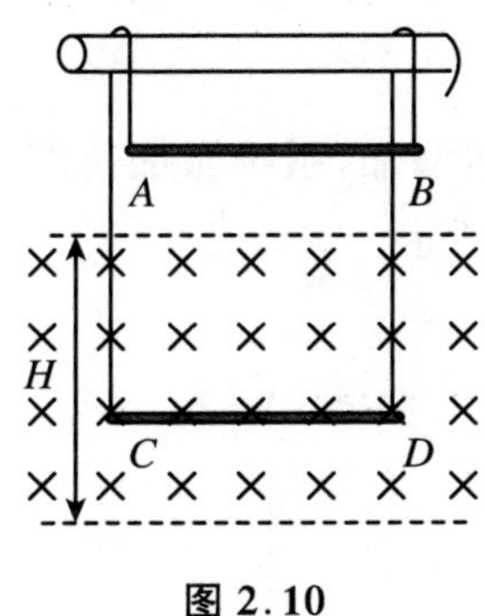

图 2.10

(1) 求金属杆 AB 即将进入磁场上边界时的速度 v_1.

(2) 求在此过程中金属杆 CD 移动的距离 h 和通过导线截面的电量 q.

(3) 设金属杆 AB 在磁场中运动的速度为 v_2,通过计算说明 v_2 大小的可能范围.

(4) 依据第(3)问的结果,请定性画出金属杆 AB 在穿过整个磁场区域的过程中可能出现的速度-时间图像($v-t$ 图).

解析 (1) AB 杆到达磁场边界时,加速度为零,系统处于平衡状态.

对 AB 杆,有 $3mg=2T$. 对 CD 杆,有 $2T=mg+BIL$. 又

$$F=BIL=\frac{B^2L^2v_1}{2R},$$

故

$$v_1=\frac{4mgR}{B^2L^2}.$$

(2) 以 AB、CD 杆组成的系统在此过程中,根据能量的转化与守恒,有

$$(3m-m)gh-2Q=\frac{1}{2}\times 4mv_1^2,$$

解得

$$h=\frac{mv_1^2+Q}{mg}=\frac{16m^3g^2R^2+QB^4L^4}{mgB^4L^4},$$

$$q = I\Delta t = \frac{\Delta\phi}{2R} = \frac{BLh}{2R} = \frac{16m^3g^2R^2 + QB^4L^4}{2RmgB^3L^3}.$$

(3) AB 杆与 CD 杆都在磁场中运动，直到达到匀速，此时系统处于平衡状态. 对 AB 杆，有 $3mg = 2T + BIL$. 对 CD 杆，有 $2T' = mg + BIL$. 又

$$F = BIL = \frac{B^2L^2v_2}{R},$$

解得

$$v_2 = \frac{mgR}{B^2L^2}.$$

因此

$$\frac{mgR}{B^2L^2} < v_2 < \frac{4mgR}{B^2L^2}.$$

(4) AB 杆以速度 v_1 进入磁场，系统受到的安培力(阻力)突然增加，系统做加速度不断减小的减速运动，接下来的运动情况有四种可能性，如图 2.11 所示.

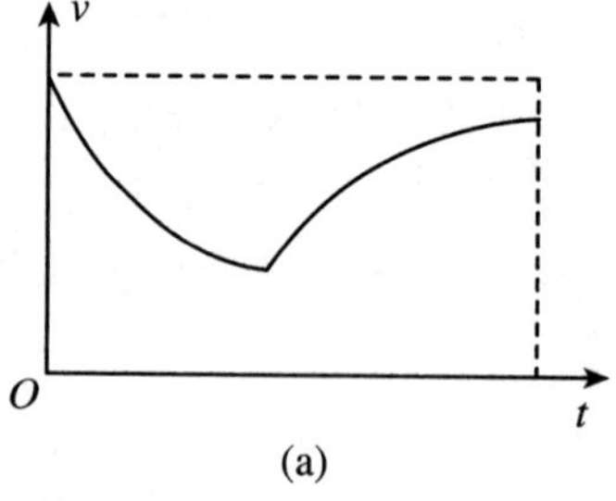

(a)

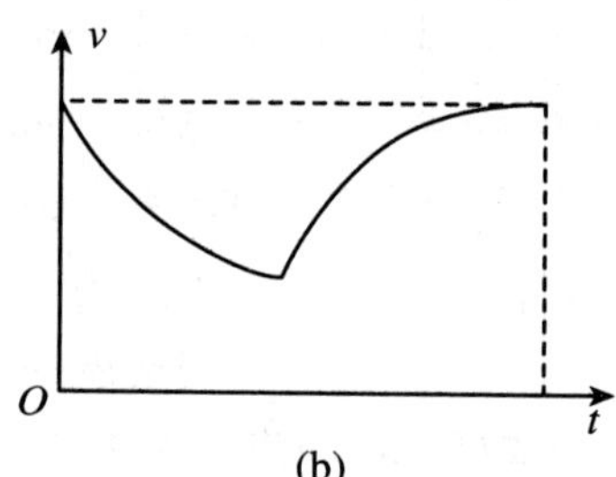

(b)

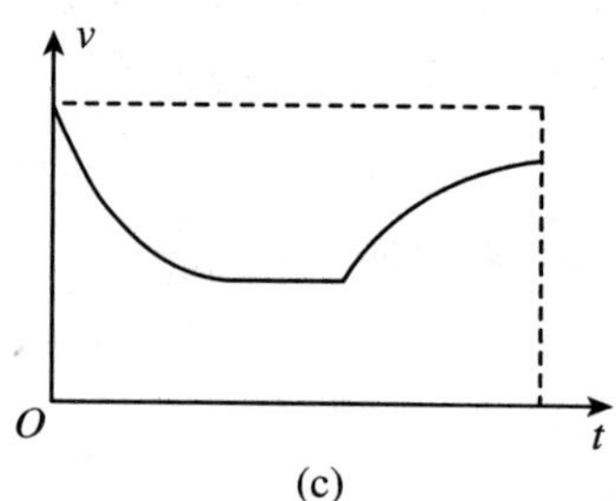

(c)

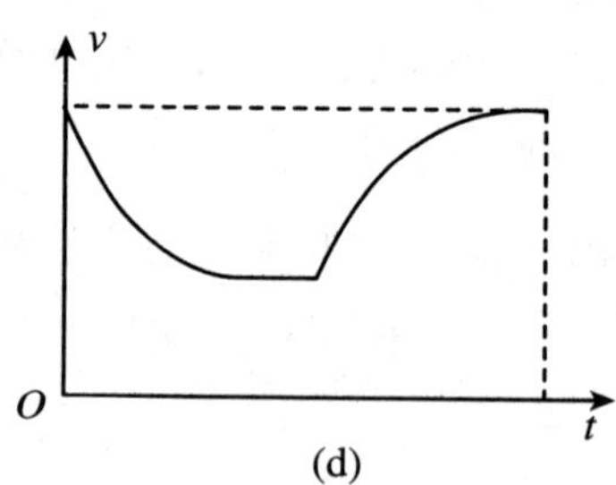

(d)

图 2.11

2.2 整体法例题精析

2.2.1 以多个物体为研究对象的整体法

当讨论多个物体组成的系统与外界的作用而不研究整体内部各物体间的相互作用时,可把这些物体作为一个系统来研究.

例 1 (2008 年高考四川卷)两个可视为质点的小球 a 和 b,用质量可忽略的刚性细杆相连,放置在一个光滑的半球面内,如图 2.12 所示,已知小球 a 和 b 的质量之比为$\sqrt{3}$,细杆长度是球面半径的$\sqrt{2}$倍,两球处于平衡状态时,细杆与水平面的夹角 θ 是(　　).

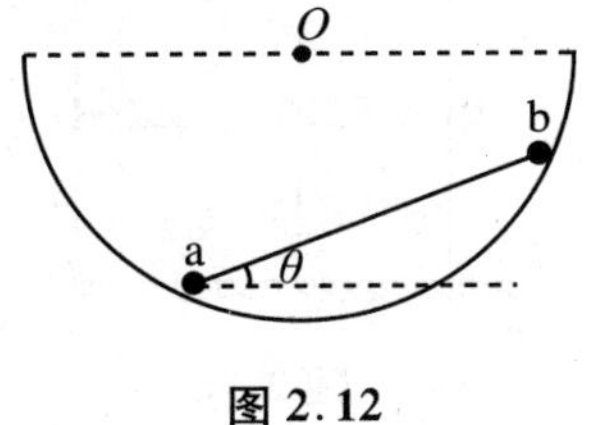

图 2.12

A. 45°　　B. 30°　　C. 22.5°　　D. 15°

解析 将 a 球、b 球和细杆看成整体,其受力分析如图 2.13 所示.以 O 为转轴,根据力矩平衡条件,有

$$\sqrt{3}mgR\cos(\theta + 45^\circ) = mgR\sin(\theta + 45^\circ).$$

解得

$$\theta = 15^\circ.$$

图 2.13

例 2 (2008 年清华大学自主招生)如图 2.14 所示的电路是一个无穷网络,每个电阻均为 r,试求 A、B 间的电阻 R_{AB}.

解析 因为是无穷网络,所以若把去掉图 2.14 中虚线左边三个电阻及其结构后的部分看作一个整体,则其等效电阻为 R,且 $R = R_{AB}$.原来的无穷网络变为有限网络,如图 2.15 所示.根据电阻的串、并联关系,得

$$R_{AB} = 2r + \frac{rR}{r + R}.$$

解得

$$R_{AB}=(\sqrt{3}+1)r.$$

图 2.14　　　　图 2.15

例 3　如图 2.16 所示，内有 a、b 两个光滑活塞的圆柱形金属容器，其底面固定在水平地板上，活塞将容器分为 A、B 两部分，两部分中均盛有温度相同的同种理想气体，平衡时 A、B 气体柱的高度分别为 $h_A=10$ cm，$h_B=20$ cm，两活塞的重力均忽略不计，活塞的横截面积 $S=1.0\times10^{-3}$ m^2. 现用竖直向上的力 F 拉活塞 a，使其缓慢地向上移动 $\Delta h=3.0$ cm，此时活塞 a、b 均恰好处于静止状态，环境温度保持不变，求：

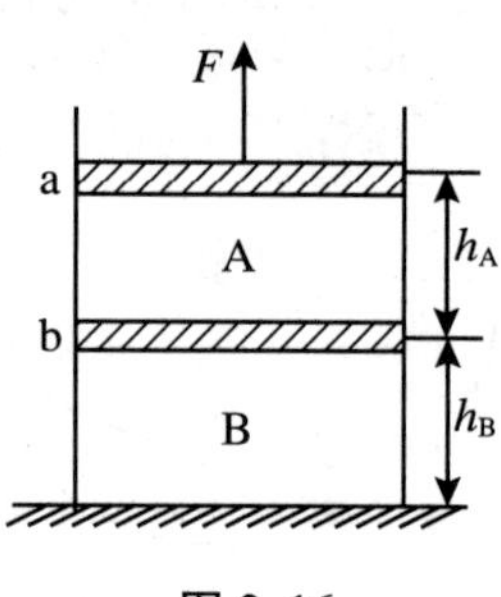

图 2.16

(1) 活塞 a、b 均处于静止状态时拉力 F 的大小.

(2) 活塞 a 向上移动 3.0 cm 的过程中活塞 b 移动的距离.(外界大气压强为 $p_0=1.0\times10^5$ Pa.)

解析　A、B 为温度相同的同种理想气体，可选 A、B 两部分气体构成的整体为研究对象，并把两部分气体在同一时间内分别做等温变化的过程视为同一整体过程来研究.

(1) 根据玻意耳定律，有

$$p_1V_1=p_2V_2,$$

即

$$p_0(10+20)S=p(10+20+3.0)S.$$

从而解得整体末态的压强为 $p=\frac{10}{11}p_0$.

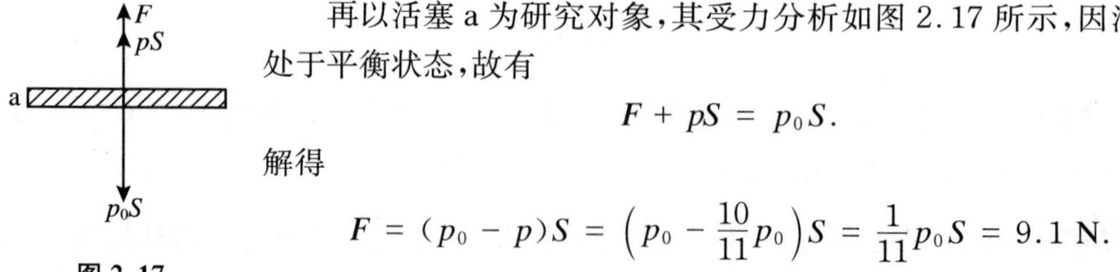

图 2.17

再以活塞 a 为研究对象，其受力分析如图 2.17 所示，因活塞 a 处于平衡状态，故有

$$F+pS=p_0S.$$

解得

$$F=(p_0-p)S=\left(p_0-\frac{10}{11}p_0\right)S=\frac{1}{11}p_0S=9.1\text{ N}.$$

(2) 因 A、B 两气体初态的压强、温度、分子密度相同，末态的压强、温度、分子密度也相同，故部分气体体积变化跟整体气体体积变化之比，与原来部分气体跟整体气体体积之比相同，即

$$\frac{\Delta h_B}{\Delta h}=\frac{h_B}{h_A+h_B}.$$

解得活塞b移动的距离 $\Delta h_B = 2.0\ \text{cm}$.

2.2.2 把多个过程作为研究过程的整体法

对于某些由多个过程组合起来的总过程的问题，若不要求解题过程的全部细节，而只是要求总过程的初末状态或者是过程的某一总的特征，则可以把多个过程整合为一个整体过程来处理.

例 4 质量为1.0 kg的小球从高为20 m处自由下落到软垫上，反弹后上升的最大高度为5.0 m，小球与软垫接触的时间为1.0 s，在接触时间内小球受到合力的冲量大小为(　　).(空气阻力不计，取 $g=10\ \text{m/s}^2$.)

A. 10 N·s　　B. 20 N·s

C. 30 N·s　　D. 40 N·s

解析 小球从静止释放后，经下落、接触软垫、反弹上升三个过程后到达最高点.动量没有变化，初、末动量均为零，如图2.18所示.这时不要分过程求解，而是把小球运动的三个过程作为统一的整体过程来求解.

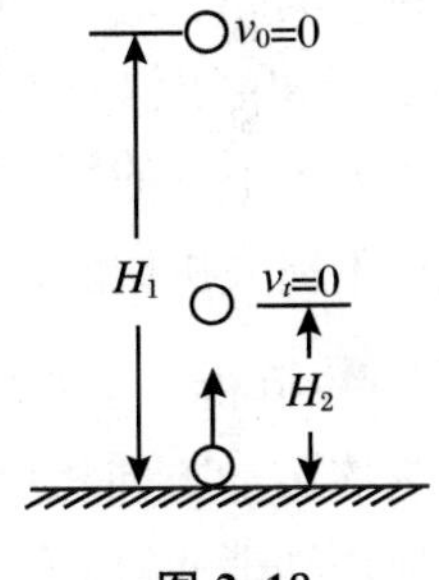

图 2.18

设小球与软垫接触时间内小球受到合力的冲量大小为 I，下落高度为 H_1，下落时间为 t_1，接触反弹上升的高度为 H_2，上升的时间为 t_2，取竖直向上为正方向，根据动量定理，有

$$-mg\cdot t_1+I-mg\cdot t_2=0.$$

其中

$$t_1=\sqrt{\frac{2H_1}{g}},\quad t_2=\sqrt{\frac{2H_2}{g}}.$$

解得

$$I=m(\sqrt{2gH_1}+\sqrt{2gH_2})=30\ \text{N}\cdot\text{s}.$$

例 5 (2003年高考全国卷)如图2.19所示，两根平行的金属导轨固定在同一水平面上，磁感应强度 $B=0.50$ T的匀强磁场与导轨所在平面垂直，导轨的电阻很小，可忽略不计.导轨间的距离 $l=0.20$ m.两根质量均为 $m=0.10$ kg的平行金属杆甲、乙可在导轨上无摩擦地滑动，滑动过程中与导轨保持垂直，每根金属杆的电阻为 $R=0.50\ \Omega$.在 $t=0$ 时刻，两杆都处于静止状态，现有一与导轨平行、大小为0.20 N的恒力 F 作用于金属杆甲上，使金属杆在导轨上滑动，经过 $t=5.0$ s，金属杆甲的加速度为 $a=1.37\ \text{m/s}^2$，问此时两金属杆的速度各为多少?

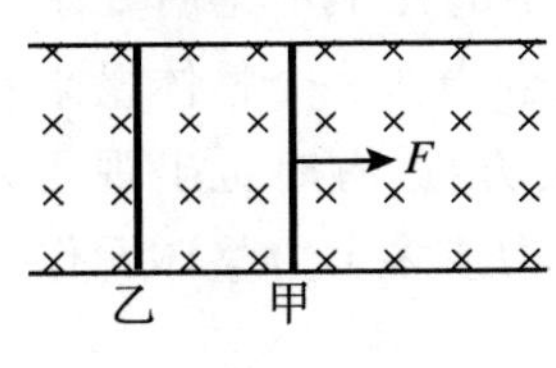

图 2.19

解析 设此时甲、乙两杆的速度分别为 v_1、v_2，以甲、乙两杆组成的系统为研究对象，根据动量定理，有

$$Ft=mv_1+mv_2. \quad ①$$

由法拉第电磁感应定律，得回路中的感应电动势为

$$E = Bl(v_1 - v_2). \qquad ②$$

回路中的电流为

$$I = \frac{E}{2R}. \qquad ③$$

对甲杆根据牛顿第二定律,有

$$F - BIl = ma. \qquad ④$$

联立①~④式,得

$$v_1 = 8.15\ \text{m/s}, \quad v_2 = 1.85\ \text{m/s}.$$

例 6 (1988 年高考全国卷)一个质量为 m,带有电荷为 $-q$ 的小物体可在水平轨道 Ox 上运动,O 端有一与轨道垂直的固定墙,场强大小为 E,方向沿 x 正方向,如图 2.20 所示.今小物体以初速度 v_0 从 x_0 点沿 Ox 轨道运动,运动中受到大小不变的摩擦力 f 作用,且 $qE>f$.设小物体与墙碰撞时不损失机械能且其电量保持不变,求它在停止运动前所通过的总路程 s.

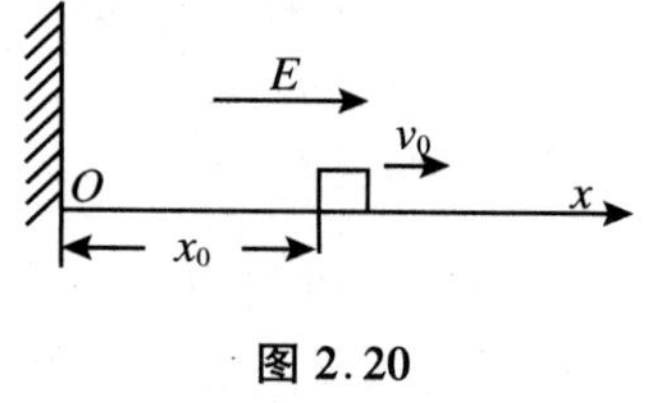

图 2.20

解析 小物体受到的电场力 $F = qE$,大小不变,方向指向墙;摩擦力 f 的方向与小物体运动方向相反.小物体在多次与墙碰撞后,最后将停止在原点 O 处.对整个运动过程应用动能定理,有

$$qEx_0 - fs = 0 - \frac{1}{2}mv_0^2.$$

解得

$$s = \frac{2qEx_0 + mv_0^2}{2f}.$$

2.2.3 把多个未知量综合研究的整体法

在解题时,有时根据物理规律列出方程后,出现方程个数少于未知量个数的情况,这便成了不定方程而无法得到确定的解,在这种情况中,如果方程中的几个不是所要求的未知量在各个方程中以相同的形式出现,便可把这几个未知量组合当作一个整体量来看待,从而使方程中的未知量减少而把不定方程转化为有确定解的方程.有时也出现受力分析时力的个数太多而无法应用相应规律的情况,此时可把两个力或多个力整体看作一个力,使问题大大简化.

例 7 如图 2.21 所示,质量为 M 的木块在拉力 F 的作用下沿动摩擦因数为 μ 的水平地面匀速运动,求拉力 F 的最小值.

解析 木块受四个力的作用,分别为重力 G、支持力 N、摩擦力 f 和拉力 F.由于 $f=\mu N$,所以 f 与 N 的合力方向是不变的,把 f 与 N 的作用效果用合力 R 替代,将四力问题简化为三力问题.由于木块做匀速运动,应用三力动态平衡条件的图解法(见图 2.22)可知,当拉力 $F\perp R$ 时,F 最小.此时 $\alpha=\varphi$,φ 称为摩擦角,$\tan\varphi=\frac{f}{N}=\mu$,所以

$$F_{\min} = Mg\sin\varphi = \frac{\mu Mg}{\sqrt{1+\mu^2}}.$$

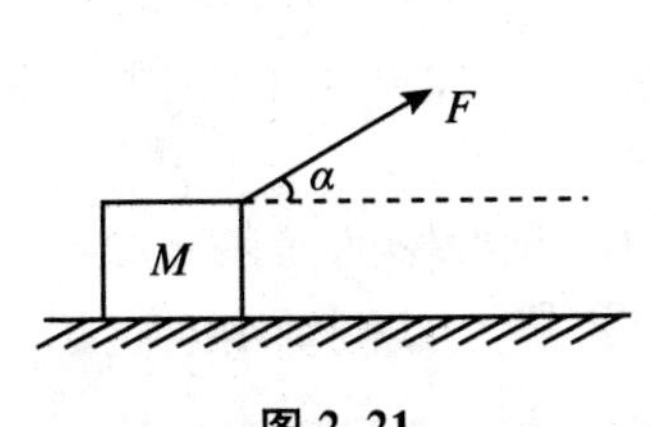

图 2.21

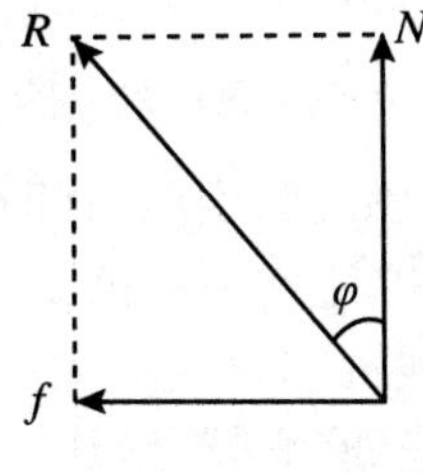

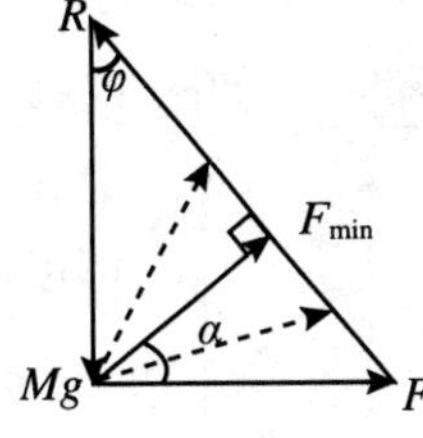

图 2.22

例 8 有一电源，其内阻较大，但不知其具体数值. 有两只电压表 V_A 和 V_B，已知两电压表的量程均大于上述电源的电动势，但不知两电压表的内阻大小. 要求只用这两只电压表和若干导线、开关组成电路，测出此电源的电动势，试说明你的办法.

解析 设两电压表的内电阻分别为 r_A 和 r_B，电源内电阻为 r，电动势为 E，将两电压表串联以后接于电源两极之间，组成如图 2.23(a)所示的电路，记下此时两表的读数 U_A 和 U_B，则有

$$E = U_A + U_B + Ir.$$

此时电路中的电流大小为

$$I = \frac{U_A}{R_A}.$$

故有

$$E = U_A + U_B + \frac{r}{R_A}U_A. \quad ①$$

再将电压表 V_A 单独接于电源两极之间，如图 2.23(b)所示. 记下此时电压表的示数，令其为 U'_A，则有

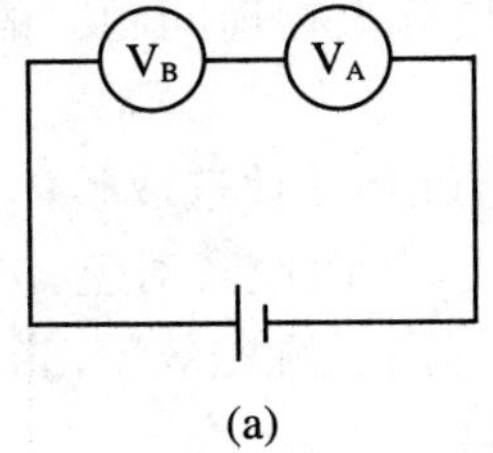

(a)

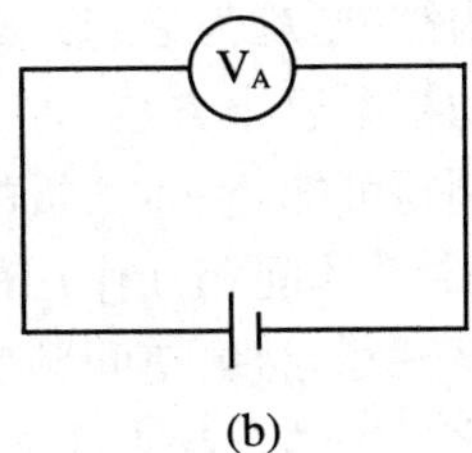

(b)

图 2.23

$$E = U'_A + I'r.$$

同理有

$$E = U'_A + \frac{r}{R_A}U'_A. \quad ②$$

联立①②式，将$\frac{r}{R_A}$视为一个未知数消去，可得$E=\frac{U'_A U_B}{U'_A-U_A}$.

将实验中测得的U_A、U_B、U'_A代入上式，便可求得此电源电动势的值.

例 9 如图2.24所示，一闭合圆形线圈放在匀强磁场中，线圈的轴线与磁场方向成30°角，磁感应强度随时间均匀变化. 在下述办法中，用哪一种方法可以使感应电流增加一倍？（　　）

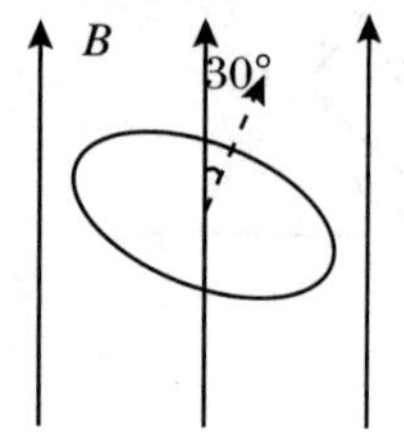

图 2.24

A. 把线圈的匝数增加一倍　　B. 把线圈的面积增加一倍

C. 把线圈的半径增加一倍　　D. 改变线圈轴线对磁场的方向

解析　本题的条件自变量有四个——线圈的匝数n、线圈的面积S、线圈的半径r和线圈的轴线与磁场方向所成角α. 目标量是电流I，为了减少运算量，可以把四个可能影响I的因素同时引入I的表达式中，最后再看I由哪些因素决定，这就是对多变量的整体思考.

根据法拉第电磁感应定律、欧姆定律和电阻定律，有

$$I=\frac{E}{R}=\frac{n\frac{\Delta\phi}{\Delta t}}{\rho\frac{n(2\pi r)}{S_0}}=\frac{\pi r^2\cos\alpha\frac{\Delta B}{\Delta t}}{\rho\frac{2\pi r}{S_0}}=\frac{\Delta B}{\Delta t}\frac{S_0}{2\rho}r\cos\alpha\propto r\cos\alpha\propto\sqrt{S}\cos\alpha.$$

S_0为导线的横截面积，欲使I加倍，答案为选项C.

整体是以系统为研究对象，从整体或全过程去把握物理现象的本质和规律，应用整体法就是用整体的观点去认识问题、解决问题，不为局部现象所迷惑，从整体上把握事物及其变化的规律. 应用整体法可以避免对事物内部进行烦琐的分析，具有方便简捷的优点. 因此在物理研究与学习中要善于运用整体法研究、分析、处理和解决问题，一方面表现为知识的融会贯通，另一方面表现为思维的有机组合. 整体与局部具有相对性，整体在更大的范围内就成为局部，而局部在更小的范围内就成为整体，关键在于处理具体问题时如何界定整体的范围. 灵活运用整体思维可以产生不同凡响的效果，显现“变”的魅力，把物理问题变繁为简、变难为易. 显然，整体法不仅是解决物理问题时的基本方法，也是认识客观事物时的基本思维方法.

通过上面的例题可知：整体分析的最大特点是通过巧妙地选取整体或系统为研究对象，把整体或系统中物体间相互作用的外力变成内力，从而使其对整体或系统的物理规律不产生影响. 这样做的结果使问题变得简单明了，提高了解题效率. 当然有些问题必须把隔离分析和整体分析结合起来才能找到最佳的解题方法.

在研究和处理物理问题时优先用整体思维方法. 明确对象、界定范围、分析受力、探寻规律、列式求解.

在解题中，我们不应把“整体法”仅仅作为一种解题技巧介绍给学生，还应从培养学生的整体思维能力着手，使学生在分析事物、解决问题时具有大局观、整体观，以及把握规律、解决问题的科学思维能力.

2.3 整体法思维训练

1. 如图 2.25 所示，质量 $m=10$ kg 和 $M=30$ kg 的两物体，叠放在动摩擦因数为 0.5 的粗糙水平地面上. 处于水平位置的轻质弹簧劲度系数为 250 N/m，一端固定于墙壁，另一端与质量为 m 的物块相连，弹簧处于自然状态. 现用一水平推力 F 作用于质量为 M 的物块上，使它缓缓地向墙壁一侧移动，当移动 0.40 m 时，两物块仍然相对静止，这时水平推力 F 的大小为（$g=10\ \mathrm{m/s^2}$）（　　）.

A. 100 N　　B. 250 N

C. 200 N　　D. 300 N

2.（1988 年高考全国卷）如图 2.26 所示，在粗糙的水平面上有一个三角形木块 abc，在它的两个粗糙斜面上分别放质量为 m_1 和 m_2 的两个木块，$m_1>m_2$. 已知三角形木块和两物体都是静止的，则粗糙水平面对三角形木块（　　）.

A. 有摩擦力的作用，摩擦力的方向水平向右

B. 有摩擦力的作用，摩擦力的方向水平向左

C. 有摩擦力的作用，但摩擦力的方向不能确定，因为 m_1、m_2、θ_1、θ_2 的数值并未给出

D. 以上结论都不对

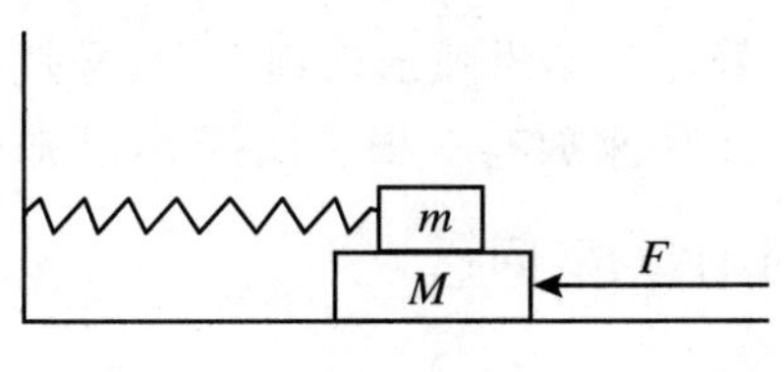

图 2.25

图 2.26

3.（2008 年高考海南卷）如图 2.27 所示，质量为 M 的楔形物块静置在水平地面上，其斜面的倾角为 θ. 斜面上有一质量为 m 的小物块，小物块与斜面之间存在摩擦. 用恒力 F 沿斜面向上拉小物块，使之匀速上滑. 在小物块运动的过程中，楔形物块始终保持静止. 地面对楔形物块的支持力为（　　）.

图 2.27

A. $(M+m)g$　　B. $(M+m)g-F$

C. $(M+m)g+F\sin\theta$　　D. $(M+m)g-F\sin\theta$

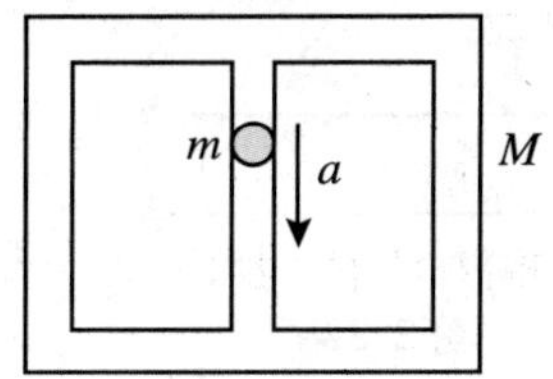

图 2.28

4. 如图 2.28 所示，质量为 M 的木箱放在水平面上，木箱中的立杆上套着一个质量为 m 的小球，开始时小球在杆的顶端，由静止释放后，小球沿杆下滑的加速度 $a=0.5g$. 则在小球下滑的过程中，木箱对地面的压力为多少？

5. 如图 2.29 所示，把盛水容器放在测力计的托盘上，水

中有一个木球被细线系在容器下部某位置.若弄断细线,在木球加速上升的过程中(尚未到达水面),测力计示数将(　　).

A. 增大　　　　B. 不变

C. 减小　　　　D. 无法确定

6. 如图 2.30 所示,质量为 M 的方块内有圆轨道,有一质量为 m 的小球在竖直平面内沿圆轨道做无摩擦的圆周运动,A 与 C 两点分别是圆周的最高点和最低点,B 与 D 两点与圆心 O 在同一水平面上,小球运动时,方块静止在地面上.则关于方块对地面的压力 N 和地面对方块的摩擦力的方向,下列说法正确的是(　　).

A. 小球在 A 点,$N>Mg$,摩擦力方向向左

B. 小球在 B 点,$N=Mg$,摩擦力方向向右

C. 小球在 C 点,$N=(M+m)g$,M 与地面无摩擦

D. 小球在 D 点,$N=(M+m)g$,摩擦力方向向右

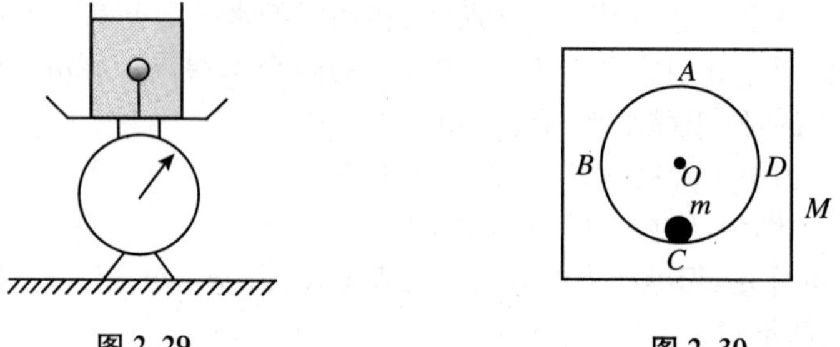

图 2.29　　　　图 2.30

7. 如图 2.31 所示,金属杆 a 在离地 h 高处从静止开始沿弧形轨道下滑,导轨平行的水平部分有竖直向上的匀强磁场 B,水平部分导轨上原来放有一根金属杆 b,已知杆 a 的质量为 m,杆 b 的质量为$\frac{3}{4}m$,水平导轨足够长,不计摩擦.问:

(1) a 和 b 的最终速度分别是多少?

(2) 从开始到达水平导轨到最终速度的整个过程中,回路释放的电能是多少?

8. 在场强为 E 的匀强电场中固定放置两个带电小球 1 和 2,它们的质量相等,电量分别为 q_1、q_2.两球的连线平行于电场线,如图 2.32 所示.现同时放开球 1 和球 2,于是它们在电场力的作用下运动,如果球 1 和球 2 之间的距离可以取任意值,则两球刚被放开时,它们的加速度可能(　　).

A. 大小不等,方向相同　　　　B. 大小不等,方向相反

C. 大小相等,方向相同　　　　D. 大小相等,方向相反

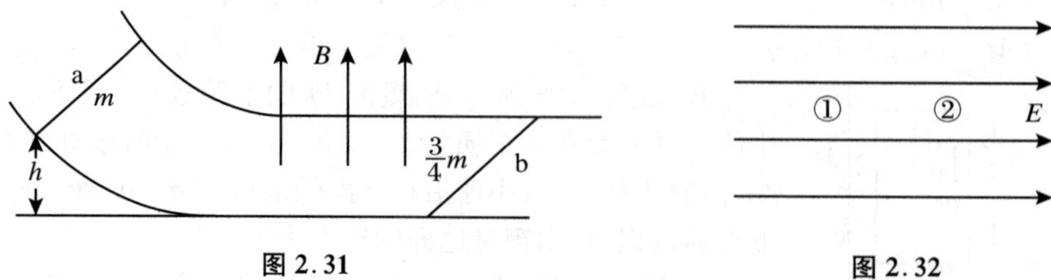

图 2.31　　　　图 2.32

9. (1993 年全国高考题)两金属杆 ab 和 cd 长度均为 L,电阻均为 R,质量分别为 M

和 m，$M>m$.用两根质量和电阻均可忽略的不可伸长的柔软导线将它们连成闭合回路，并悬挂在水平、光滑、不导电的圆棒两侧.两金属杆都处在水平位置，如图 2.33 所示.整个装置处在一与回路平面相垂直的匀强磁场中，磁感应强度为 B.若金属杆 ab 正好匀速向下运动，求其运动的速度.

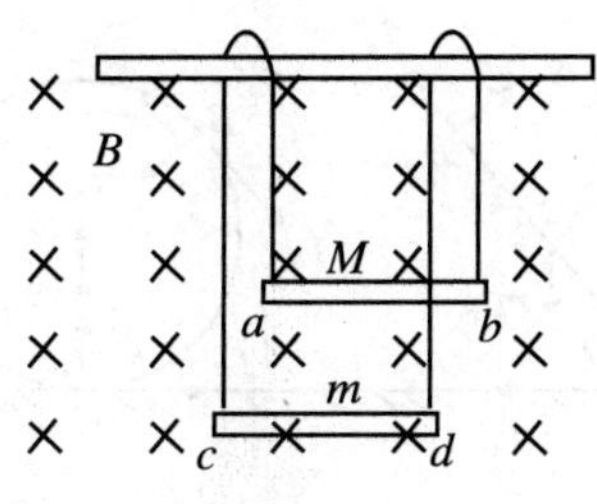

图 2.33

10.（2010 年南京大学自主招生）如图 2.34 所示，一个质量均匀分布的直杆搁置在质量均匀的圆环上，杆与圆环相切，系统静止在水平地面上，杆与地面接触点为 A，与环面接触点为 B.已知两个物体的质量线密度均为 ρ，直杆与地面夹角为 θ，圆环半径为 R，所有接触点的摩擦力足够大.求：

（1）地给圆环的摩擦力.

（2）A、B 两点静摩擦系数的取值范围.

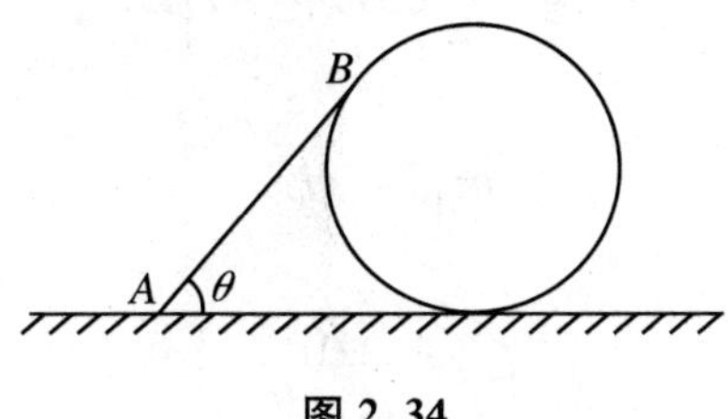

图 2.34

2.4 整体法思维训练参考答案

1. D
2. D
3. D
4. $\dfrac{2M+m}{2}g$
5. C
6. B
7. (1) $\dfrac{4}{7}\sqrt{2gh}$ (2) $\dfrac{3}{7}mgh$

8. ABC

9. $v=\dfrac{(M-m)gR}{2B^2L^2}$

10. (1) 杆和圆环的受力分析如图 2.35 所示. 对圆环由水平方向合力为零,得

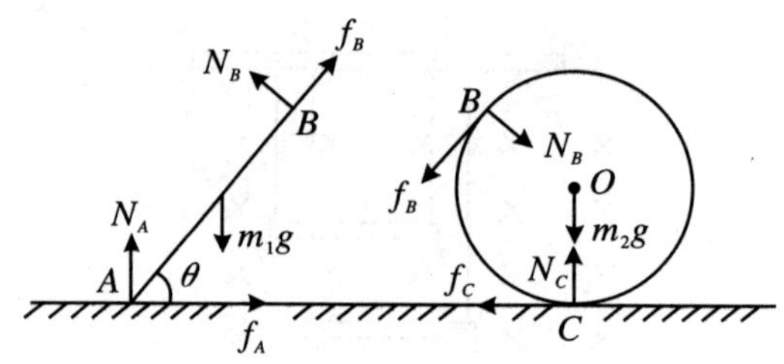

图 2.35

$$f_C+f_B\cos\theta=N_B\sin\theta. \quad ①$$

对圆环以 O 点为轴,有

$$f_BR=f_CR.$$

则

$$f_B=f_C. \quad ②$$

对杆以 A 点为轴,有

$$m_1g\cdot\frac{L}{2}\cos\theta=N_BL. \quad ③$$

根据题意,得

$$m_1=\rho L. \quad ④$$

根据几何知识,得

$$L=\frac{R}{\tan\dfrac{\theta}{2}}. \quad ⑤$$

联立①～⑤式,得

$$f_C=\frac{\rho gR\sin\theta\cos\theta}{2\tan\dfrac{\theta}{2}(1+\cos\theta)}=\frac{\rho gR\cos\theta}{2}, \quad ⑥$$

$$N_B=\frac{\rho gR\cos\theta}{2\tan\dfrac{\theta}{2}}. \quad ⑦$$

(2) 根据最大静摩擦力的公式,有

$$f_B\leqslant f_{B\max}=\mu_BN_B.$$

则

$$\mu_B\geqslant\frac{f_B}{N_B}=\frac{f_C}{N_B}=\tan\frac{\theta}{2}.$$

以杆、圆环整体为研究对象,由水平方向合力为零,得

$$f_A=f_C=\frac{\rho gR\cos\theta}{2}.$$

对杆由竖直方向合力为零,得

$$N_A + N_B\cos\theta + f_B\sin\theta = m_1 g. \tag{⑧}$$

联立②④～⑧式,得

$$N_A = \frac{\rho g R(2-\cos\theta)}{2\tan\dfrac{\theta}{2}}.$$

根据最大静摩擦力的公式,有

$$f_A \leqslant f_{A\max} = \mu_A N_A.$$

则

$$\mu_A \geqslant \frac{f_A}{N_A} = \frac{\tan\dfrac{\theta}{2}\cos\theta}{2-\cos\theta}.$$

3 图 像 法

3.1 图像法概述

物理规律用数学方法表达出来后，实质是一个函数关系式，如果这个函数式仅有两个变量，就可用图像来描述物理规律. 这样就将代数关系转变为几何关系，而几何关系往往具有直观、形象、简明的特点. 因此，用图像处理物理问题可达到化难为易、化繁为简的目的. 若将不同研究对象的运动规律或同一研究对象不同阶段的运动规律的图像在同一坐标上作出来，那么图像可比较的特点就彰显出来. 因此，图像可以处理一些对象多、过程复杂的问题. 更进一步，一些用文字或公式很难表达清楚的物理规律、物理过程，也可以用图像直观、简明地表达出来. 利用图像法解题，思路清晰，过程简捷. 应用图像研究物理问题，有利于培养学生数形结合、形象思维和灵活处理物理问题的能力，也是高考中体现能力的命题点.

下面先来看两道例题.

例 1 一颗速度较大的子弹，水平击穿原来静止在光滑水平面上的木块，设木块对子弹的阻力恒定，则当子弹入射速度增大时，下列说法正确的是（　　）.

A. 木块获得的动能变大　　B. 木块获得的动能变小

C. 子弹穿过木块的时间变长　　D. 子弹穿过木块的时间变短

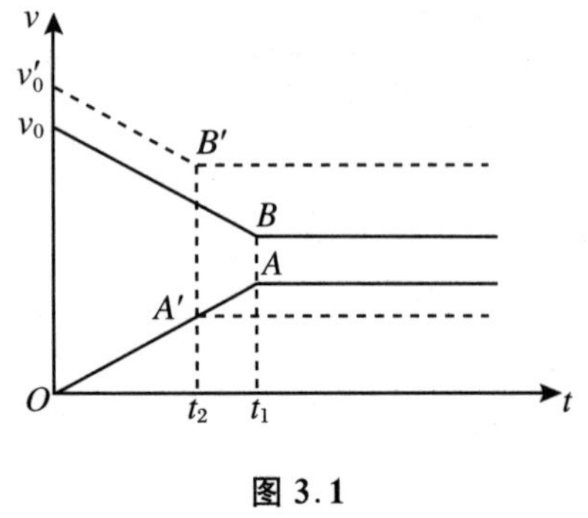

图 3.1

解析 若根据常规的思路依牛顿第二定律和运动学公式去列式求解，则计算复杂，且易出现错误判断. 若能灵活一些，根据子弹与木块的作用过程作出 $v-t$ 图像，再来分析、推理和判断，问题就迎刃而解了. 子弹以初速 v_0 穿透木块过程中，子弹、木块在水平方向都受恒力作用，子弹做匀减速运动，木块做匀加速运动，子弹、木块运动的 $v-t$ 图如图 3.1 中实线所示，图中 OA、v_0B 分别表示子弹穿过木块过程中木块、子弹的运动图像，而图中梯形 $OABv_0$ 的面积为子弹相对木块的位移，即木块的长 l. 当子弹入射速度增大为 v_0' 时，子弹、木块的运动图像如图 3.1 中虚线所示，梯形 $OA'B'v_0'$ 的面积仍等于子弹相对木块的位移，即木块

的长 l，故梯形 $OABv_0$ 与梯形 $OA'B'v_0'$ 的面积相等，由图 3.1 可知，当子弹入射速度增加时，木块获得的动能变小，子弹穿过木块的时间变短，所以本题正确答案是 BD.

例 2 如图 3.2 所示为 A、B 两质点做直线运动的 $v-t$ 图像，已知两质点在同一直线上运动，由图可知（ ）.

A. 两个质点一定从同一位置出发

B. 两个质点一定同时从静止开始运动

C. t_2 秒末两质点相遇

D. $0\sim t_2$ 秒时间内 B 质点一直领先 A 质点

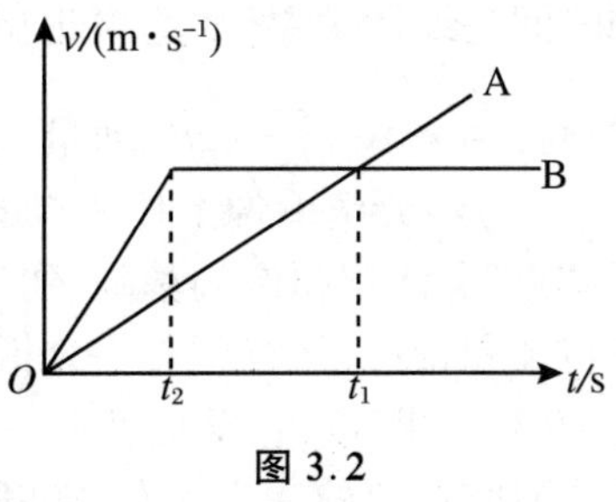

图 3.2

解析 $v-t$ 图纵轴截距表示物体出发时的速度，横轴截距表示物体出发时距计时起点的时间间隔；图线和横轴所围的面积表示物体在某段时间内的位移；两图线的交点表示两物体在该时刻速度相等. 所以选项 B 对、A 错、C 错. $0\sim t_2$ 时间内 B 质点的位移比 A 质点的位移大，但因不明确 A、B 质点的起始位置，故无法说明 B 一直领先 A. 答案：选项 B 正确.

严格意义上，例 2 不应称为图像法的题目，应当称为图像信息题，即该题是用图像给出质点运动的信息. 解题时充分利用图像中蕴含的信息即可. 而例 1 是图像法的题目. 用图像法解题是把题中蕴含的信息和遵循的物理规律用图像表达出来，把物理语言、物理符号转变成图像语言、图像符号，最后，再把图像语言、图像符号还原为物理语言、物理符号. 因此，必须清楚图像中所蕴含的物理意义.

显然，认识图像是利用图像解题的第一步. 对图像所含物理意义的理解一般要注意以下几个关键问题，即"轴、点、线、面、斜、截"的含义.

1. 轴：弄清直角坐标系中横轴、纵轴代表的含义，才能确定图像是描述哪两个物理量间的关系. 明确了两个坐标轴所代表的物理量，则清楚了图像所反映的是哪两个物理量之间的对应关系. 特别是对那些图形相似、容易混淆的图像，更要注意区分. 有些形状相同的图像，由于坐标轴所代表的物理量不同，它们反映的物理规律就截然不同，如振动图像和波动图像. 另外，在识图时还要看清坐标轴上物理量所注明的单位. 不注意这些细小的地方而导致错误太可惜，应杜绝出现此类错误.

例 3 将物体以一定的初速度竖直上抛，若不计空气阻力，从抛出到落回原地的过程中，图 3.3 中的四个图线正确的是（ ）.

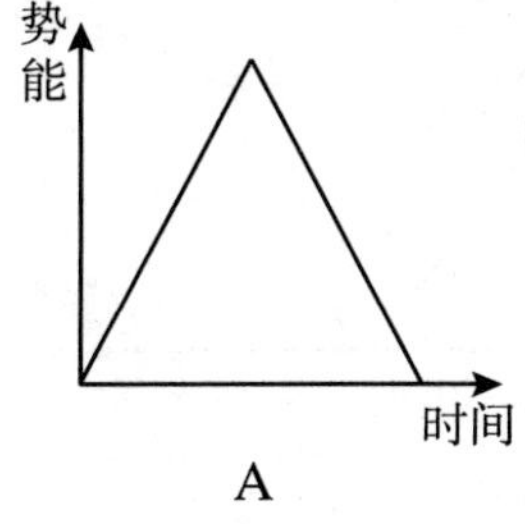

A

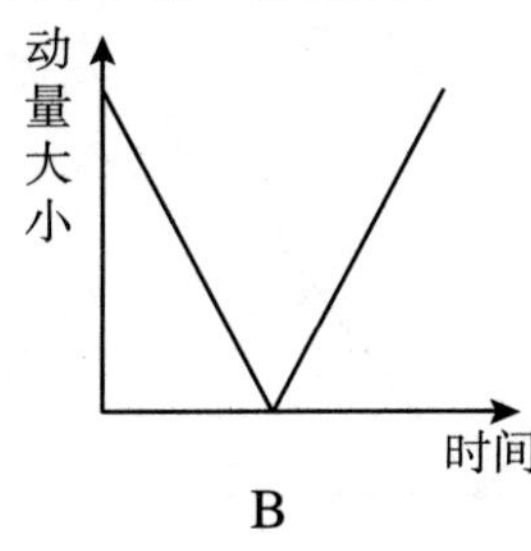

B

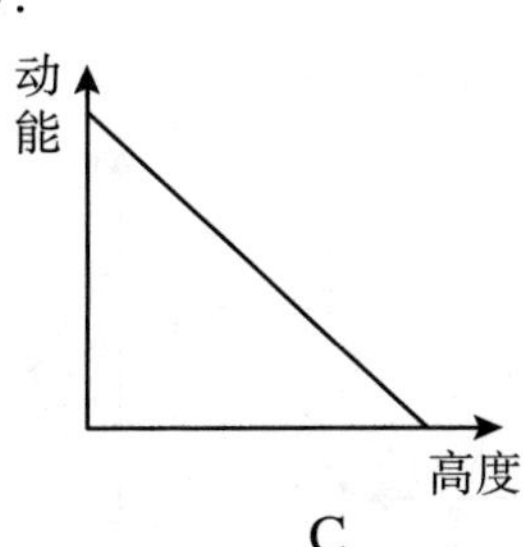

C

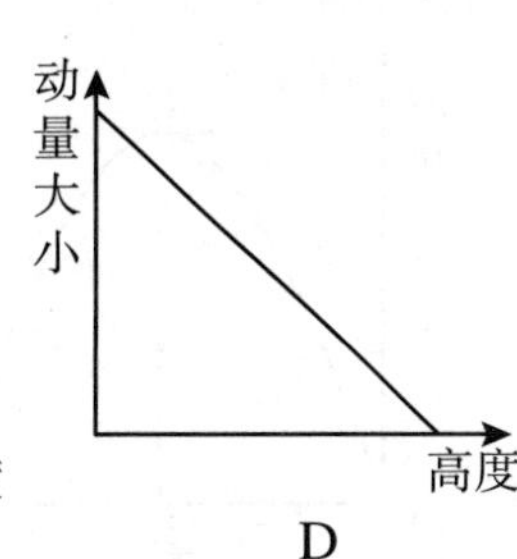

D

图 3.3

解析 这是典型的图像判断题.解题的前提条件是弄清楚图像的横坐标轴和纵坐标轴的物理量及其意义,之后才能表达出两者的关系.A 选项:$E_p = mgh = mg\left(v_0 t - \frac{1}{2}gt^2\right)$,势能和时间是二次函数关系,A 选项不正确.B 选项:$P = m|v| = m|v_0 - gt|$,动量大小和时间是线性关系,B 选项正确.C 选项:$E_k = \frac{1}{2}mv^2 = \frac{1}{2}m(v_0^2 - 2gh)$,C 选项正确.D 选项:$P = m\sqrt{v_0^2 - 2gh}$,动量和高度不是线性关系,D 选项不正确.正确选项为 BC.

2. 点:弄清图像上任一点的物理意义,实质是两个轴所代表的物理量的瞬时对应关系."点"是认识图像的基础.物理图像上的"点"代表某一物理状态,它包含着该物理状态的特征和特性.从"点"着手分析时应注意从以下几个特殊"点"入手分析其物理意义.

(1) 截距点.它反映了当一个物理量为零时,另一个物理量的值是多少,也就是说明确了研究对象的一个状态.在图 3.4 中,图像与纵轴的交点反映出当 $I = 0$ 时,$U = E$,即电源的电动势;而图像与横轴的交点反映出电源的短路电流 $I = \frac{E}{r}$.

(2) 交点.即图线与图线相交的点,它反映了两个不同的研究对象此时有相同的物理量.如图 3.5 中的 P 点表示甲、乙物体同一时刻在同一位置,即相遇.

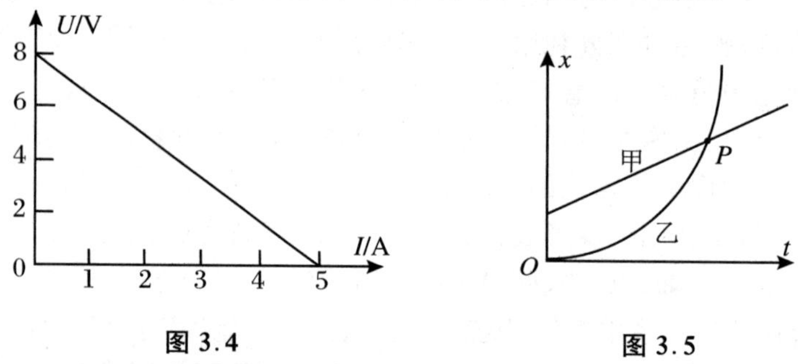

图 3.4　　图 3.5

(3) 极值点.它可表明该点附近物理量的变化趋势.如图 3.6 中的 D 点表明当电流等于 $E/(2r)$ 时,电源有最大的输出功率.

(4) 拐点.通常反映出物理过程在该点发生突变,它是物理量由量变到质变的转折点.拐点分明拐点和暗拐点两种,对明拐点,学生能一眼看出其物理量发生了突变.如图 3.7 中的 P 点反映了加速度方向发生了变化而不是速度方向发生了变化.而对暗拐点,学生往往察觉不到物理量的突变.如图 3.8 中看起来是一条直线,实际上在 P 点速度方向发生了变化.

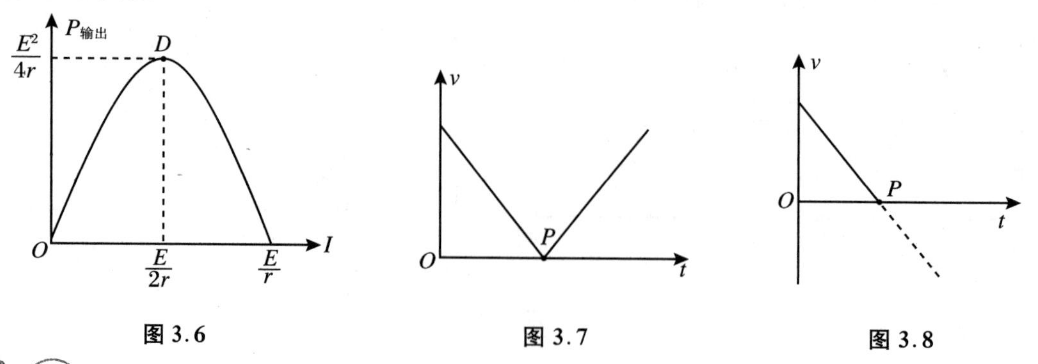

图 3.6　　图 3.7　　图 3.8

3. 线:图像上的一段直线或曲线一般对应一段物理过程,给出了纵轴代表的物理量随横轴代表的物理量的变化过程.注意观察图像中图线的形状是直线、曲线,还是折线等,分析图线所反映的两个物理量之间的关系,进而明确图像反映的物理内涵.如金属导体的伏安特性曲线反映了电阻随温度的升高而增大.图线分析时还要注意图线的拐点具有的特定意义,它是两种不同变化情况的交界,即物理量变化的突变点.例如,共振图像的拐点(最高点)表明了共振的条件,这时驱动力的频率与物体的固有频率相同.另外,分子力图像、分子势能图像和平均结合能图像的拐点的物理意义也要清楚.

例 4 甲分子固定在坐标原点 O,乙分子位于 r 轴上,甲、乙两分子间作用力与分子间距离关系图像如图 3.9 所示.现把乙分子从 r_3 处由静止释放,则( ).

A. 乙分子从 r_3 到 r_1 一直加速

B. 乙分子从 r_3 到 r_2 加速,从 r_2 到 r_1 减速

C. 乙分子从 r_3 到 r_1 过程中,两分子间的分子势能一直增大

D. 乙分子从 r_3 到 r_1 过程中,两分子间的分子势能先减小后增加

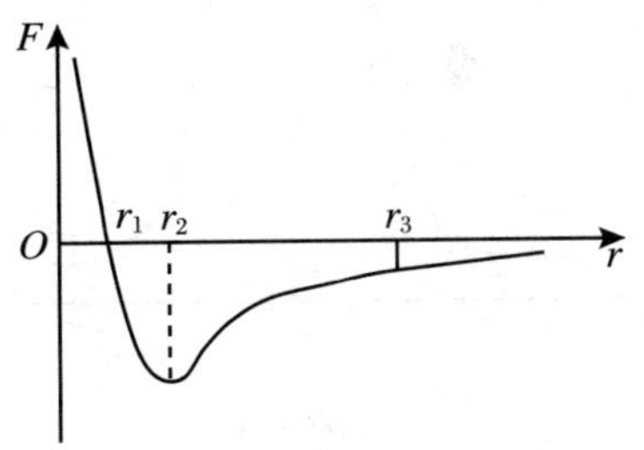

图 3.9

解析 分子间作用力图像中负值代表分子力为引力,正值代表分子力为斥力.r_3 到 r_2 分子引力越来越大,r_2 点引力达到最大,r_2 到 r_1 引力越来越小.因此,乙分子从 r_3 到 r_1 一直受到引力作用,做加速运动,分子力做正功,分子势能减小.答案只能选 A.

4. 面:图像和坐标轴所夹的"面积"往往代表另一个物理量的变化规律,看两轴代表的物理量的"积"有无实际的物理意义,可以从物理公式分析,也可以从单位的角度分析,如 $s-t$ 图像的"面积"无实际意义,不予讨论,而 $v-t$ 图像的"面积"代表位移.$F-s$ 图像的面积代表功.$F-t$ 图像的面积代表冲量.$i-t$ 图像的面积代表电量.$P-V$ 图像的面积代表气体压强做的功.$\frac{1}{v}-s$ 图像的面积代表时间等.

例 5 (1992 年高考全国卷)两辆完全相同的汽车沿水平直路一前一后匀速行驶,速度均为 v_0,若前车突然以恒定的加速度刹车,在它刚停住时,后车以前车刹车时的加速度开始刹车.已知前车在刹车过程中所行的距离为 s,若要保证两辆车在上述情况中不相撞,则两车在匀速行驶时保持的距离至少应为( ).

A. s B. $2s$ C. $3s$ D. $4s$

图 3.10

解析 设前车经过时间 t 停车,而后车在时间 t 内仍做匀速运动.后车以前车刹车时的加速度开始刹车,则后车在时间 t 内停止运动.画出两车运动的 $v-t$ 图像,如图 3.10 所示,由 $v-t$ 图像的"面积"代表位移可知,两车在匀速行驶时应保持的最小距离为 $\Delta x=2s$.正确选项是 B.

5．斜：即斜率．物理图像的斜率代表两个物理量增量的比值，其大小往往代表另一物理量的规律．看两轴所代表物理量的变化之比的含义．同样可以从物理公式或单位的角度分析，如 $s-t$ 图像的斜率为速度，$v-t$ 图像的斜率为加速度，$U-I$ 图像的斜率为负载的电阻等．当要比较两物体的速度和加速度时，作图像往往会有“踏破铁鞋无觅处，得来全不费工夫”的感觉．

例 6 (2009 年高考江苏卷)空间某一静电场的电势 φ 在 x 轴上的分布如图 3.11 所示，x 轴上两点 B、C 电场强度在 x 方向上的分量分别是 E_{Bx}、E_{Cx}，下列说法正确的有(　　)．

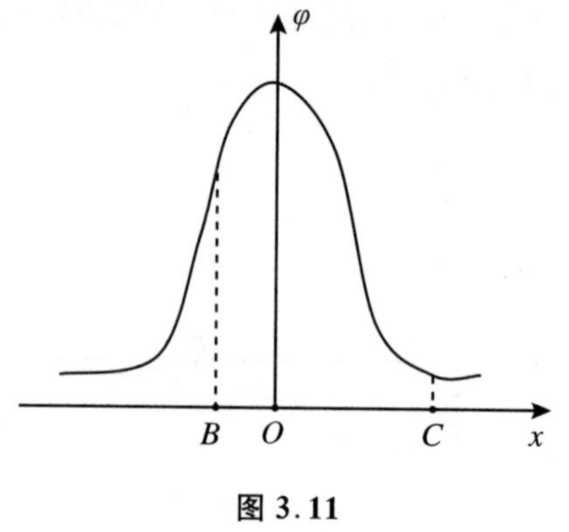

图 3.11

A. E_{Bx}的大小大于E_{Cx}的大小

B. E_{Bx}的方向沿 x 轴正方向

C. 电荷在 O 点受到的电场力在 x 方向上的分量最大

D. 负电荷沿 x 轴从 B 移到 C 的过程中，电场力先做正功，后做负功

解析　$\varphi-x$ 图像的斜率为场强，由图像可知，$E_{Bx}>E_{Cx}$，A 选项正确．同理可知 O 点场强最小，电荷在该点受到的电场力最小，C 选项错误．沿电场方向电势降低，在 O 点左侧，E_{Bx} 的方向沿 x 轴负方向，在 O 点右侧，E_{Cx} 的方向沿 x 轴正方向，所以 B 选项错误，D 选项正确．答案为 AD．

6．截：即截距．截距是图线与两坐标轴的交点所代表的坐标数值，该数值具有一定的物理意义．

例 7 (2015 年高考新课标Ⅰ卷)在某次光电效应实验中，得到的遏制电压 U_C 与入射光的频率 ν 的关系如图 3.12 所示，若该直线的斜率和截距分别为 k 和 b，电子电荷量的绝对值为 e，则普朗克常量可表示为________，所用材料的逸出功可表示为________．

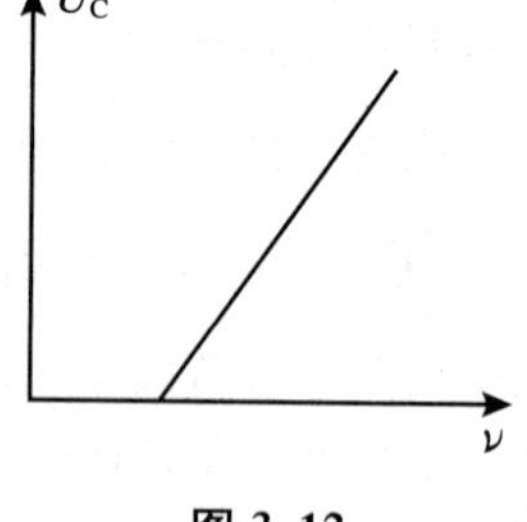

图 3.12

解析　发生光电效应时，光电子的最大初动能 $E_k=h\nu-W_0$，而遏制电压和最大初动能满足 $eU_C=E_k$，联立可得 $U_C=\frac{1}{e}(h\nu-W_0)$，那么图像的斜率 $k=\frac{h}{e}$，截距 $b=-\frac{W_0}{e}$，故 $h=ke$，$W_0=-be$．

到现在为止，还应该明确一个问题：为什么用图像法解物理问题？或者说用图像法解物理问题有什么好？选择图像法解题，实质就是选择了一种思维．图像思维是利用物理图像的物理意义并结合数学知识来分析和解决物理问题的思维方式．利用物理图像解决物理问题既直观、形象又方便．

1．用图像解题可使解题过程简化，思路更清晰．

图像法解题不但思路清晰，而且在很多情况下可使解题过程得到简化，比解析法更巧妙、更灵活．在有些情况下运用解析法可能无能为力，但是图像法则会使你豁然开朗．

例 8 (2002 年高考广东卷)如图 3.13(a)所示,A、B 为水平放置的平行金属板,板间距离为 d(d 远小于板的长和宽).在两板之间有一带负电的质点 P.已知若在 A、B 间加电压 U_0,则质点 P 可以静止平衡.现在 A、B 间加上如图 3.13(b)所示的随时间 t 变化的电压 U,在 $t=0$ 时质点 P 位于 A、B 间的中点处且初速度为 0,已知质点 P 能在 A、B 之间以最大的幅度上下运动而又不与两板相碰,求图 3.13(b)中 U 改变的各时刻 t_1、t_2、t_3 及 t_n 的表达式.(质点开始从中点上升到最高点,及以后每次从最高点到最低点或从最低点到最高点的过程中,电压只改变一次.)

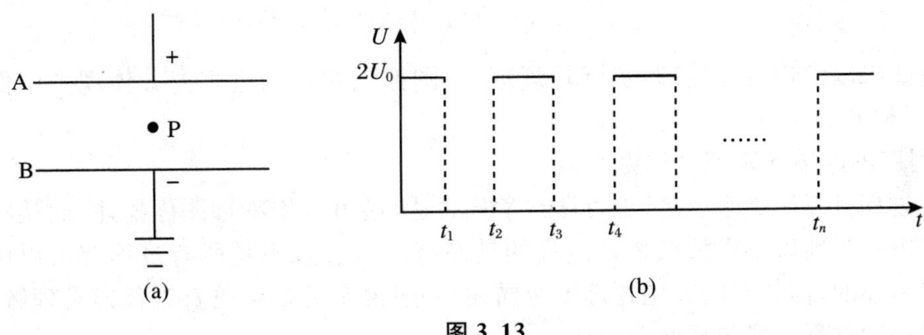

图 3.13

解析 若将题设条件下质点的运动过程用速度图像表示出来,即将电压-时间图像经过推断转化为速度-时间图像,质点的运动情况便一目了然了.

设质点 P 的质量为 m,电量大小为 q,根据题意,当 A、B 间的电压为 U_0时,有

$$q\frac{U_0}{d}=mg. \quad ①$$

当两板间的电压为 $2U_0$时,质点 P 的加速度向上,设其大小为 a,则

$$q\frac{2U_0}{d}-mg=ma. \quad ②$$

解得 $a=g$.

当两板间的电压为 0 时,质点 P 的加速度为 g,方向向下.所以匀加速过程和匀减速过程中加速度大小均为 g.加速时间与减速时间也相等,加速过程的位移大小也等于减速过程的位移大小.由以上分析可得出质点的 $v-t$ 图像,如图 3.14 所示.

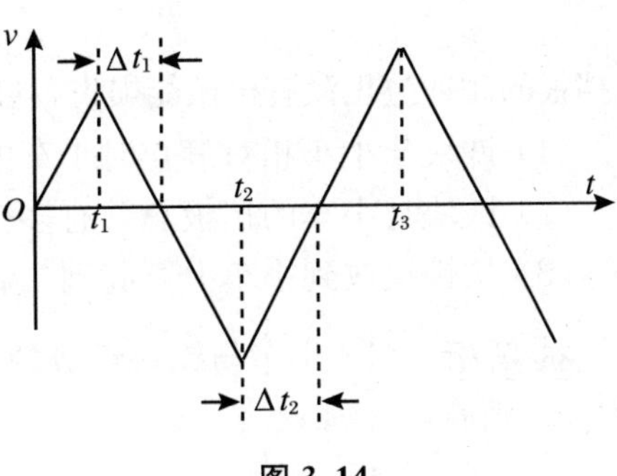

图 3.14

由加速时间等于减速时间可知

$\Delta t_1=t_1$,

$t_2=t_1+\Delta t_1+\Delta t_2$,

$t_3=t_1+\Delta t_1+3\Delta t_2$,

…,

$t_n=t_1+\Delta t_1+(2n-3)\Delta t_2\,(n\geqslant 2)$.

依题意知$\frac{d}{4}=\frac{1}{2}gt_1^2$,得 $t_1=\frac{1}{2}\sqrt{\frac{2d}{g}}$.

由$\frac{d}{2}=\frac{1}{2}g(\Delta t_2)^2$，得$\Delta t_2=\sqrt{\frac{d}{g}}$，所以

$$t_2=(\sqrt{2}+1)\sqrt{\frac{d}{g}}.$$

$$t_3=(\sqrt{2}+3)\sqrt{\frac{d}{g}}.$$

$$\cdots,$$

$$t_n=(\sqrt{2}+2n-3)\sqrt{\frac{d}{g}}\quad(n\geqslant 2).$$

本题如果以常规解法处理，步骤较烦琐. 用图像法解题的过程充分体现了图像法的简洁、明了和灵活.

2. 利用图像描述物理过程更直观.

物理过程可以用文字表述，也可用数学式表达，还可以用物理图像描述. 而从物理图像上可以更直观地观察出整个物理过程的动态特征. 诚然，不是所有过程都可以用物理图像进行描述的，但如果能够用物理图像描述，一般说来总是会更直观且容易理解. 利用图像描述物理过程一般包括两个方面：

(1) 将物理过程表述为物理图像.

(2) 从物理图像上分析物理过程.

物理图像可以使抽象的概念直观形象，动态变化过程清晰，物理量之间的函数关系明确. 图像法在物理解题中的应用很广.

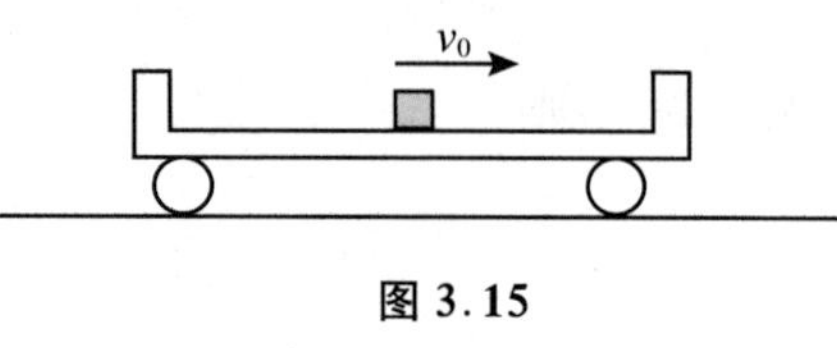

图 3.15

例 9 光滑水平地面上放着一辆静止的两端有挡板的小车，车长为 $L=1$ m，将一块原以 $v_0=5$ m/s的初速度向右运动的大小可忽略的铁块放在小车的正中间，如图 3.15 所示. 小车与铁块的质量均等于 m，它们之间的动摩擦因数为 $\mu=0.05$，铁块与挡板的碰撞过程没有机械能损失，且碰撞的时间可以忽略不计. g 取 10 m/s^2. 问：

(1) 铁块与小车相对静止时小车的速度是多少？

(2) 铁块与小车的挡板总共有多少次接触？

(3) 从铁块放到小车上算起到二者相对静止经过多长时间？

解析 (1) 小车与铁块组成的系统在水平方向动量守恒. 设两者相对静止时的速度为 v，则有

$$mv_0=2mv,$$

解得

$$v=\frac{v_0}{2}=2.5\ \text{m/s}.$$

(2) 设相对静止时两者的相对路程为 s，由能量守恒得

$$fs=\frac{1}{2}mv_0^2-\frac{1}{2}\cdot 2mv^2.$$

又 $f=\mu mg$，代入数据得 $s=12.5$ m.

已知车长为 $L=1$ m，故 $s=12.5L$，铁块由小车的正中间开始运动，可推知铁块与挡板共发生 12 次碰撞.

(3) 已知小车与铁块质量相等，碰撞过程没有机械能损失，由动量守恒，有

$$mv_1+mv_2=mv_1'+mv_2'.$$

由机械能守恒，有

$$\frac{1}{2}mv_1^2+\frac{1}{2}mv_2^2=\frac{1}{2}mv_1'^2+\frac{1}{2}mv_2'^2.$$

解得

$$v_1'=v_2,\quad v_2'=v_1.$$

即每碰撞一次，小车与铁块之间发生一次速度交换.在同一坐标系上两者的速度图像如图 3.16 所示，图中两斜线从左到右分别为 $0\sim t_1, t_1\sim t_2, t_2\sim t_3, \cdots, t_{12}\sim t_{13}$，共 13 段.由于速度交换，每次碰撞后铁块、小车的图线分别上、下跃迁至与前次碰撞的小车、铁块图线连续相连，可等效于两条连续的匀变速运动图线.故可用匀变速直线运动公式求解，则

$$t=\frac{v_0-v}{a}=\frac{v_0-v}{\mu g}=5\text{ s}.$$

即从铁块放到小车上算起到铁块、小车相对静止经过 5 s.

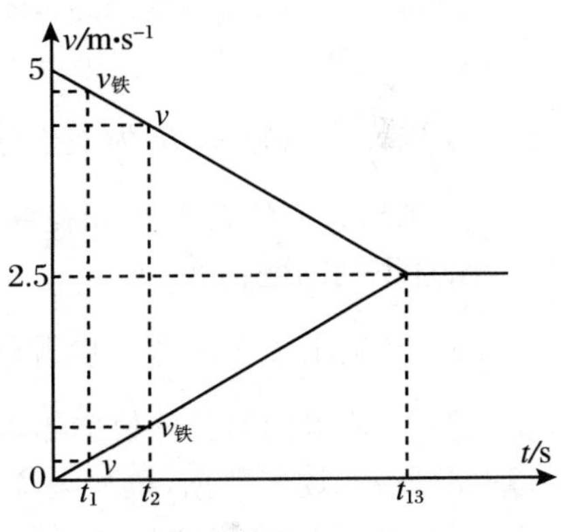

图 3.16

例 10 甲、乙两地之间有公共汽车运动，每隔 5 min 各开出一趟，全程运动 20 min，小明乘车从甲站出发，这时恰有一辆车进站，到乙站时又正遇上一辆车从乙站开出.问：小明一路上遇上几辆从乙站开出的汽车？（所有汽车均以相同速率匀速行驶，包括进出站时遇到的汽车.）

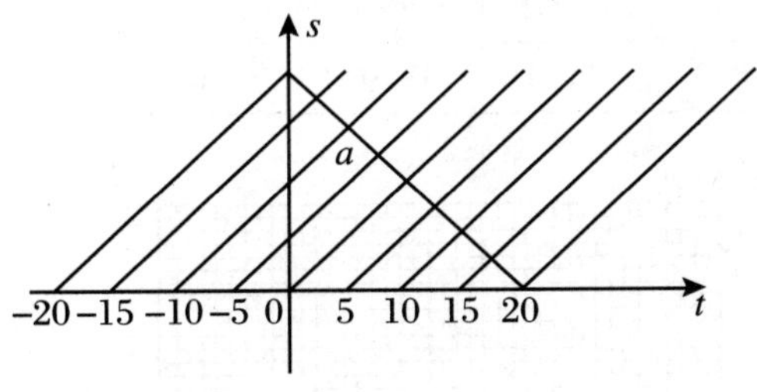

图 3.17

解析 作出小明所乘车的 $s-t$ 图线及从乙站开出各车的 $s-t$ 图线（把它们作在同一坐标轴上）.利用两图线的交点表示相遇的知识，即可数出相遇的汽车的数量.

以小明出发时间为 $t=0$，建立如图 3.17 所示坐标系.9 条平行线为从乙站开出的各车的 $s-t$ 图线，图线 a 为小明所乘车的 $s-t$ 图线，图中各个交点为汽车相遇的时刻和位置，由图可知，小明一路上遇到 9 辆汽车.

可见，借助 $s-t$ 图像会使相当复杂的问题变得非常简单.$s-t$ 图像或 $v-t$ 图像的精妙之处显现得完全彻底.

3. 利用图像处理实验数据.

用图像处理实验数据再一次显现出图像思维的精妙之处.在中学物理实验中，最常见的图像处理数据的方法是将物体的运动或工作状态用图像的方式记录下来，再根据图

像的特点做合理的推演或运算，求出表征事物特性的物理量，如力学中测量单摆振动过程中的重力加速度，电学中测量电源的电动势和内阻等实验中的数据处理方法等.也存在很多灵活多变、风格多样的运用图像处理实验数据的问题.

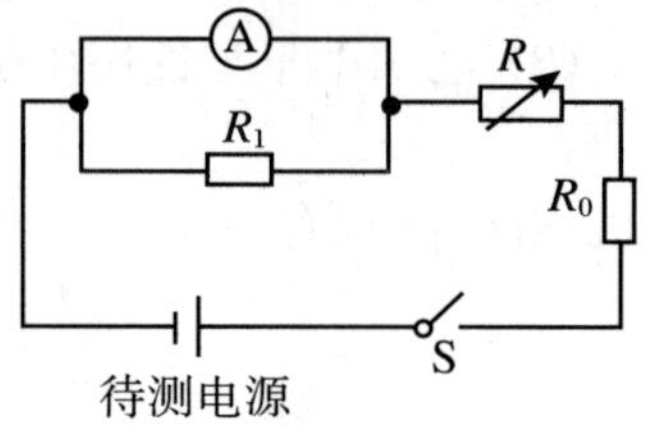

图 3.18

例 11 (2014 年高考新课标Ⅰ卷)利用如图 3.18 所示电路，可以测量电源的电动势和内阻，所用的实验器材有：

待测电源，电阻箱 R（最大阻值为 999.9 Ω），电阻 R_0（阻值为 3.0 Ω），电阻 R_1（阻值为 3.0 Ω），电流表 A（量程为 200 mA，内阻为 $R_A=6.0\ \Omega$），开关 S.

实验步骤如下：

① 将电阻箱阻值调到最大，闭合开关 S.

② 多次调节电阻箱，记下电流表的示数 I 和电阻箱相应的阻值 R.

③ 以 $\frac{1}{I}$ 为纵坐标，R 为横坐标，作 $\frac{1}{I}-R$ 图线（用直线拟合）.

④ 求出直线的斜率 k 和在纵轴上的截距 b.

回答下列问题：

(1) 分别用 E 和 r 表示电源的电动势和内阻，则 $\frac{1}{I}$ 与 R 的关系式为__________.

(2) 实验得到的部分数据如表 3.1 所示，其中电阻 $R=3.0\ \Omega$ 时电流表的示数如图 3.19(a)所示，读出数据，填写表 3.1.答：①__________，②__________.

(3) 在图 3.19(b)的坐标纸上将所缺数据点补充完整并作图，根据图线求得斜率 $k=$________ $A^{-1}\cdot\Omega^{-1}$，截距 $b=$________ A^{-1}.

(4) 根据图线求得电源电动势 $E=$________ V，内阻 $r=$________ Ω.

表 3.1

R/Ω	1.0	2.0	3.0	4.0	5.0	6.0	7.0
I/A	0.143	0.125	①	0.100	0.091	0.084	0.077
I^{-1}/A^{-1}	6.99	8.00	②	10.0	11.0	11.9	13.0

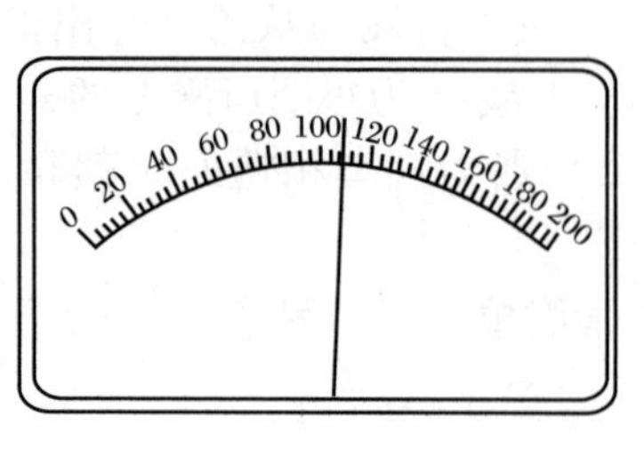

(a)

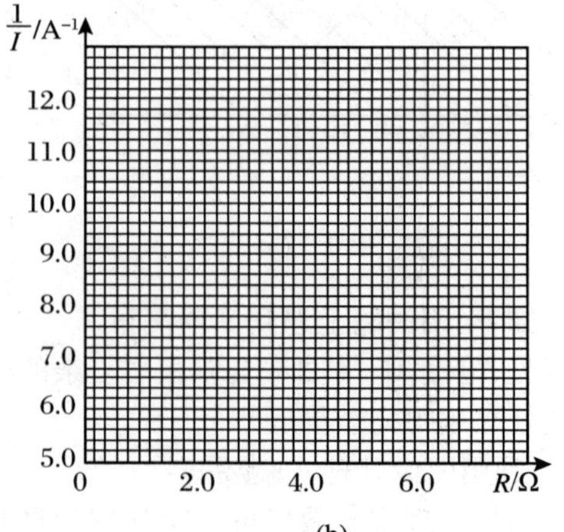

(b)

图 3.19

解析 (1) 根据闭合电路的欧姆定律,有

$$E=\left(\frac{R_A+R_1}{R_1}I\right)\left(R+R_0+r+\frac{R_AR_1}{R_A+R_1}\right),$$

整理可得

$$\frac{1}{I}=\frac{R_A+R_1}{ER_1}R+\frac{1}{E}\left[R_A+\frac{R_A+R_1}{R_1}(r+R_0)\right],$$

代入数据得

$$\frac{1}{I}=\frac{3}{E}R+\frac{15+3r}{E}.$$

(2) 根据图 3.19(a)可得电流表示数为 110 mA=0.110 A,所以 $I^{-1}=9.09\ A^{-1}$.

(3) 如图 3.20 所示.1.0,6.0.

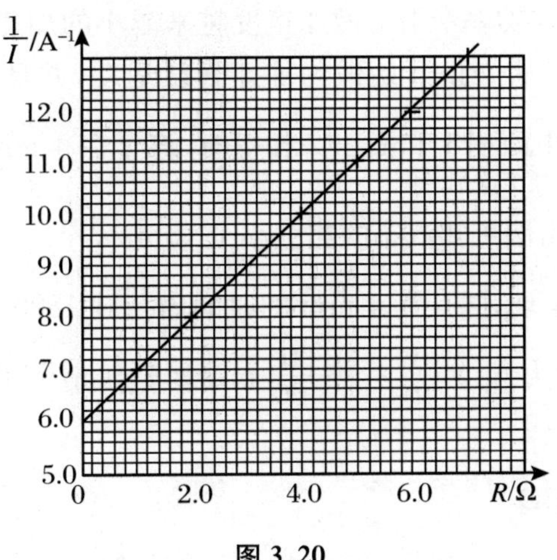

图 3.20

(4) 根据图像可得

$$\frac{3}{E}=k=1.0,\quad \frac{15+3r}{E}=b=6.0.$$

解得

$$E=3.0\ V,\quad r=1.0\ \Omega.$$

用上述图像法处理数据,表面看起来似乎使简单问题复杂化了,比如测量电动势和内电阻实验,仅从原理、知识和结果的角度看,在测量的数据中任选若干组,用代数法求得 E、r,误差也确实不会比用图像法大,甚至图像法还会带来测量精度取决于坐标标度、描点作图会第二次产生"误差"等问题.但是它更能提供给学生处理问题的过程与方法,锻炼其处理实验数据的技能,培养学生思考问题的能力和解决问题的严谨态度、科学方法.这种方式更符合实验数据处理的要求,对锻炼学生解决实际问题的能力很有好处,也更符合新课程标准和培养目标的要求.

在现实的物理教学过程中,往往将图像问题分为识图题、作图题和作图辅助解题三类.

(1) 识图题.一般为选择题,解法通常有:① 写出函数表达式,根据数学知识判断哪个图像正确;② 利用排除法把错误的选项排除,则剩下的即为正确的.

(2) 作图题.① 实验题中的作图,一般是运用描点法,根据数据表描点作图,要注意每小格表示的物理量.② 计算题中的作图,要根据物理量关系的数学表达式作图.

(3) 作图辅助解题.有的题目既不要求选择哪个图像是正确的,也不要求作图,但为了解题要画出图像来,我们称为作图辅助解题.这样的题目也不少,特别是涉及动态变化过程时,其变化过程和规律通过图像标出点来,会使问题一目了然.

例 12 一辆汽车在恒定功率牵引下,在平直的公路上由静止出发,在 4 min 的时间内行驶了 1800 m,则 4 min 末的汽车速度(　　).

A. 等于 7.5 m/s　　B. 大于 7.5 m/s　　C. 等于 15 m/s　　D. 小于 15 m/s

解析 汽车在恒定功率牵引下做加速度越来越小的加速直线运动,如图 3.21 中图线 1 所示;如果让汽车从静止开始做匀加速直线运动,并且在 4 min 的时间内行驶 1800 m,那么当图 3.21 中面积 1 和面积 2 相等时,汽车在 4 min 末的速度为 $v_1=\dfrac{2x}{t}=\dfrac{2\times1800}{4\times60}$ m/s = 15 m/s.由图可知汽车的速度小于 15 m/s.

若汽车做匀速直线运动,并且在 4 min 的时间内行驶 1800 m,如图 3.22 所示,那么汽车在 4 min 末的速度为 $v_2=\dfrac{x}{t}=\dfrac{1800}{4\times60}$ m/s = 7.5 m/s.由图可知汽车的速度大于7.5 m/s.

故本题正确选项为 BD.

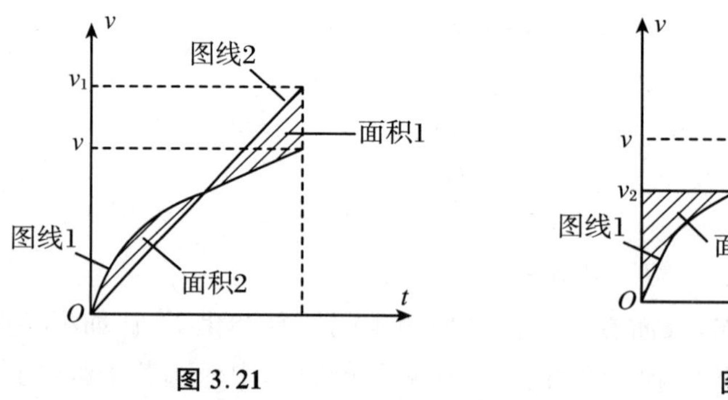

图 3.21　　　　图 3.22

例 13 锤子击打木桩时,如果锤子每次以相同的动能击打木桩,而且每次均有 80%的能量传给木桩,且木桩所受阻力 F_f 与插入深度成正比,试求木桩每次打入的深度比.若第一次击打使木桩插入了全长的 1/3,问木桩全部插入必须击打多少次?

解析 该题木桩受到的阻力 F_f 为变力,且与位移成正比.我们可以作如图 3.23 所示的 F_f- x 图像,用"面积法"求解该题.因为图中"面积"S_1、S_2、…表示第 1 次、第 2 次……锤子击打木桩克服阻力所做的功,数值上等于锤子传给木桩的能量 W_0.根据相似

三角形面积与边的平方成正比，有 $x_1^2 : x_2^2 : x_3^2 : \cdots : x_n^2 = W_0 : 2W_0 : 3W_0 : \cdots : nW_0$，则 $x_1 : x_2 : x_3 : \cdots : x_n = 1 : \sqrt{2} : \sqrt{3} : \cdots : \sqrt{n}$. 每次打入深度 $\Delta x_i = x_i - x_{i-1}$，故木桩每次被打入的深度比为 $\Delta x_1 : \Delta x_2 : \Delta x_3 : \cdots : \Delta x_n = 1 : (\sqrt{2}-1) : (\sqrt{3}-\sqrt{2}) : \cdots : (\sqrt{n}-\sqrt{n-1})$. 由上述比例关系，可知 $\frac{1}{3}h(1+\sqrt{2}-1+\sqrt{3}-\sqrt{2}+\cdots+\sqrt{n}-\sqrt{n-1}) = h$，即 $\sqrt{n}=3, n=9$ 次.

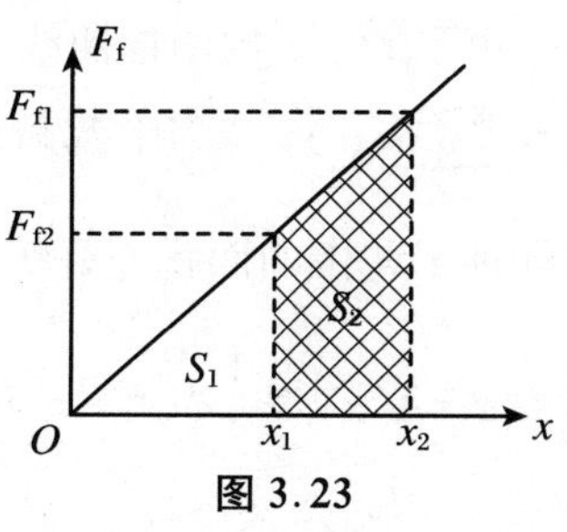

图 3.23

例 14 如图 3.24 所示，两个质点 P、Q 在光滑的水平面上分别以一定的速度同时向右运动，此时分别施以水平向左的力 F_1、F_2，其中 F_1 的大小不变，F_2 的大小由零逐渐增大，它们恰好同时向右运动到最远，且位移大小相等. 在此过程中，两质点的瞬时速度 v_P 与 v_Q 的关系应该是（　　）.

图 3.24

A. $v_P > v_Q$

B. 先 $v_P > v_Q$，后 $v_P < v_Q$，最后 $v_P = v_Q = 0$

C. $v_P < v_Q$

D. 先 $v_P < v_Q$，后 $v_P > v_Q$，最后 $v_P = v_Q = 0$

解析 由于 P 受力为 F_1，其大小不变，在 $v-t$ 图像中画出 P 做匀减速运动的 $v-t$ 图像，由于 Q 受力为 F_2，其大小逐渐增大，Q 做加速度不断增大的减速运动，其 $v-t$ 图像是一条曲线. 在 $v-t$ 图像上任一点的切线的斜率数值上等于在该时刻的加速度，由于 Q 的加速度由零不断增大，画出曲线的切线斜率的绝对值也应从零开始不断增大，即曲线的切线应从水平状态开始不断变陡，那么只有向右边凸出的下降的曲线才能满足这样的条件. 又因为 Q 与 P 的运动时间相等，所以曲线的终点也应在 t_0 时刻，Q 与 P 的运动位移大小相等. 因此曲线包围的面积应等于$\triangle v_{P0}Ot_0$ 的面积，根据这些要求，曲线的起点，即质点 Q 的初速度 v_{Q0} 必定小于 P 点的初速度 v_{P0}，且两条 $v-T$ 图像必定会相交，如图 3.25 中的实线所示，图 3.25 中的两条虚线表示的质点 Q 的 $v-t$ 图像都不满足题设条件（P 与 Q 的位移大小相等），所以 B 选项正确.

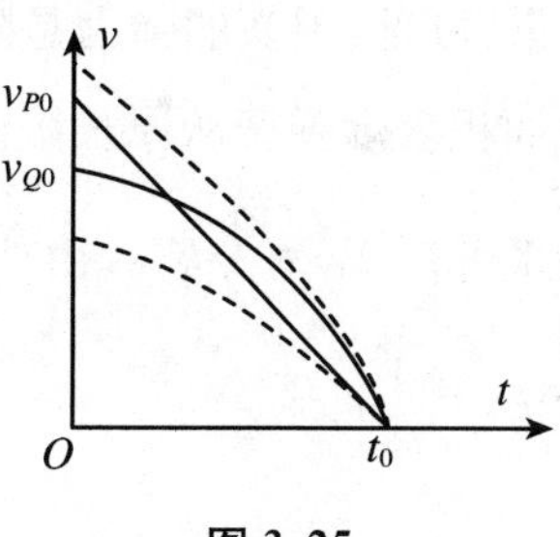

图 3.25

例 15 试证明正弦交流电 $i = I_m \sin \omega t$ 的有效值 I 与最大值之间的关系为 $I_m = \sqrt{2}I$.

解析 设正弦交流电的表达式为 $i = I_m \sin \omega t$，由功率与电压、电流的关系 $P = ui$，得

$$P = ui = i^2R = I_m^2 R\sin^2\omega t = \frac{1}{2}I_m^2 R(1-\cos 2\omega t).$$

作如图 3.26 所示的 $P-t$ 图像，用面积的物理意义可以证明 $I_m = \sqrt{2}I$.

由于 $P-t$ 的图像曲线与时间轴所包围的面积表示交流电在一个周期内产生的热量 $Q=\sum P\cdot\Delta t$，利用"移峰填谷"，将阴影部分截下，倒过填在"谷"里，可以看到，曲线与时间轴 t 包围的面积正好等于高为 $\frac{1}{2}I_m^2R$、宽为 T 的矩形面积. 根据交流电有效值的定义 $Q_{交}=Q_{直}$，得 $\frac{1}{2}I_m^2RT=I^2RT$，则 $I_m=\sqrt{2}I$.

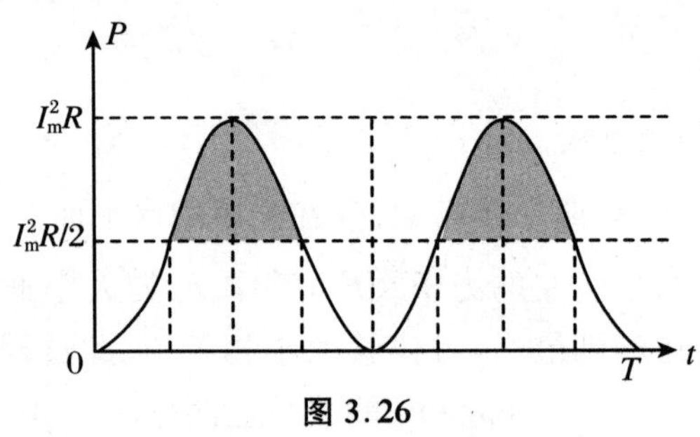

图 3.26

例 16 如图 3.27 所示，有一劲度系数为 k 的轻弹簧左端与竖直墙连接，右端有水平力 F 拉动弹簧使弹簧从原长缓慢伸长 x_0. 求这一过程中弹簧增加的弹性势能.

解析 弹簧缓慢伸长，可认为 F 等于弹簧的弹力，即 $F=kx$，其中 x 为弹簧的伸长量. 可见，弹簧的弹力是随位移变化的变力. 作 $F-x$ 图线如图 3.28 所示，图中三角形的面积表示弹簧从原长缓慢伸长到 x_0 的过程中水平力所做的功 $W=\sum F\cdot\Delta x$，由几何关系可知 $W=\frac{1}{2}kx_0^2$. 由功能关系可知弹簧的弹性势能将增加，弹簧伸长 x_0 时弹性势能为 $E_p=\frac{1}{2}kx_0^2$.

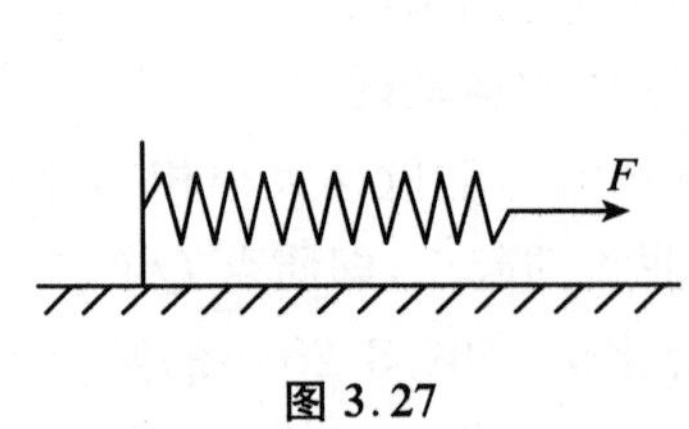

图 3.27

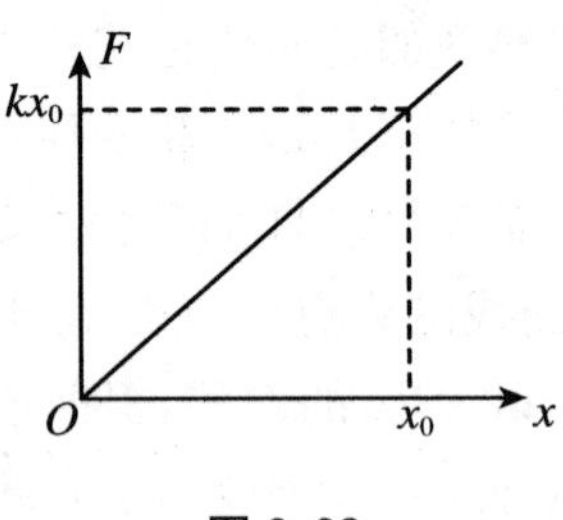

图 3.28

例 17 有一平行板电容器，其电容为 C，当两板间电压为 U_0 时，电容器具有多少电能?

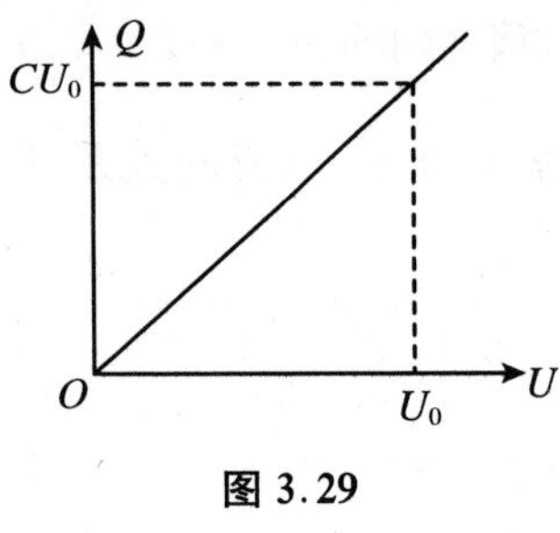

图 3.29

解析 电容器充电过程是两板上电量和电压增加的过程，电容器所带电量与两板电压的关系为 $Q=CU$，作 $Q-U$ 图像，如图 3.29 所示，图中三角形面积表示在充电过程中电对电容器所做的功 $W=\sum Q\cdot\Delta U$ 即为电容器所储存的电能，由数学知识可知 $E=\frac{1}{2}CU_0^2$.

在物理解题时应提倡解析法与图像法有机结合，这是因为数与形虽是反映事物间关系的两种不同形式，但数与形又是统一的，它们都可以用来描述物理量的变化规律.两种形式之间是可以相互补充、相互转化的。数缺形时少直观；形少数时难入微.

到现在为止可以总结出用图像法解题的有关问题如下：

图像法是数和形相结合考虑问题的一种重要的思维方法，其应用大致可分为两种情况：借助于数的精确性来阐明形的某些属性和借助于形的几何直观性来阐明数之间的某种关系.由于图像在中学物理中有着广泛应用：① 能形象地表述物理规律；② 能直观地描述物理过程；③ 能鲜明地表示物理量之间的相互关系及变化趋势.所以以图像及其运用为背景的命题成为历届高考考查的热点，它要求考生能做到三会：① 会识图：认识图像，理解图像的物理意义；② 会作图：依据物理现象、物理过程、物理规律作出图像，且能对图像变形或转换；③ 会用图：能用图像分析实验，用图像描述复杂的物理过程，用图像法来解决物理问题.总之，处理图像问题的关键是搞清图像所揭示的物理规律或物理量间的函数关系，充分利用图像中的“轴”“线”“点”“斜率”“面积”“截距”等所表示的物理意义.总之，对用图像法解题要把握“六看”：一看轴二看线，三看截距四看点，五看斜率六看面.

广义上，通常我们遇到的图像问题可以分为图像的选择、描绘、变换、分析和计算，以及运用图像法求解物理问题几大类：

(1) 求解物理图像的选择问题(可称之为“选图题”)可用“排除法”.即排除与题目要求相违背的图像，留下正确图像；也可用“对照法”，即按照题目要求画出正确草图，再与选项对照.解决此类问题的关键就是把握图像特点，分析相关物理量的函数关系或物理过程的变化规律.

(2) 求解物理图像的描绘问题(可称之为“作图题”)的方法是，首先和解常规题一样，仔细分析物理现象，弄清物理过程，求解有关物理量或分析其与相关物理量间的变化关系，然后正确无误地作出图像.在描绘图像时，要注意物理量的单位、坐标轴标度的适当选择及函数图像的特征等.

(3) 处理有关图像的变换问题，首先要识图，即读懂已知图像表示的物理规律或物理过程，然后再根据所求图像与已知图像的联系，进行图像间的变换.

(4) 在定性分析物理图像时，要明确图像中的横轴与纵轴所代表的物理量，要区分图像中相关物理量的正负值物理意义，要注意分析各段不同函数形式的图线所表征的物理过程.要弄清图像的物理意义，借助有关的物理概念、公式、定理和定律做出分析判断，而对物理图像定量计算时，要搞清图像所揭示的物理规律或物理量间的函数关系，要善于挖掘图像中的隐含条件.明确有关图线所包围的面积、图像在某位置的斜率(或其绝对值)、图线在纵轴和横轴上的截距所表示的物理意义.根据图像所描绘的物理过程，运用相应的物理规律计算求解.

(5) 在利用图像法求解物理问题(可称之为“用图题”)时，要根据题意把抽象的物理过程用图线表示出来，将物理量间的代数关系转化为几何关系，运用图像直观、简明的特点，分析解决物理问题.

能用于解物理问题的图像很多，现行高中物理教材中出现的和其他常用的物理图像归纳如表3.2所示.

表3.2

力学	热学	电学	光、原子核	实验
位移-时间	分子力图像	电压-电流	衰变图像	弹簧的弹力图像
速度-时间	分子势能图像	电压-时间	平均结合能图像	伏安特性曲线
力-时间		电流-时间		路端电压-电流
力-位移		感应电流图像		
振动图像		磁感应强度图像		
共振图像				
波动图像				

所有以上的物理图像都形象直观地反映了物理量的变化规律，它们有很多共性或类似的地方.辨析和甄别以上图像，又可将它们分为三个类别，如表3.3所示.

表3.3

图像单纯地表示两物理量间的函数关系	图像坐标轴围成的面积有具体的物理意义	图像的斜率有明确的物理意义
弹簧的弹力图像	力-时间	位移-时间
分子力图像	力-位移	速度-时间
分子势能图像	电流-时间	伏安特性曲线
振动图像	感应电流图像	路端电压-电流
共振图像	速度-时间	
波动图像		
衰变图像		
电压-时间		
磁感应强度图像		
平均结合能图像		

物理图像能形象地表达物理规律、直观地描述物理过程、鲜明地表示物理量之间的相互关系.因此，图像在中学物理解题中应用广泛，是分析物理问题的有效手段之一.图像法是根据题意把抽象、复杂的物理过程有针对性地表示成物理图像，将物理量间的代数关系转变为几何关系，运用图像直观、形象、简明的特点来分析解决物理问题的方法.用图像法能达到化难为易、化繁为简的目的.用上面的表格所列图像及其演变的图像解物理问题，表现出极大的灵活性、主动性、变通性和创造性，体现出图像解题的精妙之处，是学习物理、感悟物理、享受物理的过程.

3.2 图像法例题精析

3.2.1 利用图像的斜率解题

例 1 质量相同的 A、B 两个物体并排静止在相同的水平路面上，从某一时刻开始分别受恒力 F_1、F_2的作用而向前运动，经过一段时间后撤去力 F_1、F_2，结果两个物体又并排停在同一位置，如图 3.30 所示. 已知 $F_1>F_2$，试判断力 F_1和 F_2的冲量的大小关系.

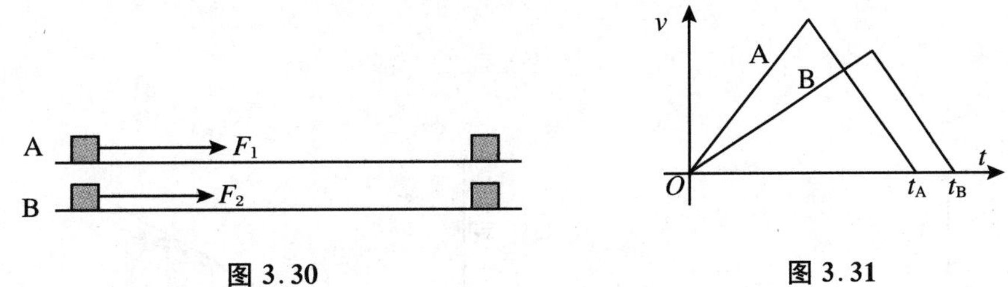

图 3.30　　图 3.31

解析 由于 $F_1>F_2$，所以只有当 F_1的作用时间 t_1小于 F_2的作用时间 t_2时，才能使 A、B 在同一地点停下，显然，它们的冲量 $I_A=F_1t_1$和 $I_B=F_2t_2$的大小难以比较. 若用 $v-t$ 图像整体考虑，则使问题变得简单. A、B 在整个运动过程中受到的摩擦阻力相同，F_1、F_2作用时产生的加速度 $a_A>a_B$，撤去 F_1、F_2后 A、B 仅在摩擦阻力作用下做匀减速运动，产生的加速度相同，由于图像的斜率代表加速度，所以作出的 $v-t$ 图像如图 3.31 所示. 由于 A、B 的总位移相同，所以 $t_A<t_B$. 在整个过程应用动量守恒定律得

$$I_A-\mu mgt_A=0,\quad I_B-\mu mgt_B=0,$$

所以 $I_A<I_B$.

3.2.2 利用图像的面积解题

例 2 （2005 年同济大学自主招生）老鼠离开洞穴沿直线前进，它的速度与到洞穴的距离成反比. 当它行进到离洞穴为 d_1 的甲处时速度为 v_1. 试求：

(1) 老鼠行进到离洞穴为 $d_2(d_2>d_1)$的乙处时速度 v_2 的大小.

(2) 从甲处到乙处所用的时间.

解析 (1) 因老鼠行进速度与它到洞穴的距离成反比，故有 $v=\dfrac{k}{s}$，k 为比例常数. 依题意有 $v_1d_1=v_2d_2=k$，所以 $v_2=\dfrac{d_1}{d_2}v_1$.

(2) 老鼠运动速度 $v=\dfrac{k}{s}$，其图像是一条双曲线，将 $v-s$ 图像（见图 3.32(a)）转化为$\dfrac{1}{v}-s$ 图像（见图 3.32(b)）后，其反比关系就变成了正比关系. $\dfrac{1}{v}-s$ 图像是一条过坐

标原点的直线.

将 d_1 到 d_2 的线段分割成 n 等份,n 很大时每一小段可看成匀速运动.第一小段的时间 $t_1=\dfrac{\Delta s}{v_1}$,其数值近似等于$\dfrac{1}{v}-s$ 图像中最左边的第一个矩形面积.依此类推,从 d_1 到 d_2 的总时间近似等于 n 个矩形面积之和,如图 3.32(b)所示.当 $n\to\infty$时,矩形面积之和等于梯形面积之和,即

$$t=\frac{\left(\dfrac{1}{v_1}+\dfrac{1}{v_2}\right)(d_2-d_1)}{2}.$$

将 $v_2=\dfrac{d_1}{d_2}v_1$ 代入上式,得

$$t=\frac{d_2^2-d_1^2}{2d_1v_1}.$$

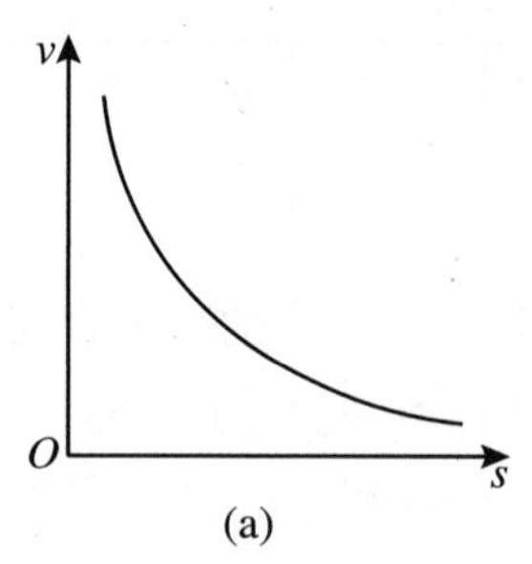

(a)

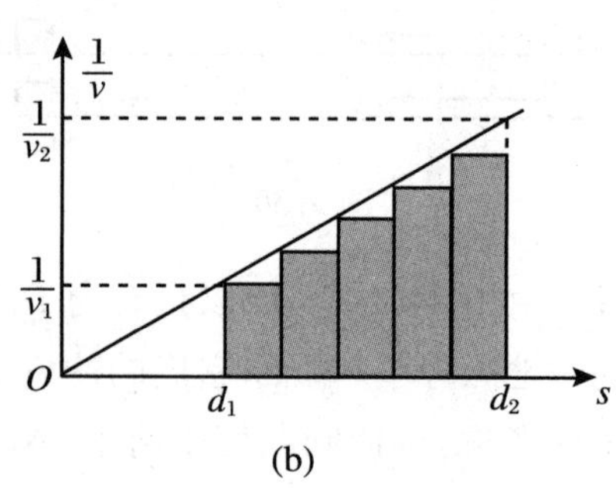

(b)

图 3.32

3.2.3 利用图像的截距解题

例 3 (2013 年高考天津卷)甲、乙两同学在同一实验室各取一套如图 3.33(a)所示的装置放在水平桌面上,木块上均不放砝码,在没有平衡摩擦力的情况下,研究加速度 a 与拉力 F 的关系,分别得到图 3.33(b)中甲、乙两条直线.设甲、乙用的木块质量分别为 $m_甲$、$m_乙$,甲、乙用的木块与木板间的动摩擦因数分别为 $\mu_甲$、$\mu_乙$,由图 3.33(b)可知,$m_甲$________ $m_乙$,$\mu_甲$________ $\mu_乙$.(填"大于""小于"或"等于".)

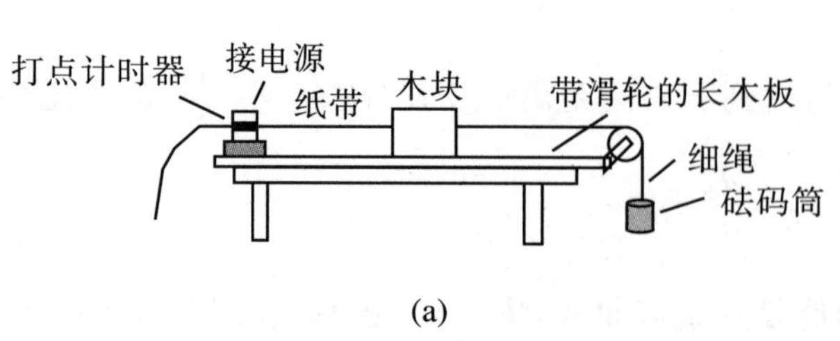

(a)

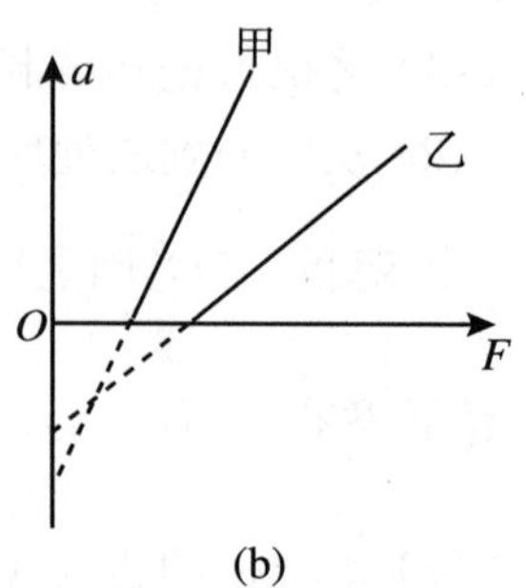

(b)

图 3.33

解析 物体在水平拉力和摩擦阻力作用下运动，由牛顿第二定律可得 $F-\mu mg=ma$，整理得 $a=\frac{1}{m}F-\mu g$，其表达式为直线方程，式中$\frac{1}{m}$为直线的斜率，μg 为直线在纵坐标轴上的截距. 对照已知图形可得 $m_{甲}$小于 $m_{乙}$，$\mu_{甲}$大于 $\mu_{乙}$.

3.2.4 利用图像的交点解题

例 4 (2004 年高考上海卷)小灯泡灯丝的电阻会随温度的升高而变大. 某同学为研究这一现象，用实验得到表 3.4 所示数据(I 和 U 分别表示小灯泡上的电流和电压).

表 3.4

I/A	0.12	0.21	0.29	0.34	0.38	0.42	0.45	0.47	0.49	0.50
U/V	0.20	0.40	0.60	0.80	1.00	1.20	1.40	1.60	1.80	2.00

(1) 在图 3.34(a)中画出小灯泡的 $U-I$ 曲线.

(2) 如果某一电池的电动势是 1.5 V，内阻是 2.0 Ω. 问：将本题中的灯泡接在该电池两端，小灯泡的实际功率是多少？(简要写出求解过程，若需作图，可直接画在第(1)小题的方格图中.)

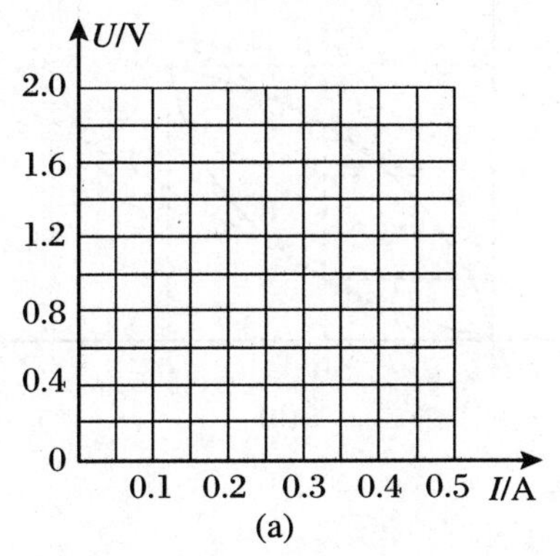

(a)

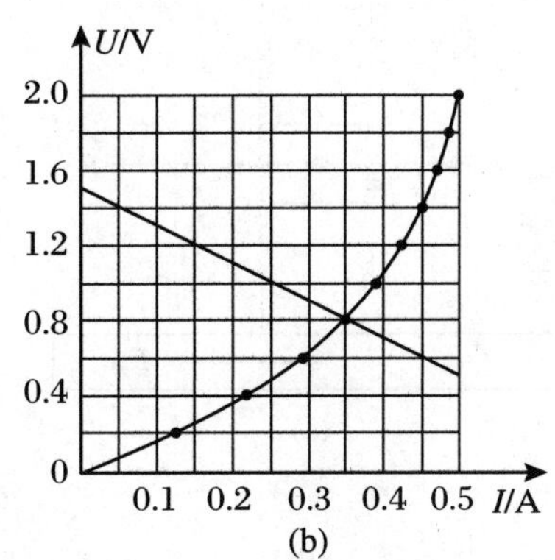

(b)

图 3.34

解析 (1) 见图 3.34(b)；(2) 小灯泡两端电压 $U=E-Ir$，代入数据得 $U=-2I+1.5$. 在图 3.34(b)上画出此表达式所对应的直线，由直线和曲线的交点可得小灯泡工作电流为 0.35 A，工作电压为 0.8 V，因此小灯泡实际功率为 0.28 W.

3.2.5 利用图像的切线解题

例 5 (2009 年高考江苏卷)如图 3.35 所示，两质量相等的物块 A、B 通过一轻质弹簧连接，B 足够长，放置在水平面上，所有接触面均光滑. 弹簧开始时处于原长，运动过程中始终处在弹性限度内. 在物块 A 上施加一个水平恒力，A、B 从静止开始运动到第一次速度相等的过程中，下列说法正确的有(　　).

图 3.35

A. 当 A、B 加速度相等时，系统的机械能最大

B. 当 A、B 加速度相等时,A、B 的速度差最大

C. 当 A、B 速度相等时,A 的速度达到最大

D. 当 A、B 速度相等时,弹簧的弹性势能最大

解析 对 A、B 在水平方向受力分析如图 3.36(a)所示,$F_弹$ 为弹簧的拉力.设 A、B 的质量为 m,根据牛顿第二定律,有

$$a_A = \frac{F - F_弹}{m}, \quad a_B = \frac{F_弹}{m}.$$

由于 $F_弹$ 逐渐增大,所以 a_A 逐渐变小,a_B 逐渐增大,即 A 做加速度逐渐减小的加速运动,B 做加速度逐渐增大的加速运动.定性作出两物体运动的速度-时间图像,如图 3.36(b)所示.t_1 时刻,两物体加速度相等,两条速度曲线的切线斜率相同,速度差最大,B 选项正确.t_2 时刻两物体第一次达到速度相等,A 的速度达到最大值,两曲线围成的面积有最大值,即两物体的相对位移最大,弹簧被拉到最长,弹簧的弹性势能最大,C、D 选项正确.除重力和弹簧弹力外其他力对系统做正功,系统机械能增加,t_1 时刻之后拉力依然做正功,即加速度相等时,系统机械能并非为最大值,A 选项错误.

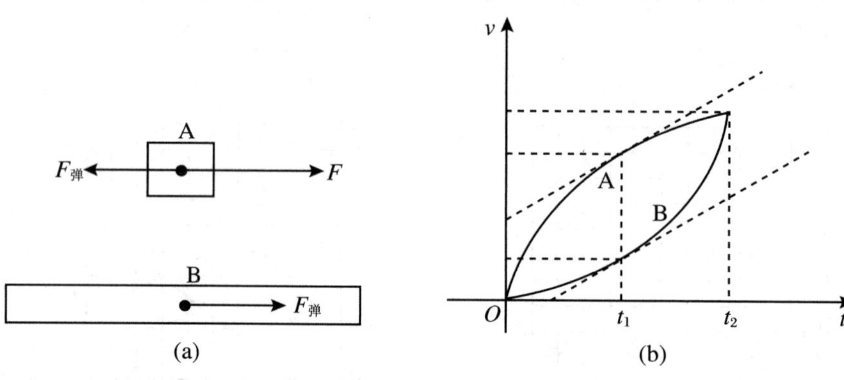

图 3.36

3.2.6 利用图像的断点解题

例 6 如图 3.37 所示,把一所受重力为 G 的物体用一个与时间成正比的水平推力 F 压在足够高的竖直墙壁上,墙壁不光滑,物体从 $t=0$ 时刻由静止开始运动,则下列说法正确的是(　　).

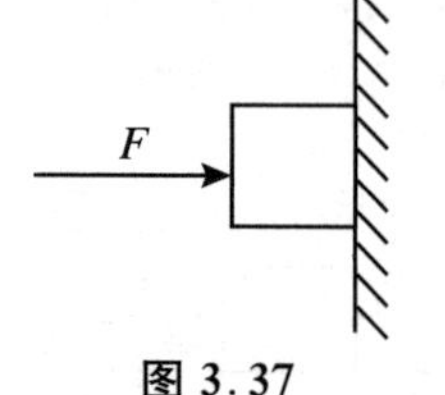

图 3.37

A. 物体所受的摩擦力一直增大

B. 物体先加速后减速,最后静止

C. 物体的加速度先减小后增大,最后为零

D. 物体所受的合力先增大后减小,最后为零

解析 水平推力与时间成正比,即 $F = kt$,所以作出 $F-t$ 图像如图 3.38(a)所示.因为 $f = \mu F = \mu kt$,所以摩擦力 f 也随时间均匀增加,如图 3.38(b)所示.当 f 增大到等于 G 时(t_1时刻),物体的速度达到最大值,由于惯性,物体仍然滑行.因为压力继续增加,所以摩擦力将大于物体的重力 G,物体做减速运动,最后物体静止于墙面上,滑动摩擦力突变为静摩擦力(t_2时刻).在竖直方向根据二力平衡条件可知静摩擦力 $f = G$.

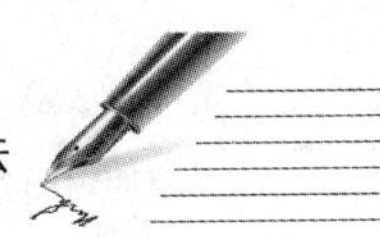

因此,在 t_2时刻摩擦力发生了由大于 G 到等于 G 的“断点”.其合力变化如图 3.38(c)所示,t_2时刻以后合力为零.根据图像可以判断 A、D 错误,B、C 正确.

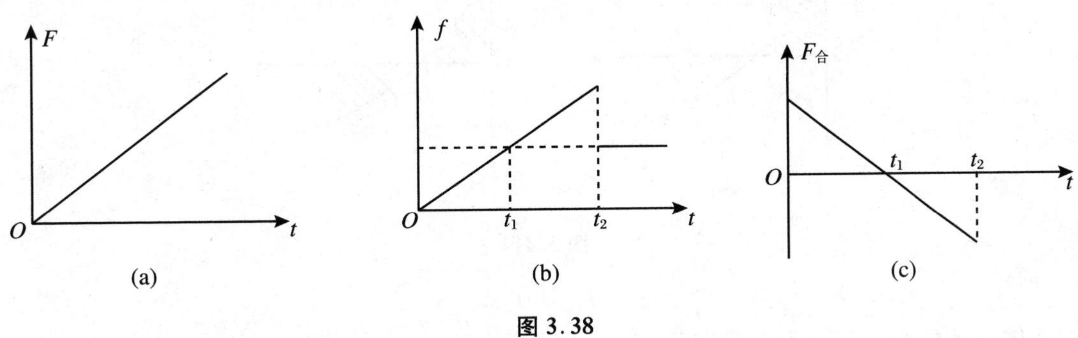

图 3.38

3.2.7 利用图像的周期解题

例 7 如图 3.39 所示,物体在 M、N 间做简谐振动,O 为振动的平衡位置.假设振子的振动周期为 $T=1.2$ s,设物体开始时从平衡位置向左运动,求物体第一次运动到 OM 中点所需的时间.

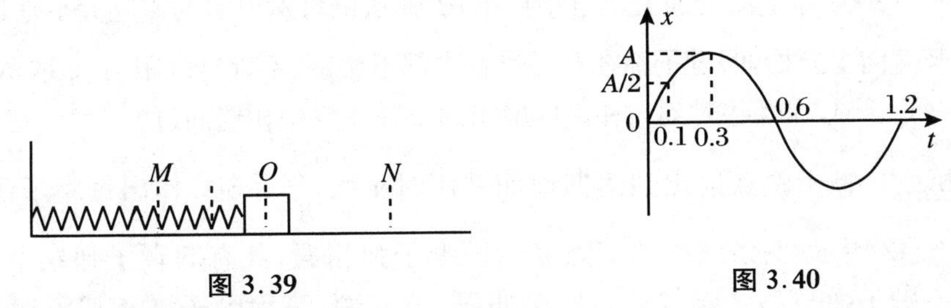

图 3.39　　图 3.40

解析 简谐振动的位移-时间图像是正弦图线.由平衡位置到最大位移所需的时间为$\frac{1}{4}T$,由平衡位置到最大位移的一半所需的时间为$\frac{1}{12}T$,如图 3.40 所示.即物体从 O 点振动到 OM 中点所需的时间为 $t=\frac{1}{12}T=\frac{1}{12}\times 1.2\ \text{s}=0.1\ \text{s}$.

3.2.8 利用图像的变换解题

例 8 物体以速度 $v_0=10$ m/s 竖直向上抛出,落地速度 $v_t=9$ m/s.若阻力和物体速度成正比,g 取 10 m/s^2,求物体的运动时间.

解析 粗略地作出 $v-t$ 图像,如图 3.41(a)所示.根据 $v-t$ 图像中速度图线与时间轴所围面积的物理意义可知,图中两块面积分别表示物体上升和下降的高度,且 $h_上=h_下$.由于阻力 f 和速度 v 成正比,所以,$f-t$ 图像与 $v-t$ 图像的形状相似.如图 3.41(b)所示,而在 $f-t$ 图像中,曲线下围成的面积的物理意义是阻力 f 的冲量.两块面积相等并分别居于 t 轴的上、下方,表明物体上升阶段和下落阶段受到空气阻力的冲量大小相等、方向相反,所以物体在空气中运动时空气阻力的总冲量为零,即有

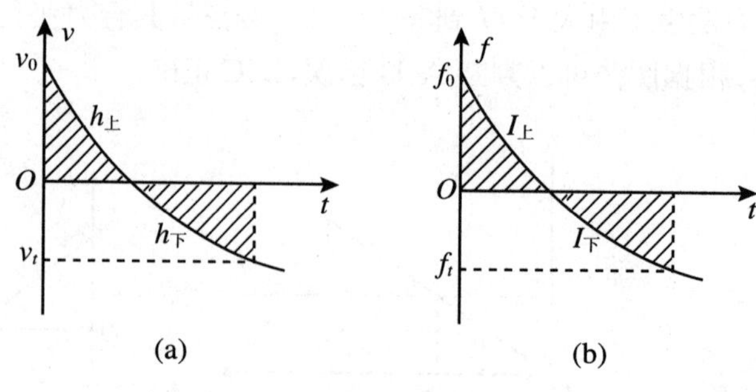

图 3.41

$$I_f = 0.$$

对物体运动的全过程运用动量定理，有

$$mgt + I_f = mv_t + mv_0.$$

解得 $t = \frac{v_0 + v_t}{g} = 1.9\ \text{s}$.

3.2.9 利用图像的直观解题

例 9 (2004 年上海交通大学自主招生)子弹从枪口射出时的速度大小是 30 m/s，某人每隔 1 s 竖直向上开枪，假设子弹在升降过程中都不相碰，不计空气阻力，g 取 10 m/s^2. 试问：对于第一颗子弹，在哪些时刻它和以后射出的子弹在空中相遇而过？

解析 一颗子弹从射出到落回地面共用时 $t = \frac{2v_0}{g} = 6\ \text{s}$. 作出每颗子弹的 $x - t$ 图像，如图 3.42 所示. 两条图线的交点表示两颗子弹相遇，共有 5 颗子弹在空中与第一颗相遇. 第一颗子弹与第二颗、第三颗、第四颗、第五颗、第六颗子弹相遇的时刻分别为 3.5 s、4 s、4.5 s、5 s、5.5 s.

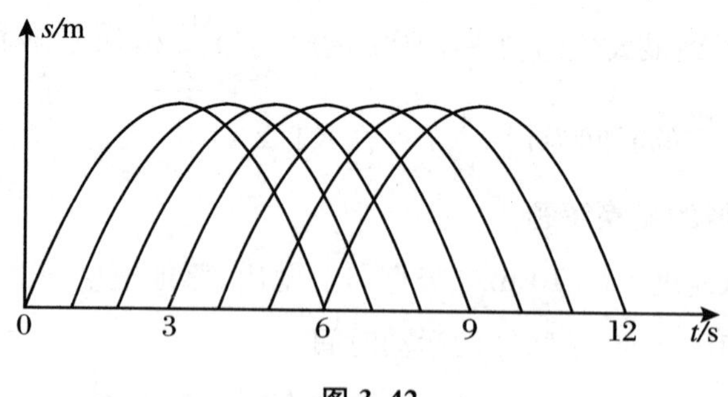

图 3.42

上面通过 9 个例题讨论了如何用图像法进行解题的问题. 图像的内涵丰富，综合性比较强，而表达却非常简明，是物理学习中数、形、意的完美统一，体现着对物理问题的深刻理解. 严格来说，只有借助数学图像把物理问题转化为数学图像问题，然后再根据图像的物理意义还原为物理问题的方法才被称为图像法，显然运用图像解题不仅仅是一种解题方法，也是一种思维方法.

3.3 图像法思维训练

1. 一列沿 x 轴正向传播的简谐波，在 $x_1 = 10$ cm 和 $x_2 = 110$ cm 处两质点的振动图线如图 3.43 所示. 则质点振动的周期为________ s，这列简谐波的波长为________ cm.

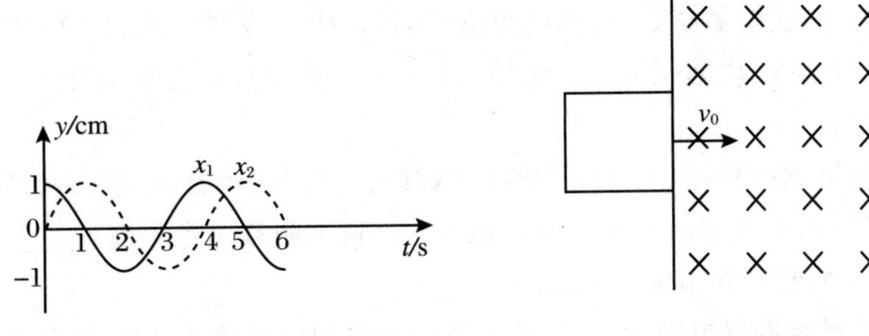

图 3.43　　图 3.44

2. 如图 3.44 所示，宽 40 cm 的匀强磁场区域，磁场方向垂直纸面向里，一边长为 20 cm 的正方形导线框位于纸面内，以垂直于磁场边界的恒定速度 $v_0 = 20$ cm/s 通过磁场区域，在运动过程中，线圈始终有一边与磁场的边界平行，取它刚进入磁场的时刻 $t = 0$，在图 3.45 所示的图像中正确反映电流随时间变化规律的是(　　).

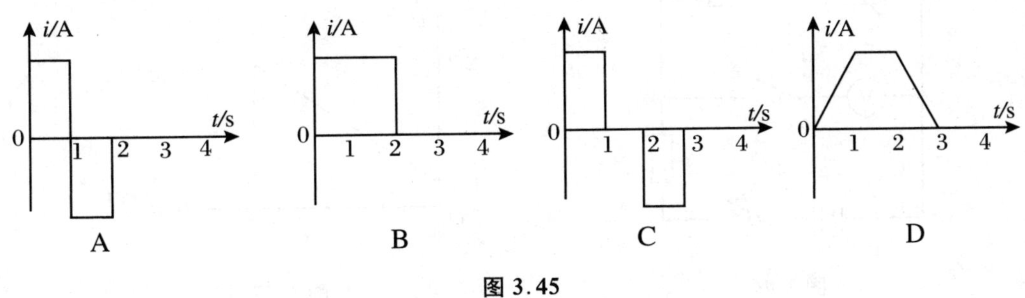

图 3.45

3. 正弦交流电 $u = 50\sin 314t$ 加在一氖管的两端，已知当氖管两端的电压达到 $25\sqrt{2}$ V 时才开始发光，则此氖管在一个周期内发光的总时间为(　　).

A. 0.02 s　　B. 0.0025 s　　C. 0.01 s　　D. 0.005 s

4. 用铁锤将一铁钉钉入木块，设木块对铁钉的阻力与铁钉钉入木块的深度成正比，在铁锤击打第一次时，能把铁钉打入木块内 1 cm，问打第二次时能打入多深？(设铁锤每次做功都相等.)

5. 在两条平行直轨道上有 A、B 两质点，从某时刻开始质点 A 做初速度为 v 的匀速直线运动，B 做初速度为 0 的匀加速直线运动，两者的运动方向相同. 若 A 在 B 前，二者能相遇几次？若 B 在 A 前，两者最多可能相遇几次？

6.（2012年“华约”联盟自主招生）两电源电动势分别为 E_1、E_2（$E_1>E_2$），内阻分别为 r_1、r_2. 当这两个电源分别和一阻值为 R 的电阻连接时，电源输出功率相等. 若将 R 减小为 R'，电源输出功率分别为 P_1、P_2，则（　　）.

A. $r_1<r_2, P_1<P_2$　　　　B. $r_1>r_2, P_1>P_2$

C. $r_1<r_2, P_1>P_2$　　　　D. $r_1>r_2, P_1<P_2$

7. 一平行板电容器的电容为 C，当电容器充入电荷量 Q 时，其储存的能量为多少？

8.（2007年高考四川卷）甲同学设计了如图 3.46 所示的电路测电源电动势 E 及电阻 R_1 和 R_2 的阻值. 实验器材有：待测电源 E（不计内阻），待测电阻 R_1，待测电阻 R_2，电压表 V（量程为 1.5 V，内阻很大），电阻箱 R（0～99.99 Ω），单刀单掷开关 S_1，单刀双掷开关 S_2，导线若干.

(1) 先测电阻 R_1 的阻值. 请将甲同学的操作补充完整：闭合 S_1，将 S_2 切换到 a，调节电阻箱，读出其示数 r 和对应的电压表示数 U_1，保持电阻箱示数不变，________，读出电压表的示数 U_2. 则电阻 R_1 的表达式为 $R_1=$________.

(2) 甲同学已经测得电阻 $R_1=4.8\ \Omega$，继续测电源电动势 E 和电阻 R_2 的阻值. 该同学的做法是：闭合 S_1，将 S_2 切换到 a，多次调节电阻箱，读出多组电阻箱示数 R 和对应的电压表示数 U，由测得的数据绘出了如图 3.47 所示的 $\frac{1}{U}-\frac{1}{R}$ 图线，则电源电动势 $E=$________ V，电阻 $R_2=$________ Ω.

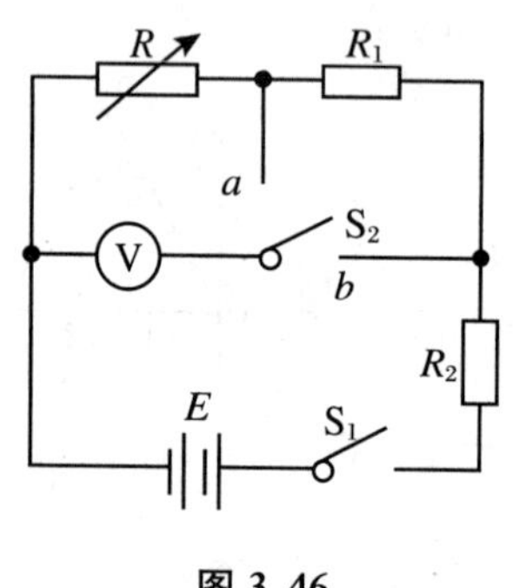

图 3.46

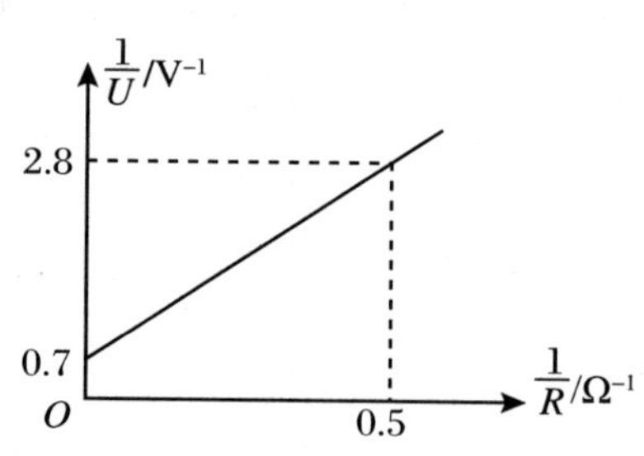

图 3.47

(3) 利用甲同学设计的电路和测得的电阻 R_1，乙同学测电源电动势 E 和电阻 R_2 的阻值的做法是：闭合 S_1，将 S_2 切换到 b，多次调节电阻箱，读出多组电阻箱示数 R 和对应的电压表示数 U，由测得的数据绘出了相应的 $\frac{1}{U}-\frac{1}{R+R_1}$ 图线，根据图线得到电源电动势 E 和电阻 R_2. 这种做法与甲同学的做法比较，由于电压表测得的数据范围________（选填“较大”“较小”或“相同”），所以________同学的做法更恰当些.

9.（2013年高考新课标Ⅱ卷）一长木板在水平地面上运动，在 $t=0$ 时刻将一相对于地面静止的物块轻放到木板上，以后木板运动的速度－时间图像如图 3.48 所示. 已知物块与木板的质量相等，物块与木板间及木板与地面间均有摩擦，物块与木板间的最大静摩擦力等于滑动摩擦力，且物块始终在木板上. 取重力加速度的大小 $g=10\ \text{m/s}^2$，求：

(1) 物块与木板间、木板与地面间的动摩擦因数.

(2) 从 $t=0$ 时刻到物块与木板均停止运动时,物块相对于木板的位移大小.

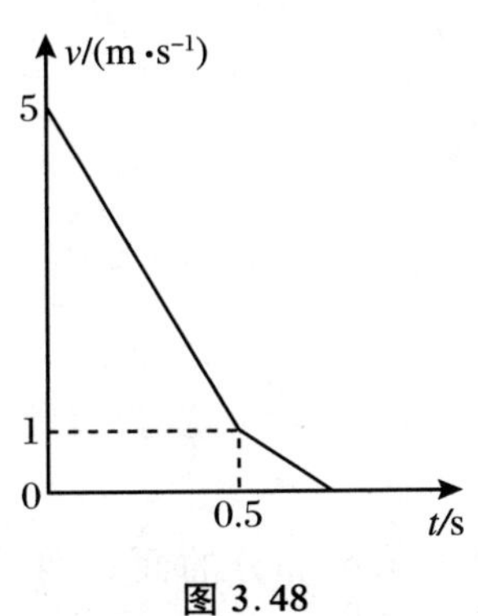

图 3.48

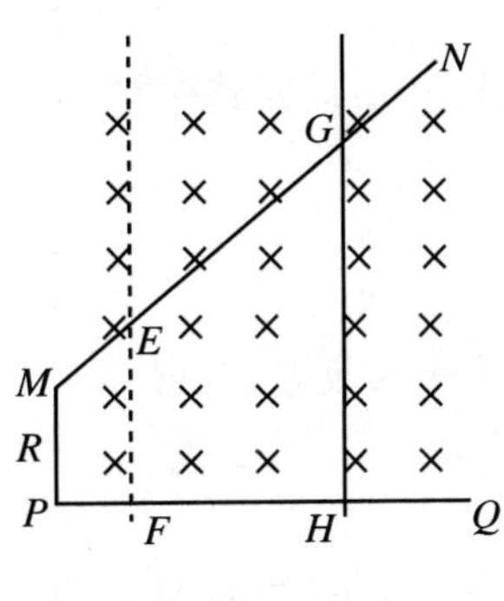

图 3.49

10. (2014 年高考上海卷)如图 3.49 所示,水平面内有一光滑金属导轨,其 MN、PQ 边的电阻不计,MP 边的电阻阻值 $R=1.5\ \Omega$,MN 与 MP 的夹角为135°,PQ 与 MP 垂直,MP 边长度小于 1 m.将质量 $m=2$ kg,电阻不计的足够长直导体棒放在导轨上,并与 MP 平行.棒与 MN、PQ 交点 G、H 间的距离 $L=4$ m.空间存在垂直于导轨平面的匀强磁场,磁感应强度 $B=0.5$ T.在外力作用下,棒由 GH 处以一定的初速度向左做直线运动,运动时回路中的电流强度始终与初始时的电流强度相等.

(1) 若初速度 $v_1=3$ m/s,求棒在 GH 处所受的安培力大小 F_A.

(2) 若初速度 $v_2=1.5$ m/s,求棒向左移动距离 2 m 到达 EF 所需时间 Δt.

(3) 在棒由 GH 处向左移动 2 m 到达 EF 处的过程中,外力做功 $W=7$ J,求初速度 v_3.

3.4 图像法思维训练参考答案

1. 4,$\dfrac{400}{4n+1}$($n=0$、1、2、…)
2. C
3. C
4. 0.41 cm
5. 若 A 在 B 前,A、B 只能相遇一次.若 B 在 A 前,A、B 相遇的次数可能为 2、1、0,即 A、B 最多能相遇 2 次.
6. D
7. $\dfrac{Q^2}{2C}$
8. (1) 将 S_2 切换到 b,$\dfrac{U_2-U_1}{U_1}r$　(2) 1.43$\left(或\dfrac{10}{7}\right)$,1.2　(3) 较小,甲
9. (1) $\mu_1=0.20$,$\mu_2=0.30$　(2) $s=1.125$ m
10. (1) 8 N.

(2) 以棒在 GH 处为原点,向左为正方向建立 x 轴,设导体棒在 x 处的速度为 v,由几何关系知切割磁感线的有效长度为 $l=L-x$,则回路中的感应电动势为

$$E=B(L-x)v. \quad ①$$

若初速度 $v_2=1.5\ \text{m/s}$,回路中初始感应电动势为

$$E_2=BLv_2=3\ \text{V}. \quad ②$$

由题意知

$$E=E_2. \quad ③$$

联立①～③式并代入数据,解得

$$\frac{1}{v}=\frac{2}{3}-\frac{1}{6}x. \quad ④$$

导体棒运动的 $\frac{1}{v}-x$ 图像如图 3.50(a)所示,图像中阴影部分的面积就是棒向左运动 2 m 所需的时间,有

$$\Delta t=\frac{\left(\frac{1}{3}+\frac{2}{3}\right)\times 2}{2}=1\ (\text{s}).$$

(3) 当棒的初速度为 v_3 时,由题意有

$$E=B(L-x)v=BLv_3. \quad ⑤$$

解得

$$\frac{1}{v}=\frac{1}{v_3}-\frac{1}{Lv_3}x. \quad ⑥$$

当 $x=2$ m 时,由⑥式知棒的速度为

$$v=2v_3. \quad ⑦$$

导体棒运动的 $\frac{1}{v}-x$ 图像如图 3.50(b)所示,图像中阴影部分的面积就是棒向左运动 2 m 所需的时间,即

$$\Delta t'=\frac{\left(\frac{1}{v_3}+\frac{1}{2v_3}\right)\times 2}{2}=\frac{3}{2v_3}. \quad ⑧$$

由功能关系 $W=\Delta E_k+Q$,得

$$W=\frac{1}{2}m(v^2-v_3^2)+\left(\frac{BLv_3}{R}\right)^2 R\Delta t'. \quad ⑨$$

联立⑦～⑨式并代入数据,解得

$$v_3=1\ \text{m/s}.$$

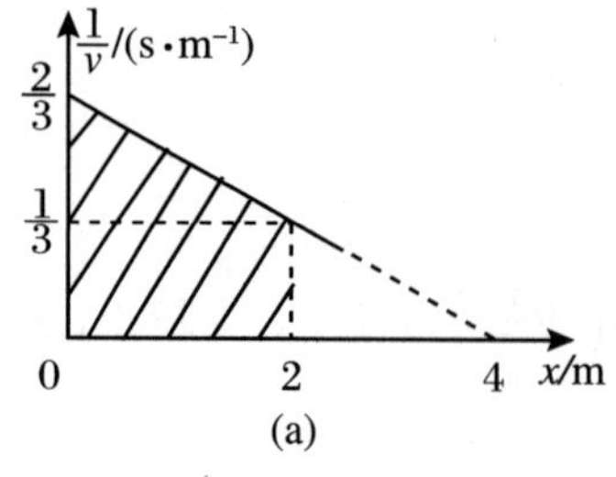

(a)

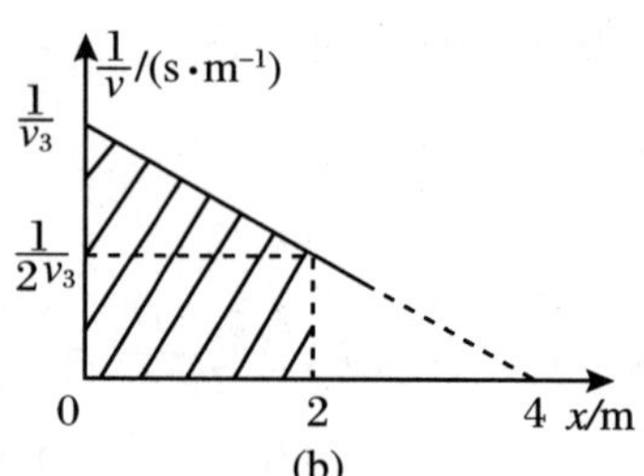

(b)

图 3.50

4 微 元 法

4.1 微元法概述

先看三个例子.

例 1 高压采煤水枪出口的横截面积为 S,水的射速为 v,射到煤层上后水的速度变为零,若水的密度为 ρ,求水对煤的冲力.

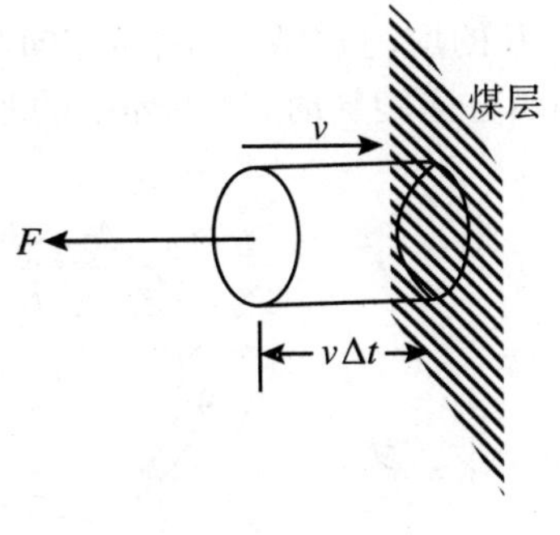

图 4.1

解析 采用微元法分析,取冲到墙上的一小段水柱为研究对象,如图 4.1 所示.设这一小段水的质量为 Δm,则 $\Delta m=\rho v\Delta tS$.取水平向左为正方向,应用动量定理,则有

$$F\Delta t=\Delta mv=\rho v\Delta tSv.$$

解得 $F=\rho v^2S$.由牛顿第三定律得水对煤层的冲力 $F'=-F=-\rho v^2S$,其中负号表示方向水平向右.

例 2 (2007 年上海交通大学自主招生)如图 4.2 所示,有一与电容器 C 串联的光滑矩形金属轨道,轨道宽度为 L,与地面成 θ 角放置.轨道上有一质量为 m、其长度方向与轨道垂直的金属杆 AB 可以在矩形轨道上自由滑动.整个系统处于与轨道平面垂直的均匀磁场 B 中.若金属杆 AB 原来处于距离轨道底部为 d 的位置,忽略整个系统的电阻,求金属杆从静止开始滑动到矩形轨道底部所需要的时间.

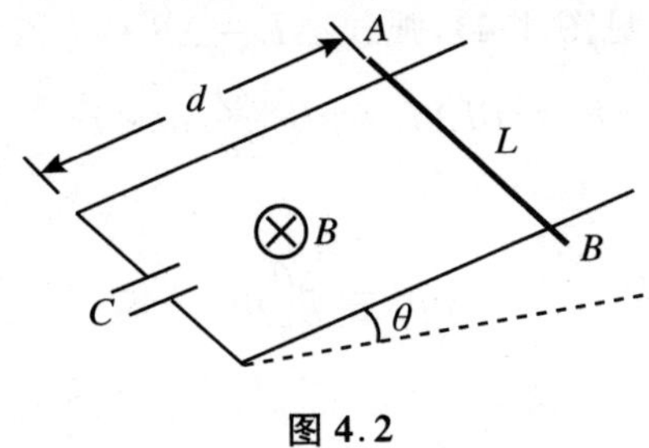

图 4.2

解析 任一时刻金属杆切割磁感线产生的感应电动势为 $U=BLv$.对金属杆,有

$$mg\sin\theta-BIL=ma.$$

而

$$I = \frac{\Delta Q}{\Delta t} = \frac{C\Delta U}{\Delta t} = \frac{CBL\Delta v}{\Delta t} = CBLa,$$

故

$$a = \frac{mg\sin\theta}{m + CB^2L^2}.$$

又金属杆做匀加速直线运动,故

$$d = \frac{1}{2}at^2.$$

所以金属杆从静止开始滑动到矩形轨道底部所需要的时间为

$$t = \sqrt{\frac{2d(m + CB^2L^2)}{mg\sin\theta}}.$$

例 3 如图 4.3 所示,一质量均匀分布的细圆环,其半径为 r,质量为 m.令此环均匀带正电,总电荷量为 Q.现将此环平放在绝缘的光滑水平桌面上,并处于磁感应强度为 B 的均匀磁场中,磁场方向竖直向下.当此环绕通过其中心的竖直轴以匀角速度 ω 沿图示方向旋转时,试求环中的张力.

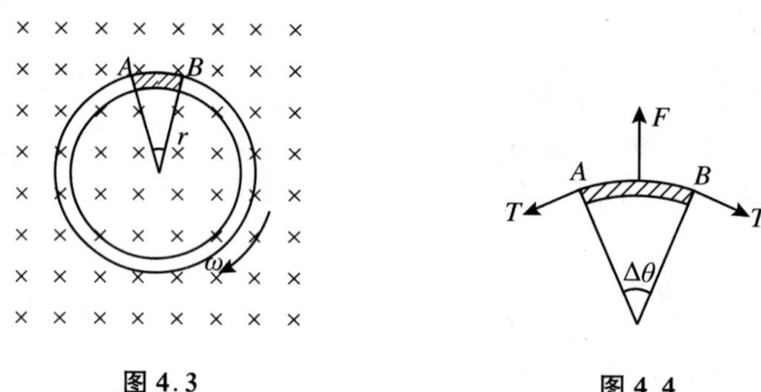

图 4.3　　　图 4.4

解析 由于环在转动,环上的电荷随环一起定向运动,这相当于在此环上有恒定电流

$$I = \frac{Q}{\frac{2\pi}{\omega}} = \frac{\omega Q}{2\pi}. \quad ①$$

在环上取一微小段圆弧 AB(见图 4.4),弧长 $\Delta L = \Delta\theta \cdot r$,该小段圆弧所受安培力为

$$F = BI\Delta L = B\frac{\omega Q}{2\pi}\Delta\theta \cdot r. \quad ②$$

该小段圆弧的质量为

$$\Delta m = \frac{\Delta\theta}{2\pi}m. \quad ③$$

向心力为

$$2T\sin\frac{\Delta\theta}{2} - F = \Delta m \cdot \omega^2 r. \quad ④$$

把②③式代入④式,又因为 $\Delta\theta$ 很小,故 $\sin\frac{\Delta\theta}{2} \approx \frac{\Delta\theta}{2}$,所以

$$2T\frac{\Delta\theta}{2}-B\frac{\omega Q}{2\pi}\Delta\theta\cdot r=\frac{m}{2\pi}\Delta\theta\cdot\omega^2 r.$$

解得

$$T=\frac{\omega r}{2\pi}(QB+m\omega).$$

解以上三题时用的思维方法就是“微元法”. 在中学物理中,往往会遇到一些用常规方法难以解决的问题,如研究对象难以确定或研究对象不是理想模型(如质点、点电荷等),再如问题中所涉及的物理量是非线性变化量,无法用初等数学进行计算等情况. 这时可以采取“微元法”,即将所研究的对象或者所涉及的物理过程分割成许多微小的单元,从而将非理想物理模型变成理想物理模型;将曲面变成平面;将曲线变成直线;将非线性变量变成线性变量,甚至常量. 然后选择微小的单元,利用常规的方法进行分析和讨论,能够简捷而迅速地得出结果.

所谓微元思维方法是指从整体中取某个特定的微小部分作为研究对象,从而解决事物整体问题的一种思维方式. 这种思维方法是基于宏观事物的普遍性(即共性)不但存在于事物发展的全过程中,而且也包含在微元的特殊性(即个性)这一基本属性的基础上,而产生的一种创造性思维方式. 因此,我们在研究物理问题时,对于某一具体的研究对象,当从整体或宏观上无法求解时,运用微元思维方法往往会收到化难为易、化繁为简的效果. 再看几个例子.

例 4 (2009 年清华大学自主招生)一质量为 m、长为 L 的柔软绳自由悬垂,下端恰与一台秤的秤盘接触,如图 4.5 所示. 某时刻放开柔软绳上端,求台秤的最大读数.

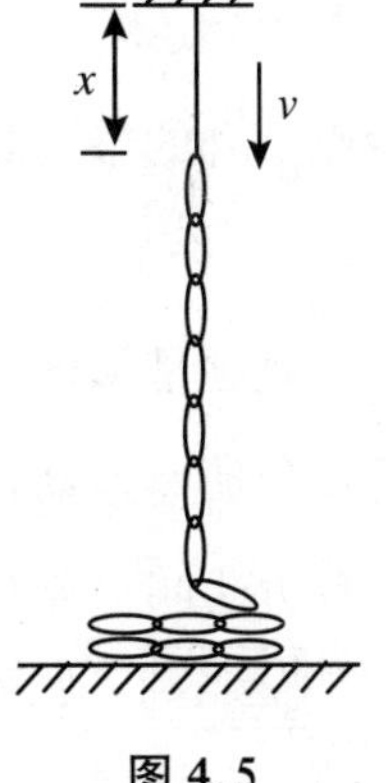

图 4.5

解析 设 t 时刻落到秤盘的绳长为 x,此时绳速为

$$v=\sqrt{2gx}.$$

在 $\Delta t(\Delta t\to 0)$ 时间内,有质量为 $\Delta m=\rho\Delta x$ 的绳落到盘秤上,其中 ρ 为绳的线密度. 由动量定理得 $-F\Delta t=-\Delta m\cdot v=-\rho\Delta x\cdot v$(忽略微元段绳本身的重力冲量),即

$$F=\rho v\frac{\Delta x}{\Delta t}=\rho v^2=2\rho gx.$$

故

$$N=F+\rho gx=3\rho gx.$$

因而盘秤的最大读数为 $3mg$,即出现在软绳将要全部掉到盘秤上时.

此题是从整体的软绳中隔离出微元的一段作为研究对象,它成了解题的关键一步. 不妨把这种方法叫微元隔离法.

“微元集合法”先研究所选取的个别微元,主要是物理过程. 然后将其所具有的性质和规律通过叠加、递推、归纳等方法广及所有微元,最后得出终解,此即“微积分”思想.

例 5 从地面上以初速度 v_0 竖直向上抛出一质量为 m 的球,若运动过程中受到的空气阻力与其速率成正比关系,球运动的速率随时间变化规律如图 4.6 所示,t'时刻到达最高点,再落回地面,落地时速率为 v',且落地前球已经做匀速运动. 求球上升的最大

高度 H.

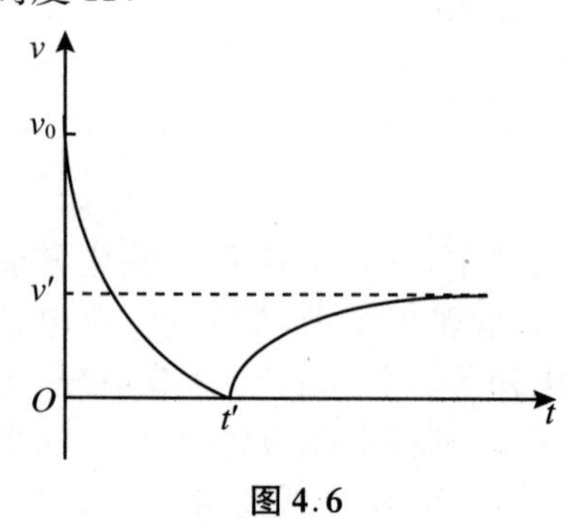

图 4.6

解析 由于落地前球已经做匀速运动,则有

$$mg - kv' = 0,$$

因此

$$k = \frac{mg}{v'}.$$

设上升时的加速度为 a,取竖直向上为正方向,根据牛顿第二定律,有

$$-(mg + kv) = ma,$$

$$a = -g - \frac{k}{m}v.$$

取上升过程中一段极短的时间 Δt,则

$$\Delta v = a\Delta t = -g\Delta t - \frac{k}{m}v\Delta t.$$

对上升全过程关于 Δv 求和,则有

$$\sum \Delta v = -g\sum \Delta t - \frac{k}{m}\sum v\Delta t = -g\sum \Delta t - \frac{k}{m}\sum \Delta h,$$

即有

$$0 - v_0 = -gt' - \frac{k}{m}H.$$

所以上升的最大高度为

$$H = \frac{(v_0 - gt')v'}{g}.$$

此题是从球的运动过程中取一段很短的时间作为“微元”,在微元时间内把球的运动看作匀加速运动,所以 $\Delta v = a\Delta t = -g\Delta t - \frac{k}{m}v\Delta t$,之后对速度的增量进行求和.不妨把这种方法叫微元集合法.下面再看一个例子.

例 6 如图 4.7 所示,求锯齿波交流电的有效值.

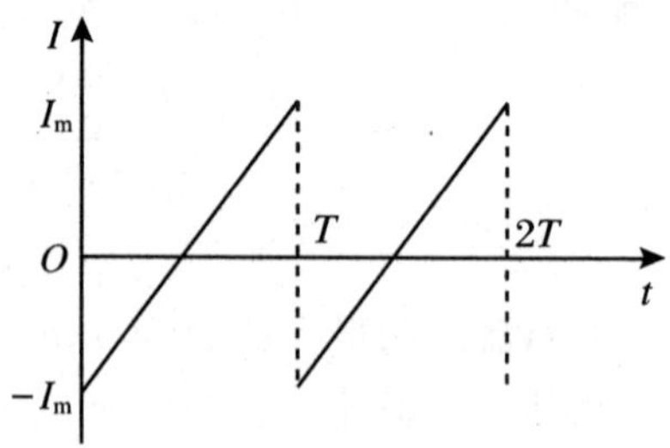

图 4.7

解析 选取时间为一个周期 T,并把 T 分成 n 等份,则每一份时间为 $\Delta t = \frac{T}{n}$(当 $n \to \infty$ 时,$\Delta t \to 0$).

可以认为在时间 Δt 内电流为某一定值,对应时刻分别为

$$t_1 = \Delta t,\quad t_2 = 2\Delta t,\quad \cdots,\quad t_n = n\Delta t = T.$$

所对应的电流的瞬时值为

$$i_1 = kt_1 - I_m,\quad i_2 = kt_2 - I_m,\quad \cdots,\quad i_n = kt_n - I_m = I_m.$$

其中,k 为直线的斜率,$k = \frac{2I_m}{T}$.

根据有效值的定义,得

$$I^2RT = i_1^2R\Delta t + i_2^2R\Delta t + \cdots + i_n^2R\Delta t.$$

所以有效值为

$$I = \sqrt{\frac{i_1^2 + i_2^2 + \cdots + i_n^2}{n}} = \sqrt{\frac{(kt_1 - I_m)^2 + (kt_2 - I_m)^2 + \cdots + (kt_n - I_m)^2}{n}}$$

$$= \sqrt{\frac{k^2(t_1^2 + t_2^2 + \cdots + t_n^2) - 2I_m k(t_1 + t_2 + \cdots + t_n) + nI_m^2}{n}}$$

$$= \sqrt{\frac{k^2(\Delta t)^2(1^2 + 2^2 + \cdots + n^2) - 2I_m k\Delta t(1 + 2 + \cdots + n) + nI_m^2}{n}}.$$

根据公式 $1^2 + 2^2 + \cdots + n^2 = \frac{n(n+1)(2n+1)}{6}$,$1 + 2 + \cdots + n = \frac{n(n+1)}{2}$,得

$$I = \sqrt{\frac{k^2(\Delta t)^2\frac{n(n+1)(2n+1)}{6} - 2I_m k\Delta t\frac{n(n+1)}{2} + nI_m^2}{n}}$$

$$= \sqrt{k^2(\Delta t)^2\frac{(n+1)(2n+1)}{6} - I_m k\Delta t(n+1) + I_m^2}$$

$$= \sqrt{\left(\frac{2I_m}{T}\right)^2\left(\frac{T}{n}\right)^2\frac{(n+1)(2n+1)}{6} - I_m\left(\frac{2I_m}{T}\right)\left(\frac{T}{n}\right)(n+1) + I_m^2}$$

$$= \sqrt{\frac{4I_m^2(n+1)(2n+1)}{6n^2} - 2I_m^2\frac{n+1}{n} + I_m^2}.$$

对上式进行 $n\to\infty$ 的极限运算后,得 $I = \frac{I_m}{\sqrt{3}}$.

在使用微元法处理问题时,需将其分解为众多微小的“元过程”,而且每个“元过程”所遵循的规律是相同的,这样,我们只需分析这些“元过程”,然后再对“元过程”进行必要的数学运算(累计求和),进而使问题得到解答.

微元法在解决静电场问题时有其独特的优势,再看以下三个例题.

例 7 (2011 年复旦大学自主招生)两半径分别为 r_1 和 r_2($r_1 < r_2$)的同心球面上,各均匀带电 Q_1 和 Q_2,则在球面内部距离球心 r 处的电势为( ).

A. $k\left(\frac{Q_1}{r} + \frac{Q_2}{r}\right)$　B. $k\left(\frac{Q_1}{r} + \frac{Q_2}{r_2}\right)$　C. $k\left(\frac{Q_1}{r_1} + \frac{Q_2}{r}\right)$　D. $k\left(\frac{Q_1}{r_1} + \frac{Q_2}{r_2}\right)$

解析 根据在静电平衡状态下导体是等势体,导体表面是等势面,导体内部电场强度为零,可知球面内部各个点的电势相等,且与球面的电势相等.我们取半径为 r_1 的球面上的一个微元,设其带电量为 ΔQ,它在球心处产生的电势为 $\Delta\varphi = k\Delta Q/r_1$,利用电势叠加原理,可知整个球面在球心处产生的电势为

$$\varphi_1 = \sum\frac{k\Delta Q}{r_1} = \frac{k}{r_1}\sum\Delta Q = k\frac{Q_1}{r_1};$$

同理,半径为 r_2 的球面在球心处的电势为

$$\varphi_2 = \sum\frac{k\Delta Q}{r_2} = \frac{k}{r_2}\sum\Delta Q = \frac{kQ_2}{r_2}.$$

两半径分别为 r_1 和 r_2($r_1 < r_2$)的同心球面处产生的电势为

$$\varphi = \varphi_1 + \varphi_2 = k\left(\frac{Q_1}{r_1} + \frac{Q_2}{r_2}\right).$$

则在球面内部距离球心 r 处的电势为 $k\left(\frac{Q_1}{r_1}+\frac{Q_2}{r_2}\right)$，选项 D 正确.

例 8 如图 4.8 所示，电量 Q 均匀分布在半径为 R 的圆环上，求在圆环轴线上距圆心 O 点为 $x=\sqrt{3}R$ 处 P 点的电场强度.

解析 在圆环直径的两端对称地选取两个相同微元研究，如图 4.9 所示. 设电量均为 Δq，它们到 P 点的距离 $r=2R$. 它们在 P 点产生电场的电场强度沿垂直 x 轴方向的分量抵消，沿 x 轴方向的分量为

$$\Delta E_x = 2k\frac{\Delta q}{r^2}\cos\theta = 2k\frac{\Delta q}{r^2}\cdot\frac{\sqrt{3}}{2} = 2\sqrt{3}\frac{k\Delta q}{4R^2},$$

整个带电圆环在 P 点产生电场的电场强度为

$$E = \sum \Delta E_x = \sum 2\sqrt{3}\frac{k\Delta q}{4R^2} = 2\sqrt{3}\frac{k}{4R^2}\sum \Delta q = 2\sqrt{3}\frac{kQ}{4R^2}.$$

在高中阶段，有些问题几乎非“微元法”不能解.

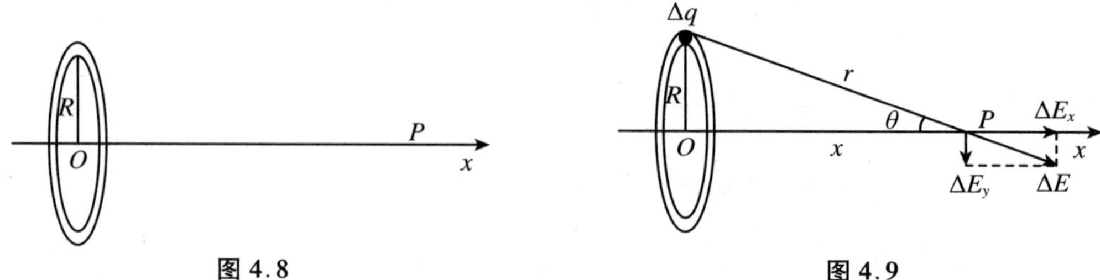

图 4.8　　图 4.9

例 9 小偷在一大型超市被保安发现，以不变的速率 v_1 沿着直线 AB 逃跑，保安以不变的速率 v_2 追击，其运动方向始终对准小偷. 某时刻小偷在 F 处，保安在 D 处，$FD\perp AB$，如图 4.10 所示，试求此时保安的加速度的大小.（弧可以看成圆周运动的一部分）

解析 经过一段极短的时间 Δt，保安和小偷各运动一段路程后，两者的位置如图 4.11 所示，则有

$$x_1 = v_1\Delta t,\quad x_2 = v_2\Delta t,$$

图 4.10

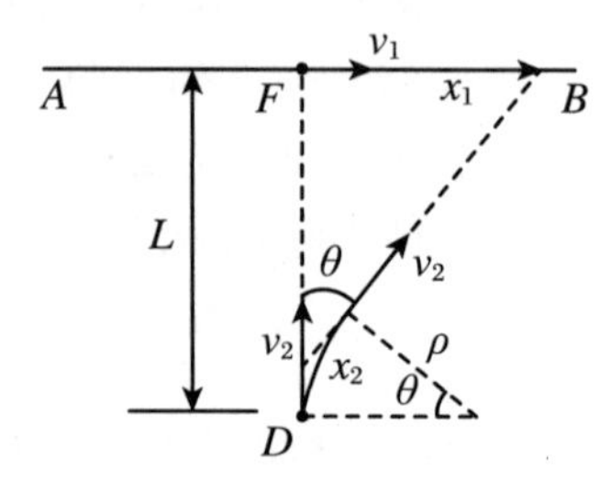

图 4.11

且

$$\theta = \frac{x_1}{L} = \frac{x_2}{\rho}.$$

联立得保安的轨迹半径为

$$\rho = \frac{v_2}{v_1}L.$$

则此时保安的加速度的大小为

$$a = \frac{v_2^2}{\rho} = \frac{v_1 v_2}{L}.$$

通过上面的例子，得到应用微元思维方法解题的主要步骤如下：

(1) 将所研究的对象或研究的过程进行无限分割，假设研究对象或研究过程发生了微小的变化，例如可以是发生了一小段位移，经历了一小段时间等.

(2) 取某个微元或微小变化过程作为研究对象，找出所选取的这个微元或微小变化所遵循的物理规律或列出对应的物理方程.

(3) 根据对应的规律或方程，求解未知物理量或者找出某种变化规律或特定的原理.

应用微元法解题与一般的隔离法截然不同，如用微元法解题，可以将非理想模型转化为理想模型，将曲面转化为平面，将一般曲线转化为圆或直线，将非线性变化量转化为线性变化量，甚至恒量，从而可将复杂问题转化为简单问题，使常规方法难以解决的问题迎刃而解.

4.2 微元法例题精析

高中物理新课标教科书从高一开始就让学生接触微元法. 这是一种深刻的思维方法，它贯穿于整个高中阶段的物理知识体系中，渗透于物理概念和公式的推导中. 如《高中物理新课标教科书必修1》中关于借助一小段位移内的平均速度求某时刻的瞬时速度、加速度及匀变速直线运动的位移公式，《必修2》中推导匀速圆周运动的向心加速度，《选修3－1》中用无数组与静电力垂直和平行的折线来逼近曲线求静电力所做的功，《选修3－2》中感应电动势的定义等. 学生在平时的学习过程中，要学会用微元法来思考和解决问题. 运用微元法求解问题一般有微元隔离法和微元集合法两种情形，我们来做具体的分析.

能用微元法进行求解的题目很多，大体可分为“微元隔离法”和“微元集合法”. 微元隔离法即根据所研究的问题，在整体中隔离微小单元作为研究对象进行分析，这些微元是任意的，又是具有代表性的. 通常选取的微元有时间微元 Δt、长度微元 Δl、角度微元 $\Delta\theta$、面积微元 ΔS、体积微元 ΔV、质量微元 Δm、速度微元 Δv、电荷微元 Δq、电势微元 $\Delta\varphi$ 等.

4.2.1 长度微元 Δl

对长度进行微小分割称为线分割，分割出来的长度单元称为长度微元，用 Δl 或 Δr 表示.

例 1 (2009年上海交通大学自主招生)俄罗斯科学家根据同步卫星在地球同步

轨道上的飞行原理首先提出了“太空天梯”的构想，以方便向太空实验室运送人员或补充物质.英国科幻作家阿瑟·克拉克在他1978年出版的小说《天堂喷泉》中使这一构想广为人知.太空天梯的主体是一个永久性连接太空站（同步卫星）和地面基站的缆绳，通过太阳能驱动的“爬行器”沿着缆绳可爬上太空.试分析说明：

(1) 该太空站（同步卫星）与通常意义上的地球同步卫星相比，离地面的高度哪个更大？

(2) 按照“太空天梯”的构想，“太空天梯”的地面基站能否设在中国境内？

解析 (1) 天梯只能位于赤道上某处，与地表垂直，并与地球同步转动.设地球质量为 M，半径为 R，天梯长为 L，线密度为 ρ，则整个天梯质量 $m=\rho L$.在距地心 r 处取一小段天梯 Δr，其所受引力为 $F_i=\frac{GM\rho\Delta r_i}{r_i^2}$，整个天梯所受引力为 $F=\sum F_i$.而

$$\sum\frac{\Delta r_i}{r_i^2}=\sum\frac{r_i-r_{i-1}}{r_ir_{i-1}}=\sum\left(\frac{1}{r_{i-1}}-\frac{1}{r_i}\right)=\frac{1}{R}-\frac{1}{R+L},$$

故

$$F=GM\rho\left(\frac{1}{R}-\frac{1}{R+L}\right)=\frac{GMm}{R(R+L)}.$$

天梯重心位于 $r_c=R+\frac{L}{2}$，所需向心力 $F=mr_c\left(\frac{2\pi}{T}\right)^2$，则

$$\frac{GMm}{R(R+L)}=m\left(\frac{2\pi}{T}\right)^2\left(R+\frac{L}{2}\right). \qquad ①$$

设通常意义上的地球同步卫星质量为 m'，离地面的高度为 h，则有

$$\frac{GMm'}{(R+h)^2}=m'\left(\frac{2\pi}{T}\right)^2(R+h). \qquad ②$$

①②两式相除，得

$$\frac{(R+h)^2}{R(R+L)}=\frac{R+\frac{L}{2}}{R+h},$$

即

$$\frac{R+h}{R}=\frac{\left(R+\frac{L}{2}\right)(R+L)}{(R+h)^2}>1.$$

所以 $L>h$，太空站离地面的高度更大.

(2) “太空天梯”的地面基站不能设在中国境内.

4.2.2 面积微元 ΔS

对面积进行微小分割称为面积分割，分割出来的面积单元称为面积微元，用 ΔS 表示.一个面积元通常需用两个参量表示.

例2 (2012年高考新课标卷)假设地球是一半径为 R，质量分布均匀的球体.一矿井深度为 d.已知质量分布均匀的球壳对壳内物体的引力为零.矿井底部和地面处的重力加速度大小之比为(　　).

A. $1-\frac{d}{R}$　　B. $1+\frac{d}{R}$　　C. $\left(\frac{R-d}{R}\right)^2$　　D. $\left(\frac{R}{R-d}\right)^2$

通过分析，我们不难得出正确选项 A. 在这里我们并不关心试题本身该如何解答，请注意划横线的部分. 为什么质量分布均匀的球壳对壳内物体的引力为零呢？下面我们来做具体的分析.

解析 如图 4.12 所示，在球壳内任一位置有一质量为 m 的质点. 以 m 所在位置为顶点，作两个底面积足够小的对顶圆锥，则两圆锥底面可视为平面. 设两圆锥底面质量分别为 m_1、m_2，面积分别为 ΔS_1、ΔS_2，半径分别为 R_1、R_2，质点 m 到两圆锥底面中心的距离分别为 r_1、r_2，球壳密度为 ρ. 根据万有引力定律，两圆锥底面对质点 m 的引力分别为

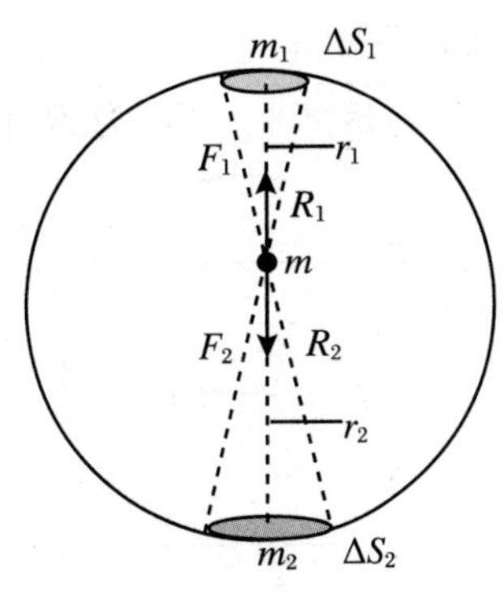

图 4.12

$$F_1=G\frac{m_1 m}{r_1^2}=G\frac{\rho\cdot\Delta S_1\cdot m}{r_1^2}=G\frac{\rho\cdot\pi R_1^2\cdot m}{r_1^2},$$

$$F_2=G\frac{m_2 m}{r_2^2}=G\frac{\rho\cdot\Delta S_2\cdot m}{r_2^2}=G\frac{\rho\cdot\pi R_2^2\cdot m}{r_2^2}.$$

根据相似三角形对应边成比例，得

$$\frac{R_1}{r_1}=\frac{R_2}{r_2},$$

则 F_1、F_2 之比为

$$\frac{F_1}{F_2}=\frac{R_1^2}{r_1^2}\cdot\frac{r_2^2}{R_2^2}=1.$$

因为两引力大小相等、方向相反，所以两引力的合力为零. 同理可得，球壳上其他任意两对应部分对质点 m 的合引力为零. 所以，整个球壳对壳内物体的合引力为零.

4.2.3 时间微元 Δt

对运动时间进行微小分割称为时间分割，分割出来的时间单元称为时间微元，用 Δt 表示.

例 3 如图 4.13 所示，在水平桌面上放有两根相互平行、相距为 0.2 m 的金属导轨 PQ 和 MN，电容器的电容 $C=1\times10^4\ \mu\text{F}$，且已充电完毕. L 是质量 $m=0.1$ kg的铝棒，它与轨道的摩擦不计，竖直向上的磁场的磁感应强度 $B=2$ T，导轨离地面的高度 $h=0.8$ m. 当开关 S 闭合后，金属棒被推出，落地点的水平位移为 $s=0.4$ m. 求电容器放电时通过金属棒的电量和电容器两极板间的电压的改变量.

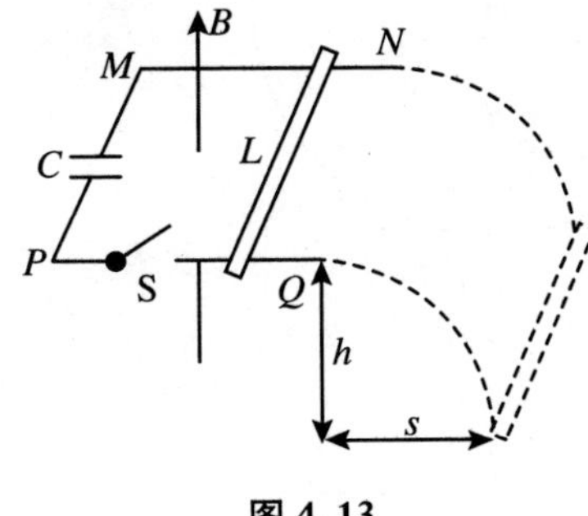

图 4.13

解析 设铝棒平抛时初速度为 v_0，安培力作用的时间为 Δt. 由平抛运动规律 $s=vt$，$h=\frac{1}{2}gt^2$，得 $v_0=s\sqrt{\frac{g}{2h}}=1$ m/s；由动量定理，得 $B\bar{I}L\Delta t=mv_0$. 因为 $\Delta Q=A\bar{I}\Delta t$，有 $BL\Delta Q=mv_0$，得 $\Delta Q=\frac{mv_0}{BL}=0.25$ C；又由 $C=\frac{Q}{U}$，得电容器两极板间电压的改变量 $\Delta U=\frac{\Delta Q}{C}=25$ V.

在电磁感应问题中，常常遇到非匀变速运动过程中求位移、电量、能量等问题，灵活

运用微元的思想,可以帮助我们更深刻地理解物理过程.

4.2.4 质量微元 Δm

对物体的质量进行微小分割称为质量分割,分割出来的质量单元称为质量微元,用 Δm 表示.

例 4 半径为 R 的光滑球固定在水平桌面上,有一质量为 M 的圆环状弹性绳圈,原长为 πR,且弹性绳圈的劲度系数为 k,将弹性绳圈从球的正上方轻放到球上,使弹性绳圈水平停留在平衡位置上,如图 4.14 所示.若平衡时弹性绳圈长为 $\sqrt{2}\pi R$,求弹性绳圈的劲度系数 k.

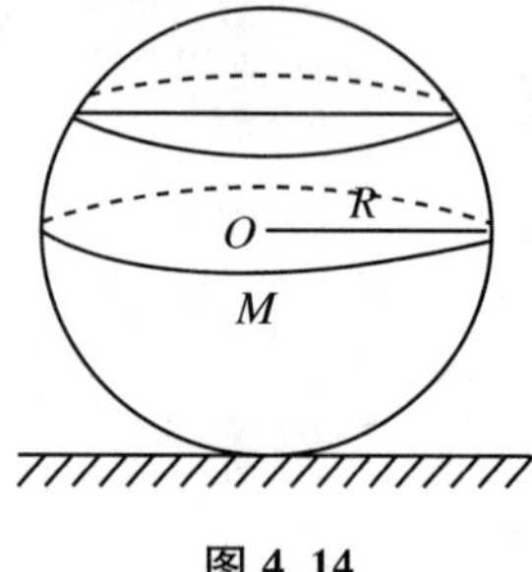

图 4.14

解析 由于整个弹性绳圈的大小不能忽略不计,弹性绳圈不能看成质点,所以应将弹性绳圈分割成许多小段,其中每一小段 Δm 两端受的拉力就是弹性绳圈内部的弹力 F.在弹性绳圈上任取一小段质量为 Δm 作为研究对象,进行受力分析.但是 Δm 受的力不在同一平面内,可以从一个合适的角度观察,选取一个合适的平面进行受力分析,这样可以看清楚各个力之间的关系.从下面和上面观察,分别画出正视图和俯视图.先看俯视图(见图 4.15(a)),设在弹性绳圈的平面上,Δm 所对应的角度是 $\Delta\theta$,则每一小段的质量为 $\Delta m=\dfrac{\Delta\theta}{2\pi}M$.$\Delta m$ 在该平面上受拉力 F 的作用,合力为 $T=2F\sin\dfrac{\Delta\theta}{2}$.

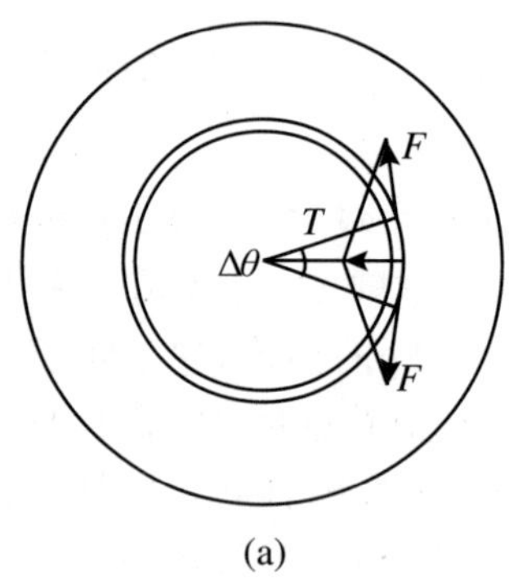

(a)

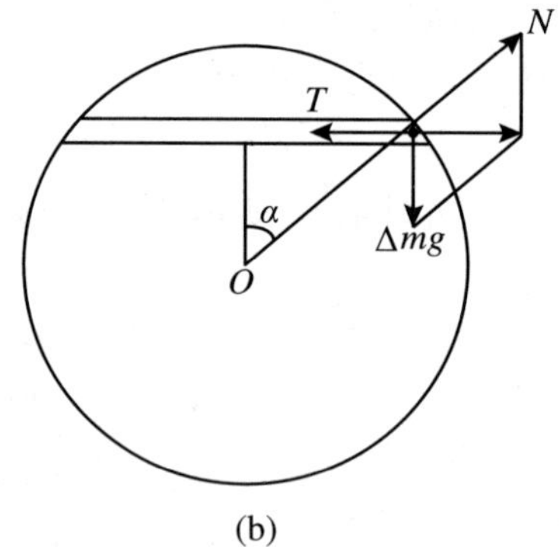

(b)

图 4.15

因为当 θ 很小时,$\sin\theta\approx\theta$,所以

$$T=2F\frac{\Delta\theta}{2}=F\Delta\theta. \qquad ①$$

再看正视图(见图 4.15(b)),Δm 受重力 Δmg 和支持力 N,二力的合力与 T 平衡:

$$T=\Delta mg\tan\alpha.$$

现在弹性绳圈的半径为 $r=\dfrac{\sqrt{2}\pi R}{2\pi}=\dfrac{\sqrt{2}}{2}R$,可得 $\sin\alpha=\dfrac{r}{R}=\dfrac{\sqrt{2}}{2}$,$\alpha=45^\circ$,$\tan\alpha=1$.所以

$$T = \Delta mg = \frac{\Delta\theta}{2\pi}Mg. \qquad ②$$

联立①②式，解得弹性绳圈的张力为 $F = \frac{Mg}{2\pi}$.

设弹性绳圈的伸长量为 x，则 $x = \sqrt{2}\pi R - \pi R = (\sqrt{2}-1)\pi R$.

所以绳圈的劲度系数为 $k = \frac{F}{x} = \frac{\frac{Mg}{2\pi}}{(\sqrt{2}-1)\pi R} = \frac{(\sqrt{2}+1)Mg}{2\pi^2 R}$.

4.2.5　电量微元 Δq

对带电体的电量进行微小分割称为电量分割，分割出来的电量单元称为电量微元，用 Δq 表示. 高中物理中经常出现电量微元的题目.

例 5　(2010 年高考福建卷)物理学中有些问题的结论不一定必须通过计算才能验证，有时只需通过一定的分析就可以判断结论是否正确. 如图 4.16 所示，两个彼此平行且共轴的半径分别为 R_1 和 R_2 的圆环电荷量均为 $q(q>0)$，而且电荷均匀分布. 两圆环的圆心 O_1 和 O_2 相距为 $2a$，连线的中点为 O，轴线上的 A 点在 O 点右侧与 O 点相距为 $r(r<a)$. 试分析判断下列关于 A 点处电场强度大小 E 的表达式(式中 k 为静电力常量)正确的是(　　).

A. $E = \left|\frac{kqR_1}{\sqrt{R_1^2+(a+r)^2}} - \frac{kqR_2}{\sqrt{R_2^2+(a-r)^2}}\right|$

B. $E = \left|\frac{kqR_1}{[R_1^2+(a+r)^2]^{\frac{3}{2}}} - \frac{kqR_2}{[R_2^2+(a-r)^2]^{\frac{3}{2}}}\right|$

C. $E = \left|\frac{kq(a+r)}{\sqrt{R_1^2+(a+r)^2}} - \frac{kq(a-r)}{\sqrt{R_2^2+(a-r)^2}}\right|$

D. $E = \left|\frac{kq(a+r)}{[R_1^2+(a+r)^2]^{\frac{3}{2}}} - \frac{kq(a-r)}{[R_2^2+(a-r)^2]^{\frac{3}{2}}}\right|$

图 4.16

解析　带电圆环产生的电场不能看作点电荷产生的电场，而在高中阶段我们只会求解点电荷的电场强度. 因此，本题的结论不一定必须通过计算才能验证，可以通过一定的分析对选项中表达式的合理性做出判断. 电场强度 E 的单位是 N/C，而 A 选项的单位是 $\mathrm{N\cdot m^2/C}$，C 选项的单位是 $\mathrm{N\cdot m/C}$，因此可以排除 A、C 选项. 当 A 点选在圆心 O_2 时 $r = a$，此时只有圆环 O_1 对 A 点的电场强度有贡献，而圆环 O_2 在 A 点的电场强度为零. 当 $r = a$ 时，B 选项中圆环 O_2 对 A 点电场强度的贡献不为零，因此排除 B 选项. 故 D

选项正确.

下面,我们采用微元法来具体求解 D 选项.如图 4.17 所示,我们先以圆环 O_1 为研究对象,求其在 A 点处的电场强度 E_1.

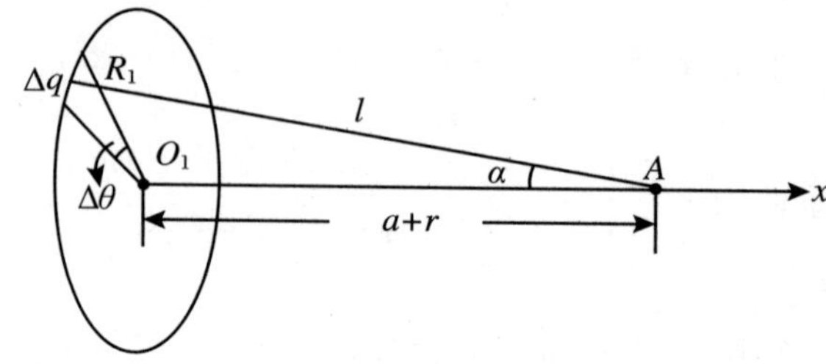

图 4.17

选电荷元 $\Delta q=\dfrac{R_1\Delta\theta}{2\pi R_1}q$,则它在 A 点处的电场强度的 x 分量为

$$\Delta E_x=k\frac{\Delta q}{l^2}\cos\alpha=k\frac{R_1\Delta\theta\cdot q}{2\pi R_1[R_1^2+(a+r)^2]}\frac{a+r}{\sqrt{R_1^2+(a+r)^2}}$$

$$=\frac{kq(a+r)}{2\pi[R_1^2+(a+r)^2]^{\frac{3}{2}}}\Delta\theta.$$

根据对称性,有

$$E_1=\sum\Delta E_x=\frac{kq(a+r)}{2\pi[R_1^2+(a+r)^2]^{\frac{3}{2}}}\sum\Delta\theta$$

$$=\frac{kq(a+r)}{2\pi[R_1^2+(a+r)^2]^{\frac{3}{2}}}\cdot 2\pi=\frac{kq(a+r)}{[R_1^2+(a+r)^2]^{\frac{3}{2}}},$$

方向向右.同理可得右边圆环在 A 点处的电场强度的 x 分量为

$$E_2=\frac{kq(a-r)}{[R_2^2+(a-r)^2]^{\frac{3}{2}}},$$

方向向左.故总电场强度大小为

$$E=|E_1-E_2|=\left|\frac{kq(a+r)}{[R_1^2+(a+r)^2]^{\frac{3}{2}}}-\frac{kq(a-r)}{[R_2^2+(a-r)^2]^{\frac{3}{2}}}\right|.$$

4.2.6 速度微元 Δv

例 6 (2009 年高考江苏卷)如图 4.18 所示,两平行的光滑金属导轨安装在一光滑绝缘斜面上,导轨间距为 l,足够长且电阻忽略不计,导轨平面的倾角为 α,条形匀强磁场的宽度为 d,磁感应强度大小为 B,方向与导轨平面垂直.长度为 $2d$ 的绝缘杆将导体棒和正方形的单匝线框连接在一起组成"凸"形装置,总质量为 m,置于导轨上.导体棒中通以大小恒为 I 的电流(由外接恒流源产生,图中未画出).线框的边长为 $d(d<l)$,电阻为 R,下边与磁场区域上边界重合.将装置由静止释放,导体棒恰好运动到磁场区域下边界处返回,导体棒在整个运动过程中始终与导轨垂直.重力加速度为 g.求线框第一次穿越磁场区域所需的时间 t_1.

解析 设线框刚离开磁场下边界时的速度为 v_1,接着向下运动 $2d$.根据动能定

理，得

$$mg\sin\alpha \cdot 2d - BIld = 0 - \frac{1}{2}mv_1^2. \quad ①$$

装置在磁场中运动时受到的合力为

$$F_{合} = mg\sin\alpha - F_{安}.$$

线框只有在进入和穿出条形磁场区域时，才产生感应电动势. 设线框部分第一次进入或穿出磁场区域时速度为 v，则感应电动势为

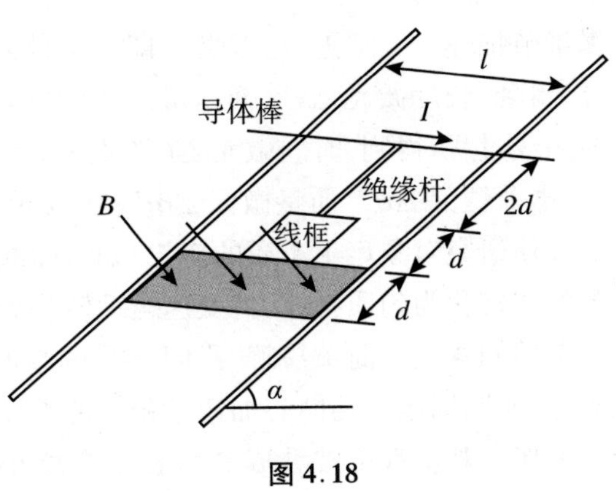

图 4.18

$$E = Bdv,$$

感应电流为

$$I' = \frac{E}{R} = \frac{Bdv}{R},$$

安培力为

$$F_{安} = BI'd = \frac{B^2d^2v}{R}.$$

根据牛顿第二定律，在 t 到 $t+\Delta t$ 时间内，有

$$\Delta v = \frac{F_{合}}{m}\Delta t,$$

即

$$\Delta v = \left(g\sin\alpha - \frac{B^2d^2v}{mR}\right)\Delta t.$$

对运动全过程关于 Δv 求和，有

$$\sum \Delta v = \sum \left(g\sin\alpha - \frac{B^2d^2v}{mR}\right)\Delta t,$$

$$\sum \Delta v = g\sin\alpha \sum \Delta t - \frac{B^2d^2}{mR}\sum v\Delta t.$$

所以

$$v_1 = g\sin\alpha t_1 - \frac{2B^2d^3}{mR}. \quad ②$$

联立①②式，解得

$$t_1 = \frac{\sqrt{2m(BIld - 2mgd\sin\alpha)} + \dfrac{2B^2d^3}{R}}{mg\sin\alpha}.$$

要用微元法解决的问题很多，通过上面的 6 个例子不难看出：微元的灵魂是无限分割与逼近. 用微元法解决物理问题的特点是“大处着眼、小处着手”. 对某件事情做整体观察后，必须取出该事件的某一小单元即微元进行分析，通过对微元构造“低细节”的物理描述，最终解决整体问题. 所以微元解决问题的两要诀就是取微元——无限分割与对微

元做细节描述——逼近.选取微元即对整体对象做无限分割,分割的对象可以是各种几何体,得到"长度微元 Δx""面积微元 ΔS""体积微元 ΔV""角度微元 $\Delta\theta$"等;可以分割一段时间或过程,得到"时间微元 Δt""过程微元 Δs";也可以对各种物理量进行分割,得到诸如"电荷微元 Δq""质量微元 Δm""功微元 ΔW"等相应的物理量.由于微元足够小,往往可以使研究对象产生本质的变化,如将曲线段转化为直线段、将曲面转化为平面、将非匀质物体转化为匀质物体、将变速运动转化为匀速运动、将变量转化为常量等,这种转化使复杂的问题变得简单易解.我们熟悉的瞬时速度概念的建立、匀变速直线运动公式的推导、匀速圆周运动的向心加速度公式的推导都运用了微元法.

一切宏观量都可被看成是由若干个微小的单元组成的.在整个物体运动的全过程中,这些微小单元是其时间、空间、物质的量的任意的且又具有代表性的一小部分.通过对这些微小单元的研究,我们常能发现物体运动的特征和规律.微元法就是基于这种思想研究问题的一种方法.微元的思想方法应用于解题时,是把题中给出的变化的事物或题中反映的变化的过程转化为极为简单的、不变的事物或不变的过程来处理,其实质是化"变"为"恒".通过这一转化,可以将非理想模型转化为理想模型,将曲面转化为平面,将一般曲线转化为圆甚至直线,将非线性变量转化为线性变量甚至常量,从而将复杂问题转化为简单问题.这不仅可以使问题的分析与解答变得极为简捷,还可以使常规方法难以解决的问题迎刃而解.

4.3 微元法思维训练

1. 如图 4.19 所示,某力 $F=10$ N 作用于半径 $R=1$ m 的转盘的边缘上,力 F 的大小保持不变,但方向始终保持与作用点的切线方向一致,则转动一周后这个力 F 做的总功应为(　　).

A. 0 J　　　　B. 20π J　　　　C. 10 J　　　　D. 20 J

2. 如图 4.20 所示,质量为 M,半径为 R 的均匀圆环,在其轴线上距离环心为 R 处放有一质量为 m 的质点,求环与质点间的万有引力大小.

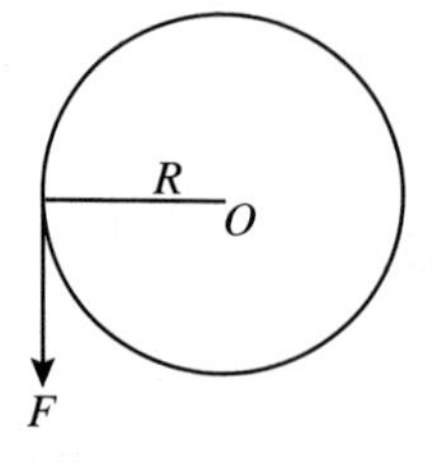

图 4.19

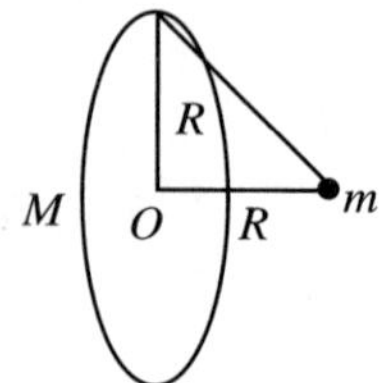

图 4.20

3. (2009 年同济大学自主招生)如图 4.21 所示,半径为 R 的圆环均匀带电,电荷线密度为 λ,圆心在 O 点,过圆心与环面垂直的轴线上有 P 点,$PO=r$.以无穷远处为电势

零点，则 P 点的电势 φ_P 为(　　).

A. $\dfrac{2\pi k\lambda R}{R^2+r^2}$　　B. $\dfrac{2\pi k\lambda R}{\sqrt{R^2+r^2}}$　　C. $\dfrac{2\pi k\lambda R}{r}$　　D. $\dfrac{2\pi k\lambda}{R}$

4. 如图 4.22 所示，质量为 m 的小车(视为质点)以恒定的速率 v 沿半径为 R 的竖直圆环做圆周运动，小车与圆环间的动摩擦因数为 μ，试求小车从轨道最低点运动至最高点的过程中摩擦力所做的功.

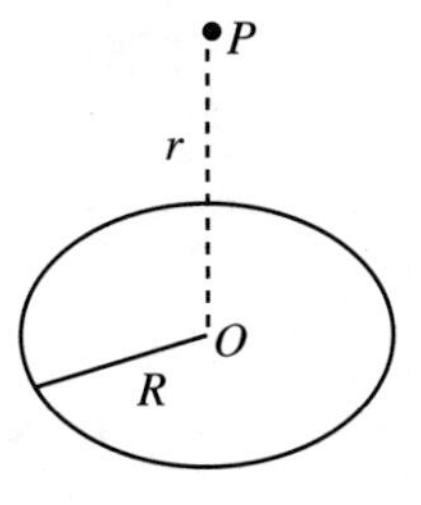

图 4.21

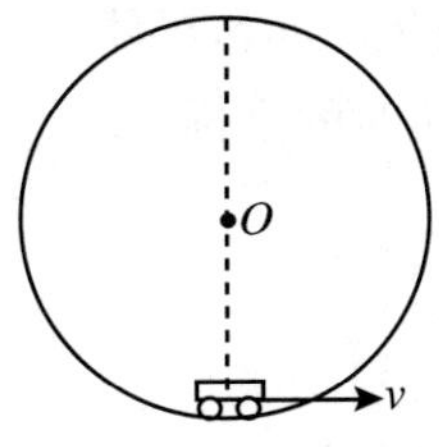

图 4.22

5. 如图 4.23 所示，在光滑的水平面上有一竖直向下的匀强磁场分布在宽度为 a 的区域内，现有一个边长为 $L(a>L)$ 的正方形闭合线框以初速度 v_1 垂直磁场边界滑过磁场后速度变为 v_2，求线框完全进入磁场时的速度.

图 4.23

6. 一架质量 $M=810$ kg 的直升机，靠螺旋桨的转动使面积 $S=30\ \text{m}^2$ 内的空气以 v_0 的速度向下运动，从而使飞机悬停在空中. 已知空气密度 $\rho_0=1.20\ \text{kg/m}^3$，重力加速度 g 取 $10\ \text{m/s}^2$. 求 v_0 的大小和发动机的平均功率 P.

7. 一条粗细均匀的铜制导线弯成如图4.24所示的形状，其质量为 m，长为 L 的一段水平放置，处在匀强磁场中，磁感应强度为 B，方向与导线垂直，导线的下面两端分别插在浅水银槽里，两水银槽与带开关的电源连接. 当 K 接通的瞬间，导线便从水银槽里跳离. 设跳起的高度为 h，求在这个过程中，通过铜导线截面的电量.

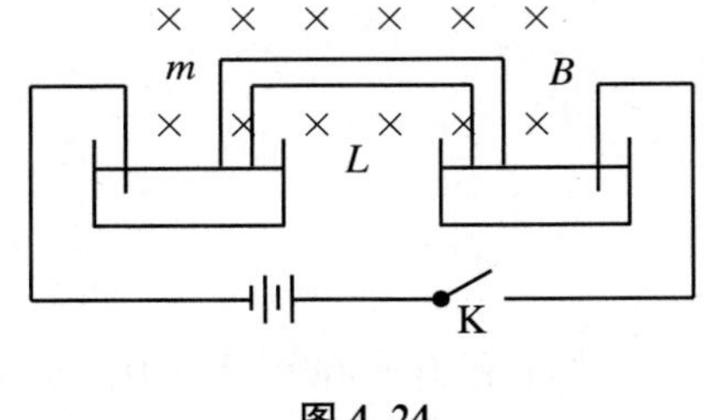

图 4.24

8. 来自质子源的质子(初速度为零)经一加速电压为 800 kV 的直线加速器加速，形成电流为 1 mA 的细柱形质子流. 已知质子电荷量 $e=1.6\times10^{-19}$ C. (1) 这束质子流每秒打到靶上的质子数为多少? (2) 假定分布在质子源到靶之间的加速电场是均匀的，在质子束中与质子源相距 L 和 $4L$ 两处，各取一段极短的相等长度的质子流，其中的质子数分别为 n_1 和 n_2，则 $n_1:n_2$ 为多少?

9. 某装置的俯视图如图 4.25 所示，均匀辐向分布的磁场中有一铝环自由下落，设铝环平面下落时始终保持水平，若铝环所在处的磁感应强度为 B、铝环的电阻率为 ρ、横截面积为 S. 求：

(1) 铝环下落速度为 v 时,环中感应电流的表达式.

(2) 若铝的密度为 ρ_0,不计空气阻力,铝环下落的最大速度.

10. (2006 年高考江苏卷)如图 4.26 所示,顶角 $\theta=45^{\circ}$ 的金属导轨 MON 固定在水平面内,导轨处在方向竖直、磁感应强度为 B 的匀强磁场中.一根与 ON 垂直的导体棒在水平外力作用下以恒定速度 v_0 沿导轨 MON 向右滑动,导体棒的质量为 m,导轨与导体棒单位长度的电阻均为 r,导体棒与导轨接触点为 a 和 b,导体棒在滑动过程中始终与导轨保持良好接触.当 $t=0$ 时,导体棒位于顶点 O 处.若在 t_0 时刻将外力 F 撤去,求导体棒最终在导轨上静止时的坐标 x.

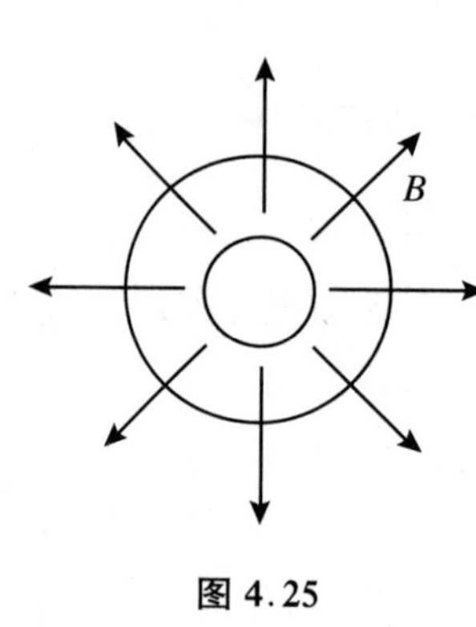

图 4.25

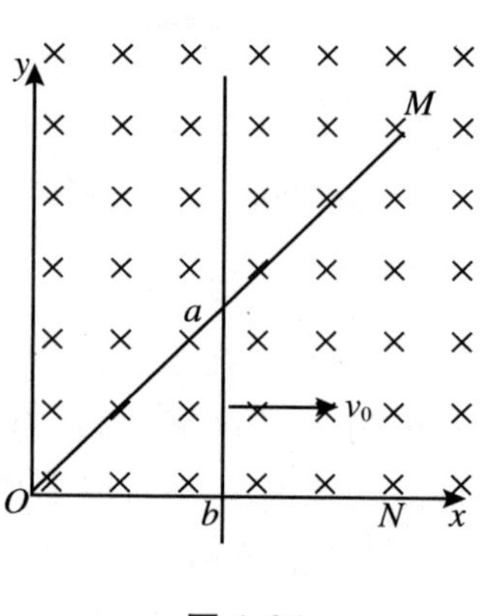

图 4.26

4.4 微元法思维训练参考答案

1. B

2. $F=G\dfrac{\sqrt{2}Mm}{4R^2}$

3. B

4. 本题中小车的运动为圆周运动,小车对轨道压力的大小和方向在不断变化,导致轨道与小车间的摩擦力的大小和方向也在不断变化,也是一个求变力做功的问题.把握住小车的运动相对圆点有明显的对称,利用"微元法",我们取两个对称的微元进行研究.

如图 4.27 所示,在圆环上取两个对称点 A 和 B,OA 和 OB 与竖直的直径的夹角均为 θ,小车在做匀速圆周运动,根据牛顿第二定律,有

$$N_1-mg\cos\theta=m\frac{v^2}{R},$$

$$N_2+mg\cos\theta=m\frac{v^2}{R}.$$

在 A、B 两点取两段无穷小的圆弧,摩擦力在 A、B 两点所做的微元功为

$$\Delta W_{f1} = -\mu N_1 \cdot R\Delta\theta = -\mu\left(m\frac{v^2}{R} + mg\cos\theta\right)\cdot R\Delta\theta,$$

$$\Delta W_{f2} = -\mu N_2 \cdot R\Delta\theta = -\mu\left(m\frac{v^2}{R} - mg\cos\theta\right)\cdot R\Delta\theta.$$

两式相加,得

$$\Delta W_f = \Delta W_{f1} + \Delta W_{f2} = -2\mu m v^2 \Delta\theta.$$

所以小车从轨道最低点运动至最高点的过程中摩擦力所做的功为

$$W_f = \sum \Delta W_f = -2\mu m v^2 \sum \Delta\theta = -\pi\mu m v^2.$$

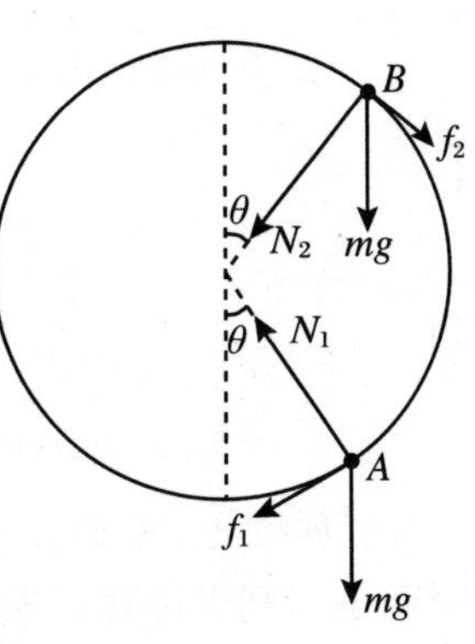

图 4.27

5. $v = \dfrac{v_1 + v_2}{2}$

6. 螺旋桨在 Δt 时间内将几乎静止的空气向下加速到速度 v_0. 被加速的空气的质量为 $\Delta m = \rho v_0 \Delta t S$,设螺旋桨对空气的作用力为 F,应用动量定理,有

$$F\Delta t = \Delta m v_0 = \rho v_0 \Delta t S v_0,$$

可得 $F = \rho v_0^2 S$. 空气对螺旋桨的反作用力大小也为 F,为使飞机悬停在空中,则有 $F = Mg$. 故

$$\rho v_0^2 S = Mg,$$

解得

$$v_0 = \sqrt{\frac{Mg}{\rho S}} = 15\ \text{m/s}.$$

由于螺旋桨对空气的作用力为恒力,对质量为 Δm 的空气而言,螺旋桨对它的加速作用可视为均匀的,则在 Δt 时间内的平均速度为$\dfrac{v_0}{2}$,故发动机的平均功率为

$$P = F\frac{v_0}{2} = \frac{1}{2}\rho v_0^3 S = 6.1 \times 10^4\ \text{W}.$$

7. $\Delta Q = \dfrac{m\sqrt{2gh}}{BL}$

8. (1) $n = 6.25 \times 10^{15}$　(2) $n_1 : n_2 = 2 : 1$

9. (1) 设铝环的半径为 r,将整个铝环分割成若干小段,每一小段可近似看作直线,长度为 Δl,在均匀辐向分布的磁场中垂直切割磁感线产生的感应电动势为 $\varepsilon = B\Delta l v$,则铝环中产生的总感应电动势应为各小段感应电动势之和,即

$$E = \sum \varepsilon = \sum B\Delta l v = Bv\sum \Delta l = B \cdot 2\pi r \cdot v.$$

铝环中产生的感应电流为

$$I = \frac{E}{R} = \frac{B \cdot 2\pi r \cdot v}{\rho\dfrac{2\pi r}{S}} = \frac{BSv}{\rho}.$$

(2) 铝环所受安培力应为各小段所受安培力之和,即

$$F = \sum f = \sum BI\Delta l = BI\sum \Delta l = BI \cdot 2\pi r = \frac{2\pi r B^2 S v}{\rho}.$$

当铝环下落至速度最大时,其加速度为零,则铝环受到的重力等于安培力,即

$$mg = F,$$

亦即

$$\rho_0 \cdot 2\pi r S \cdot g = \frac{2\pi r B^2 S v_m}{\rho}.$$

解得

$$v_m = \frac{\rho\rho_0 g}{B^2}.$$

10. 如图 4.28 所示，设撤去外力后，在任意时刻 t 导体棒的坐标为 x，速度为 v，取很短时间 Δt，则导体棒以速度 v 匀速运动很短距离 Δx，且 $\Delta x = v\Delta t$.

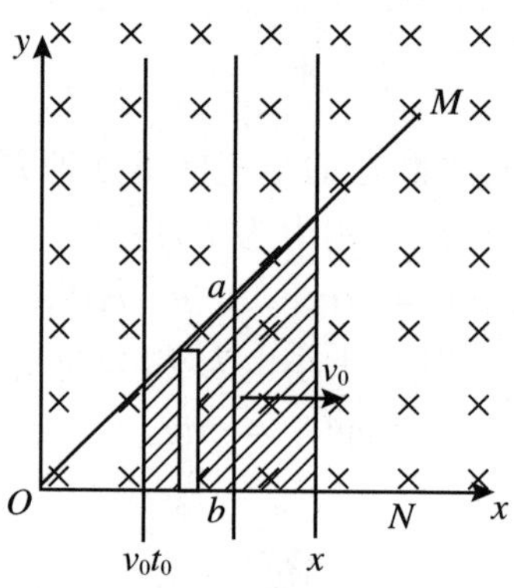

图 4.28

t 时刻，导体棒的有效长度 x，导体棒的电动势 $E = Bxv$，回路总电阻 $R = (2+\sqrt{2})xr$，电流强度 $I = \frac{E}{R} = \frac{Bv}{(2+\sqrt{2})r}$. 在 $t \sim t+\Delta t$ 时间内，由动量定理得

$$-BIx\Delta t = m\Delta v,$$

即

$$-B\frac{Bv}{(2+\sqrt{2})r}x\Delta t = m\Delta v.$$

对运动全过程求和，有 $\sum\left[-B\frac{Bv}{(2+\sqrt{2})r}x\Delta t\right] = \sum m\Delta v$，$\frac{B^2}{(2+\sqrt{2})r}\sum x\Delta x = mv_0$，$x\Delta x$ 为图 4.28 中一个小矩形的面积，$\sum x\Delta x$ 为图 4.28 中整个梯形的面积. 所以

$$S = \sum x\Delta x = \frac{(v_0t_0 + x)(x - v_0t_0)}{2} = \frac{x^2 - v_0^2t_0^2}{2} = \frac{(2+\sqrt{2})rmv_0}{B^2}.$$

解得 $x = \sqrt{\frac{2(2+\sqrt{2})rmv_0}{B^2} + v_0^2t_0^2}$.

5 递 推 法

5.1 递推法概述

无疑，递推方法是人们从开始认识数量关系时就很自然地产生的一种推理的思维方法.先来看一下数学中用递推法的例子.

例如，自然数中最小的数是1，比1大1的数是2，接下来比2大1的数是3……由此得到了自然数数列：1、2、3、4、5、….

在这里实际上就有了一个递推公式，假设第 n 个数为 a_n，则 $a_{n+1}=a_n+1$；即由自然数中第 n 个数加上1，就是第 $n+1$ 个数.由此可得 $a_{n+2}=a_{n+1}+1$，这样就可以得到自然数数列中任何一个数.

再看一个例子：

平面上5条直线最多能把圆的内部分成几部分？平面上100条直线最多能把圆的内部分成几部分？

假设用 a_k 表示 k 条直线最多能把圆的内部分成的部分数.这里 $k=0$、1、2、….

$$a_0 = 1,$$
$$a_1 = a_0 + 1 = 2,$$
$$a_2 = a_1 + 2 = 4,$$
$$a_3 = a_2 + 3 = 7,$$
$$a_4 = a_3 + 4 = 11,$$
$$\cdots\cdots$$

归纳出递推公式：

$$a_{n+1} = a_n + n. \quad ①$$

即画第 $n+1$ 条直线时，最多增加 n 部分.原因是这样的：第一条直线最多把圆分成两部分，$a_1=2$.当画第二条直线时要想把圆内部分割得尽可能多，就应和第一条直线在圆内相交，交点把第二条直线在圆内部分分成两条线段，而每条线段又把原来的一个区域划分成两个区域，因而增加的区域数是2，正好等于第二条直线的序号.同理，当画第三条直线时，要想把圆内部分割得尽可能多，它就应和前两条直线在圆内各有一个交点.两个交点把第三条线在圆内部分成三条线段.而每条线段又把原来一个区域划分成两个区域.因而增加的区域数是3，正好等于第三条直线的序号……

这个道理适用于任意多条直线的情形，所以递推公式①是正确的.这样就易求得5条直线最多把圆内分成 $a_5 = a_4 + 5 = 11 + 5 = 16$ 部分.

要想求出100条直线最多能把圆内分成多少区域，就需要求通项公式.一般来说，如果一个与自然数有关的数列中的任一项 a_n 可以由它前面的 $k(\leqslant n-1)$ 项经过运算或其他方法表示出来，我们就称相邻项之间有递归关系，并称这个数列为递归数列.如果这种推算方法能用公式表示出来，就称这种公式为递推公式或递推关系式.通过寻求递归关系来解决问题的方法就称为递推方法.

许多与自然数有关的数学问题都常常具有递推关系，可以用递推公式来表达它的数量关系.如何寻求这个递推公式是解决这类问题的关键之一，常用的方法是"退"到问题最简单的情况开始观察，逐步归纳并猜想一般的递推公式.在中学阶段，我们仅要求学生能拨开问题的一些表面现象由简到繁地归纳出问题的递推公式就行了，不要求严格证明.所谓证明，就是要严格推出你建立的关系式适合所有的 n，有时，仅仅在前面几项成立的关系式，不一定当 n 较大时也成立.

"河内塔问题"是一个经典的递推法的例子：

传说在印度的佛教圣地贝拿勒斯圣庙里安放着一个黄铜板，板上插着三根宝石针，在第一根宝石针上，从下到上穿着由大到小的64片中心有孔的金片.每天都有一个值班僧侣按下面规则移动金片：把金片从第一根宝石针移到其余的某根宝石针上.要求一次只能移动一片，而且小片永远要放在大片的上面.当时传说当64片金片都按上面的规则从第一根宝石针移到另一根宝石针上时，世界将在一声霹雳中毁灭，所以有人戏称这个问题叫"世界末日"问题(也称为"河内塔"问题).当然，移金片和世界毁灭并无联系，这只是一个传说而已，但说明这是一个需要移动很多很多次才能办到的事情.解决这个问题在算法分析中常用递推法.究竟按上述规则完成移动64片金片需要移动多少次呢?

将此问题一般化为：

设有 n 个银圈，大小不同，从大到小排列在三根金棒中的一根.这些银圈要搬到另一根金棒上，每次搬一个.第三根金棒作为银圈暂时摆放用.在搬动过程中，仍要保持大圈在下，小圈在上，问要搬动多少次，才能将所有银圈从一根金棒搬到另一根上，且搬完后银圈相对位置不变.

思路：寻找 a_n 与前面各项之间的关系，由题设条件列出等式.

用 a_n 表示所求的搬动次数，把第一棒 n 个银圈的 $n-1$ 个搬到第三棒，再将最大一个银圈搬到第二棒，然后又将第三棒上的 $n-1$ 个银圈搬到第二棒上，如此继续，可完成这次搬动任务.

由于搬 $n-1$ 个银圈从一棒到另一棒需 a_{n-1} 次，故可得递推式 $a_n = 2a_{n-1} + 1, a_1 = 1$.

下面对递推式 $a_n = 2a_{n-1} + 1, a_1 = 1$ 求解，最后可得 $a_n = 2^n - 1$.

对于某些与自然数有关的问题，我们有时可以用递推法解决.所谓用递推法解题，就是根据题目的特点构造出递推关系解题的一种方法，解决问题的关键在于构造递推关系.递推关系一般可以用归纳、猜想等途径获得.利用递推法解题的一般步骤如下.

(1) 确定初始值.

(2) 建立递推关系.

(3) 利用递推关系求通项.

数学与物理有着千丝万缕的联系,自然在物理解题方法中递推法有着其独到的应用.下面仅以机械能和动量中的递推法看其在解题中的作用.

例 1 (2012 年高考安徽卷)如图 5.1 所示,装置的左边是足够长的光滑水平面,一轻质弹簧左端固定,右端连接着质量为 $M=2$ kg 的小物块 A.装置的中间是水平传送带,它与左右两边的台面等高,并能平滑对接.传送带始终以 $u=2$ m/s 的速率逆时针转动.装置的右边是一光滑的曲面,质量为 $m=1$ kg 的小物块 B 从其上距水平台面 $h=1.0$ m 处由静止释放.已知物块 B 与传送带之间的摩擦因数 $\mu=0.2$,$l=1.0$ m.设物块 A、B 之间发生的是对心弹性碰撞,第一次碰撞前物块 A 静止且处于平衡状态.取 $g=10$ m/s^2.

(1) 求物块 B 与物块 A 第一次碰撞前的速度大小.

(2) 通过计算说明物块 B 与物块 A 第一次碰撞后能否运动到右边的曲面上.

(3) 如果物块 A、B 每次碰撞后,物块 A 再回到平衡位置时都会立即被锁定,而当它们再次碰撞前锁定被解除,试求出物块 B 第 n 次碰撞后的运动速度大小.

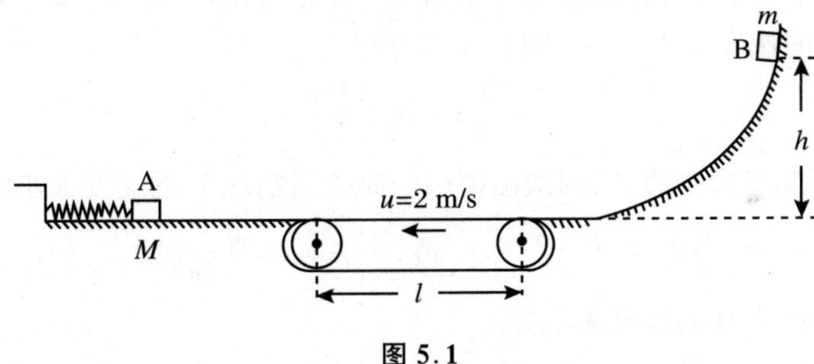

图 5.1

解析 (1) 设物块 B 沿光滑曲面下滑到水平位置时的速度大小为 v_0.根据机械能守恒定律,有

$$mgh = \frac{1}{2}mv_0^2.$$

解得

$$v_0 = \sqrt{2gh} = 2\sqrt{5}\ \text{m/s}. \qquad ①$$

设物块 B 在传送带上滑动过程中因受摩擦力所产生的加速度大小为 a.根据牛顿第二定律,有

$$\mu mg = ma. \qquad ②$$

设物块 B 通过传送带后运动速度大小为 v,有

$$v^2 - v_0^2 = -2al. \qquad ③$$

联立①~③式,解得

$$v = 4\ \text{m/s}.$$

由于 $v>u=2$ m/s,所以 $v=4$ m/s,即为物块 B 与物块 A 第一次碰撞前的速度大小.

(2) 设物块 A、B 第一次碰撞后的速度分别为 v_A、v_1,取向左为正方向,由弹性碰

撞知

$$mv = -mv_1 + Mv_A,$$
$$\frac{1}{2}mv^2 = \frac{1}{2}mv_1^2 + \frac{1}{2}Mv_A^2.$$

解得

$$v_1 = \frac{1}{3}v = \frac{4}{3}\ \text{m/s}.$$

即碰撞后物块B在水平台面向右匀速运动.

设物块B在传送带上向右运动的最大位移为 l',则

$$0 - v_1^2 = -2al'.$$

解得

$$l' = \frac{4}{9}\ \text{m} < 1\ \text{m}.$$

所以物块B不能通过传送带运动到右边的曲面上.

(3) 当物块B在传送带上向右运动的速度为零时,将会沿传送带向左加速.可以判断,物块B运动到左边台面时的速度大小为 v_1,继而与物块A发生第二次碰撞.设第二次碰撞后物块B的速度大小为 v_2,同上计算可知

$$v_2 = \frac{1}{3}v_1 = \left(\frac{1}{3}\right)^2 v.$$

物块B与物块A第三次碰撞、第四次碰撞……碰撞后物块B的速度大小依次为

$$v_3 = \frac{1}{3}v_2 = \left(\frac{1}{3}\right)^3 v, \quad v_4 = \frac{1}{3}v_3 = \left(\frac{1}{3}\right)^4 v, \quad \cdots.$$

则第 n 次碰撞后物块B的速度大小为

$$v_n = \left(\frac{1}{3}\right)^n v = \frac{4}{3^n}\ \text{m/s}.$$

例2 (2007年高考全国Ⅰ卷)如图5.2所示,质量为 m 的由绝缘材料制成的球与质量为 $M=19m$ 的金属球并排悬挂.现将绝缘球拉至与竖直方向成 $\theta=60°$ 的位置自由释放,下摆后在最低点处与金属球发生弹性碰撞.在平衡位置附近存在垂直于纸面的磁场.已知由于磁场的阻尼作用,金属球将于再次碰撞前停在最低点处.问经过几次碰撞后绝缘球偏离竖直方向的最大角度将小于45°?

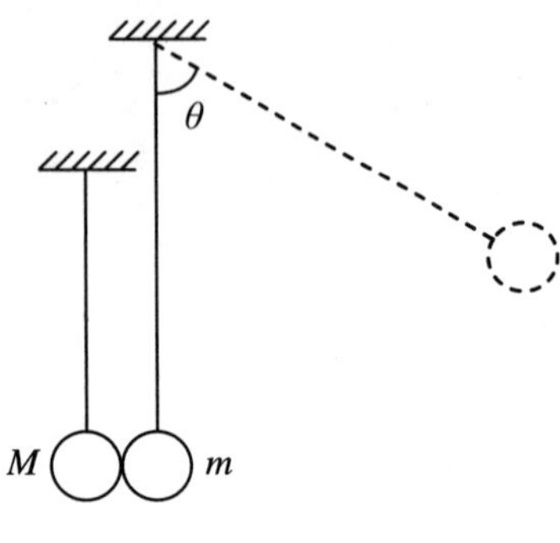

图5.2

解析 因绝缘球与金属球每次碰撞后,其速率将减小,从而使其偏离竖直方向的最大角度在减小.而每次两球碰撞后,绝缘球的速率是有规律的变化,要求解本题题设条件下的碰撞次数,关键在于归纳出绝缘球在每次碰撞后的速率变化规律.

设小球 m 的摆线长度为 l,绝缘球第一次碰撞前的速度为 v_0,小球 m 在下落过程中与 M 相碰之前满足机械能守恒定律,有

$$mgl(1-\cos\theta)=\frac{1}{2}mv_0^2. \quad ①$$

设碰撞后绝缘球与金属球的速度分别为 v_1、V_1，取向左为正方向，由弹性碰撞知

$$mv_0=-mv_1+MV_1, \quad ②$$

$$\frac{1}{2}mv_0^2=\frac{1}{2}mv_1^2+\frac{1}{2}MV_1^2. \quad ③$$

联立②③式，得

$$v_1=\frac{M-m}{M+m}v_0. \quad ④$$

绝缘球被反弹后又以速度 v_1 与金属球发生第二次碰撞，设第二次碰撞后绝缘球的速度大小为 v_2，同上计算可知

$$v_2=\frac{M-m}{M+m}v_1=\left(\frac{M-m}{M+m}\right)^2 v_0. \quad ⑤$$

……

由以上归纳得出第 n 次碰撞后绝缘球的速度大小为

$$v_n=\left(\frac{M-m}{M+m}\right)^n v_0. \quad ⑥$$

经过第 n 次碰撞后绝缘球偏离竖直方向的最大角度将小于 45°，则

$$mgl(1-\cos 45^\circ)=\frac{1}{2}mv_n^2. \quad ⑦$$

联立①⑥⑦式，代入数据，得

$$0.81^n=0.586.$$

当 $n=3$ 时，碰撞后绝缘球偏离竖直方向的最大角度将小于 45°.

例 3 （2008 年东南大学自主招生）如图 5.3 所示，竖直平面内有一光滑圆弧形轨道，O 为最低点，A、B 两点距 O 点的高度分别为 h 和 $4h$，现从 A 点释放一质量为 M 的大物体，且每隔适当的时间从 B 点释放一质量为 m 的小物体，它们和大物体碰撞后都粘结为一体，已知 $M=100m$.

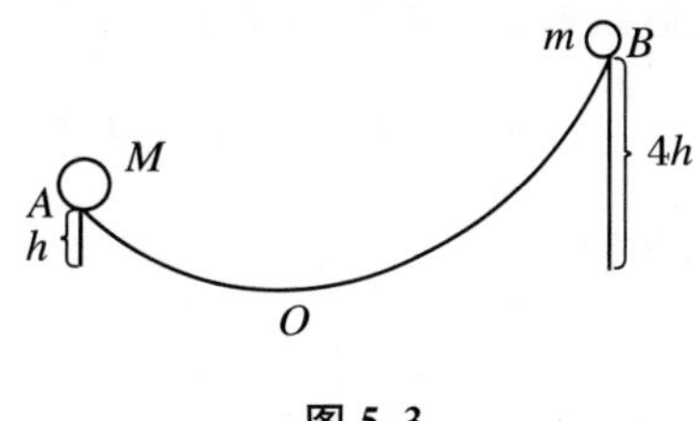

图 5.3

(1) 若每当大物体向右运动到 O 点时，都有一个小物体与之碰撞，碰撞多少次后大物体的速度最小？

(2) 若每当大物体运动到 O 点时，都有一个小物体与之碰撞，碰撞 50 次后，大物体运动的最大高度为 h 的几分之几？

解析 (1) 设由 A、B 释放的物体沿圆弧形轨道运动到 O 点时速度大小分别为 v_A、v_B. 根据机械能守恒定律，有

$$Mgh=\frac{1}{2}Mv_A^2,$$

$$mg\cdot 4h=\frac{1}{2}mv_B^2.$$

解得

$$v_A=\sqrt{2gh},\quad v_B=2\sqrt{2gh}.$$

设 n 次碰撞后大物体速度最小,根据动量守恒定律,有

$$Mv_A-nmv_B=(M+nm)v_{\min}.$$

当 $Mv_A-nmv_B=0$ 时,大物体速度最小,解得 $n=50$.

(2) 第 1 次碰撞,有

$$Mv_A-mv_B=(M+m)v_1.$$

第 2 次碰撞,有

$$(M+m)v_1+mv_B=(M+2m)v_2.$$

第 3 次碰撞,有

$$(M+2m)v_2-mv_B=(M+3m)v_3.$$

第 4 次碰撞,有

$$(M+3m)v_3+mv_B=(M+4m)v_4.$$

……

第 50 次碰撞,有

$$(M+49m)v_{49}+mv_B=(M+50m)v_{50}.$$

以上各式相加,得

$$Mv_A=(M+50m)v_{50}.$$

解得

$$v_{50}=\frac{M}{M+50m}v_A=\frac{2}{3}v_A.$$

根据机械能守恒定律,有

$$(M+50m)gh'=\frac{1}{2}(M+50m)v_{50}^2.$$

解得

$$h'=\frac{4}{9}h.$$

例 4 (2009 年高考北京卷)(1) 如图 5.4 所示,ABC 为一固定在竖直平面内的光滑轨道,BC 段水平,AB 段与 BC 段平滑连接.质量为 m_1 的小球从高为 h 处由静止开始沿轨道下滑,与静止在轨道 BC 段上质量为 m_2 的小球发生碰撞,碰撞前后两球的运动方向处于同一水平线上,且在碰撞过程中无机械能损失.求碰撞后小球 m_2 的速度大小 v_2.

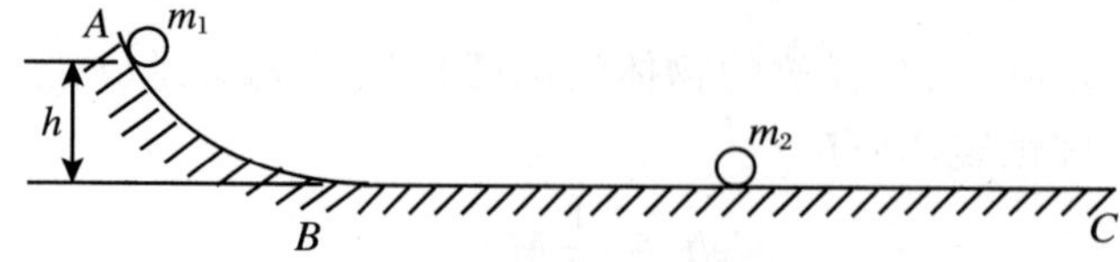

图 5.4

(2) 碰撞过程中的能量传递规律在物理学中有着广泛的应用.为了探究这一规律,我

们采用多球依次碰撞、碰撞前后速度在同一直线上且无机械能损失的简化力学模型.如图5.5所示,在固定光滑水平直轨道上,质量分别为 m_1、m_2、m_3、…、m_{n-1}、m_n、…的若干个球沿直线依次静止排列.给第1个球初动能 E_{k1},从而引起各球的依次碰撞.定义其中第 n 个球经过一次碰撞后获得的动能E_{kn}与E_{k1}之比为第1个球对第 n 个球的动能传递系数k_{1n}.

(a) 求 k_{1n}.

(b) 若 $m_1=4m_0$,$m_3=m_0$,m_0为确定的已知量.求 m_2为何值时,k_{13}值最大.

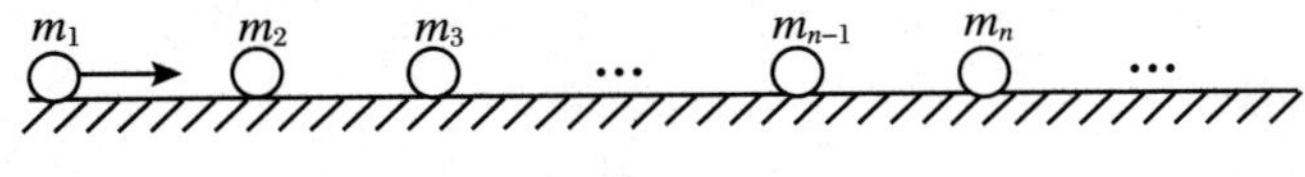

图 5.5

解析 (1) 设碰撞前 m_1的速度为 v_1,根据机械能守恒定律,有

$$m_1gh=\frac{1}{2}m_1v_1^2. \quad ①$$

设碰撞后 m_1与 m_2的速度分别为 v_1'和 v_2,取向右为正方向,由弹性碰撞知

$$m_1v_1=m_1v_1'+m_2v_2, \quad ②$$

$$\frac{1}{2}m_1v_1^2=\frac{1}{2}m_1v_1'^2+\frac{1}{2}m_2v_2^2. \quad ③$$

联立①~③式,得

$$v_2=\frac{2m_1}{m_1+m_2}\sqrt{2gh}.$$

(2) (a) m_1与 m_2碰撞后 m_2的速度为

$$v_2=\frac{2m_1}{m_1+m_2}v_1.$$

m_2与 m_3碰撞后 m_3的速度为

$$v_3=\frac{2m_2}{m_2+m_3}v_2=\frac{2^2m_1m_2}{(m_1+m_2)(m_2+m_3)}v_1.$$

m_3与 m_4碰撞后 m_4的速度为

$$v_4=\frac{2m_3}{m_3+m_4}v_3=\frac{2^3m_1m_2m_3}{(m_1+m_2)(m_2+m_3)(m_3+m_4)}v_1.$$

……

由以上归纳得出 m_{n-1}与 m_n碰撞后m_n的速度为

$$v_n=\frac{2^{n-1}m_1m_2m_3\cdots m_{n-1}}{(m_1+m_2)(m_2+m_3)\cdots(m_{n-1}+m_n)}v_1.$$

考虑到 $E_{k1}=\frac{1}{2}m_1v_1^2$ 和 $E_{kn}=\frac{1}{2}m_nv_n^2=\frac{1}{2}m_n\frac{4^{n-1}m_1^2m_2^2m_3^2\cdots m_{n-1}^2}{(m_1+m_2)^2(m_2+m_3)^2\cdots(m_{n-1}+m_n)^2}v_1^2$.

根据动能传递系数的定义,有

$$k_{1n}=\frac{E_{kn}}{E_{k1}}=\frac{4^{n-1}m_1m_2^2m_3^2\cdots m_{n-1}^2m_n}{(m_1+m_2)^2(m_2+m_3)^2\cdots(m_{n-1}+m_n)^2}.$$

(b) 将 $m_1=4m_0$,$m_3=m_0$代入④式可得

$$k_{13} = 64m_0^2\left[\frac{m_2}{(4m_0+m_2)(m_2+m_0)}\right]^2.$$

为使 k_{13} 最大，只需使 $\dfrac{m_2}{(4m_0+m_2)(m_2+m_0)}=\dfrac{1}{m_2+\dfrac{4m_0^2}{m_2}+5m_0}$ 最大，即使 $m_2+\dfrac{4m_0^2}{m_2}$ 取最小值.

由均值不等式，得

$$m_2+\frac{4m_0^2}{m_2}\geqslant 2\sqrt{m_2\cdot\frac{4m_0^2}{m_2}}=4m_0.$$

上式取等号的条件为

$$m_2=\frac{4m_0^2}{m_2}.$$

即 $m_2=2m_0$ 时，k_{13} 值最大.

递推法在高中物理解题中是极为常见的方法，顾名思义，这种方法多用在物体发生多次运动或者作用之后，也就是说物体运动中所牵扯的关系较多，并且过程中有一定的规律可循，在解决的时候可以仔细观察、耐心寻找，利用数学方法和物理知识把问题归类，然后再求出通式.运用这种方法的关键是导出联系相邻两次作用的递推关系式，然后推而广之.以上仅仅是递推法在机械能和动量中的应用，具有典型的示范意义.

5.2　递推法例题精析

某些和自然数有关且有着明显的递进规律的物理问题，要考虑用递推法求解.递推法是利用问题本身所具有的递推关系求解问题的一种方法，即当问题中涉及相互联系的物体或过程较多，相互作用或过程具有一定的重复性并且有规律时，应根据题目特点应用归纳的数学思想将所研究的问题归类，然后求出通式.具体方法是先分析某一次作用的情况，得出结论；再根据多次作用的重复性和它们的共同点，把结论推广，然后结合数学知识求解.用递推法解题的关键是导出联系相邻两次作用的递推关系式.高中物理问题中大量存在和自然数有关的递推问题，自然递推法是解题的首选.

5.2.1　匀变速运动中的递推问题

例 1　小球从 180 m 高处自由下落，小球每次与地面碰撞反弹的速率是碰撞前速率的 $\dfrac{1}{2}$，求小球从下落到停止运动的总路程.（g 取 10 m/s^2）

解析　小球刚开始从 $h=180$ m 落下至地面碰前的速率 $v_0=\sqrt{2gh_0}=60$ m/s.由于每次碰后的速率是碰前速率的 $\dfrac{1}{2}$，故第一次反弹的速率 $v_1=\dfrac{v_0}{2}$，反弹的高度 $h_1=\dfrac{v_1^2}{2g}=\dfrac{h_0}{2^2}$；第二次反弹的速率 $v_2=\dfrac{v_1}{2}=\dfrac{v_0}{2^2}$，反弹的高度 $h_2=\dfrac{v_2^2}{2g}=\dfrac{h_0}{2^4}$；第三次反弹的速率

$v_3=\frac{v_2}{2}=\frac{v_0}{2^3}$，反弹的高度 $h_3=\frac{v_3^2}{2g}=\frac{h_0}{2^6}$. 依此类推，小球运动的总路程为

$$\begin{aligned} h &= h_0+2h_1+2h_2+2h_3+\cdots+2h_n \\ &= h_0+2h_0\left(\frac{1}{2^2}+\frac{1}{2^4}+\frac{1}{2^6}+\cdots+\frac{1}{2^{2n}}\right) \\ &= \frac{5}{3}h_0 = 300\ \text{m}. \end{aligned}$$

5.2.2 物体平衡中的递推问题

例 2 质量相等的长方体木块，上表面是边长为 L 的正方形，木块厚度 $d=\frac{L}{4}$，现用 20 块此木块在水平面上错开叠加在一起构成单孔桥模型，若要求单孔桥模型中孔宽达到最大值，求单孔桥跨度与孔高之比.

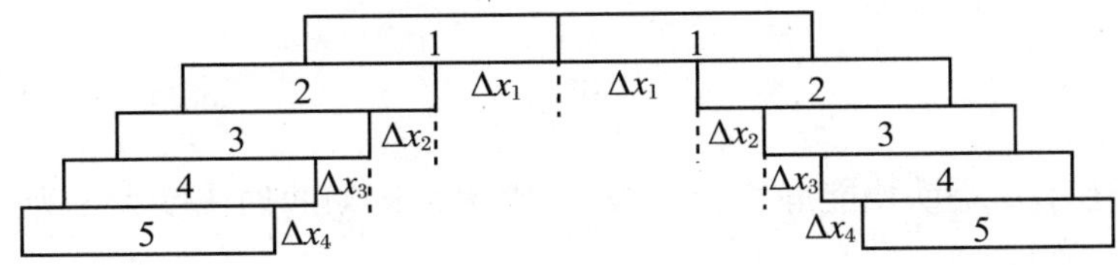

图 5.6

解析 据题意画出单孔桥模型如图 5.6 所示，第 1 块相对于第 2 块伸出的最大距离为

$$\Delta x_1=\frac{L}{2}=\frac{L}{2\times 1}.$$

第 2 块相对于第 3 块伸出的最大距离为 Δx_2，由力矩平衡知

$$mg\cdot\Delta x_2=mg\left(\frac{L}{2}-\Delta x_2\right),$$

即

$$\Delta x_2=\frac{L}{4}=\frac{L}{2\times 2}.$$

同理可得

$$\Delta x_3=\frac{L}{2\times 3},\quad \cdots,\quad \Delta x_n=\frac{L}{2\times n}.$$

则该单孔桥跨度与孔高之比为

$$\frac{x}{H}=\frac{2\sum_{n=1}^{9}\Delta x_n}{9d}=\frac{2.83L}{9d}=\frac{11.32d}{9d}=1.258.$$

5.2.3 牛顿运动定律中的递推问题

例 3 如图 5.7 所示，质量 $M=10$ kg、上表面光滑且足够长的木板在 $F=50$ N 的水平拉力作用下，以初速度 $v_0=5$ m/s 沿水平地面向右匀速运动. 现有足够多的小铁块，它们的质量均为 $m=1$ kg，将一铁块无初速度地放在木板的最右端，当木板运动了 $L=$

1 m 时，又无初速度地在木板的最右端放上第 2 块铁块，只要木板运动了 L 就在木板的最右端无初速度地放一铁块(取 $g=10\ \mathrm{m/s^2}$).试问：

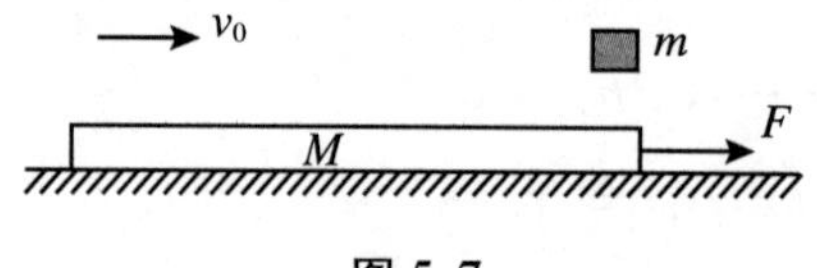

图 5.7

(1) 第 1 块铁块放上后，木板运动了 L 时，木板的速度为多大?

(2) 最终木板上放有多少块铁块?

(3) 最后一块铁块与木板右端距离多远?

解析 (1) 木板最初做匀速运动，由 $F=\mu Mg$ 得第 1 块铁块放上后，木板做匀减速运动，加速度大小为 a_1，则有

$$\mu mg = Ma_1,$$

$$v_1^2 - v_0^2 = -2a_1L.$$

代入数据，解得

$$v_1 = 2\sqrt{6}\ \mathrm{m/s}.$$

(2) 设最终有 n 块铁块能静止在木板上，则木板运动的加速度大小为 $a_n=\dfrac{\mu nmg}{M}$.

第 1 块铁块放上后，

$$v_1^2 - v_0^2 = -2\frac{\mu mg}{M}L.$$

第 2 块铁块放上后，

$$v_2^2 - v_1^2 = -2\frac{\mu 2mg}{M}L.$$

第 3 块铁块放上后，

$$v_3^2 - v_2^2 = -2\frac{\mu 3mg}{M}L.$$

……

第 n 块铁块放上后，

$$v_n^2 - v_{n-1}^2 = -2\frac{\mu nmg}{M}L.$$

以上各式相加，得

$$v_n^2 - v_0^2 = -2\frac{\mu mg}{M}L\cdot\frac{n(n+1)}{2}.$$

木板停下时，$v_n=0$，得 $n=6.6$，即最终有 7 块铁块放在木板上.

(3) 从放上第 1 块铁块至刚放上第 7 块铁块的过程中，由(2)中表达式可得

$$v_6^2 - v_0^2 = -2\frac{\mu mg}{M}L\cdot\frac{6(6+1)}{2}.$$

解得

$$v_6 = 2\ \mathrm{m/s}.$$

从放上第 7 块铁块至木板停止运动的过程中，设木板发生的位移为 d，则

$$0-v_6^2=-2\frac{\mu 7mg}{M}d.$$

解得

$$d=\frac{4}{7}\text{ m}.$$

5.2.4 曲线运动中的递推问题

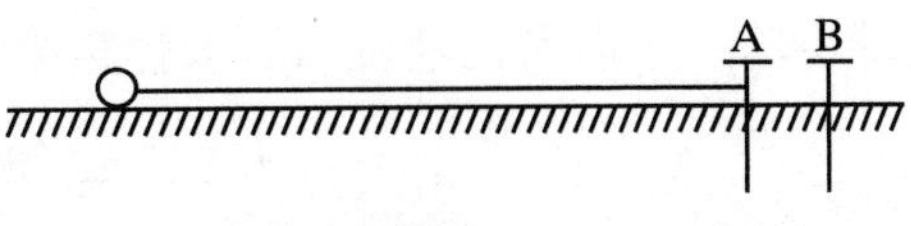

图 5.8

例 4 如图 5.8 所示，光滑的水平面上钉有两枚铁钉 A 和 B，相距 0.1 m. 长 1 m 的柔软细绳拴在 A 上，另一端系一质量为 0.5 kg 的小球. 小球的初始位置在 A、B 之间的连线上 A 的一侧，把细线拉紧，给小球以 2 m/s 的垂直细线方向的水平速度使它做圆周运动. 由于钉子 B 的存在，细线慢慢地缠在 A、B 上.

(1) 如果细线不会拉断，那么从小球开始运动到细线完全缠在 A、B 上需要多长时间？

(2) 如果细线的抗断拉力为 7 N，那么从小球开始运动到细线拉断需要多长时间？

解析 在小球做圆周运动的过程中，由于细绳不断缠在 A、B 铁钉上，其轨道半径逐渐减小. 小球受到的绳子的拉力提供向心力，即 $F=m\frac{v^2}{r}$，因线速度不变，F 随 r 的减小而增大. 每个半圈的运动时间 $t=\frac{\pi r}{v}$ 随 r 的减小而减小. 推算出每个半圈的时间及半圈数，就可求出总时间. 根据绳子能承受的最大拉力，可求出细绳拉断所经历的时间.

第 1 个半圈，有

$$F_1=m\frac{v^2}{L},\quad t_1=\frac{\pi L}{v}.$$

第 2 个半圈，有

$$F_2=m\frac{v^2}{L-L_{AB}},\quad t_2=\frac{\pi(L-L_{AB})}{v}.$$

第 3 个半圈，有

$$F_3=m\frac{v^2}{L-2L_{AB}},\quad t_3=\frac{\pi(L-2L_{AB})}{v}.$$

……

第 n 个半圈，有

$$F_n=m\frac{v^2}{L-(n-1)L_{AB}},\quad t_n=\frac{\pi[L-(n-1)L_{AB}]}{v}.$$

由于 $\frac{L}{L_{AB}}=10$，所以 $n\leqslant 10$.

(1) 小球从开始运动到细线完全缠到 A、B 上需要的时间为

$$t=t_1+t_2+\cdots+t_{10}=\frac{\pi}{v}[10L-(1+2+3+\cdots+9)L_{AB}]=8.6\text{ s}.$$

(2) 设在第 x 个半圈时，$F_x=7$ N. 由 $F_x=m\frac{v^2}{L-(x-1)L_{AB}}$，代入数据后解得 $x=8$，则需要的时间为

$$t' = t_1 + t_2 + \cdots + t_8 = \frac{\pi}{v}[8L - (1+2+3+\cdots+7)L_{AB}] = 8.2\ \text{s}.$$

5.2.5 机械能和动量中的递推问题

例 5 (2003 年高考江苏卷)(1) 如图 5.9 所示,在光滑水平长直轨道上,放着一个静止的弹簧振子,它由一轻弹簧两端各联结一个小球构成,两小球质量相等.现突然给左端小球一个向右的速度 u_0,求弹簧第一次恢复到自然长度时,每个小球的速度.

左 —○ʘʘʘ○— 右

图 5.9

(2) 如图 5.10 所示,将 N 个这样的振子放在该轨道上.最左边的振子 1 被压缩至弹簧为某一长度后锁定,静止在适当位置上,这时它的弹性势能为 E_0.其余各振子间都有一定的距离.现解除对振子 1 的锁定,任其自由运动,当它第一次恢复到自然长度时,刚好与振子 2 碰撞,此后,继续发生一系列碰撞,每个振子被碰后刚好都是在弹簧第一次恢复到自然长度时与下一个振子相碰.求所有可能的碰撞都发生后,每个振子弹性势能的最大值.已知本题中两球发生碰撞时,速度交换,即一球碰后的速度等于另一球碰前的速度.

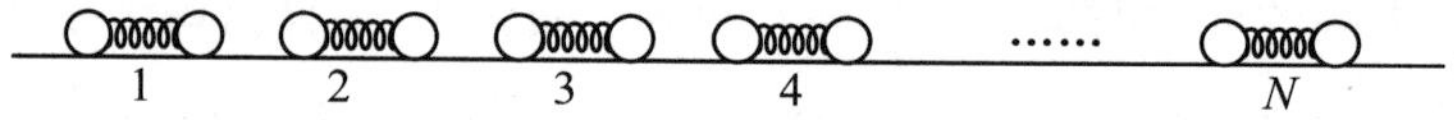

左 1 2 3 4 …… N 右

图 5.10

解析 (1) 设小球质量为 m,以 u_1、u_2 分别表示弹簧恢复到自然长度时左右两端小球的速度,根据动量守恒定律和机械能守恒定律,有

$$mu_0 = mu_1 + mu_2,$$

$$\frac{1}{2}mu_0^2 = \frac{1}{2}mu_1^2 + \frac{1}{2}mu_2^2.$$

解得

$$u_1 = u_0,\quad u_2 = 0 \quad 或 \quad u_1 = 0,\quad u_2 = u_0.$$

由于振子从初始状态到弹簧恢复到自然长度的过程中,右端小球一直加速,因此应该取 $u_1 = 0, u_2 = u_0$.

(2) 以 $v_{1左}$、$v_{1右}$ 分别表示振子 1 解除锁定后弹簧恢复到自然长度时左右两小球的速度,规定向右为速度的正方向,根据动量守恒定律和机械能守恒定律,有

$$0 = mv_{1左} + mv_{1右},$$

$$E_0 = \frac{1}{2}mv_{1左}^2 + \frac{1}{2}mv_{1右}^2.$$

解得

$$v_{1左} = -\sqrt{\frac{E_0}{m}},\quad v_{1右} = \sqrt{\frac{E_0}{m}}.$$

振子 1 与振子 2 碰撞后,由于交换速度,振子 1 右端小球速度变为 0,左端小球速度仍为

$v_{1左}$，此后两小球都向左运动，当它们速度相同时，弹簧弹性势能最大，设此速度为 v，根据动量守恒定律，有

$$mv_{1左}=2mv.$$

用 E_1 表示最大弹性势能，根据机械能守恒定律，有

$$\frac{1}{2}mv_{1左}^2=\frac{1}{2}(2m)v^2+E_1.$$

联立解得

$$E_1=\frac{E_0}{4}.$$

同理可推出每个振子弹性势能的最大值都是$\frac{E_0}{4}$.

5.2.6 电场中的递推问题

例 6 (2011 年"北约"联盟自主招生)在电场强度为 E 的足够大的匀强电场中，有一条与电场线平行的几何线，如图 5.11 中虚线所示，几何线上有两个静止的小球 A 和 B，质量均为 m，A 球带电荷量 $+Q$，B 球不带电. 开始时两球相距 L，在电场力的作用下，A 球开始沿直线运动，并与 B 球发生正碰，碰撞中 A、B 两球的总动能无损失，设在每次碰撞过程中，A、B 两球间无电量转移，且不考虑重力及两球间的万有引力，求 A、B 两球发生第 8 次碰撞到发生第 9 次碰撞之间的时间间隔.

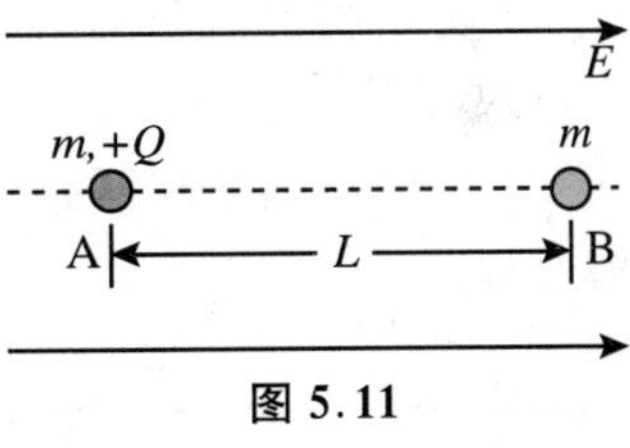

图 5.11

解析 A 球在电场力作用下做匀加速直线运动，加速度为 $a=\frac{QE}{m}$. 设 A 与 B 碰前速度为 v_0，则 $v_0=\sqrt{2aL}=\sqrt{\frac{2QEL}{m}}$，所用时间为 $t_0=\frac{v_0}{a}=\sqrt{\frac{2mL}{QE}}$.

A 球与 B 球质量相等，所以每次碰撞后交换速度，作出两球运动的 $v-t$ 图像，如图 5.12 所示，斜线表示 A 球，水平线表示 B 球. 两球在 t_0、$3t_0$、$5t_0$、$7t_0$、…时刻发生碰撞.

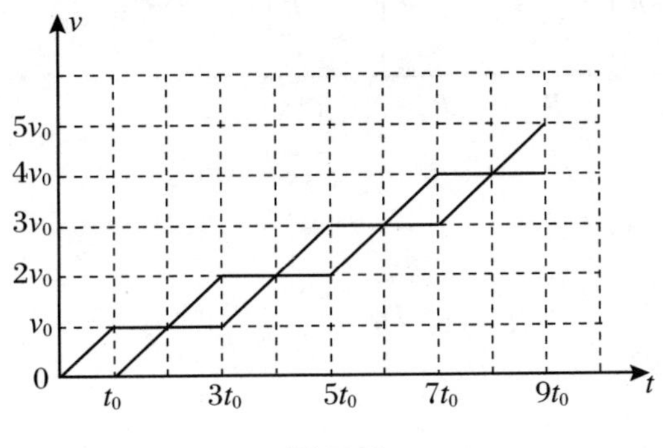

图 5.12

由此可得，A、B 两球发生第 8 次碰撞到发生第 9 次碰撞之间的时间间隔为

$$2t_0=2\sqrt{\frac{2mL}{QE}}.$$

5.2.7 电路中的递推问题

例 7 （2014 年北京大学科学营）已知 $s=1+\frac{1}{2}+\frac{1}{2^2}+\frac{1}{2^3}+\frac{1}{2^4}+\cdots$是一个有限量，求解的一个方法如下所述：

$$s=1+\frac{1}{2}+\frac{1}{2^2}+\frac{1}{2^3}+\frac{1}{2^4}+\cdots=1+\frac{1}{2}\left(1+\frac{1}{2}+\frac{1}{2^2}+\frac{1}{2^3}+\cdots\right),$$

等号右边括号内的求和数列右侧无穷远处虽然比等号左边求和数列少了一项，但该项趋于零，在极限意义下两个求和数列结构相同，故有

$$s=1+\frac{1}{2}+\frac{1}{2^2}+\frac{1}{2^3}+\frac{1}{2^4}+\cdots=1+\frac{1}{2}s,$$

即可解得 $s=2$. 请借鉴此种求解 s 的方法，解答下述两小问.

(1) 无限梯形电阻网络如图 5.13 所示，试求 A、B 间的等效电阻，并参考上文，写出求解过程.

(2) 无限梯形电阻网络如图 5.14 所示，试求 A、B 间的等效电阻，并参考上文，写出求解过程.

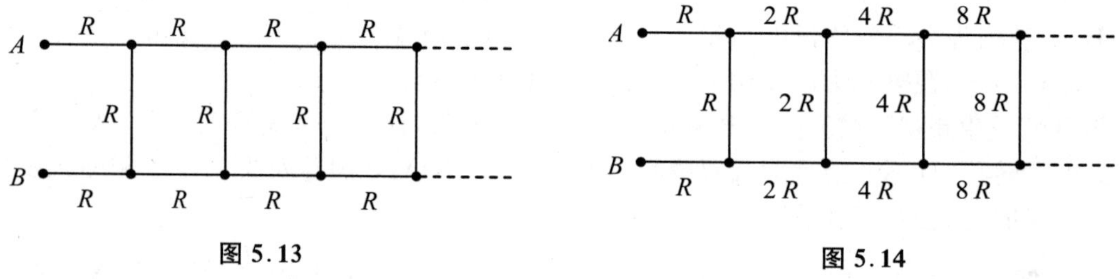

图 5.13　　图 5.14

解析 (1) 图 5.13 所示的电路图可等效为图 5.15 所示的电路图，其中 $R_{A'B'}=R_{AB}$.

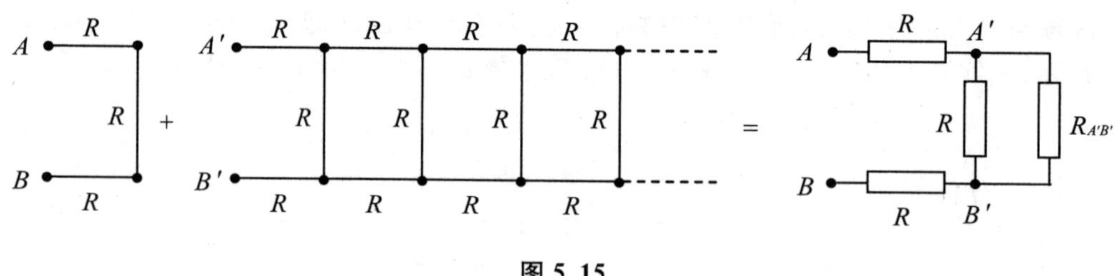

图 5.15

则有

$$R_{AB}=2R+\frac{R\cdot R_{A'B'}}{R+R_{A'B'}}.$$

解得

$$R_{AB}=(1+\sqrt{3})R.$$

(2) 图 5.14 所示的电路图可等效为图 5.16 所示的电路图，其中 $R_{A'B'}=2R_{AB}$. 则有

$$R_{AB}=2R+\frac{R\cdot R_{A'B'}}{R+R_{A'B'}}.$$

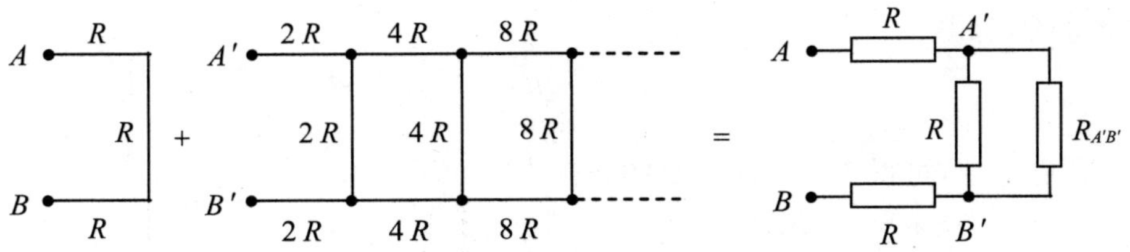

图 5.16

解得

$$R_{AB} = \frac{5+\sqrt{41}}{4}R.$$

5.2.8 磁场中的递推问题

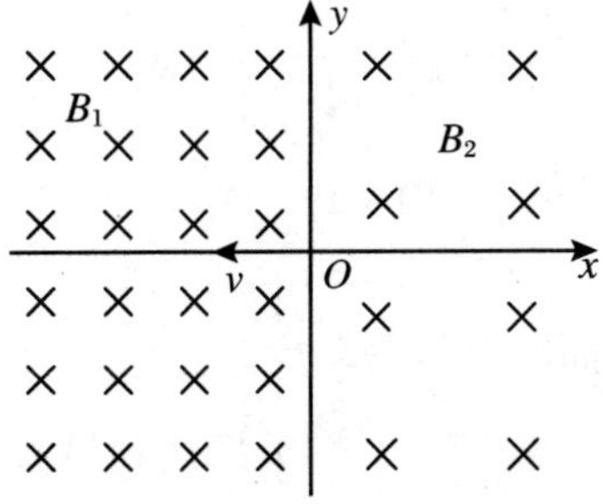

图 5.17

例 8 (2006 年高考全国Ⅱ卷)如图 5.17 所示,在 $x<0$ 与 $x>0$ 的区域中,存在磁感应强度大小分别为 B_1 与 B_2 的匀强磁场,磁场方向均垂直于纸面向里,且 $B_1>B_2$.一个带负电的粒子从坐标原点 O 以速度 v 沿 x 轴负方向射出,要使该粒子经过一段时间后又经过 O 点,B_1 与 B_2 的比值应满足什么条件?

解析 粒子在整个过程中的速度大小恒为 v,交替地在 xOy 平面内 B_1 与 B_2 磁场区域中做匀速圆周运动,轨迹都是半个圆周.设粒子的质量和电荷量的大小分别为 m 和 q,圆周运动的半径分别为 r_1 和 r_2,有

$$r_1 = \frac{mv}{qB_1}, \quad ①$$

$$r_2 = \frac{mv}{qB_2}. \quad ②$$

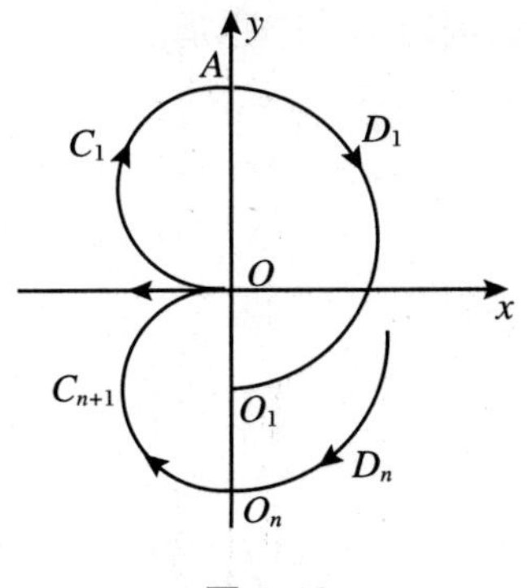

图 5.18

现分析粒子运动的轨迹.如图 5.18 所示,在 xOy 平面内,粒子先沿半径为 r_1 的半圆 C_1 运动至 y 轴上距离 O 点为 $2r_1$ 的 A 点,接着沿半径为 $2r_2$ 的半圆 D_1 运动至 y 轴的 O_1 点,O_1O 的距离为

$$d = 2(r_2 - r_1). \quad ③$$

此后,粒子每经历一次“回旋”(即从 y 轴出发沿半径为 r_1 的半圆和半径为 r_2 的半圆回到原点下方 y 轴),粒子 y 坐标就减小 d.

设粒子经过 n 次回旋后与 y 轴交于 O_n 点.若 OO_n(即 nd)满足

$$nd = 2r_1. \quad ④$$

则粒子再经过半圆 C_{n+1} 就能够经过原点,式中 $n=1、2、3、\cdots$ 为回旋次数.

联立③④式,得

$$\frac{r_1}{r_n}=\frac{n}{n+1}. \qquad ⑤$$

联立①②⑤式,可得 B_1、B_2 应满足的条件为

$$\frac{B_2}{B_1}=\frac{n}{n+1}\quad(n=1、2、3、\cdots).$$

5.2.9 电磁感应中的递推问题

例 9 如图 5.19 所示,两根光滑的平行金属导轨 MN、PQ 处于同一水平面内(导轨足够长),相距 $L=0.4\ \mathrm{m}$,导轨的左端用 $R=0.3\ \Omega$ 的电阻相连,导轨电阻不计,导轨上跨接一电阻 $r=0.1\ \Omega$ 的金属杆 ab,质量 $m=0.1\ \mathrm{kg}$,整个装置放在竖直向下的匀强磁场中,磁感应强度 $B=1\ \mathrm{T}$,现对杆施加水平向右的拉力 $F=2\ \mathrm{N}$,使它由静止开始运动,问:

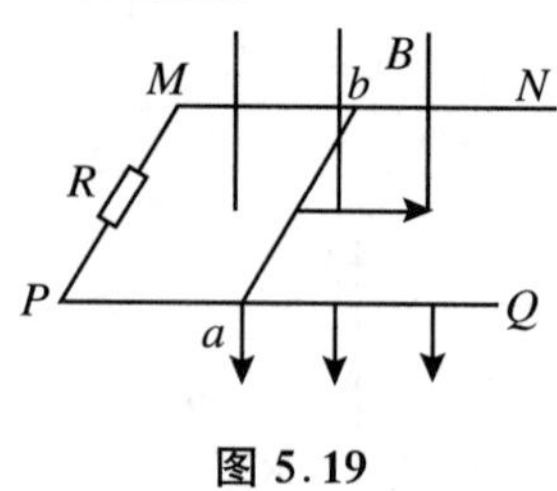

图 5.19

(1) 杆能达到的最大速度是多少?

(2) 若杆达到最大速度后撤去拉力,则此后通过导体横截面的电量是多少?

解析 (1) 杆达到最大速度时拉力与安培力平衡,设最大速度为 v_m,根据平衡条件,有

$$F=B\left(\frac{BLv_\mathrm{m}}{R+r}\right)L.$$

解得

$$v_\mathrm{m}=\frac{F(R+r)}{B^2L^2}=5\ \mathrm{m/s}.$$

(2) 当外力撤去后,由于安培力的作用,杆做减速运动,运动过程中通过导体的电流是变化的,将减速运动过程时间分为 Δt_1、Δt_2、Δt_3、$\cdots$、Δt_n,对应过程的平均电流为 $\bar{I}_1$、$\bar{I}_2$、$\bar{I}_3$、$\cdots$、$\bar{I}_n$,每一过程对应的末速度为 v_1、v_2、v_3、$\cdots$、v_n($v_n=0$),根据动量定理,有

$$-B\bar{I}_1L\Delta t_1=mv_1-mv_\mathrm{m},$$

$$-B\bar{I}_2L\Delta t_2=mv_2-mv_1,$$

$$-B\bar{I}_3L\Delta t_3=mv_3-mv_2,$$

……

$$-B\bar{I}_nL\Delta t_n=0-mv_{n-1}.$$

设通过导体横截面的电量为 q,而 $q=\bar{I}_1\Delta t_1+\bar{I}_2\Delta t_2+\bar{I}_3\Delta t_3+\cdots+\bar{I}_n\Delta t_n$,由以上各式联立相加,得

$$q=\frac{mv_\mathrm{m}}{BL}=1.25\ \mathrm{C}.$$

5.2.10 热学中的递推问题

例 10 (2003 年上海交通大学自主招生)气罐的体积为 V,罐内的气体压强为 p.现将贮气罐经阀门与体积为 V_0 的真空室相连,打开阀门为真空室充气,达到平衡后关闭阀门.然后换一个新的同样的贮气罐继续为真空室(已非“真空”)充气……如此连续不断充气,直到真空室中气体的压强达到 p_0($p_0<p$)为止.设充气过程中温度恒定不变,问需要多少个贮气罐?

解析 第 1 次充气,有

$$pV = p_1(V + V_0).$$

解得

$$p_1 = p \cdot \frac{V}{V + V_0}.$$

第 2 次充气,有

$$pV + p_1 V_0 = p_2(V + V_0).$$

解得

$$p_2 = p \cdot \frac{V}{V + V_0} + p \cdot \frac{V}{(V + V_0)^2} \cdot V_0.$$

第 3 次充气,有

$$pV + p_2 V_0 = p_3(V + V_0).$$

解得

$$p_3 = p \cdot \frac{V}{V + V_0} + p \cdot \frac{V}{(V + V_0)^2} \cdot V_0 + p \cdot \frac{V}{(V + V_0)^3} \cdot V_0^2.$$

……

第 n 次充气,有

$$\begin{aligned} p_n &= p \cdot \frac{V}{V + V_0} + p \cdot \frac{V}{(V + V_0)^2} \cdot V_0 + \cdots + p \cdot \frac{V}{(V + V_0)^n} \cdot V_0^{n-1} \\ &= p\left[1 - \left(\frac{V_0}{V + V_0}\right)^n\right]. \end{aligned}$$

当真空室中气体的压强达到 p_0 时,有

$$p\left[1 - \left(\frac{V_0}{V + V_0}\right)^n\right] = p_0.$$

可得

$$\left(\frac{V_0}{V + V_0}\right)^n = \frac{p - p_0}{p}.$$

等式两边取自然对数,有

$$n = \frac{\ln \dfrac{p - p_0}{p}}{\ln \dfrac{V_0}{V + V_0}}.$$

5.2.11 光学中的递推问题

例 11 水平面上固定一 V 字形反射镜槽,两反射面 OA 与 OB 夹角 $\alpha = 3^\circ$(见图

5.20,图中 α 被夸大了).一束光从 OB 边的 C 点($OC=3$ m)与 OB 成 $\theta=30^\circ$ 角的方向射入,经 OA 反射后又折回 OB 面反射……如此反复.问光束经过几次反射后又回到 C 点?

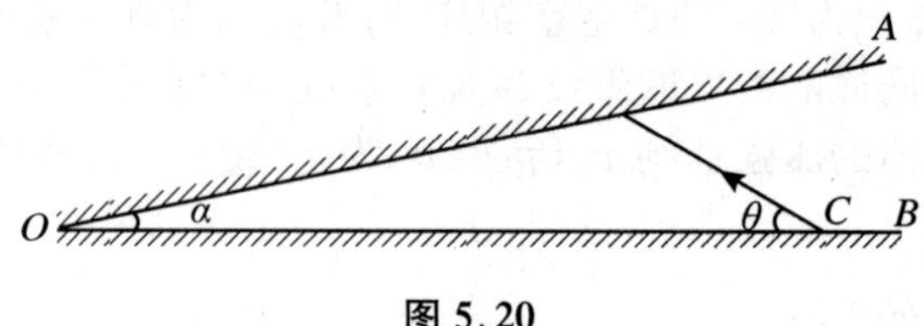

图 5.20

解析 光束第 1 次射到 OA 板面时的夹角为 θ_1,如图 5.21 所示,则

$$\theta_1=\alpha+\theta=3^\circ+30^\circ.$$

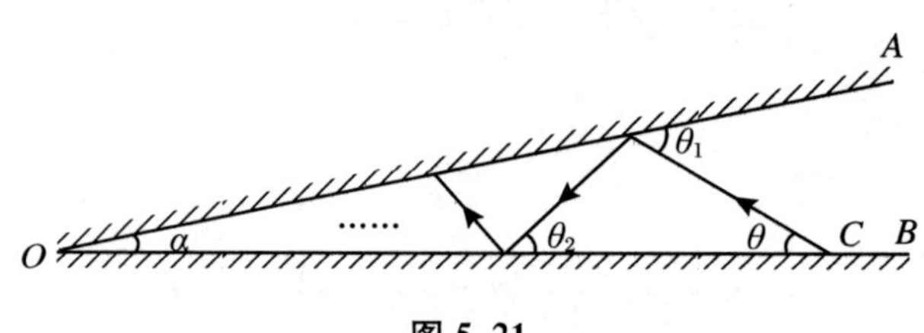

图 5.21

光束第 2 次射到 OB 板面时的夹角为

$$\theta_2=\alpha+\theta_1=2\times3^\circ+30^\circ.$$

……

光束第 n 次射到板面时的夹角为

$$\theta_n=n\times3^\circ+30^\circ.$$

当 $\theta_n=90^\circ$时光束将沿原路返回,代入数据,有

$$90^\circ=n\times3^\circ+30^\circ.$$

解得

$$n=20.$$

所以光束经过 39 次反射后又回到 C 点.

5.2.12 原子物理中的递推问题

例 12 (第十八届全国中学生物理竞赛预赛)在用铀 235 作燃料的核反应堆中,铀 235 核吸收一个动能约为 0.025 eV 的热中子(慢中子)后,可发生裂变反应,放出能量和 2～3 个快中子,而快中子不利于铀 235 的裂变.为了能使裂变反应继续下去,需要将反应中放出的快中子减速.有一种减速的方法是使用石墨(碳 12)作减速剂.设中子与碳原子的碰撞是对心弹性碰撞,问一个动能为 $E_0=1.75$ MeV 的快中子需要与静止的碳原子碰撞多少次,才能减速成为 0.025 eV 的热中子?

解析 设中子和碳原子的质量分别为 m 和 M,碰撞前中子的速度为 v_0,碰撞后中子和碳原子的速度分别为 v_1 和 V_1,因为碰撞是弹性碰撞,所以在碰撞前后动量和机械能均守恒,故有

$$mv_0=-mv_1+MV_1,$$

$$\frac{1}{2}mv_0^2 = \frac{1}{2}mv_1^2 + \frac{1}{2}MV_1^2.$$

解得

$$v_1 = \frac{M-m}{M+m}v_0.$$

经过第 2 次碰撞后，中子的速度大小为 v_2，同上计算可知

$$v_2 = \frac{M-m}{M+m}v_1 = \left(\frac{M-m}{M+m}\right)^2 v_0.$$

……

由以上归纳得出第 n 次碰撞后中子的速度大小为

$$v_n = \left(\frac{M-m}{M+m}\right)^n v_0.$$

所以中子的动能为

$$E_n = \frac{1}{2}mv_n^2 = \frac{1}{2}m\left(\frac{M-m}{M+m}\right)^{2n}v_0^2 = \left(\frac{M-m}{M+m}\right)^{2n}E_0.$$

等式两边取对数，得

$$n = \frac{\lg\dfrac{E_n}{E_0}}{2\lg\dfrac{M-m}{M+m}}.$$

代入数据，得

$$n = 54.$$

5.3 递推法思维训练

1. 一物体放在光滑水平面上，初速度为零，先对物体施加一向东的恒力 F，历时 1 s，随即把此力改为向西，大小不变，历时 1 s，接着又把此力改为向东，大小不变，历时 1 s，如此反复，只改变力的方向，共历时 1 min. 在此 1 min 内(　　).

A. 物体时而向东运动，时而向西运动，在 1 min 末静止于初始位置之东

B. 物体时而向东运动，时而向西运动，在 1 min 末静止于初始位置

C. 物体时而向东运动，时而向西运动，在 1 min 末继续向东运动

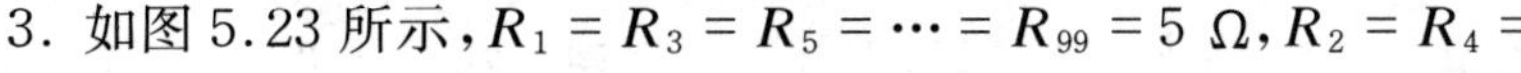

D. 物体一直向东运动，从不向西运动，在 1 min 末静止于初始位置之东

2. 如图 5.22 所示，一固定的斜面，倾角 $\theta = 45°$，斜面长 $L = 2.00$ m. 在斜面下端有一与斜面垂直的挡板. 一质量为 m 的质点从斜面的最高点沿斜面下滑，初速度为零，下滑到最底端与挡板发生弹性碰撞. 已知质点与斜面间的动摩擦因数 $\mu = 0.20$，求此质点从开始到发生第 11 次碰撞的过程中运动的总路程.

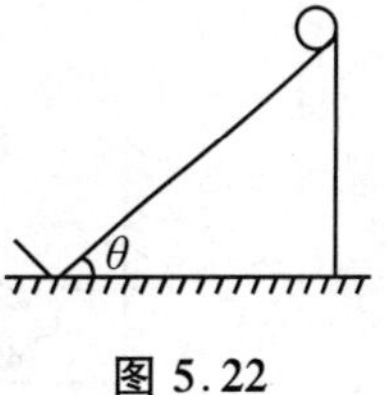

图 5.22

3. 如图 5.23 所示，$R_1 = R_3 = R_5 = \cdots = R_{99} = 5\ \Omega$，$R_2 = R_4 =$

$R_6=\cdots=R_{98}=10\ \Omega$，$R_{100}=5\ \Omega$，$E=10$ V.求：

(1) R_{AB}.

(2) 电阻 R_i（$i=1$、2、3、…、99）消耗的电功率.

(3) 电路上的总功率.

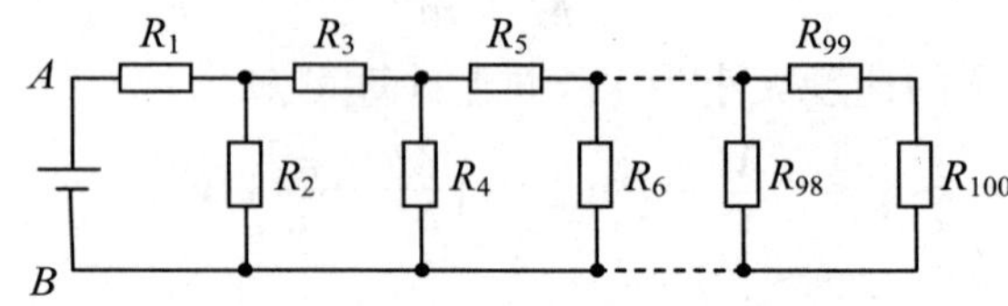

图 5.23

4. 如图 5.24 所示，有两本完全相同的书 A、B，书重均为 5 N，若将两本书等分成若干份后，交叉地叠放在一起，置于光滑的桌面上，并将书 A 通过一轻质弹簧秤与墙壁相连，用水平向右的力 F 把书 B 抽出.现测得一组数据如表 5.1 所示.

表 5.1

实验次数	1	2	3	4	…	n
将书分成的份数	2	4	8	16	…	逐页交叉
弹簧秤的示数(N)	4.5	10.5	22.5	46.5	…	190.5

根据以上数据，试问：

(1) 若将书分成 32 份，弹簧秤的示数为多大?

(2) 该书由多少张与首页大小相同的纸组成?

(3) 如果两本书任意两张纸之间的动摩擦因数 μ 都相等，则 μ 为多大?

5. 如图 5.25 所示，有一带电量为 $q=-2\times10^{-3}$ C 的小球.开始时静止在 $E=200$ N/C 的匀强电场中的 P 点.靠近电场极板 B 有一挡板 S，小球与挡板的距离 $h=5$ cm，与 A 板的距离 $H=45$ cm，重力作用不计.在电场力作用下小球向左运动，与挡板相碰后电量减少到碰前的 k，已知 $k=\dfrac{5}{6}$，而碰后小球的速度大小不变.

(1) 设匀强电场中挡板 S 所在位置的电势为零，则电场中 P 点的电势为多少? 小球在 P 点时的电势能为多少?（电势能用 E_P 来表示）

(2) 小球从 P 点出发第一次回到最右端的过程中电场力对小球做了多少功?

(3) 小球经过多少次碰撞后，才能抵达 A 板?（取 lg1.2 = 0.08）

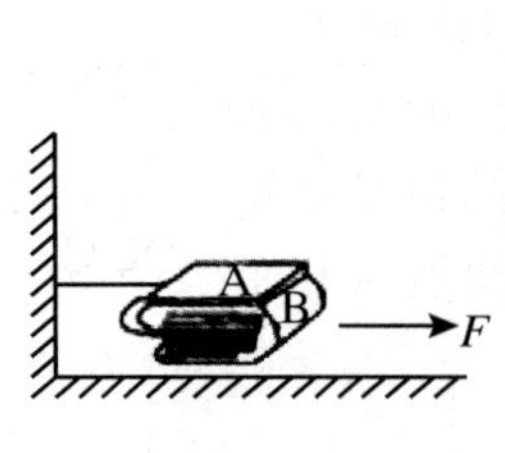

图 5.24

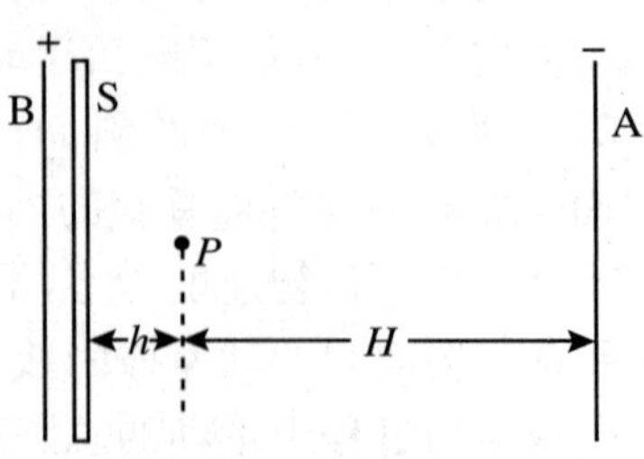

图 5.25

6. 如图 5.26 所示，在足够大的光滑绝缘水平面上有两个质量均为 m、相距为 L 的小球 A 和 B 均处于静止，小球 A 带 $+q$ 的电量，小球 B 不带电. 若沿水平向右的方向加一大小为 E 的匀强电场，A 球将受力而运动，并与 B 球发生完全弹性碰撞（碰撞时间极短），碰后两球速度交换，若碰撞过程中无电荷转移，求：

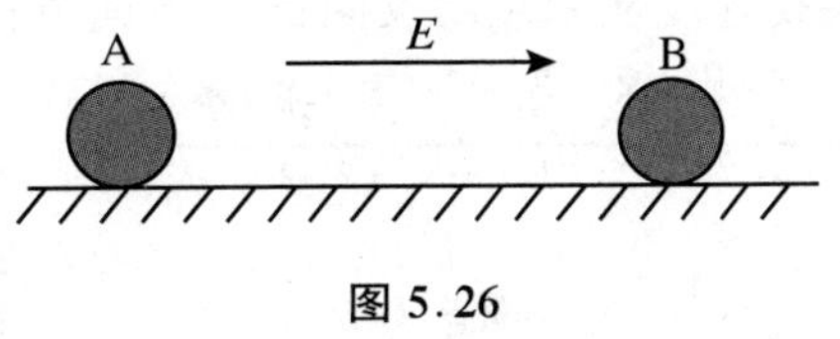

图 5.26

(1) A 与 B 第一次碰后瞬时 B 球的速率.

(2) 从 A 开始运动到两球第二次相碰经历的时间.

(3) 两球从第 n 次碰撞到第 $n+1$ 次碰撞时间内 A 球所通过的路程.

7. 如图 5.27 所示，在 x 轴上方有垂直于 xOy 平面向里的匀强磁场，磁感应强度为 B，在 x 轴下方有沿 y 轴负方向的匀强电场，场强为 E. 一质量为 m、电量为 $-q$ 的粒子从坐标原点 O 沿着 y 轴方向射出. 射出之后，第三次到达 x 轴时，它与 O 点的距离为 L. 求此粒子射出时的速度 v 和每次到达 x 轴时运动的总路程 s.（不计重力）

8. 如图 5.28 所示，A 为位于一定高度处的质量为 m、带电荷量为 $+q$ 的小球，B 为位于水平地面上的质量为 M 的用特殊材料制成的长方形空心盒子，且 $M=2m$，盒子与地面间的动摩擦因数 $\mu=0.2$，盒内存在着竖直向上的匀强电场，场强大小 $E=\dfrac{2mg}{q}$，盒外没有电场. 盒子的上表面开有一系列略大于小球的小孔，孔间距满足一定的关系，使得小球进出盒子的过程中始终不与盒子接触. 当小球 A 以 1 m/s 的速度从孔 1 进入盒子的瞬间，盒子 B 恰以6 m/s 的速度向右滑行. 已知盒子通过电场对小球施加的作用力与小球通过电场对盒子施加的作用力大小相等、方向相反. 设盒子足够长，取重力加速度 $g=10\ \text{m/s}^2$，小球恰能顺次从各个小孔进出盒子.

(1) 求小球 A 从第一次进入盒子到第二次进入盒子所经历的时间.

(2) 盒子上至少要开多少个小孔，才能保证小球始终不与盒子接触？

(3) 求从小球第一次进入盒子至盒子停止运动的过程中，盒子通过的总路程.

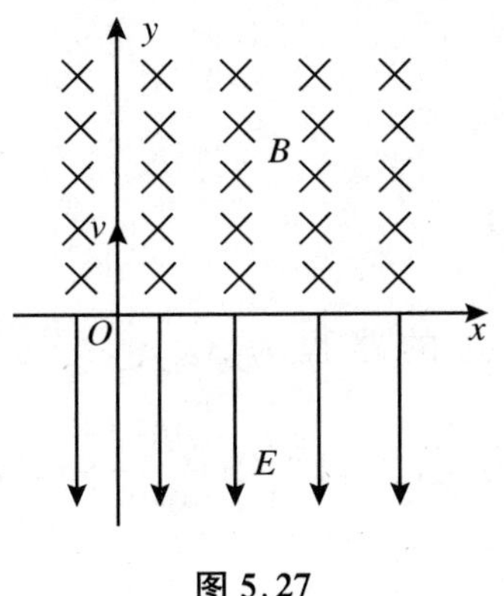

图 5.27

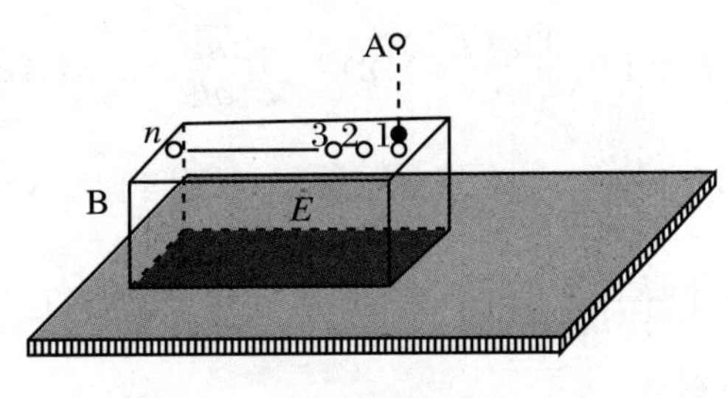

图 5.28

9.（1995 年高考全国卷）如图 5.29 所示，一排人站在沿 x 轴的水平轨道旁，原点 O 两侧的人的序号都记为 n（$n=1、2、3、\cdots$）. 每人只有一个沙袋，$x>0$ 一侧的每个沙袋质量为 $m=14$ kg，$x<0$ 一侧的每个沙袋质量为 $m'=10$ kg. 一质量为 $M=48$ kg 的小车以

某初速度从原点出发向正 x 方向滑行.不计轨道阻力.当车每经过一人身旁时,此人就把沙袋以水平速度 v 朝与车速相反的方向沿车面扔到车上,v 的大小等于扔此袋之前的瞬间车速大小的 $2n$ 倍(n 是此人的序号).

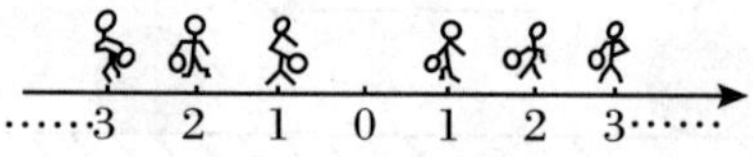

图 5.29

(1) 空车出发后,车上堆积几个沙袋时车就反向滑行?

(2) 车上最终有大小沙袋共多少个?

10.(2004 年高考江苏卷)一个质量为 M 的雪橇静止在水平雪地上,一条质量为 m 的爱斯基摩狗站在该雪橇上.狗向雪橇的正后方跳下,随后又追赶并向前跳上雪橇;其后狗又反复地跳下、追赶并跳上雪橇,狗与雪橇始终沿一条直线运动.若狗跳离雪橇时雪橇的速度为 v,则此时狗相对于地面的速度为 $v+u$(其中 u 为狗相对于雪橇的速度,$v+u$ 为代数和.若以雪橇运动的方向为正方向,则 v 为正值,u 为负值).设狗总以速度 v 追赶和跳上雪橇,雪橇与雪地间的摩擦忽略不计.已知 v 的大小为 5 m/s,u 的大小为 4 m/s,$M=30$ kg,$m=10$ kg.

(1) 求狗第一次跳上雪橇后两者的共同速度的大小.

(2) 求雪橇最终速度的大小和狗最多能跳上雪橇的次数.

(供使用但不一定用到的对数值:lg2 = 0.301,lg3 = 0.477.)

5.4 递推法思维训练参考答案

1. D

2. 9.86 m

3. (1) 10 Ω (2) $\frac{20}{2^{i+1}}$($i=1$、3、5、…、99),$\frac{10}{2^{i}}$($i=2$、4、6、…、98) (3) 10 W

4. (1) 94.5 N (2) 64 张 (3) 0.3

5. (1) −10 V,0.02 J (2) 0 (3) 13

6. (1) $\sqrt{\frac{2qEL}{m}}$ (2) $3\sqrt{\frac{2mL}{qE}}$ (3) $4nL$

7. $\frac{qBL}{4m}$ 粒子第 $2n-1$ 次到达 x 轴时,已通过的路程为 $s_{2n-1}=\frac{n\pi L}{4}+(n-1)\frac{qB^2L^2}{16mE}$;粒子第 $2n$ 次到达 x 轴时,已通过的路程为 $s_{2n}=n\left(\frac{\pi L}{4}+\frac{qB^2L^2}{16mE}\right)$.($n$ 都取正整数)

8. (1) 0.4 s (2) 11 个 (3) 5.8 m

9. (1) 3 (2) 11

10. (1) 2 m/s (2) 5.625 m/s,3

6 临 界 法

6.1 临界法概述

物体运动状态的变化是各式各样的.有数量的增减,有程度上的区别,有规模的不同,也有性质上的飞跃等.临界状态指的是物体运动状态发生质的变化的转折点,是由一种状态变为另一种状态的中介状态.物理学本身就有许多具有边缘特征的概念,它们有着中介、转折、对立与统一的辩证特征.在这些概念中,就包含着一个界限,超过这个界限或者不足,将有不同的物理现象和不同的结果,如临界角、临界温度、极限频率、熔点等.我们在研究这些临界状态问题时,应着重于与概念相应的物理量的取值范围和有关物理现象发生和消失条件的讨论.在某些物理情境中,物体运动状态变化的过程中,由于条件的变化,会出现两种状态的衔接,两种现象的分界,同时使某个物理量在特定状态时,具有最大值或最小值.在解决极值问题时,常碰到所求物理量、物理过程或物理状态的极值与某一临界值有关,所以我们首先可以考虑用临界法求解极值,其次才是数学方法,比如运用三角函数、配方、不等式、图像、等效法和归纳法求极值.尽管运用数学方法求解物理学中的极值问题有其独到的功能,但决不能让数学方法掩盖了事物的物理实质.

高中物理最为常见的临界问题是在竖直面内圆周运动中遇到的.表6.1为轻绳模型和轻杆模型的比较.

表 6.1

	轻绳模型	轻杆模型
常见类型	v 绳 r；v 光滑圆轨道 均是没有支撑的小球	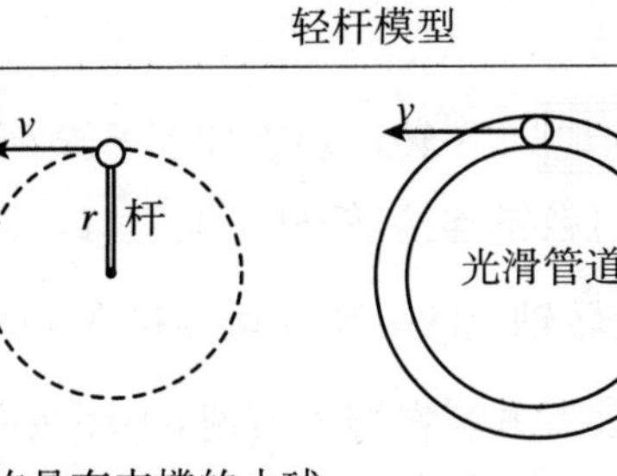 均是有支撑的小球
过最高点的临界条件	由 $mg = m\frac{v^2}{r}$,得 $v_{\text{lin}} = \sqrt{gr}$	由小球恰能运动到最高点,得 $v = 0$

（续表）

	轻绳模型	轻杆模型
讨论分析	(1) 过最高点时，有 $v>\sqrt{gr}$，$F_N+mg=m\dfrac{v^2}{r}$，绳或轨道对球产生弹力 F_N (2) 若 $v<\sqrt{gr}$，球不能过最高点，在到达最高点前小球脱离轨道	(1) 当 $v=0$ 时，$F_N=mg$ 为支持力，沿半径背离圆心 (2) 当 $0<v<\sqrt{gr}$ 时，$mg-F_N=m\dfrac{v^2}{r}$，F_N 沿半径背离圆心，随 v 的增大而减小 (3) 当 $v>\sqrt{gr}$ 时，$mg+F_N=m\dfrac{v^2}{r}$，F_N 沿半径指向圆心，随 v 的增大而增大

例 1 小球 A 用不可伸长的轻绳系于 O 点，在 O 点正下方有一固定的钉子 B. 开始时，将球 A 拉到与悬点 O 同高处无初速释放，若绳长为 L，则当 B 与悬点 O 的距离 d 满足什么条件时，球 A 摆下后将如图 6.1 所示绕 B 点做完整的圆周运动？

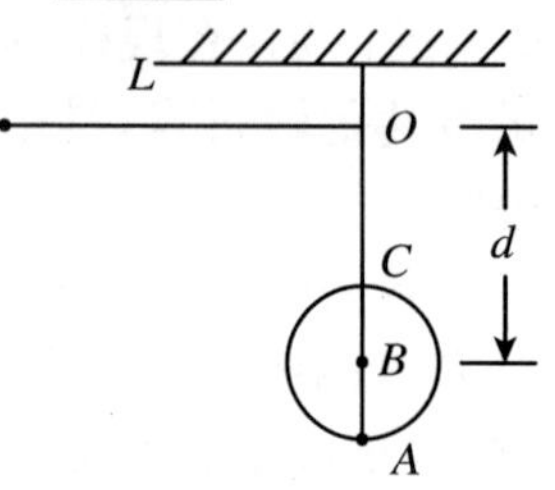

图 6.1

解析 球 A 在由摆下到绳遇到钉 B 之后做圆周运动的全过程中，受绳的拉力和重力，拉力不做功，只有重力做功，球 A 的机械能守恒. 研究球 A 由开始释放至运动到圆周上最高位置 C 的过程，其重力势能减少了 $mg\,\overline{OC}$，动能增加了 $\frac{1}{2}mv_C^2$，其中 $\overline{OC}=l-2R$，而 v_C 应满足条件 $v_C\geqslant\sqrt{Rg}$，根据机械能守恒，应有

$$mg(L-2R)=\frac{1}{2}mv_C^2\geqslant\frac{1}{2}mRg.$$

解得

$$R\leqslant\frac{2}{5}L.$$

由图可见 $d=L-R$，应有 $d\geqslant\frac{3}{5}L$，且 d 还应满足 $d<L$，因此本题的解为 $\frac{3}{5}L\leqslant d<L$.

例 2 一转动装置如图 6.2 所示，四根轻杆 OA、OC、AB 和 CB 与两小球以及一小环通过铰链连接，轻杆长均为 l，球和环的质量均为 m，O 端固定在竖直的轻质转轴上，套在转轴上的轻质弹簧连接在 O 与小环之间，原长为 L. 装置静止时，弹簧长为 $\frac{3}{2}L$，转动该装置并缓慢增大转速，小环缓慢上升. 弹簧始终在弹性限度内，忽略一切摩擦和空气阻力，重力加速度为 g，求：

(1) 弹簧的劲度系数 k.

(2) AB 杆中弹力为零时，装置转动的角速度 ω_0.

(3) 弹簧长度从 $\frac{3}{2}L$ 缓慢缩短为 $\frac{1}{2}L$ 的过程中，外界对转动装置所做的功 W.

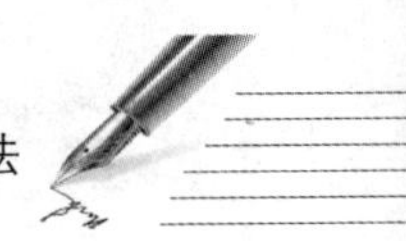

解析 小球和小环位置示意图如图6.3所示.

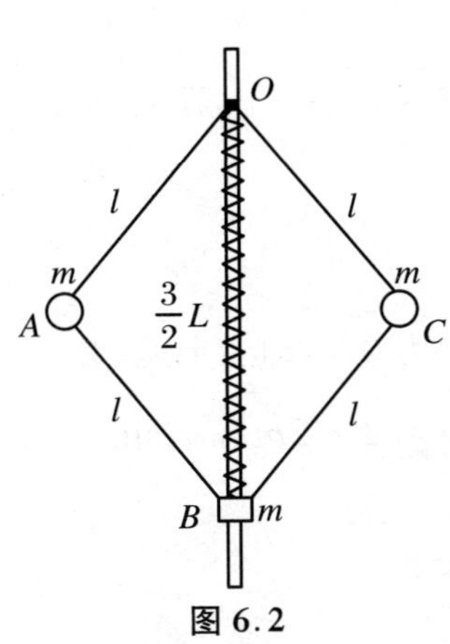

图 6.2

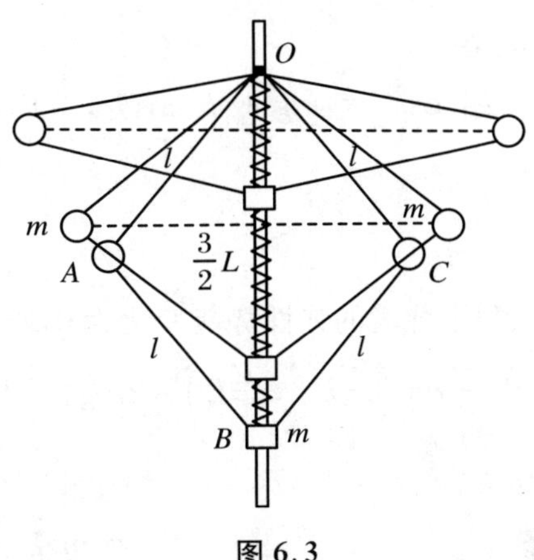

图 6.3

(1) 装置静止时,设 OA、AB 杆中的弹力分别为 F_1、T_1,OA 杆与转轴的夹角为 θ_1.

小环受到弹簧的弹力为 $F_{弹1}=k\cdot\frac{L}{2}$.

小环受力平衡时,有

$$F_{弹1}=mg+2T_1\cos\theta_1.$$

小球受力平衡时,有

$$F_1\cos\theta_1+T_1\cos\theta_1=mg,\quad F_1\sin\theta_1=T_1\sin\theta_1.$$

解得

$$k=\frac{4mg}{L}.$$

(2) 设 OA、AB 杆中的弹力分别为 F_2、T_2,OA 杆与转轴的夹角为 θ_2,弹簧长度为 x.

小环受到弹簧的弹力为 $F_{弹2}=k(x-L)$.

小环受力平衡时,有 $F_{弹2}=mg$,得 $x=\frac{5}{4}L$.

对小球,因为 AB 杆中的弹力 $T_2=0$,所以有

$$F_2\cos\theta_2=mg,\quad F_2\sin\theta_2=m\omega_0^2 l\sin\theta_2,\quad \cos\theta_2=\frac{x}{2l}.$$

解得

$$\omega_0=\sqrt{\frac{8g}{5L}}.$$

(3) 当弹簧长度为 $\frac{1}{2}L$ 时,设 OA、AB 杆中的弹力分别为 F_3、T_3,OA 杆与转轴的夹角为 θ_3.

小环受到弹簧的弹力为 $F_{弹3}=\frac{1}{2}kL$.

小环受力平衡时,有

$$F_{弹3} + mg = 2T_3\cos\theta_3,\quad \cos\theta_3 = \frac{L}{4l}.$$

对小球，有

$$F_3\cos\theta_3 = mg + T_3\cos\theta_3,\quad F_3\sin\theta_3 + T_3\sin\theta_3 = m\omega_3^2 l\sin\theta_3.$$

解得

$$\omega_3 = \sqrt{\frac{16g}{L}}.$$

整个过程中弹簧的弹性势能变化为0，则弹力做功为0，由动能定理，得

$$W - mg\left(\frac{3}{2}L - \frac{1}{2}L\right) - 2mg\left(\frac{3}{4}L - \frac{1}{4}L\right) = 2\times 2m(\omega_3 l\sin\theta_3)^2.$$

解得

$$W = mgL + \frac{16mgl^2}{L}.$$

下面先以带电粒子在不同形状的有界磁场中的运动为例，看与其有关的临界问题.

6.1.1 带电粒子在“长方形磁场区域”中的运动

例3 如图6.4所示，长为 L、间距为 d 的水平两极板间，有垂直于纸面向里的匀强磁场，磁感应强度为 B，两极板不带电.现有质量为 m，电量为 q 的带正电粒子(重力不计)，从左侧两极板的中心处以不同速率 v 水平射入，欲使粒子不打在极板上，问粒子速率 v 应满足什么条件?

解析 如图6.5所示，设粒子以速率 v_1 运动时，粒子恰好打在上极板左边缘，其圆轨迹半径为 $R_1 = \frac{d}{4}$.由 $qv_1B = m\frac{v_1^2}{R_1}$，得 $v_1 = \frac{qBd}{4m}$，则粒子入射速率小于 v_1 时可不打在极板上.

设粒子以速率 v_2 运动时，粒子恰好打在上极板右边缘，根据几何关系，有 $R_2^2 = L^2 + \left(R_2 - \frac{d}{2}\right)^2$，解得 $R_2 = \frac{4L^2 + d^2}{4d}$.由 $qv_2B = m\frac{v_2^2}{R_2}$，得 $v_2 = \frac{qB(4L^2 + d^2)}{4md}$，则粒子入射速率大于 v_2 时可不打在极板上.

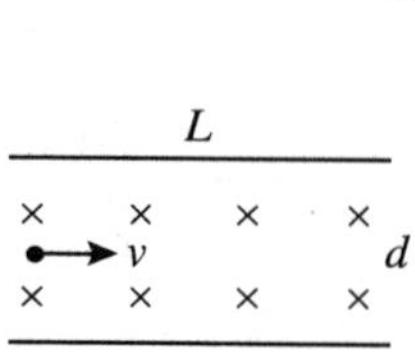

图6.4

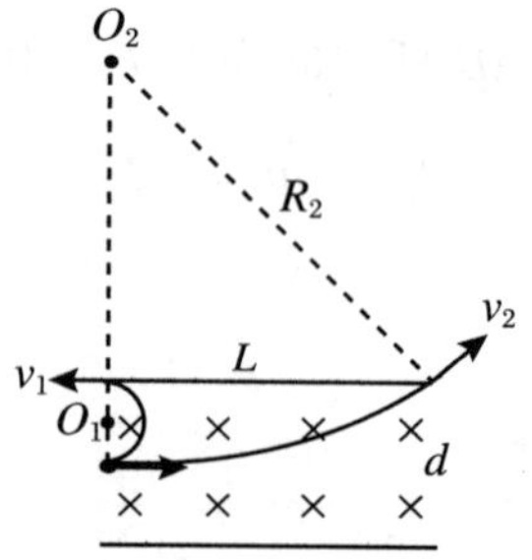

图6.5

综上所述，要使粒子不打在极板上，其入射速率应满足 $v < \frac{qBd}{4m}$ 或 $v > \frac{qB(4L^2 + d^2)}{4md}$.

6.1.2 带电粒子在“圆形磁场区域”中的运动

例 4 (2010 年“华约”联盟自主招生)如图 6.6 所示,圆形区域内有一垂直纸面的匀强磁场,P 为磁场边界上的一点.有无数带有同样电荷、具有同样质量的粒子在纸面内沿各个方向以同样的速率通过 P 点进入磁场.这些粒子射出边界的位置均处于边界的某一段弧上,这段圆弧的弧长是圆周长的$\frac{1}{3}$.将磁感应强度的大小从原来的 B_1 变为 B_2,结果相应的弧长变为原来的一半,则$\frac{B_2}{B_1}$等于(　　).

A. 2　　　B. 3　　　C. $\sqrt{2}$　　　D. $\sqrt{3}$

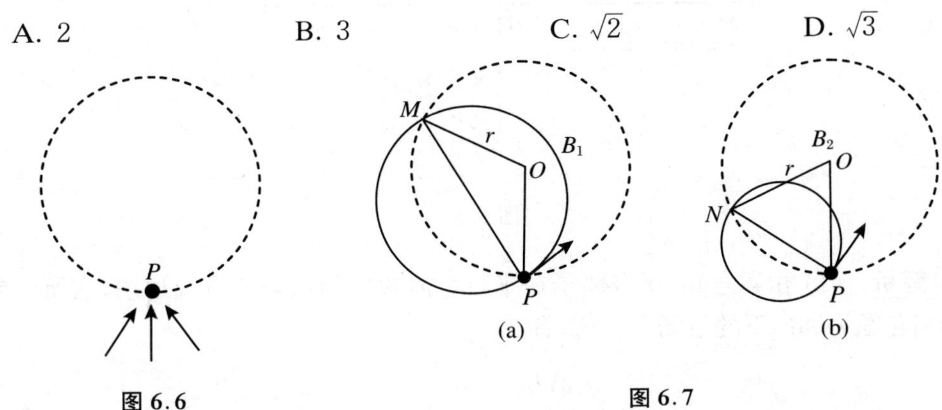

图 6.6　　　图 6.7

解析 设圆形区域磁场的半径为 r,当磁感应强度的大小为 B_1 时,从 P 点入射的粒子射出磁场时与磁场边界的最远交点为 M,则该带电粒子在磁场中的运动轨迹是以 PM 为直径的圆,如图 6.7(a)所示.由题意知$\angle POM=120^\circ$,由几何关系得轨迹圆半径为 $R_1=\frac{\sqrt{3}}{2}r$.当磁感应强度的大小为 B_2 时,从 P 点入射的粒子射出磁场时与磁场边界的最远交点为 N,则该带电粒子在磁场中的运动轨迹是以 PN 为直径的圆,如图 6.7(b)所示.由题意知$\angle PON=60^\circ$,由几何关系得轨迹圆半径为 $R_2=\frac{r}{2}$.因 $R=\frac{mv}{qB}\propto\frac{1}{B}$,故$\frac{B_2}{B_1}=\frac{R_1}{R_2}=\sqrt{3}$,D 选项正确.

6.1.3 带电粒子在“三角形磁场区域”中的运动

例 5 (2010 年高考全国Ⅱ卷)在图 6.8 中,左边有一对平行金属板,两板相距为 d,电压为 U;两板之间有匀强磁场,磁感应强度大小为 B_0,方向平行于板面并垂直于纸面朝里.右边有一边长为 a 的正三角形区域 EFG(EF 边与金属板垂直),在此区域内及其边界上也有匀强磁场,磁感应强度大小为 B,方向垂直于纸面朝里.假设一系列电荷量为 q 的正离子沿平行于金属板面、垂直于磁场的方向射入金属板之间,沿同一方向射出金属板之间的区域,并经 EF 边中点 H 射入磁场区域.不计重力.

(1) 已知这些离子中的离子甲到达磁场边界 EG 后,从边界 EF 穿出磁场,求离子甲的质量.

(2) 已知这些离子中的离子乙从 EG 边上 I 点(图中未画出)穿出磁场,且 GI 长为

$\frac{3}{4}a$，求离子乙的质量.

(3) 若这些离子中的最轻离子的质量等于离子甲质量的一半，而离子乙的质量是最大的，问磁场边界上什么区域内可能有离子到达？

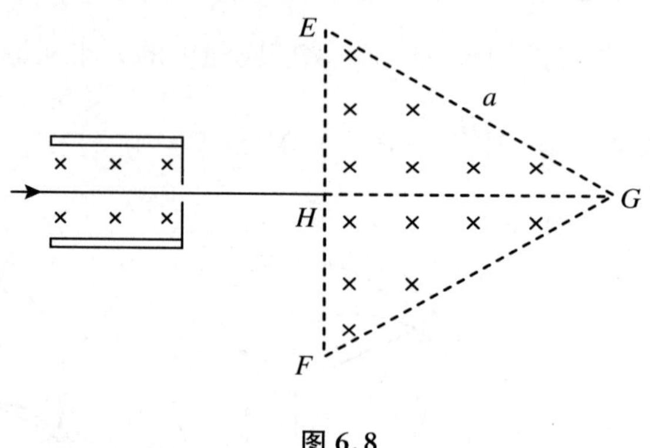

图 6.8

解析 (1) 由题意知，所有离子在平行金属板之间做匀速直线运动，它所受到的向上的洛伦兹力和向下的电场力平衡，有

$$qvB_0 = q\frac{U}{d}. \quad ①$$

在正三角形磁场区域，离子甲做匀速圆周运动. 设离子甲质量为 m_1，根据洛伦兹力公式和牛顿第二定律，有

$$qvB = m_1\frac{v^2}{r_1}. \quad ②$$

式中，r_1 是离子甲做圆周运动的半径. 离子甲在磁场中的运动轨迹为半圆，圆心为 O_1，这半圆刚好与 EG 边相切于 K，与 EF 边交于 P 点，如图 6.9(a)所示. 在$\triangle EO_1K$ 中，O_1K 垂直于 EG. 根据几何关系，有

$$\frac{a}{2} = r_1 + \frac{r_1}{\sin 60^\circ}. \quad ③$$

联立①～③式，得

$$m_1 = \frac{qaBB_0d}{U}\left(\sqrt{3} - \frac{3}{2}\right).$$

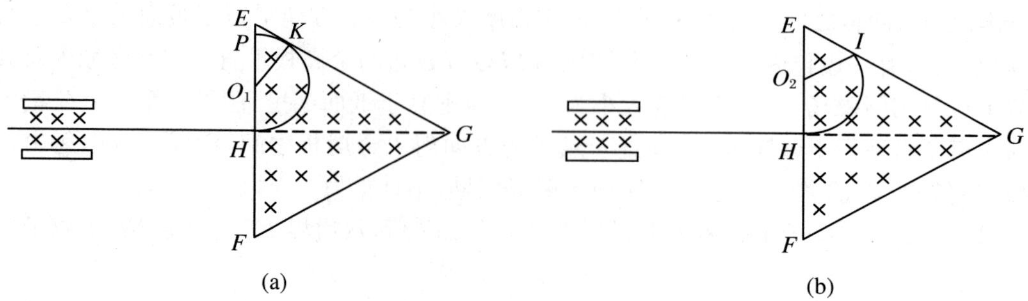

图 6.9

(2) 同理,根据洛伦兹力公式和牛顿第二定律,有

$$qvB = m_2 \frac{v^2}{r_2}. \tag{④}$$

式中,m_2 和 r_2 分别为离子乙的质量和做圆周运动的轨道半径.离子乙做圆周运动的圆心 O_2 必在 E、H 两点之间,如图 6.9(b)所示.根据余弦定理,有

$$r_2^2 = \left(\frac{a}{4}\right)^2 + \left(\frac{a}{2} - r_2\right)^2 - 2 \times \frac{a}{4} \times \left(\frac{a}{2} - r_2\right)\cos 60^\circ. \tag{⑤}$$

联立①④⑤式,得

$$m_1 = \frac{qaBB_0 d}{4U}.$$

(3) 对于最轻的离子,其质量等于离子甲质量的一半,因而与 EH 的交点为 O_1.当这些离子的质量逐渐增大到 m_1 时,离子到达磁场边界上的点的位置从 O_1 点沿 HE 边变到 P 点;当离子质量继续增大时,离子到达磁场边界上的点的位置从 K 点沿 EG 边趋向于 I 点.所以,磁场边界上可能有离子到达的区域是:EF 边上从 O_1 到 P 点,EG 边上从 K 到 I 点.

6.1.4 带电粒子在"圆环形磁场区域"中的运动

例 6 (2011 年高考广东卷)如图 6.10(a)所示,在以 O 为圆心,内外半径分别为 R_1 和 R_2 的圆环区域内,存在辐射状电场和垂直纸面的匀强磁场,内外圆间的电势差 U 为常量,$R_1 = R_0$,$R_2 = 3R_0$,一电荷量为 $+q$、质量为 m 的粒子从内圆上的 A 点进入该区域,不计重力.

(1) 已知粒子从外圆上以速度 v_1 射出,求粒子在 A 点的初速度 v_0 的大小.

(2) 若撤去电场,如图 6.10(b)所示,已知粒子从 OA 延长线与外圆的交点 C 以速度 v_2 射出,方向与 OA 延长线成45°角,求磁感应强度的大小及粒子在磁场中运动的时间.

(3) 在图 6.10(b)中,若粒子从 A 点进入磁场,速度大小为 v_3,方向不确定,要使粒子一定能够从外圆射出,磁感应强度应小于多少?

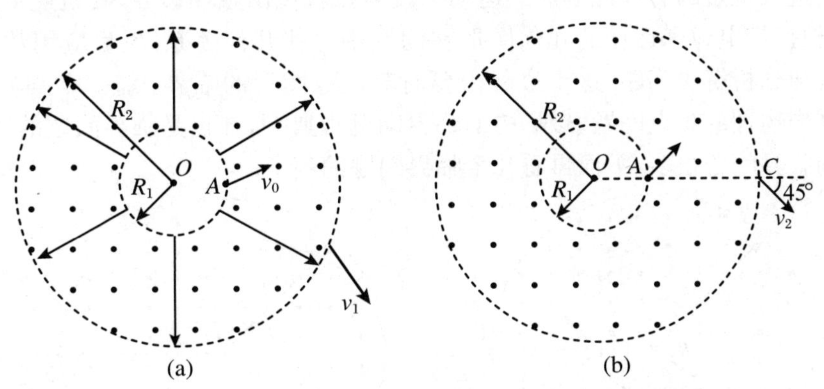

图 6.10

解析 (1) 根据动能定理,有

$$qU = \frac{1}{2}m(v_1^2 - v_0^2).$$

解得

$$v_0 = \sqrt{v_1^2 - \frac{2qU}{m}}.$$

(2) 如图 6.11(a)所示，设粒子在磁场中做匀速圆周运动的半径为 R，根据几何知识，有

$$R^2 + R^2 = (R_2 - R_1)^2. \quad ①$$

根据洛伦兹力公式和牛顿第二定律，有

$$qv_2B = m\frac{v_2^2}{R}. \quad ②$$

联立①②式，得

$$B = \frac{\sqrt{2}mv_2}{2qR_0}.$$

粒子在磁场中运动的时间为

$$t = \frac{T}{4} = \frac{\pi m}{2qB} = \frac{\sqrt{2}\pi R_0}{2v_2}.$$

(3) 考虑临界情况，如图 6.11(b)所示. 为使粒子射出，则粒子在磁场内的运动半径应大于 A 点的最大内切圆半径，该半径为

$$R' = \frac{R_1 + R_2}{2}. \quad ③$$

根据洛伦兹力公式和牛顿第二定律，有

$$qv_3B' = m\frac{v_3^2}{R'}. \quad ④$$

联立③④式，得磁感应强度小于 $B' = \dfrac{mv_3}{2qR_0}$.

带电粒子在有界磁场中运动的问题具有典型的临界性，有一定的难度，其难度表现在带电粒子进入设定的有界磁场后只运动一段圆弧就飞出磁场边界，其轨迹不是完整的圆. 它要求根据带电粒子运动的几何图形在问题中寻找几何关系，然后应用数学工具和相应物理规律分析解决问题. 这个过程中要时刻注意图形的临界状态. 其实临界问题是贯穿整个高中物理的难点问题. 磁场中的临界问题很典型，却也是临界问题的冰山一角，高中物理的临界问题很多，下面再看几个临界问题的例子.

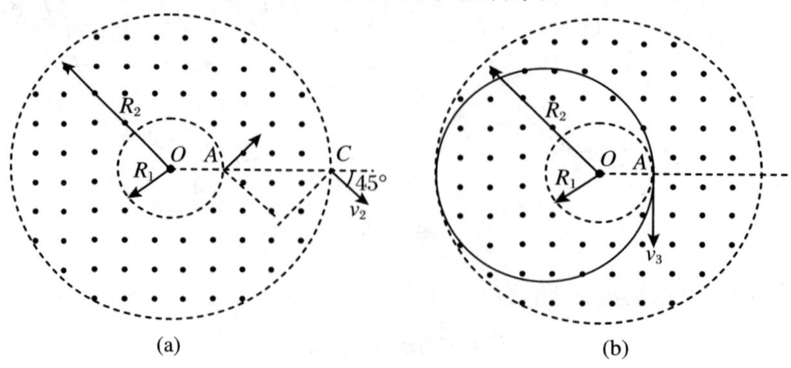

图 6.11

例 7 （1995 年高考上海卷）如图 6.12 所示，一细线的一端固定于倾角为45°的光滑楔形滑块 A 的顶端 P 处，细线的另一端拴一质量为 m 的小球. 当滑块以 $2g$ 的加速度向左运动时，线中拉力 T 是多少？

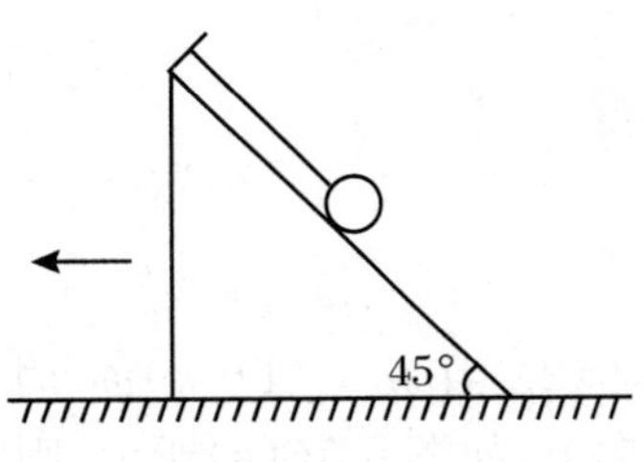

图 6.12

解析 斜面由静止向左加速运动过程中，斜面对小球的支持力将会随着加速度的增大而减小. 当加速度较小时，小球受到重力、细线拉力和斜面支持力的作用，此时细线平行于斜面；当加速度足够大时，斜面对小球的支持力将会减少到零，小球将会"飞离"斜面. 而题中给出的加速度 $2g$ 到底属于上述两种情况中的哪一种，必须先假定小球能够脱离斜面，然后求出小球刚刚脱离斜面的临界加速度才能断定，这是解决此类问题的关键所在.

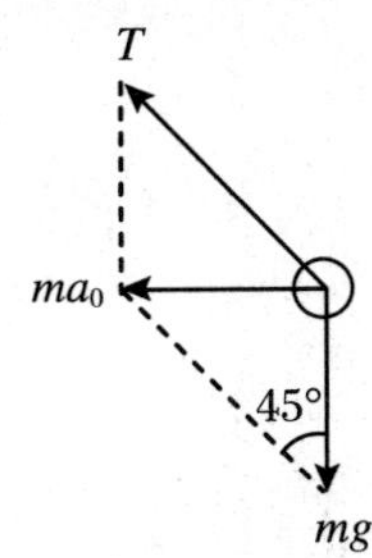

图 6.13

设小球刚刚脱离斜面时斜面向右的加速度为 a_0，此时斜面对小球的支持力恰好为零，小球只受到重力和细线拉力，且细线仍然与斜面平行. 对小球进行受力分析，如图 6.13 所示，则有

$$mg\tan 45^\circ = ma_0.$$

解得

$$a_0 = g.$$

由于 $a = 2g > a_0$，所以小球已离开斜面，斜面的支持力为零，此时细绳的拉力为

$$T = \sqrt{(mg)^2 + (ma)^2} = \sqrt{5}mg.$$

例 8 （2013 年高考重庆卷）如图 6.14 所示，半径为 R 的半球形陶罐固定在可以绕竖直轴旋转的水平转台上，转台转轴与过陶罐球心 O 的对称轴 OO' 重合. 转台以一定角速度 ω 匀速转动. 一质量为 m 的小物块落入陶罐内，经过一段时间后，小物块随陶罐一起转动且相对罐壁静止，它和 O 点的连线与 OO' 之间的夹角 θ 为60°. 重力加速度大小为 g.

(1) 若 $\omega = \omega_0$，小物块受到的摩擦力恰好为零，求 ω_0.

(2) $\omega_1 = (1-k)\omega_0$，且 $0 < k < 1$，求小物块受到的摩擦力大小和方向.

(3) $\omega_2 = (1+k)\omega_0$，且 $0 < k < 1$，求小物块受到的摩擦力大小和方向.

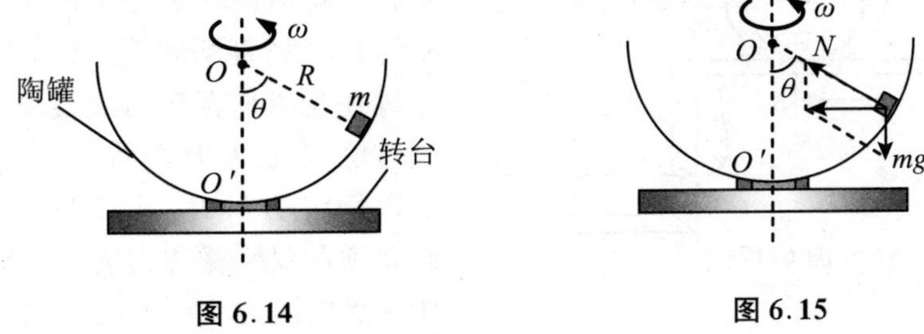

图 6.14 图 6.15

解析 (1) 对小物块进行受力分析，小物块受重力和弹力，合力提供向心力，如图 6.15 所示. 根据牛顿第二定律，有

$$mg\tan\theta = m\omega_0^2 R\sin\theta.$$

解得

$$\omega_0 = \sqrt{\frac{2g}{R}}.$$

(2) 当 $\omega_1 = (1-k)\omega_0$ 时，$\omega_1 < \omega_0$，小物块有向下滑动的趋势，摩擦力方向沿罐壁切线向上，如图 6.16(a)所示. 则有

$$N_1\sin\theta - f_1\cos\theta = m\omega_1^2 R\sin\theta, \quad ①$$

$$N_1\cos\theta + f_1\sin\theta = mg. \quad ②$$

联立①②式，得

$$f_1 = \frac{\sqrt{3}k(2-k)}{2}mg.$$

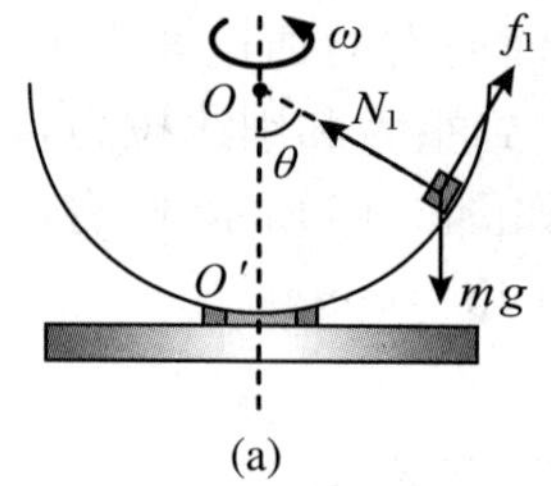

(a)

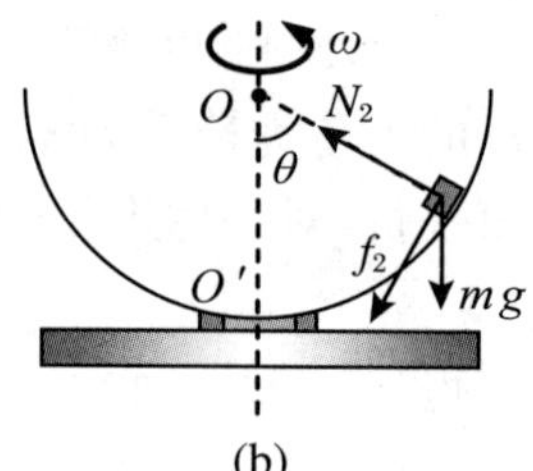

(b)

图 6.16

(3) 当 $\omega_2 = (1+k)\omega_0$ 时，$\omega_2 > \omega_0$，小物块有向上滑动的趋势，摩擦力方向沿罐壁切线向下，如图 6.16(b)所示. 则有

$$N_2\sin\theta + f_2\cos\theta = m\omega_2^2 R\sin\theta, \quad ③$$

$$N_2\cos\theta = mg + f_2\sin\theta. \quad ④$$

联立③④式，得

$$f_2 = \frac{\sqrt{3}k(2+k)}{2}mg.$$

例 9 (2009 年高考浙江卷)某校物理兴趣小组决定举行遥控赛车比赛. 比赛路径如图 6.17 所示，赛车从起点 A 出发，沿水平直线轨道运动 L 后，从 B 点进入半径为 R 的光滑竖直圆轨道，离开竖直圆轨道后继续在光滑平直轨道上运动到 C 点，并能越过壕沟. 已知赛车质量 $m = 0.1$ kg，通电后以额定功率 $P = 1.5$ W 工作，进入竖直圆轨道前受到的阻力为0.3 N，随后在运动中受到的阻力均可不计. 图中 $L = 10.00$ m，$R = 0.32$ m，$h = 1.25$ m，$s = 1.50$ m. 问要使赛车完成比赛，电动机至少工作多长时间？(取 $g = 10\ \text{m/s}^2$)

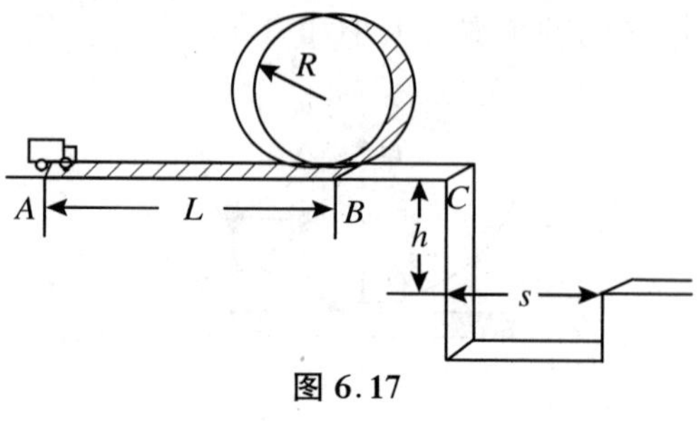

图 6.17

解析 设赛车越过壕沟需要的最小速度为 v_1，根据平抛运动的规律，有

$$s = v_1 t, \quad ①$$

$$h = \frac{1}{2}gt^2. \quad ②$$

联立①②式，得

$$v_1 = 3\ \text{m/s}.$$

设赛车恰好越过圆轨道，对应圆轨道最高点的速度为 v_2，最低点的速度为 v_3，根据牛顿第二定律和机械能守恒定律，有

$$mg = m\frac{v_2^2}{R}, \quad ③$$

$$\frac{1}{2}mv_3^2 = \frac{1}{2}mv_2^2 + mg \cdot 2R. \quad ④$$

联立③④式，得

$$v_3 = 4\ \text{m/s}.$$

通过分析比较，赛车要完成比赛，在进入圆轨道前的速度最小应该是

$$v_{\min} = 4\ \text{m/s}.$$

设电动机工作时间至少为 t，根据动能定理，有

$$Pt - fL = \frac{1}{2}mv_{\min}^2.$$

解得

$$t = 2.53\ \text{s}.$$

例 10 如图 6.18 所示，在电场强度 $E = 5$ N/C 的匀强电场和磁感应强度 $B = 2$ T 的匀强磁场中，沿平行于电场、垂直于磁场方向放一长绝缘杆，杆上套一个质量为 $m = 10^{-4}$ kg、带电量 $q = 2\times10^{-4}$ C 的小球，小球与杆间的动摩擦因数 $\mu = 0.2$，小球从静止开始沿杆运动的加速度和速度各会怎样变化？

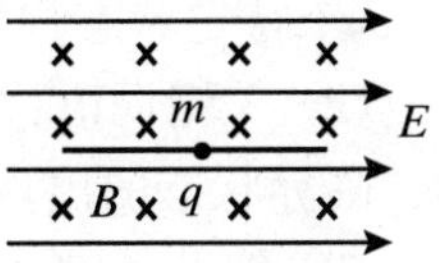

图 6.18

解析 带电小球在竖直方向上受力平衡，开始沿水平方向运动的瞬时加速度为

$$a_1 = \frac{qE - \mu mg}{m} = 8\ \text{m/s}^2.$$

小球开始运动后加速度为

$$a_2 = \frac{qE - \mu(mg - qvB)}{m}.$$

由于小球做加速运动，洛伦兹力逐渐增大，加速度逐渐增大. 当 $qvB = mg$ 时，加速度最大，其最大值为

$$a_3 = \frac{qE}{m} = 10\ \text{m/s}^2.$$

随着速度的增大，当 $qvB > mg$ 时，杆对小球的弹力改变方向，其加速度为

$$a_4 = \frac{qE - \mu(qvB - mg)}{m}.$$

随着速度的增大，加速度逐渐减小，当加速度减小为零时速度最大，此后做匀速运动. 由 $qE=\mu(qvB-mg)$，得

$$v = 15\ \text{m/s}.$$

即小球沿杆运动的加速度由 8 m/s^2 逐渐增大到 10 m/s^2，接着又逐渐减小到零，最后以 15 m/s 的速度做匀速运动.

可见，对于临界条件不明显的物理极值问题，解题的关键在于通过对物理过程的分析，使隐蔽的临界条件暴露，从而找到解题的突破口，根据有关规律求出极值.

临界状态指的是物体运动状态发生质的变化的转折点，是一种状态变为另一种状态的中介状态. 在研究这些临界状态问题时，应着重于与概念、规律相应的物理量的取值范围和有关物理规律现象发生与消失条件的讨论. 最大值、最小值、范围等就是典型的临界状态. 当物体由一种物理状态变为另一种物理状态时，可能存在一个过渡的转折点，这时物体所处的状态通常称为临界状态，与之相关的物理条件则称为临界条件. 解答临界问题的关键是找临界条件. 如何去找临界状态呢?

许多临界问题，题干中常用“恰好”“最大”“至少”“不相撞”“不脱离”等词语对临界状态给出明确的暗示. 审题时，一定要抓住这些特定的词语，发掘其内含规律，找出临界条件. 有时，有些临界问题中并不明显含有上述常见的“临界术语”，但审题时发现某个物理量在变化过程中会发生突变，则该物理量突变时物体所处的状态即为临界状态.

1. 临界问题

(1) 临界状态：在物体运动状态变化的过程中，相关的一些物理量也随之发生变化. 当物体的运动变化到某个特定状态时，有关的物理量将发生突变，该物理量的值叫临界值，这个特定状态称为临界状态. 临界状态是发生量变和质变的转折点.

(2) 关键词语：在动力学问题中出现的“最大”“最小”“刚好”“恰能”等词语，一般都暗示了临界状态的出现，隐含了相应的临界条件.

(3) 解题关键：解决此类问题的关键是对物体运动情况的正确描述，对临界状态的判断与分析.

(4) 常见类型：动力学中的常见临界问题主要有两类：一是弹力发生突变时接触物体间的脱离与不脱离、绳子的绷紧与松弛问题；二是摩擦力发生突变时的滑动与不滑动问题.

2. 中学物理中常见的临界问题和相应的临界条件

(1) 两接触物体脱离与不脱离的临界条件是相互作用力为零.

(2) 绳子断与不断的临界条件是作用力达到最大值；绳子由弯到直(或由直变弯)的临界条件是绳子的拉力等于零.

(3) 靠静摩擦力连接的物体间发生相对滑动的临界条件是静摩擦力达到最大值.

(4) 某一方向速度最大和最小的条件是该方向加速度为零.

(5) 一个物体在另一个物体表面能否滑落的临界条件是滑到端点时速度相同.

(6) 物体返回的临界条件是速度为零.

(7) 在有界磁场中做匀速圆周运动的带电粒子能否射出磁场的临界条件是粒子运动到磁场边界时速度与磁场边界相切.

(8) 光的反射与折射现象中，当光从光密介质射向光疏介质时，发生全反射的临界条

件是入射角等于临界角.

3. 解决临界问题的两种基本方法

(1) 以定理、定律为依据,首先求出所研究问题的一般规律和一般解,然后分析、讨论其特殊规律和特殊解.(主要用数学的方法来讨论特殊值.)

(2) 直接分析、讨论临界状态和相应的临界值,求解出所研究问题的规律和解.(通过物理情景的分析,研究临界现象.)

6.2 临界法例题精析

临界问题无处不在,在高中物理中蕴含在物体平衡、牛顿运动定律、圆周运动、动量守恒、电磁感应等中的临界问题既有共性又有特性.

6.2.1 物体平衡中的临界问题

平衡中的临界状态是指物体所处的平衡状态将要被破坏而尚未被破坏的状态.这类问题称为临界问题.解临界问题的基本方法是假设推理法.

极值问题则是在满足一定的条件下,某物理量出现极大值或极小值的情况.

临界问题往往是和极值问题联系在一起的.

解决此类问题重在形成清晰的物理图景,分析清楚物理过程,从而找出临界条件或达到极值的条件.

解此类问题要特别注意可能出现的多种情况.

例 1 如图 6.19 所示,一质量为 m 的物体置于水平长木板上,物体与木板间的动摩擦因数为 μ.现将长木板的一端缓慢抬起,要使物体始终保持静止,木板与水平地面间的夹角 θ 不能超过多少?(设最大静摩擦力等于滑动摩擦力.)

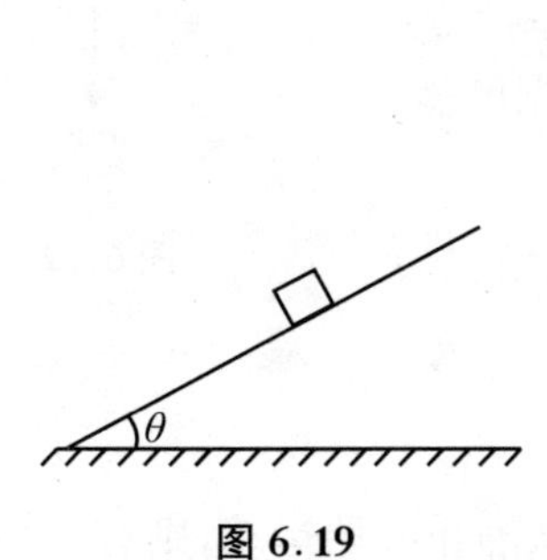

图 6.19

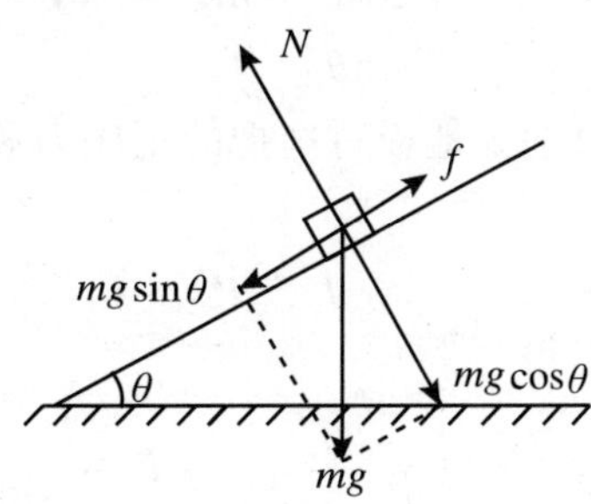

图 6.20

解析 这是一个斜面问题,受力分析如图 6.20 所示.当 θ 增大时,重力沿斜面的分力增大,当此分力增大到等于最大静摩擦力时,物体处于动与不动的临界状态,此时 θ 最大.则有

$$mg\sin\theta \leqslant \mu mg\cos\theta.$$

可得

$$\tan\theta \leqslant \mu,$$

即

$$\theta \leqslant \arctan\mu.$$

说明：$\tan\theta = \mu$ 是一重要的临界条件. 当 $\tan\theta < \mu$ 时，重力沿斜面向下的分力小于滑动摩擦力；当 $\tan\theta = \mu$ 时，重力沿斜面向下的分力等于滑动摩擦力；当 $\tan\theta > \mu$ 时，重力沿斜面向下的分力大于滑动摩擦力.

(1) 将物体静止置于斜面上，若 $\tan\theta \leqslant \mu$，则物体保持静止；若 $\tan\theta > \mu$，则物体不能保持静止，将加速下滑.

(2) 将物体以一初速度置于斜面上，若 $\tan\theta < \mu$，则物体减速，最后静止；若 $\tan\theta = \mu$，则物体保持匀速运动；若 $\tan\theta > \mu$，则物体做加速运动.

因此，这一临界条件可判断物体在斜面上会如何运动.

例 2 (2012 年新课标卷)拖把是由拖杆和拖把头构成的擦地工具，如图 6.21 所示. 设拖把头的质量为 m，拖杆质量可忽略；拖把头与地板之间的动摩擦因数为常数 μ，重力加速度为 g. 某同学用该拖把在水平地板上拖地时，沿拖杆方向推拖把，拖杆与竖直方向的夹角为 θ.

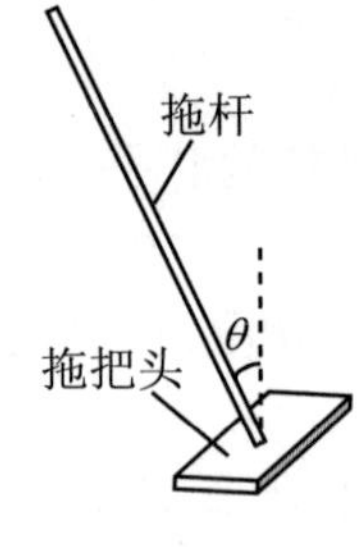

图 6.21

(1) 若拖把头在地板上匀速移动，求推拖把的力的大小.

(2) 设能使该拖把在地板上从静止刚好开始运动的水平推力与此时地板对拖把的正压力的比值为 λ. 已知存在临界角 θ_0，若 $\theta \leqslant \theta_0$，则不管沿拖杆方向的推力多大，都不能使拖把从静止开始运动. 求这一临界角的正切 $\tan\theta_0$.

解析 (1) 设该同学沿拖杆方向用大小为 F 的力推拖把. 将推拖把的力沿竖直和水平方向分解(见图 6.22)，根据平衡条件，有

$$F\cos\theta + mg = N, \quad ①$$

$$F\sin\theta = f. \quad ②$$

图 6.22

式中，N 和 f 分别为地板对拖把的正压力和摩擦力. 根据摩擦定律，有

$$f = \mu N. \quad ③$$

联立①～③式，得

$$F = \frac{\mu mg}{\sin\theta - \mu\cos\theta}.$$

(2) 若不管沿拖杆方向用多大的力都不能使拖把从静止开始运动，则有

$$F\sin\theta = f \leqslant f_{\max} = \lambda N. \quad ④$$

这时，①式仍满足. 联立①④式，得

$$\sin\theta - \lambda\cos\theta \leqslant \frac{\lambda mg}{F}.$$

注意到上式右边总大于零，且当 F 无限大时极限为零，有

$$\sin\theta - \lambda\cos\theta \leqslant 0.$$

使上式成立的 θ 角满足 $\theta \leqslant \theta_0$，这里 θ_0 是题中所定义的临界角，即当 $\theta \leqslant \theta_0$ 时，不管沿拖杆方向用多大的力都推不动拖把. 临界角的正切为

$$\tan\theta_0 = \lambda.$$

6.2.2 牛顿运动定律中的临界问题

在动力学问题中，常常会出现临界状态，对于此类问题的解法一般有以下两种方法.

1. 极限法.

在题目中如果出现“最大”“最小”“刚好”等关键词时，一般隐藏着临界问题，处理这类问题时，常常把物理问题或过程推向极端，从而将临界状态及临界条件显露出来，达到尽快求解的目的.

例 3 如图 6.23 所示，质量均为 M 的两个木块 A、B 在水平力 F 的作用下，一起沿光滑的水平面运动，A 与 B 的接触面光滑，且与水平面的夹角为60°，求使 A 与 B 一起运动时的水平力 F 的范围.

解析 当水平推力 F 较小时，A 与 B 一起做匀加速运动. 当 F 较大，B 对 A 的弹力竖直向上的分力等于 A 的重力时，地面对 A 的支持力为零. 此后，A 将相对 B 滑动. 显而易见，本题的临界条件就是水平力 F 为某一值时，恰好使 A 沿 A 与 B 的接触面向上滑动，即地面对物体 A 的支持力恰好为零，受力分析如图 6.24 所示.

对整体，有

$$F = 2Ma. \qquad ①$$

隔离 A，有

$$F - N\sin 60^\circ = Ma, \qquad ②$$

$$N\cos 60^\circ - Mg = 0. \qquad ③$$

联立①～③式，得

$$F = 2\sqrt{3}Mg.$$

所以，水平力 F 的范围是 $0 < F \leqslant 2\sqrt{3}Mg$.

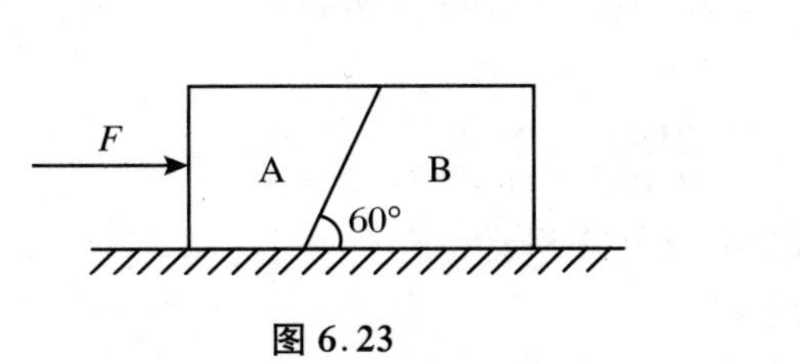

图 6.23

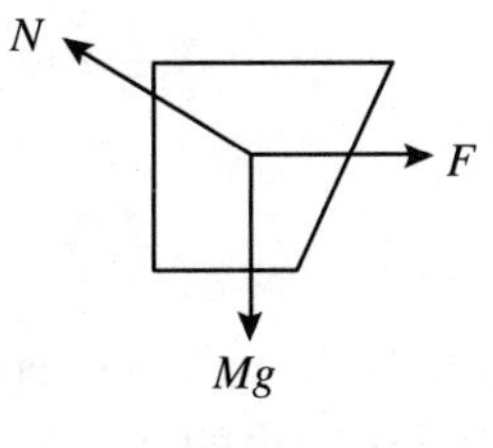

图 6.24

2. 假设法.

有些物理过程没有出现明显的临界问题的线索，但在变化过程中可能会出现临界状态，也可能不会出现临界状态. 解答此类问题，一般用假设法，即假设出现某种临界状态，判断物体的受力情况及运动状态与题设是否相符，最后再根据实际情况进行处理.

例 4 （2009 年清华大学自主招生）三物体 A、B、C 的质量分别为 m_1、m_2、m_3，按图 6.25 所示方式放置在光滑水平面上，斜劈的倾斜角为 θ，B 物体上表面水平，现加一个

水平向右的力 F 在斜劈上.

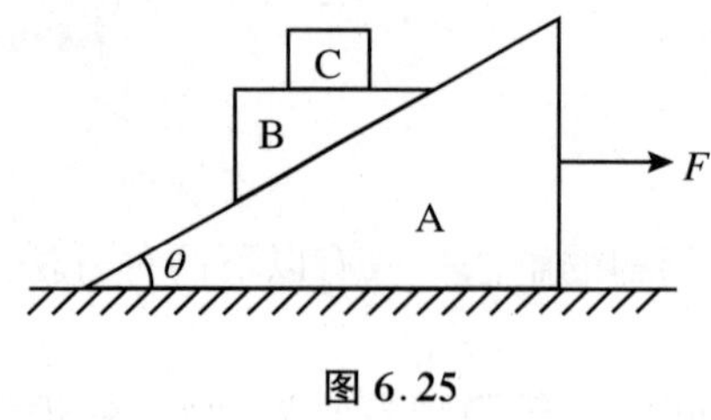

图 6.25

(1) 若三物体间无相对滑动,求 A、B 间与 B、C 间的摩擦力.

(2) 如果 A、B 间与 B、C 间的动摩擦因数相同,则若 F 逐渐增大,问 A、B 间先滑动还是 B、C 间先滑动?

解析 (1) 对 A、B、C 整体而言,产生的加速度为

$$a = \frac{F}{m_1 + m_2 + m_3}. \quad ①$$

故 B、C 间的摩擦力为

$$f_{BC} = m_3 a = \frac{m_3 F}{m_1 + m_2 + m_3}. \quad ②$$

对 B、C 整体进行受力分析,如图 6.26 所示,则有

$$f_{AB}\cos\theta - N_{AB}\sin\theta = (m_2 + m_3)a, \quad ③$$

$$f_{AB}\sin\theta + N_{AB}\cos\theta = (m_2 + m_3)g. \quad ④$$

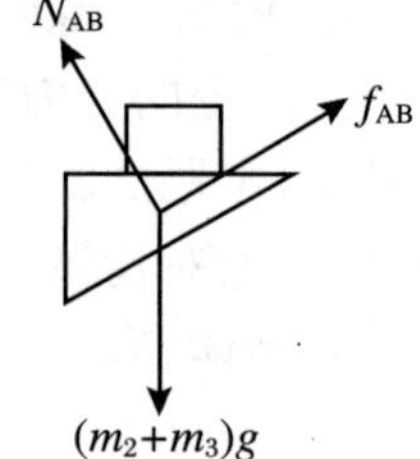

图 6.26

联立①～④式,得

$$f_{AB} = (m_2 + m_3)\left(g\sin\theta + \frac{F}{m_1 + m_2 + m_3}\cos\theta\right).$$

(2) F 逐渐增大,加速度逐渐增大,先假定 B、C 间先滑动,使 B、C 间滑动的临界加速度 a_1 满足

$$\mu m_3 g = m_3 a_1.$$

解得

$$a_1 = \mu g.$$

再假定 B、C 一起相对 A 先滑动,则临界加速度 a_2 满足:

$$\mu N_{AB}\cos\theta - N_{AB}\sin\theta = (m_2 + m_3)a_2, \quad ⑤$$

$$\mu N_{AB}\sin\theta + N_{AB}\cos\theta = (m_2 + m_3)g. \quad ⑥$$

联立⑤⑥式,得

$$a_2 = \frac{\mu\cos\theta - \sin\theta}{\mu\sin\theta + \cos\theta}g.$$

比较 a_1、a_2 的大小,得 $a_1 > a_2$,所以 A、B 间先滑动.

6.2.3 圆周运动中的临界问题

例 5 如图 6.27 所示,水平转盘的中心有一个光滑的竖直小圆筒,质量为 m 的物体 A(可视为质点)放在转盘上,物体 A 到圆心的距离为 r,物体 A 通过轻绳与物体 B 相连,物体 B 的质量也为 m.若物体 A 与转盘间的动摩擦因数为 μ,则转盘转动的角速度 ω 在什么范围内,物体 A 才能随盘转动?

解析 当 ω 为所求范围的最小值时,物体 A 有向心运动的趋势,转盘对物体 A 的最大静摩擦力的方向背离圆心.根据牛顿第二定律,有

$$mg - \mu mg = m\omega_1^2 r.$$

解得

$$\omega_1 = \sqrt{\frac{g(1-\mu)}{r}}.$$

当 ω 为所求范围的最大值时，物体 A 有离心运动的趋势，转盘对物体 A 的最大静摩擦力的方向指向圆心．根据牛顿第二定律，有

$$mg + \mu mg = m\omega_2^2 r.$$

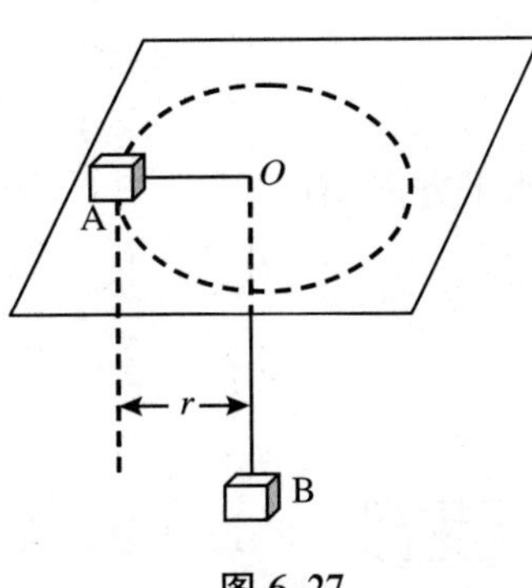

图 6.27

解得

$$\omega_2 = \sqrt{\frac{g(1+\mu)}{r}}.$$

所以，题中所求 ω 的范围是 $\sqrt{\frac{g(1-\mu)}{r}} \leqslant \omega \leqslant \sqrt{\frac{g(1+\mu)}{r}}$．

例 6 如图 6.28 所示，轻绳 AB、CB 长均为 $l=1$ m，B 端系有质量为 $m=1$ kg 的物体，另一端系于竖直杆上，且 A、C 间距为 $h=1.2$ m．每根绳能够承受的最大拉力均为 50 N（g 取 10 m/s^2），问：

(1) 小球绕竖直杆转动的角速度为何值时，CB 绳刚好被拉直？

(2) 为了使细绳不断裂，小球转动时的角速度不能超过多少？

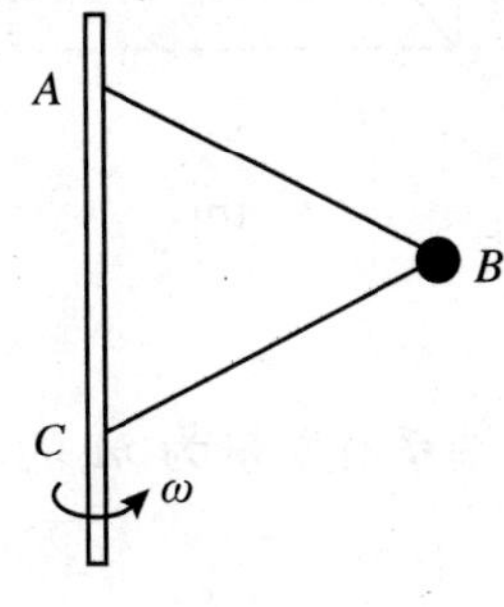

图 6.28

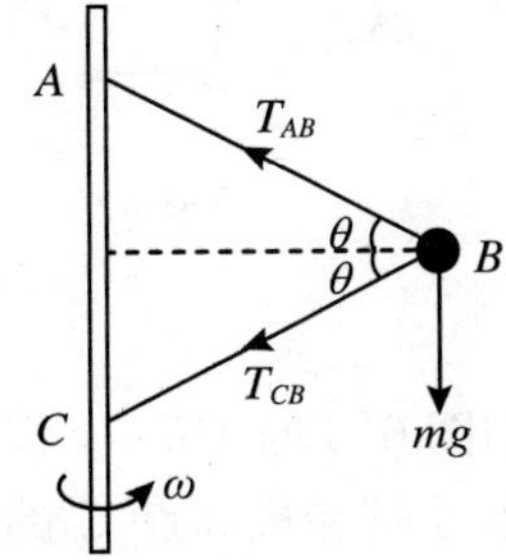

图 6.29

解析 (1) 如图 6.29 所示，CB 绳刚好被拉直时，$T_{CB}=0$，$\theta=37^\circ$．根据牛顿第二定律，有

$$\frac{mg}{\tan\theta} = m\omega^2 l\cos\theta.$$

解得

$$\omega = \frac{5\sqrt{6}}{3}\ \text{rad/s}.$$

(2) 当角速度继续增大时，T_{AB}、T_{CB} 都增大，需判断哪根绳的拉力先达到 50 N．在竖直方向，有

$$T_{AB}\sin\theta = T_{CB}\sin\theta + mg.$$

所以 $T_{AB} > T_{CB}$，AB 绳的拉力先达到 50 N．此时

$$T_{CB}=T_{AB}-\frac{mg}{\sin\theta}=\frac{100}{3}\ \text{N}.$$

在水平方向,有

$$T_{AB}\cos\theta+T_{CB}\cos\theta=m\omega^2 l\cos\theta.$$

解得

$$\omega=\frac{5\sqrt{30}}{3}\ \text{rad/s}.$$

例 7 (2013 年复旦大学自主招生)单摆绳长 l,摆球最低点速度 $v_0=2\sqrt{gl}$,其到达的最高点与最低点高度差为 h,则(　　).

A. $h<\frac{5}{3}l$　　B. $h=\frac{5}{3}l$　　C. $\frac{5}{3}l<h<2l$　　D. $h=2l$

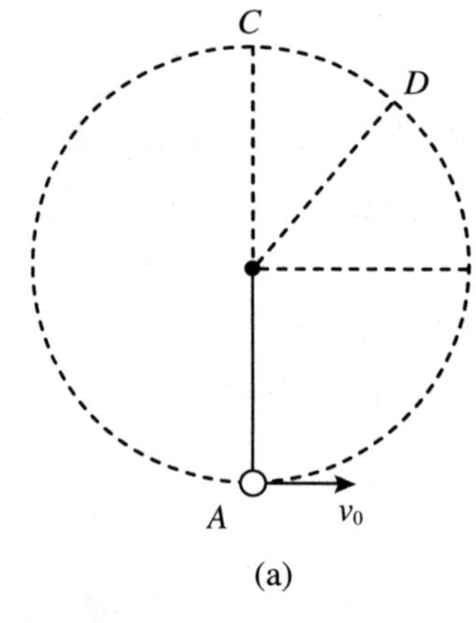

(a)

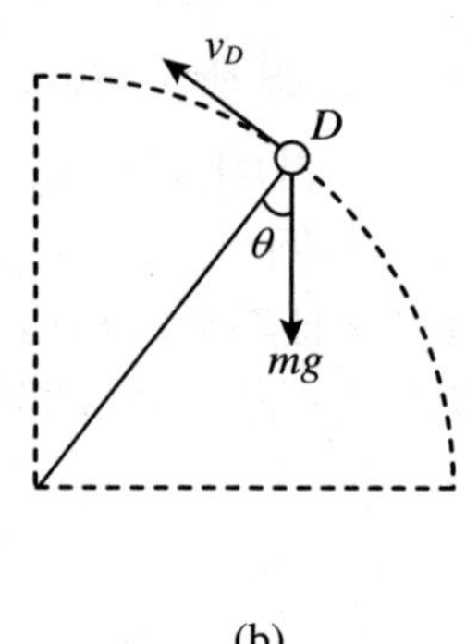

(b)

图 6.30

解析 如图 6.30(a)所示,不可伸长的轻绳一端系有质量为 m 的小球,在竖直平面内做圆周运动.小球在最高点 C 的方程为

$$T+mg=m\frac{v_C^2}{l}.$$

若小球恰好到达最高点 C,则 $T=0$,$v_C=\sqrt{gl}$.

根据动能定理,有

$$-2mgl=\frac{1}{2}mv_C^2-\frac{1}{2}mv_0^2.$$

解得

$$v_0=\sqrt{5gl}.$$

小球在 B 点的方程为

$$T=m\frac{v_B^2}{l}.$$

若小球恰好到达 B 点,则 $F=0$,$v_B=0$.

根据动能定理,有

$$-mgl = \frac{1}{2}mv_B^2 - \frac{1}{2}mv_0^2.$$

解得

$$v_0 = \sqrt{2gl}.$$

当$\sqrt{2gl}<v_0<\sqrt{5gl}$时，小球将超过 B 点，但不能到达 C 点，即小球恰好到达 B、C 之间的某点 D 脱离轨道做斜上抛运动.

当小球在最低点时，给球一个 $v_0=2\sqrt{gl}$ 的水平初速度，由于$\sqrt{2gl}<v_0<\sqrt{5gl}$，因此小球将在 B、C 之间的某点 D 脱离轨道做斜上抛运动，如图 6.30(b)所示. 小球在 D 点的方程为

$$mg\cos\theta = m\frac{v_D^2}{l}. \qquad ①$$

$A\to D$ 过程中，根据动能定理，有

$$-mg(l+l\cos\theta) = \frac{1}{2}mv_D^2 - \frac{1}{2}mv_0^2. \qquad ②$$

联立①②式，得

$$\cos\theta = \frac{2}{3},\quad v_D = \sqrt{\frac{2}{3}gl}.$$

小球在 D 点脱离轨道后做斜上抛运动，上升的最大高度为

$$h' = \frac{(v_D\sin\theta)^2}{2g} = \frac{v_D^2(1-\cos^2\theta)}{2g} = \frac{5}{27}l.$$

所以最高点与最低点的高度差为 $h=h'+l\cos\theta+l=\frac{50}{27}l$，C 选项正确.

6.2.4 动量守恒中的临界问题

例 8 （2011 年高考新课标卷）如图 6.31 所示，A、B、C 三个木块的质量均为 m，置于光滑的水平面上. B、C 之间有一轻质弹簧，弹簧的两端与木块接触而不固定连接. 将弹簧压紧到不能再压缩时用细线把 B、C 紧连，使弹簧不能伸展，以至于 B、C 可视为一个整体. 现 A 以初速度 v_0 沿 B、C 的连线方向朝 B 运动，与 B 相碰并黏合在一起. 以后细线突然断开，弹簧伸展，从而使 C 与 A、B 分离. 已知 C 离开弹簧后的速度恰为 v_0，求弹簧释放的势能.

图 6.31

解析 设碰后 A、B 和 C 的共同速度的大小为 v，根据动量守恒定律，有

$$mv_0 = 3mv. \qquad ①$$

设 C 离开弹簧时，A、B 的速度大小为 v_1，根据动量守恒定律，有

$$3mv = 2mv_1 + mv_0. \qquad ②$$

设弹簧的弹性势能为 E_p，从细线断开到 C 与弹簧分开的过程中机械能守恒，有

$$\frac{1}{2}(3m)v^2 + E_p = \frac{1}{2}(2m)v_1^2 + \frac{1}{2}mv_0^2. \qquad ③$$

联立①～③式，得弹簧所释放的势能为

$$E_p = \frac{1}{3}mv_0^2.$$

例 9 （2011年高考海南卷）一质量为 $2m$ 的物体P静止于光滑水平地面上，其截面如图6.32所示．图中 ab 为粗糙的水平面，长度为 L；bc 为一光滑斜面，斜面和水平面通过与 ab 和 bc 均相切的长度可忽略的光滑圆弧连接．现有一质量为 m 的木块以大小为 v_0 的水平初速度从 a 点向左运动，在斜面上上升的最大高度为 h，返回后在到达 a 点前与物体P相对静止．重力加速度为 g．求：

（1）木块在 ab 段受到的摩擦力 f．

（2）木块最后到 a 点的距离 s．

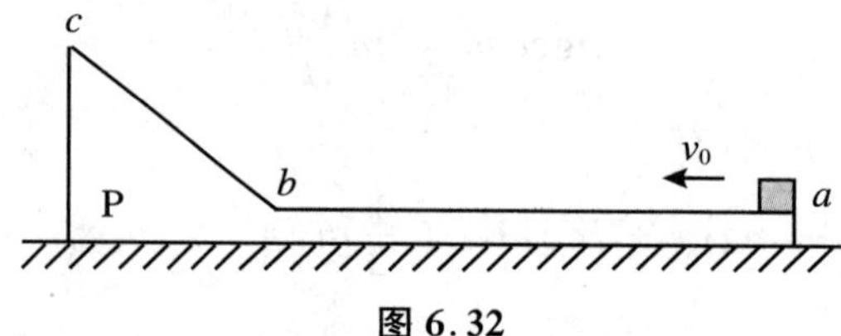

图 6.32

解析 （1）设木块到达最高点时，木块和物体P的共同速度为 v，根据水平方向动量守恒和能量守恒，有

$$mv_0 = (m + 2m)v, \quad ①$$

$$\frac{1}{2}mv_0^2 = \frac{1}{2}(m + 2m)v^2 + mgh + fL. \quad ②$$

联立①②式，得

$$f = \frac{m(v_0^2 - 3gh)}{3L}. \quad ③$$

（2）设木块停在 a、b 之间时，木块和物体P的共同速度为 v'，根据水平方向动量守恒和能量守恒，有

$$mv_0 = (m + 2m)v', \quad ④$$

$$\frac{1}{2}mv_0^2 = \frac{1}{2}(m + 2m)v'^2 + f(2L - s). \quad ⑤$$

联立③～⑤式，得

$$s = \frac{v_0^2 - 6gh}{v_0^2 - 3gh}L.$$

例 10 （2015年高考新课标Ⅰ卷）如图6.33所示，在足够长的光滑水平面上，物体A、B、C位于同一直线上，A位于B、C之间．A的质量为 m，B、C的质量都为 M，三者均处于静止状态．现使A以某一速度向右运动，问 m 和 M 之间应满足什么条件才能使A只与B、C各发生一次碰撞？（设物体间的碰撞都是弹性的．）

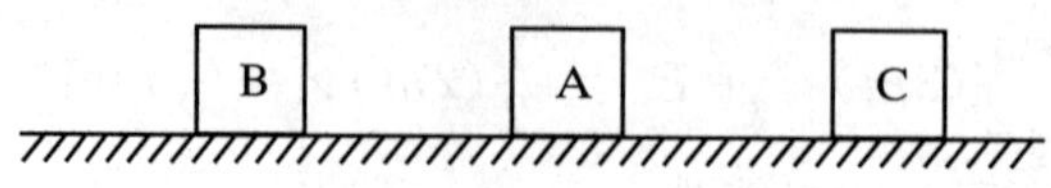

图 6.33

解析 A向右运动与C发生第一次碰撞，碰撞过程中，系统的动量守恒、机械能守恒.设速度方向向右为正，开始时A的速度为v_0，第一次碰撞后C的速度为v_{C1}，A的速度为v_{A1}.根据动量守恒定律和机械能守恒定律，有

$$mv_0 = mv_{A1} + Mv_{C1}, \quad ①$$

$$\frac{1}{2}mv_0^2 = \frac{1}{2}mv_{A1}^2 + \frac{1}{2}Mv_{C1}^2. \quad ②$$

联立①②式，得

$$v_{A1} = \frac{m-M}{m+M}v_0, \quad ③$$

$$v_{C1} = \frac{2m}{m+M}v_0. \quad ④$$

如果$m>M$，第一次碰撞后，A与C速度同向，且A的速度小于C的速度，不可能与B发生碰撞；如果$m=M$，第一次碰撞后，A停止，C以A碰前的速度向右运动，A不可能与B发生碰撞.所以只需考虑$m<M$的情况.

第一次碰撞后，A反向运动与B发生碰撞.设与B发生碰撞后，A的速度为v_{A2}，B的速度为v_{B1}，同样有

$$v_{A2} = \frac{m-M}{m+M}v_{A1} = \left(\frac{m-M}{m+M}\right)^2 v_0. \quad ⑤$$

根据题意，要求A只与B、C各发生一次碰撞，应有

$$v_{A2} < v_{C1}. \quad ⑥$$

联立④～⑥式，得

$$m^2 + 4mM - M^2 \geqslant 0.$$

解得

$$m \geqslant (\sqrt{5}-2)M.$$

另一解$m \leqslant -(\sqrt{5}+2)M$舍去.所以，$m$和$M$应满足的条件为

$$(\sqrt{5}-2)M \leqslant m < M.$$

6.2.5 万有引力中的临界问题

例11 (2010年高考北京卷)一物体静置在平均密度为ρ的球形天体表面的赤道上.已知万有引力常量为G，若由于天体自转使物体对天体表面压力恰好为零，则天体自转周期为(　　).

A. $\left(\frac{4\pi}{3G\rho}\right)^{\frac{1}{2}}$　　B. $\left(\frac{3}{4\pi G\rho}\right)^{\frac{1}{2}}$　　C. $\left(\frac{\pi}{G\rho}\right)^{\frac{1}{2}}$　　D. $\left(\frac{3\pi}{G\rho}\right)^{\frac{1}{2}}$

解析 天体自转使物体对天体表面压力恰好为零，则物体成为近地同步卫星.根据万有引力定律和牛顿第二定律，有

$$G\frac{Mm}{R^2} = m\left(\frac{2\pi}{T}\right)^2 R.$$

注意到$M=\rho\cdot\frac{4}{3}\pi R^3$，可得$T=\left(\frac{3\pi}{G\rho}\right)^{\frac{1}{2}}$，D选项正确.

例 12 (2003 年高考全国卷)中子星是恒星演化过程的一种可能结果,它的密度很大.现有一中子星,观测到它的自转周期为 $T=\frac{1}{30}$ s.问该中子星的最小密度应是多少才能维持该星体的稳定,不致因自转而瓦解?计算时星体可视为均匀球体.(万有引力常量 $G=6.67\times10^{-11}\ \mathrm{N\cdot m^2/kg^2}$.)

解析 考虑中子星赤道处一小块物质,只有当它受到的万有引力大于或等于它随星体一起旋转所需的向心力时,中子星才不会瓦解.设中子星的密度为 ρ,质量为 M,半径为 R,自转角速度为 ω,位于赤道处的小块物质质量为 m,则有

$$G\frac{Mm}{R^2}=m\left(\frac{2\pi}{T}\right)^2R.$$

注意到 $M=\rho\cdot\frac{4}{3}\pi R^3$,可得

$$\rho=\frac{3\pi}{GT^2}=1.27\times10^{14}\ \mathrm{kg/m^3}.$$

6.2.6 电场中的临界问题

例 13 (2010 年"华约"联盟自主招生)如图 6.34 所示,三个面积均为 S 的金属板 A、B、C 水平放置,A、B 相距 d_1,B、C 相距 d_2,A、C 接地,构成两个平行板电容器;上板 A 中央有小孔 D;B 板开始不带电.质量为 m、电荷量为 $q(q>0)$ 的液滴从小孔 D 上方高度为 h 处的 P 点由静止一滴一滴落下.假设液滴接触 B 板可立即将电荷全部传给 B 板.液滴间的静电相互作用可忽略,重力加速度取 g.

(1) 若某带电液滴在 A、B 板之间做匀速直线运动,此液滴是从小孔 D 上方落下的第几滴?

(2) 若发现第 N 滴带电液滴在 B 板上方某点转为向上运动,求此点与 A 板的距离 H.$\left(\text{以空气为介质的平行板电容器电容 } C=\frac{S}{4\pi kd}\text{,式中,}S\text{ 为极板面积,}d\text{ 为极板间距,}k\text{ 为静电力常量.}\right)$

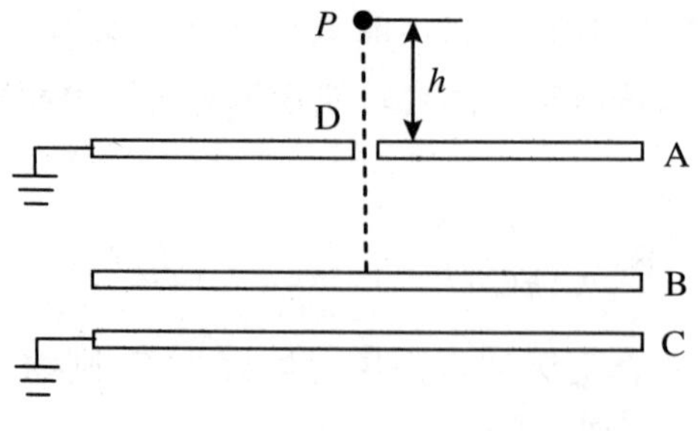

图 6.34

解析 (1) 根据题意,A、B 板与 B、C 板构成的两个平行板电容器的电容分别为

$$C_1=\frac{S}{4\pi kd_1},\qquad ①$$

$$C_2 = \frac{S}{4\pi k d_2}. \quad ②$$

设第 n 滴带电液滴可在 A、B 板之间做匀速直线运动. 此时 B 板上有 $n-1$ 滴液滴，B 板所带电荷量为

$$Q_1 + Q_2 = (n-1)q. \quad ③$$

式中，Q_1 和 Q_2 分别为 B 板上下两个表面上的电荷量.

两电容器并联电压相同，设电压为 U，则

$$Q_1 = C_1 U, \quad ④$$

$$Q_2 = C_2 U. \quad ⑤$$

A、B 板之间的电场强度为

$$E_1 = \frac{U}{d_1}. \quad ⑥$$

由于第 n 滴带电液滴在 A、B 板之间做匀速直线运动，则

$$qE_1 = mg. \quad ⑦$$

联立①～⑦式，得

$$n = \frac{mgS}{4\pi k q^2}\left(1 + \frac{d_1}{d_2}\right) + 1.$$

(2) 当第 $N-1$ 滴带电液滴在 B 板上时，(1) 中①②④⑤式仍有效，相应的电容器的电压以及其上下表面所带电荷量分别为 U'、Q_1' 和 Q_2'. B 板所带电荷量分别为

$$Q_1' + Q_2' = (N-1)q. \quad ⑧$$

依题意，第 N 滴带电液滴会在下落到距离 A 板为 $H(H<d_1)$ 时速度为零，此时 A、B 板之间的电场强度为

$$E' = \frac{U'}{d_1}. \quad ⑨$$

根据动能定理，有

$$mg(h+H) - qE'H = 0. \quad ⑩$$

联立①②④⑤⑧⑨⑩式，得

$$H = \frac{mghS\left(1 + \frac{d_1}{d_2}\right)}{4\pi k q^2 (N-1) - mgS\left(1 + \frac{d_1}{d_2}\right)}.$$

6.2.7 磁场中的临界问题

例 14 如图 6.35 所示，在边长为 $2a$ 的等边△ABC 内存在着垂直纸面向里的磁感应强度为 B 的匀强磁场. 有一带正电 q、质量为 m 的粒子从距 A 点 $\sqrt{3}a$ 的 D 点垂直 AB 方向进入磁场. 若粒子能从 A、C 间离开磁场，问粒子速率应满足什么条件？粒子从 A、C 间什么范围内射出？

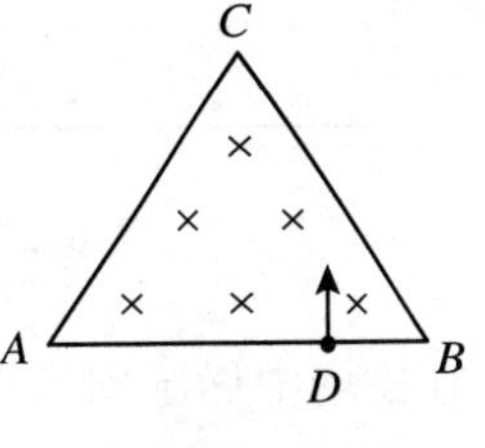

图 6.35

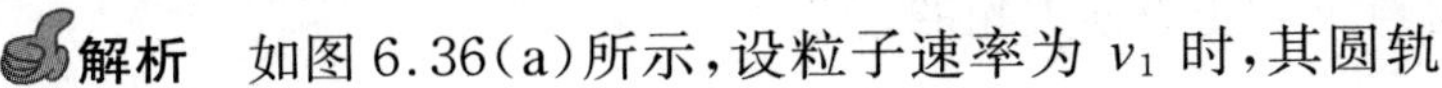
解析 如图 6.36(a) 所示，设粒子速率为 v_1 时，其圆轨

迹恰好与 AC 相切于 E 点. 在 $\triangle AO_1E$ 中, $O_1E=R_1$, $O_1A=\sqrt{3}a-R_1$. 根据几何关系, 有 $\cos\angle AO_1E=\dfrac{O_1E}{O_1A}$, 即 $\cos 30^\circ=\dfrac{R_1}{\sqrt{3}a-R_1}$, 解得 $R_1=3(2-\sqrt{3})a$. 则 $AE=\dfrac{O_1A}{2}=\dfrac{\sqrt{3}a-R_1}{2}=(2\sqrt{3}-3)a$.

由 $qv_1B=m\dfrac{v_1^2}{R_1}$, 得 $v_1=\dfrac{3(2-\sqrt{3})qBa}{m}$, 若粒子能从 A、C 间离开磁场, 其速率应大于 v_1.

如图 6.36(b)所示, 设粒子速率为 v_2 时, 其圆轨迹恰好与 BC 相切于 F 点, 与 AC 相交于 G 点. 易知 A 点即为粒子圆轨迹的圆心, 则 $R_2=AD=AG=\sqrt{3}a$.

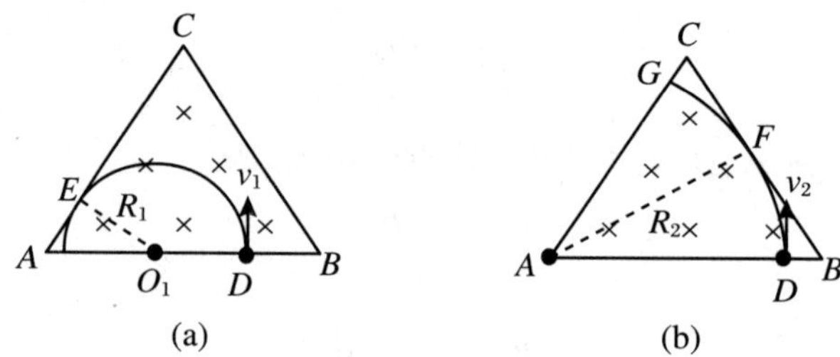

图 6.36

由 $qv_2B=m\dfrac{v_2^2}{R_2}$, 得 $v_2=\dfrac{\sqrt{3}qBa}{m}$, 若粒子能从 A、C 间离开磁场, 其速率应小于或等于 v_2.

综上所述, 若粒子能从 A、C 间离开磁场, 其速率应满足

$$\frac{3(2-\sqrt{3})qBa}{m}<v\leqslant\frac{\sqrt{3}qBa}{m}.$$

粒子从距 A 点 $(2\sqrt{3}-3)a\sim\sqrt{3}a$ 的 E、G 间射出.

例 15 (2010 年高考新课标卷)如图 6.37 所示, 在 $0\leqslant x\leqslant a$、$0\leqslant y\leqslant\dfrac{a}{2}$ 范围内有垂直于 xOy 平面向外的匀强磁场, 磁感应强度大小为 B. 坐标原点 O 处有一个粒子源, 在某时刻发射大量质量为 m、电荷量为 q 的带正电粒子, 它们的速度大小相同, 速度方向均在 xOy 平面内, 与 y 轴正方向的夹角分布在 $0^\circ\sim90^\circ$ 范围内. 已知粒子在磁场中做圆周运动的半径介于 $\dfrac{a}{2}$ 和 a 之间, 从发射粒子到粒子全部离开磁场经历的时间恰好为粒子在磁场中做圆周运动周期的四分之一. 最后离开磁场的粒子从粒子源射出时, 求:

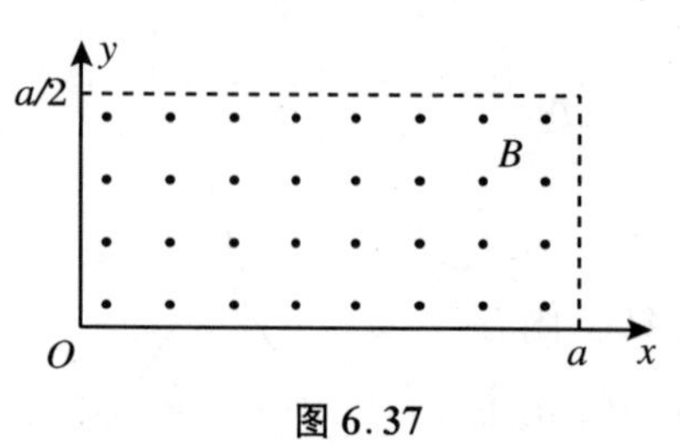

图 6.37

(1) 该粒子速度的大小.

(2) 该粒子速度方向与 y 轴正方向夹角的正弦.

解析 (1) 设粒子的发射速度为 v, 粒子做圆周运动的轨道半径为 R, 根据牛顿

第二定律和洛伦兹力公式,有

$$qvB = m\frac{v^2}{R}.\qquad ①$$

解得

$$R = \frac{mv}{qB}.\qquad ②$$

当$\frac{a}{2}<R<a$时,在磁场中运动时间最长的粒子,其轨迹是圆心为C的圆弧,圆弧与磁场的上边界相切,如图6.38所示,设该粒子在磁场运动的时间为t,依题意$t=\frac{T}{4}$,得

$$\angle OCA = \frac{\pi}{2}.\qquad ③$$

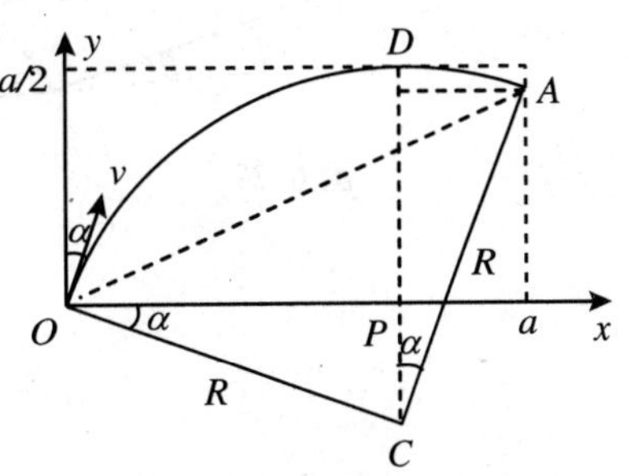

图6.38

设最后离开磁场的粒子的发射方向与y轴正方向的夹角为α,根据几何关系,有

$$R\sin\alpha = R - \frac{a}{2},\qquad ④$$

$$R\sin\alpha = a - R\cos\alpha.\qquad ⑤$$

又

$$\sin^2\alpha + \cos^2\alpha = 1.\qquad ⑥$$

联立④~⑥式,得

$$R = \left(2-\frac{\sqrt{6}}{2}\right)a.\qquad ⑦$$

联立②⑦式,得

$$v = \left(2-\frac{\sqrt{6}}{2}\right)\frac{aqR}{m}.$$

(2) 联立④⑦式,得

$$\sin\alpha = \frac{6-\sqrt{6}}{10}.$$

6.2.8 电磁感应中的临界问题

例16 (2013年高考新课标Ⅰ卷)如图6.39所示,两条平行导轨所在平面与水平地面的夹角为θ,间距为L.导轨上端接有一平行板电容器,电容为C.导轨处于匀强磁场中,磁感应强度大小为B,方向垂直于导轨平面.在导轨上放置一质量为m的金属棒,棒可沿导轨下滑,且在下滑过程中保持与导轨垂直并良好接触.已知金属棒与导轨之间的动摩擦因数为μ,重力加速度大小为g,忽略所有电阻.让金属棒从导轨上端由静止开始下滑,求:

(1) 电容器极板上积累的电荷量与金属棒速度大小的关系.

(2) 金属棒的速度大小随时间变化的关系.

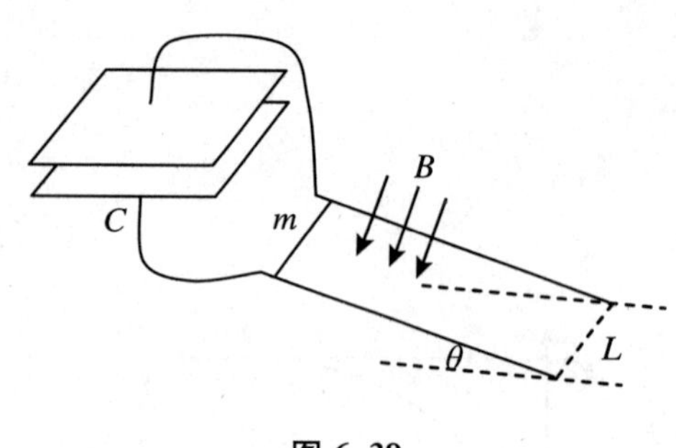

图 6.39

解析 (1) 任一时刻金属杆切割磁感线产生的感应电动势为 $U = BLv$，则电容器极板上积累的电荷量为

$$Q = CU = CBLv.$$

(2) 对金属杆，有

$$mg\sin\theta - BIL - \mu mg\cos\theta = ma.$$

而

$$I = \frac{\Delta Q}{\Delta t} = \frac{C\Delta U}{\Delta t} = \frac{CBL\Delta v}{\Delta t} = CBLa,$$

故

$$a = \frac{mg(\sin\theta - \mu\cos\theta)}{m + CB^2L^2}.$$

金属杆做匀加速直线运动，则

$$v = at = \frac{mg(\sin\theta - \mu\cos\theta)}{m + CB^2L^2}t.$$

6.2.9 光学中的临界问题

例 17 (2015 年高考山东卷)半径为 R、介质折射率为 n 的透明圆柱体，过其轴线 OO' 的截面如图 6.40 所示.位于截面所在平面内的一细束光线，以角 i_0 由 O 点入射，折射光线由上边界的 A 点射出.当光线在 O 点的入射角减小至某一值时，折射光线在上边界的 B 点恰好发生全反射.求 A、B 两点间的距离.

解析 如图 6.41 所示，当光线在 O 点的入射角为 i_0 时，设折射角为 γ_0，根据折射定律，有

$$\frac{\sin i_0}{\sin\gamma_0} = n. \quad ①$$

设 A 点与左端面的距离为 d_A，根据几何关系，有

$$\sin\gamma_0 = \frac{R}{\sqrt{d_A^2 + R^2}}. \quad ②$$

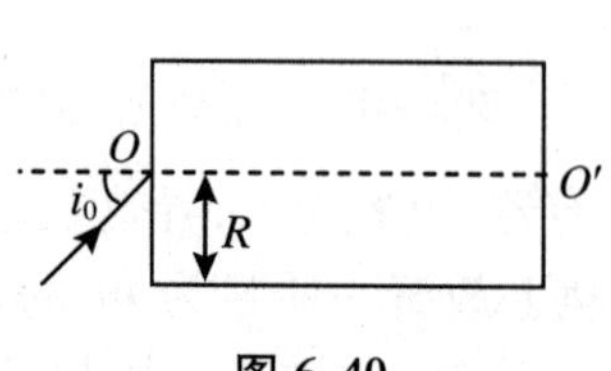

图 6.40

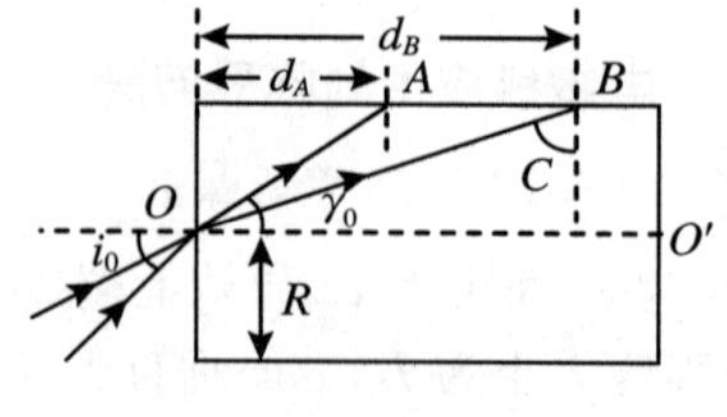

图 6.41

若折射光线恰好发生全反射，则在 B 点的入射角恰好为临界角 $\angle C$，设 B 点与左端面的距离为 d_B，根据折射规律，有

$$\sin C = \frac{1}{n}. \quad ③$$

根据几何关系，有

$$\sin C = \frac{d_B}{\sqrt{d_B^2 + R^2}}. \tag{4}$$

设 A、B 两点间的距离为 d，可得

$$d = d_B - d_A. \tag{5}$$

联立①～⑤式，得

$$d = \left(\frac{1}{\sqrt{n^2 - 1}} - \frac{\sqrt{n^2 - \sin^2 i_0}}{\sin i_0}\right)R.$$

临界分析法是指分析物理过程的转折点或物理问题的特殊状态，通过对临界点的探讨，先得到特殊状态下的结果，然后由特殊情形下的结果再推出一般情况下的答案，是一种以点带面的解题策略. 高中物理问题中的临界问题无处不在，正是临界问题使得高中物理有了难度. 上面谈论的临界问题只是冰山一角.

6.3 临界法思维训练

1. 在光滑水平地面上有两个相同的弹性小球 A、B，质量都为 m. 现 B 球静止，A 球向 B 球运动，发生正碰. 已知碰撞过程中总机械能守恒，两球压缩最紧时的弹性势能为 E_p，则碰前 A 球的速度等于（　　）.

A. $\sqrt{\frac{E_p}{m}}$　　B. $\sqrt{\frac{2E_p}{m}}$　　C. $2\sqrt{\frac{E_p}{m}}$　　D. $2\sqrt{\frac{2E_p}{m}}$

2. 如图 6.42 所示，一个弹簧的两端分别固定着质量为 m 的物体 A 和质量为 $2m$ 的物体 B，置于光滑水平面上. 水平向左的力 F 把它们挤在竖直墙边. 撤去 F，物体 B 首先开始运动，后来物体 A 也开始运动. 此后，当 A 的速度达到最大值时，（　　）.

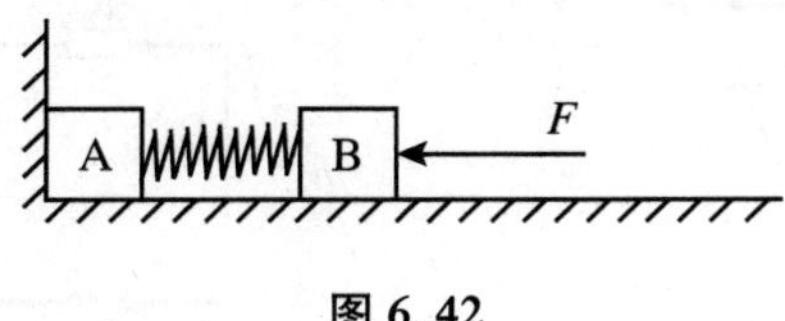

图 6.42

A. 弹簧的弹性势能是零

B. 物体 A 和 B 的速度相等

C. 物体 B 的速度最小

D. 处在弹簧的长度正在缩短的过程中

3. 如图 6.43 中 $abcd$ 是一个固定的 U 形金属框架，ab 和 cd 边都很长，bc 边长为 L，框架的电阻可忽略不计. ef 是放置在框架上与 bc 平行的导体杆，它可在框架上无摩擦

滑动，它的质量为 m、电阻为 R. 现沿垂直于框架平面的方向加一恒定的匀强磁场，磁感应强度为 B. 当以恒力 F 向右拉导体杆 ef 时，导体杆运动的最大加速度和最大速度各是多少?

4. 一竖直绝缘杆 MN 上套有一带正电 q、质量为 m 的小铜环，环与杆之间的动摩擦因数为 μ，杆处于水平匀强电场和水平匀强磁场共存的空间，如图 6.44 所示. 电场强度为 E，磁感应强度为 B，电场和磁场方向垂直. 设场区足够大，杆足够长，当由静止释放小铜环后，求环在运动中的最大加速度和最大速度.

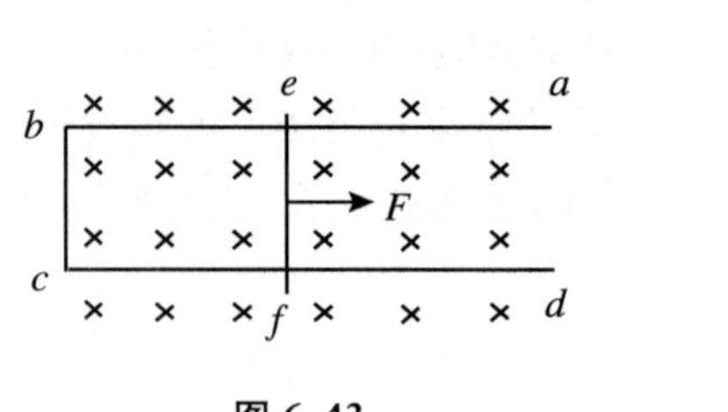

图 6.43

图 6.44

5. 如图 6.45 所示，长度为 L 的轻绳的一端系在天花板上的 O 点，另一端系一个质量为 m 的小球，将小球拉至水平位置无初速释放. 在 O 点正下方的 P 点钉一个很细的钉子. 小球摆到竖直位置时，绳碰到钉子后将沿半径较小的圆弧运动. 为使小球能绕钉子做完整的圆周运动，P 点与 O 点的最小距离是多少?

6. (2006 年高考四川卷)在如图 6.46 所示的电路中，两平行金属板 A、B 水平放置，两板间的距离 $d=40$ cm. 电源电动势 $E=24$ V，内电阻 $r=1\ \Omega$，电阻 $R=15\ \Omega$. 闭合开关 S，待电路稳定后，将一带正电的小球从 B 板小孔以初速度 $v_0=4$ m/s 竖直向上射入板间. 若小球带电量为 $q=1\times10^{-2}$ C，质量为 $m=2\times10^{-2}$ kg，不考虑空气阻力. 那么，滑动变阻器接入电路的阻值为多大时，小球恰能到达 A 板? 此时，电源的输出功率是多大? (取 $g=10$ m/s^2)

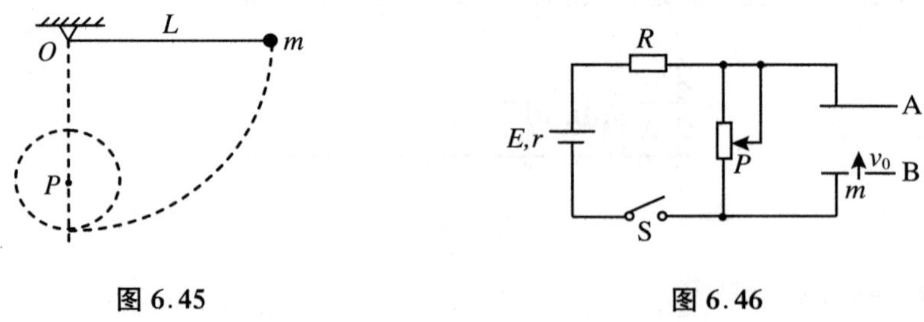

图 6.45　　图 6.46

7. 如图 6.47 所示，挡板 MN 右侧存在着以 MN 为左边界的有界力场，质点从孔 A 向右射入力场中，在力场中质点的加速度大小恒为 a，方向向左. 经过时间 T 后，由于力场中力的方向改变，质点加速度的大小不变而方向变为向右. 试讨论射入力场的初速度 v_0 多大时，质点可以回到 A 孔并离开力场.

8. 如图 6.48 所示，平行板电容器两极板 M、N 水平放置，距离为 $d=1.0$ cm，其电容

为 $C=2.0\ \mu F$,上极板 M 与地连接,且中央有一小孔 A,开始时两极板不带电.一个装满油的容器置于小孔 A 正上方,带电油滴一滴一滴无初速度滴下,正好掉入小孔.油滴距小孔高度 $h=10$ cm,带电量 $q=2.0\times10^{-8}$ C,质量 $m=2.0\times10^{-3}$ g,设油滴落在 N 板后把全部电量转移给 N 板,N 板上积存的油可以不考虑,g 取 10 m/s^2,问:

(1) 第几滴油滴在板间做匀速直线运动?

(2) 能够到达 N 板的油滴数量最多为多少?

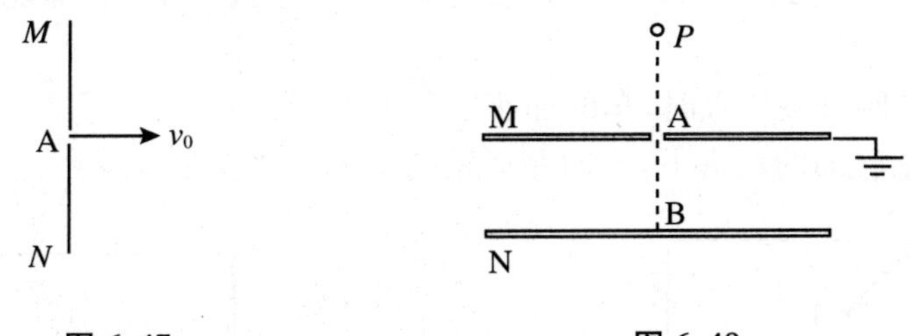

图 6.47　　图 6.48

9. 如图 6.49 所示,在水平面的左端立着一堵竖直的墙 A,把一根劲度系数为 k 的弹簧的左端固定在墙上,在弹簧右端系一个质量为 m 的物体 1.紧靠着物体 1 放置一个质量也是 m 的物体 2,两个物体与水平地面的动摩擦因数都是 μ,用水平外力推物体 2 压缩弹簧(在弹性限度内),使弹簧从原长压缩了 s,这时弹簧的弹性势能为 E_p,物体 1 和物体 2 都处于静止状态.然后撤去外力,由于弹簧的作用,两物体开始向右滑动.当物体 2 与物体 1 分离时,物体 2 的速率是多大?物体 2 与物体 1 分离后能滑行多大的距离?(弹簧的质量以及物体 1 和物体 2 的宽度都可忽略不计.)

10. 物体的质量为 25 kg,放在静止的升降机的底板上,物体的上端与一根轻弹簧相连,弹簧的另一端吊在一个支架上,如图 6.50 所示.测得物体对升降机底板的压力是 200 N.当升降机在竖直方向上如何运动时,物体将离开升降机的底板?(g 取 10 m/s^2)

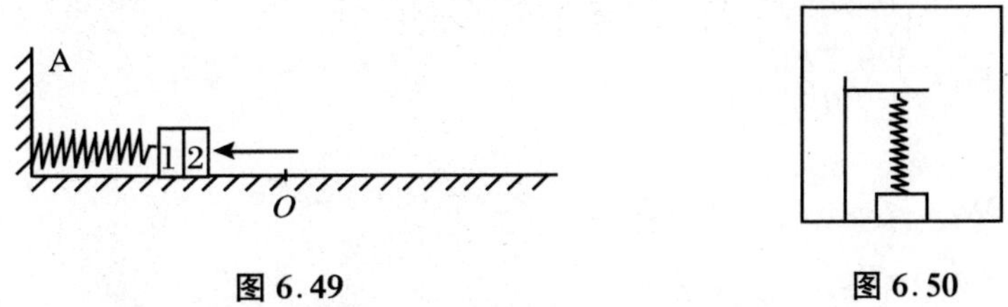

图 6.49　　图 6.50

11. 如图 6.51 所示,质量 $m_A=3.0$ kg 的物体 A 和质量 $m_B=2.0$ kg 的物体 B 紧靠着放在光滑水平面上.从 $t=0$ 时刻起,对 B 施加向右的水平恒力 $F_2=4.0$ N,同时对 A 施加向右的水平变力 F_1,当 $t=0$ 时,F_1 为 24 N,以后每秒均匀减小 2.0 N,问经过多长时间两物体分离?

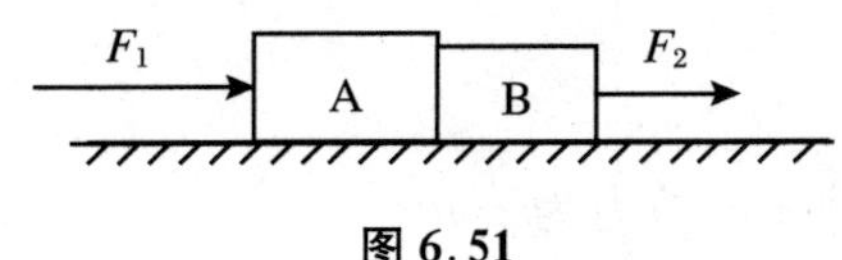

图 6.51

12. 一个质量为 m 的小球B,用两根等长的细绳1、2分别固定在车厢的 A、C 两点,已知两绳拉直时与车厢前壁的夹角均为45°,如图6.52所示.当车以加速度 $a=\frac{\sqrt{2}}{2}g$ 向左运动时,求1、2两绳的拉力.

13. 如图6.53所示,一条轻绳上端系在车的左上角的 A 点,另一条轻绳一端系在车左端的 B 点,B 点在 A 点正下方,A、B 距离为 b,两条轻绳另一端在 C 点相结并系一个质量为 m 的小球,轻绳 AC 长度为 $\sqrt{2}b$,轻绳 BC 长度为 b.两条轻绳能够承受的最大拉力均为 $2mg$.问:

(1) 轻绳 BC 刚好被拉直时,车的加速度是多少?

(2) 在不拉断轻绳的前提下,车向左运动的最大加速度是多少?

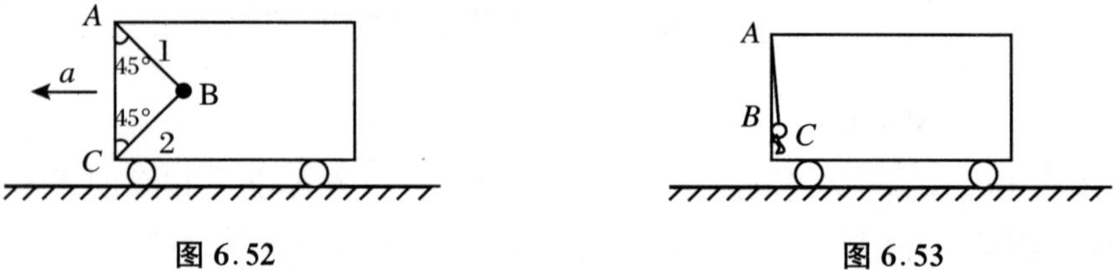

图6.52　　图6.53

6.4　临界法思维训练参考答案

1. C
2. ACD
3. $a_m=\frac{F}{m}$, $v_m=\frac{FR}{B^2L^2}$
4. $a_m=g$, $v_m=\frac{mg+\mu qE}{\mu qB}$
5. $0.6L$
6. 8 Ω,23 W
7. $v_0<(2-\sqrt{2})aT$
8. (1) 1.0×10^3　(2) 1.1×10^4
9. $\sqrt{\frac{E_p-2\mu mgs}{m}}$, $\frac{E_p}{2\mu mg}-s$
10. 以大于 $8.0\ \mathrm{m/s^2}$ 的加速度加速向下运动或者减速向上运动时,物体将离开升降机底板.
11. 9.0 s
12. 绳2的拉力为零,绳1的拉力为 $\frac{\sqrt{6}}{2}mg$
13. (1) g　(2) $3g$

7 对 称 法

7.1 对称法概述

曾记得法国最杰出、最有影响的现实主义雕刻家奥古斯迪·罗丹(Augeuste Rodin,1840～1917)说过,生活中从不缺少美,而是缺少发现美的眼睛.大自然奇妙而又神秘的对称美普遍存在于各种物理现象、物理过程和物理规律中.从某种意义上讲,物理学的每一次重大突破都有美学思想在其中的体现.用对称性思想去审题,从对称性角度去分析和解决问题,将给人耳目一新的感觉.首先,让我们通过习以为常的"带电粒子在电磁场中的运动"的分析,体会其中的美学思想,感受对称的美.

7.1.1 一片绿叶

例 1 如图 7.1 所示,在 xOy 平面内有很多质量为 m、电量为 e 的电子,从坐标原点 O 不断以相同的速率 v_0 沿不同方向平行 xOy 平面射入第Ⅰ象限.现加一垂直 xOy 平面向里、磁感应强度为 B 的匀强磁场,要求这些入射电子穿过磁场都能平行于 x 轴且沿 x 轴正方向运动.求符合条件的磁场的最小面积.(不考虑电子之间的相互作用)

解析 如图 7.2 所示,电子在磁场中做匀速圆周运动,半径 $R=\dfrac{mv_0}{eB}$.在由 O 点射入第Ⅰ象限的所有电子中,沿 y 轴正方向射出的电子转过 $\dfrac{1}{4}$ 圆周,速度变为沿 x 轴正方向,这条轨迹为磁场区域的上边界.下面确定磁场区域的下边界.

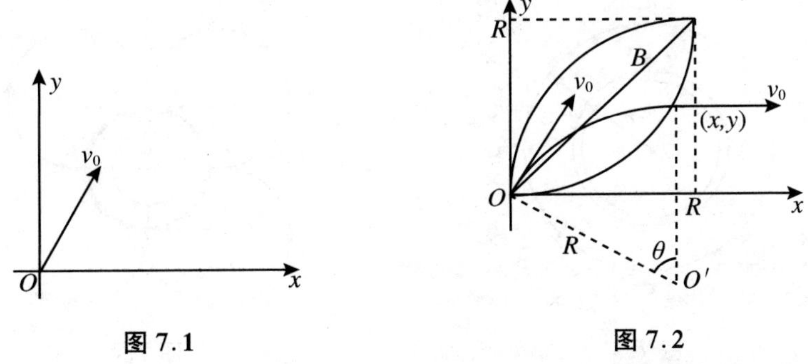

图 7.1　　　　图 7.2

设某电子做匀速圆周运动的圆心 O' 和 O 点的连线与 y 轴正方向的夹角为 θ,若离开磁场时电子速度变为沿 x 轴正方向,其射出点(也就是轨迹与磁场边界的交点)的坐标为

(x,y). 根据几何关系，有

$$x = R\sin\theta,$$
$$y = R - R\cos\theta.$$

消去参数 θ 可知磁场区域的下边界满足的方程为

$$x^2 + (y-R)^2 = R^2 \quad (x>0, y>0).$$

这是一个圆的方程，圆心在 $(0,R)$ 处. 磁场区域为图中两条圆弧所围成的面积. 磁场的最小面积为

$$S = 2\times\left(\frac{1}{4}\pi R^2 - \frac{1}{2}R^2\right) = \frac{\pi-2}{2}\frac{m^2v_0^2}{e^2B^2}.$$

由两条圆弧所围的磁场区域像一片嫩绿的树叶，青翠欲滴！

7.1.2 一朵丁香

例 2 （2000 年高考全国卷）如图 7.3 所示，两个共轴的圆筒形金属电极，其上均匀分布着平行于轴线的四条狭缝 a、b、c 和 d，外筒的外半径为 r. 在圆筒之外的足够大区域中有平行于轴线方向的匀强磁场，磁感应强度大小为 B. 在两极间加上电压，使两筒之间的区域内有沿半径向外的电场. 一质量为 m、带电量为 q 的正粒子从紧靠内筒且正对狭缝 a 的 S 点出发，初速度为零. 如果该粒子经过一段时间的运动之后恰好又回到出发点 S，则两极之间的电压 U 应是多少？（不计粒子的重力，整个装置置于真空中.）

解析 如图 7.4 所示，带电粒子从 S 点出发，在两筒之间的电场作用下加速，沿径向穿出狭缝 a 而进入磁场区，在洛伦兹力作用下做匀速圆周运动. 粒子再回到 S 点的条件是能沿径向穿过狭缝 d. 只要穿过了 d，粒子就会在电场力作用下先减速，再反向加速，经 d 重新进入磁场区，然后粒子以同样方式经过 c、b，再经过 a 回到 S 点. 设粒子进入磁场区的速度大小为 v，根据动能定理，有

$$qU = \frac{1}{2}mv^2. \quad ①$$

设粒子做匀速圆周运动的半径为 R，根据牛顿第二定律，有

$$qvB = m\frac{v^2}{R}. \quad ②$$

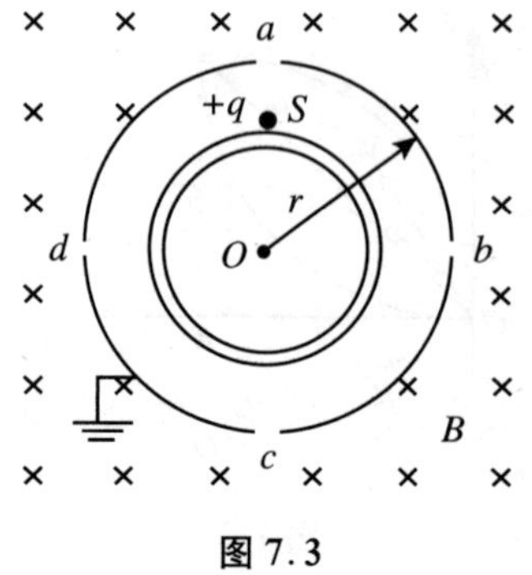

图 7.3

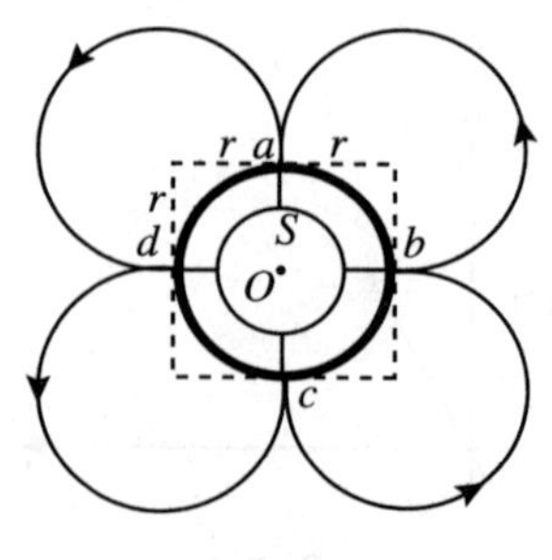

图 7.4

由前面的分析可知，要回到 S 点，粒子从 a 到 d 必经过 $\frac{3}{4}$ 圆周，所以半径 R 必

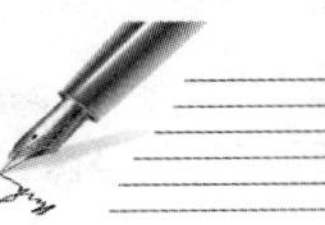

定等于筒的外半径 r，即

$$R = r. \tag{③}$$

联立①～③式，得

$$U = \frac{qB^2 r^2}{2m}.$$

粒子的运动轨迹构成了一朵怒放的丁香，香气迎风而来！

7.1.3 一滴水珠

例 3 如图 7.5 所示，空间分布着有理想边界的匀强电场和匀强磁场. 左侧匀强电场的场强大小为 E、方向水平向右，电场宽度为 L；中间区域匀强磁场的磁感应强度大小为 B，方向垂直纸面向外；右侧匀强磁场的磁感应强度大小为 B，方向垂直纸面向里. 一个质量为 m、电量为 q、不计重力的带正电的粒子从电场的左边缘的 O 点由静止开始运动，穿过中间磁场区域进入右侧磁场区域后，又回到 O 点，然后重复上述运动过程. 求：

(1) 中间磁场区域的宽度 d.

(2) 带电粒子从 O 点开始运动到第一次回到 O 点所用时间 t.

解析 (1) 带电粒子在电场中加速，根据动能定理，有

$$qEL = \frac{1}{2}mv^2. \tag{①}$$

带电粒子在磁场中偏转，根据牛顿第二定律，有

$$qvB = m\frac{v^2}{R}. \tag{②}$$

联立①②式，得

$$R = \frac{1}{B}\sqrt{\frac{2mEL}{q}}.$$

可见，在两磁场区域粒子运动半径相同. 如图 7.6 所示，三段圆弧的圆心组成的 $\triangle O_1O_2O_3$ 是等边三角形，其边长为 $2R$. 所以中间磁场区域的宽度为

$$d = R\sin 60^\circ = \frac{1}{2B}\sqrt{\frac{6mEL}{q}}.$$

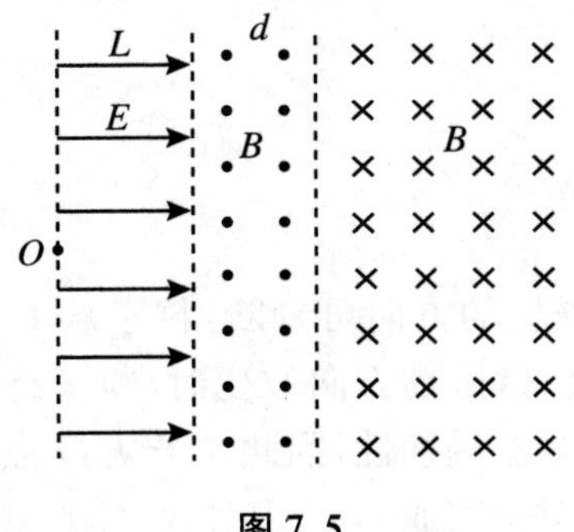

图 7.5

图 7.6

(2) 在电场中

$$t_1 = \frac{2v}{\frac{qE}{m}} = 2\sqrt{\frac{2mL}{qE}}.$$

在中间磁场中

$$t_2 = 2\times\frac{1}{6}T = \frac{2\pi m}{3qB}.$$

在右侧磁场中

$$t_3 = \frac{5}{6}T = \frac{5\pi m}{3qB}.$$

则粒子第一次回到 O 点所用时间为

$$t = t_1 + t_2 + t_3 = 2\sqrt{\frac{2mL}{qE}} + \frac{7\pi m}{3qB}.$$

粒子在两磁场区域的运动轨迹形成了一滴水珠，晶莹明亮！

7.1.4 一条波浪

例 4 如图 7.7(a)所示，$x\geqslant 0$ 的区域内有如图 7.7(b)所示大小不变、方向随时间周期性变化的磁场，磁场方向垂直纸面向外时为正. 现有一质量为 m、电量为 q 的带正电的粒子，在 $t=0$ 时刻从坐标原点 O 以速度 v 沿着与 x 轴正方向成 75° 角射入. 粒子运动一段时间后到达 P 点，P 点的坐标为 (a, a)，此时粒子的速度方向与 OP 延长线的夹角为 30°. 粒子只受磁场力作用.

(1) 若 $B_0=B_1$ 为已知量，试求带电粒子在磁场中运动的轨道半径 R 和周期 T_0 的表达式.

(2) 说明粒子在 OP 间运动的时间跟所加磁场变化周期 T 之间应有什么样关系才能使粒子完成上述运动.

(3) 若 B_0 为未知量，那么所加磁场的变化周期 T、磁感应强度 B_0 的大小各应满足什么条件，才能使粒子完成上述运动？（写出 T、B_0 应满足条件的表达式.）

解析 (1) 根据牛顿第二定律，有

$$qvB_1 = m\frac{v^2}{R}.$$

解得

$$R = \frac{mv}{qB_1}.$$

粒子运动的周期为

$$T_0 = \frac{2\pi R}{v} = \frac{2\pi m}{qB_1}.$$

(2) 根据粒子经过 O 点和 P 点的速度方向和磁场的方向可判断：粒子从 O 点到 P 点的运动过程可能在磁场变化的半个周期之内完成；当磁场方向改变时，粒子绕行方向也改变，磁场方向变化具有周期性，粒子绕行方向也具有周期性，因此粒子从 O 点到 P 点的运动过程也可能在磁场变化的半个周期的奇数倍时间完成.

(3) 若粒子从 O 点到 P 点的运动过程在磁场变化的半个周期之内完成，则磁场变化周期与粒子运动周期应满足 $\frac{T}{2}\geqslant\frac{T_0}{6}$，由图 7.7(c)可知粒子运动的半径为 $R=OP=\sqrt{2}a$. 又

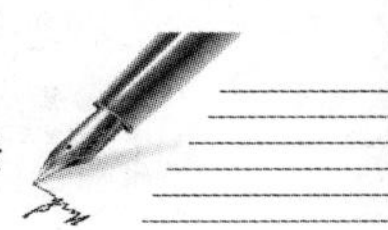

$$R=\frac{mv}{qB_0},\quad T_0=\frac{2\pi m}{qB_0},$$

所以 T、B_0 分别满足

$$B_0=\frac{mv}{qR}=\frac{mv}{q\sqrt{2}a}=\frac{\sqrt{2}mv}{2qa},$$

$$T\geqslant\frac{T_0}{3}=\frac{2\pi m}{3qB_0}=\frac{2\sqrt{2}\pi a}{3v}.$$

若粒子从 O 点到 P 点的运动过程在磁场变化的半个周期的奇数倍时间完成，则磁场变化周期与粒子运动周期应满足

$$\frac{T}{2}=\frac{T_0}{6}.$$

由图 7.7(c)可知 $(2k+1)R=OP=\sqrt{2}a$ $(k=1、2、\cdots)$，又

$$R=\frac{mv}{qB_0},\quad T_0=\frac{2\pi m}{qB_0},$$

所以 T、B_0 分别满足

$$B_0=\frac{mv}{qR}=\frac{\sqrt{2}(2k+1)mv}{2qa}\quad(k=1、2、\cdots),$$

$$T=\frac{T_0}{3}=\frac{2\pi m}{3qB_0}=\frac{2\sqrt{2}\pi a}{3(2k+1)v}\quad(k=1、2、\cdots).$$

带电粒子在磁场中周期性的运动像一条缓缓前行的波浪，浪花滚滚！

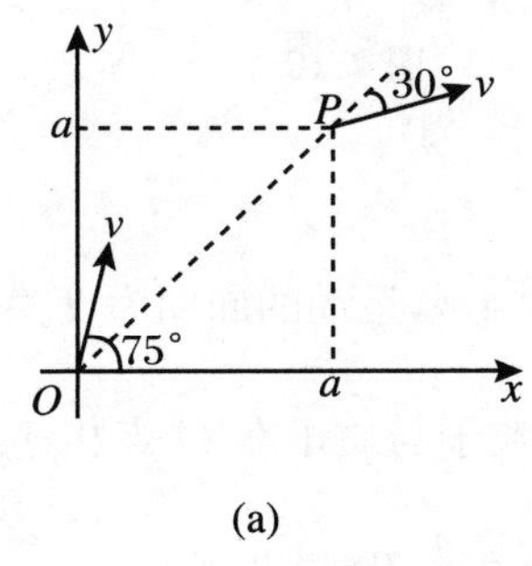

(a)

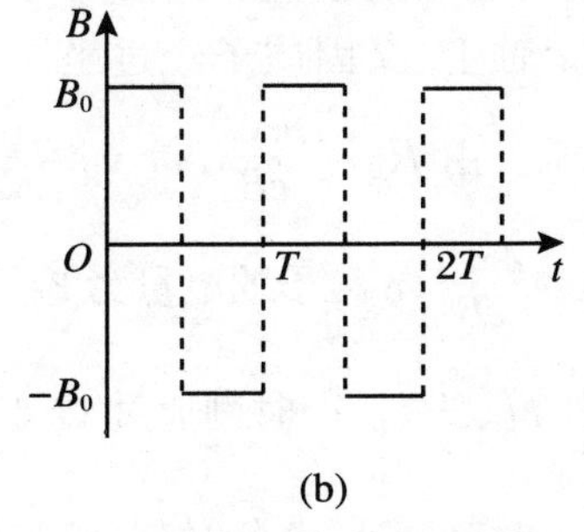

(b)

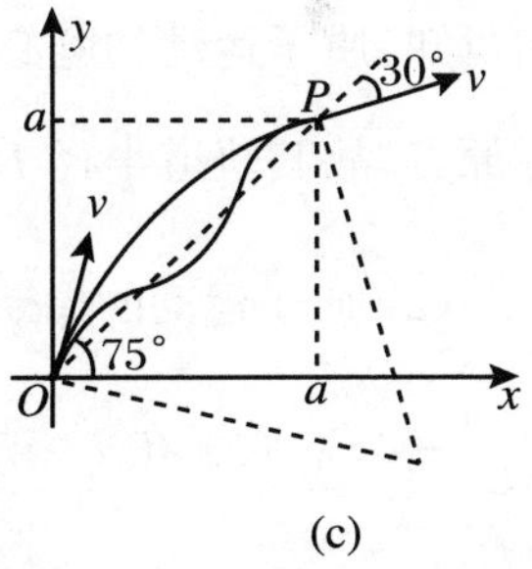

(c)

图 7.7

7.1.5 一颗明星

例 5 如图 7.8 所示，一个质量为 m、电量为 q 的正离子，从 A 点正对着圆心 O 以速度 v 射入半径为 R 的绝缘圆筒中.圆筒内存在垂直纸面向里的匀强磁场，磁感应强度为 B.要使带电粒子与圆筒内壁碰撞两次后仍从 A 点射出，求离子在磁场中运动的时间 t.(设粒子与圆筒内壁碰撞时无能量和电量损失，不计粒子的重力.)

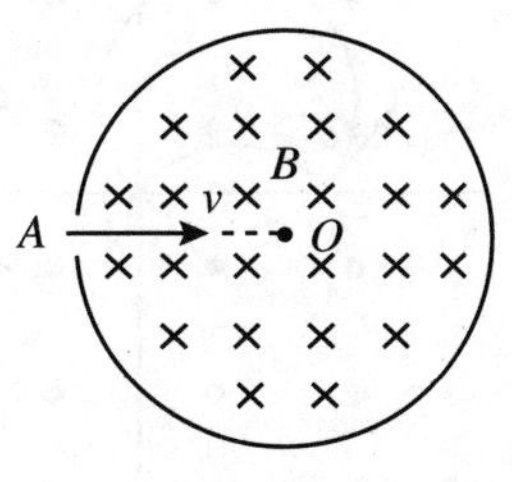

图 7.8

解析 由于离子与圆筒内壁碰撞时无能量和电量损失，每次碰撞后离子的速度方向都沿半径方向指向圆心，并且离子运动的轨迹是对称的，如图7.9所示.每相邻两次碰撞点之间圆弧所对的圆心角为120°.由几何知识可知，离子运动的半径为

$$r = R\tan 60^\circ = \sqrt{3}R.$$

所以离子在磁场中运动的时间为

$$t = 3\times\frac{T}{6} = \frac{\sqrt{3}\pi R}{v}.$$

图 7.9

离子运动的轨迹构成了一颗星星，闪闪发光！

7.1.6 一弯残月

例 6 如图7.10所示，有一匀强磁场，磁感应强度为 B，方向垂直 xOy 所在的纸面向外.某时刻在 $x = L_0$，$y = 0$ 处，一质子沿 y 轴的负方向进入磁场；同一时刻，在 $x = -L_0$，$y = 0$ 处，一个 α 粒子进入磁场，速度方向与磁场垂直.不考虑质子与 α 粒子间的相互作用，质子的质量为 m、电量为 e.

(1) 如果质子经过坐标原点 O，它的速度为多大？

(2) 如果 α 粒子与质子在坐标原点 O 相遇，α 粒子的速度为多大？方向如何？

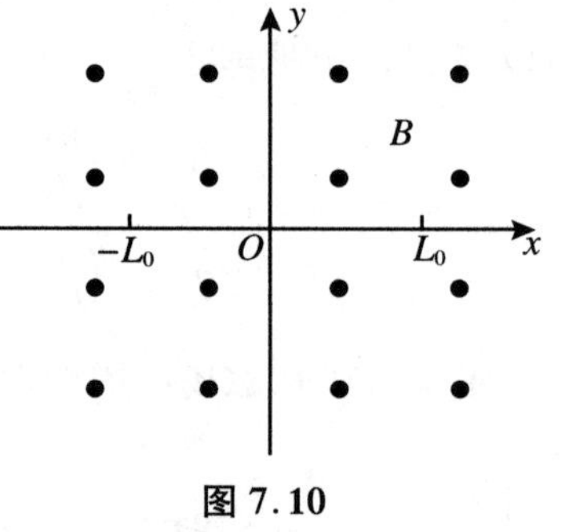

图 7.10

解析 (1) 根据质子进入磁场的位置和速度方向可知，质子运动的圆心必在 x 轴上，又因质子经过坐标原点，故其轨道半径 $R_0 = \frac{1}{2}L_0$.由 $R_0 = \frac{mv_0}{eB}$，得 $v_0 = \frac{eBL_0}{2m}$.

(2) 质子运动的周期为 $T_p = \frac{2\pi m}{eB}$.α 粒子的电量为 $2e$，质量为 $4m$，运动的周期为 $T_\alpha = \frac{4\pi m}{eB} = 2T_p$.质子在 $t = \frac{1}{2}T_p$、$\frac{3}{2}T_p$、$\frac{5}{2}T_p$、…时刻通过 O 点，若 α 粒子与质子在 O 点相遇，α 粒子必在质子经过 O 点的同一时刻到达，这些时刻分别对应于 $t = \frac{1}{4}T_\alpha$、$\frac{3}{4}T_\alpha$、….

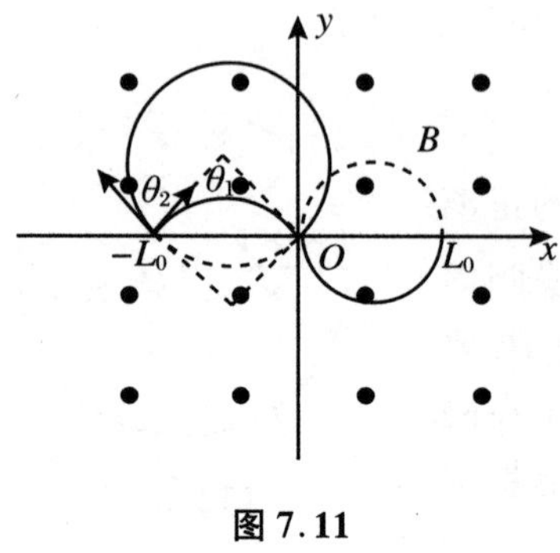

图 7.11

如果 α 粒子在 $t = \frac{1}{4}T_\alpha$ 时刻到达 O 点，它转过了 $\frac{1}{4}$ 圆周；如果 α 粒子在 $t = \frac{3}{4}T_\alpha$ 时刻到达 O 点，它转过了 $\frac{3}{4}$ 圆周，如图7.11所示.$\left(t = \frac{5}{4}T_\alpha\right.$ 等情况不必考虑.$\left.\right)$由图可知，α 粒子的轨道半径 $R_\alpha = \frac{\sqrt{2}}{2}L_0$，由 $R_\alpha = \frac{4mv_\alpha}{2eB}$，得 $v_\alpha = \frac{\sqrt{2}eBL_0}{4m}$.方向有两个，与 x 轴正方向夹

角为 $\theta_1=\frac{1}{4}\pi$ 或 $\theta_2=\frac{3}{4}\pi$.

粒子的运动轨迹形成了一弯残月，令人浮想联翩！

7.1.7 一只蝴蝶

例 7 如图 7.12 所示，在 xOy 平面上 $-H<y<H$ 的范围内有一片稀疏的电子，从 x 轴负半轴的远处以相同的速率 v_0 沿 x 轴正向平行地向 y 轴射来. 试设计一个磁场区域，使得：

(1) 所有电子都能在磁场力作用下通过原点 O.

(2) 这一片电子最后扩展到 $-2H<y<2H$ 范围内，继续沿 x 轴正向平行地以相同的速率 v_0 向远处射出. 已知电子的电量为 e、质量为 m，不考虑电子间的相互作用.

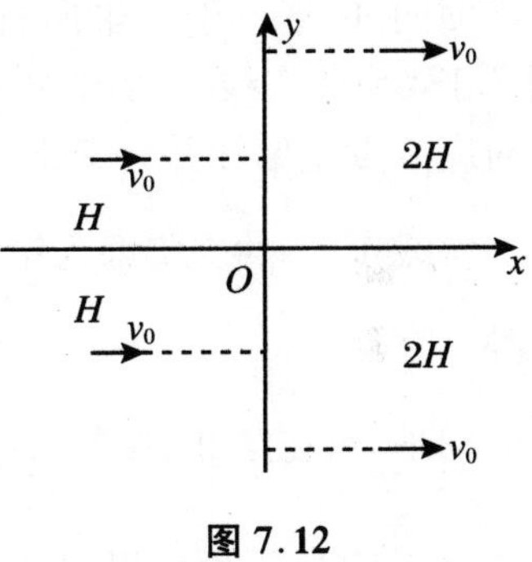

图 7.12

解析 根据题意，电子在 O 点先会聚再发散，因此电子在第Ⅰ象限的运动情况分析如下：如图 7.13(a) 所示，电子在磁场中做匀速圆周运动，半径为 $R=\frac{mv_0}{eB}$. 在由 O 点射入第Ⅰ象限的所有电子中，沿 y 轴正方向射出的电子转过 $\frac{1}{4}$ 圆周，速度变为沿 x 轴正方向，这条轨迹为磁场区域的上边界. 下面确定磁场区域的下边界.

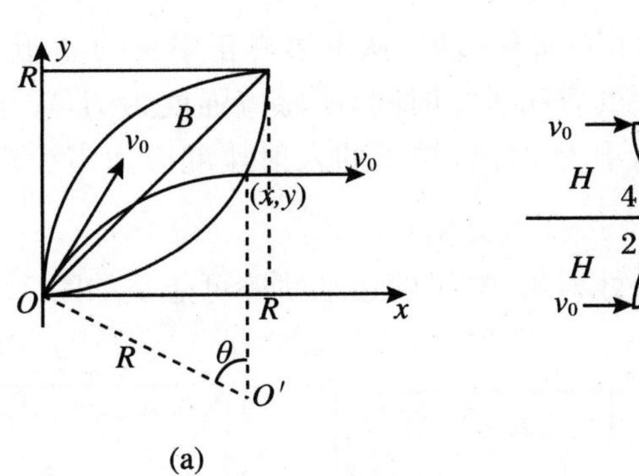

(a) (b)

图 7.13

设某电子做匀速圆周运动的圆心 O' 和 O 点的连线与 y 轴正方向的夹角为 θ，若离开磁场时电子速度变为沿 x 轴正方向，其射出点（也就是轨迹与磁场边界的交点）的坐标为 (x,y). 根据几何关系，有

$$x=R\sin\theta,$$
$$y=R-R\cos\theta.$$

消去参数 θ，可知磁场区域的下边界满足的方程为

$$x^2+(y-R)^2=R^2 \quad (x>0,y>0).$$

这是一个圆的方程，圆心在 $(0,R)$ 处. 磁场区域为图中两条圆弧所围成的面积.

显然,只有当磁场垂直纸面向里、沿 y 轴正方向射入的电子运动轨迹为磁场上边界,如图 7.13(b)中实线所示、沿其他方向射入第Ⅰ象限磁场的电子均在实线 2(磁场下边界)各对应点上才平行 x 轴射出磁场,这些点应满足 $x^2+(y-2H)^2=(2H)^2$.实线 1、2 的交集即为第Ⅰ象限内的磁场区域.由 $ev_0B_1=m\dfrac{v_0^2}{R}$,得 $B_1=\dfrac{mv_0}{2eH}$,方向垂直 xOy 平面向里.

显然,电子在第Ⅲ象限的运动过程可以看成是第Ⅰ象限的逆过程,即只有当磁场垂直纸面向外,平行于 x 轴向右且距 x 轴为 H 的入射电子的运动轨迹才为磁场下边界,如图 7.13(b)中实线 1′所示、沿与 x 轴平行方向入射的其他电子均在实线 2′(磁场上边界)各对应点发生偏转并会聚于 O 点,这些点应满足 $x^2+(y-H)^2=H^2$.

实线 1′、2′的交集即为第Ⅲ象限内的磁场区域,所以 $B_3=\dfrac{mv_0}{eH}$,方向垂直 xOy 平面向外.

同理,可在第Ⅱ、Ⅳ象限内画出分别与第Ⅰ、Ⅲ象限对称的磁场区域,其中 $B_2=\dfrac{mv_0}{eH}$,方向垂直 xOy 平面向里;$B_4=\dfrac{mv_0}{2eH}$,方向垂直 xOy 平面向外.

全部磁场区域的分布像一只漂亮的蝴蝶,令人赏心悦目!

7.1.8 一幅窗帘

例 8 如图 7.14 所示,正方形匀强磁场区域边界长为 a,由光滑绝缘壁围成.质量为 m、电量为 q 的正粒子垂直于磁场方向和边界,从下边界正中央的 A 孔射入磁场中.粒子碰撞时无能量和电量损失,不计重力和碰撞时间,磁感应强度为 B,粒子在磁场中运动的半径小于 a.欲使粒子仍能从 A 孔处射出,粒子的入射速度应为多少?在磁场中的运动时间是多少?

解析 欲使粒子仍能从 A 孔处射出,粒子的运动轨迹可能是如图 7.15(a)、(b)所示的两种情形.

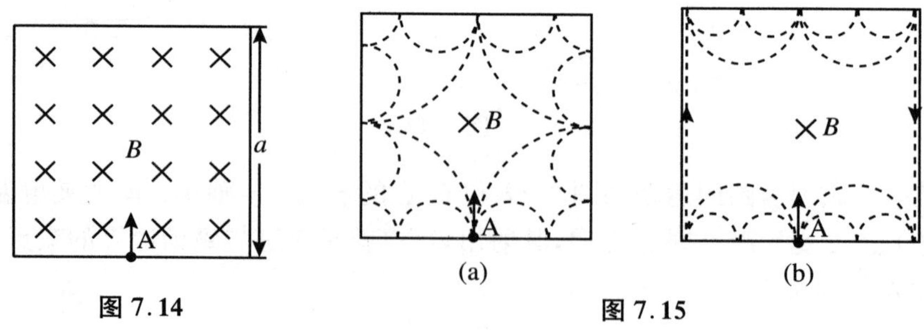

图 7.14　　图 7.15

对图 7.15(a)所示的情形,粒子运动的半径为 R,则

$$\frac{a}{2}=(2n+1)R \quad (n=0、1、\cdots). \tag{①}$$

根据牛顿第二定律,有

$$qvB = m\frac{v^2}{R}.$$ ②

联立①②式,得

$$v = \frac{qBa}{2(2n+1)m}.$$

在磁场中的运动时间为

$$t = (4n+1)T = \frac{2(4n+1)\pi m}{qB} \quad (n = 0、1、\cdots).$$

对图 7.15(b)所示的情形,粒子运动的半径为 R,则

$$\frac{a}{2} = 2nR \quad (n = 1、2、\cdots).$$ ③

根据牛顿第二定律,有

$$qvB = m\frac{v^2}{R}.$$ ④

联立③④式,得

$$v = \frac{qBa}{4nm}.$$

在磁场中的运动时间为

$$t = 2nT + \frac{2a}{v} = \frac{4n(\pi+2)m}{qB} \quad (n = 1、2、\cdots).$$

粒子的运动轨迹组成了一幅美丽的窗帘,可谓巧夺天工!

物理问题如果只是为了得到答案而去解答可能是令人不悦的事.但是,用美的眼光审视物理解题的过程和结果,情况就完全不一样了.那一定是令人惬意的事情.物理学家温伯格说:"目前物理学中最有希望的探索方法,就是透过现象世界与表层结构的迷雾去发现隐藏在事物深处的对称性."用对称的观点审视物理是还原物理最本质的特征,是展示物理最希望的方向,是体现物理最广泛的存在,当然也是在平时的生活和学习中逐渐培养美学的思维能力.

培养学生用对称性原理解题,首先是从简单的图形对称开始,符合人的认识规律.先看下面一道例题.

例 9 如图 7.16 所示,两块相同的竖直木板 A、B 之间有质量均为 m 的四块相同的砖,用两个大小均为 F 的水平力压木板,使砖静止不动,设所有接触面间的动摩擦因数为 μ,则第二块砖对第三块砖的摩擦力的大小为(　　).

A. 0　　B. mg　　C. μF　　D. $2mg$

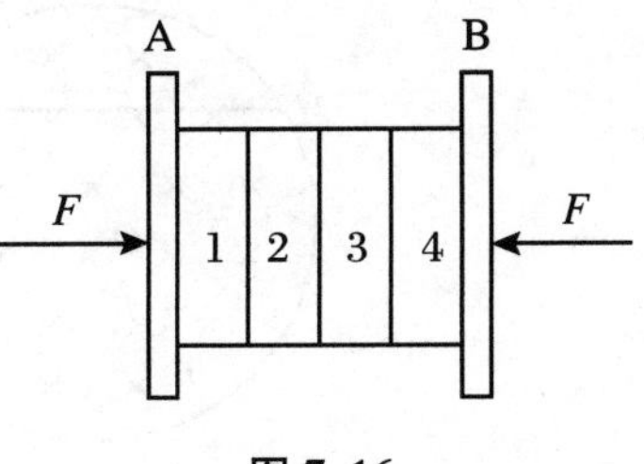

图 7.16

解析 此题将隔离法和整体法结合不难得到正确答案.但是,仔细观察就不难发现,图形有对称性,图形严格关于第二块砖和第三块砖的轴线对称,如图 7.17(a)所示.因此,第二块砖和第三块砖的受力情况也是对称的,所以砖块 2 和砖块 3 之间没有摩擦力,A 选项正确.

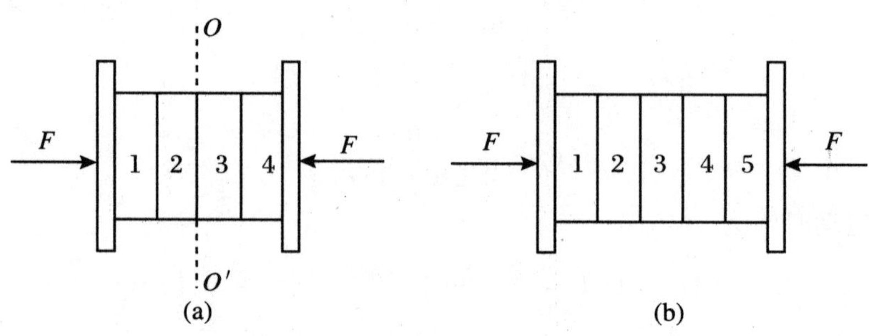

图 7.17

若用水平力压住 5 块砖，情况又如何呢？我们同样用对称性原理求解. 此时砖块 1、2 和砖块 4、5 关于砖块 3 对称，这时砖块 3 两边的受力情况一定相同，即都受竖直向上的摩擦力，大小为砖块重力的一半，即 $f=\frac{mg}{2}$.

要善于利用对称性解题，对称性成了解题的思维起点！用对称的观点审视和解答物理问题可以提高解题效率.

例 10 （2009 年清华大学自主招生）如图 7.18 所示，在半径为 r 的圆柱形区域内，充满与圆柱轴线平行的匀强磁场，一长为$\sqrt{3}r$ 的金属棒 MN 与磁场方向垂直地放在磁场区域内，棒的端点 MN 恰在磁场边界的圆周上. 已知磁感应强度 B 随时间均匀变化，其变化率为$\frac{\Delta B}{\Delta t}=k$，求 MN 中产生的电动势.

解析 MN 上有感应电动势，这种感应电动势无法直接计算. 但如果注意 MN 的长为$\sqrt{3}r$，结合题意，可虚构两根与 MN 完全相同的金属棒和 MN 棒一起刚好构成圆的内接正三角形，如图 7.19 所示. 根据法拉第电磁感应定律，这一闭合回路中的感应电动势为

$$E=\frac{\Delta \phi}{\Delta t}=\frac{\Delta B}{\Delta t}\cdot S=\frac{3\sqrt{3}}{4}kr^{2}.$$

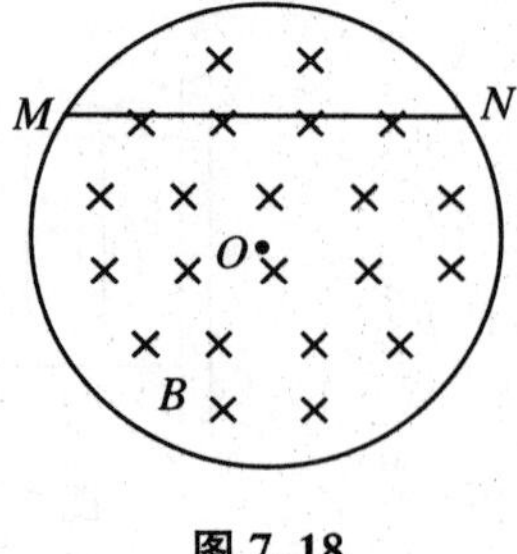

图 7.18

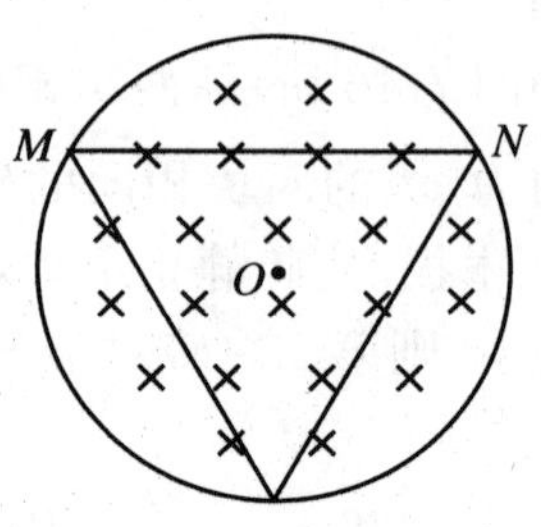

图 7.19

由对称性可知，MN 上的感应电动势占整个闭合回路中电动势的$\frac{1}{3}$，所以

$$E_{MN}=\frac{1}{3}E=\frac{\sqrt{3}}{4}kr^{2}.$$

用对称法把比较复杂的问题简洁明了地加以解决，这提高了解题的效率. 有时对称法成了解题的唯一方法或唯一途径.

例 11 如图 7.20 所示的 A、B、C、D、E、F 为匀强电场中一个正六边形的六个顶点，已知 A、B、C 三点的电势分别为 1 V、6 V、9 V，则 D、E、F 三点的电势分别为多少？

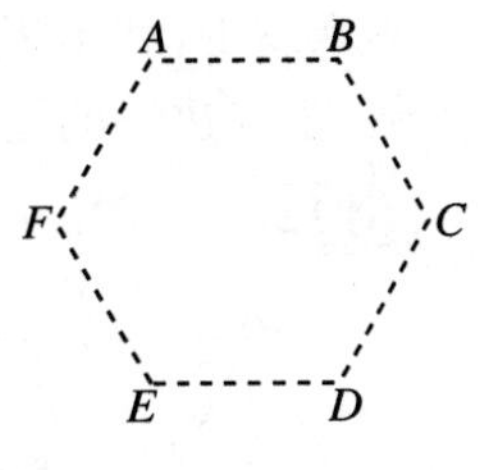

图 7.20

解析 根据正六边形的对称性和匀强电场中任意两条等长的平行线上电势差相等的原则，有

$$2U_{AB}=U_{FC}=\varphi_F-\varphi_C.$$

可得

$$\varphi_F=2U_{AB}+\varphi_C=2(\varphi_A-\varphi_B)+\varphi_C=-1\ \text{V}.$$

同理，有

$$U_{BC}=U_{FE}=\varphi_F-\varphi_E,$$
$$U_{AB}=U_{ED}=\varphi_E-\varphi_D.$$

可得

$$\varphi_E=\varphi_F-U_{BC}=\varphi_F-(\varphi_B-\varphi_C)=2\ \text{V},$$
$$\varphi_D=\varphi_E-U_{AB}=\varphi_E-(\varphi_A-\varphi_B)=7\ \text{V}.$$

下面再看几道利用对称法解题的例子，从中体会对称法解题带来的令人赏心悦目的感受. 显然，它已不仅仅限制在解题的范畴，是思维，是欣赏！

例 12 如图 7.21 所示，粗细均匀的电阻丝绕制成的矩形导线框 $abcd$ 处于匀强磁场中. 另一种材料的导体棒 MN 可与导体框保持良好接触并做无摩擦滑动. 当导体棒 MN 在外力作用下从导线框的左侧开始做匀速切割磁感线的运动一直到右端的过程中，导线框上消耗的电功率的变化情况可能为(　　).

A. 逐渐增大　　　　B. 先增大后减小

C. 先减小后增大　　D. 先增大后减小，再增大，再减小

解析 设 MN 电阻为 r，MN 在线框上匀速切割磁感线产生的电动势 E 不变，而导线框是外电路，其电阻变化关于 ad、bc 的中点对称，即外电阻在中点处具有最大值. 在闭合电路中外电路上消耗的电功率 P 与 R 的关系如图 7.22 所示.

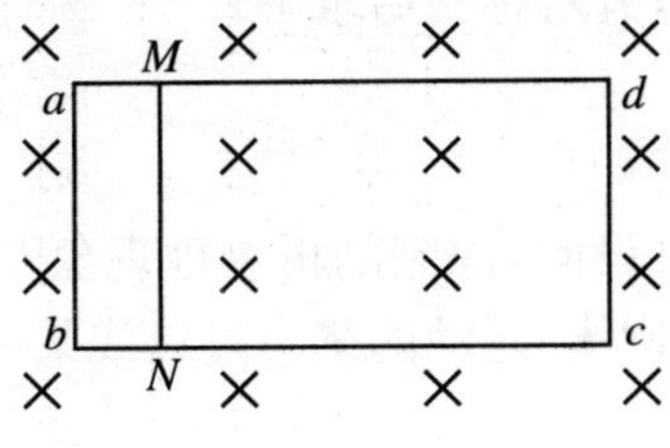

图 7.21

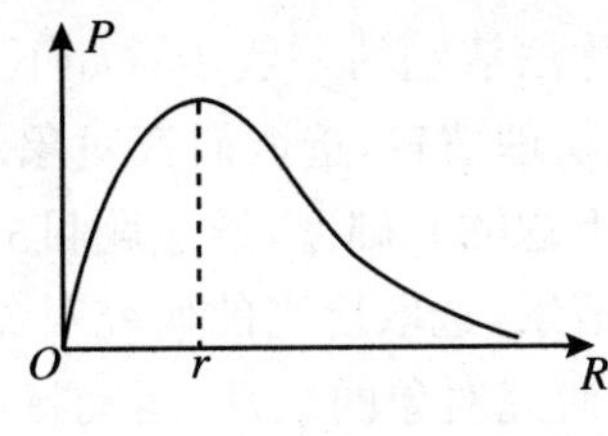

图 7.22

当 $R=r$ 时，P 有最大值，但由于 R 与 r 的关系不知，有三种可能情况：① R 的最大值 $R_{max}\leqslant r$，则 MN 在线框中点时，P 有最大值，即 P 是先增大后减小；② 外电阻的最大值 $R_{max}>r$，且外电阻的最小值 $R_{min}<r$，则 MN 在关于中点对称的两个位置上 $R=r$，P

具有最大值，也即 P 是先增大后减小，再增大接着再减小；③ 外电阻的最小值 $R_{min}>r$，则 MN 在线框中点时 P 具有最小值，即 P 是先减小后增大．综上所述，BCD 选项正确．

不难发现，利用矩形线框电阻变化的对称性是解答本题的关键．类似的对称变化在有关圆、正多边形的题目中经常出现．

例 13 （2013 年清华大学保送生考试）如图 7.23 所示，三根等长绝缘棒连成正三角形，每根棒上均匀分布等量同号电荷，测得 P、Q 两点（均为相应正三角形的中心）的电势分别为 U_P 和 U_Q，若撤去 BC 棒，则 P、Q 两点的电势为 $U'_P=$ ________，$U'_Q=$ ________．

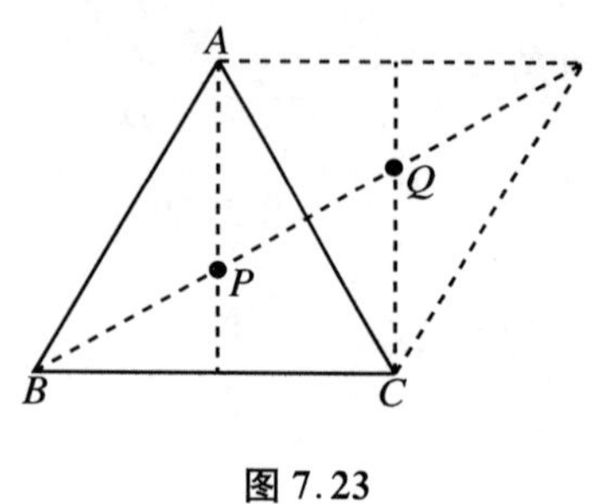

图 7.23

解析 根据对称性，AB、BC、AC 三棒在 P 点产生的电势及 AC 棒在 Q 点产生的电势相同，设为 U_1；AB、BC 棒在 Q 点产生的电势相同，设为 U_2．根据电势叠加原理，有

$$U_P = 3U_1, \quad ①$$

$$U_Q = U_1 + 2U_2. \quad ②$$

联立①②式，得

$$U_1 = \frac{1}{3}U_P,$$

$$U_2 = \frac{1}{2}U_Q - \frac{1}{6}U_P.$$

撤去 BC 棒后，P、Q 两点的电势分别变为

$$U'_P = 2U_1 = \frac{2}{3}U_P,$$

$$U'_Q = U_1 + U_2 = \frac{1}{2}U_Q + \frac{1}{6}U_P.$$

本题若是直接求解带电棒在 P、Q 两点产生的电势，在中学阶段是不可能的，但利用对称性进行求解却不是难事．

综上所述，利用事物的对称性解题，首先要找出题中哪些特征量具有对称性，如果有些问题表面不具有对称性，则可以将问题转化成具有对称性后求解．

利用对称法解题的一般步骤如下：

1．领会物理情景，选取研究对象．

在仔细审题的基础上，通过题目的条件、背景、设问，深刻剖析物理现象及过程，建立清晰的物理情景，选取恰当的研究对象，如运动的物体、运动的某一过程或某一状态．

2．透析研究对象的属性、运动特点及规律．

3．寻找研究对象的对称性特点．

在已有经验的基础上通过直觉思维，或借助对称原理的启发进行联想类比来分析挖掘研究对象在某些属性上的对称性特点，这是解题的关键环节．

4．利用对称性特点，依物理规律对题目求解．

例 14 (1997 年高考上海卷)单色细光束射到折射率 $n=\sqrt{2}$的透明球的表面,光束在球心的平面内,入射角 $i=45^\circ$,研究经折射进入球内后又经内表面反射一次,再经球面折射后的光线,如图 7.24 所示(图上已画出入射光和出射光).

(1) 在图上大致画出光线在球内的路径.

(2) 求入射光与出射光之间的夹角 α.

(3) 如果入射的是一束白光,透明球的色散情况与玻璃相仿,问哪种颜色光的 α 角最大,哪种颜色光的 α 角最小?

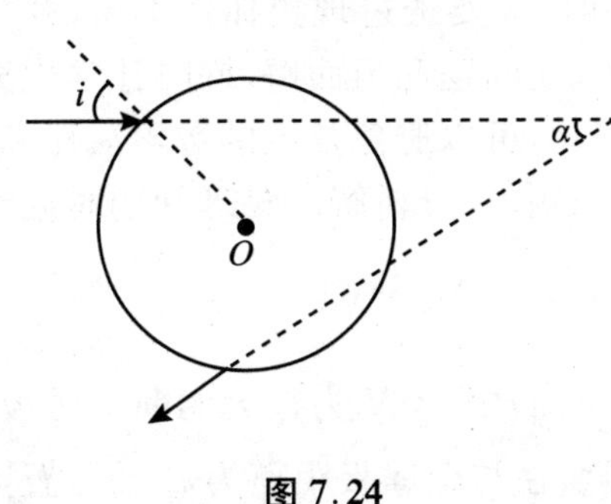

图 7.24

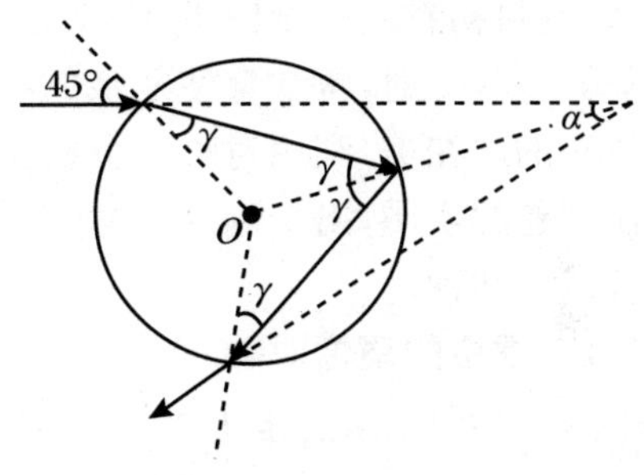

图 7.25

解析 (1) 已知入射光和出射光,所以光在三个界面上改变了传播方向,光线在内表面反射时具有对称性,折射光与入射光具有可逆性,由此可作出光路图,如图 7.25 所示.

(2) 根据折射定律,有

$$n=\frac{\sin i}{\sin \gamma}.$$

解得

$$\gamma=30^\circ.$$

根据几何关系及对称性,有

$$\gamma=(i-\gamma)+\frac{\alpha}{2}.$$

解得

$$\alpha=30^\circ.$$

(3) 红光 α 最大,紫光 α 最小.

其实在高中物理中经常能遇到大量的对称性问题,可以用对称的手法通过作图、等效化简等办法简化问题,找出对称的要素,达到解决问题的目的.通过对称性问题的研究,能得到一些学习规律和方法.通过对称性问题的研究,可以认识到丰富多彩的自然界中包含着大量对称的事实,了解事物的内在规律.能感受各种对称问题的出现,其中包含了稳定与和谐.对称性问题多种多样,有运动路径对称、研究对象的对称分布、坐标系中图像的对称、质心不变中的动量守恒、等效电路和力的平衡、非对称问题用对称性手段处理等.

7.2 对称法例题精析

日常生活中对称美屡见不鲜，广泛存在于各种事物之中，镜像对称、时间对称、图形对称、结构对称、点阵对称、谐振对称、旋转对称等.在物理试题中迷人的对称现象也经常出现，有些题目初看起来难以下手，其实分析解决时，只要透过现象抓住本质，利用对称的特点采取一些变通，常常会使复杂的问题简单化，使问题迎刃而解，同时让学生充分感受物理学科的内在美.利用对称法分析解决物理问题，可以避免复杂的数学演算和推导，直接抓住问题的实质，出奇制胜，快速简便地求解问题.在分析解决物理问题时遇到的对称问题有以下几种.

7.2.1 虚拟的镜像对称

例 1 (2013 年清华大学夏令营)在图 7.26(a)中，MN 为很大的薄金属板(可理解为无限大)，金属板原来不带电，在金属板的右侧，在与金属板距离为 d 的位置上放入一个带正电、电荷量为 q 的点电荷，由于静电感应产生了如图 7.26(a)所示的电场分布，P 是位于点电荷右侧、与点电荷之间的距离也为 d 的一个点，几位同学想求出 P 点的电场强度大小，但发现问题很难，经过仔细研究，从图 7.26(a)所示的电场得到了一些启示，经过查阅资料他们知道，图 7.26(a)所示的电场分布与图 7.26(b)中虚线右侧的电场分布是一样的，图 7.26(b)中两异号点电荷量的大小均为 q，它们之间的距离为 $2d$，虚线是两点电荷连线的中垂线，由此他们分别求出了 P 点的电场强度大小，一共有以下四个不同的答案(答案中 k 为静电力常量)，其中正确的是( ).

A. $\dfrac{8kq}{9d^2}$ B. $\dfrac{kq}{d^2}$ C. $\dfrac{3kq}{4d^2}$ D. $\dfrac{10kq}{9d^2}$

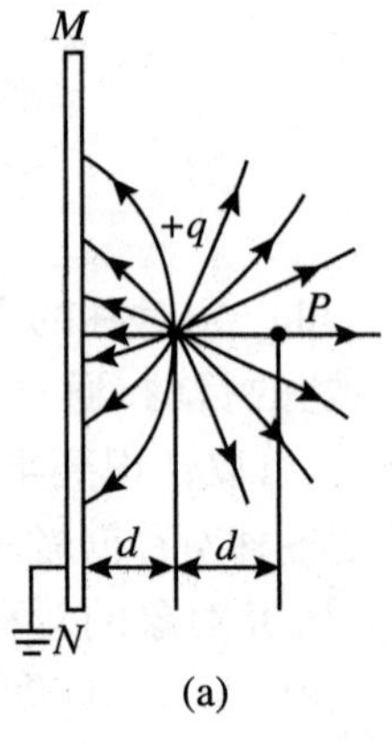

(a)

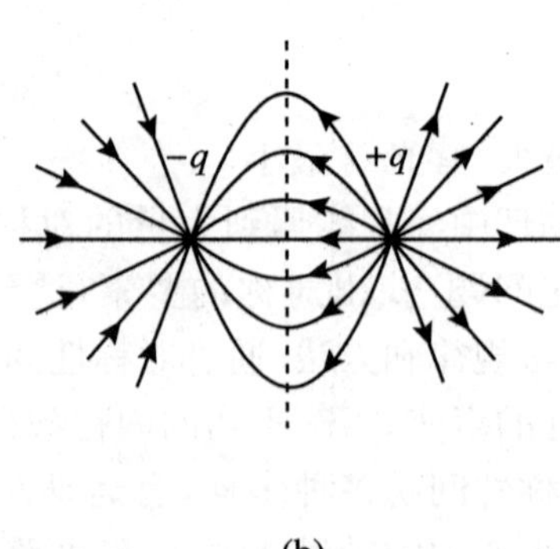

(b)

图 7.26

解析 比较图 7.26(a)所示的电场线分布特点与两个等量异号点电荷电场的电场线分布特点，可以设想把金属板右表面的感应电荷用一距金属板左表面为 d、电荷量

为 $-q$ 的点电荷替代.所以 $E=k\dfrac{q}{d^2}-k\dfrac{q}{(3d)^2}=\dfrac{8kq}{9d^2}$,A 选项正确.

视板如镜,凸显对称性,这样就把问题化难为易了.

7.2.2 延续的时间对称

例 2 某质点做简谐运动,从平衡位置 O 开始计时,经 0.2 s 第一次到达 M 点,如图 7.27 所示.再经过 0.1 s 第二次到达 M 点,求它再经多长时间第三次到达 M 点?

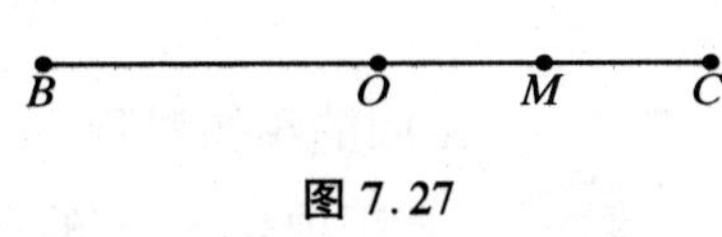

图 7.27

解析 第一种情况,质点由 O 点经过 $t_1=0.2$ s 直接到达 M 点,再经过 $t_2=0.1$ s 由 C 点回到 M 点.由对称性可知,质点由 M 点到达 C 点所需要的时间与由 C 点返回 M 点所需要的时间相等,所以质点由 M 点到达 C 点的时间为 $t'=\dfrac{t_2}{2}=0.05$ s,由 O 点到达 C 点的时间为从 O 点到达 M 点和从 M 点到达 C 点的时间之和,这一时间恰好是 $\dfrac{T}{4}$,所以该振动的周期为 $T=4(t_1+t')=1$ s,质点第三次到达 M 点的时间为 $t_3=\dfrac{T}{2}+2t_1=0.9$ s.

第二种情况,质点由 O 点向 B 点运动,然后返回到 M 点,历时 $t_1=0.2$ s,再由 M 点到达 C 点又返回 M 点的时间为 $t_2=0.1$ s.设振动周期为 T,由对称性可知 $t_1-\dfrac{T}{4}+\dfrac{t_2}{2}=\dfrac{T}{2}$,所以 $T=\dfrac{1}{3}$ s.质点第三次到达 M 点的时间为 $t_3=T-t_2=\dfrac{7}{30}$ s.

弄清简谐运动的速度和时间的对称性是解题的关键.

7.2.3 完全的图形对称

例 3 如图 7.28 所示,虚线两侧的磁感应强度均为 B,但方向相反.电阻为 R 的导线弯成顶角为 90°、半径为 r 的两个扇形组成的回路,O 为圆心,整个回路可绕 O 点转动.若由图示的位置开始沿顺时针方向以角速度 ω 转动,则在一个周期内电路释放的电能为________.

解析 由图 7.29(a)、(b)的对称性可知:整个回路在绕 O 点旋转一个周期时,有

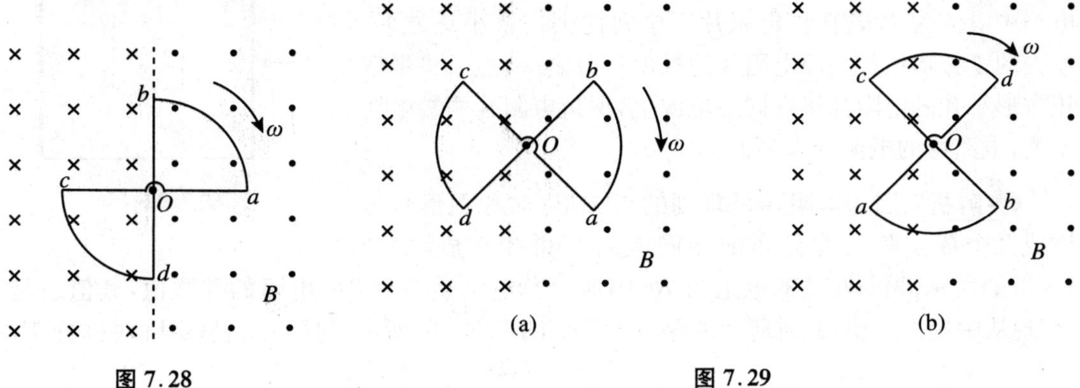

图 7.28

图 7.29

一半时间能释放电能．回路在释放电能时，产生的感应电动势为

$$E = 4 \times \frac{1}{2} B r^2 \omega = 2 B r^2 \omega .$$

释放的电能为

$$W = \frac{E^2}{R} \cdot \frac{T}{2} = \frac{4\pi B^2 r^4 \omega}{R} .$$

7.2.4 空间的结构对称

例 4 把阻值均为 R 的三根相同的均匀电阻丝都弯曲成圆环形，然后两两正交地焊接成如图 7.30 所示的网络，求 A、B 两节点之间的电阻 R_{AB}．

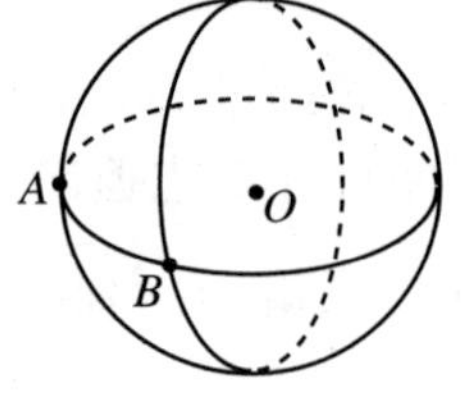

图 7.30

解析 此网络中每一段为四分之一圆弧，电阻 $r = \frac{R}{4}$．因网络相对 AB 节点具有上、下对称性，故可把上、下合并简化为如图 7.31(a)所示的平面网络．若 AB 节点之间有电流 I，根据对称性有 $I_{AO} = I_{BO}$，$I_{DO} = I_{CO}$．故可以把 O 点拆开，进一步简化为图 7.31(b)所示的电路．再把图 7.31(b)所示的电路转换成图 7.31(c)所示的电路．所以 AB 间的等效电阻为 $R_{AB} = \frac{5}{12} r = \frac{5}{48} R$．

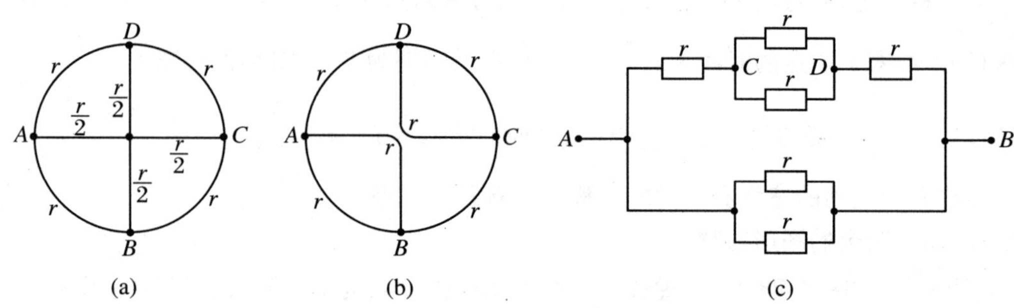

图 7.31

可见，对称性在电路简化中起到了重要的作用．

7.2.5 奇妙的点阵对称

例 5 正方形薄片电阻如图 7.32 所示接在电路中，电路中电流为 I．若在该电阻片正中间挖去一个小正方形，挖去的正方形边长为原电阻片边长的三分之一，然后将带有正方形小孔的电阻片接在同一电源上，保持电阻片两端电压不变，电路中的电流变为多少？

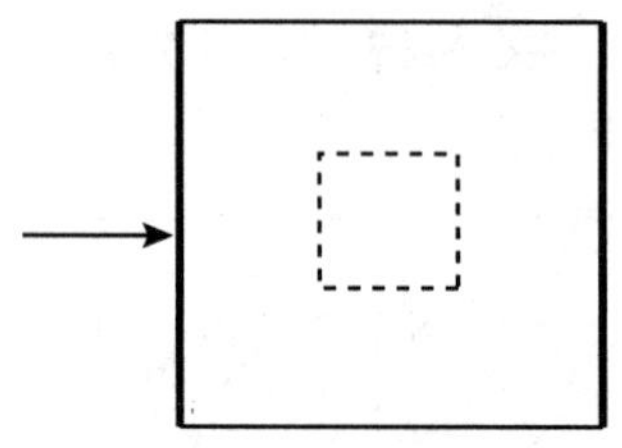

图 7.32

解析 因为电阻片呈规则的正方形(对称图形)，可看成九个成点阵对称分布的相同电阻片拼接而成，如图 7.33(a)所示．设每小块的电阻为 R，则薄片总电阻是 3 个 $3R$ 电阻的并联值，其值也是 R．现从中挖去一块，此时薄片的等效电阻如图 7.33(b)所示．电阻片仍呈点阵对称分布，

根据对称性不难求得其阻值是$\frac{7}{6}R$，故 $I'=\frac{U}{\frac{7}{6}R}=\frac{6}{7}I$.

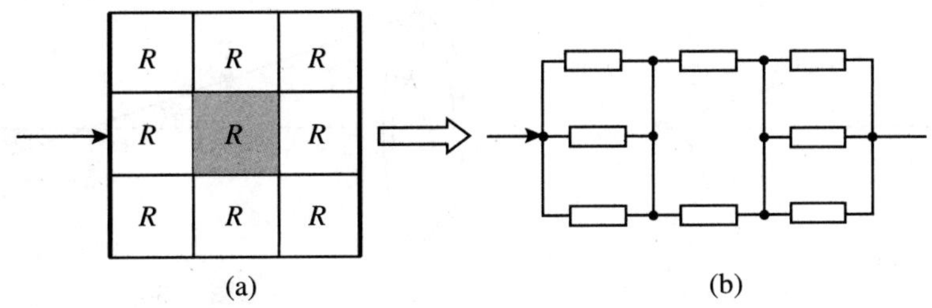

图 7.33

把电阻片呈现的规则图形简化为 9 个成点阵对称分布的相同电阻片拼接而成的电路是成功破题的关键.

7.2.6 缺失的谐振对称

例 6 如图 7.34 所示，轻弹簧的一端固定在地面上，另一端与木块 B 相连，木块 A 放在木块 B 上，两木块质量均为 m，在木块 A 上施有竖直向下的力 F，整个装置处于静止状态.

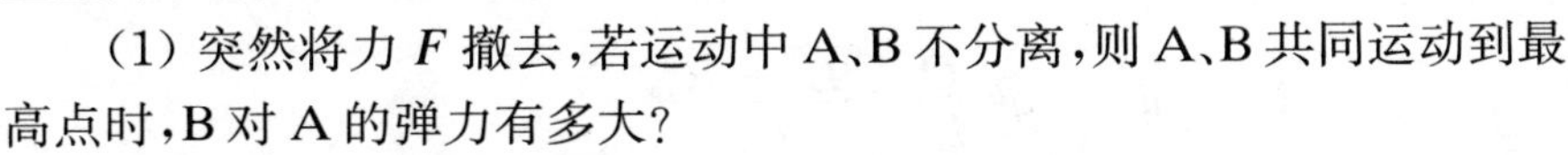

(1) 突然将力 F 撤去，若运动中 A、B 不分离，则 A、B 共同运动到最高点时，B 对 A 的弹力有多大?

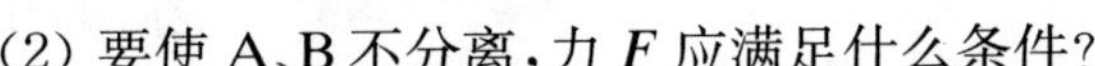

(2) 要使 A、B 不分离，力 F 应满足什么条件?

图 7.34

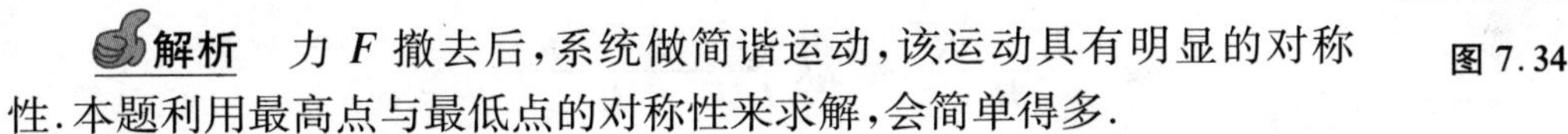

解析 力 F 撤去后，系统做简谐运动，该运动具有明显的对称性. 本题利用最高点与最低点的对称性来求解，会简单得多.

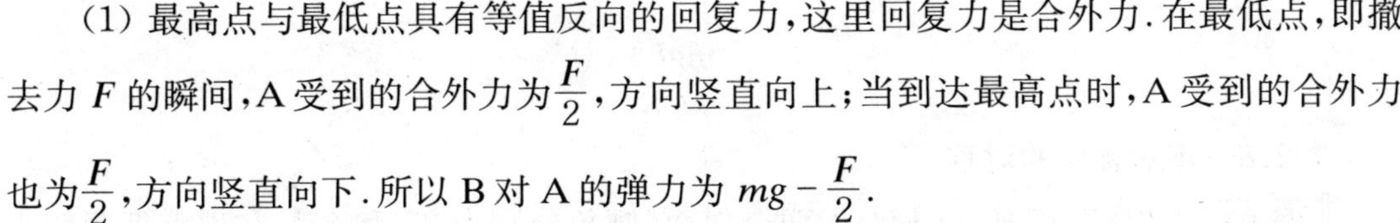

(1) 最高点与最低点具有等值反向的回复力，这里回复力是合外力. 在最低点，即撤去力 F 的瞬间，A 受到的合外力为$\frac{F}{2}$，方向竖直向上；当到达最高点时，A 受到的合外力也为$\frac{F}{2}$，方向竖直向下. 所以 B 对 A 的弹力为 $mg-\frac{F}{2}$.

(2) 力 F 越大越容易分离，讨论临界情况，也利用最高点与最低点回复力的对称性. 在最高点时，A、B 间虽接触但无弹力，A 只受重力，故此时回复力向下，大小为 mg. 那么在最低点时，即撤去力 F 的瞬间，A 受的回复力也应为 mg. 根据前面的分析，此时回复力为$\frac{F}{2}$，即$\frac{F}{2}=mg$. 可得 $F=2mg$. 所以，使 A、B 不分离的条件是 $F\leqslant 2mg$.

7.2.7 全解的旋转对称

例 7 如图 7.35 所示，半径为 R 的均匀带电圆环位于竖直平面内，带电量为 Q. 一个质量为 m 的小球由长为 L 的绝缘细线悬挂在圆环的最高点 A. 当小球也带上同种电荷时，可在垂直圆环平面的对称轴 OO' 上处于平衡状态，求小球的带电量 q.

解析 O'处的带电小球在重力 mg、绳的拉力 T 和电场力 F 三个力的作用下处于平衡状态，如图 7.36 所示，则有

$$F = mg\cot\theta = mg\frac{OO'}{R} = mg\frac{\sqrt{L^2 - R^2}}{R}.$$

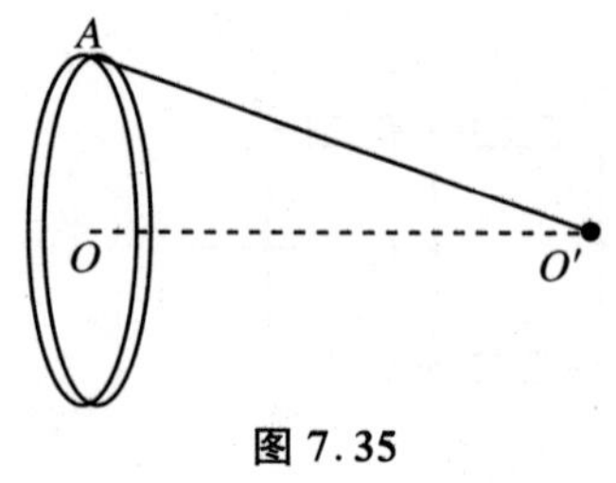

图 7.35

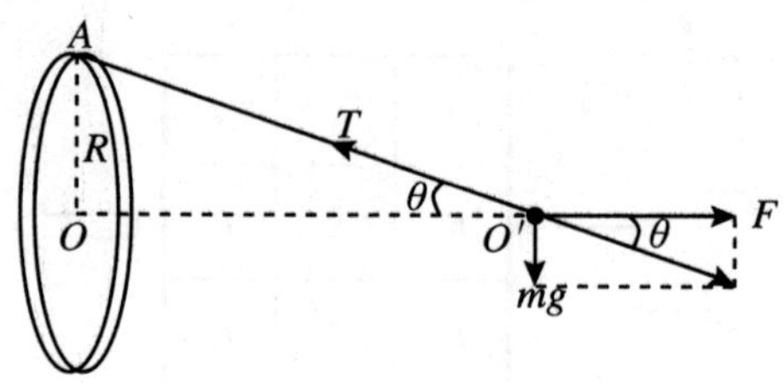

图 7.36

圆环上任何一点 A 都能找到与之对称的一点 A'，它们在 O' 点产生的电场强度垂直于中心轴的分量一一抵消，而沿轴线的分量互相加强. 设圆环被分成 n 等份，每份的电量为 $q_0 = \frac{Q}{n}$. q_0 在 O' 点产生的电场强度为 $E_0 = k\frac{q_0}{L^2}$，整个圆环在 O' 点产生的电场强度为

$$E = nE_0\cos\theta = k\frac{Q}{L^2}\frac{\sqrt{L^2 - R^2}}{L}.$$

所以，带电小球受到的电场力为

$$F = qE = qk\frac{Q}{L^2}\frac{\sqrt{L^2 - R^2}}{L}.$$

所以

$$mg\frac{\sqrt{L^2 - R^2}}{R} = qk\frac{Q}{L^2}\frac{\sqrt{L^2 - R^2}}{L}.$$

解得

$$q = \frac{mgL^3}{kQR}.$$

7.2.8 不对称中的对称

例 8 如图 7.37 所示，相对的两个斜面，倾角分别为 37°和 53°，在顶点把两个小球以同样大小的初速度分别向左、右水平抛出，小球都落在斜面上. 若不计空气阻力，则 A、B 两个小球运动时间之比为（　　）.

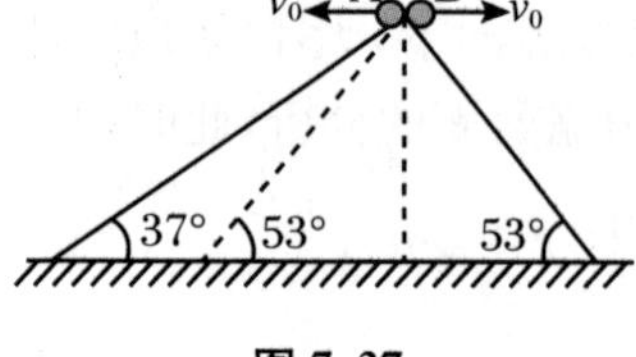

图 7.37

A. 1∶1　　B. 4∶3

C. 16∶9　　D. 9∶16

解析 在图中对称地做出 53°斜面，设想 A、B 皆以 v_0 水平向左向右抛出，显然 A 球必先碰到 37°斜面，故 $t_A < t_B$，用排除法可得 D 选项正确.

对称是自然界广泛存在的一种现象，它显示出物质世界的和谐、优美和均衡. 物质有正、反之分，电荷有正、负之分，磁极有南、北之分，磁生电、电生磁. 对称性广泛存在于物理现象、物理规律之中. 对称本来是指图形或物体对某个点、区域或平面而言，在大小、形

状和排列上具有一一对应关系.现在对称的意义已大大延伸,如图像对称、物理规律对称等.在考虑物理问题时,一旦确定了某个对称特征,往往可以得到一些简捷的解题方法而免去一些烦琐的数学计算,并使问题的物理实质得以更清楚地展现,同时会使思维更加理性化、科学化,还会给我们美的启迪.

7.3 对称法思维训练

1. 如图7.38所示,m_1、m_2、m_3为质量相等的三个弹性小球,m_1、m_2分别悬挂在$l_1=1$ m,$l_2=0.25$ m的细线上,它们刚好跟光滑水平面接触而不挤压,m_1、m_2相距10 cm,m_3从m_1和m_2连线中点处以$v=5$ cm/s的速度向右运动,则m_3将与m_1和m_2反复做弹性碰撞(碰后两球交换速度)而来回运动,若取中心位置O为坐标原点,从该位置向右运动开始计时并取向右为正,试在坐标上画出m_3在两个周期内的运动图像.

2. 一吊桥由6对钢杆悬吊着,6对钢杆在桥面上分两排,其上端挂在两根钢缆上,图7.39为一截面图,已知图中相邻杆距离均为9 m,靠桥面中心的钢杆长度为2 m(即$AA'=DD'=2$ m),$BB'=EE'$,$CC'=PP'$,又已知两端钢缆与水平面成45°角,若钢杆自重不计,为使每根钢杆承受负荷相同,求每根钢杆的长度.

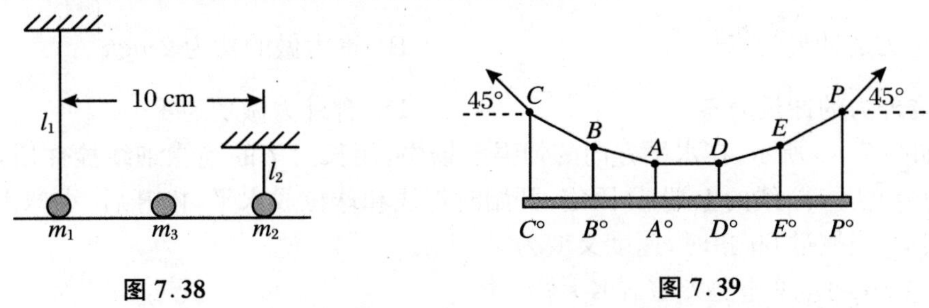

图7.38　　图7.39

3. 图7.40是由12根电阻均为R的导线组成的方网络,求节点AB、AC、AD间的电阻R_{AB}、R_{AC}、R_{AD}.

4. 6根互相绝缘的导线,在同一平面内组成4个相等的正方形,导线中通以大小相同的电流,方向如图7.41所示.在这4个正方形区域中,指向纸面内且磁通量最大的区域是哪个?(　　)

A. Ⅰ　　B. Ⅱ　　C. Ⅲ　　D. Ⅳ

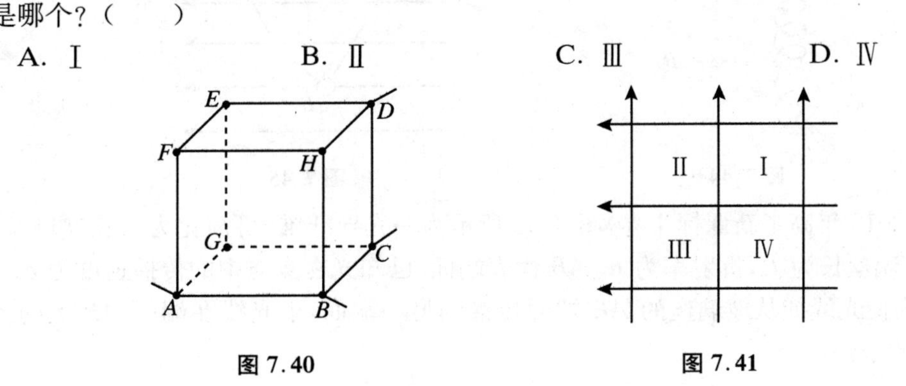

图7.40　　图7.41

5. 空间有 8 个点，任意 2 个点之间都连接一个 12 Ω 的电阻，求任意两点间的等效电阻.

6. 如图 7.42 所示，电流从 A 点进入对称的、上下电阻不同($R_上>R_下$)的环形分路，汇集于 B 点，则中心 O 处的磁感应强度方向指向何处？

7. 沿水平方向向一堵竖直光滑的墙壁抛出一个弹性小球 A，抛出点距水平地面的高度为 h，距墙壁的水平距离为 s，小球与墙壁发生弹性碰撞后，落在水平地面上，落地点距墙壁的水平距离为 $2s$，如图 7.43 所示. 求小球抛出时的初速度.

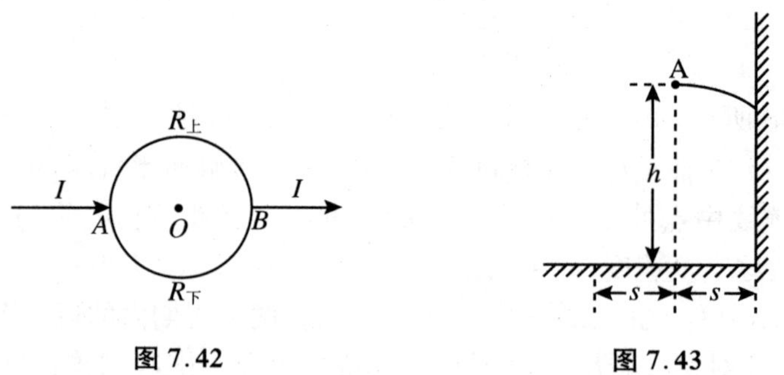

图 7.42　　图 7.43

8. 如图 7.44 所示，一竖直放置的弹簧振子，以 O 为平衡位置，在 A、B 间做简谐运动. 振子的质量为 m、周期为 T，C 为 AO 的中点. 已知 $OC=h$，某时刻振子恰好经过 C 点向上运动，则从此时刻开始的半个周期内，下列说法正确的是(　　).

A. 重力的冲量为$\frac{mgT}{2}$　　B. 重力做的功为 $2mgh$

C. 合外力的冲量为零　　D. 合外力做功为零

9. 如图 7.45 所示，在水平方向的匀强电场中，用长为 l 的绝缘细线拴住质量为 m、带电量为 q 的小球，线的上端 O 固定，开始时将线和球拉成水平，松开后，小球由静止开始向下摆动，当摆过 60°角时，速度又变为零. 求：

(1) A、B 两点的电势差 U_{AB} 多大？

(2) 电场强度多大？

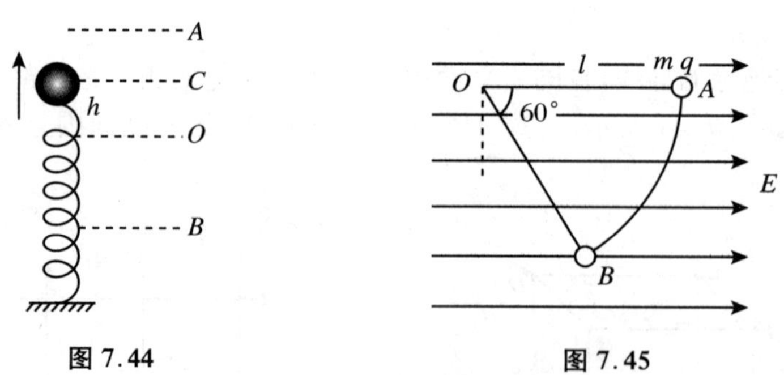

图 7.44　　图 7.45

10. (2013 年高考新课标Ⅰ卷)图 7.46 所示为一光导纤维(可简化为一长玻璃丝)的示意图，玻璃丝长为 L，折射率为 n，AB 代表端面. 已知光在真空中的传播速度为 c.

(1) 为使光线能从玻璃丝的 AB 端面传播到另一端面，求光线在端面 AB 上的入射角应满足的条件.

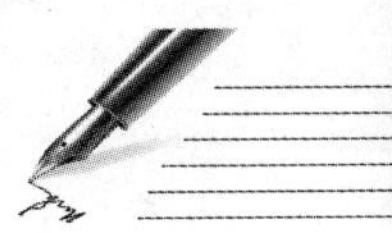

(2) 求光线从玻璃丝的 AB 端面传播到另一端面所需的最长时间.

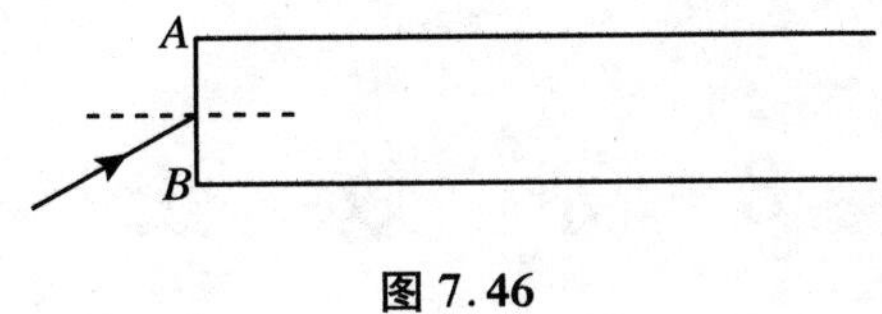

图 7.46

7.4 对称法思维训练参考答案

1. 图像如图 7.47 所示.

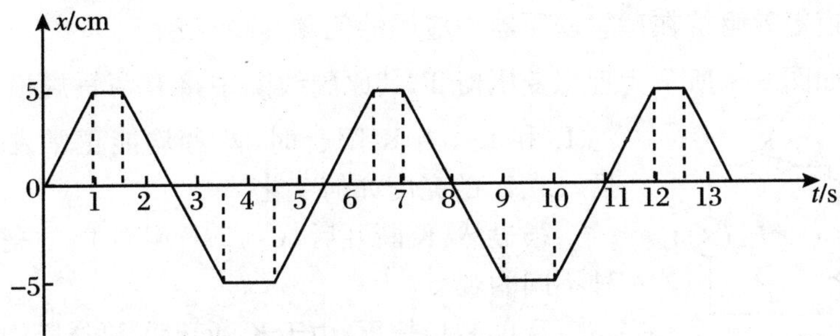

图 7.47

2. $BB' = EE' = 5\ \text{m}, CC' = PP' = 11\ \text{m}$

3. $R_{AB} = \frac{7}{12}R, R_{AC} = \frac{3}{4}R, R_{AD} = \frac{5}{6}R$

4. A

5. 3 Ω

6. 垂直纸面向外

7. $v_0 = 3s\sqrt{\frac{g}{2h}}$

8. ABD

9. (1) $U_{AB} = -\frac{\sqrt{3}mgl}{2q}$ (2) $E = \frac{\sqrt{3}mg}{q}$

10. (1) $\sin i \leqslant \sqrt{n^2 - 1}$ (2) $T_{\max} = \frac{Ln^2}{c}$

8 等 效 法

8.1 等效法概述

首先看一道等效阻抗在理想变压器中应用的例题.

例 1 如图 8.1 所示为理想变压器 T,其原副线圈中接有两只规格完全相同的灯泡 L_1 和 L_2,当 K 闭合时,两者均能正常发光,问 K 断开后,L_1、L_2 的亮度如何变化?

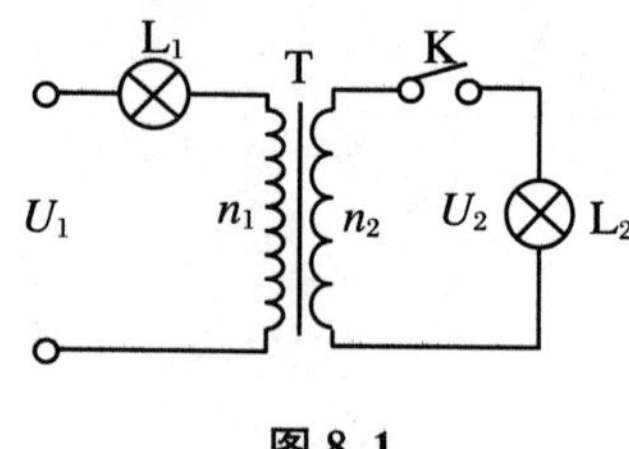

图 8.1

很显然,K 断开后,L_2 熄灭;但对 L_1 的亮度变化却有两种不同的观点.

观点 1:L_1 熄灭.由于 K 断开后,副线圈中的电流 $I_2=0$,故原线圈中的电流 $I_1=\frac{n_2}{n_1}I_2=0$.

观点 2:L_1 变得更亮.因为 K 断开后,原线圈中必有空载电流;而此时副线圈输出功率为零,这样电流输出功率全部都转移到 L_1 上,致使 L_1 变得更亮(如果通过 L_1 的电流过大,可能还会导致原线圈中接有的灯泡 L_1 烧毁).

那么,以上两种观点哪一种符合客观事实呢?

解析 由图 8.2(a)可知,当接于理想变压器副线圈两端的负载电阻 R_L 变化时,I_2 变化,I_1 也随之变化,也就是说,R_L 虽接在副线圈电路中,却间接影响着原线圈中的电流.因此,R_L 对原线圈所在电路的影响,可以用一个接在原线圈所在电路中的等效电阻 R_L' 代替,如图 8.2(b)所示.

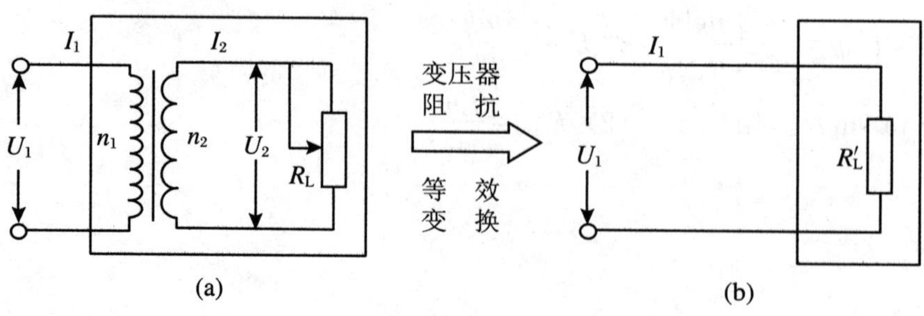

图 8.2

由图 8.2(a)可知

$$U_1 = \frac{n_1}{n_2}U_2, \quad ①$$

$$I_1 = \frac{n_2}{n_1}I_2, \quad ②$$

$$R_L = \frac{U_2}{I_2}. \quad ③$$

由图 8.2(b)可知

$$R_L' = \frac{U_1}{I_1}. \quad ④$$

联立①～④式,得

$$R_L' = \left(\frac{n_1}{n_2}\right)^2 R_L.$$

从以上分析可知,我们可以把接入理想变压器副线圈上的负载总电阻 R_L 对原线圈所在电路的影响,通过等效阻抗原理直接用一个接于电路的等效阻抗来代替,它的具体等效阻抗值为 $R_L' = \left(\frac{n_1}{n_2}\right)^2 R_L$.

根据等效阻抗原理可知,在理想变压器中,当接于副线圈上的负载电阻值 R_L 变化时,R_L' 也随之变化.在如图 8.1 所示的问题中,当 K 断开后,$R_L \to \infty$,必导致 $R_L' \to \infty$.所以有 $I_1 = \frac{U_1}{R_L'} \to 0$,即图 8.1 中理想变压器负载电阻断开后,原线圈中的空载电流趋向于零.因此,在文中所提出的疑问中,流过的电流 I_1 为零,故 L_1 灭,即观点 1 正确.下面是这样的等效模型的具体应用.

例 2 如图 8.3 所示为一理想变压器,其原、副线圈的匝数之比为 4∶1,图中的 5 只灯泡完全相同,若 B、C、D、E 均能正常发光,则以下说法正确的是( ).

A. 灯泡 A 两端的电压为 U_1

B. 灯泡 A 端的电压为 $U_1/5$

C. 灯泡 A 能正常发光

D. 灯泡 A 不能正常发光

解析 设各灯泡电阻为 R,则接于副线圈上的总负载电阻为 $R_L = \frac{R}{4}$,根据等效阻抗原理,可把图 8.3 简化为图 8.4,其中在虚线框内的等效阻抗 $R_L' = \left(\frac{n_1}{n_2}\right)^2 R_L = \left(\frac{4}{1}\right)^2 \cdot \frac{R}{4} = 4R$,由分压原理可知,加在 A 两端的电压为 $U_1/5$,理想变压器原线圈两端的电压为 $4U_1/5$,即灯泡 A 能正常发光.故正确的答案为 BC.

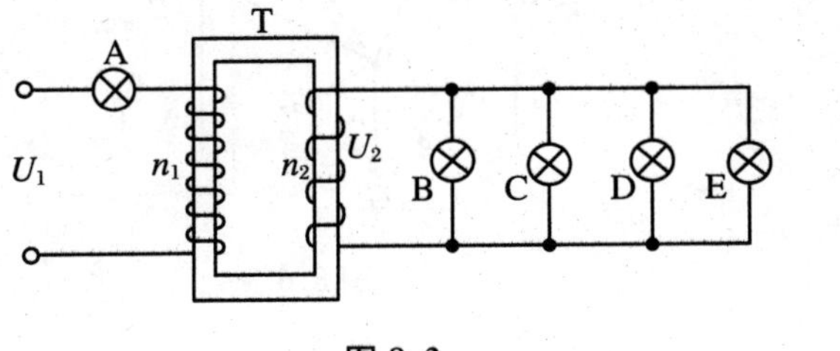

图 8.3

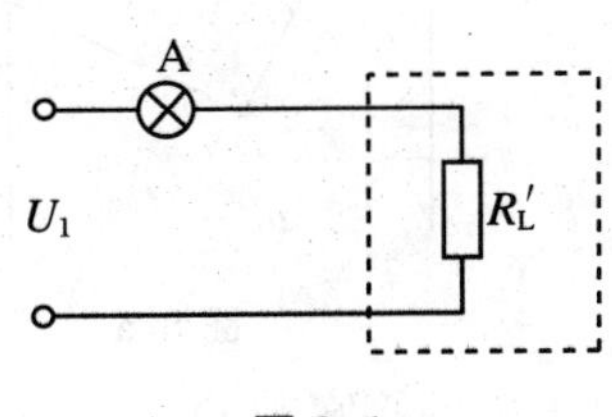

图 8.4

上面的问题用等效法顺利得到了解决."等效"思想是研究和解决物理学问题的一种很重要的思想.

在一些物理问题中,一个过程的发展、一个状态的确定,往往是由多个因素决定的,在这一决定中,若某些因素所起的作用和另一些因素所起的作用相同,则前一些因素与后一些因素是等效的,它们便可以互相代替,而对过程的发展或状态的确定,最后结果并不受影响,这种以等效为前提而使某些因素互相代替来研究问题的方法就是等效法.等效法是指从效果相同出发,对所研究的对象提出一些方案进行研究以简化求解过程的一种方法.

很多物理问题用等效法进行求解的时候,变得简单明了;若不用等效法,问题则变得非常复杂,甚至很难得到答案.

例 3 (2011 年卓越联盟自主招生)如图 8.5 所示,两段不可伸长细绳的一端分别系于两竖直杆上的 A、B 两点,另一端与质量为 m 的小球相连.已知 A、B 两点高度相差 h,$\angle CAB=\angle BAD=37^\circ$,$\angle ADB=90^\circ$,重力加速度为 g.现使小球发生微小摆动,则小球摆动的周期为(　　).

A. $\pi\sqrt{\dfrac{17h}{3g}}$　　B. $\dfrac{\pi}{2}\sqrt{\dfrac{85h}{3g}}$　　C. $\pi\sqrt{\dfrac{h}{g}}$　　D. $2\pi\sqrt{\dfrac{h}{g}}$

解析 此题用常规法须考虑三维空间,现把图中的模型等效成异型单摆模型.根据题设条件,可得$\triangle CAB\cong\triangle DAB$,则 $BD=BC=h$.过 D 点向 AB 作垂线,交 AB 于 E 点,如图 8.6 所示,DE 即为等效单摆的摆长,其长度为

$$L'=BD\cos\angle BDE=h\cos 37^\circ.$$

摆球在平衡位置时,把摆球的重力 G 分解为与 AB 垂直的分力 G_1 和与 AB 平行的分力 G_2,则 $G_1=G\cos 37^\circ$,等效重力加速度为

$$g'=\frac{G_1}{m}=g\cos 37^\circ.$$

因而摆球发生微小摆动时的周期为

$$T=2\pi\sqrt{\frac{L'}{g'}}=2\pi\sqrt{\frac{h}{g}}.$$

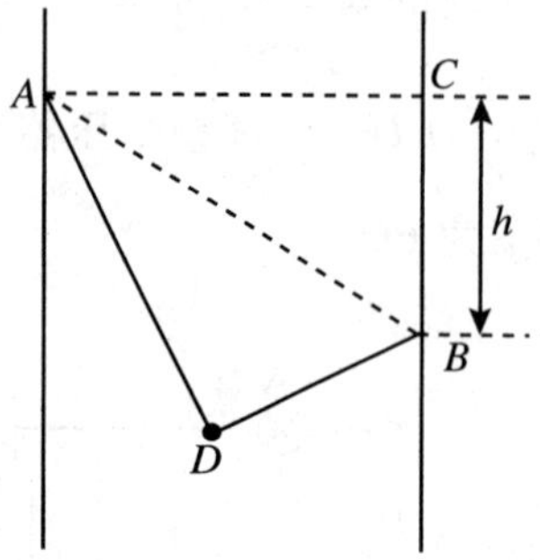

图 8.5

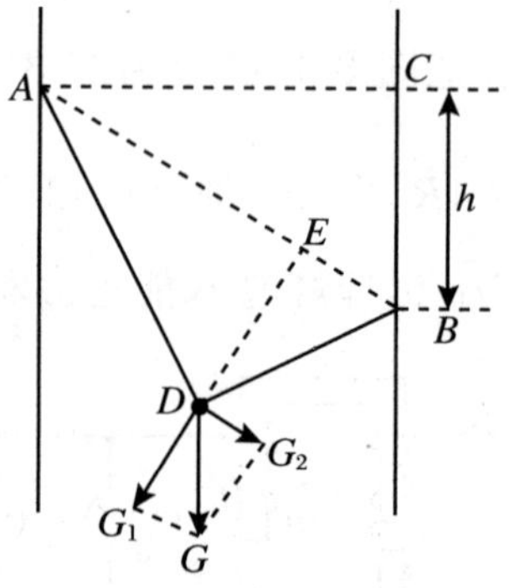

图 8.6

故正确的答案为 D.

例 4 如图 8.7 所示，正方形线圈 $abcd$ 绕垂直于匀强磁场的过 ad 边的固定轴 OO' 匀角速转动，磁感应强度为 B，角速度为 ω，已知正方形线圈每边长为 L，每边电阻值为 R，现将 a、d 两点通过阻值为 R 的电阻连接，求通过电阻 R 的电流.

解析 金属线圈 $abcd$ 绕 OO' 转动时，产生的是交流电，感应电动势的有效值为 $E=\frac{E_m}{\sqrt{2}}=\frac{BL^2\omega}{\sqrt{2}}$. 下面要注意的是不能把整个金属线圈 $abcd$ 都看作电源，这里切割磁感线的仅仅是 bc 边，故这个电路的等效电路如图 8.8 所示，其中电源电动势 $E=\frac{BL^2\omega}{\sqrt{2}}$，电源内阻 $r=R$，$I=\frac{E}{3R+\frac{R}{2}}=\frac{\sqrt{2}BL^2\omega}{7R}$，通过电阻 R 的电流为 $I_R=\frac{I}{2}=\frac{\sqrt{2}BL^2\omega}{14R}$.

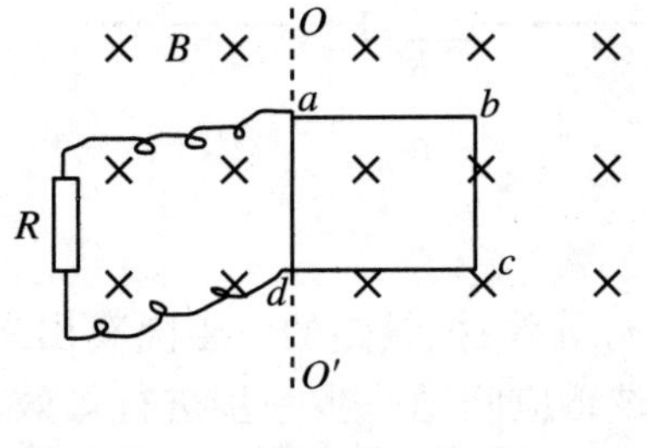

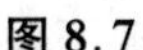
图 8.7

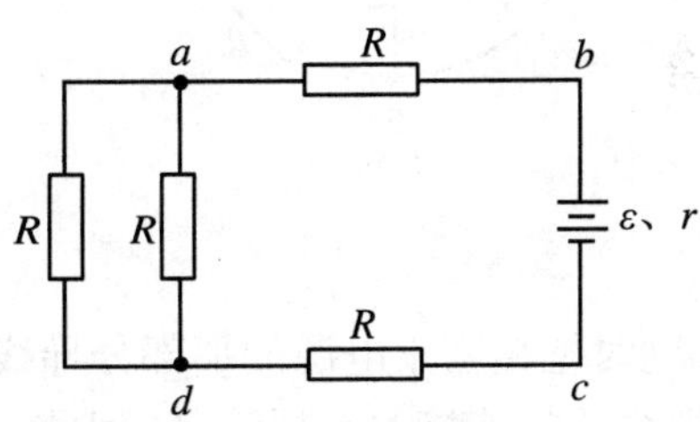

图 8.8

所以，在电磁感应现象中，正确分析相当于电源的那部分导体、画出等效电路是解决问题的关键.

例 5 如图 8.9 所示，平面上安放一个金属圆环，过其圆心 o 在环上搁一根金属棒 ab，ab 之长恰等于圆环的直径 D，ab 可绕固定于 o 点的垂直环面的轴转动，转动时 a、b 端始终与环保持良好的接触，在 o 点和环之间再接上一根金属棒 oc，它的长度等于环的半径. 以上金属环和两根金属棒都是相同金属丝制成的. 现垂直圆环面加上磁感应强度为 B 的匀强磁场，使 ab 绕 o 点以角速度 ω 顺时针匀速旋转，且旋转不受 oc 棒的影响，等到 ab 转到如图 8.9 所示的位置时，求 o、c 之间的电势差.

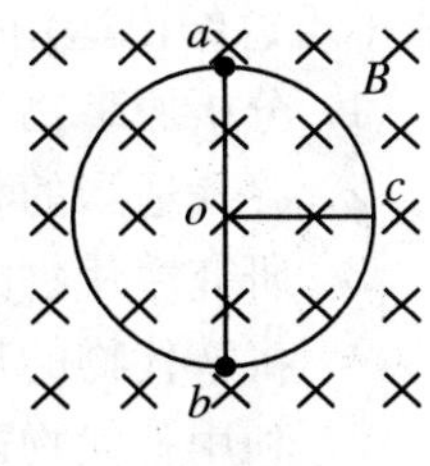

图 8.9

解析 当 ab 顺时针旋转切割磁感线时，oa 段与 ob 段都产生感应电动势，由右手定则可知，oa 段是 a 端为正极，ob 段是 b 段为正极，两段导体产生的感应电动势大小相等. 设 oa 段、ob 段电阻大小为 r，则等效电路如图 8.10(a)所示，且 $R'=r$，$R=\frac{\pi}{2}r$. 由于 a、b 是等电势的，故 $2R$ 电阻中无电流流过，可进一步把电路等效成图 8.10(b).

则有

$$E=\frac{1}{2}B\left(\frac{D}{2}\right)^2\omega=\frac{1}{8}B\omega D^2,$$

$$I=\frac{E}{\frac{r+R}{2}+r}=\frac{E}{\frac{1}{2}\left(r+\frac{\pi}{2}r\right)+r}=\frac{B\omega D^2}{2(6+\pi)r}.$$

oc 两端电压 $U=IR'=\frac{B\omega D^2}{2(6+\pi)}$，因为 $U_c>U_o$，所以

$$U_{oc}=-\frac{B\omega D^2}{2(6+\pi)}\approx-0.055B\omega D^2.$$

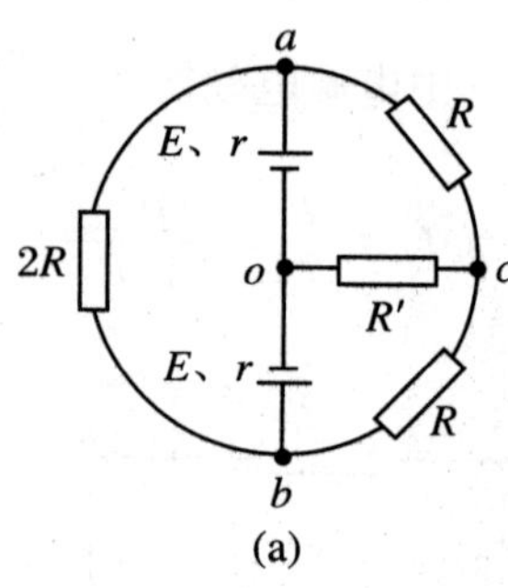

(a)

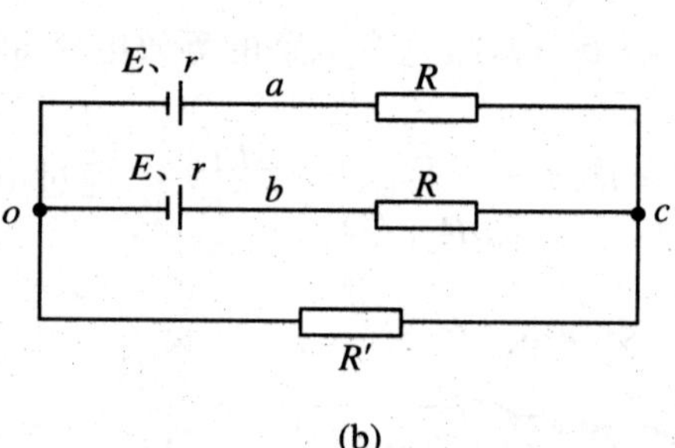

(b)

图 8.10

解题时把相当于电源的那部分导线隔离出来进行等效；把线路的电阻隔离出来进行等效；把线路的连接关系捋清楚.到此，把复杂的电磁感应问题一步一步进行等效，最终得到等效电路的时候，问题就很简单了.解题过程非常典型地体现了如何用等效法解题.等效法是在保证某种效果（特性和关系）相同的前提下，将实际的、复杂的物理问题和物理过程转化为等效的、简单的、易于研究的物理问题和物理过程来研究和处理的一种方法.不难总结出运用等效法解题的一般步骤：

1. 分析原事物（需研究求解的物理问题）的本质特性和非本质特性.
2. 寻找适当的替代物（熟悉的事物），以保留原事物的本质特性，抛弃非本质特性.
3. 研究替代物的特性及规律.
4. 将替代物的规律迁移到原事物中.
5. 利用替代物遵循的规律、方法求解，得出结论.

要注意的是等效法（或等效变换法）不只是物理解题的一种方法和技巧，应当上升到物理思维的高度去认识等效法在物理解题中的地位.等效法是一种思维方法，是从事物间的等同效果出发来研究物理现象和物理过程的一种思维方式，也是分析和解决物理问题的有效思维方式.在物理教学中应用等效变换，不仅可以使非理想模型变为理想模型，使复杂问题变成简单问题，而且可以使感性认识上升到理性认识，使一般理性认识升华到更深层次，从而便于研究和处理问题.等效思维是物理学研究中的一种有效思维、高效思维.在运用等效思维时能够萌发新的物理概念和产生物理假设，启迪人们创造新的物理理论和做出新的预见.具体地说，运用等效思维法解题时会产生如下效果.

1. 深化认识.通过等效变换，能使学生透过表面现象看到问题的本质，对所研究的物理实质看得更深刻、更透彻.运用等效变换，可引导学生的思路从“山重水复疑无路”走向“柳暗花明又一村”，使分析和解答问题的思路变得极为简捷.

2. 活化思维.有一些物理问题或物理习题中常暗含一些等效条件，若用常规方法往

往无从下手或计算繁杂;如果能正确运用物理等效变换的方法去探求等效条件,可使问题获得简便解决.的确,等效变换可以唤起灵感、构筑出一条别致的思路,从而巧妙地化难为易,对增强学生对物理问题的敏感性、思考物理问题的灵活性和独特性具有积极作用.

3. 指导实验.等效变换对物理实验的指导作用,体现在用以解释实验现象、作等效测量和分析实验误差方面.受等效思维的启发,对实验现象或事实不易观察或不明显的情况,可依据等效转换实现观察、达到易观察或现象明显的目的.如布朗运动实验把不易观察的分子热运动转换为观察花粉颗粒的无规则运动.这个实验思想源于等效转换思维.

4. 创新能力.物理教学培养学生的创新能力,旨在增强学生对物理问题的敏感性、思考问题的灵活性和独特性,从而提高学生解决物理问题和探索物理知识的能力.在中学物理中,合力与分力、合运动与分运动、平均速度、重心、热功当量、交流电的平均值和有效值、几何光学中的三条特殊光线等,都是根据等效思想引入的.如果在教学时能引导学生在形成物理概念、解答物理习题过程中运用等效法,使学生明确在分析和解答物理问题时,一般需要将生活语言精练成为物理语言,需要将复杂的问题通过等效法提炼、简化,找出问题的本质,学生就会在学习中逐渐尝试用等效法开创性地解决问题.

8.2 等效法例题精析

等效替换是把陌生、复杂的物理对象、物理现象、物理过程在保证某种效果、特性或关系相同的前提下,转化为简单、熟悉的物理对象、物理现象、物理过程来研究其本质和规律的一种思想方法.在高中物理解题时,常见的等效法替代有8种情况:对象的等效、模型的等效、过程的等效、运动的等效、作用的等效、原理的等效、图形的等效和方法的等效.下面分别举例说明.

8.2.1 对象的等效

选取研究对象是解物理问题的第一步.很多情况下研究对象是一个很难或不可能确定为研究对象的物体,此时就要找一个与之等效的物体代替它,使问题变得非常简单明了.不妨称其为对象的等效.

例1 半径为 R 的硬橡胶圆环上均匀分布着正电荷,单位长度的电荷量为 Q,现截去长为 L 的一小段($L \ll R$).问剩余电荷在圆心 O 处的场强为多大?

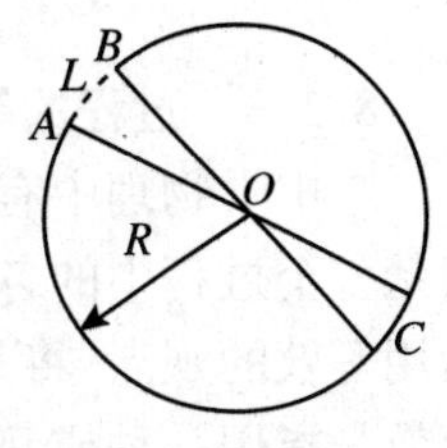

图 8.11

解析 如图8.11所示,没有截去长为 L 的一段弧长时,圆心 O 处的场强为零.弧 ACB 在圆心处产生的场强跟已经截去的弧 AB 在圆心处产生的场强等值反向.因而,弧 ACB 在圆心处产生的场强可以用与弧 AB 对称的一小段弧在圆心处产生的场强来等效替代. 场强大小为 $E=k\dfrac{\frac{L}{2\pi R}Q}{R^2}=k\dfrac{LQ}{2\pi R^3}$，方向由圆心 O 指向弧 AB 的中点.

8.2.2 模型的等效

尽管物理问题力求做到创意独到、背景新颖、过程崭新，但从题目所对应的物理模型来看，其本质上讲还是万变不离其宗. 要提高解决综合问题的能力，从根本上讲还是要提高构建物理模型的能力，要学会透过现象看本质，进而对物理模型进行等效转化. 模型的等效是指用简单的、易于研究的物理模型代替复杂的物理客体，使问题简单化. 利用等效法，不但可以使非理想模型变为理想模型，使复杂问题变成简单问题，而且可以使感性认识上升到理性认识.

例 2 如图 8.12 所示，R_1、R_2、R_3 为定值电阻，但阻值未知，R_x 为电阻箱. 当 $R_x=R_{x1}=10\ \Omega$ 时，通过它的电流 $I_{x1}=1.0\ \text{A}$；当 $R_x=R_{x2}=18\ \Omega$ 时，通过它的电流 $I_{x2}=0.6\ \text{A}$. 则当 $I_{x3}=0.1\ \text{A}$ 时，求电阻 R_{x3}.

解析 电源电动势 E，内电阻 r，电阻 R_1、R_2、R_3 均未知，按题目给的电路模型列式求解，显然方程数少于未知量数，于是可采取变换电路结构的方法.

将图 8.12 所示的虚线框内电路看成新的电源，则等效电路如图 8.13 所示，电源的电动势为 E'，内电阻为 r'. 根据电学知识，新电路不改变 R_x 和 I_x 的对应关系，有

$$E'=I_{x1}(R_{x1}+r'),\qquad ①$$

$$E'=I_{x2}(R_{x2}+r'),\qquad ②$$

$$E'=I_{x3}(R_{x3}+r').\qquad ③$$

联立①②式，得

$$E'=12\ \text{V},\quad r'=2\ \Omega.$$

代入③式，得 $R_{x3}=118\ \Omega$.

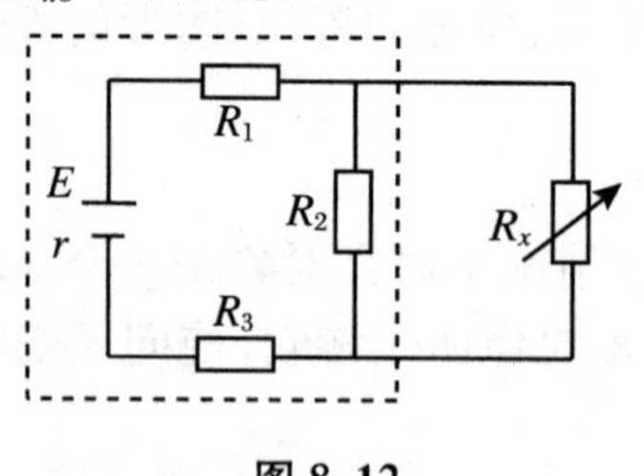

图 8.12

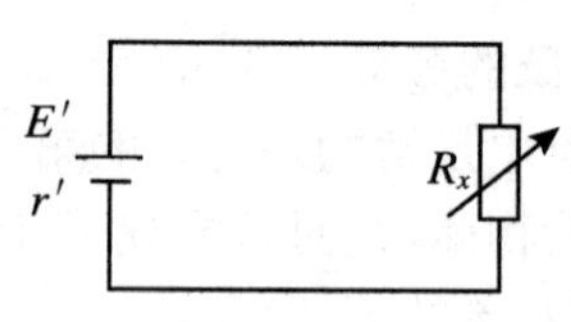

图 8.13

8.2.3 过程的等效

在中学物理中有些题目所涉及的过程非常复杂，以至于我们无法或不必要严格地搞清楚整个过程中的各个细节，往往只要把握住起始和终了时刻的状态，定性地分析过程，运用等效的观点，将整个过程等效为一个相对简单的过程，从而方便求解. 显然，过程的等效是指用一种或几种简单的物理过程来替代复杂的物理过程，使物理过程得到简化.

例 3 在水平地面上建有相互平行的 A、B 两竖直墙，墙高 $H=20\ \text{m}$，相距 $d=1\ \text{m}$，墙面光滑. 从一高墙上以水平速度 $v_0=5\ \text{m/s}$ 抛出一个弹性小球，与两墙面反复碰撞后落地，如图 8.14 所示.

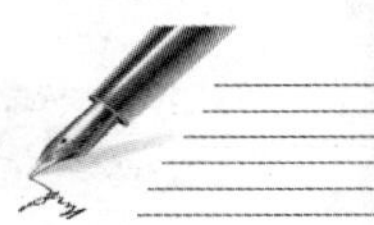

(1) 小球的落地点离A墙多远？小球从抛出到落地与墙面发生的碰撞次数 n 是多少？

(2) 小球与墙面发生 $m(m<n)$ 次碰撞时，小球下落的高度是多少？(g 取 $10\ m/s^2$)

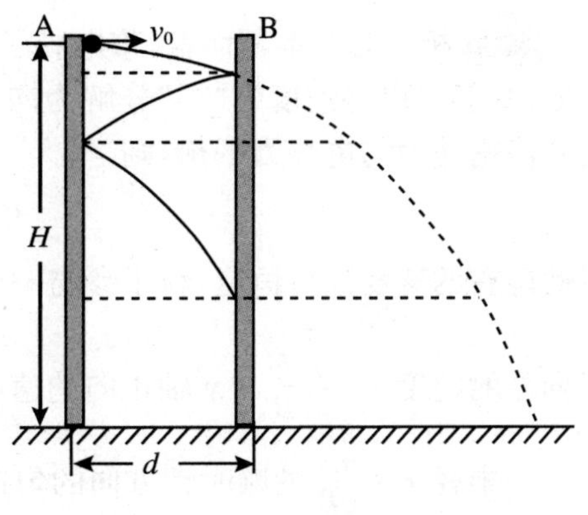

图 8.14

解析 小球与墙面做弹性碰撞，每次碰后速度的竖直分量(向下)不变，水平分量反向，若以墙面为镜面，作出反弹轨道的镜像图，小球在两墙间反复的斜下抛运动的过程可等效为一个平抛运动的延续，如图8.14中虚线所示. 于是，很容易通过平抛运动的运动时间和总的水平位移得出所求的结果.

(1) $t=\sqrt{\dfrac{2H}{g}}=2\ s$，$s=v_0t=10\ m$. 所以，小球落回A墙边，小球与墙壁碰撞的次数为 $n=\dfrac{s}{d}=\dfrac{10}{1}=10$.

(2) 每相邻两次碰撞的时间间隔均为 $\Delta t=\dfrac{d}{v_0}$，则从抛出到发生第 m 次碰撞共需时间 $t=m\Delta t=m\dfrac{d}{v_0}$. 所以，小球下落的高度为 $h=\dfrac{1}{2}gt^2=\dfrac{1}{2}g\left(m\dfrac{d}{v_0}\right)^2=\dfrac{m^2d^2g}{2v_0^2}$.

8.2.4 运动的等效

由于合运动和分运动具有等效性，所以一个复杂的运动可用几个简单的分运动进行代替，常常是把一个复杂的运动进行正交分解. 这样做能使解决问题达到程序化、自动化、标准化的熟练境界. 把平抛运动看作水平方向的匀速直线运动和竖直方向的自由落体运动的合运动就是一个典型的例子.

例4 (2013年高考福建卷)如图8.15所示，空间存在一范围足够大的垂直于 xOy 平面向外的匀强磁场，磁感应强度大小为 B. 让质量为 m、电量为 $q(q>0)$ 的粒子从坐标原点 O 沿 xOy 平面以不同的初速度大小和方向入射到该磁场中. 不计重力和粒子间的影响.

(1) 略. (2) 略.

(3) 如图8.16所示，若在此空间再加入沿 y 轴正向、大小为 E 的匀强电场，一粒子从 O 点以初速度 v_0 沿 y 轴正向发射. 研究表明：粒子在 xOy 平面内做周期性运动，且在任一时刻，粒子速度的 x 分量 v_x 与其所在位置的 y 坐标成正比，比例系数与场强大小 E 无关. 求该粒子运动过程中的最大速度 v_m.

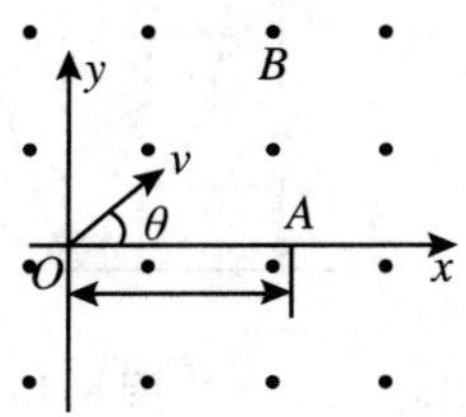

图 8.15

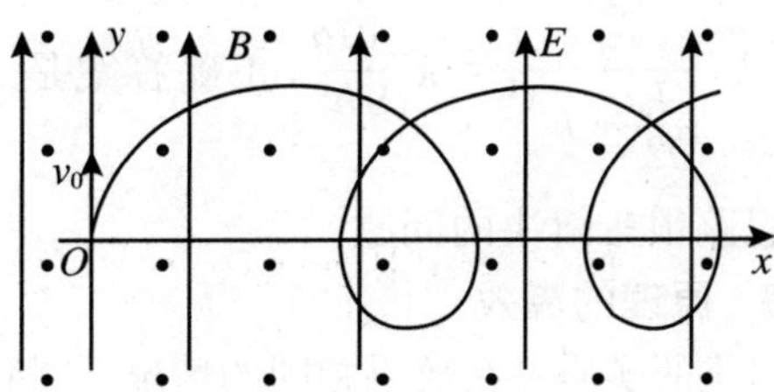

图 8.16

解析 对于本题而言，带电粒子的初速度 v_0 沿 y 轴正向，而在 x 轴方向上速度为零. 我们可以将速度为“零”分解为向右和向左的两个等大反向的速度. 向右的速度产生的洛伦兹力与电场力平衡，则

$$qv_{右}B = qE.$$

因此向右的速度保持恒定，粒子参与一个 x 轴方向上的速度为 $v_{右}=\dfrac{E}{B}$的匀速直线运动；而向左的速度 $v_{左}=\dfrac{E}{B}$与 y 轴正向的速度 v_0 合成后的速度 $v=\sqrt{\left(\dfrac{E}{B}\right)^2+v_0^2}$，使得粒子参与一个半径 $r=\dfrac{mv}{qB}$的顺时针方向的匀速圆周运动.

当粒子运动到最高点时，圆周运动的线速度也向右，则粒子在该点的实际速度就是粒子运动过程中的最大速度，所以

$$v_m = v_{右} + v = \frac{E}{B} + \sqrt{\left(\frac{E}{B}\right)^2 + v_0^2}.$$

采用“零”分解法处理本题，简洁明了，巧妙地将复杂的螺旋线运动等效为匀速直线运动与匀速圆周运动的合成，直观而且深刻.

8.2.5 作用的等效

作用的等效即是用一种简单的作用等效替代几种复杂的作用，从而使问题得到简化.

例 5 (2013 年高考安徽卷)如图 8.17 所示，xOy 平面是无穷大导体的表面，该导体充满 $z<0$ 的空间，$z>0$ 的空间为真空. 将电荷为 q 的点电荷置于 z 轴上 $z=h$ 处，则在 xOy 平面上会产生感应电荷. 空间任意一点处的电场皆是由点电荷 q 和导体表面上的感应电荷共同激发的. 已知静电平衡时导体内部场强处处为零，则在 z 轴上 $z=\dfrac{h}{2}$处的场强大小为(k 为静电力常量)(　　).

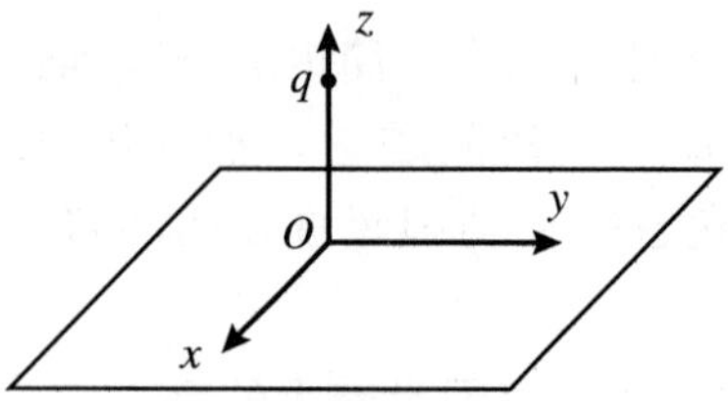

图 8.17

A. $k\dfrac{4q}{h^2}$　　B. $k\dfrac{4q}{9h^2}$　　C. $k\dfrac{32q}{9h^2}$　　D. $k\dfrac{40q}{9h^2}$

解析 由点电荷产生的电场在导体表面间的电场分布，导体表面上的感应电荷等效于在 $z=-h$ 处的带等量的异种电荷 $-q$，如图 8.18 所示. 故在 z 轴上 $z=\dfrac{h}{2}$处的场强大小为 $E=k\dfrac{q}{\left(\dfrac{h}{2}\right)^2}+k\dfrac{q}{\left(\dfrac{h}{2}+h\right)^2}=k\dfrac{40q}{9h^2}$，正确答案是 D. 显然，这是一道按常规思路很难解决的问题.

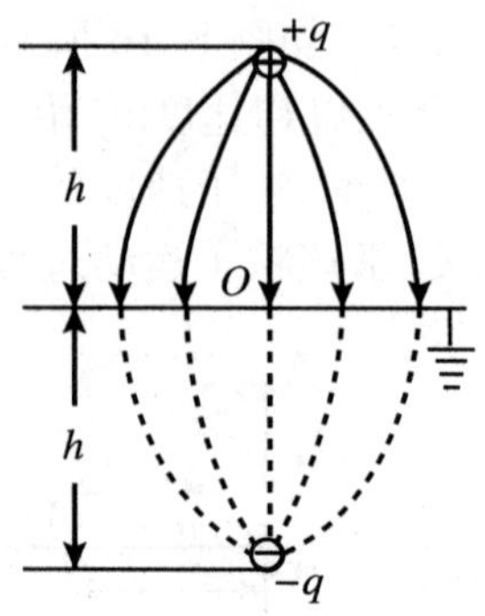

图 8.18

8.2.6 原理的等效

等效思维的实质是在效果相同的情况下，将较为复杂的实际

问题变换为简单而熟悉的问题,以便突出主要因素,抓住它的本质,找出其中规律.因此应用等效法时往往是用较简单的因素代替较复杂的因素,以使问题得到简化而便于求解.

例 6 (2008 年复旦大学自主招生)现有带刻度的尺、细直玻璃管、玻璃杯、一根弯成直角的细玻璃管、一定量的水、量角器,要制成最简单方便的加速度测量仪,用于测量列车的加速度,应选(   ).

A. 细直玻璃管、尺、水

B. 玻璃杯、尺、水

C. 弯成直角的细玻璃管、尺、量角器、水

D. 细直玻璃管、玻璃杯、尺、水

解析 当列车做加速度为 a 的匀加速直线运动时,玻璃杯中的水的水面将与水平面形成一定的倾角,如图 8.19 所示.

若将玻璃杯中的水面等效成一个光滑的斜面,并在斜面上放一个质量为 m 的小球,它将与斜面保持相对静止,所以其加速度与列车加速度相同,如图 8.20 所示.由于

$$mg\tan\theta = ma,$$

且

$$\tan\theta = \frac{h}{L}.$$

其中,L 为杯子的直径,h 为水面左右两端的高度差.

所以

$$a = \frac{gh}{L}.$$

故正确的答案为 B.

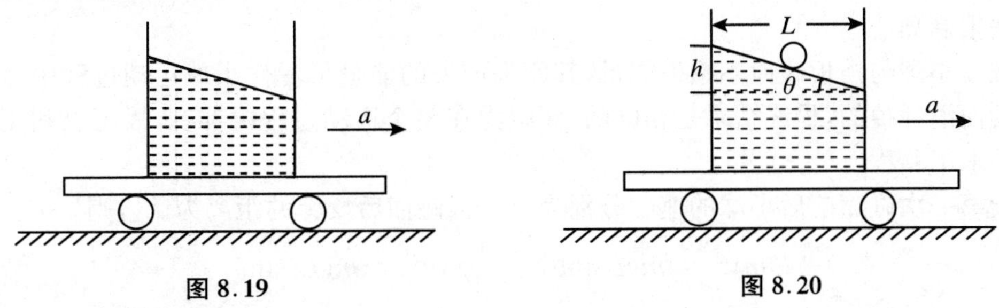

图 8.19　　图 8.20

8.2.7 图形的等效

图形的等效是从图形中获得解题思路,等效成已熟悉的物理规律、物理方法进行解题的思维方法.无疑图形成了思维的起点.

例 7 一块均匀半圆薄片电阻合金片 P,先将它按图 8.21(a)的方式接在电极 A、B 之间,测得它的电阻为 R,然后按图 8.21(b)的方式接在电极 C、D 之间,这时 P 的电阻为________.

解析 仔细观察图形所具有的特点不难发现,若从半圆薄片的中心轴线把薄片金属片分为上下两部分,则可把图 8.21(a)和图 8.21(b)分别等效为两个电阻的并联和两

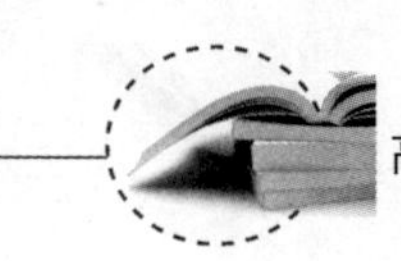

个电阻的串联,如图 8.21(c)和图 8.21(d)所示.设小金属片的电阻为 r,则有 $R=\frac{r}{2}$, $R'=2r$,所以 $R'=4R$.

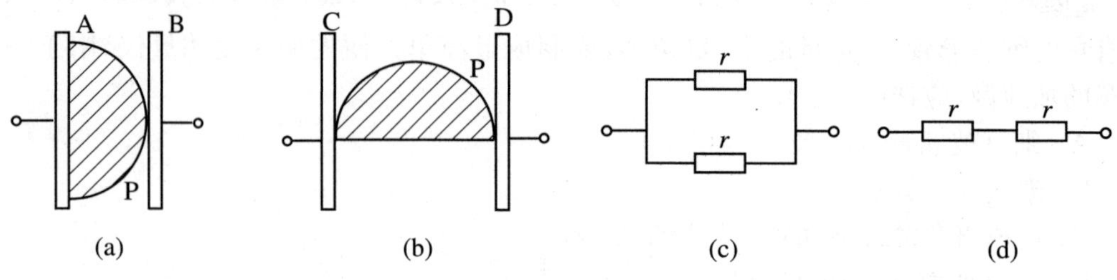

图 8.21

8.2.8 方法的等效

方法的等效是等效思想的最高体现,是对等效思想的灵活运用,具有等效思想的概括性和综合性.

例 8 如图 8.22 所示,小球从长为 L、倾角为 θ 的光滑斜面顶端自由下滑,滑到底端时与挡板碰撞并反向弹回,若每次与挡板碰撞后的速度大小为碰撞前速度大小的$\frac{4}{5}$,求小球从开始下滑到最终停止于斜面下端时通过的总路程.

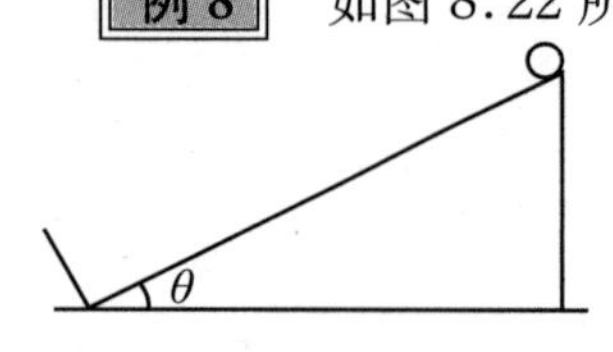

图 8.22

解析 小球与挡板碰撞后的速度小于碰撞前的速度,说明碰撞过程中有能量损失,每次反弹距离都不及上次大,小球一步一步接近挡板,最终停在挡板处.当然可以分别计算每次碰撞后上升的距离 L_1、L_2、…、L_n,则小球总共通过的路程为 $s=2(L_1+L_2+\cdots+L_n)+L$,然后用等比数列求和公式求出结果,但是这种解法很麻烦.

假设小球与挡板碰撞不损失能量,其原来损失的能量可看作小球运动过程中克服阻力做功而消耗掉的,最终结果是相同的,而阻力在整个运动过程中都有,故可以利用摩擦力做功求出路程.

设第一次碰撞前后小球的速度分别为 v、v_1,碰撞后反弹的距离为 L_1,则

$$\frac{1}{2}mv^2 = mgL\sin\theta, \quad \frac{1}{2}mv_1^2 = mgL_1\sin\theta,$$

其中 $v_1=\frac{4}{5}v$,所以$\frac{L_1}{L}=\left(\frac{v_1}{v}\right)^2=\left(\frac{4}{5}\right)^2$.

碰撞中损失的动能为 $\Delta E_k=\frac{1}{2}mv^2-\frac{1}{2}mv_1^2=\frac{9}{50}mv^2$.

根据等效性,有 $f(L_1+L)=\Delta E_k$,解得等效摩擦力为 $f=\frac{9}{41}mg\sin\theta$.

通过这个结果可以看出等效摩擦力与下滑的长度无关,所以在以后的运动过程中,等效摩擦力都相同.以整个运动为研究过程,有 $fs=mgL\sin\theta$,解出小球总共通过的总路程为 $s=\frac{41}{9}L$.

通过以上8个方面简单介绍了等效法在解题中的应用，不难发现等效法是把复杂的物理现象、物理过程转化为简单的、等效的物理规律、物理过程来研究和处理的一种重要的、科学的思维方法.这种物理学研究的重要方法也是解决物理问题的常用方法之一.在教学和学习过程中，若能把等效的解题方法渗透到对物理现象、物理过程的分析中去，不但可以使我们对物理问题的分析和解答变得简捷，而且对灵活运用知识，促使知识、技能和能力迁移都会有很大的帮助，能极大地活跃我们的思维.

8.3 等效法思维训练

1. 如图8.23所示，一半径为 R，内表面光滑的球面，球心为 O，最低点为 A，现有两个半径可以忽略的小球，甲球置于球心 O，乙球置于距 A 很近的 B 点，两小球同时释放，哪一个球先到达 A 点？

2. 如图8.24所示，从高 $h=40$ m 的光滑墙顶以初速度 $v_0=10$ m/s 把一个弹性小球沿水平方向对着相距 $L=4$ m 的另一建筑物A的光滑竖直墙壁抛去，则小球从抛出起直到到达地面，与墙壁相碰几次？

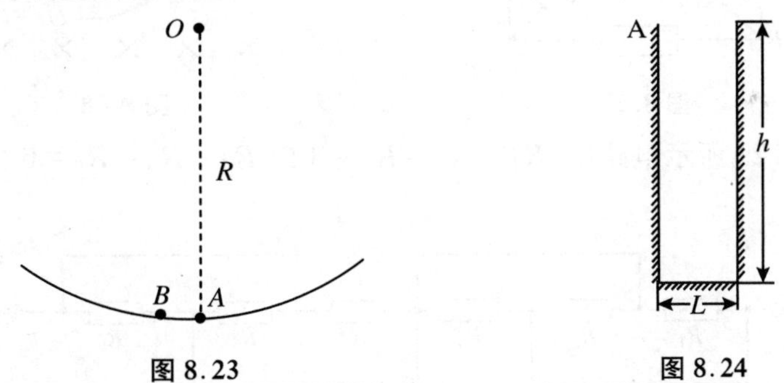

图8.23　　图8.24

3. 两个半球壳拼成的球形容器内部已抽成真空，球形容器的半径为 R，大气压强为 p.为使两个半球壳沿图8.25中箭头方向互相分离，应施加的力 F 至少为(　　).

A. $4\pi R^2 p$　　B. $2\pi R^2 p$　　C. $\pi R^2 p$　　D. $\frac{1}{2}\pi R^2 p$

4. 边长为 a 的正方形导线框放在按空间均匀分布的磁场内静止不动，磁场的磁感应强度 B 的方向与导线框平面垂直，B 的大小随时间按正弦规律变化，如图8.26所示.则导线框内感应电动势的表达式为(　　).

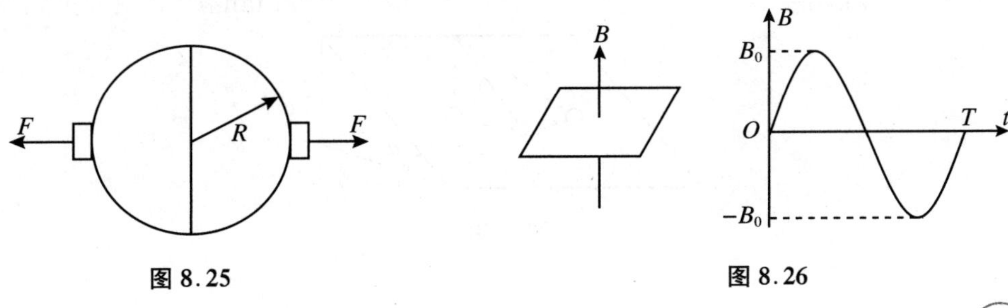

图8.25　　图8.26

A. $\dfrac{2\pi B_0 a^2}{T}\sin\left(\dfrac{2\pi}{T}t\right)$　　B. $\dfrac{2\pi B_0 a^2}{T}\cos\left(\dfrac{2\pi}{T}t\right)$

C. $2\pi B_0 a^2\sin\left(\dfrac{2\pi}{T}t\right)$　　D. $2\pi B_0 a^2 T\cos\left(\dfrac{2\pi}{T}t\right)$

5．(1999 年高考上海卷)如图 8.27 所示，电路由 8 个不同的电阻组成，已知 $R_1=12\ \Omega$，其余电阻阻值未知，测得 A、B 间的总电阻为 4 Ω．今将 R_1 换成 6 Ω 的电阻，则 A、B 间的总电阻为(　　)．

A. 2 Ω　　B. 3 Ω　　C. 4 Ω　　D. 5 Ω

6．如图 8.28 所示，半径为 r 的半圆形金属导线处于磁感应强度为 B 的匀强磁场中，磁场方向垂直于线圈所在平面，试求导线在下列情况中产生的感应电动势：

(1) 导线在自身所在平面内，沿垂直于直径 OO' 的方向以速度 v 向右匀速运动．

(2) 导线从图 8.28 所示位置起，绕直径 OO' 以角速度 ω 匀速转动．

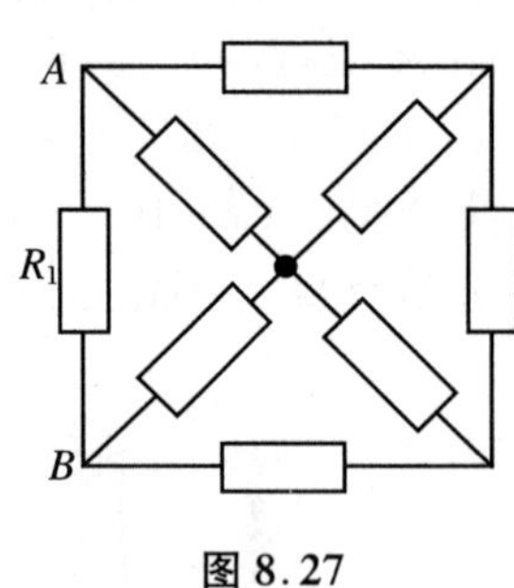

图 8.27

图 8.28

7．在如图 8.29 所示电路中，$R_1=R_2=R_3=3\ \Omega$，$R_4=R_5=R_6=6\ \Omega$，求 M、N 两点间的电阻．

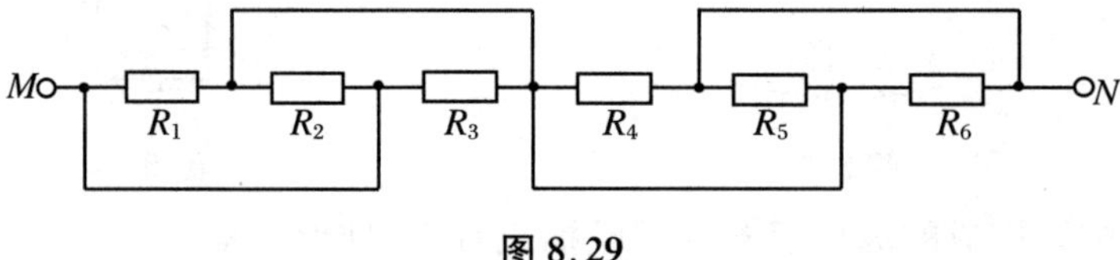

图 8.29

8．如图 8.30 所示，一倾角为 α 的光滑斜面上有一长为 l 的单摆，则其在斜面内摆动时的周期为(　　)．

A. $T=2\pi\sqrt{\dfrac{l}{g}}$　　B. $T=2\pi\sqrt{\dfrac{l}{g\cos\alpha}}$

C. $T=2\pi\sqrt{\dfrac{l}{g\sin\alpha}}$　　D. $T=2\pi\sqrt{\dfrac{l}{g\tan\alpha}}$

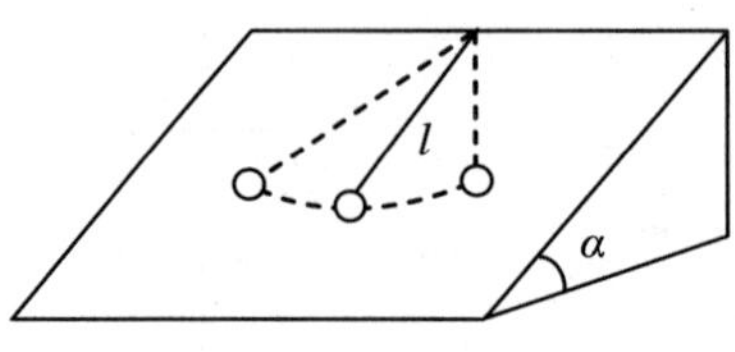

图 8.30

9. 半径为 r 的绝缘光滑圆环固定在竖直平面内，环上套有一个质量为 m、带正电的珠子，空间存在水平向右的匀强电场. 如图 8.31 所示. 珠子所受静电力是其重力的 $\frac{3}{4}$ 倍. 将珠子从环上最低位置 A 点静止释放，则珠子所能获得的最大动能是多少？（重力加速度为 g）

10. (2005 年高考上海卷)通电直导线 A 与圆形通电导线环 B 固定放置在同一水平面上，通有如图 8.32 所示的电流，通电直导线 A 受到水平向________的安培力作用. 当 A、B 中电流大小保持不变，但同时改变方向时，通电直导线 A 所受到的安培力方向水平向________.

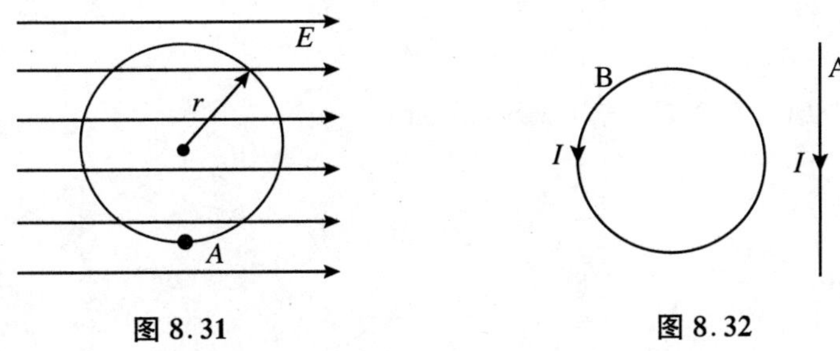

图 8.31　　　　图 8.32

11. 如图 8.33 所示，水平面上有两个竖直的光滑墙壁 A 和 B，相距为 d，一个小球以初速度 v_0 从两墙之间的 O 点斜向上抛出，与 A 和 B 各发生一次弹性碰撞后，正好落回抛出点，求小球的抛射角 θ.（重力加速度为 g）

12. 如图 8.34 所示，一质量为 m、带电量为 $+q$ 的小球从磁感应强度为 B 的匀强磁场中 A 点由静止开始下落，试求带电小球下落的最大高度.（重力加速度为 g）

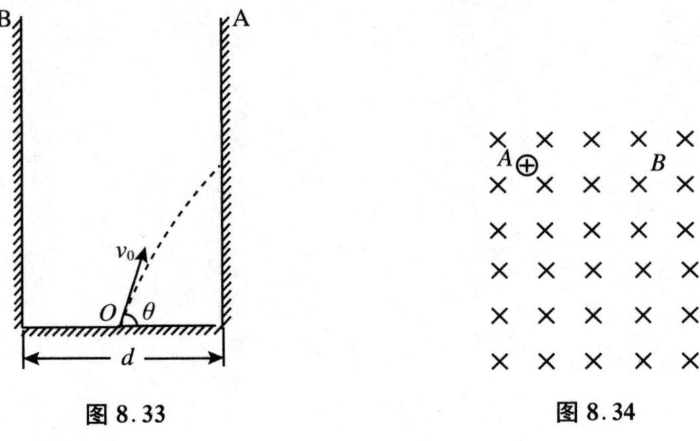

图 8.33　　　　图 8.34

8.4　等效法思维训练参考答案

1. 甲球先到达 A 点
2. $n=7$
3. C
4. B
5. B
6. (1) $E=2rBv$　(2) $E=\frac{1}{2}r^2\pi B\omega\sin\omega t$
7. $R=3\ \Omega$
8. C
9. $E_{km}=\frac{mgr}{4}$
10. 右,右
11. $\theta=\frac{1}{2}\arcsin\frac{2gd}{v_0^2}$
12. $H_m=2g\left(\frac{m}{qB}\right)^2$

9 类 比 法

9.1 类比法概述

类比是重要的思维形式，也是一种特殊的证明方法.类比是将甲、乙两个(或两类)相同或相似的事件(如物理过程、化学过程等)相比较，把已知的甲事件的性质同乙事件对应的性质进行比较，据此可以推出乙事件的某些未知的性质.

在解决问题的过程中，我们可以把某些物理过程或系统同那些比较熟悉的、典型的或者比较直观的物理模型进行类比，根据已知模型的一些性质和规律，推出与之相类比的物理过程的一些未知的性质和规律.例如，在研究带电粒子垂直进入匀强电场后的运动时，我们用平抛运动与之相类比；在学习单摆振动时，用弹簧振子的运动与之相类比；在研究串联和并联电路的特点时，设计不同管径的水管串联或并联后接入水路这样的模型进行类比；在学习交流电的某些物理量时，同简谐运动的相应物理量相类比；等等.这样做可以加深学生对知识的理解，增强记忆.同时，也可以培养学生思维的广阔性和灵活性.

在解物理题的时候，类比对某些问题很有效，可以使物理情境简化，使问题的解决变得简捷，并且在解决问题的过程中，培养学生思维的发散性以及分析和综合能力.下面我们来看几个用类比法解题的例子.

例 1 如图 9.1 所示，一个铁球从竖直在地面上的轻弹簧正上方某处自由下落，接触弹簧后将弹簧压缩，在压缩的全过程中，弹簧均为弹性形变，那么当弹簧的压缩量最大时(　　).

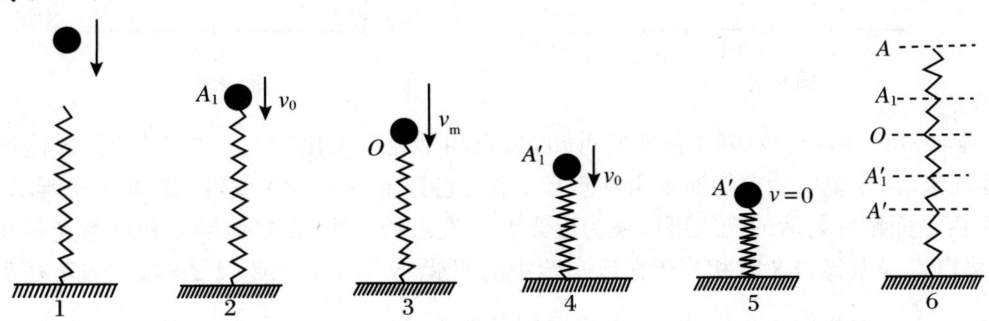

图 9.1

A. 球所受合力最大，但不一定大于重力值

B. 球的加速度最大，且一定大于重力加速度值

C. 球的加速度最大，有可能小于重力加速度值

D. 球所受弹力最大，且一定大于重力值

解析 首先球落至位置 A_1，速度达到 v_0，此后仍做加速运动，加速度逐渐减小，直至 O 点，速度达到最大值 v_m，O 点就是铁球受力平衡的位置. 此后做减速运动，加速度逐渐增大，直至 A'点，速度减为零，A'位置即是弹簧压缩量最大的位置. 在铁球从 O 至 A'的过程中，要经历速度为 v_0的位置 A_1'.

解决本题的一般方法是先确定 A'位置弹簧的形变量 x_m，然后与 O 位置的形变量x_0对比，得出 $x_m>2x_0$，从而得出最大加速度 a_m大于重力加速度 g 的结论，B、D 选项正确. 这种方法比较烦琐. 实际上铁球从 A_1'到 A'过程中的运动是简谐运动的一部分，我们可以把它与弹簧振子的运动相类比. 设想将铁球与弹簧连接，平衡时处于位置 O. 先将铁球拉离 O 至 A，使得释放后，铁球运动到 A_1 位置的速度也为 v_0，则铁球从 A 到 A'的过程就是半个简谐运动. 根据简谐运动的对称性，因为 $a_A>g$，所以 $a_{A'}>g$，即 $a_m>g$. B、D 选项正确. 用这样的类比，学生很容易理解.

例 2 (2005 年高考江苏卷)1801 年，托马斯 · 杨用双缝干涉实验研究了光波的性质. 1834 年，洛埃利用单面镜同样得到了杨氏干涉的结果(称洛埃镜实验).

(1) 洛埃镜实验的基本装置如图 9.2 所示，S 为单色光源，M 为一平面镜. 试用平面镜成像作图法在答题卡上画出 S 经平面镜反射后的光与直接发出的光在光屏上相交的区域.

(2) 设光源 S 到平面镜的垂直距离和到光屏的垂直距离分别为 a 和 L，光的波长为 λ，在光屏上形成干涉条纹. 写出相邻两条亮纹(或暗纹)间距离 Δx 的表达式.

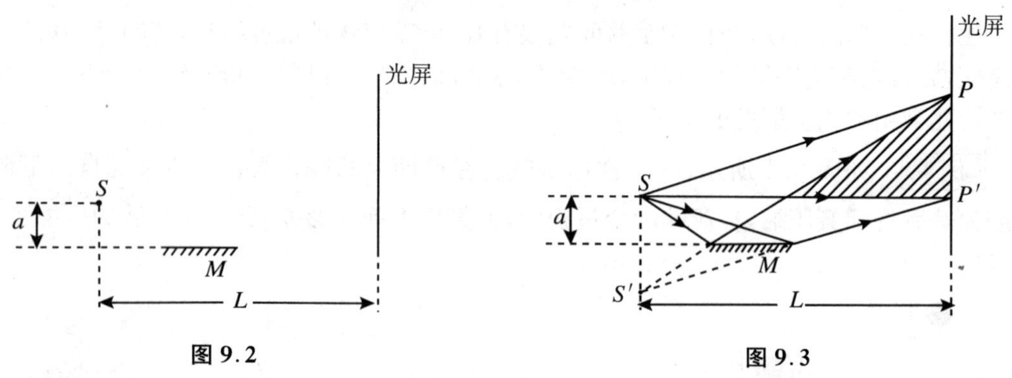

图 9.2　　　　图 9.3

解析 由杨氏双缝干涉实验可知，只有相干光源发出的光互相叠加时，才能产生干涉现象. 洛埃镜实验也能演示干涉现象，那么它肯定有相干光波源. 如图 9.3 所示，光源 S 由平面镜反射后的光线可以视为虚光源S'发出的光线，直接传播光和反射光是相干光. 物点 S 及其像点S'就相当于杨氏实验中的双缝，S 与S'间的距离 $2a$ 就相当于杨氏实验 $\Delta x=\dfrac{l}{d}\lambda$ 公式中的 d，S(或 S')与光屏间的距离 L 就相当于公式中的 l. 于是，自然得

出洛埃镜中的 $\Delta x=\dfrac{L}{2a}\lambda$ 的公式.

例 3 如图 9.4 所示,在地面附近的真空环境中建立一直角坐标系,y 轴竖直向上,x 轴水平向右.空间有垂直于 xOy 平面向外的匀强磁场,磁感应强度 $B=0.25$ T.匀强电场沿 x 轴正方向,电场强度 $E=2$ N/C.质量 $m=\sqrt{3}\times10^{-7}$ kg,电量 $q=5\times10^{-7}$ C 的带负电微粒在此区域中恰好沿直线运动.当此带电微粒沿直线运动到 y 轴上一点 N 时,突然将磁场撤去而保持电场不变,求微粒再次通过 y 轴(设此点为 P)时的速度 v_P 的大小.($g=10$ m/s^2)

解析 根据题意,可以断定粒子所受合力是零,速度保持不变,否则洛伦兹力要变化,粒子不可能做直线运动.粒子受力情况如图 9.5 所示.洛伦兹力 F_B 与重力 G 和电场力 F_E 的合力 F 等值反向,速度 $v_0\perp F_B$.可以求得 $\theta=60^\circ$,$v_0=16$ m/s.

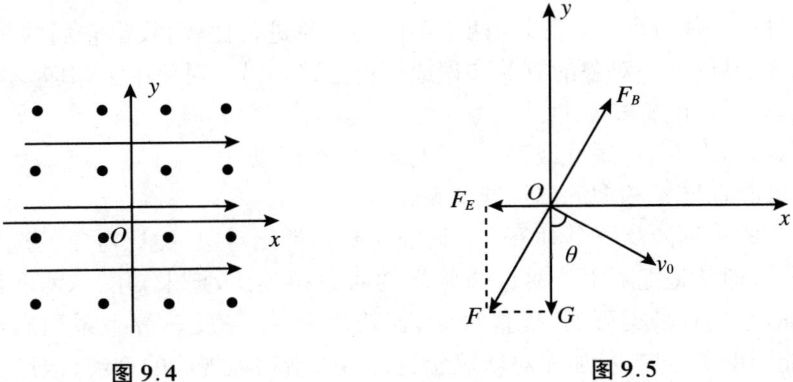

图 9.4　　　　图 9.5

撤去磁场后,粒子的运动是以初速度 v_0 且只受力 F(大小等于 2×10^{-6} N,且与 v_0 垂直)作用的运动,这个运动可以同平抛运动相类比.

对于这个模型,学生比较熟悉,把 F 视为"等效重力",则"等效重力加速度"$a=\dfrac{F}{m}$,微粒做类平抛运动.这样的类比比较常用,学生也容易接受,据此可求得 $v_P=16\sqrt{13}$ m/s.

例 4 如图 9.6 所示,BOC 是半径为 R 的光滑圆弧形导轨,O 点是弧形导轨的最低点,半径 R 远大于 BOC 的弧长.一小球由静止从 B 点开始释放,小球就在弧形槽内往复运动,欲增大小球的运动周期,可采取的方法是(　　).

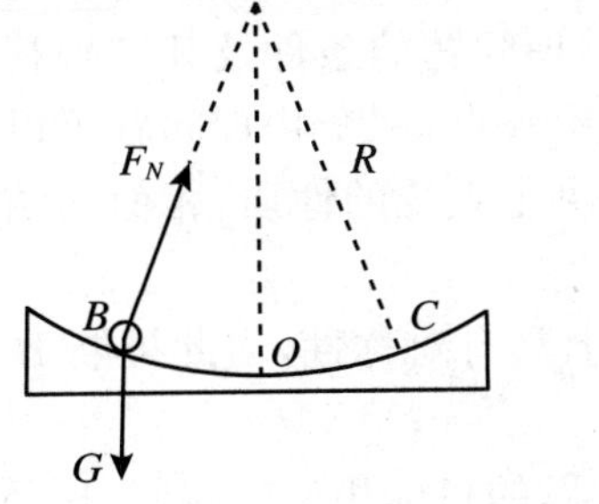

图 9.6

A. 使小球开始释放处靠近 O 点一些　　B. 换一个密度大一些的小球
C. 换一个半径大一些的弧形导轨　　D. 换一个半径小一些的弧形导轨

解析　小球在运动过程中除受重力以外，还受导轨的支持力 F_N，F_N 总是指向圆心.小球的受力和运动情况与单摆非常相像，因此我们用单摆与之相类比.用这个模型进行类比，我们很容易判断 C 选项是正确的.

9.1.1　类比推理的概念及其分类

在人类的思维宝库中，类比推理是被众多哲学家和科学家所推崇的思维方式之一.康德说过："每当理智缺乏可靠论证的思路时，类比这个方法往往能指引我们前进."麦克斯韦则认为："一门科学的定律和另一门科学的定律存在部分的相似，这使得每条定律都对其他定律有所说明."

类比推理是根据两个(或两类)对象在某些属性上相似而推出它们在另一个属性上也可能相似的一种推理形式.

类比推理的具体过程是：通过对两个不同的对象进行比较，找出它们的相似点，然后以此为依据，把其中某一对象的有关知识或结论推移到另一对象中去，其基本模式是：

A 对象具有 a、b、c、d 属性或关系.

B 对象具有 a'、b'、c'属性或关系，且与 a、b、c 相似.

B 对象可能有与 d 相似的属性或关系 d'.

类比推理的过程涉及两个对象——研究对象和类比对象.类比对象的选择是以研究目的为依据的，通常是把陌生的对象与熟悉的对象相类比，把未知的东西和已知的东西相类比.因此，它具有触类旁通、提供线索、比较思考、举一反三等一系列启迪思维的作用，而且也能帮助学生加快、加深对新概念、新公式、新物理规律的理解、记忆及应用.

类比推理在物理学习中的应用，常见的有以下几种形式：物理量或物理公式的类比，因果相似类比，数学相似类比，模型相似类比，结构相似类比，对称类比，目标相似类比.

因果相似类比是以 A 对象中各因素之间的因果关系为中介进行的类比，从而得到与之相似的 B 对象的原因或结果.

数学相似类比是根据 A、B 两对象的数学形式相似，推出它们的属性也可能相似；或者根据 A、B 两对象各属性或要素对应相似，推出两对象各要素组成的数学形式也相似或相同.

模型相似类比指的是根据研究对象与原型事物之间具有相同或相似的关系而进行的一种类比.这种类比的实质是将研究的对象转化为一种熟悉的物理模型.

结构相似类比指的是根据两个不同物理问题的条件及其结构相似或条件与目标之间的结构相似而进行的一种类比.按系统论观点，一个物理问题可以看成由条件要素和目标要素按一定的结构组成的系统.结构决定系统的性质，相似的结构往往存在相似的性质.

对称类比是根据 A、B 两对象在总体上具有对称性，由此推断 B 对象可能存在与 A 对象相似的某些属性.

所谓目标相似类比指的是根据新旧问题的目标相似或相同，从而推知新旧问题的解决思路——程序或步骤也相似.

9.1.2 类比推理在物理学习中的应用

虽然类比推理可以根据其特点分成多种形式，但是学习同一物理概念或规律时，可能涉及几种类比方法.所以，本书的处理方式是将类比推理的各种形式融合在具体的实例中.

1. 引力场与电场的类比.

高一时学习了引力场(重力场)，并对其有了较为全面的理解，到高二时学习静电场的有关知识，就可以根据两种场之间的一些相似特点，比较迅速地理解静电场的性质及其应用.类比的内容和过程如下：

(1) 引力场(重力场)的若干性质.

① 任何物体 m_1 在它周围形成引力场，引力场的基本性质是对放入场中的其他物体 m_2 具有力的作用.

② 两质点之间的万有引力公式为 $F=G\frac{m_1 m_2}{r^2}$，G 为万有引力常量.

③ 两质点间的万有引力沿它们的连线方向.

④ 质点的引力场的分布具有球对称性，引力场强度为 $g=\frac{F}{m}$.

⑤ 重力或万有引力做功与路径无关.

⑥ 在地球附近，重力场均匀分布，其强度 g 处处相同.

⑦ 存在着与万有引力或重力相关且由物体与地球之间的相对位置决定的势能——引力势能或重力势能.

⑧ 物体的重力势能是相对的，零势能点的选取是任意的.

⑨ 重力势能属于地球与物体共有.

⑩ 重力或万有引力做功与势能变化的关系为 $W_G=-\Delta E_p$，即重力对物体做正功，重力势能减少；重力对物体做负功，重力势能增加.

⑪ 在地面附近，将一物体沿水平方向抛出后，其运动轨迹为抛物线，两分位移表达式为 $x=v_0 t$，$y=\frac{1}{2}gt^2$.

(2) 静电场的若干性质.

① 任何带电体 Q_1 在它周围形成电场，电场的基本性质是对放入场中的其他带电体 Q_2 具有力的作用.

② 真空中两点电荷之间的库仑力公式为 $F=k\frac{Q_1 Q_2}{r^2}$，k 为静电力常量.

③ 两点电荷间的库仑力沿它们的连线方向.

④ 点电荷的静电场具有球对称性，电场强度为 $E=\frac{F}{q}$.

⑤ 静电力做功与路径无关.

⑥ 在两块无限大的带电平行金属板之间的电场是均匀分布的，场强处处相等.

⑦ 存在着与静电力相关且由电荷在电场中相对位置决定的势能——电势能.

⑧ 电荷的电势能是相对的，零势能点的选取是任意的.

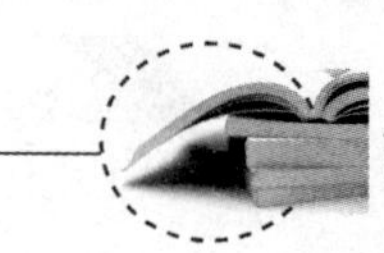

⑨ 电势能属于电场与电荷共有.

⑩ 电场力做功与电势能变化的关系为 $W_E=-\Delta E_p$，即电场力对电荷做正功，电势能减少；电场力对电荷做负功，电势能增加.

⑪ 带电粒子沿垂直于场强方向进入匀强电场后，其运动轨迹为抛物线，两分位移表达式为 $x=v_0t, y=\dfrac{1}{2}\dfrac{qE}{m}t^2$.

以上类比推理的过程，从横向看，是因为反映两条基本规律——万有引力定律与库仑定律的公式具有数学上相似的特点：两种力的大小都与该力是否存在的特征量——质量或电量的乘积成正比，都与距离的平方成反比. 根据这种相似性，由引力场中①～⑩的特点，推断出静电场中①～⑩的相似的特点和结论；而引力场的特点⑪推出静电场中的特点⑪，是由 $v_0\perp E$ 与 $v_0\perp g$ 相似，从而可知两种运动轨迹相似和分位移在数学形式上也相似，这是数学相似类比的第二种类型. 从纵向看，引力场中的特点②既是③④⑤的原因，也是⑥～⑪的原因，根据因果相似类比，电场中的特点②既是③④⑤的原因，也是其后⑥～⑪所有结论的原因.

2. 电容与电阻的类比.

(1) 关于电容定义式的理解.

从电阻的定义式 $R=\dfrac{U}{I}$ 可知：① 电阻 R 表示导体对电流的阻碍作用，它由导体本身性质(电阻率 ρ、长度 L、横截面积 S)决定，跟用来定义 R 的工具量 U 和 I 无关；② $U-I$ 图像为一条过原点的直线，直线的斜率 $k=R=\dfrac{\Delta U}{\Delta I}$；③ 定义式 $R=\dfrac{U}{I}$ 或 $R=\dfrac{\Delta U}{\Delta I}$ 提供了一种测量 R 大小的方法和操作程序. 根据物理量与公式的类比和数学相似类比，我们可以很快理解电容定义式的下述结论.

C 是表示导体容纳电荷本领的物理量，它由导体本身性质(尺寸、形状及介质)决定，与用来定义 C 的工具量 Q 和 U 无关.

$Q-U$ 图像是一条过原点的直线，直线斜率 $k=C=\dfrac{Q}{U}=\dfrac{\Delta Q}{\Delta U}$ 同时为我们提供了一种测量电容 C 的方法. $U-I$ 图像与 $Q-U$ 图像的比较如图 9.7(a)和(b)所示.

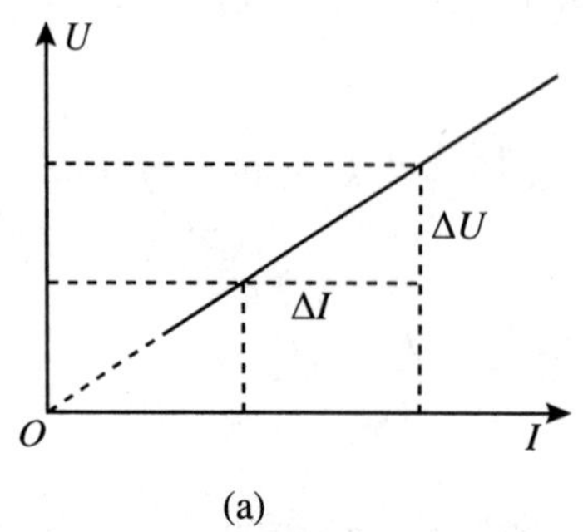

(a)

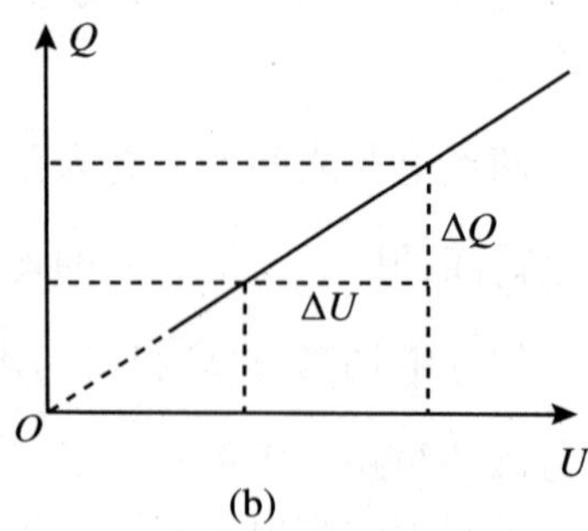

(b)

图 9.7

(2) 电容串联与电阻串联的类比.

两种元件的串联电路具有结构相似的特点，如图 9.8(a)和图 9.8(b)所示.

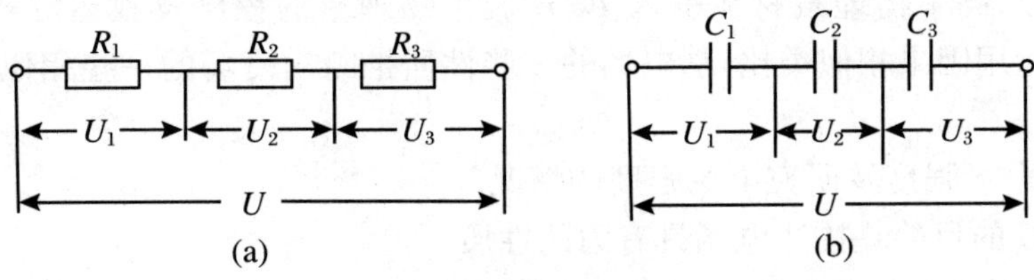

图 9.8

电阻串联有两个基本特点：① 总电压等于串联的各个电阻两端电压之和，即 $U=U_1+U_2+U_3+\cdots$；② 通过各电阻的电流强度相等，即 $I=I_1=I_2=I_3=\cdots$. 根据电阻的定义式和两个基本特点可以导出总电阻 R 与各个电阻的关系 $R=R_1+R_2+R_3+\cdots$.

观察定义式 $R=\dfrac{U}{I}$ 和 $C=\dfrac{Q}{U}$，引入 $C^*=\dfrac{1}{C}=\dfrac{U}{Q}$，可以将 Q 与 I 类比，C^* 与 R 类比. 根据结构相似类比可知电容串联也有两个基本特点：① 总电压等于串联的各电容器两极电压之和，即 $U=U_1+U_2+U_3+\cdots$；② 各电容器带电量相等，即 $Q=Q_1=Q_2=Q_3=\cdots$，而且有关系 $C^*=C_1^*+C_2^*+C_3^*+\cdots$. 将 C^* 还原成 $\dfrac{1}{C}$，得 $\dfrac{1}{C}=\dfrac{1}{C_1}+\dfrac{1}{C_2}+\dfrac{1}{C_3}+\cdots$.

(3) 电容并联与电阻并联的类比.

电容并联与电阻并联具有结构相似的特点，电路结构如图 9.9(a)和图 9.9(b)所示.

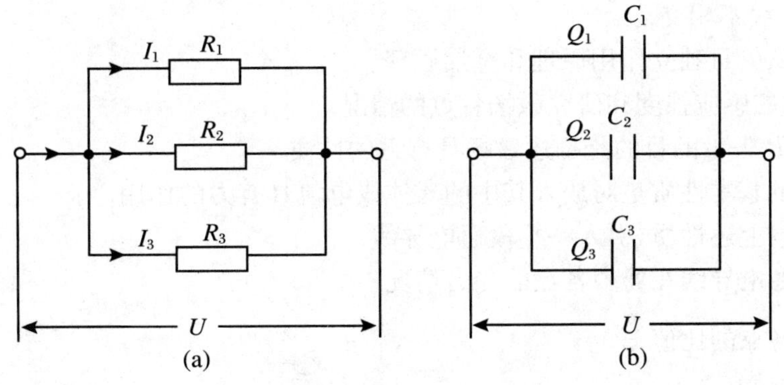

图 9.9

电阻并联的基本特点是：① 各电阻两端电压相等，即 $U=U_1=U_2=U_3=\cdots$；② 干路电流强度等于各支路电流强度之和，即 $I=I_1+I_2+I_3+\cdots$. 根据电阻的定义式和两个基本特点可以导出总电阻 R 与各并联支路电阻的关系 $\dfrac{1}{R}=\dfrac{1}{R_1}+\dfrac{1}{R_2}+\dfrac{1}{R_3}+\cdots$.

根据结构相似类比，把 C^* 与 R 类比，立即可得到电容并联的特点有：① $U=U_1=U_2=U_3=\cdots$；② $Q=Q_1+Q_2+Q_3+\cdots$；③ $\dfrac{1}{C^*}=\dfrac{1}{C_1^*}+\dfrac{1}{C_2^*}+\dfrac{1}{C_3^*}+\cdots$. 将 C^* 还原成 $\dfrac{1}{C}$，得 $C=C_1+C_2+C_3+\cdots$.

3．磁感应强度与电场强度的类比.

物理学上引入电场强度 E 与磁感应强度 B 具有相似的目的——都是为了描述场的力学性质.所以,高中物理教材在引入 E、B 两个物理量的程序及叙述形式上都十分相似,而且可以运用因果相似类比,从电场的一些性质推断出磁场的一些相似性质.两者的对比如下：

(1) 引入电场强度及研究电场强度的情况.

① 引入 E 的目的是描述电场具有力的性质.

② 电场的基本性质是对放入其中的电荷有力的作用.

③ 为了考察上述性质,引入检验电荷 $+q$.

④ 考察检验电荷 $+q$ 在场中各点的受力情况.

⑤ 比较各点的比值 $\frac{F}{q}$.

⑥ 分析比值的特点,并得出结论:比值与 F 和 q 无关,它表示电场本身的一种性质.

⑦ 定义电场强度 $E=\frac{F}{q}$.

⑧ 电场对电荷的作用力有方向,说明电场强度也有方向.

⑨ 电场强度 E 表示电场强弱和方向,由电场本身决定,是位置的函数,与检验电荷及其受力情况无关.

⑩ 对于确定的静电场,空间某点的场强具有唯一性.

⑪ 电场的强弱可用电场线的疏密表示,电场方向是电场线上某点的切线方向,空间任意两条电场线不相交.

⑫ E 服从矢量独立作用原理和叠加原理.

(2) 引入磁感应强度和研究磁场各点的情况.

① 引入 B 矢量的目的是描述磁场具有力的性质.

② 磁场的基本性质是对放入其中的磁体或电流具有力的作用.

③ 为考察上述性质,引入一小段通电导线.

④ 考察通电导线在场中各点的受力情况.

⑤ 比较各点的比值 $\frac{F}{IL}$.

⑥ 分析比值的特点,并得出结论:比值与 F 和 IL 无关,它表示磁场本身的一种性质.

⑦ 定义磁感应强度 $B=\frac{F}{IL}$.

⑧ 磁场对电流的作用力有方向,说明磁场也有方向.

⑨ 磁感应强度 B 表示磁场的强弱和方向,由磁场本身决定,是位置的函数,与通电导线及其受力情况无关.

⑩ 对于确定的稳恒磁场,空间某点的磁感应强度具有唯一性.

⑪ 磁场的强弱可用磁感线的疏密表示,磁场方向是磁感线上某点的切线方向,空间任意两条磁感线不相交.

⑫ B 服从矢量独立作用原理和场的叠加原理.

学习者在理解了静电场的若干性质后，运用类比推理的方法去认识磁场的性质，在心理上减少了许多思维上的障碍和理解上的困难. 这是一种比较经济的学习方式. 但是，磁场毕竟不是电场，它们之间还存在着一些不同之处：① 静电场的电场线是不闭合的，起于正电荷，止于负电荷，而磁感线是闭合曲线，无起点也无终点；② 电场引入电势来描述其具有能的性质，而在中学教材中却没有引入磁势；③ 电场力的方向与电场强度方向和电荷性质有关，而磁场力的方向与磁场方向和电流方向有关；④ 电场对静止或运动的电荷都有力的作用，而磁场只对运动电荷才可能有力的作用；⑤ 电场力可以对电荷做正功或负功或不做功，而磁场力对电荷永远不做功.

4. *LC* 振荡电路与弹簧振子的类比.

弹簧振子的振动与 *LC* 振荡电路中的振荡电流都属于周期性物理现象. 正因为两者具有这一相同的本质，所以，根据数学相似类比和因果相似类比，我们可以从弹簧振子的一些性质直接推断出 *LC* 振荡电路的某些结论，如表 9.1 所示.

表 9.1

物理量	弹簧振子的性质	物理量	*LC* 振荡电路的性质
位移	$x = A\sin\omega t$	电量	$q = q_{\mathrm{m}}\sin\omega t$
速度	$v = v_{\mathrm{m}}\cos\omega t$	电流强度	$I = I_{\mathrm{m}}\cos\omega t$
加速度	$a = \dfrac{\Delta v}{\Delta t} = -A\omega^2\sin\omega t$	电流强度的变化率	$\dfrac{\Delta I}{\Delta t} = -q_{\mathrm{m}}\omega^2\sin\omega t$
质量	m	电感	L(电磁惯性)
劲度系数	k	电容倒数	$C^* = \dfrac{1}{C}$
周期	$T = 2\pi\sqrt{\dfrac{m}{k}}$	周期	$T = 2\pi\sqrt{LC}$
弹性势能	$E_{\mathrm{p}} = \dfrac{1}{2}kx^2$	电场能	$W_E = \dfrac{1}{2C}q^2 = \dfrac{1}{2}CU^2$
动能	$E_{\mathrm{k}} = \dfrac{1}{2}mv_0^2$	磁场能	$W_B = \dfrac{1}{2}LI^2$
机械能	$E = E_{\mathrm{p}} + E_{\mathrm{k}}$	振荡能	$W = W_E + W_B$

5. 光波与机械波类比、物质波与光波类比.

克拉斯丁·惠更斯(1629～1695)是荷兰的物理学家、数学家、天文学家，他运用类比方法创立了光的波动说，把光的传播同人们熟知的声音的传播进行了类比. 他说："声音是借助看不见摸不着的空气向声源周围的整个空间传播的，这是一种运动，而因为这一运动的传播在各方向是以相同的速度进行的，所以必定形成了球面波，它们向外越传越远，最后达到我们的耳朵. 现在的光无疑也是从发光体通过某种传递媒介物的运动而到达……像声音一样，它也一定是以球面波的形式来传播的；我们把它们称为波，因为它们类似于我们把石头扔进水中所看到的水波，我们能看到水波好像在一圈圈逐渐向外传播开去，虽然水波的形成是由于其他原因，并且只在平面上形成……"惠更斯为什么要进行如此详细的类比呢？这是因为"我们对声音在空气中传播所知道的一切，可能会引导我们理解光传播的方式"(惠更斯语). 就这样，惠更斯在 1678 年从光和声现象之间的相似性出发，正式提出“光是一种特殊的弹性物质中进行的弹性机械波”.

1923 年，法国物理学家德布罗意将实物粒子与光子类比，他根据光具有波粒二象性，且波长为 $\lambda=\dfrac{h}{p}$，从而大胆地假设：一切实物粒子包括电子、质子和中子都具有波粒二象性，并认为实物粒子的波长与其动量也具有同样的定量关系，提出了著名的德布罗意公式 $\lambda=\dfrac{h}{p}$，还利用此式预测出中速电子的波长相当于 X 射线的波长. 后来，汤姆孙等人的电子衍射实验证实了德布罗意的假设和预言.

6. 原子结构模型提出过程中的类比思想.

1826 年，德国的费希纳建立了一种动力学原子模型. 他说：“小尺度上的原子与大尺度的天体情况相似，二者都是由相同的力来推动的.”这就是说他假定原子就像一个太阳系那样是由万有引力维系着并且有相似的结构. 这个模型后来被韦伯所采用，不过用电力代替了万有引力. 他设想了下述的原子图像：几乎带全部原子质量并带有正电荷的粒子静止于原子中心，质量可以忽略并带有负电荷的粒子绕中心粒子运动. 韦伯模型中所说的“带电粒子”在当时还只是假设性的物体.

1898 年，汤姆孙发现了电子后，人们普遍认识到带负电的电子是一切原子的基本组成部分. 而原子在通常状况下呈现电中性的事实，又表明原子内部还有与电子电量相等的正电荷.

1901 年，法国的佩兰在一次演讲中假设：原子的中心是一些带正电的粒子，外面围绕着电子，电子运行的周期对应原子发光光谱线的频率.

1903 年，日本的长冈半太郎受麦克斯韦关于土星环的稳定性论文的启发，提出了一个“土星模型”：电子均匀分布在一个环上，在带正电的、大质量的吸引中心的作用下做环绕运动，电子环还会发生振动而引起辐射，垂直于环面的振动产生带状光谱，沿环面的振动则产生线状光谱.

1909 年，卢瑟福的助手盖革和学生马斯登从 α 粒子散射实验中观察到了一种出人意料的现象：大约有八千分之一的 α 粒子偏转角超过90°，有的甚至被反弹回来. 1911 年，卢瑟福把实验事实与新的原子结构模型结合起来，将原子结构与太阳系的结构类比，从而提出了他的原子核式结构模型：原子中心有一个质量很大、带正电荷的点状的核，它对正电荷有很强的偏转能力；核外则是一个很大的空间，带负电的轻得多的电子在这个空间里绕核运动；一个元素原子核上的正电荷数等于该元素的原子序数，并等于核外的电子数.

仅仅高中物理就有如此之多的类比关系，没有类比就没有物理学的进步. 用类比法解题是高中物理学习中极其重要的思维训练方式.

9.2 类比法例题精析

用类比法解物理问题时需要有进行类比的依据，主要有现象、公式、过程、构造、因果、图像、模型等类比.

9.2.1 模型类比

所谓模型类比，就是根据研究对象与原型问题之间具有相同或相似的关系而进行的一种类比.这种类比方法的实质是将研究的对象转化为一种熟悉的或简单的物理模型.

例 1 (2013 年高考上海卷)如图 9.10 所示，在半径为 2.5 m 的光滑圆环上切下一小段圆弧，放置于竖直平面内，两端点距最低点高度差 H 为 1 cm.将小环置于圆弧端点并从静止释放，小环运动到最低点所需的最短时间为______ s，在最低点处的加速度为______ m/s^2.(取 $g=10\ m/s^2$)

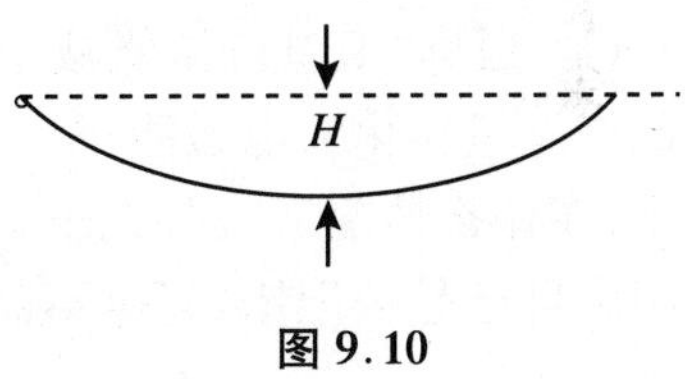

图 9.10

解析 小环沿圆弧的运动可类比于单摆的简谐运动，小环运动到最低点所需的最短时间为 $t=\frac{1}{4}\cdot 2\pi\sqrt{\frac{R}{g}}=0.785$ s.根据机械能守恒定律，有 $mgH=\frac{1}{2}mv^2$.小环在最低点的加速度为向心加速度，有 $a=\frac{v^2}{R}=\frac{2gH}{R}=0.08\ m/s^2$.

9.2.2 因果相似类比

这种类比推理指的是以已知问题中条件与目标之间的因果关系为中介，从而探索与之相似的新问题的原因或结果.

例 2 根据玻尔理论，氢原子的电子由外层轨道跃迁到内层轨道后，(　　).

A. 原子的能量增加，电子的动能减少

B. 原子的能量增加，电子的动能增加

C. 原子的能量减少，电子的动能减少

D. 原子的能量减少，电子的动能增加

解析 氢原子核外电子绕核运动的情况与卫星绕地球运转的情况相似：

(1) 电子或卫星都受到一个指向轨道中心的引力作用，并且它们做圆周运动需要的向心力都由这个指向中心的引力提供.

(2) 卫星具有与万有引力相关的引力势能，电子具有与库仑力相关的电势能，并且该引力做的功与相关势能的变化均遵守关系 $W=-\Delta E_p$.

(3) 电子从外层轨道向内层轨道跃迁，其轨道半径减小，与卫星受大气阻力作用后其轨道半径逐渐减小相似.

所以，可以把原子的总能量与卫星的机械能类比，电子的动能与卫星的动能类比.根据“卫星运动的轨道半径减小时，卫星的机械能减少，引力做正功，卫星的动能增加”的已知结论，立即可以推断：原子总能量减少，电子的动能增加．D选项正确．

本题也可以根据公式 $E_n=\frac{E_1}{n^2}$得到．当电子由外层轨道跃迁到内层轨道后，轨道半径 r 减小，量子数 n 减小，E_1 为负值，所以原子的总能量 E_n 减少．根据 $E_k=\frac{1}{2}mv^2$ 与 $k\frac{e^2}{r^2}=m\frac{v^2}{r}$，得到电子的动能 $E_k=\frac{ke^2}{2r}$．

这种方法需要记住氢原子的能级公式、库仑力、向心力和动能公式，而且要运算准确才能获得正确答案．而运用类比法解此题几乎只是应用以往的经验或现成的结论，在没有记住某些公式(或尚未学习过的知识)的情况下也能解决问题．

把氢原子核外电子的运动情况与卫星绕地球的运动进行类比，还可以推出其他结论：

(1) 根据“卫星机械能减小，部分机械能转化为内能”，推出“氢原子的能量减小，减少的部分能量转化为电磁能——辐射光子，而不是吸收光子”．对于原子在什么情况下辐射光子，在什么情况下吸收光子，有的同学总是记错，如果会用类比法进行分析的话，就不必担心自己是否记错，甚至不需要进行过多的机械记忆．这也说明“方法比知识更重要”．

(2) 由卫星的线速率公式 $v=\sqrt{\frac{GM}{r}}\propto\frac{1}{\sqrt{r}}$，可推知电子的线速率 $v\propto\frac{1}{\sqrt{r}}=\frac{1}{\sqrt{n^2r_1}}\propto\frac{1}{n}$．

(3) 由卫星的运动满足关系$\frac{r^3}{T^2}=$常量，可推知该关系式对电子绕核运动也适用．

9.2.3 数学相似类比

所谓数学相似类比就是：根据新问题与已知问题在反映物理本质的数学形式上相似或相同，从而推出它们的其他属性也相同或相似；或者根据两类问题所反映的其属性和要素对应相似，推出各要素构成的数学形式可能相似．

例3 (2013年高考北京卷)蹦床比赛分成预备运动和比赛动作．最初，运动员静止站在蹦床上；在预备运动阶段，他经过若干次蹦跳，逐渐增加上升高度，最终达到完成比赛动作所需的高度；此后，进入比赛动作阶段．

把蹦床简化为一个竖直放置的轻弹簧，弹力大小 $F=kx$(x 为床面下沉的距离，k 为常量)．质量 $m=50$ kg的运动员静止站在蹦床上，床面下沉 $x_0=0.10$ m；在预备运动中，假定运动员所做的总功 W 全部用于其机械能；在比赛动作中，把该运动员视作质点，其每次离开床面做竖直上抛运动的腾空时间均为 $\Delta t=2.0$ s，设运动员每次落下使床面压缩的最大深度均为 x_1．(取重力加速度 $g=10$ m/s^2，忽略空气阻力的影响．)

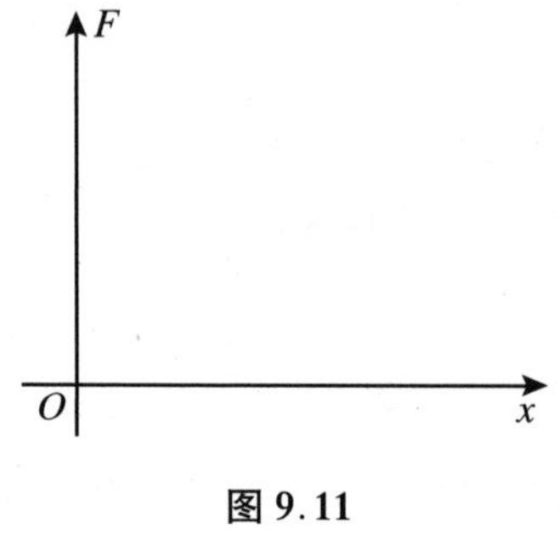

图9.11

(1) 求常量 k，并在图9.11中画出弹力 F 随 x 变化的示意图．

(2) 求在比赛动作中，运动员离开床面后上升的最大高度 h_m．

(3) 借助 $F-x$ 图像可以确定弹性做功的规律,在此基础上,求 x_1 和 W 的值.

解析 (1) 床面下沉 $x_0=0.10$ m时,运动员受力平衡,有

$$mg = kx_0.$$

解得

$$k = 5.0 \times 10^3 \text{ N/m}.$$

(2) 运动员从 $x=0$ 处离开床面,开始腾空,其上升、下落时间相等.上升的最大高度为

$$h_m = \frac{1}{2}g\left(\frac{\Delta t}{2}\right)^2 = 5 \text{ m}.$$

(3) 类比由 $v-t$ 图像求位移的方法,$F-x$ 图线与坐标轴所围成的面积表示弹力做的功,如图 9.12 所示.从 x_1 处到 $x=0$,弹力做功 $W=\frac{1}{2}\cdot x_1\cdot kx_1=\frac{1}{2}kx_1^2$.运动员从 x_1 处上升到最大高度 h_m 的过程,根据动能定理,有

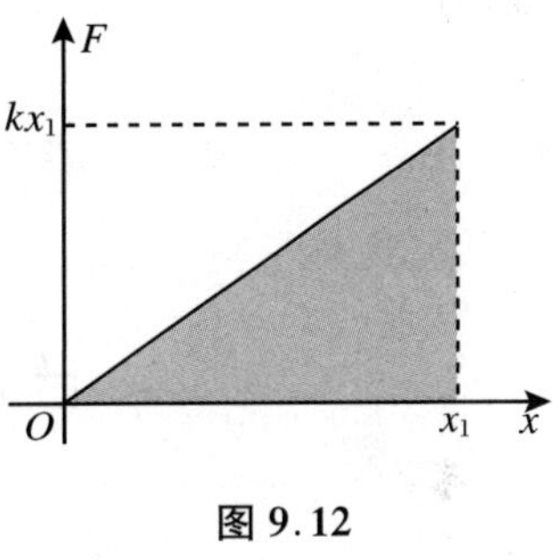

图 9.12

$$\frac{1}{2}kx_1^2 - mg(x_1 + h_m) = 0.$$

解得

$$x_1 = 1.1 \text{ m}.$$

对整个预备运动,根据动能定理,有

$$W + \frac{1}{2}kx_0^2 - mg(x_0 + h_m) = 0.$$

解得

$$W = 2525 \text{ J} \approx 2.5 \times 10^3 \text{ J}.$$

9.2.4 结构相似类比

物理问题中的结构相似类比指的是不同的物理问题所描述的条件及其结构相似,或条件目标之间的结构相似.一个物理问题可以看作由条件要素和目标要素按一定的结构组成的系统.结构决定系统的性质,具有相似结构的系统往往存在相似的性质.

例 4 图 9.13(a)所示的电路是由相同的电阻构成的无穷网络,每个电阻的阻值均为 r.而图 9.13(b)所示的网络是由无穷个相同的电容器构成的,每个电容器的电容均为 C.试根据图 9.13(a)中等效电阻 R_{ab} 的表达式得到图 9.13(b)中等效电容 C_{ab} 的表达式.

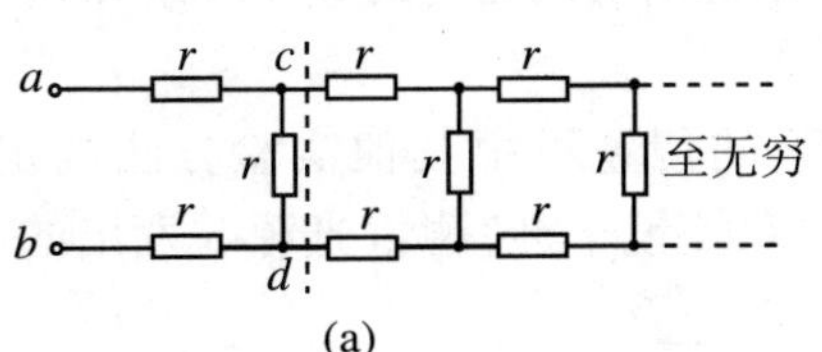

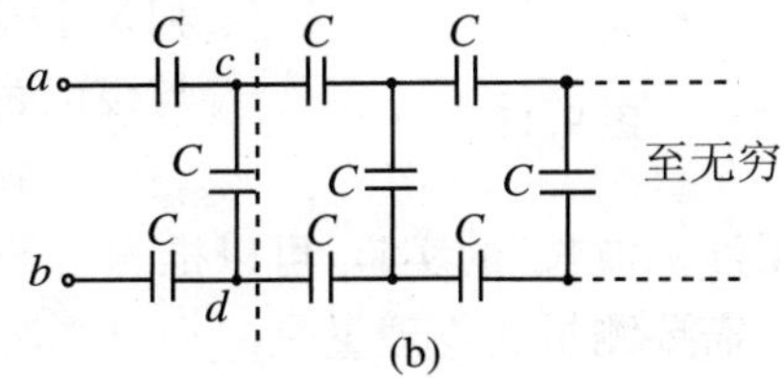

图 9.13

解析 图 9.13(a)所示的网络,是由无穷个如图 9.14(a)所示的单元构成的.所以

从左边起，去掉一个或有限个单元，不会改变网络的等效电阻，即 $R_{ab}=R_{cd}$. 如果用 R_{cd} 替代图 9.13(a)中竖直虚线右边网络的等效电阻，可以得到如图 9.14(b)所示的简化电路. 根据串并联电阻的特点，有

$$R_{ab}=2r+\frac{R_{cd}r}{R_{cd}+r}=2r+\frac{R_{ab}r}{R_{ab}+r}.$$

整理，得

$$R_{ab}^2-2R_{ab}r+2r^2=0.$$

解得

$$R_{ab}=(\sqrt{3}+1)r.$$

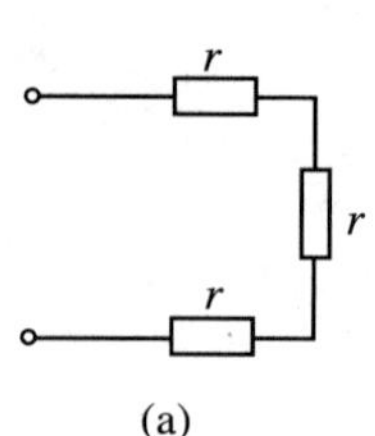

(a)

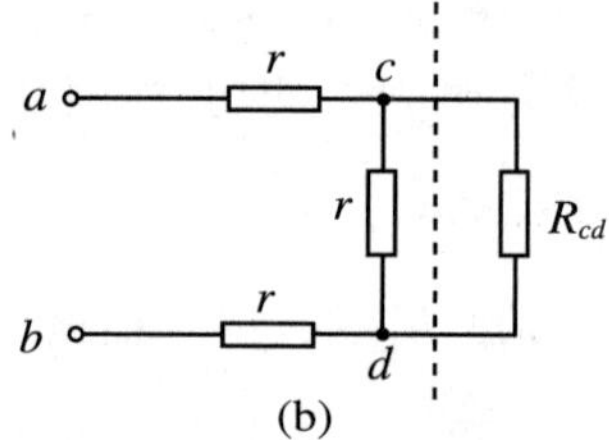

(b)

图 9.14

图 9.13(a)和图 9.13(b)中的两个网络具有结构相似的特点，但 C 与 R 并不直接对应. 根据各自的定义式 $R=\dfrac{U}{I}$ 和 $C=\dfrac{Q}{U}$，如果引入 $C^*=\dfrac{1}{C}=\dfrac{U}{Q}$，则两式中的分子均为 U，分母中的 Q 与 I 相似. 所以 C^* 与 R 可以直接类比，即图 9.13(b)所示的电容网络存在关系式 $C_{ab}^*=(\sqrt{3}+1)C^*$. 再用 $C_{ab}^*=\dfrac{1}{C_{ab}}$ 和 $C^*=\dfrac{1}{C}$ 替代后，得 $C_{ab}=\dfrac{(\sqrt{3}-1)C}{2}$.

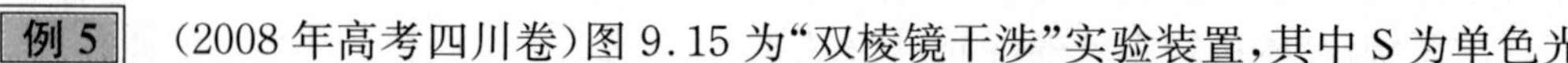

9.2.5 目标相似类比

根据新问题与旧问题的目标——所求物理量相似或相同的特点，从解决旧问题的思路中得到启发，进而找到解决新问题的程序或步骤. 这种类比推理形式就叫目标相似类比.

例 5 (2008 年高考四川卷)图 9.15 为“双棱镜干涉”实验装置，其中 S 为单色光源，A 为一个顶角略小于180°的等腰三角形棱镜，P 为光屏. S 位于棱镜对称轴上，屏与棱镜底边平行. 调节光路，可在屏上观察到干涉条纹. 这是由于光源 S 发出的光经棱镜作用后，相当于在没有棱镜时，两个分别位于图中 S_1 和 S_2 位置的相干波源所发出的光的叠加. (S_1 和 S_2 的连线与棱镜底边平行.)

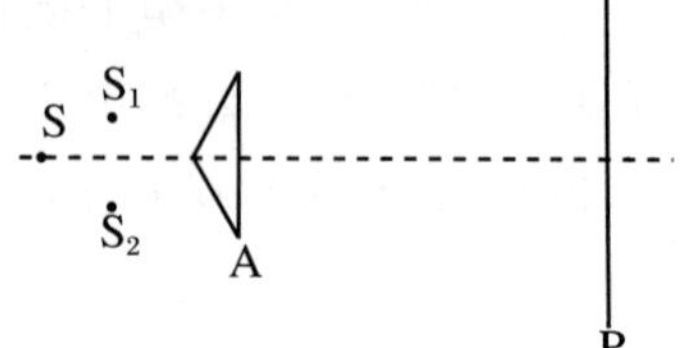

图 9.15

已知 S_1 和 S_2 的位置可由其他实验方法确定，类比“双缝干涉测波长”的实验，可以推测出若要利用“双棱镜干涉”测量光源 S 发出的单色光的波长，需要测量的物理量是________，________和________.

解析 由杨氏双缝干涉实验可知，只有相干光源发出的光互相叠加时，才能产生干涉现象. “双棱镜干涉”也能在屏上观察到干涉条纹，这就是说它肯定有相干光源. 正如

题干所说由于光源 S 发出的光经棱镜作用后，相当于在没有棱镜时，两个分别位于图 9.15 中 S_1 和 S_2 位置的相干波源所发出的光的叠加. 在两光束相交的区域放置观察屏，在 P_1、P_2 区间就可以观察到干涉条纹(见图 9.16). 那么 S_1 和 S_2 就相当于杨氏实验中的双缝，所以两虚光源 S_1 与 S_2 间距离 D 就相当于杨氏实验 $\Delta x=\frac{l}{d}\lambda$ 公式中的 d，S_1(或 S_2)与光屏间的距离 L 就相当于公式中的 l. 于是，自然得出双棱镜中的 $\Delta x=\frac{L}{D}\lambda$. 测量光源 S 发出的单色光的波长只需将公式变形为 $\lambda=\frac{D}{L}\Delta x$.

答案：S_1 与 S_2 间的距离，S_1(或 S_2)与光屏间的距离，干涉条纹间距.

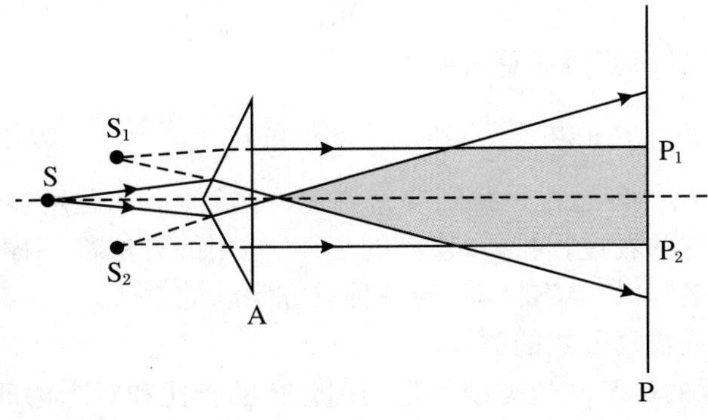

图 9.16

9.2.6 过程相似类比

如果两个物理问题描述的情境具有动态过程相似的特点，那么研究一个问题的动态过程就可以认识另一物体的动态变化规律，这种类比称为过程相似类比.

例 6 如图 9.17(a)所示，光滑圆弧形轨道和一足够长的光滑水平轨道相连，水平轨道上方有一足够长的光滑杆，其上套一金属圆环，金属圆环的中心轴线和水平轨道位置重合，在弧形轨道上高 h 的地方无初速度释放一块磁铁 B(可视为质点)，B 下滑至水平轨道后继续向前运动向 A 环接近，设 A、B 的质量分别为 m_A、m_B，试求出金属环获得的最大速度和全过程中金属环和磁铁所获得的总内能.

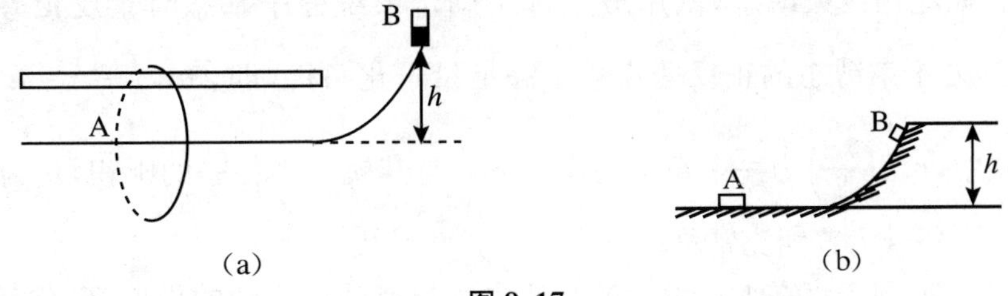

图 9.17

解析 本题所述的物理过程可与图 9.17(b)所示的物理过程相类比. 滑块 B 从高 h 的光滑轨道上无初速度下滑，滑至光滑水平轨道上与滑块 A 相碰，相碰后 A、B 黏合在一起，求 A 获得的最大速度和系统增加的内能.

B 下滑时机械能守恒，可求出 B 与 A 相碰前的速度；B 与 A 相碰，水平方向动量守

恒,A、B系统损失的机械能就是系统增加的内能.在图9.17(a)中,磁铁B下滑时机械能守恒,进入水平轨道与A环相互作用,产生电磁感应现象,由于A和B的相互作用力是内力,水平方向动量守恒,A、B组成的系统损失的机械能转化为系统的内能.磁铁B下滑到水平轨道时,根据机械能守恒定律,有

$$m_B gh = \frac{1}{2}m_B v_B^2. \quad ①$$

磁铁B与A环相互作用,根据动量守恒定律,有

$$m_B v_B = (m_A + m_B)v. \quad ②$$

联立①②式,得A获得的最大速度为

$$v = \frac{m_B}{m_A + m_B}\sqrt{2gh}.$$

全过程中金属环和磁铁所获得的总内能为

$$Q = m_B gh - \frac{1}{2}(m_A + m_B)v^2 = \frac{m_A m_B}{m_A + m_B}gh.$$

图9.17(b)所示的物理过程是我们非常熟悉的过程,但本题所述的过程我们可能比较生疏.通过类比发现两者过程相似,遵循的规律、运用的方法都一样,生题也就不生了.类比也是以"新"比"老",以"老"带"新"的一种研究问题的方法.

9.2.7 物理量或物理公式的类比

运用类比法解题的最基本的类型就是物理公式的类比和对应物理量的类比.

例7 (第十七届全国中学生物理竞赛复赛)1995年,美国费米国家实验室CDF实验组和DO实验组在质子反质子对撞机TE-VA-TRON的实验中,观察到了顶夸克,测得它的静止质量 $m_\tau = 1.75\times10^{11}\ \mathrm{eV}/c^2 = 3.1\times10^{-25}\ \mathrm{kg}$,寿命 $\tau = 0.4\times10^{-24}\ \mathrm{s}$,这是近十几年来粒子物理研究最重要的实验进展之一.

(1) 正反顶夸克之间的强相互作用势能可写为 $U(r) = -k\dfrac{4a_s}{3r}$,式中 r 是正反顶夸克之间的距离,$a_s = 0.12$ 是强相互作用耦合常数,k 是与单位制有关的常数,在国际单位制中 $k = 0.319\times10^{-25}\ \mathrm{J\cdot m}$.为估算正反顶夸克能否构成一个处在束缚状态的系统,可把束缚状态设想为正反顶夸克在彼此间的吸引力作用下绕它们连线的中点做匀速圆周运动.如能构成束缚态,试用玻尔理论确定系统处于基态时正反顶夸克之间的距离 r_0.已知处于束缚态的正反夸克粒子满足量子化条件,即 $2mv\left(\dfrac{r_0}{2}\right) = n\left(\dfrac{h}{2\pi}\right)$,$n = 1,2,3,\cdots$.式中,$mv\left(\dfrac{r_0}{2}\right)$ 为一个粒子的动量 mv 与其轨道半径 $\dfrac{r_0}{2}$ 的乘积,n 为量子数,$h = 6.63\times10^{-34}\ \mathrm{J\cdot s}$ 为普朗克常量.

(2) 试求正反顶夸克在上述设想的基态中做匀速圆周运动的周期 T.你认为正反顶夸克的这种束缚态能存在吗?

解析 正反顶夸克之间的强相互作用属近代物理知识,高中课本只是一句话带过,学生很陌生.然而用类比法就能使问题迎刃而解.

(1) 相距为 r 的电荷量大小为 Q_1 与 Q_2 的两异号点电荷之间的库仑力 F_Q 与电势能

U_Q 的公式分别为

$$F_Q = k_Q \frac{Q_1 Q_2}{r^2}, \quad ①$$

$$U_Q = -k_Q \frac{Q_1 Q_2}{r}. \quad ②$$

现在已知正反顶夸克之间的强相互作用势能为

$$U(r) = -k \frac{4a_s}{3r}.$$

上式对比于公式①②,类比可知,正反顶夸克之间的强相互作用力为

$$F(r) = k \frac{4a_s}{3r^2}.$$

设正反顶夸克绕其连线的中点做匀速圆周运动的速率为 v,因两者相距 r_0,两者所受的向心力均为 $F(r_0)$,强相互作用力提供向心力,有

$$k \frac{4a_s}{3r_0^2} = m_\tau \frac{v^2}{r_0/2}. \quad ③$$

由题给的量子化条件,粒子处于基态时,取量子数 $n=1$,得

$$2m_\tau v\left(\frac{r_0}{2}\right) = \frac{h}{2\pi}. \quad ④$$

联立③④式,得

$$r_0 = \frac{3h^2}{8\pi^2 m_\tau a_s k} = 1.4 \times 10^{-17}\ \text{m}.$$

(2) 联立③④式,得

$$v = \frac{\pi}{h}\left(k \frac{4a_s}{3}\right).$$

由 v 和 r_0 可算出正反顶夸克做匀速圆周运动的周期为

$$T = \frac{2\pi(r_0/2)}{v} = \frac{h^3}{2\pi^2 m_\tau (k4a_s/3)^2} = 1.8 \times 10^{-24}\ \text{s}.$$

由此可得

$$\frac{\tau}{T} = 0.22.$$

因正反顶夸克的寿命只有它们组成的束缚系统的周期的$\frac{1}{5}$,故正反顶夸克的束缚态通常是不存在的.

在物理教学中适时地运用类比法,能使一些不容易直接从理论上理解的问题变得简单而直观.但在使用类比方法时,要注意各种不同事物之间的差异和区别,在引进新概念、新规律时,应当进一步把它们的本质讲清楚.

9.3 类比法思维训练

1. 如图 9.18 所示,竖直固定在地面上的弹簧原长为 AO,一个小球从空中某高处自由下落压缩该弹簧,弹簧被压缩到最低点时长度为 BO,在小球下落到弹簧被压缩到最短的过程中,下列说法正确的是(　　).

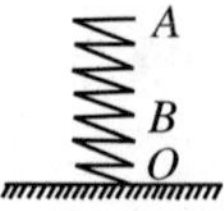

图 9.18

A. 小球在 A 处速度最大

B. 小球在 A、B 中间某处速度最大

C. 在整个运动过程中,小球在空中下落时加速度最大

D. 在整个运动过程中,小球在 B 点处加速度最大

2. 细长轻绳下端拴一小球构成单摆,在悬挂点正下方 $\frac{1}{2}$ 摆长处有一个能挡住摆线的钉子 A,如图 9.19 所示. 现将单摆向左拉开一个小角度,然后无初速地释放,对于以后的运动,下列说法正确的是(　　).

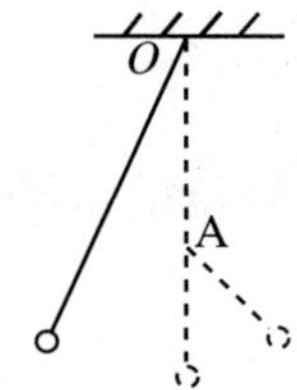

图 9.19

A. 摆球往返运动一次的周期比无钉子时的周期小

B. 摆球在左右两侧上升的最大高度一样

C. 摆球在平衡位置左右两侧走过的最大弧长相等

D. 摆线在平衡位置右侧的最大摆角是左侧的两倍

3. 静止于水平面上的装满水的箱子中,有大小相同的 A、B 两只小球,通过细线悬于顶部和底部,其状态如图 9.20 所示. 现使该箱子在水平方向上向右做匀加速直线运动,则稳定后将出现何种现象?(　　)

A. A、B 球均向左偏　　B. A、B 球均向右偏

C. A 球向左偏,B 球向右偏　　D. A 球向右偏,B 球向左偏

4. (1996 年高考上海卷)在绕制变压器时,某人将两个线圈绕在如图 9.21 所示的变压器铁芯的左右两个臂上. 当通以交流电时,每个线圈产生的磁通量都一半通过另一个线圈,另一半通过中间的臂. 已知线圈 1、2 的匝数之比为 $n_1 : n_2 = 2 : 1$. 在不接负载的情况下,(　　).

A. 当线圈 1 输入电压为 220 V 时,线圈 2 输出电压为 110 V

B. 当线圈 1 输入电压为 220 V 时,线圈 2 输出电压为 55 V

C. 当线圈 2 输入电压为 110 V 时,线圈 1 输出电压为 220 V

D. 当线圈 2 输入电压为 110 V 时,线圈 1 输出电压为 110 V

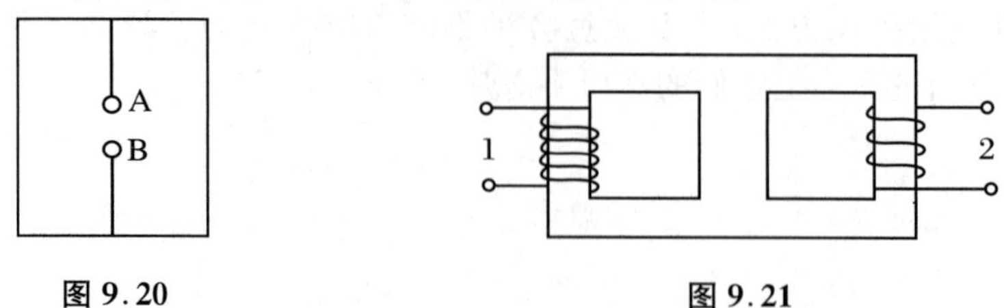

图 9.20　　图 9.21

5. (2007 年高考宁夏卷)由绝缘介质隔开的两个同轴的金属圆筒构成圆柱形电容

器，如图 9.22 所示. 试根据你学到的有关平行板电容器的知识，推测影响圆柱形电容器电容的因素有__________.

6. (2014 年高考福建卷)某研究性学习小组利用伏安法测定某一电池组的电动势和内阻，实验原理如图 9.23 所示. 其中，虚线框内为用灵敏电流计 G 改装的电流表 A，V 为标准电压表，E 为待测电池组，S 为开关，R 为滑动变阻器，R_0 是标称值为 4.0 Ω 的定值电阻.

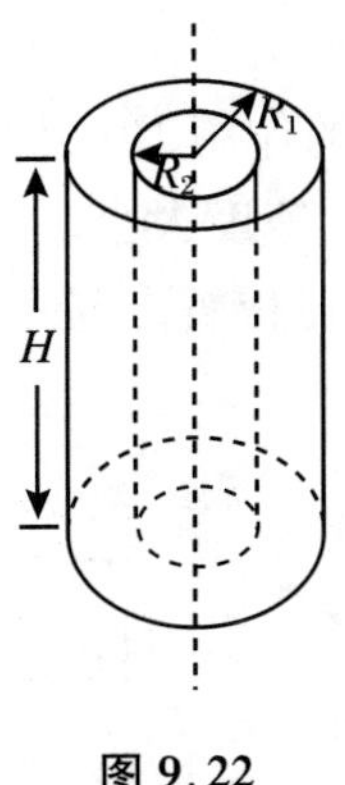

图 9.22

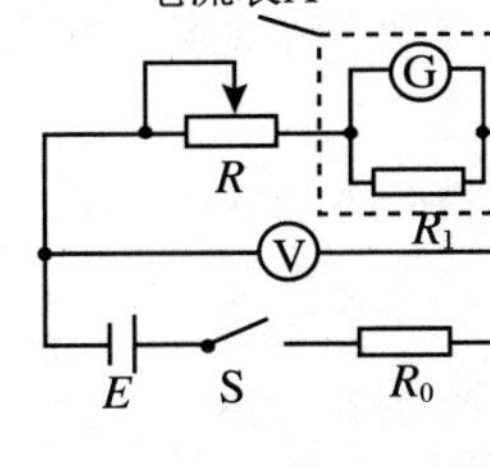

图 9.23

(1) 已知灵敏电流计 G 的满偏电流 $I_g = 100\ \mu A$，内阻 $r_g = 2.0\ k\Omega$，若要使改装后的电流表满偏电流为 200 mA，应并联一只________ Ω(保留一位小数)的定值电阻 R_1.

(2) 某次实验的数据如表 9.2 所示：该小组借鉴“研究匀变速直线运动”实验中计算加速度的方法(逐差法)，计算出电池组的内阻 $r =$________ Ω(保留两位小数)；为减小偶然误差，逐差法在数据处理方面体现出的主要优点是________.

表 9.2

测量次数	1	2	3	4	5	6	7	8
电压表 V 读数 U/V	5.26	5.16	5.04	4.94	4.83	4.71	4.59	4.46
改装表 A 读数 I/mA	20	40	60	80	100	120	140	160

7. (2013 年高考江苏卷)如图 9.24 所示，水平桌面上的轻质弹簧一端固定，另一端与小物块相连. 弹簧处于自然长度时物块位于 O 点(图中未标出). 物块的质量为 m，$AB = a$，物块与桌面间的动摩擦因数为 μ. 现用水平向右的力将物块从 O 点拉至 A 点，拉力做的功为 W. 撤去拉力后物块由静止向左运动，经 O 点到达 B 点时速度为零. 重力加速度为 g. 则上述过程中，(　　).

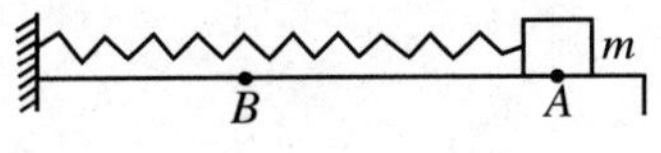

图 9.24

A. 物块在 A 点时，弹簧的弹性势能等于 $W - \frac{1}{2}\mu mga$

B. 物块在 B 点时，弹簧的弹性势能小于 $W - \frac{3}{2}\mu mga$

C. 经 O 点时，物块的动能小于 $W - \mu mga$

D. 物块动能最大时弹簧的弹性势能小于物块在 B 点时弹簧的弹性势能

8. 如图 9.25 所示，直角三角形导体 abc 的斜边 $ab=L$，与 bc 的夹角 $\theta=60^\circ$，处于方向垂直纸面向里、磁感强度为 B 的匀强磁场中. 若导体 abc 绕 b 点以角速度 ω 顺时针转动，求 a、c 间的电势差.

9. (2011 年高考安徽卷) 如图 9.26 所示，质量 $M=2$ kg 的滑块套在光滑的水平轨道上，质量 $m=1$ kg 的小球通过长 $L=0.5$ m 的轻质细杆与滑块上的光滑轴 O 连接，小球和轻杆可在竖直平面内绕 O 轴自由转动. 开始轻杆处于水平状态. 现给小球一个竖直向上的初速度 $v_0=4$ m/s，g 取 10 m/s^2.

(1) 若锁定滑块，试求小球通过最高点 P 时对轻杆的作用力大小和方向.

(2) 若解除对滑块的锁定，试求小球通过最高点时的速度大小.

(3) 在满足(2)的条件下，试求小球击中滑块右侧轨道位置点与小球起始位置点间的距离.

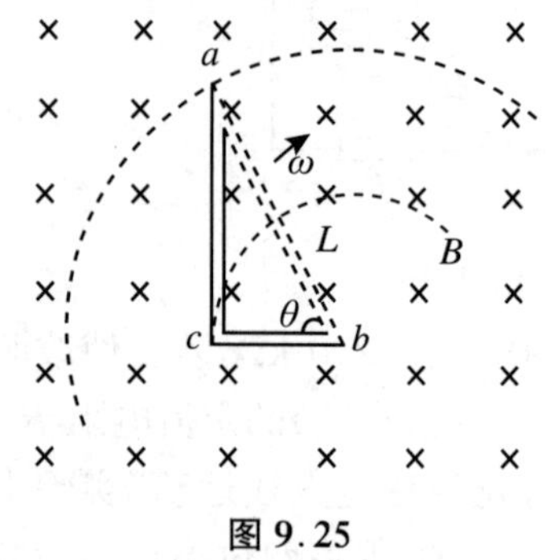

图 9.25

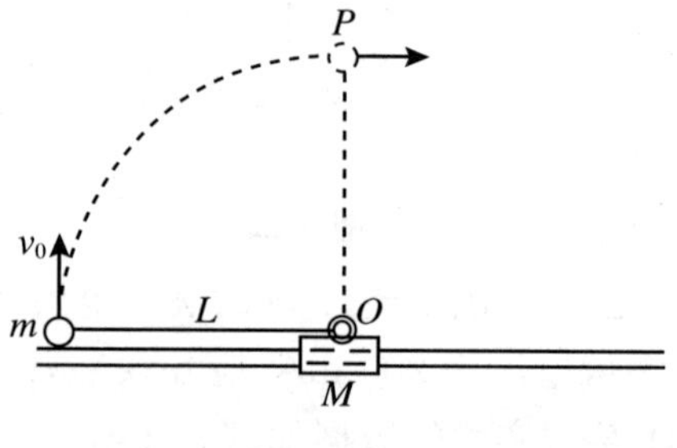

图 9.26

10. (2013 年北京大学保送生考试) 如图 9.27 所示，一根劲度系数为 k 的轻弹簧，一端固定，另一端系一厚度为 b、质量为 M 的木块，木块放于光滑水平面上. 现有一质量为 m 的子弹以水平速度 v_0 射入木块或穿透木块，在子弹射入木块和穿透木块过程中，受到木块的阻力为一常量 F. 试求木块第一次向右运动过程中，速度可能达到的最大值，以及相应的子弹初速度 v_0 应满足的条件. 已知 $kb\geqslant 2F$，$4m\geqslant 5M$.

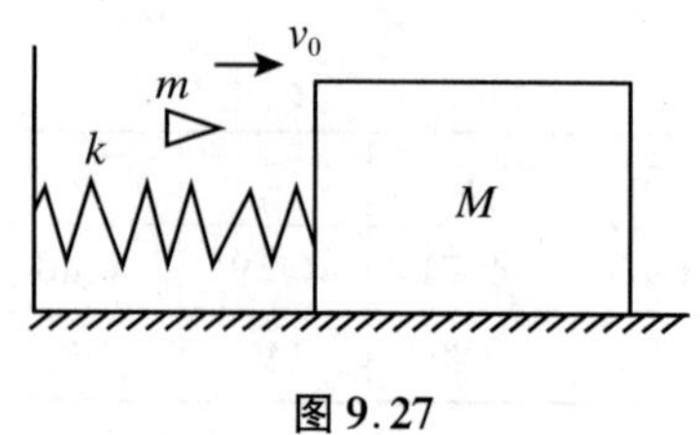

图 9.27

9.4 类比法思维训练参考答案

1. BD
2. AB
3. C
4. BD
5. H、R_1、R_2、ε(正对面积、板间距离、极板间的介质)
6. (1) 1.0　(2) 1.66，充分利用已测得数据

7. BC

8. $\frac{3}{8}BL^2\omega$

9. (1) 设小球通过最高点时的速度为 v，且在上升过程中只有重力做功，根据机械能守恒定律，有

$$\frac{1}{2}mv_0^2 = \frac{1}{2}mv^2 + mgL. \qquad ①$$

设小球到达最高点时，轻杆对小球的作用力为 F，方向向下，根据牛顿第二定律，有

$$mg + F = m\frac{v^2}{L}. \qquad ②$$

联立①②式，得

$$F = 2\ \text{N}.$$

由牛顿第三定律可知，小球对轻杆的作用力大小为 2 N，方向竖直向上.

(2) 解除锁定后，设小球通过最高点时的速度为 v_1，此时滑块的速度为 v_2. 在上升过程中，因系统在水平方向上不受外力作用，水平方向的动量守恒. 以水平向右的方向为正方向，有

$$mv_1 = Mv_2. \qquad ③$$

在上升过程中，因只有重力做功，系统的机械能守恒，则有

$$\frac{1}{2}mv_0^2 = \frac{1}{2}mv_1^2 + \frac{1}{2}Mv_2^2 + mgL. \qquad ④$$

联立③④式，得

$$v_1 = 2\ \text{m/s}.$$

(3) 设小球击中滑块右侧轨道的位置点与小球起始点的距离为 s_1，滑块向左移动的距离为 s_2，根据系统水平方向动量守恒，有

$$ms_1 = Ms_2. \qquad ⑤$$

类比“人船模型”，有

$$s_1 + s_2 = 2L. \qquad ⑥$$

联立⑤⑥式，得

$$s_2 = \frac{2}{3}\ \text{m}.$$

10. 子弹射入木块的过程中受到的阻力为 F，子弹做匀减速直线运动，子弹的加速度为 $a=\frac{F}{m}$. 根据牛顿第三定律，木块受到的反作用力大小为 F，使木块向右运动，运动过程中还受到弹簧的弹力. 类比重力场中的竖直弹簧振子，木块在向右的恒力 F 和向左的弹簧弹力作用下做简谐运动，简谐运动的周期为 $T=2\pi\sqrt{\frac{M}{k}}$，振幅为 $A=\frac{F}{k}$. 木块第一次向右运动过程中，速度可能达到的最大值 v_m 就是木块在平衡位置处的速度，则有

$$\frac{1}{2}kA^2 = \frac{1}{2}Mv_m^2.$$

解得

$$v_m = \frac{F}{\sqrt{kM}}.$$

所用时间

$$t = \frac{T}{4} = \frac{\pi}{2}\sqrt{\frac{M}{k}}.$$

若子弹速度 v_0 较小，木块尚未到达平衡位置时，两者速度相同，这种情况下木块不能达到 v_m. 因此当木块到达平衡位置时，两者恰好共速，此时子弹速度 v_0 最小. 则有

$$v_m = v_{0min} - at.$$

解得

$$v_{0min} = \frac{F}{\sqrt{kM}} + \frac{\pi F}{2m}\sqrt{\frac{M}{k}}.$$

若子弹速度 v_0 较大，木块尚未到达平衡位置时，子弹已射出木块，这种情况下木块不能达到 v_m. 因此当木块到达平衡位置时，子弹恰好射出木块，此时子弹速度 v_0 最大. 则有

$$A + b = v_{0max}t - \frac{1}{2}at^2.$$

解得

$$v_{0max} = \frac{8mF + 8mbk + \pi^2 MF}{4\pi m\sqrt{kM}}.$$

所以

$$\frac{F}{\sqrt{kM}} + \frac{\pi F}{2m}\sqrt{\frac{M}{k}} \leqslant v_0 \leqslant \frac{8mF + 8mbk + \pi^2 MF}{4\pi m\sqrt{kM}}.$$

10 转 换 法

10.1 转换法概述

就高中物理而言，转换的思想在物理实验中体现得非常明显，有很多物理量，由于其自身属性的关系，难以用仪器、仪表直接测量，或因条件所限，无法提高测量的准确度，可以根据物理量之间的定量关系和各种效应把不易测量的物理量转化成可以（或易于）测量的物理量进行测量，之后再反求待测物理量的量值，这种方法就叫转换测量法（简称转换法）．由于物理量之间存在多种关系和效应，因此将会有多种不同的转换法，这恰恰反映了物理实验中最具启发性和开创性的一面．科学实验不断地向高精度、宽量程、快速测量、遥感测量和自动化测量的方向发展，这一切均与转换测量紧密相关．转换法一般可分为参量换测法和能量换测法两大类．

1．参量换测法．

利用物理量之间的相互关系，实现各参量之间的变换，以达到测量某一物理量的目的．通常利用这种办法将一些不能直接测量的或是不易测量的物理量转换成其他若干可直接测量或易测的物理量进行测量．例如金属丝杨氏模量的测量，可根据胡克定律转换成应力与应变量的测量．

2．能量换测法．

利用物理学中的能量守恒定律以及能量具体形式上的相互转换规律进行转换测量的方法．能量换测法的关键是传感器（或敏感器件）——用于把一种形式的能量转换成另一种形式的能量的器件．由于电学量测量方便、迅速且容易实现，所以最常见的换能法是将待测物理量的测量转换为电学量的测量（亦称电测法）．下面着重介绍几种典型的能量换测法．

（1）热电换测：将热学量通过热电传感器转换为电学量的测量．热电传感器的种类很多，它们虽然依据的物理效应各有不同，但都是利用了材料的温度特性．如利用材料的温差电动势，将温度测量转换成热电偶的温差电动势的测量．

（2）压电换测：这是一种压力和电位间的变换，这种变换通常是利用材料的压电效应制造的器件来实现的．例如，将被极化的钛酸钡制成柱状器件，其极化方向为柱子的轴向．器件在极化方向上受压力而缩短时，柱子就会产生与极化方向相反的电场，据此，可将压力变化转换成为相应的电压变化．话筒和扬声器也是人们所熟悉的一种压电换能器．

(3) 光电换测:利用光电元件将光信号的测量转换为电信号的测量.利用光电效应制造的光电管、光电倍增管、光电池、光敏二极管、光敏三极管等光电器件都可以实现光电转换.光电传感器可分为光电导传感器、光电发射管、光电池等类型.

(4) 磁电换测:利用电磁感应器件将磁学量的测量转换成电学量的测量.用于磁电转换的元器件可分为半导体式和电磁感应式两类.常用的霍尔元件、磁敏电阻等典型的磁敏元件,可直接用于磁场的测量,也可以利用与磁学量的关系,将位置、速度、旋转、压力等非电量信号转换成电学量测量.

从思维的角度看,转换思想是常用的物理思想之一.转换是解物理题的一种重要的思维方法,转换思想是分析问题和解决问题的一个重要的基本思想,不少物理问题的解题过程都是转换思想的体现.就解题的本质而言,解题即意味着转换,即把生疏问题转换为熟悉问题,把抽象问题转换为具体问题,把复杂问题转换为简单问题,把一般问题转换为特殊问题,把高次问题转换为低次问题,把未知条件转换为已知条件.因此学会物理转换,有利于实现复杂问题简单化,从而可以较快地提高学习质量和物理能力.

我们通过例题来看转换法的应用.

例 1 如图 10.1 所示,条形磁铁平放于水平桌面上,在它的正中央上方固定一根直导线,导线与磁铁垂直,现给导线中通以垂直于纸面向外的电流,则下列说法正确的是(　　).

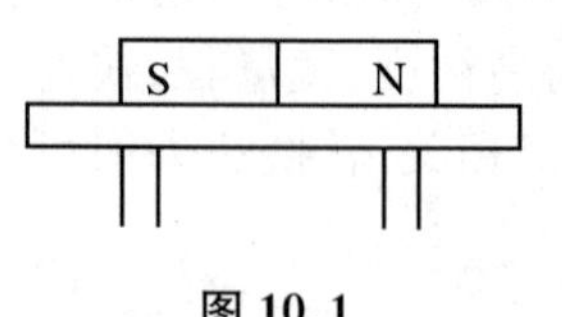

图 10.1

A. 磁铁对桌面的压力减小

B. 磁铁对桌面的压力增大

C. 磁铁对桌面的压力不变

D. 以上说法都不可能

解析 通电导线置于条形磁铁上方使通电导线置于磁场中,如图 10.2(a)所示.由左手定则判断通电导线受到向下的安培力作用,由牛顿第三定律可知,通电导线对磁铁有反作用力,方向向上,如图 10.2(b)所示.对磁铁做受力分析,由于磁铁始终静止,不通电时支持力等于重力,通电后支持力小于重力,所以磁铁对桌面的压力减小,A 选项正确.

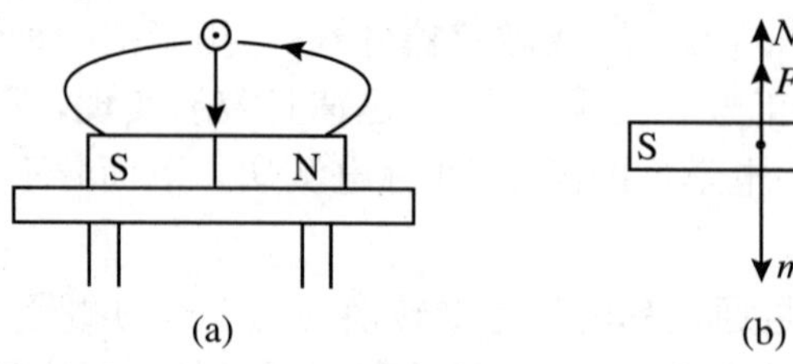

图 10.2

选择研究对象的一般方法是求什么量就以什么量为核心,选取与此量有直接关系的物体或系统为研究对象,但有些问题这样思考下去困难重重,甚至会到"束手无策"的境地.如果活用转换法,将研究对象转换,问题就会迎刃而解.

例 2 如图 10.3 所示,长为 L 的导体棒原来不带电,现将一带电量为 q 的点电荷

放在距棒左端 R 处，当达到静电平衡后，棒上的感应电荷在棒内距右端$\dfrac{L}{3}$处产生的场强大小为多少？

图 10.3

解析 点电荷 q 在棒内距右端$\dfrac{L}{3}$处产生的场强大小为

$$E = k\frac{q}{\left(R+\dfrac{2L}{3}\right)^2} = \frac{9kq}{(3R+2L)^2}.$$

处于静电平衡状态的导体，内部场强处处为零，故棒上的感应电荷在棒内距右端$\dfrac{L}{3}$处的场强大小为 $E' = E = \dfrac{9kq}{(3R+2L)^2}$.

在高中阶段，直接求棒上电荷在该点产生的电场大小是不可能的.

例 3 目前世界上正在研究一种新型的发电机，叫作磁流体发电机. 图 10.4 为磁流体发电机的原理示意图. M、N 为平行板电极，极板之间存在匀强磁场. 使等离子体从左向右高速射入，就可以在极板之间建立电动势. 分析说明其发电原理，确定稳定状态下极板之间的电势差由什么决定. 当电路接通时，为了维持电离气体以恒定的速度流动，电场、磁场区域两端的气体应维持一定的压强差，求此压强差.（设气流的截面积为 S，磁流体发电机的等效内阻为 r，外电路的负载电阻为 R，当图 10.4 中的开关闭合时，等离子体以流速 v 通过极板.）

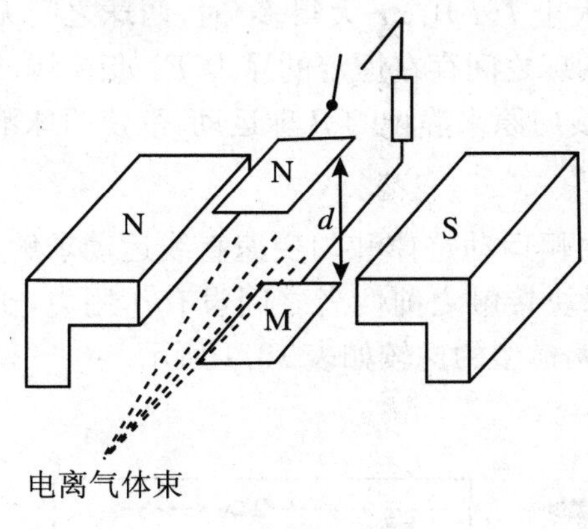

图 10.4

解析 等离子体以垂直于磁场的速度 v 进入磁场后，由于洛伦兹力的作用，正离子将向 M 板偏转，负离子将向 N 板偏转. 于是在 M 板上积累正电荷，在 N 板上积累负电荷. 这样在两极板之间就产生了电势差，形成了电场，场强方向从 M 指向 N.

当带电粒子所受的电场力与洛伦兹力大小相等时，此后带电粒子进入极板之间不再偏转，极板上也就不再积累电荷，极板之间形成了稳定的电动势.

设带电粒子所带电量为 q，磁感应强度为 B，极板距离为 d，极板之间的电压为 U，由 $qvB = q\dfrac{U}{d}$，得 $U = Bdv$.

电路断开时，电源电动势的大小等于路端电压，所以磁流体发电机的电动势为 Bdv，取决于磁感应强度、极板间距、粒子的速度.

将开关闭合，磁流体发电机正常工作时，有

$$U = Bdv - \frac{Bdv}{R+r}r.$$

U 与 Bdv 及内外电阻有关.

如果求压强时仅仅从压强的角度分析问题,就会感到困难重重,无从下手.若能转换一下思路,在大范围内考虑问题,研究能量的转换关系,问题将会迎刃而解.

设左端入口处的压强为 p_1,右端出口处的压强为 p_2,则气体流入、流出时的功率分别为

$$p_{入} = p_1 Sv,\quad p_{出} = p_2 Sv.$$

根据能量的转化和守恒,两功率之差就是发电机的功率,有

$$p_1 Sv - p_2 Sv = \frac{(Bdv)^2}{R + r}.$$

可得压强差为 $\Delta p = p_1 - p_2 = \dfrac{B^2 d^2 v}{S(R + r)}$.

转换规律是指灵活地选择物理规律,用熟知的规律解决看似超出"可理解"范围的题目,从而达到了难题易做的目的.

例 4 (1991 年高考全国卷)在光滑的水平轨道上,有两个半径都是 r 的小球 A 和 B,质量分别为 m 和 $2m$,当两球心之间的距离大于 l(l 比 $2r$ 大得多)时,两球之间无相互作用力;当两球之间的距离等于或小于 l 时,两球之间存在恒定的斥力 F,如图 10.5 所示.设 A 球从远离 B 球处以速度 v_0 沿两球连心线向原来静止的 B 球运动,欲使两球不发生接触,v_0 必须满足什么条件?

解析 问题构思新颖,多数学生都是通过牛顿运动定律和匀变速直线运动求解.不妨看一下下列模型:如图 10.6 所示,子弹在与木块接触之前两者之间没有作用力,子弹打进木块后有等值反向的作用力——摩擦力 f.两模型的比较如表 10.1 所示.

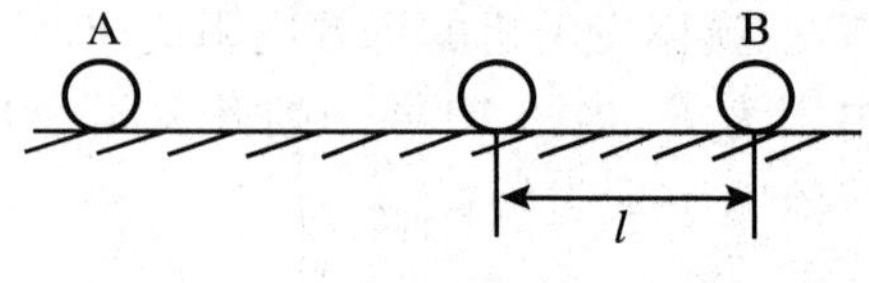

图 10.5

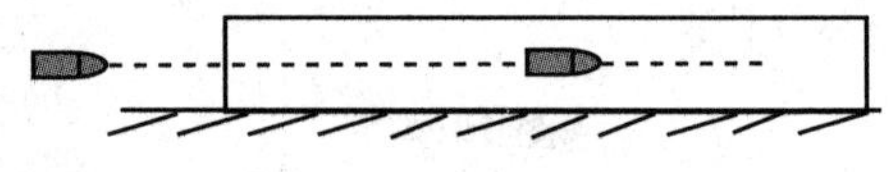

图 10.6

表 10.1

	子弹穿木块	两球作用
初始状态	子弹的速度为 v_0,木块的速度为 0	A 的速度为 v_0,B 的速度为 0
相互作用力	子弹打进木块后,两者之间有恒定摩擦力	当两球之间的距离等于或小于 l 时,两球之间存在恒定的斥力 F
运动性质	子弹做匀减速运动,木块做匀加速运动	A 球做匀减速运动,B 球做匀加速运动
终　态	子弹与木块相对静止,以相同速度运动	两球相对静止,以相同速度运动

A 球以初速度 v_0 向 B 球运动到两球之间的距离小于 l 时,由于两球之间有恒定的斥力作用,A 球做匀减速直线运动,B 球做匀加速直线运动.当 A 球的速度大于 B 球时两球之间的距离减小,当两球的速度相等时两球之间的距离最小.若两球之间的最小距离大于或等于 $2r$,两球就不会接触.所以不发生接触的条件是

$$v_1 = v_2,\qquad ①$$

$$l + s_2 - s_1 > 2r.\qquad ②$$

其中，v_1、v_2 分别为当两球间距离最小时 A、B 两球的速度；s_1、s_2 分别为两球间距离从 l 变至最小的过程中，A、B 两球通过的路程.

根据动量守恒定，有

$$mv_0 = mv_1 + 2mv_2.\qquad ③$$

根据动能定理，有

$$-Fs_1 = \frac{1}{2}mv_1^2 - \frac{1}{2}mv_0^2,\qquad ④$$

$$Fs_2 = \frac{1}{2}\cdot 2mv_2^2.\qquad ⑤$$

联立①～⑤式，得

$$v_0 < \frac{3F(l-2r)}{m}.$$

很多物理问题起初看起来非常复杂，没有现成的物理模型可以"套用"，求解该类题目的关键就是将物理问题向物理模型转换. 通过模型转换，可以将陌生的问题纳入熟悉的模型体系.

例 5 通电长导线中电流 I_0 的方向如图 10.7 所示，边长为 $2L$ 的正方形载流线圈 $abcd$ 中的电流为 I，方向为 $a\to b\to c\to d$. 线圈的 ab 边、cd 边以及过 ad、bc 边中点的轴线 OO' 都与长导线平行. 当线圈处于图 10.7 所示的位置时，ab 边与直导线间的距离 aa_1 等于 $2L$，且 aa_1 与 ad 垂直. 已知长导线中电流的磁场在 ab 处的磁感应强度为 B_1，在 cd 处的磁感应强度为 B_2，则载流线圈处于此位置受到的磁力矩的大小为多少？

解析 本题要求磁力矩，关键是求安培力和找力臂. 若在原图上找力臂，很难画出，如果将原空间图转换为俯视的平面图，如图 10.8 所示，求解将易如反掌. ad、bc 边所受的安培力和转轴 OO' 平行，其力矩为零. ab、cd 边所受安培力大小分别为 $F_1 = B_1I\cdot 2L$，$F_2 = B_2I\cdot 2L$，F_1 和 F_2 对转轴 OO' 的力臂分别为 L 和 $\frac{\sqrt{2}}{2}L$，则两力对转轴的力矩为 $M = M_1 + M_2 = F_1L + F_2\frac{\sqrt{2}}{2}L$，故 $M = IL^2(2B_1 + \sqrt{2}B_2)$.

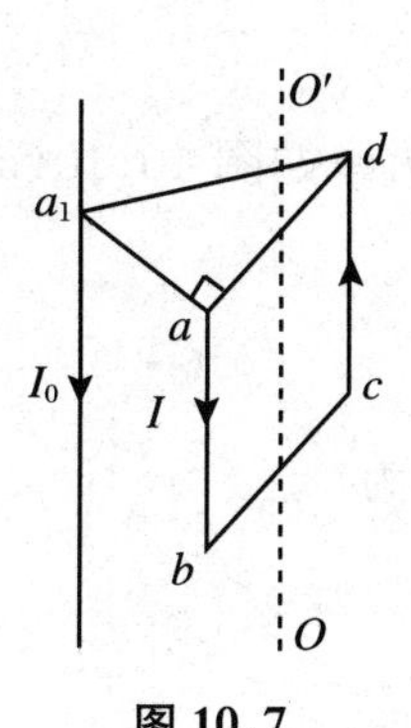

图 10.7

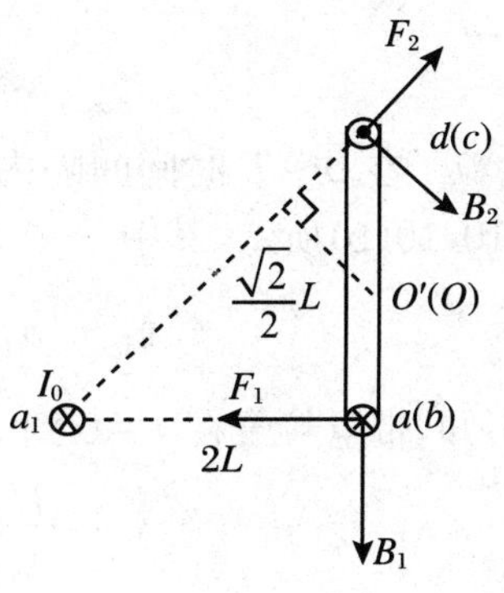

图 10.8

转换空间角度主要是指化立体空间图为平面图、化正视图为侧视图、化正视图为俯视图等处理物理问题的方法.灵活地进行这些转换,可以有效地提高解题质量和效率.

例 6 (2013 年高考全国卷)一电荷量为 $q(q>0)$、质量为 m 的带电粒子在匀强电场的作用下,在 $t=0$ 时由静止开始运动,场强随时间变化的规律如图 10.9 所示.不计重力.求在 $t=0$ 到 $t=T$ 的时间间隔内:

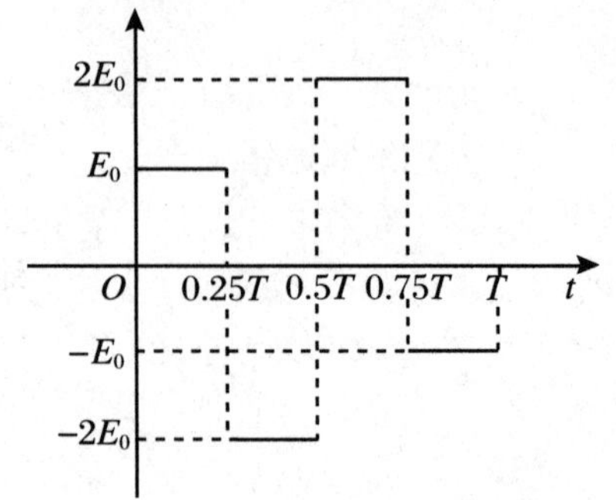

图 10.9

(1) 粒子位移的大小和方向.

(2) 粒子沿初始电场反方向运动的时间.

解析 (1) 这是一个带电粒子在方波形交变电场中运动的综合问题.粒子在 $0\sim\frac{T}{4}$、$\frac{T}{4}\sim\frac{T}{2}$、$\frac{T}{2}\sim\frac{3T}{4}$、$\frac{3T}{4}\sim T$ 时间间隔内做匀变速运动,设加速度分别为 a_1、a_2、a_3、a_4,根据牛顿第二定律,有

$$qE_0 = ma_1,$$
$$2qE_0 = -ma_2,$$
$$2qE_0 = ma_3,$$
$$qE_0 = -ma_4.$$

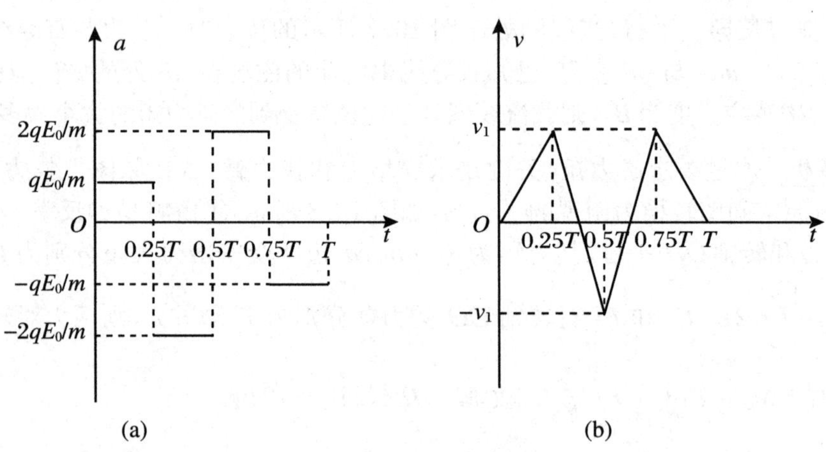

图 10.10

由此得带电粒子在 $0\sim T$ 时间间隔内运动的 $a-t$ 图像如图 10.10(a)所示,对应的 $v-t$ 图像如图 10.10(b)所示,其中

$$v_1 = a_1\frac{T}{4} = \frac{qE_0T}{4m}.$$

由图 10.10(b)可知,带电粒子在 $t=0$ 到 $t=T$ 时的位移为

$$s = \frac{T}{4}v_1 = \frac{qE_0T^2}{16m},$$

它的方向沿初始电场正方向.

(2) 由图 10.10(b)可知，粒子在 $t=\frac{3T}{8}$ 到 $t=\frac{5T}{8}$ 内沿初始电场反方向运动，总的运动时间为

$$t=\frac{5T}{8}-\frac{3T}{8}=\frac{T}{4}.$$

本题在求解过程中利用了 $v-t$ 图像以及将 $E-t$ 图像转换为 $a-t$ 图像.把数学中的函数图像应用于物理题目的解答过程中，首先必须要解决的问题是深刻地领会图像的物理意义，这是用图像来解答物理题目的基础，把物理问题转化为函数图像来处理是在理解了图像的物理含义的基础上进行的.有时灵活变换图像中两个变量中的一个，可以加深对知识的理解及应用.因为图像中的变量发生了转换，所以图像的曲线与坐标轴所围的面积、斜率等的物理意义都发生了变化.利用图像解题既方便又快捷，因为图像比较直观，一目了然.

所谓转换法是指通过转换研究对象、物理规律、物理模型、物理状态、物理过程、空间角度、思维角度、时间角度等，达到化繁为简，化难为易，间接获取问题解决的一种解题方法.这种方法能充分展示解题人的想象设计能力和创造性思维品质，充分体现解题人分析问题的能力，同时达到巧解，进而实现速解之目的.灵活地转换物理模型是一种重要的物理思想方法.学会这种方法，就会使我们在解决物理问题时变得从容自如，巧解、速解物理问题，从而提高学习的效率.

在高中物理中，有丰富的运用转换法处理问题的事例，包含着方法、技巧、思维和能力培养方面的内容.运用转换法就可以化繁为简、化难为易，有茅塞顿开之感.学习方法是新课程改革中的一个重要课题.那么如何提高学习方法呢？转换情景、拓展思维是提高学习方法的有效策略.

从思维的角度审视物理中的转换法，显然，转换法是一种较高层次的思维方法，是在对事物本质深刻认识的基础上才产生的一种飞跃，我们常用的变曲为直就是转换法应用的典型例子.

10.2 转换法例题精析

当我们面对一些情景不太熟悉的问题时，容易慌乱乃至对问题感到无奈，这时，如果能够灵活地转换情景、拓展思维，或许就能收到“柳暗花明”之效.下面概括的是如何灵活地进行情景转换、拓展思维，实现化解难点、顺利求解.

10.2.1 情景转换

把新情景等效转换为熟悉的情景，利用所掌握的知识和方法去处理.

例 1 (2004 年高考上海卷)如图 10.11 所示，在光滑水平面上的 O 点系一长为 l 的绝缘细线，线的一端系一质量为 m、带电量为 q 的小球.当沿细线方向加上场强为 E 的匀强电场后，小球处于平衡状态.现给小球一垂直于细线的初速度 v_0，使小球在水平面上开始运动.若 v_0 很小，则小球第一次回到平衡位置所需的时间为________.

解析 图 10.11 可转换为图 10.12 所示情景，图 10.11 中的电场力相当于图 10.12 中的重力. 图 10.12 在 v_0 很小的情况下做简谐振动，所以该题可看成类单摆处理. 则有

$$T = 2\pi\sqrt{\frac{l}{g'}},\quad mg' = qE,\quad t = \frac{T}{2}.$$

联立解得

$$t = \pi\sqrt{\frac{ml}{qE}}.$$

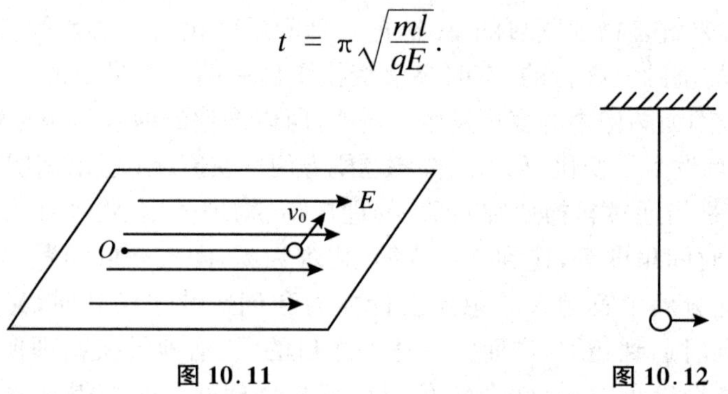

图 10.11　　　　图 10.12

10.2.2　模型转换

例 2　(2003 年高考江苏卷)如图 10.13 所示，两根平行金属导轨固定在水平桌面上，每根导轨每米的电阻为 $r_0 = 0.10\ \Omega/\text{m}$，导轨的端点 P、Q 用电阻可以忽略的导线相连，两导轨间的距离 $l = 0.2\ \text{m}$. 有随时间变化的匀强磁场垂直于桌面，已知磁感应强度 B 与时间 t 的关系为 $B = kt$，比例系数 $k = 0.020\ \text{T/s}$. 一电阻不计的金属杆可在导轨上无摩擦地滑动，在滑动过程中保持与导轨垂直. 在 $t = 0$ 时刻，金属杆紧靠在 P、Q 端，在外力作用下，杆以恒定的加速度从静止开始向导轨的另一端滑动，求在 $t = 6.0\ \text{s}$ 时金属杆所受的安培力.

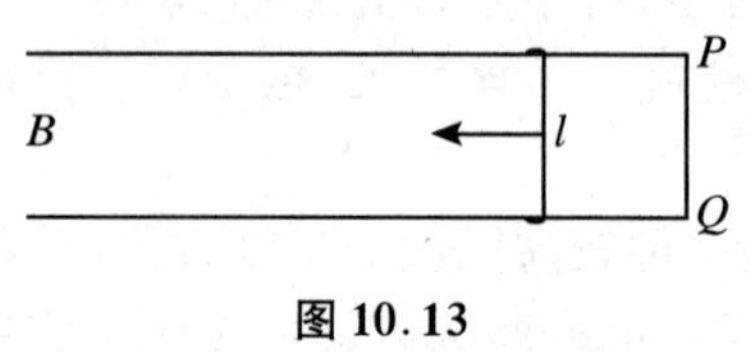

图 10.13

解析 在电磁感应现象中，有两类基本模型：磁场不变单棒切割类，如图 10.14(a)所示；面积不变磁场变化类，如图 10.14(b)所示. 本题金属棒在向右运动过程中，一方面棒切割，另一方面磁场改变，故原图可转换为图 10.14(a)与图 10.14(b)两类模型的叠加. 考虑到切割与磁场增加产生的感应电动势方向一致，所以原回路的感应电动势可写成 $E = Blv + \frac{\Delta B}{\Delta t}S$.

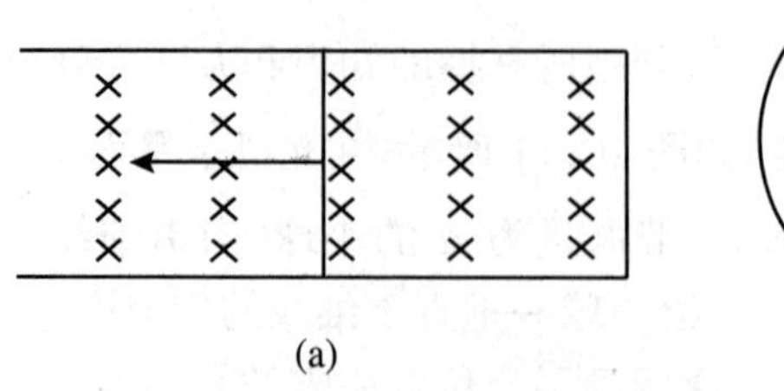

(a)

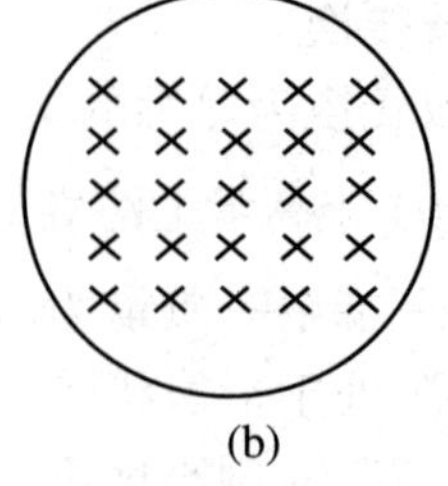

(b)

图 10.14

以 a 表示金属杆运动的加速度，在 t 时刻，金属杆的速度 $v=at$. 杆与初始位置的距离 $L=\frac{1}{2}at^2$，此时杆与导轨构成的回路的面积 $S=Ll$. 所以，回路中的感应电动势为

$$E=Blv+\frac{\Delta B}{\Delta t}S=kt\cdot l\cdot at+k\cdot Ll=\frac{3}{2}klat^2.$$

回路的总电阻为

$$R=2Lr_0=ar_0t^2.$$

回路中的感应电流为

$$I=\frac{E}{R}=\frac{\frac{3}{2}klat^2}{ar_0t^2}=\frac{3kl}{2r_0}.$$

金属杆所受的安培力为

$$F=BIl=\frac{3k^2l^2}{2r_0}t.$$

当 $t=6.0$ s 时，$F=1.44\times10^{-3}$ N.

10.2.3 类比转换

很多物理问题通常有相同或相似之处，将具有相同或相似属性、规律的事物进行比较、分析，从一类事物的某些已知特性、规律出发外推另一类事物所具有的未知特性、规律，这就是类比转换.

例 3 某物体做匀加速直线运动，它在第 3 s 内和第 6 s 内的位移分别是 2.4 m 和 3.6 m，求物体运动的加速度、初速度和前 6 s 内的平均速度.

解析 用常规方法求解此题过程比较烦琐. 与"测匀变速直线运动的加速度"分析处理纸带的方法相类比，可直接利用公式 $s_M-s_N=(M-N)aT^2$ 进行计算. 则有

$$a=\frac{s_6-s_3}{3T^2}=0.4\ \text{m/s}^2.$$

不难求出 $v_0=1.4$ m/s，$\bar{v}_6=2.6$ m/s.

10.2.4 对象转换

例 4 如图 10.15 所示，在高 $h=2$ m 的平台上，一人用 $F=80$ N 的水平恒力作用于绳的一端，绳子经光滑的定滑轮将地面上的物体由 A 点拉到 B 点，求绳对物体做的功.

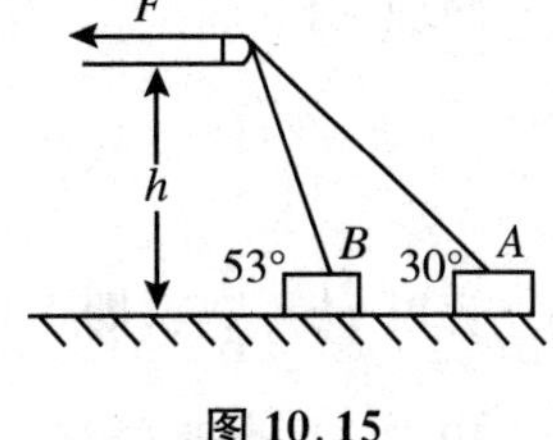

图 10.15

解析 物体由 A 点运动到 B 点的过程中，绳子对物体的拉力大小不变，但方向时刻改变，所以这是个变力做功问题. 由题意可知，人对绳做的功等于绳对物体做的功，且人对绳的拉力 F 是恒力，于是问题转换为求恒力做功. 则有

$$W=F\left(\frac{h}{\sin 30^\circ}-\frac{h}{\sin 53^\circ}\right)=120\ \text{J}.$$

10.2.5 过程转换

过程转换是物理过程在时间或空间上反演回复到初始状态时，采用逆向思维实现情

景转化的一种思维模式,如“匀减速直线运动可以看成反方向的匀加速直线运动”“光路可逆”等都是一种过程转换.利用过程转换可以实现“柳暗花明又一村”.

例 5 杂技演员用一只手把1、2、3、4号小球依次向上抛出,为了使节目能持续表演下去,该演员必须让回到手中的小球每隔一个相等的时间再向上抛出,假如每一个抛出的小球上升的最大高度都是1.25 m,那么,小球在手中停留的最长时间是多少?1号小球从抛出开始经多长时间分别与2号、3号小球在空中相遇?(取 $g=9.8\ \text{m/s}^2$)

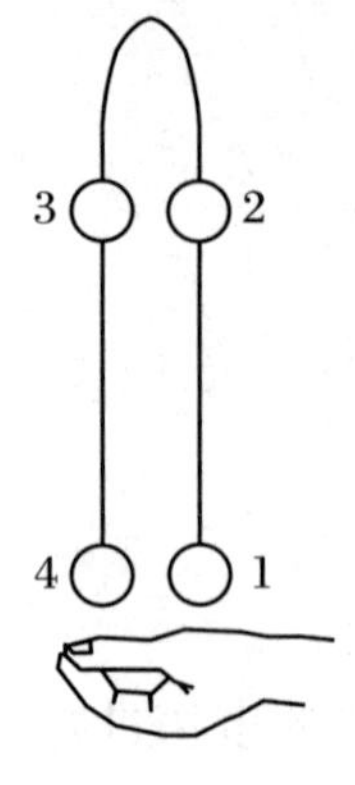

图 10.16

解析 本题涉及的物体多、过程复杂,巧妙的办法就是避开这一繁杂的问题.根据竖直上抛运动的对称性,两球在空中相遇时,把后一个小球相遇之前的运动看成是前一个小球相遇之后的运动的反演.

设杂技演员每隔 Δt 抛出一个小球,小球从抛出到落回手中的总时间为 t_0.第1个小球即将回到手中时即抛出第4个小球(见图10.16),则有

$$t_0 = 3\Delta t,$$

$$\frac{1}{2}g\left(\frac{t_0}{2}\right)^2 = h.$$

联立解得

$$t_0 = 1\ \text{s},\quad \Delta t = \frac{1}{3}\ \text{s}.$$

1号球抛出后隔1 s返回手中,所以1号球与2号球相遇时,有

$$t_1 + t_2 = t_0.$$

而2号球比1号球晚抛出 Δt,则有

$$t_1 - t_2 = \Delta t.$$

联立解得 $t_1=\frac{2}{3}$ s,即1号球经$\frac{2}{3}$ s与2号球相遇.

同理,有

$$t_1' + t_3 = t_0,$$

$$t_1' - t_3 = 2\Delta t.$$

联立解得 $t_1'=\frac{5}{6}$ s,即1号球经$\frac{5}{6}$ s与3号球相遇.

10.2.6 数形转换

图形是理顺思维、化抽象为具体的重要工具,物理公式和图形是研究物理问题相辅相成的两个方面,二者在解题时交替使用,既能显示出问题的科学性、普遍性,又能显示出问题的唯一性和特殊性.

例 6 平行板电容器分别与电源的两极相连,在电容器充电后断开电键.(1) 保持极板距离不变,把极板错开一小段距离;(2) 保持正对面积不变,把极板间距离稍拉大一些.以上两种情况两极板间场强的大小如何变化?

解析 从理论上可以证明:(1) 场强增大;(2) 场强不变.但这种证明费时且不利于结论的理解和记忆.若用图形来证明不仅能迅速得出结论,而且能在大脑中形成鲜明的形象,更有利于理解和记忆.

(1) 设原来电场中有5条电场线,错开一小段距离后,正对面积变小,总电荷量 Q 不变,但电荷的分布相对集中,新电场中仍有5条电场线,但电场线变密,所以场强变大,如图10.17所示.

(2) 只增大两极板间的距离,总电荷量 Q 不变,电场线的条数仍不变,新电场中电场线虽变长但稀密没变,所以场强不变,如图10.17所示.

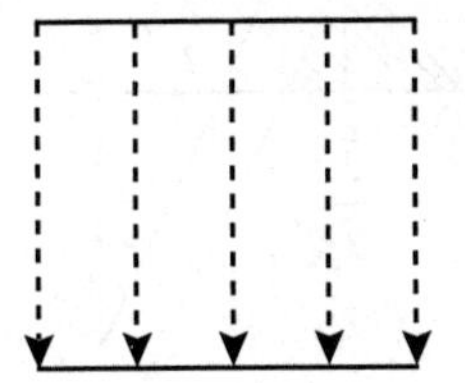

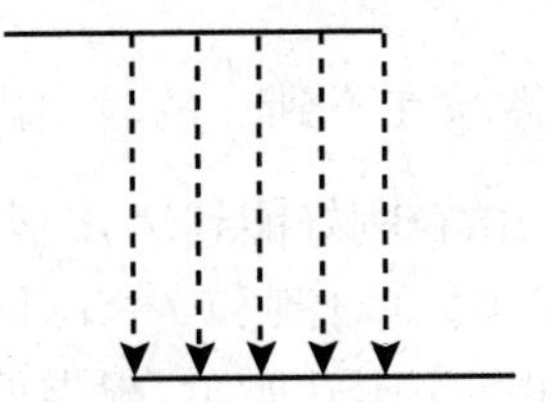

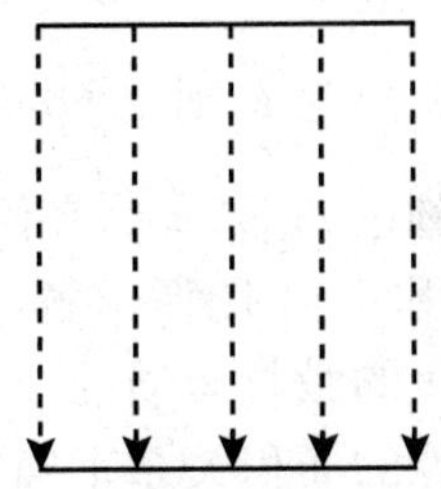

图 10.17

10.2.7 图像转换

物理图像是研究物理问题最形象的数学语言和工具,在分析物理问题时有着非常重要的作用,其优点就是能直观形象地表达物理情景及其深刻的内涵,比任何语言和公式都直观、简捷.

例7 (第二十届全国中学生物理竞赛预赛)图10.18中A和B是真空中的两块面积很大的平行金属板,加上周期为 T 的交流电压,在两板间产生交变的匀强电场.已知B板电势为零,A板电势 U_A 随时间变化的规律如图10.19所示,其中 U_A 的最大值为 U_0,最小值为 $-2U_0$.在图10.18中,虚线 MN 表示与A、B板平行等距的一个较小的面,此面到A和B的距离皆为 l.在此平面所在处,不断地产生电量为 q、质量为 m 的带负电的微粒,各个时刻产生带电微粒的机会均等.这种微粒产生后,从静止出发在电场力的作用下运动.设微粒一旦碰到金属板,它就附在板上不再运动,且其电量同时

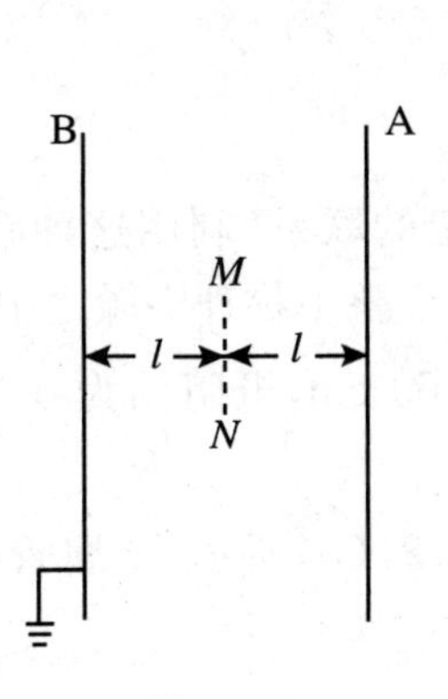

图 10.18

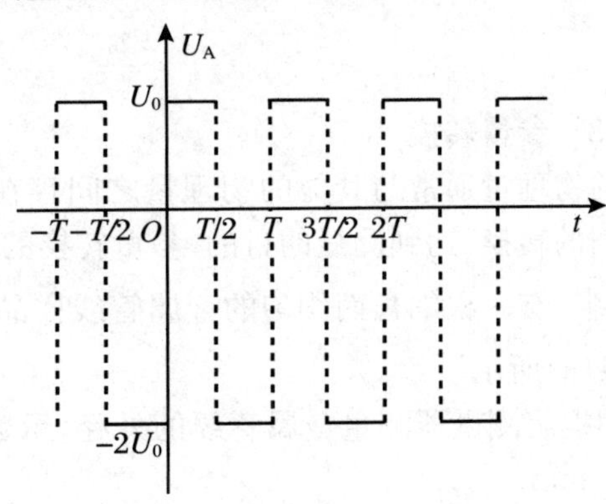

图 10.19

消失，不影响A、B板的电压.已知上述的 T、U_0、l、q 和 m 等各量的值正好满足等式 $l^2=\frac{3}{16}\frac{U_0q}{2m}\left(\frac{T}{2}\right)^2$.若在交流电压变化的每个周期 T 内，平均产生320个上述微粒，试论证在 $t=0$ 到 $t=\frac{T}{2}$ 这段时间内产生的微粒中，有多少微粒可到达A板(不计重力，不考虑微粒之间的相互作用).

解析 在 $t=0$ 时产生的微粒，经时间 $\frac{T}{2}$ 向A板移动的距离为 $s=\frac{1}{2}\cdot\frac{qU_0}{2lm}\left(\frac{T}{2}\right)^2=\frac{8l}{3}$.由于离子源到A板的距离为 l，则 $t=0$ 时产生的微粒在不到 $\frac{T}{2}$ 的时间内就能到达A板.那么在何时产生的微粒刚好能到达A板？可利用 $v-t$ 图像求解，分别作出 $t=0$ 时刻和 $t=t_1$ 时刻产生的微粒运动的 $v-t$ 图，如图10.20所示.根据两个图像的面积关系来确定对应位移的大小关系，从而确定微粒可到达A板的时间范围.

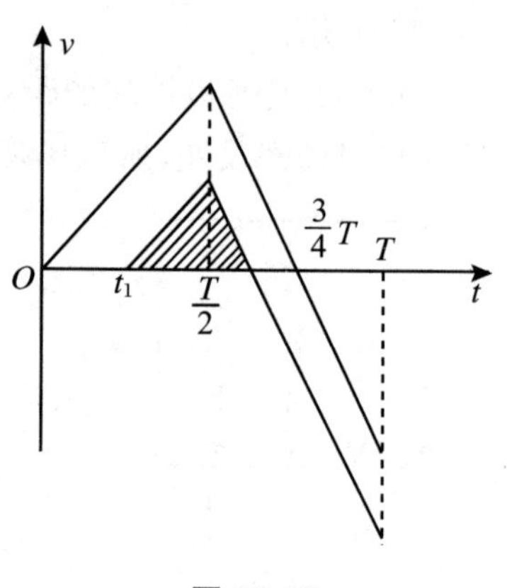

图 10.20

$t=t_1$ 时刻产生的微粒刚好能到达A板，则图10.20中阴影部分三角形的面积为 l.对于阴影部分左右两个等高直角三角形，由于底边长度跟对应斜边的斜率成反比，则左右两个等高直角三角形的面积之比为2∶1，所以左边直角三角形的面积为

$$\frac{2}{3}l=\frac{1}{2}\frac{qU_0}{2lm}\left(\frac{T}{2}-t_1\right)^2.$$

联立 $l^2=\frac{3}{16}\frac{U_0q}{2m}\left(\frac{T}{2}\right)^2$，解得

$$t_1=\frac{T}{4}.$$

由以上分析可知，在 $0\sim\frac{T}{2}$ 时间内产生的微粒中，只有在 $0\sim\frac{T}{4}$ 时间内产生的微粒能到达A板.因为各个时刻产生带电微粒的机会均等，所以到达A板的微粒数为 $N=320\times\frac{1}{4}=80$.

10.2.8 参量转换

待测的物理量通常与其他的物理量之间存在某种特定的联系，利用这种联系，可实现各参量间的转换，达到测量的目的.参量转换的方法贯穿于整个物理实验之中.

例8 有一根细长而均匀的金属管线样品，长约为60 cm，电阻约为6 Ω，横截面如图10.21(a)所示.

(1) 用螺旋测微器测量金属管线的外径，示数如图10.21(b)所示，金属管线的外径为________mm.

(2) 现有如下器材：

A. 电流表(量程为 0.6 A,内阻约为 0.1 Ω)

B. 电流表(量程为 3 A,内阻约为 0.03 Ω)

C. 电压表(量程为 3 V,内阻约为 3 kΩ)

D. 滑动变阻器(1750 Ω,0.3 A)

E. 滑动变阻器(15 Ω,3 A)

F. 蓄电池(6 V,内阻很小)

G. 开关一个,带夹子的导线若干

要进一步精确测量金属管线样品的阻值,电流表应选________,滑动变阻器应选________.(只填代号字母)

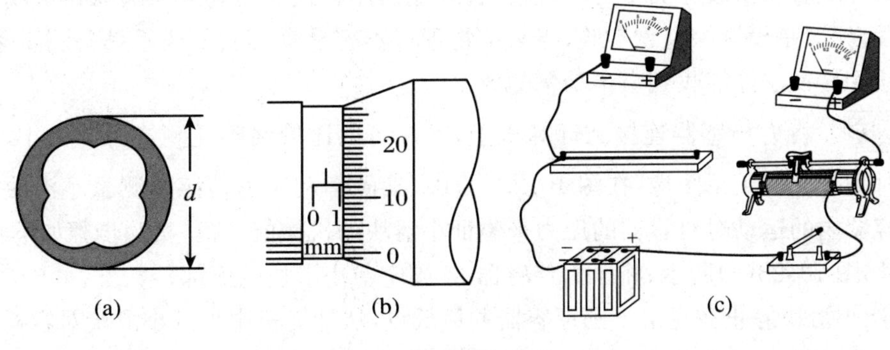

图 10.21

(3) 请将如图 10.21(c)所示的实际测量电路补充完整.

(4) 已知金属管线样品材料的电阻率为 ρ,通过多次测量得出金属管线的电阻为 R,金属管线的外径为 d,要想求得金属管线内形状不规则的中空部分的横截面积 S,在前面实验的基础上,还需要测量的物理量是________(所测物理量用字母表示并用文字说明).计算中空部分横截面积的表达式为 $S=$________(用字母填写表达式).

解析 (1) 螺旋测微器的固定刻度读数为 1 mm,可动刻度读数为 $0.01\times12.5\ \text{mm}=0.125\ \text{mm}$,因此最终读数为 $1\ \text{mm}+0.01\times12.5\ \text{mm}=1.125\ \text{mm}$.

(2) 电路中的电流大约为

$$I=\frac{3}{6}\ \text{A}=0.5\ \text{A}.$$

因此电流表选择 A;待测电阻较小,从测量误差角度考虑,滑动变阻器应选择 E.

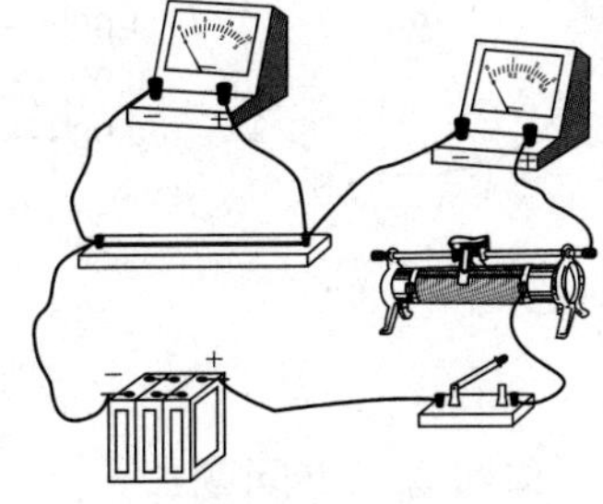

图 10.22

(3) 因为待测电阻远小于电压表内阻,属于小电阻,所以电流表采取外接法;滑动变阻器可以采用限流式接法.实际测量电路补全后如图 10.22 所示.

(4) 根据 $R=\rho\dfrac{L}{S}$,有 $S=\dfrac{\rho L}{R}$,所以还需要测量的物理量是管线长度 L,则中空部分的横截面积为

$$S'=\frac{\pi d^2}{4}-S=\frac{\pi d^2}{4}-\frac{\rho L}{R}.$$

10.2.9 能量转换

能量转换测量法是将某种形式的物理量，通过能量变化器，变成另一种形式物理量的测量方法.随着各种新型功能材料(如热敏、光敏、湿敏材料)的不断涌现以及这些材料性能的不断提高，形形色色的敏感器件和传感器应运而生，为物理实验测量方法的改进提供了很好的条件.考虑到电学参量具有测量方便、快速的特点，电学器件易于生产，而且常常具有通用性，所以许多能量转换法都是使待测物理量通过各种传感器和敏感器件转换成电学参量来进行测量的.最常见的有光电转换、磁电转换、热电转换、力电转换等.

在设计和安排实验过程中，当预先估计不能达到要求时，常常另辟蹊径，把一些不可能测量的物理量转换成可测量的物理量.合理地使用转换法是物理实验获得成功的一种必要手段，尤其是设计探究型实验，当某个物理量不容易直接测量或不具备测量条件时，巧妙地使用转换法能够收到事半功倍的效果.

例 9 将力传感器连接到计算机上，不仅可以比较精确地测量力的大小，还能得到力随时间变化的关系图像.在图 10.23(a)中，某同学利用力传感器测量小滑块在光滑半球形容器内的运动时对容器的压力来验证小滑块的机械能守恒，实验步骤如下：

① 如图 10.23(a)所示，将压力传感器 M 固定在小滑块的底部；

② 让小滑块静止在光滑半圆形容器的最低点，从计算机中得到小滑块对容器的压力随时间变化的关系图像如图 10.23(b)所示；

③ 让小滑块沿固定的光滑半球形容器内壁在竖直平面的 AB 之间往复运动，OA、OB 与竖直方向之间的夹角相等且都为 θ($\theta<5^\circ$).从计算机中得到小滑块对容器的压力随时间变化的关系图像如图 10.23(c)所示.

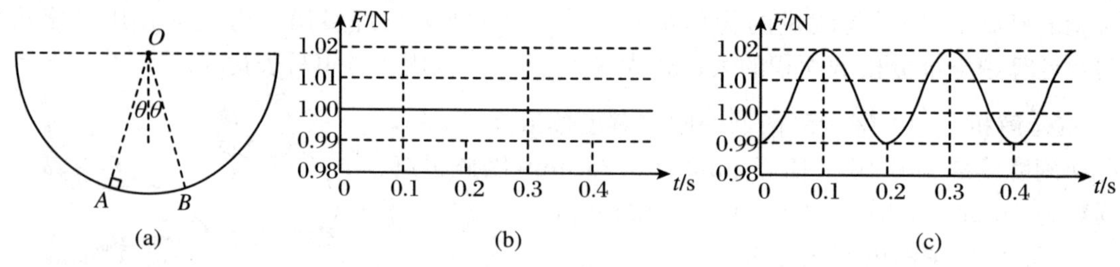

图 10.23

请回答以下问题：

(1) 小滑块所受重力为________N.

(2) 为了验证小滑块在最高点 A 和最低点处的机械能是否相等，则________.

A. 一定得测出小滑块的质量 m

B. 一定得测出 OA 与竖直方向的夹角 θ

C. 一定得知道当地重力加速度 g 的大小

D. 只要知道图 10.23(b)中的小滑块对容器的压力 F_0 和图 10.23(c)中的最小压力 F_1、最大压力 F_2 的大小

(3) 若已经用实验测得了第(2)小问中所需测量的物理量,用 R 表示半圆形容器的半径,则小滑块从 A 点运动到最低点的过程中重力势能减小量 $\Delta E_p=$ ________(用题中所给物理量的符号来表示),动能增加量 $\Delta E_k=$ ________(用题中所给物理量的符号来表示),由测量的数据得到小滑块的机械能________(填"是"或"不")守恒的.

解析 (1) 由于重力加速度未知,则由小滑块静止时,滑块对容器的压力为 F_0,可知小球所受重力为

$$G=mg=F_0=1.00\ \text{N}.$$

(2) 小滑块在最低点时,由牛顿第二定律,有 $F_2-F_0=m\dfrac{v^2}{R}$,小滑块在最低点的动能为 $E_k=\dfrac{1}{2}mv^2-\dfrac{1}{2}(F_2-F_0)R$.从 A 到最低点,物体的重力势能减少量等于重力所做的功,即 $W_G=F_0R(1-\cos\theta)$.另有对 A 点进行受力分析得 $F_0\cos\theta=F_1$,从 A 到最低点的过程中,重力势能的减少量等于动能的增加量,即 $\dfrac{1}{2}(F_2-F_1)R=F_0R(1-\cos\theta)$,联立化简得 $3F_0=2F_1+F_2$,故选 D.

(3) 小滑块从 A 点到最低点的过程中重力势能的减少量等于重力所做的功,结合第(2)小问的分析可知

$$\Delta E_p=mgR(1-\cos\theta)=F_0R(1-\cos\theta)=(F_0-F_1)R,$$

增加的动能为

$$E_k=\frac{1}{2}mv^2=\frac{1}{2}(F_2-F_0)R,$$

重力势能的减少量为 $(F_0-F_1)R=(1.00-0.99)R=0.01R$,动能的增加量为 $\dfrac{1}{2}(F_2-F_0)R=\dfrac{1}{2}\times(1.02-1.00)R=0.01R$,所以机械能守恒.

10.3 转换法思维训练

1. 如图 10.24 所示,电池的内阻可以忽略不计,电压表和可变电阻器 R 串联接成通路,如果可变电阻器 R 的阻值减为原来的 $\dfrac{1}{3}$ 时,电压表的读数由 U_0 增加到 $2U_0$,则下列说法正确的是(　　).

A. 流过可变电阻器 R 的电流增大为原来的 2 倍

B. 可变电阻器 R 消耗的电功率增加为原来的 4 倍

C. 可变电阻器 R 两端的电压减小为原来的 $\dfrac{2}{3}$

D. 若可变电阻器 R 的阻值减小到零，那么电压表的读数变为 $4U_0$

2. 如图 10.25 所示，站在汽车上的人用手推车的力为 F，脚对车向后的摩擦力为 f，下列说法正确的是(　　).

A. 当车匀速运动时，F 和 f 对车做功的代数和为零

B. 当车加速运动时，F 和 f 对车做功的代数和为负

C. 当车减速运动时，F 和 f 对车做功的代数和为正

D. 不管车做何种运动，F 和 f 的总功和总功率都为零

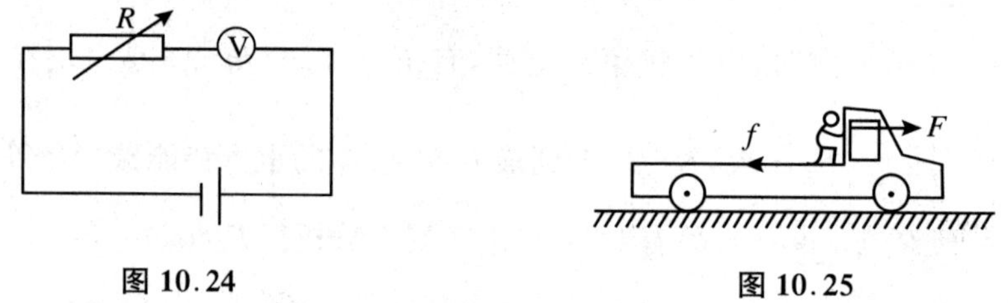

图 10.24　　　　图 10.25

3. 如图 10.26 所示，一半径为 r、沿着直径装有一根金属杆的金属圆环可绕垂直圆环平面通过圆心 O 的中心轴转动，在圆环边缘的槽内，缠绕着一根足够长的轻质细绳，绳端吊着一个质量为 m 的物体，圆环的一半处在磁感应强度为 B、方向垂直于圆环平面向里的匀强磁场中.已知金属圆环和直杆是由电阻率为 ρ、横截面积为 S 的硬质导线制成的.将被轻质细绳吊着的物体由静止释放，求圆环转动的最大角速度 ω_m.(重力加速度为 g)

4. 如图 10.27 所示，充电的平行板电容器板长为 L，两板间距为 d，现将一带电微粒(重力不计)从下极板的左边缘斜射入电场中，结果带电微粒刚好从上极板的右边缘射出，试问带电微粒射入电场时，速度方向与下极板的夹角 θ 应是多少？

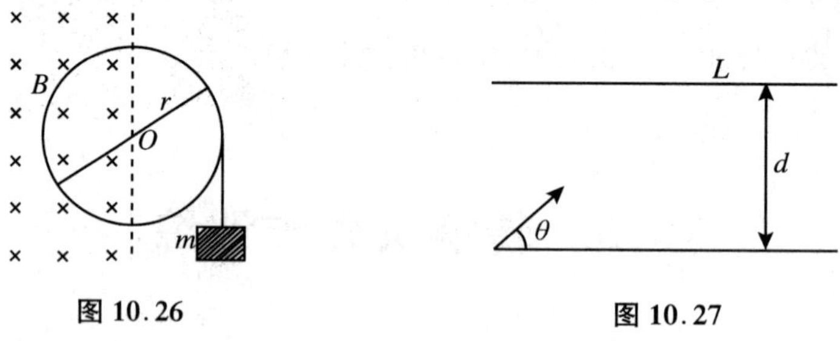

图 10.26　　　　图 10.27

5. (1994 年高考上海卷)跳绳是一种健身运动.设某运动员的质量是 50 kg，他一分钟跳绳 180 次.假定在每次跳跃中，脚与地面的接触时间占跳跃一次所需时间的 $\frac{2}{5}$，则该运动员跳绳时克服重力做功的平均功率是________.(g 取 10 m/s^2)

6. 质量 $m = 10$ g 的子弹以 $v_0 = 400$ m/s 的速度射入一固定木块，穿出后的速度 $v = 100$ m/s，若将该木块放在光滑的水平面上，要使上述子弹仍以 v_0 的速度水平射向木块，且要穿过木块，试求木块质量 M 的取值范围.

7. 如图 10.28 所示，虚线框内各元件的参数都未知，当在它的输出端 a、b 间接入电

阻 R 时测得通过 R 的电流 I 情况如下：当 $R=10\ \Omega$ 时，$I=1$ A；当 $R=18\ \Omega$ 时，$I=0.6$ A. 则 R 取何值时，I 等于 0.1 A？

8. (2011 年高考安徽卷)如图 10.29(a)所示，两平行正对的金属板 A、B 间加有如图 10.29(b)所示的交变电压，一重力可忽略不计的带正电粒子被固定在两板的正中间 P 处. 若在 t_0时刻释放该粒子，粒子会时而向 A 板运动，时而向 B 板运动，并最终打在 A 板上. 则 t_0可能属于的时间段是(　　).

A. $0<t_0<\frac{T}{4}$　　B. $\frac{T}{2}<t_0<\frac{3T}{4}$　　C. $\frac{3T}{4}<t_0<T$　　D. $T<t_0<\frac{9T}{8}$

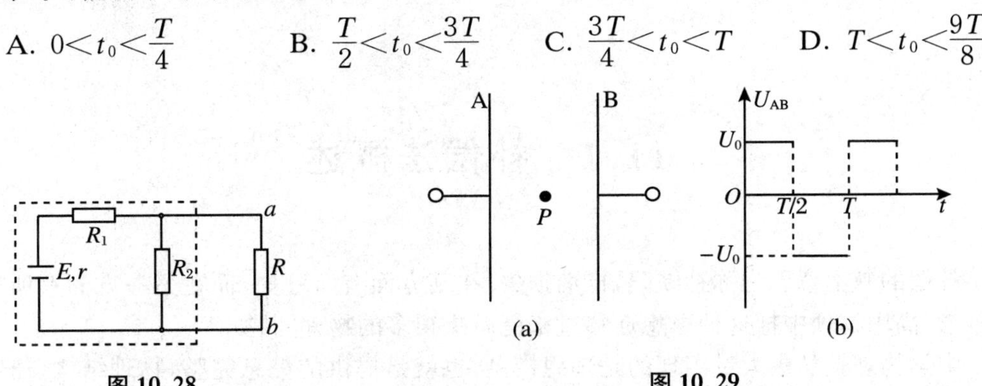

图 10.28　　　　图 10.29

10.4 转换法思维训练参考答案

1. ACD
2. ABC
3. $\omega_m=\frac{2mg\rho(\pi+4)}{B^2r^2S}$
4. $\theta=\arctan\frac{2d}{L}$
5. 75 W
6. $M\geqslant 0.15$ kg
7. $R=118\ \Omega$
8. B

11 补 偿 法

11.1 补偿法概述

补偿的基本意思为弥补缺陷，抵消损失．在某方面有所亏失，而在另一方面有所获得叫补偿．高中物理中把这种思想迁移过来能解决很多的物理问题．

中学物理教学中大量出现的是理想模型，也就是提供的信息完整，物理结构（研究对象、物理过程）理想，问题目标明确．但是日常生活和工作情景中常见的并不是理想模型．在解决非理想模型物理问题过程中需要两个能力：一是思维的迁移能力，即能够完成从理想模型向非理想模型的迁移；二是思维的变通能力，即把不完整结构变通为完整结构．也正因为如此，在高考提倡能力立意的背景下，非理想模型问题往往被命题者作为测试考生解决问题能力的工具．在中学物理教学中，补偿法（包括构造法）是解决非理想物理模型、非对称物理问题的有效方法．

通过下面的几个例题先感受一下补偿法解题的妙处，解题之后品味补偿法当中所包含的思维品质．

例 1 如图 11.1 所示，从半径为 R 的实心铁球内挖去一个半径为 $R/2$ 的球腔，球腔与大球相切．另一半径为 $R/2$ 的实心铁球，其球心 O_2 与大球球心 O_1 相距为 d，求两球间的引力的大小．（设铁的密度为 ρ．）

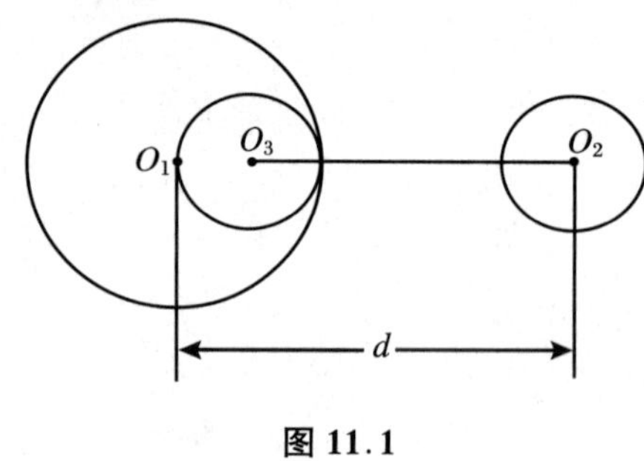

图 11.1

解析 左边的空腔球体的重心既不在 O_1 处，也不在 O_3 处．其重心位置无从求出，按常规方法无法求解，但可采用补偿法，即将挖去的空腔用相同物质补起．这样本题所求的引力就等于半径为 R、球心在 O_1 处的实心球体对 O_2 球的引力减去半径为 $R/2$、球心在 O_3 处的实心球体对 O_2 球的引力，即

$$F = G\frac{Mm}{d^2} - G\frac{m^2}{\left(d - \frac{R}{2}\right)^2}.$$

其中，半径为 R 的实心球质量 $M = \rho \cdot \frac{4}{3}\pi R^3$，半径为 $R/2$ 的实心球质量 $m =$

$\rho \cdot \frac{4}{3}\pi\left(\frac{R}{2}\right)^3$. 代入上式,得

$$F = \frac{2}{9}\pi^2 G\rho^2 R^6\left[\frac{1}{d^2} - \frac{1}{8\left(d - \frac{R}{2}\right)^2}\right].$$

所研究的物体被规则地挖去一部分,剩下的是不规则的、很难计算和处理的结构,求解时如果先用同密度均匀分布的物质填满被挖部分,使系统恢复对称性,然后在其所产生的物理效应中减去被挖部分的物理效应,疑难问题将迎刃而解.

例 2 如图 11.2(a)所示,一倾角为 α($\alpha < 2^\circ$)的斜劈固定在水平地面上,高为 h,光滑小球从斜劈顶点由静止开始下滑.到达底端 B 所用时间为 t_1,将通过 A、B 两点的斜劈剜成一个圆弧面,使圆弧面在 B 点与底面相切,小球从 A 沿圆弧运动到 B 所用时间为 t_2,求 t_1 与 t_2 的比值.

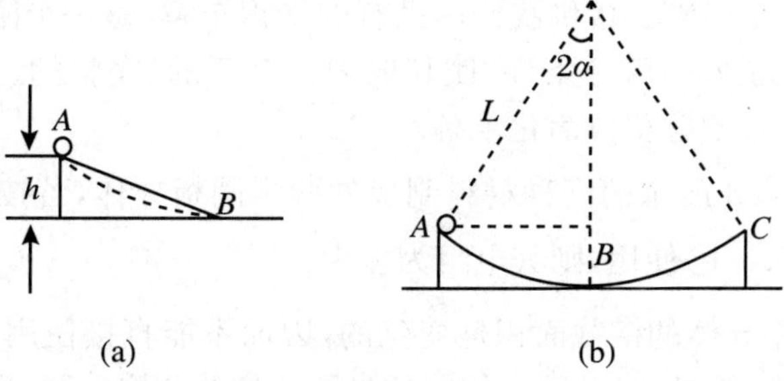

图 11.2

解析 要求两种运动时间的比值需要求出两种运动的时间.光滑小球从斜劈顶点由静止开始下滑,做匀加速直线运动,这是一个同学们熟悉的运动模型,应用牛顿运动定律和运动学公式即可求解.但是把斜面剜成圆弧面则不易求解,同学们会感觉无从下手,无限分割,变曲为直,数学知识又跟不上,几乎无法求解.但是分析发现剜成圆弧面在 B 点与底面相切.以 B 点为中心,在其右侧补偿一个对称的圆弧面,小球的运动即变成了一个同学们都熟悉的简谐运动模型,小球沿弧 AB 运动的时间为类单摆运动周期的四分之一.

如图 11.2(a)所示,小球从斜劈顶点由静止开始做匀加速直线运动,其加速度 $a = g\sin\alpha$.根据匀变速运动的位移公式 $s = \frac{1}{2}at^2$,有

$$\frac{h}{\sin\alpha} = \frac{1}{2}at_1^2 = \frac{1}{2}g\sin\alpha t_1^2.$$

解得

$$t_1 = \frac{1}{\sin\alpha}\sqrt{\frac{2h}{g}}.$$

如图 11.2(b)所示,以 B 为中心,在其右侧补偿一个与圆弧 AB 对称的圆弧 BC.设圆弧 ABC 的对应半径为 L,在 $\alpha < 2^\circ$ 的情况下,$2\alpha < 4^\circ$,小球在圆弧 ABC 上的运动可近似

看作简谐运动.根据几何关系,有

$$L - h = L\cos 2\alpha.$$

可得

$$L = \frac{h}{1-\cos 2\alpha} = \frac{h}{2\sin^2\alpha}.$$

则

$$T = 2\pi\sqrt{\frac{L}{g}} = 2\pi\sqrt{\frac{h}{2g\sin^2\alpha}},$$

$$t_2 = \frac{T}{4} = \frac{1}{4}\times 2\pi\sqrt{\frac{h}{2g\sin^2\alpha}} = \frac{\pi}{4\sin\alpha}\sqrt{\frac{2h}{g}}.$$

所以

$$\frac{t_1}{t_2} = \frac{4}{\pi}.$$

题目给定的条件不能够直接供我们用已有的知识求解,是一个陌生、复杂的模型,在这里我们给其补偿上了另一部分条件,使其成为一个新的、完整的、我们所熟悉的模型,这样我们就可以使疑难问题得以简化求解.

例 3 如图 11.3 所示的同种材料制成的两半圆板导体,若按图 11.3(a)使用,其电阻是 R.若按图 11.3(b)使用,则其电阻为多少?

解析 此题中导体的横截面积是变化的,因而不能直接使用电阻定律求解,但可用补偿法.补偿一个与图 11.3(a)完全相同的半圆板导体与之并联,即组成一个完整的圆板,如图 11.4(a)所示,则该圆板的电阻为 $R/2$.该圆板也可看成是两个图 11.3(b)所示的圆板串联而成,如图 11.4(b)所示,从而求得按图 11.3(b)使用时的电阻为 $R/4$.

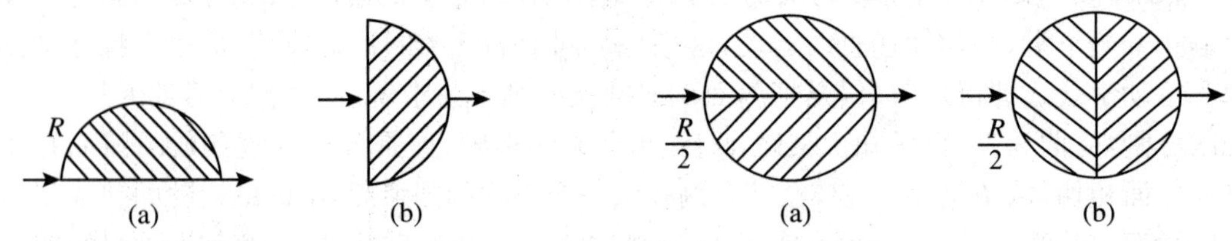

图 11.3　　图 11.4

通过上面的几个例题不难发现,所谓的“补偿法”就是根据题中给出的条件建立的模型不是一个完整的标准模型,比如说是模型甲,这时需要给原来的问题补充一些条件,由这些补充条件建立起一个易解的模型乙,使模型乙与模型甲一起组成一个完整的标准模型丙,这样求解模型甲的问题就转化成了求解一个完整的标准模型丙与易解模型乙的差值问题.灵活地运用“补偿法”对物理解题能力的培养和物理解析能力的提高是很有帮助的,补偿法往往会给学生带来一种全新的解题思路,避免复杂的数学运算,让原本复杂的问题变得简单易解.同时补偿法也是一种创新思维,通过利用补偿法训练解题,可以培养学生的创新能力.

不难总结出补偿法解题的一般步骤:

1. 分析原事物(需要研究解决的物理问题)的本质特性和非本质特性,尤其注意问题

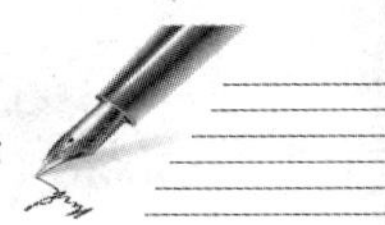

缺损的物理特征.

2. 根据理想的物理模型,把原来的模型补偿为熟悉的理想物理模型.

3. 依据物理遵循的规律、方法,解决补偿完整之后的物理问题或物理模型.

4. 从完整的模型当中再还原出原来的物理模型.

在高中物理解题过程中,当常规方法对复杂的物理问题无能为力时,一些特殊的方法往往能发挥其独特的威力,将复杂的物理问题由难变易,由繁变简.补偿法就是一种有效可行的方法.所谓补偿法就是在与原问题和物理规律不相违背的前提下,适当补充一些物理条件,从而求解物理问题的方法.再看几个例子.

例 4 (2010 年"华约"联盟自主招生)静电学理论指出,对于真空区域,只要不改变该区域内的电荷分布及区域边界的电势分布,此区域内的电场分布就不会发生改变.试由上述结论及导体静电平衡的性质论证:在一接地的无穷大导体平板上方与导体板相距 h 处放置一电荷量为 Q 的点电荷,则导体板对该点电荷作用力的大小为 $F=\dfrac{kQ^2}{4h^2}$(k 为静电力常数),如图 11.5 所示.

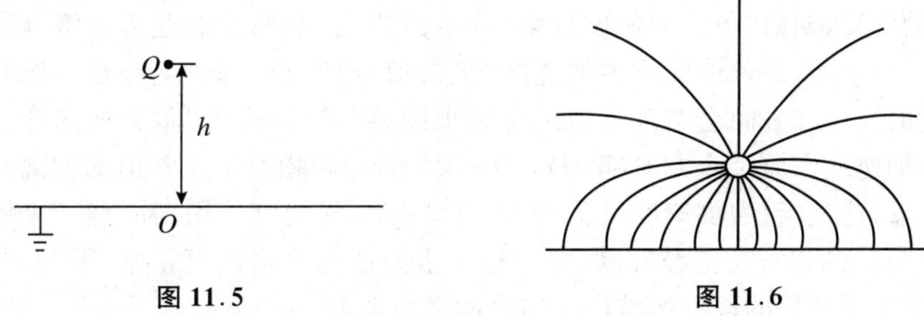

图 11.5　　　　图 11.6

解析 在中学阶段我们只学过点电荷之间的相互作用规律,而该题是要计算导体板上的感应电荷与点电荷间的相互作用力,似乎无从下手.

由于导体板接地,其电势为零,构成的电场线如图 11.6 所示.我们知道等量异种点电荷的电场和该电场完全相同,故可在板的下侧与 Q 对称位置补偿一个 $-Q$ 的点电荷,如图 11.7 所示.这样,我们将求板上感应电荷与 Q 的作用力转化为求 Q 与 $-Q$ 的作用力.根据库仑定律,有 $F=\dfrac{kQ^2}{4h^2}$.

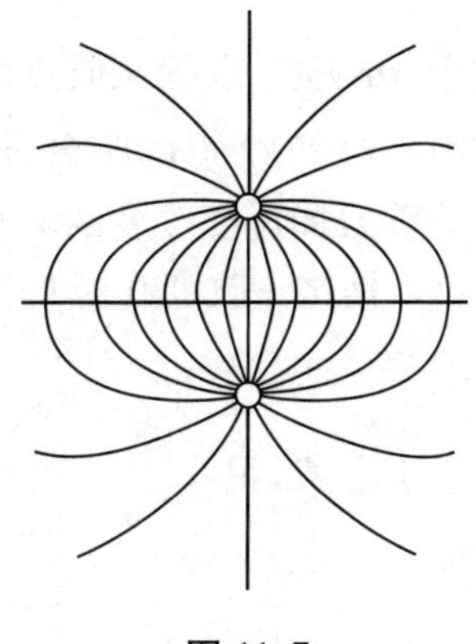

图 11.7

通过补偿巧妙地解决了非对称性的物理问题.在教学中,运用补偿法讲解典型例题可以使学生对物理概念的理解更加深刻,同时也能够提高其分析解决问题的能力,增强物理思维的灵活性,同时提升学生的科学素养.因此,应该在教学中重视补偿法的运用,让学生通过学习这个方法获得更大的收获.

例 5 (2009 年高考全国Ⅱ卷)如图 11.8 所示,P、Q 为某地区水平地面上的两点,在 P 点正下方一球形区域内储藏有石油.假定区域周围岩石均匀分布,密度为 ρ;石油密度远小于 ρ,可将上述球形区域视为空腔.如果没有这一空腔,则该地区重力加速度

(正常值)沿竖直方向;当存在空腔时,该地区重力加速度的大小和方向会与正常情况有微小偏离.重力加速度在原竖直方向(即 PO 方向)上的投影相对于正常值的偏离叫作"重力加速度反常".为了探寻石油区域的位置和石油储量,常利用 P 点附近的重力加速度反常现象.已知引力常数为 G.

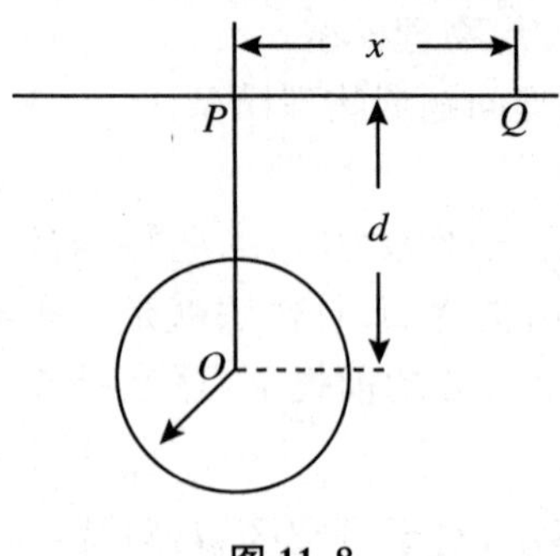

图 11.8

(1) 设球形空腔体积为 V,球心深度为 d(远小于地球半径),$\overline{PQ}=x$,求空腔所引起的 Q 点的重力加速度反常.

(2) 若在水平地面上半径为 L 的范围内发现:重力加速度反常值在 δ 与 $k\delta(k>1)$之间变化,且重力加速度反常的最大值出现在半径为 L 的范围的中心,如果这种反常是由于地下存在某种球形空腔造成的,试求此球形空腔球心的深度和空腔的体积.

解析 这是一道信息题,情景新颖,不合常规,使人有无从下手之感,其原因是学生不能理解"重力加速度反常",而这正是本题的题眼.只有通过阅读题目,弄清"重力加速度反常"的含义,明白"重力加速度反常"产生的原因,本题才能迎刃而解.题目中强调"如果没有这一空腔,则该地区重力加速度(正常值)沿竖直方向;当存在空腔时,该地区重力加速度的大小和方向会与正常情况有微小偏离",这是产生"重力加速度反常"的原因;而"重力加速度在原竖直方向(即 PO 方向)上的投影相对于正常值的偏离叫作'重力加速度反常'",这是"重力加速度反常"的含义.因此,我们可以用"补偿法"来解决问题.假设用密度为 ρ 的岩石将空腔补满,则该地区重力加速度将恢复正常.因此,"重力加速度反常"可通过填补后的球形区域产生的附加引力来求.

(1) 将球形空腔填满密度为 ρ 的岩石,填充后的球形区域产生的附加引力为

$$G\frac{Mm}{r^2}=m\Delta g. \tag{①}$$

式中,m 是 Q 点处某质点的质量,M 是填充后球形区域的质量,$M=\rho V$,而 r 是球形空腔中心 O 至 Q 点的距离,$r=\sqrt{d^2+x^2}$.Δg 在数值上等于由于存在球形空腔所引起的 Q 点处重力加速度改变的大小,Q 点处重力加速度改变的方向沿 OQ 方向,重力加速度反常 $\Delta g'$是这一改变在竖直方向上的投影,则有

$$\Delta g'=\frac{d}{r}\Delta g. \tag{②}$$

联立①②式,得

$$\Delta g'=\frac{G\rho Vd}{(d^2+x^2)^{3/2}}. \tag{③}$$

(2) 由③式得重力加速度反常 $\Delta g'$的最大值和最小值分别为

$$(\Delta g')_{\max}=\frac{G\rho V}{d^2}=k\delta, \tag{④}$$

$$(\Delta g')_{\min}=\frac{G\rho Vd}{(d^2+L^2)^{3/2}}=\delta. \tag{⑤}$$

联立④⑤式,可得地下球形空腔球心的深度和空腔的体积分别为

$$d=\frac{L}{\sqrt{k^{2/3}-1}},\quad V=\frac{L^2k\delta}{G\rho(k^{2/3}-1)}.$$

从以上例题中可以看出，用补偿法解题具有的优点是能化难为易，解题异常简洁明快，不但能提高我们解题的基本技能，而且对培养思维的开放性、敏捷性有很大的益处.

11.2 补偿法例题精析

补偿法就是在与原问题和物理规律不相违背的前提下，适当补偿一些物理条件，使原问题得到解决的解题方法. 有些物理问题从表面上看无从下手或难以直接求解，如果使用补偿法，就可能使问题由死变活、由难变易、由繁变简，使问题得到有效解决. 高中物理解题时常见的补偿法的应用主要有结构补偿、原理补偿、过程补偿、假设性补偿等.

11.2.1 结构补偿

所谓结构补偿是指物理研究对象与理想物理模型相比存在一定缺陷，通过结构割补使之成为一个完整的理想结构，再用有关规律求解，得到正确的结论.

例 1 如图 11.9 所示，半径为 r 的半圆形金属导线 $O'AO$ 处于磁感应强度为 B 的匀强磁场中，磁场方向垂直于半圆线圈所在平面. 当导线在平面内沿垂直于直径 OO' 方向以速度 v 向右匀速运动时，求感应电动势的大小.

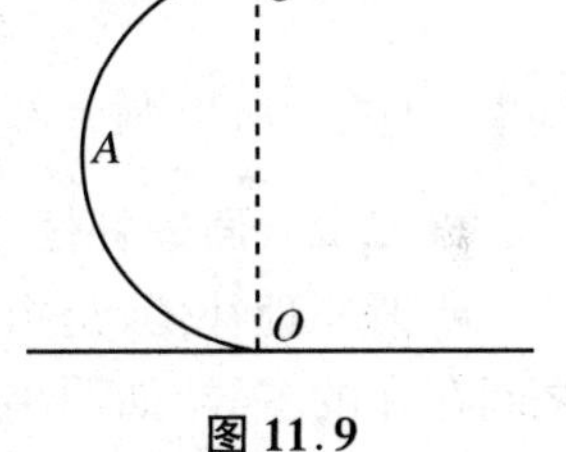

图 11.9

解析 半圆环的各部分与切割磁感线速度 v 的夹角不垂直. 这类问题在中学物理范围内无法直接求解. 但可用补偿法，即补上一根导线 OO'，构成闭合回路. 这个回路的磁通量不变，总感应电动势为零. 而这个回路可等效为 $O'AO$ 与 OO' 两部分切割磁感线，这两部分切割磁感线产生的电动势大小相等，所以 $E_{O'AO}=E_{OO'}=2Brv$.

例 2 电量为 q 的电荷均匀分布在半球表面 ACB 上，球面半径为 R，CD 为通过半球顶点 C 与球心 O 的轴线，P、Q 为 CD 轴线上位于 O 点两侧距 O 点等距离的两点，如图 11.10 所示. 已知 P 点的电势为 φ_P，求 Q 点的电势 φ_Q.

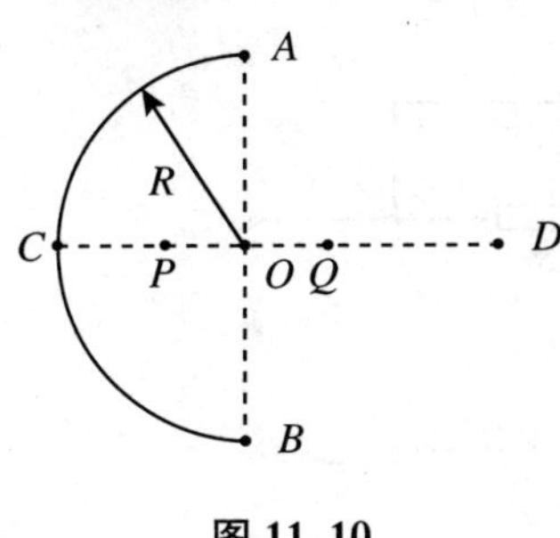

图 11.10

解析 设想半球 ACB 为完整球面的一部分，则整个球面均匀带电 $2q$. 根据均匀带电球壳内部任意一点处电势与球壳表面电势相等的条件可知 $\varphi=k\dfrac{2q}{R}$. 由于此电势是 ACB 半球和另一半球在 P 点叠加的结果，设另一半球在 P 点的电势为 φ'_P，则 $\varphi_P+\varphi'_P=k\dfrac{2q}{R}$，所以 $\varphi'_P=k\dfrac{2q}{R}-\varphi_P$. 根据对称性可知，所求 Q

点的电势即相当于假设的另一半球在 P 点的电势，则 $\varphi_Q=\varphi_P'=k\dfrac{2q}{R}-\varphi_P$.

例 3 如图 11.11 所示，半径为 R 的绝缘球壳上均匀地带有电量为 Q 的正电荷，现在球壳上挖去半径为 $r(r\ll R)$ 的一个小圆孔，则此时球心处的场强大小为________，方向为________.（已知静电力常量为 k）

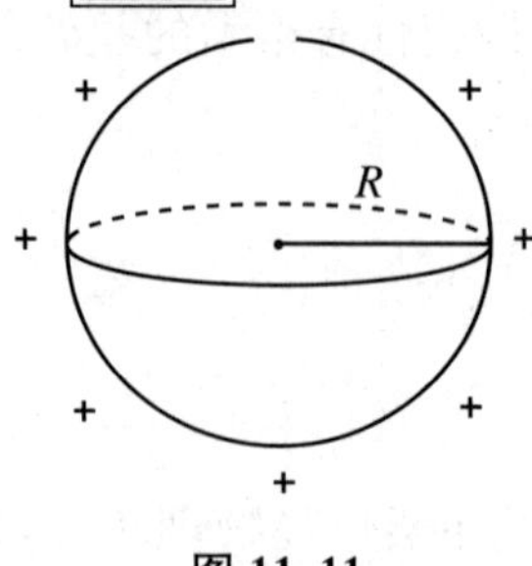

图 11.11

解析 这是一个不规则带电体所产生的场强问题，在中学阶段是没有现成公式可用的. 但可以采用补偿法，即将圆环的缺口补上，并且带电情况与其他部分一样，这样就形成了一个电荷均匀分布的完整球壳. 球面上处于同一直径两端的等量点电荷在球心处的场强叠加后为零. 所以，球面上各点的正电荷在球心处所产生的合场强为零，故挖去部分产生的场强和剩余部分产生的场强等值反向.

挖去部分所带电荷的电量为 $Q'=\dfrac{\pi r^2}{4\pi R^2}Q$. 由于 $r\ll R$，挖去部分可以看成是点电荷. 利用点电荷的场强公式可求得挖去部分在球心处的场强为 $E=k\dfrac{Q'}{R^2}=\dfrac{kQr^2}{4R^4}$，方向由缺口指向球心. 所以剩余部分产生的场强大小为 $\dfrac{kQr^2}{4R^4}$，方向由球心指向缺口.

11.2.2 原理补偿

所谓原理补偿，是指通过技术补偿或原理修正来解决实际问题条件与原理适用条件之间存在的差异. 如用小车纸带法探究加速度与合外力、质量的关系的实验中，让木板倾斜一定的角度来平衡摩擦力，就是一种技术性补偿. 伏安法测电阻是中学物理中常见的实验，如果使用的仪表是理想的电压表（自身内阻无限大）和理想的电流表（自身的内阻为零），伏安法测电阻就是一个良好的理想结构模型，如图 11.12 所示. 但实际上并非如此，无论是电流表内接还是外接，用 $R=\dfrac{U}{I}$ 计算被测电阻都存在着原理的不完善. 只能从理论上给予修正补偿.

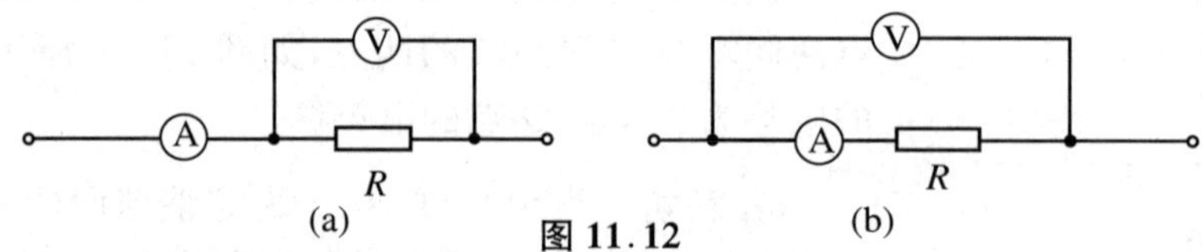

图 11.12

例 4 某实验小组采用如图 11.13 所示的电路图来测量电阻.

主要实验步骤如下：

(1) 将开关 S_2 接 2，闭合开关 S_1，调节滑动变阻器 R_1 和 R_2，使电表读数接近满量程，但不超过量程，记录此时电压表和电流表的示数 U_1、I_1，则

$$\frac{U_1}{I_1}=R_x+R_A+R_2.$$

(2) 将开关 S_2 接 1，闭合开关 S_1，保持滑动变阻器 R_2 不动，记录此时电压表和电流表的示数 U_2、I_2，则

$$\frac{U_2}{I_2} = R_A + R_2.$$

(3) 由以上记录的数据计算出被测电阻 R_x 的表达式为

$$R_x = \frac{U_1}{I_1} - \frac{U_2}{I_2}.$$

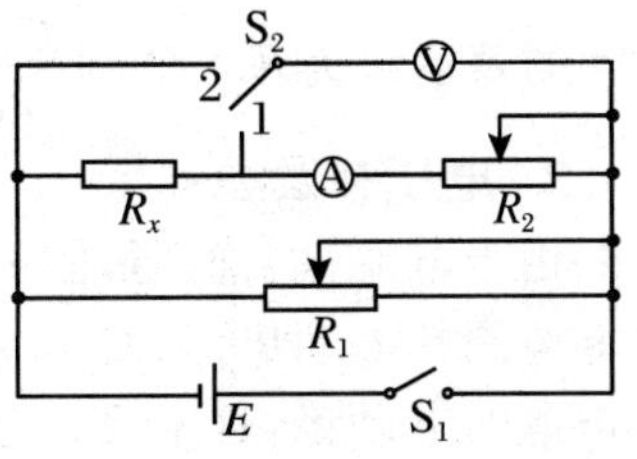

图 11.13

该实验中电流表内阻所产生的影响在两次实验数据相减后被消除了.

例 5 在使用伏安法测定电源电动势和内电阻的实验中，在非理想电表的情况下，用 $E = U + Ir$ 来表示电动势存在着原理上的系统误差.

1. 电流补偿法

如图 11.14 所示，将电流表 A 直接串联在电路中测量回路的电流，由于电流表有一定的内阻 r_A，故电流表的测量值 $I_{测} = \frac{E}{R_x + r_A + r}$，较真实的电流值 $I_{真} = \frac{E}{R_x + r}$ 要小，从而引起电流测量误差. 若采用图 11.15 所示的电路，用检流计 G 取代原电流表的位置，在检流计 G 支路上外加一个由电源 E_2、滑动变阻器 R 和电流表 A 组成的补偿电路，调节滑动变阻器 R，使检流计 G 的示数为零，此时电流得到补偿，电流表 A 的示数 I 即为原电路待测电流.

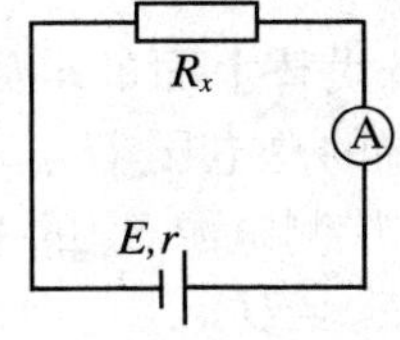

图 11.14

具体操作：如图 11.16 所示的电路可以消除电表内阻对实验的影响. 该电路能够测量电源 E 的电动势和内阻，E' 是辅助电源，A、B 两点间有一灵敏电流计 G.

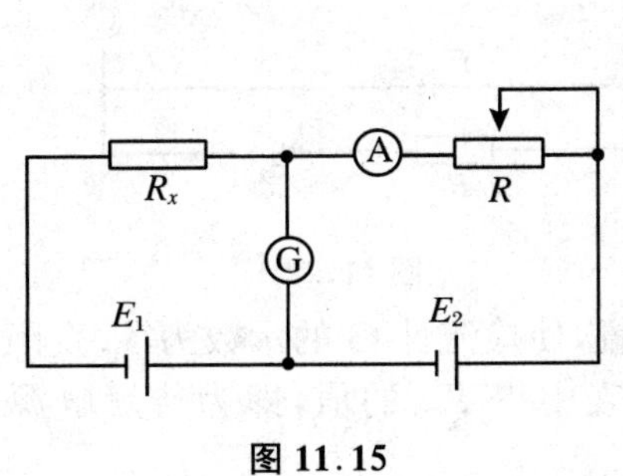

图 11.15

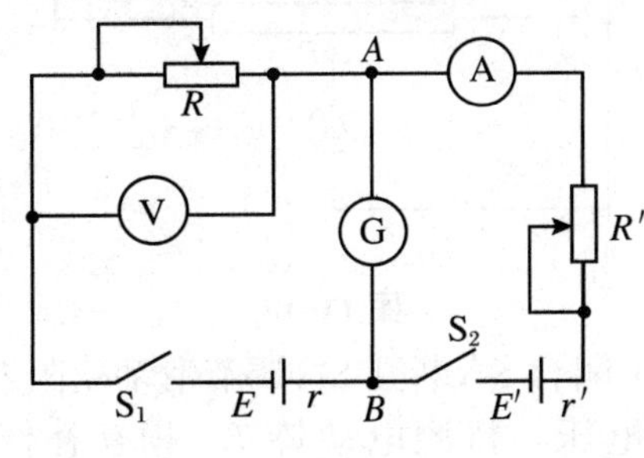

图 11.16

(1) 闭合开关 S_1、S_2，调节滑动变阻器 R、R'，使得灵敏电流计的示数为零，这时 A、B 两点间的电势 φ_A、φ_B 的关系是 $\varphi_A = \varphi_B$. 读出电流表和电压表的示数 I_1 和 U_1，此时流过电源 E 的电流的精确值是 I_1，电源 E 的路端电压的精确值是 U_1.

(2) 消除了电表对电路的影响(电流表的分压、电压表的分流). 改变滑动变阻器 R、R' 的阻值，重新使得灵敏电流计的示数为零，读出电流表和电压表的示数 I_2 和 U_2.

(3) 写出步骤(1)、(2)对应的方程式 $\begin{cases} U_1 = E - I_1 r \\ U_2 = E - I_2 r \end{cases}$，由此可得电源的电动势 E 和内

阻 r 的表达式为$E=U_1+\frac{U_2-U_1}{I_1-I_2}I_1$，$r=\frac{U_2-U_1}{I_1-I_2}$.

2. 电压补偿法

由于电源具有内阻，因此按图 11.17 用电压表测量电源电动势时，电压表的示数 U 并非电源的电动势. 只有当 $I=0$ 时，才有 $U=E_x$. 若采用如图 11.18 所示的电路测量待测电源的电动势，其中 E_0 是已知连续可调标准电源，调节 E_0 使检流计 G 的示数为零，此时必有 $E_x=E_0$，即 E_x 两端的电势差与E_0 两端的电势差相互补偿，我们称电路达到了补偿状态.

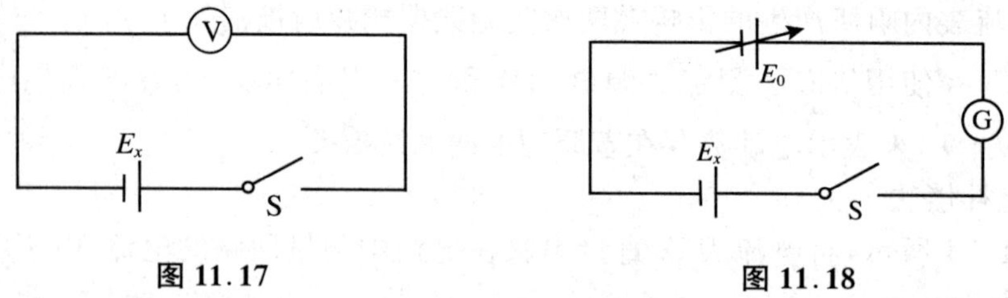

图 11.17　　图 11.18

为了得到准确、稳定、便于调节的 E_0，实际中采用图 11.19 的电路代替上面的电路(调节制流电阻 R_0 可以改变电源 E 的输出电流). 只要滑动变阻器两端的总电压 $U_{AB}>E_x$，适当调节滑动变阻器 P 点的位置，当电阻在 AP 段的电势降刚好与待测电源E_x 的电动势相等时，检流计 G 的示数为零，我们称待测电路得到了补偿，此时 $E_x=U_{AP}$.

具体操作：实验中可采用图 11.20 所示的电路测电源电动势和内阻.

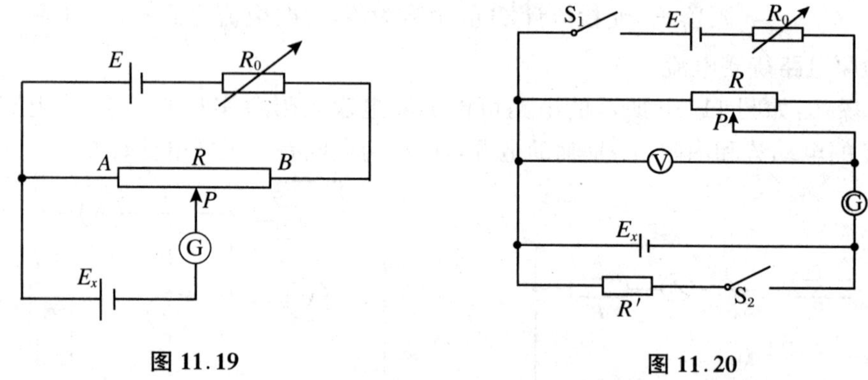

图 11.19　　图 11.20

(1) 闭合 S_1，断开 S_2，调节滑动变阻器 P 点位置，使检流计 G 的示数为零. 变阻器上分得的电压与待测电动势 E_x 相互补偿，从电压表中得 E_x 的值，即为待测电源的电动势.

(2) 在测出 E_x 后，为了测定电源内阻 r，必须使电源放出一定的电流 I. 将 S_1、S_2 都闭合，重新调节滑动变阻器 P 点位置，再使检流计 G 的示数为零. 变阻器上分得的电压与 E_x 和R'组成的闭合电路的路端电压相互补偿，电压表的电压值 U 为补偿电路的路端电压.

(3) 由闭合电路的欧姆定律有 $U=E_x-Ir$，$I=\frac{U}{R'}$，则内阻 r 的表达式为 $r=\frac{E_x-U}{U}R'$.

11.2.3 过程补偿

过程补偿问题可分为两类：把一个不完整过程补偿为一个完整过程；把一个非理想

过程补偿为一个理想过程.

例 6 如图 11.21 所示,水平桌面距离地面高度 $h=0.80\ \text{m}$,可视为质点的金属块 C 的质量 $m=0.50\ \text{kg}$,放在厚度不计的长木板 AB 上,木板长 $L=0.86\ \text{m}$,质量 $m_2=0.20\ \text{kg}$,木板的 A 端与桌面的边缘对齐.金属块 C 到木板 B 端的距离 $d=0.37\ \text{m}$.假定金属块与木板间、金属块与桌面间的动摩擦因数都相等,其值为 $\mu=0.20$,现用力将木板水平向右加速抽出.在金属块从木板上滑下以前,加在木板上的力为水平向右的恒力 F.金属块落到桌面上后,又在桌面上滑动了一段距离,再从桌面边缘飞出,落到地面上.金属块落地点到桌边的水平距离 $s=0.08\ \text{m}$,求金属块从木板上滑下来以前木板上的恒力 F 作用的时间.

解析 金属块 C 的运动分为两个阶段,第一阶段从静止开始匀加速到速度 v,第二阶段从速度 v 减速到飞离桌面的速度 v'.如果把第二阶段补充为减速到零,一、二两阶段是对称的完整过程,因为 C 与木板间的动摩擦因数、C 与桌面间的动摩擦因数相同,加速度大小相同,如图 11.22 所示.由平抛运动的规律可求得 $v'=0.2\ \text{m/s}$,加速度 $a=\mu g=2\ \text{m/s}^2$.设第一阶段的时间为 t,则 $v=at=2t$,所以补充阶段的时间为 $t'=\dfrac{v'}{a}=0.1\ \text{s}$.C 的总位移为 $L-d=0.49\ \text{m}$,则有 $\dfrac{1}{2}\times 2t\times 2t-\dfrac{1}{2}\times 0.2\times 0.1=0.49$.可以求出恒力 F 作用的时间为 $t=0.5\ \text{s}$.

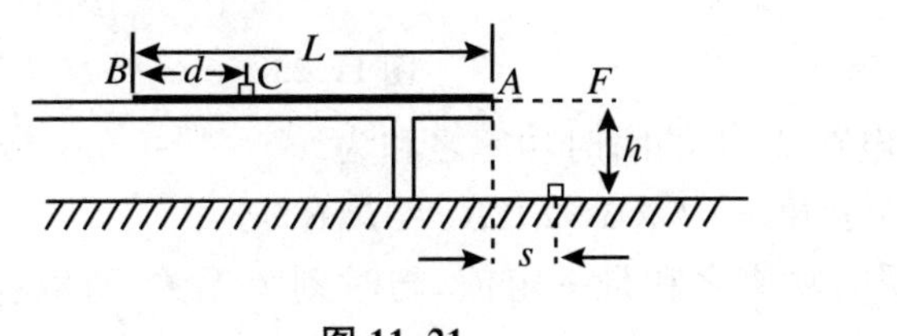

图 11.21

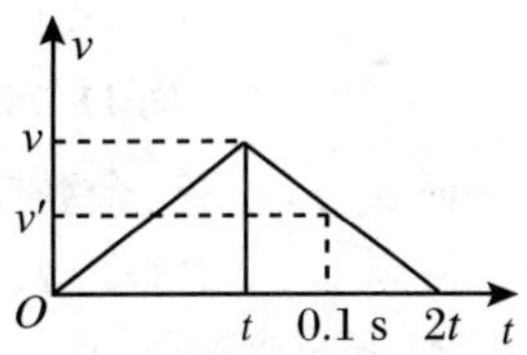

图 11.22

例 7 (2007 年高考全国Ⅰ卷)甲、乙两运动员在训练交接棒的过程中发现:甲经短距离加速后能保持 9 m/s 的速度跑完全程,乙从起跑到接棒前的运动是匀加速的.为了确定乙起跑的时机,需在接力区前适当的位置设置标记.在某次训练中,甲在接力区前 $s_0=13.5\ \text{m}$ 处做了标记,并以 $v=9\ \text{m/s}$ 的速度跑到此标记时向乙发出起跑口令.乙在接力区前端听到口令时起跑,并恰好在速度达到与甲相同时被甲追上,完成交接棒.已知接力区的长度为 $L=20\ \text{m}$.求:

(1) 此次训练中乙在接棒前的加速度.

(2) 在完成交接棒时乙到接力区末端的距离.

解析 可认为甲做的匀速运动是一个理想过程,乙做的匀加速运动是一个相对的非理想过程,如果把乙的非理想过程转化为 $\bar{v}=\dfrac{v}{2}$ 的匀速过程,问题将迎刃而解.如图 11.23 所示,甲、

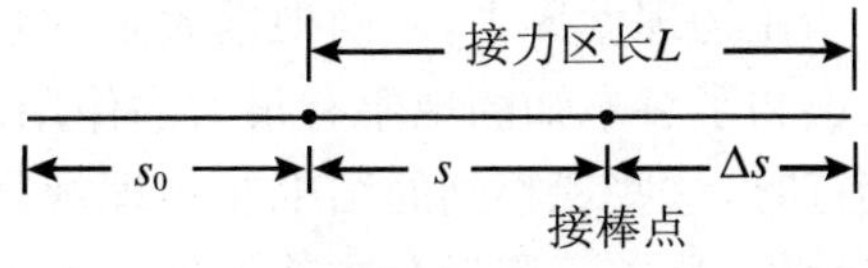

图 11.23

乙的运动时间 $t=\frac{s}{\bar{v}}=\frac{s+s_0}{v}$，可得 $s=s_0=13.5\ \mathrm{m}$，$t=\frac{s}{\bar{v}}=3\ \mathrm{s}$，$a=\frac{v}{t}=3\ \mathrm{m/s^2}$．接棒时，乙到接力区末端的距离 $\Delta s=L-s=6.5\ \mathrm{m}$．

11.2.4 假设性补偿

所谓假设性补偿是指把一个复杂的非理想模型条件问题补偿为一个理想模型条件问题，这需要我们具有高度结构化的知识和灵活、变通的思维．

例 8 传统的高中物理教材和教学，对正弦、余弦交流电有效值公式 $I=\frac{I_m}{\sqrt{2}}$ 是以结论的形式呈现给学生的．下面，我们用初等数学的方法推导正弦、余弦交流电的有效值．

解析 将如图 11.24、图 11.25 所示的两个最大值、周期相同的正弦、余弦交流电分别通过阻值相同的电阻 R．由于电流的热效应与电流的方向及先后作用的时间顺序无关，故在一个周期 T 内正弦、余弦交流电产生的热量 Q 相同，它们具有相同的有效值 I．

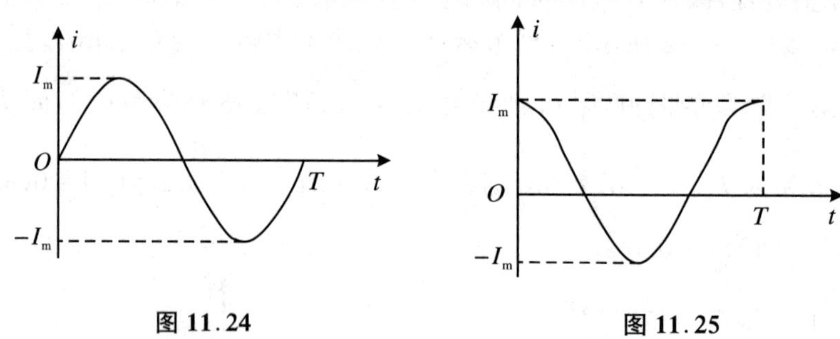

图 11.24　　图 11.25

在任一时刻 t，正弦、余弦交流电在 R 上的瞬时功率之和为

$$P=(I_m\sin\omega t)^2R+(I_m\cos\omega t)^2R=I_m^2R.$$

可见：正弦、余弦交流电在 R 上的瞬时功率之和是一定值，与时刻 t 无关．所以在一个周期 T 内，电阻 R 上产生的热量之和为

$$2Q=PT.$$

即

$$2I^2RT=I_m^2RT,$$

解得

$$I=\frac{I_m}{\sqrt{2}}.$$

上述推导过程利用了正弦、余弦函数相互补偿的特点，回避了微积分，简洁明了．

11.2.5 实验测值缺损的补偿

在物理世界中，人们根据大量的物理现象总结了许多物理规律，这些规律又对人们认识和了解未知的现象有很大的作用．若观察到某种物质的有关性质与这些规律似乎不相符时，这些观察到的结果在物理规律下似乎还存在着某种“缺损”，除了检验规律的正确性外，通常还假设存在着另外一些未被观察到的成分，这些成分正好能补充“缺损”．由相应的物理规律可以计算出它的一些性质，这样有时可从理论上预言一种新的物质的存在．这种方法也可看作一种补偿法．

1. 依据电荷守恒定律预言了正电子.

1928年,狄拉克建立了相对论性电子波动方程,描述了电子的性质和状态,但方程中却包含了负能解.为了给负能态的电子寻求物理解释,他提出了空穴理论,假设电子填满负能态,在某些情况下,负能态的一个电子受激发跳到正能态成为可以测量的带负电的电子,而在负能态留下了一个空穴,这时这个空穴就是一个"缺损".依据电荷守恒,必须在空穴处"补偿"一个所带电荷与电子大小相等、符号相反的粒子,于是在理论上预言了正电子的存在,并由安德森于1932年发现了正电子.

2. 在质量守恒定律条件下预言了中子的存在.

在中子被发现以前,曾有人认为原子核是由质子组成的.对氢原子来说,这可以说得通,但是对其他原子来说就出现了矛盾,例如氦原子有两个电子,那么为了保持原子的电中性,氦原子核就应该是由两个质子所组成,所以该原子的质量只应该是氢原子的两倍,但实际上差不多是四倍,这里又在质量上出现了"缺损"情况.为了遵从质量守恒定律和电荷守恒定律,必须在原来认识的氢原子核中补偿一种质量大体和质子相等的中性基本粒子,这样就可以圆满地解释原子核的组成.1920年,英国著名物理学家卢瑟福预言了中子.1932年,卢瑟福的学生查德威克发现了中子.

3. 在能量守恒定律下预言了中微子.

1931年人们发现在放射性元素原子核的β衰变中出现了"能量亏损"的现象,即衰变放射出来的电子所携带的能量小于原子核因内部状态变化而失去的能量.奥地利青年物理学家泡利根据能量守恒定律在放射性元素原子核中补偿了一种粒子,这种粒子静止质量为零、不带电,与周围物质的相互作用很弱,把"亏损"的那部分能量归结为由它所带走的,后来证实这就是中微子.

4. 被人们称为"笔尖下的行星"的海王星的发现.

天王星被发现之后,它以及它的运动就成为人们不断研究的主题,积累的证据表明它的运动有某些极小的不规律性,不能归因于任何已知的摄动效应,于是人们在天王星之外补偿了一颗新行星(即后来的海王星).英国的亚当斯和法国的勒维耶分别独立地利用牛顿的万有引力定律计算出了这颗新行星的轨道.1846年9月23日晚,德国的伽勒在勒维耶预言的位置附近发现了这颗行星.

当所研究的物理现象不能通过感官进行直接感知,或现有的物质、实验条件还不能进行现实模拟时,人们可以根据已知的物理原理、物理规律等对所研究的物理现象提出一种假定性的推测和说明,从而建立起相应的物理模型.所建立起来的物理模型起着由经验事实通向科学的物理理论的桥梁作用,等到被事实所证实的那一天,它就自然地上升为科学的物理理论.如关于宇宙的形成与演化的大爆炸与膨胀理论就是由构造法建立起来的物理模型.用构造法构建物理模型时,具体地体现在以下几个方面:一是在出现了用已知的物理原理无法解释的新事实时,可提出推测性的解释说明,从而建立起相应的物理模型;二是当新的物理现象与原有的物理理论相矛盾时,也可以提出相应的假设来解决这一矛盾,并建立起相应的物理模型.如光的衍射现象说明了光的波动性,而光电效应现象又说明了光的粒子性,为了解决这两类实验事实之间的矛盾,爱因斯坦提出光同时具有波动性和粒子性,从而建立起了光的波粒二象性模型.

11.3　补偿法思维训练

1. 一个粗细均匀的铜环，某处有一开口，如图 11.26 所示. 当环境温度升高时，开口间距 d 如何变化?

2. 如图 11.27 所示，一弯成直角的导体，$AB=BC=l$，置于匀强磁场中，磁感应强度为 B，今使直角形导体绕过 A 点且垂直于纸面的轴以角速度 ω 做匀速转动. 求导体 BC 中的感应电动势.

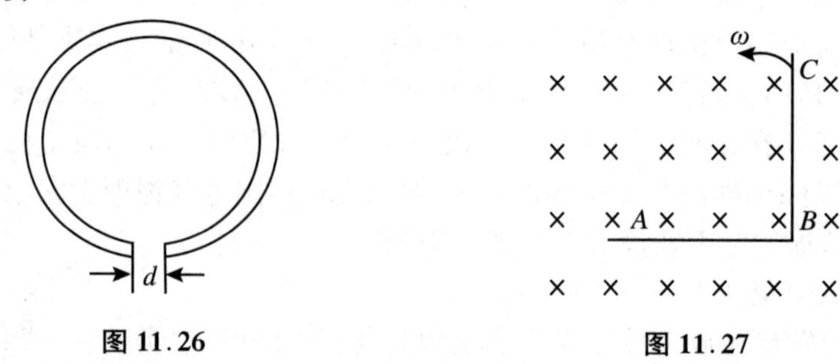

图 11.26　　　　图 11.27

3. 总质量为 M 的列车，沿水平直线轨道匀速前进，其末节车厢质量为 m，中途脱节. 司机发觉时，列车已行驶了时间 t，于是立即关闭油门，除去牵引力. 设运动的阻力与重量成正比，列车的牵引力是恒定的. 求当列车的两部分都停止时，列车比脱节车厢多行驶的时间 Δt.

4. 现要测定一电阻丝的电阻 R_x，器材有：电源 E，适当量程的电流表和电压表各一只，滑动变阻器 R，电阻箱 R_P，开关 S_1、S_2，导线若干. 请设计实验电路并写出实验步骤.

5. 半径为 R、密度为 ρ 的球内部有半径为 $r(r<R)$ 的球形空腔，空腔中心位于距离球心 A 为 S 的 C 处，如图 11.28 所示. 质量为 m 的质点 B 距离球心为 l，如果三角形 ABC 是直角三角形，且有以下两种情况：

(1) $\angle ACB$ 为直角；

(2) $\angle BAC$ 为直角.

求该质点被以多大的力吸向球.

6. 电荷量 q 均匀分布在半球面 ACB 上，球面半径为 R，CD 为通过半球顶点 C 与球心 O 的轴线，P、Q 为 CD 轴线上位于 O 点两侧与 O 点等距的两点，如图 11.29 所示. 已知 P 点的电势为 φ_P，求 Q 点的电势 φ_Q.

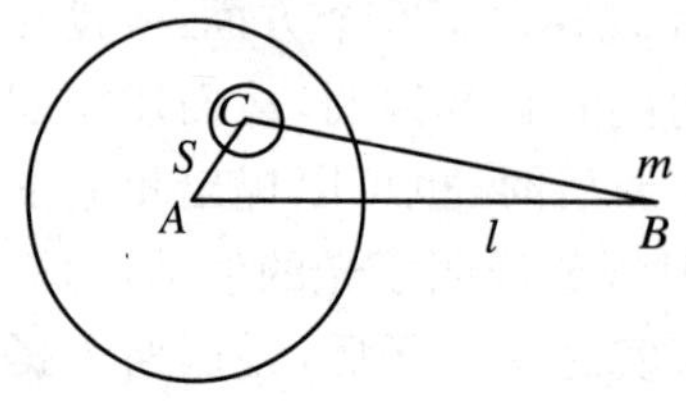

图 11.28

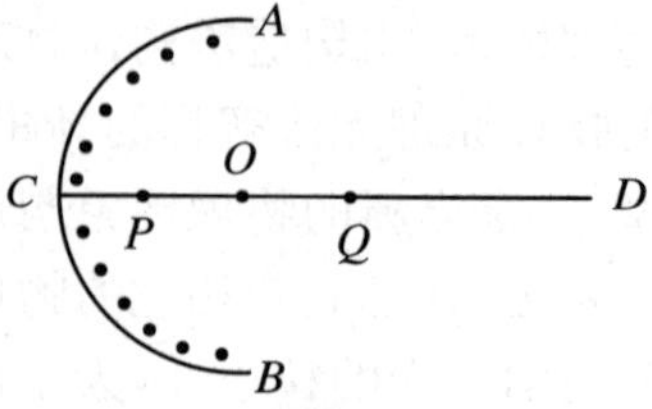

图 11.29

7. 如图 11.30 所示，在垂直于纸面方向磁感应强度为 B 的匀强磁场中，有一个细金属丝环，环上有长度为 l 的很小缺口，环所在的平面与磁感线相垂直，当环以速度 v 做无滑动的滚动时，半径 OA 与竖直方向的夹角 α 将增大，试求缺口处的感应电动势的变化规律.

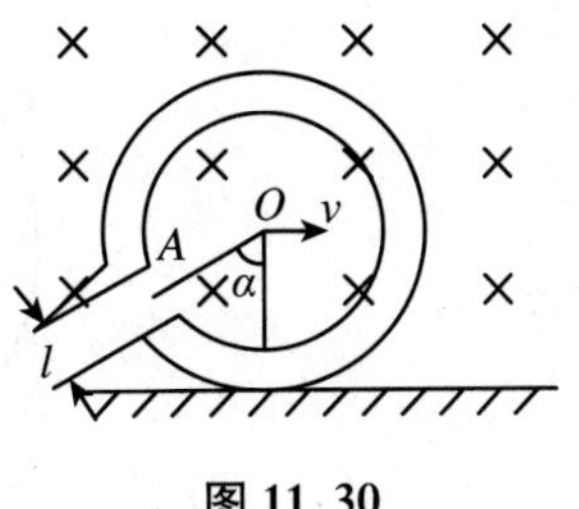

图 11.30

11.4 补偿法思维训练参考答案

1. 设想用同样的铜条把开口填满变成完整的铜环，当温度升高时长为 d 的铜条长度增加，由此可以推知缺口处的间距 d 将增大.

2. 设想在 A、C 两端点间连接一段导体 AC，使 $ABCA$ 构成一闭合电路. 因为导体在转动过程中，闭合回路 $ABCA$ 中的总电动势为零，所以

$$E_{BC}=E_{AC}-E_{AB}=\frac{1}{2}B(\sqrt{2}l)^2\omega-\frac{1}{2}Bl^2\omega=\frac{1}{2}Bl^2\omega.$$

3. $\Delta t=\dfrac{M}{M-m}t$.

4. 采用的测量电路图如图 11.31 所示，实验步骤如下：

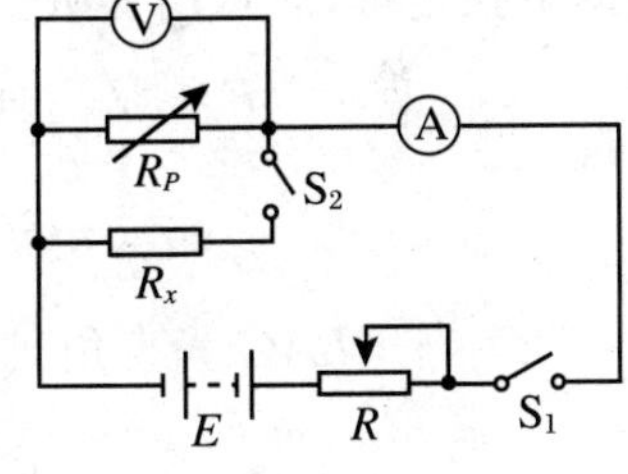

图 11.31

(1) 先闭合 S_1，断开 S_2，调节 R 和 R_P，使电流表和电压表示数合理，记下两表示数为 I_1、U_1. 设电压表内阻为 R_V，则

$$\frac{I_1}{U_1}=\frac{1}{R_P}+\frac{1}{R_V}.$$

(2) 保持 R_P 阻值不变，闭合 S_2，记下电流表和电压表示数为 I_2、U_2，则

$$\frac{I_2}{U_2}=\frac{1}{R_P}+\frac{1}{R_V}+\frac{1}{R_x}.$$

(3) 由以上记录的数据计算出电阻丝电阻 R_x 的表达式为

$$R_x=\frac{U_1U_2}{U_1I_2-U_2I_1}.$$

该实验中电压表的内阻所产生的影响在两次实验数据相减后被消除了.

5. 带有空腔的球对称性被破坏，故难以直接运用万有引力定律求出其对质点 B 的作用力，须经过结构割补，等效变换：将该球转化为两个或若干个具有对称性的球. 设想空腔部分是由密度为 ρ 和 $-\rho$ 的两个小球复合而成，于是原球便被密度为 ρ、半径为 R 的大球与位于空腔部分的密度为 $-\rho$、半径为 r 的小球替代，如图 11.32 所示.

半径为 R 的大球对质点 B 提供的是吸引力，引力为

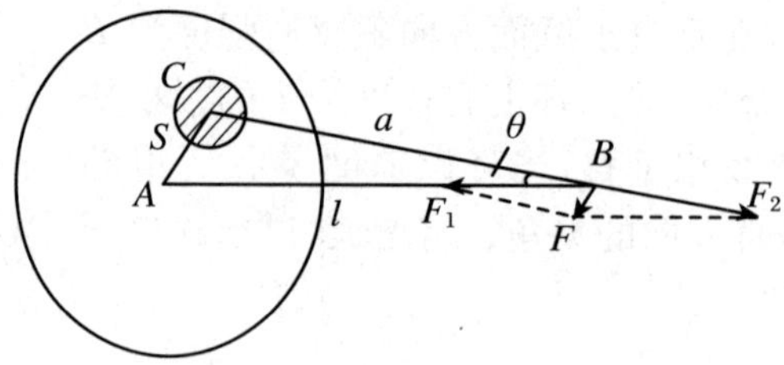

图 11.32

$$F_1 = \frac{G \cdot \frac{4}{3}\pi R^3 \rho \cdot m}{l^2}.$$

半径为 r 的小球对质点 B 提供的是排斥力，斥力为

$$F_2 = \frac{G \cdot \frac{4}{3}\pi r^3 \rho \cdot m}{a^2},$$

其中 a 为空腔中心到质点 B 的距离.

分两种情况研究：

(1) 当$\angle ACB$ 为直角时，

$$a^2 = l^2 - s^2, \quad \cos\theta = \frac{\sqrt{l^2 - s^2}}{l}.$$

根据余弦定理，质点所受吸引力为

$$\begin{aligned} F &= \sqrt{F_1^2 + F_2^2 - 2F_1F_2\cos\theta} \\ &= \frac{4}{3}\pi G\rho m \cdot \sqrt{\frac{R^6}{l^4} + \frac{r^6}{(l^2 - s^2)^2} - \frac{2R^3r^3}{l^3(l^2 - s^2)^{1/2}}}. \end{aligned}$$

(2) 当$\angle BAC$ 为直角时，

$$a^2 = l^2 + s^2, \quad \cos\theta = \frac{l}{\sqrt{l^2 + s^2}}.$$

同理可得

$$F = \frac{4}{3}\pi G\rho m \cdot \sqrt{\frac{R^6}{l^4} + \frac{r^6}{(l^2 + s^2)^2} - \frac{2R^3r^3}{l^3(l^2 + s^2)^{3/2}}}.$$

6. 设想半球 ACB 为完整球面的一部分，则整个球面的均匀带电量为 $2q$，根据均匀带电球壳内部任意一点处电势与球壳表面电势相等的条件可知 $\varphi = k\frac{2q}{R}$. 由于此电势是 ACB 半球和另一半球在 P 点叠加的结果，设另一半球在 P 点的电势为 φ'_P，则

$$\varphi_P + \varphi'_P = k\frac{2q}{R}.$$

因此

$$\varphi'_P = k\frac{2q}{R} - \varphi_P.$$

又依据均匀带电球壳所具有的对称性可知，所求 Q 点的电势相当于假设的另一半球在 P

点的电势，即

$$\varphi_Q = k\frac{2q}{R} - \varphi_P.$$

7. 假想在缺口处补上长度为 l 的金属丝，于是构成一个闭合回路. 当环运动时，穿过环的磁通量没有变化，因此环中感应电动势的总和为零. 设环缺口处补上的部分电动势为 E_0，其余部分电动势为 E'，则 $E_0 + E' = 0$，即 $E' = -E_0$（见图 11.33(a)）.

于是只要求出补上部分切割磁感线时产生的感应电动势，就能求出所求的感应电动势，由图 11.33(b)可以看出：小段补上的金属丝的瞬时速度为 u，它是小段金属丝平动的速度 v 和绕 O 点转动的速度 v（这两个分速度大小相等）的合速度，则 $u = 2v\sin\frac{\alpha}{2}$.

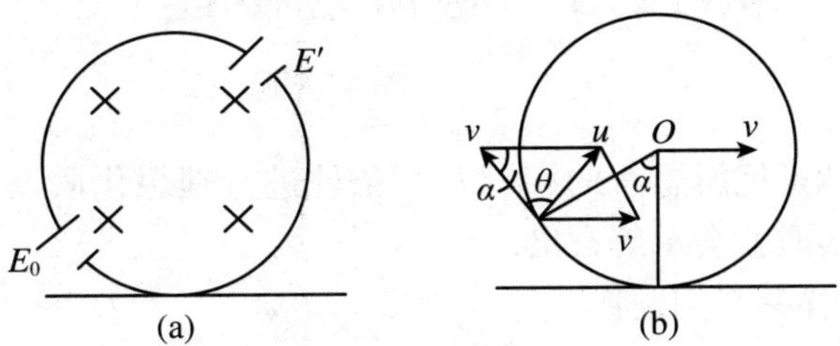

图 11.33

设 u 与切线方向的夹角为 θ（此 θ 也就是 u 与小段金属丝的夹角），则 $\theta = \frac{\pi}{2} - \frac{\alpha}{2}$，从而小段金属丝产生的感应电动势为

$$E_0 = Bul\sin\theta = 2Blv\sin\frac{\alpha}{2}\cos\frac{\alpha}{2} = Blv\sin\alpha.$$

因此

$$E' = -Blv\sin\alpha.$$

上式表明环缺口处的感应电动势是按正弦规律变化的.

12 极 限 法

12.1 极限法概述

所谓极限思维，就是把所思考的问题及其条件进行理想化假设，当假设被一步步地推到极端时，问题的实质就会水落石出.

让我们先来看这样一个问题：

两个人在圆桌上轮流平放一枚同样大小的硬币，后放的硬币不能压在先放的硬币之上，连续下去，谁放下最后一枚而使对方没有位置再放时，谁就获胜. 设两人都是能手，试问是先放的胜还是后放的胜?

思路最容易受阻的情况是：在实际生活中，由于情况过于复杂，各种现象之间的变量受随机因素影响太大，使人无法理清极为复杂的各种关系. 在这种情况下，运用极限思维(极限假设法)似乎是一条出路.

上述题目的解决思路是：如果我们把想象推到极限，假设桌子小到只有一枚硬币大小，或者硬币大到桌面一般大小，情形会怎样呢? 显然是先放的人会获胜. 由这个极端的情况推论，不管桌子有多大，硬币有多小，先放的人只要将第一枚硬币放在圆桌的中心，然后总是将硬币放在对手所放硬币的对称点，这样，先放者就一定会获胜.

极限思维是一种非常奇妙和有效的思维技巧，例如：

一位老师对孩子们说："人多好办事，人多力量大. 比如一个人单独造一条船，要花一年的时间，如果 12 个人一起来造一条船，只要一个月就够了，可见人越多，干活就越快."

这时，一个小男孩站起来，大胆发挥说："如果 365 人一起造船，只要一天，8640 人只要一小时，而以 51840 人一起造的话，只要一分钟就可以造出一条船来了."

对此，老师无言以对. 因为他的"人多好办事，人多力量大"的前提是错的.

只有在一定的条件下，一定的范围内，人数和时间的关系才有意义. 结构功能主义正是通过这一事例发现了问题，系统的结构和功能之间最优值的问题正是需要在极限的假设中才容易被发现.

极限思维法是一种科学的思维方法. 假若某物理量在某一区间内是单调连续变化的，我们可以将该物理量或它的变化过程和现象外推到该区域内的极限情况(或极端值)，使物理问题的本质迅速暴露出来，再根据已知的经验事实很快得出规律性的认识或正确的判断. 这种思维方法称为极限思维法.

极限法(又称极端法)在物理解题中有比较广泛的应用.若将貌似复杂的问题推到极端状态或极限值条件下进行分析,问题往往变得十分简单.利用极限法可将倾角变化的斜面转化成平面或竖直面,可将复杂电路变成简单电路,可将运动物体视为静止物体,可将变量转化成特殊的恒定值,可将非理想物理模型转化成理想物理模型,从而避免了不必要的物理过程分析和烦琐的数学推导运算,使问题的隐含条件暴露,陌生结果变得熟悉,难以判断的结论变得一目了然.

通过下面的几个例题我们先感受一下使用极限法解物理问题的妙处,解题之后品味极限法当中所包含的思维品质.

例 1 (2011 年"华约"联盟自主招生)如图 12.1 所示,水流以和水平方向成 α 角冲入水平放置的水槽中,则从左面流出的水量和从右面流出的水量的比值可能为(　　).

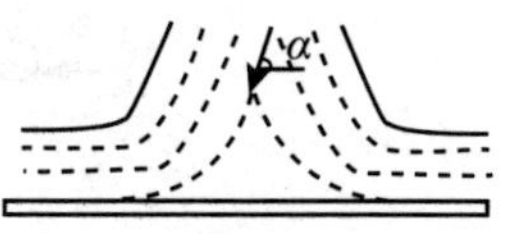

图 12.1

A. $1+2\sin^2\alpha$　　B. $1+2\cos^2\alpha$

C. $1+2\tan^2\alpha$　　D. $1+2\cot^2\alpha$

**解析** 当 $\alpha=0$ 时,水应全部从左面流出,比值为无穷大,所以 D 选项正确.

例 2 宇航员在某一星球上以速度 v_0 竖直向上抛出一个小球,经过时间 t,小球又落回到原抛出点.然后他用一根长为 l 的细绳把一个质量为 m 的小球悬挂在 O 点,使小球处于静止状态,如图 12.2 所示.现在最低点给小球一个水平向右的冲量 I,使小球能在竖直平面内运动,若小球在运动的过程中始终对细绳有力的作用,则冲量 I 应满足什么条件?

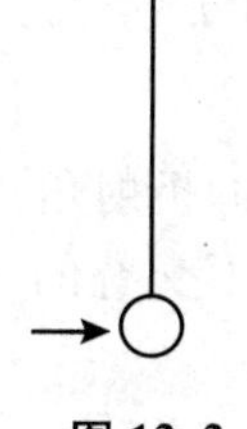

图 12.2

解析 如果给小球的冲量 I 很小,小球在竖直平面内摆动,细绳中必有张力;如果给小球的冲量 I 很大,小球在竖直平面内做圆周运动,只要过最高点时的速度大于临界速度,细绳中也有张力.

宇航员所在星球的重力加速度为 $g=\dfrac{2v_0}{t}$.若小球在竖直平面内摆动,当冲量为 I_1 时,将到达 O 点的等高点,如图 12.3(a)所示.小球获得的初速度为 v_1,根据机械能守恒定律,有

$$\frac{1}{2}mv_1^2 = mgl.$$

解得

$$I_1 = mv_1 = 2m\sqrt{\frac{v_0 l}{t}}.$$

若小球在竖直平面内做圆周运动,当冲量为 I_2 时,恰好过最高点,如图 12.3(b)所示.小球获得的初速度为 v_2,小球过最高点的速度为 v_3,根据机械能守恒定律,有

$$\frac{1}{2}mv_2^2 - \frac{1}{2}mv_3^2 = mg2l.$$

根据牛顿第二定律,有

$$mg = m\frac{v_3^2}{l}.$$

联立解得

$$I_2 = mv_2 = m\sqrt{\frac{10v_0 l}{t}}.$$

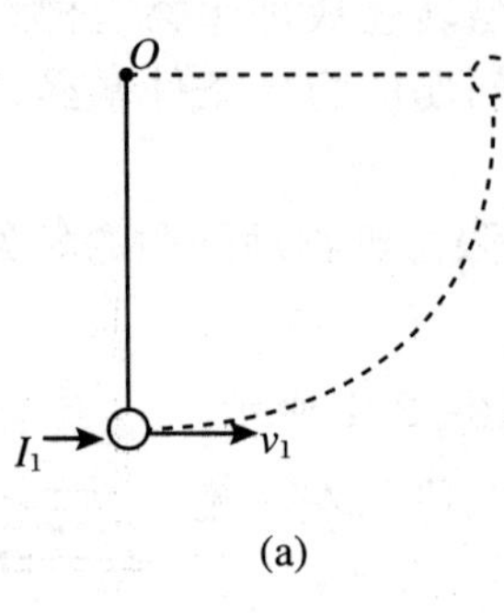

(a)

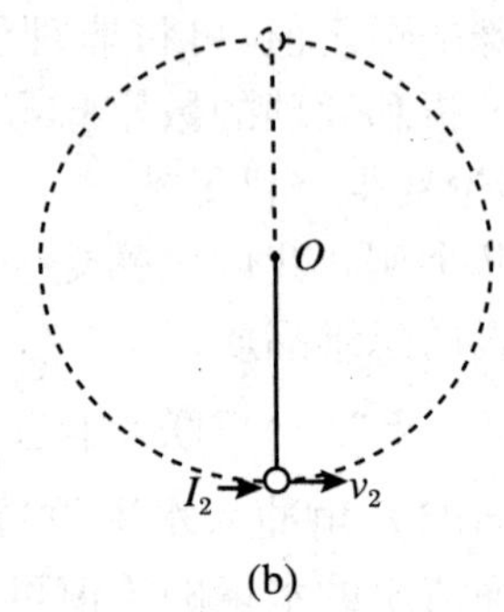

(b)

图 12.3

所以,要使小球在运动过程中始终对细绳有力的作用,给小球的冲量应满足

$$I < 2m\sqrt{\frac{v_0 l}{t}} \quad 或 \quad I > m\sqrt{\frac{10v_0 l}{t}}.$$

例 3 (1995 年高考上海卷)如图 12.4 所示,宽为 a 的平行光束从空气斜向射入两个面平行的玻璃板表面,入射角为 45°,光束中包含两种波长的光,玻璃对这两种波长的光的折射率分别为 $n_1 = 1.5$,$n_2 = \sqrt{3}$.

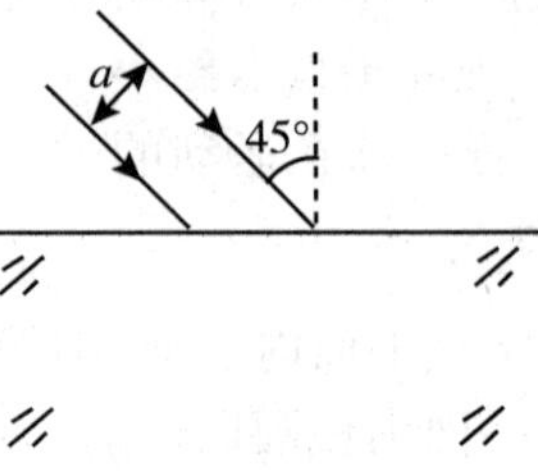

图 12.4

(1) 求每种波长的光入射到玻璃板上表面后的折射角.

(2) 为使光束从玻璃板下表面出射时能分成不交叠的两束,玻璃板的厚度 d 至少为多少?

解析 两种波长的光入射到玻璃板上表面后,如果玻璃板的厚度 d 较小,光束从下表面出射时,仍相互交叠,如图 12.5(a)所示;如果玻璃板的厚度 d 较大,光束从下表面出射时,将分成不交叠的两束,如图 12.5(b)所示,临界厚度如图 12.5(c)所示.

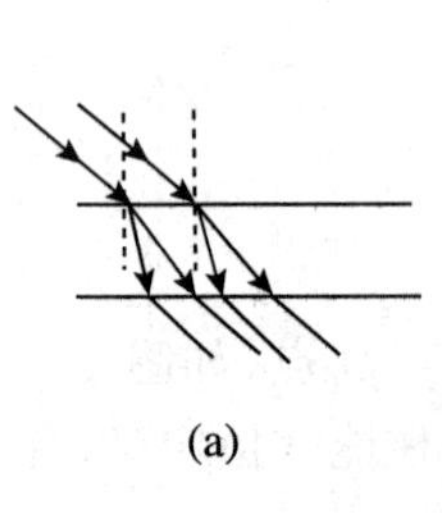
(a)

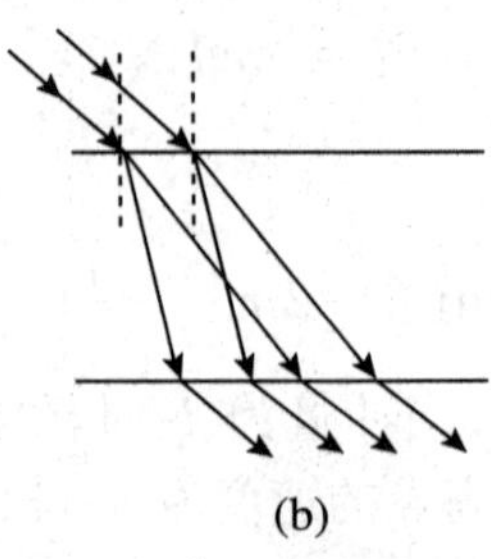
(b)

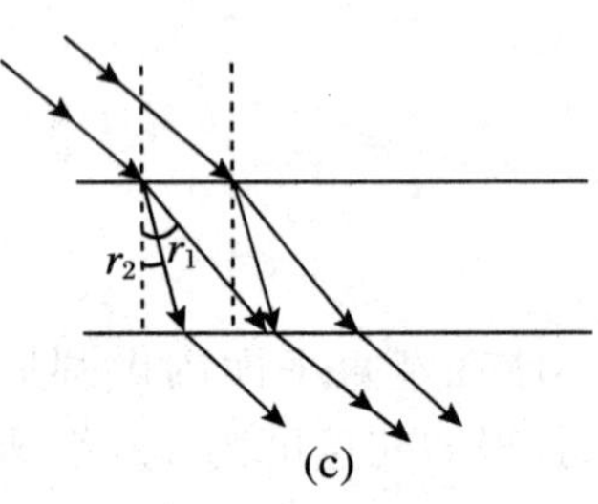

(c)

图 12.5

(1) 设入射角为 i,经玻璃板折射后,折射率为 n_1的光的折射角为 r_1,折射率为 n_2的光的折射角为 r_2,根据折射定律,有

$$n_1 = \frac{\sin i}{\sin r_1}, \quad n_2 = \frac{\sin i}{\sin r_2}.$$

代入数据，解得

$$\sin r_1 = \frac{\sqrt{2}}{3}, \quad \sin r_2 = \frac{\sqrt{6}}{6}.$$

(2) 如图 12.5(c)所示，根据几何关系，有

$$d\tan r_1 - d\tan r_2 = \sqrt{2}a.$$

其中

$$\tan r_1 = \frac{\sqrt{14}}{7}, \quad \tan r_2 = \frac{\sqrt{5}}{5}.$$

代入数据，解得

$$d = \frac{70a}{10\sqrt{7} - 7\sqrt{10}}.$$

例 4 (2010 年“北约”联盟自主招生)一质量为 M 的人手持质量为 m 的球站在水平光滑的冰面上，以相对自身速度为 v_0 斜向上抛出小球，若要求球落在与抛出点相同的高度时与起抛点相距为 L，则速度 v_0 至少多大？相对人斜抛出的速度与水平方向的角度此时又是多大？

解析 设人抛出球后的速度大小为 u，则球对地的水平速度为

$$v_{球对地} = v_{球对人} + v_{人对地} = v_0\cos\theta - u. \quad ①$$

根据人与球在水平方向上动量守恒，有

$$m(v_0\cos\theta - u) - Mu = 0. \quad ②$$

根据斜上抛运动的规律，有

$$L = (v_0\cos\theta - u)t,$$

$$t = \frac{2v_0\sin\theta}{g}. \quad ③$$

联立①～③式，得

$$v_0 = \sqrt{\frac{(M+m)gL}{M\sin 2\theta}}.$$

当 $\sin 2\theta = 1$，即 $\theta = 45°$ 时，$v_{0\min} = \sqrt{\frac{(M+m)gL}{M}}$.

例 5 (2010 年高考上海卷)如图 12.6 所示，固定于竖直面内的粗糙斜杆，与水平方向夹角为30°，质量为 m 的小球套在杆上，在大小不变的拉力作用下，小球沿杆由底端匀速运动到顶端. 为使拉力做功最少，拉力 F 与杆的夹角 α = ________，拉力大小 F = ________.

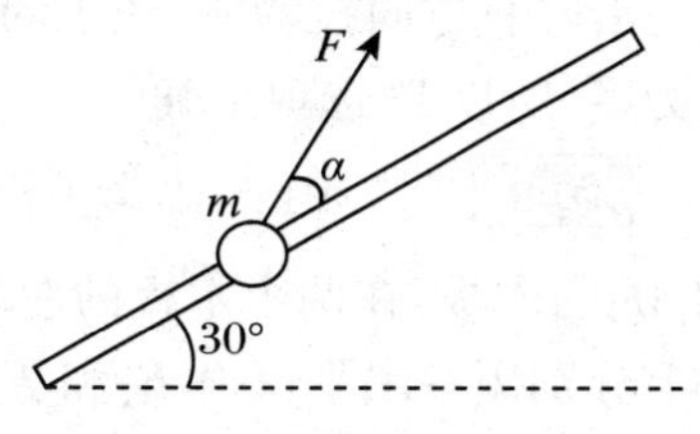

图 12.6

解析 从能量角度思考，小球是从底端被匀速拉到顶端的，无论力 F 大小和方向怎样，小球的动能都不变，重力势能的增加量都相等. 唯

一有区别的就是克服摩擦力做功的多少不同.由功能关系知,当摩擦力为零,即不需要克服摩擦力做功时,拉力做功就最少.因此对球进行受力分析如图12.7所示,可得

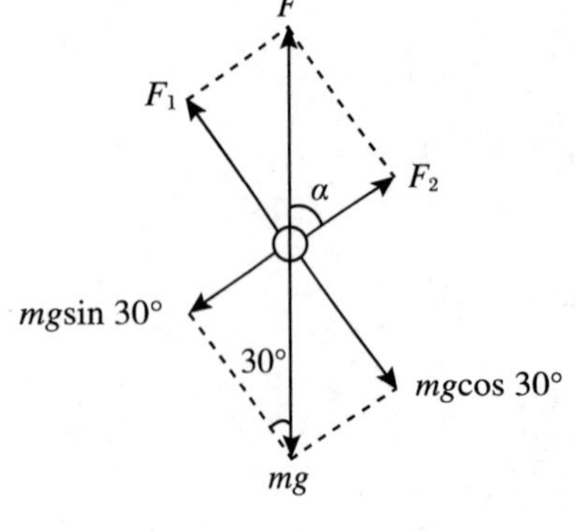

图12.7

$$F\sin\alpha = mg\cos 30^\circ,$$
$$F\cos\alpha = mg\sin 30^\circ.$$

解得

$$\alpha = 60^\circ,\quad F = mg.$$

由上面的几个例子可以看出:在处理比较复杂的物理问题时,常从题目给出的条件出发,假设某种变化,并将变化引向极端情况,然后分析其极端状态,从而帮助我们做出判断或导出结论,这种方法称为极端思维方法.

极端思维方法能针对不同的问题迅速做出判断,可以开拓思路、避繁就简,帮助我们迅速抓住解题思路.科学家研究物理问题时,往往也采用极端思维方法.有人说,极端思维方法对爱因斯坦来说就像呼吸一样是不间断的.

采用极端思维方法的一个关键是要根据实际情况,灵活选择变量.选出的变量要在变化过程中存在极值,或者是某一个特定值,或者是最简单条件的物理状态或过程,根据这个极值或者这个特定值或者是最简单条件的物理状态或过程所遵循的规律,就可以判断你要寻求的结果.

下面以几个力学题目为例,看看极端思维方法在解决选择题时的妙用.

12.1.1 取变化的极端值

1. 把一个物理量推向极大值或者极小值.

例6 用细绳将球体悬挂在竖直光滑的墙壁上,如图12.8所示.当绳变长时,下列说法正确的是( ).

A. 绳子的拉力变小,墙对球的弹力变大

B. 绳子的拉力变大,墙对球的弹力变大

C. 绳子的拉力变大,墙对球的弹力变小

D. 绳子的拉力变小,墙对球的弹力变小

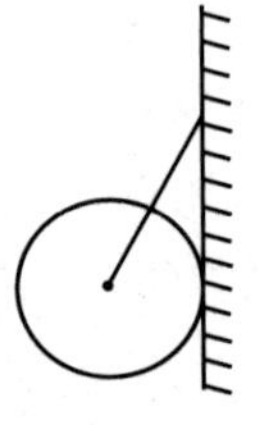
图12.8

解析 根据极端思维方法:假若绳子变得无限长,几乎可以认为绳子是沿竖直方向拉物体,绳子的拉力减小到近似等于重力,墙壁对球体的弹力减小到几乎为零.所以D选项正确.

例7 (1991年高考上海卷)在光滑水平面上放着两个长度相同、质量分别为M_1和M_2的木板,在两个木板的左端各放一个质量为m的物块,如图12.9所示.今在两物块上分别用一水平恒力F_1和F_2拉两个物块.当物块和木板分离时,两个木板的速度分别是v_1和v_2,物块和木板之间的动摩擦因数相同,下列说法正确的是( ).

A. 若$F_1=F_2$,$M_1>M_2$,则$v_1>v_2$ B. 若$F_1=F_2$,$M_1<M_2$,则$v_1>v_2$

C. 若 $F_1>F_2$，$M_1=M_2$，则 $v_1>v_2$　　　　D. 若 $F_1<F_2$，$M_1=M_2$，则 $v_1>v_2$

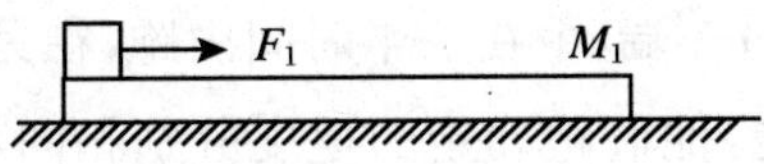

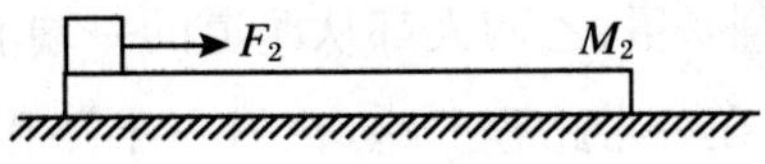

图 12.9

解析　按照常规的解题方法：物块和木板的运动过程如图 12.10(a)所示．物块和木板的受力如图 12.10(b)所示，根据牛顿第二定律，有

$$F-\mu mg=ma_1,\tag{①}$$

$$\mu mg=Ma_2.\tag{②}$$

根据运动学公式，有

$$s_1=\frac{1}{2}a_1t^2,\tag{③}$$

$$s_2=\frac{1}{2}a_2t^2.\tag{④}$$

又因为

$$s_1-s_2=l,\tag{⑤}$$

联立①～⑤式，得

$$t=\sqrt{\frac{2l}{\dfrac{F-\mu mg}{m}-\dfrac{\mu mg}{M}}}.$$

所以当物块和木板分离时，木板的速度为

$$v=a_2t=\frac{\mu mg}{M}\sqrt{\frac{2l}{\dfrac{F-\mu mg}{m}-\dfrac{\mu mg}{M}}}.$$

按照此表达式分析，B、D 选项正确．但是这种方法相当烦琐．

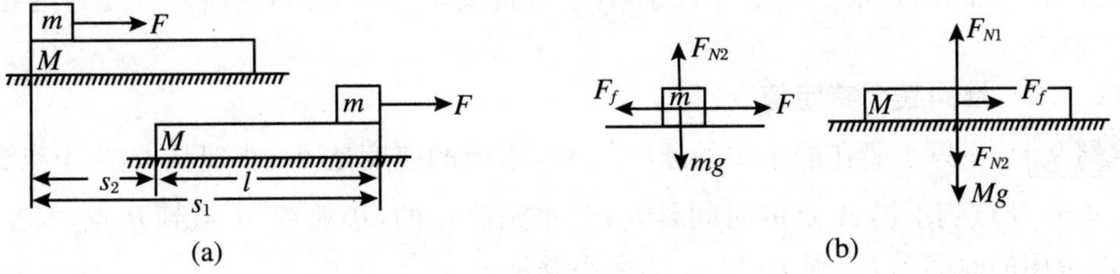

图 12.10

若用极端思维方法：当 $F_1=F_2$ 时，将木板质量 M 推向极端，即 M 增至无穷大，物块对木板的摩擦力是一定的，根据牛顿第二定律，则木板的加速度趋于零，物块离开木板的时间是一定的，木板的末速度趋于零，所以 B 选项正确．

当 $M_1=M_2$ 时，将推力 F 推向极端，即 F 增至无穷大，则物块运动的加速度无穷大，在木板上运动的时间趋于零，摩擦力给木板的冲量趋于零，木板获得的末速度趋于零，所以 D 选项正确．

显然，极限法使问题简单多了．

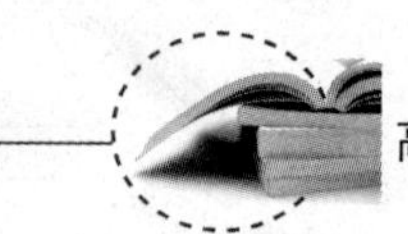

2. 把相同性质物理量的差别扩大到极端.

例 8 甲、乙两人都从跑道的一端前往另一端,甲在一半时间内跑,在另一半时间内走;而乙在一半路程上跑,在另一半路程上走,他们跑和走的速度分别相同,问谁先到达终点?(　　)

A. 甲先到终点　　B. 乙先到终点

C. 甲、乙同时到达终点　　D. 无法判断

解析 按照常规的解题方法:设他们运动的路程是 s,跑的速度是 v_1,走的速度是 v_2,甲运动的时间是 $t_甲$,乙运动的时间是 $t_乙$.

对甲,有

$$s = v_1 \cdot \frac{t_甲}{2} + v_2 \cdot \frac{t_甲}{2}.$$

得

$$t_甲 = \frac{2s}{v_1 + v_2}.$$

对乙,有

$$t_乙 = \frac{\frac{s}{2}}{v_1} + \frac{\frac{s}{2}}{v_2} = \frac{s(v_1 + v_2)}{2v_1v_2}.$$

则

$$t_乙 - t_甲 = \frac{s(v_1 + v_2)}{2v_1v_2} - \frac{2s}{v_1 + v_2} = \frac{s(v_1 - v_2)^2}{2v_1v_2(v_1 + v_2)} > 0.$$

所以甲先到达终点,A 选项正确.

若用极端思维方法:跑与走的差别在于跑的速度大于走的速度,用极端思维方法把这种差别扩大到极端,若跑的速度比走的速度大无穷倍,则甲在一半时间里跑的路程就很接近终点,走的路程很小很小;而乙不管怎样都要走一半的路程,所以甲先到达终点,A 选项正确.

12.1.2 推向某个特定值

例 9 一只小船在静水中的速度是 v_1,水流的速度是 v_2.小船从上游 A 点到下游 B 点,又从 B 点到上游 A 点的时间是 t_1;若水是静止的,小船从 A 点到 B 点,又从 B 点到 A 点所用的时间是 t_2.则 t_1 和 t_2 的大小满足(　　).

A. $t_1 = t_2$　　B. $t_1 < t_2$　　C. $t_1 > t_2$　　D. 无法判断

解析 按照常规的解题方法:

(1) 船在流水中运动($v_1 > v_2$),有

$$t_1 = \frac{s}{v_1 + v_2} + \frac{s}{v_1 - v_2} = \frac{2sv_1}{(v_1 + v_2)(v_1 - v_2)}.$$

(2) 船在静水中运动,有

$$t_2 = \frac{2s}{v_1}.$$

则

$$t_1 - t_2 = \frac{2sv_1}{(v_1 + v_2)(v_1 - v_2)} - \frac{2s}{v_1} = \frac{2sv_2^2}{v_1(v_1 + v_2)(v_1 - v_2)} > 0.$$

所以 C 选项正确.

若用极端思维方法：假若将小船在静水中的速度 v_1 极端地推向和水流的速度 v_2 相等，则小船从上游 A 点到下游 B 点后，就无法又从 B 点到上游 A 点，所以 C 选项正确.

例 10 在地面上以初速度 v_0 竖直上抛一质量为 m 的小球，设上升和下降过程中，球所受到的空气阻力 f 大小不变. 则在上升和下降过程中，合外力对小球的冲量 $I_上$ 和 $I_下$ 的关系是（　　）.

A. $I_上 = I_下$，方向相反　　B. $I_上 = I_下$，方向相同

C. $I_上 > I_下$，方向相同　　D. $I_上 < I_下$，方向相同

解析 按照常规的解题方法：

(1) 上升过程

$$I_上 = (mg + f)t_1,$$
$$mg + f = ma_1,$$
$$h = \frac{1}{2}a_1 t_1^2.$$

解得

$$I_上 = \sqrt{2mh(mg + f)}.$$

(2) 下降过程

$$I_下 = (mg - f)t_2,$$
$$mg - f = ma_2,$$
$$h = \frac{1}{2}a_2 t_2^2.$$

解得

$$I_上 = \sqrt{2mh(mg - f)}.$$

所以 $I_上 > I_下$，C 选项正确.

若用极端思维方法：若将小球受到的空气阻力极端地推向和小球的重力相等，这时的冲量 $I_下$ 等于零，所以立刻判断 C 选项正确.

12.1.3 推向最简单条件的物理状态或过程

例 11 （1987 年高考全国卷）如图 12.11 所示，一根轻质弹簧上端固定，下端挂一质量为 m_0 的平盘，盘中有一物体，其质量为 m. 当盘静止时，弹簧的长度比其自然长度伸长了 l. 今向下拉盘使弹簧再伸长 Δl 后停止，然后松手放开. 设弹簧处在弹性限度内，则刚松手时盘对物体的支持力等于（　　）.

图 12.11

A. $\left(1 + \frac{\Delta l}{l}\right)mg$

B. $\left(1 + \frac{\Delta l}{l}\right)(m + m_0)g$

C. $\frac{\Delta l}{l}mg$

D. $\frac{\Delta l}{l}(m+m_0)g$

解析 按照常规的解题方法:设弹簧的劲度系数为 k,以平盘和物体为研究对象.

静止时

$$kL = (M+m)g. \quad ①$$

松手瞬间

$$k(L+\Delta L)-(M+m)g = (M+m)a. \quad ②$$

以物体为研究对象,设松手瞬间平盘对物体的支持力为 F_N,则

$$F_N - mg = ma. \quad ③$$

联立①~③式,得

$$F_N = \left(1+\frac{\Delta l}{l}\right)mg.$$

所以A选项正确.

若用"极端法"去思考"最简单条件的物理状态",令 $\Delta l=0$,此时盘对物体的支持力应等于 mg.将 $\Delta l=0$ 代入四个选项中加以验证,得A选项正确.

例12 一物体被竖直上抛,已知抛出的速度与回到抛出点时的速度大小之比为 k,物体在运动过程中所受的空气阻力大小不变,则空气阻力与重力之比为( ).

A. k　　B. $\frac{1}{k}$　　C. $\frac{k^2-1}{k^2+1}$　　D. $\frac{k^2+1}{k^2-1}$

解析 按照常规的解题方法:根据题意知 $k=\frac{v_0}{v}$.(v_0 表示抛出速度,v 表示回到抛出点时的速度.)

(1) 上升过程

加速度

$$a_1 = \frac{mg+f}{m}.$$

上升高度

$$h = \frac{v_0^2}{2a_1}.$$

(2) 下降过程

加速度

$$a_2 = \frac{mg-f}{m}.$$

末速度

$$v = \sqrt{2a_2h} = v_0\sqrt{\frac{mg-f}{mg+f}}.$$

得

$$k = \sqrt{\frac{mg + f}{mg - f}}.$$

所以空气阻力与重力之比为$\frac{f}{mg} = \frac{k^2 - 1}{k^2 + 1}$,C 选项正确.

若用极端思维方法:$k = \frac{v_0}{v} \geqslant 1$,这里 $k = 1$ 是“最简单条件的物理过程”——无空气阻力下的竖直上抛运动,应有$\frac{f}{mg} = 0$.把 $k = 1$ 代入四个选项中加以验证,得 C 选项正确.

例 13 物体从粗糙斜面的底端以平行于斜面的初速度 v_0 沿着斜面向上运动,则下面说法正确的是(　　).

A. 斜面的倾角越小,上升的高度越大　　B. 斜面的倾角越大,上升的高度越大

C. 物体的质量越小,上升的高度越大　　D. 物体的质量越大,上升的高度越大

解析 按照常规的解题方法:设斜面的倾角为 θ,物体与斜面间的动摩擦因数为 μ,物体的质量为 m.根据牛顿第二定律,有

$$mg\sin\theta + \mu mg\cos\theta = ma.$$

则物体沿斜面向上运动的加速度为

$$a = g\sin\theta + \mu g\cos\theta.$$

物体沿斜面向上运动的长度为

$$l = \frac{v_0^2}{2a}.$$

物体沿斜面上升的高度为

$$h = l\sin\theta = \frac{v_0^2\sin\theta}{2g(\sin\theta + \mu\cos\theta)} = \frac{v_0^2}{2g(1 + \mu\cot\theta)}.$$

所以 B 选项正确.

若用极端思维方法:机械能损失越小,上升的高度越大.当斜面的倾角等于90°时,物体做竖直上抛运动是“最简单条件的物理过程”,物体受到的摩擦力为零,这时没有机械能损失,所以上升的高度最大.B 选项正确.

极限思维实际上是一种极限假设,这种思维方法在科学发现的过程中,特别是在重大的前提性理论的建构中,有着极其重要的作用.

事实上,牛顿不仅仅是因为看见一个苹果落地就想到了万有引力,牛顿的思考是顺着极限假设的方向拓展的:树上的苹果为什么会落下来而不是飞上天呢?如果苹果树长到 10 英尺高,苹果还会落下来吗?会.那么苹果树长到 100 英尺高呢?还会落到地上.要是再长到 1000 英尺、10000 英尺……还是会落到地球上来.但是,假如苹果树有一天能长到月亮那么高,苹果还会落下来吗?当然不会,因为苹果这时肯定是飞到月亮上而不是落到地球上.于是,一个新的问题出来了:在苹果树长高的过程中,即在地球和月亮之间必定有一个地方是中间值,属于未定状态.这时,苹果既不会掉到地球上,也不会飞到

月球上，而是处于一种极限平衡中，这个极限值究竟是由什么力量决定的呢？这一极限点又在哪里呢？这种奇妙的极限思维所引出的奇妙问题深深地困惑着早年的牛顿，并一步步引导他探索引力的奥秘.

这里，我们可以通过伽利略的惊人假设来理解什么是极限思维，极限思维的具体过程是如何进行的.情境是这样的：

(1) 如果你手中拿着一块石头，然后将手松开，石头就会下落.所有的东西都是这样.过去的物理学家说："重的东西有回到老家——'地球'的倾向."

(2) 假如我推一个物体，比如一辆车或者使一个球在水平面上向前滚动，撤去推力后球还会继续滚动一会儿，然后才静止不动.推得重，球就多走些；推得轻，球就早些停住.

(3) 这就是古老的外加力最简单的含义，即亚里士多德的思路——如果推动的力不再作用的话，运动的物体早晚要停止不动.伽利略并不满足，他反问自己："我们是否了解这些运动究竟是怎样进行的呢?"他怀着强烈的欲望，想探个究竟，他在想：我们知道重的物体下落，但它是怎样下落的呢？在下落中，物体获得速度，速度随着下落的距离的增大而不断增大.当物体下落时，速度到底会发生什么变化呢？

(4) 他想测出物体下落的距离与速度增加的关系，但由于下落的速度太快，不容易准确测定它的值，这使他苦恼，能不能用别的方法呢？这时他忽然想到："难道不能用更方便的方法研究这个问题吗？圆球在斜面上向下滚动，我应该研究它.难道自由落体不就是一个特殊的例子吗？无非其下落角度不是小于 90°，而是正好等于 90°！"

(5) 他研究了不同情况下的加速度，发现倾角越小，加速度也越小，角的大小次序和加速度减慢的次序是对应的.当他发现倾斜角的大小与加速度的减慢之间联系的原理时，加速度便成为了最重要的事实.

(6) 这时，他忽然又反问自己："这不是图像的一半吗？如果向上抛东西，如果向上坡方向推动圆球，那么发生的情况不是和已有的图像对称吗？难道不是和镜中的像相同，是已有图像的重复，同时又与它相互补充，而成为完整的图像吗?"当向上抛掷一个物体的时候，并没有正的加速度，而是负的加速度.在它上升运动的过程中，物体运动的速度就缓慢了下来.但是，和下落物体正的加速度相对称，随着倾斜角从直上方向的 90° 逐渐减小，负的加速度也逐渐减少，从而和下面一半的图合成为一个密闭吻合的图形.当平面是水平的，倾斜角是零度，而物体仍在运动的时候，情形如何呢？在每种情况下，我们都是从一定的速度开始的.根据这个结构，会发生什么情况呢？水平面以下是正的加速度，水平面以上是负的加速度.有没有渐渐接近，既不是负的加速度也不是正的加速度呢？那不就是常速运动吗?！一个物体在一定的方向上水平运动，假如没有外力来改变它的运动状态，它将做匀速运动，直到永恒.

(7) 但常识所看到的水平运动却并非如此，人们看到的还是"外力加上去，球就运动，外力去掉，球就渐趋停止".是否能再一次用极限假设的方法设计出一套实验让人信服呢？伽利略果真又设计出了一个实验，他知道用同样的外力推动小球，小球在不同光滑度的平面上滚动的距离是不同的.那么，可否用极限思维假设平面越来越光滑，空气等其他阻力越来越小，以至最后理想化地把一切摩擦力全部消除？结果会怎样呢？是否会永远滚动下去呢？

(8) 经过思考，伽利略又设计出了一个极限推导的实验，假设摩擦力小到可以忽略，当球滚下一个斜面之后，由于惯性的作用，小球又可以滚上另一个斜面，直到和出发点一样高的地方. 如果将上升方向的斜面逐渐延长，小球仍然能滚到同样的高度，说明小球的运动与斜面的倾斜度无关. 那么，按极限假设法的逻辑，当把斜面最后延伸为一条永无止境的平面时，小球也将永恒地滚动下去. 亚里士多德的千百年来被人们所认定的"真理"终于在伽利略极限假设思维面前彻底崩溃了.

12.2 极限法例题精析

12.2.1 极限假设法

极限法在物理学研究中有广泛的应用. 开尔文把查理定律外推到零压强这一极限情况，从而引入了热力学温标，使气体实验定律的表述大大简化. 伽利略在研究自由落体运动规律时，先证明从斜面上滚下的小球做匀变速运动，后又把结论外推到斜面倾角增大到 90° 的极限情况——小球自由下落，从而用极限思维法间接证明了自己对自由落体运动规律的论断是正确的.

例 1 如图 12.12 所示，在光滑的水平面上有一质量为 M、倾角为 θ 的光滑斜面体，它的斜面上有一质量为 m 的物块沿斜面下滑. 关于物块下滑过程中对斜面压力大小的解答，有如下四个表达式. 要判断这四个表达式是否合理，你可以不必进行复杂的计算，而根据所学的物理知识和物理方法进行分析，从而判断解的合理性或正确性. 根据你的判断，下述表达式中可能正确的是(　　).

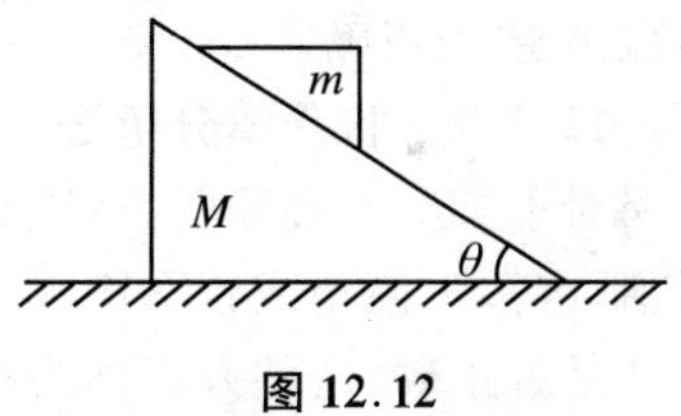

图 12.12

A. $\dfrac{Mmg\sin\theta}{M-m\sin^2\theta}$　　B. $\dfrac{Mmg\sin\theta}{M+m\sin^2\theta}$　　C. $\dfrac{Mmg\cos\theta}{M-m\sin^2\theta}$　　D. $\dfrac{Mmg\cos\theta}{M+m\sin^2\theta}$

解析 如果物体不是放在斜面上，而是放在水平面上，取 $\theta=0$，此时 M、m 之间的弹力为 mg，所以 A、B 选项错误. 对 C 选项，若斜面体与物块的质量满足 $M=m\sin2\theta$，此时弹力为无穷大，所以 C 选项错误. 所以可能正确的是 D 选项.

例 2 (2012 年高考安徽卷)如图 12.13(a)所示，半径为 R 的均匀带电圆形平板，单位面积带电量为 σ，其轴线上任意一点 P(坐标为 x)的电场强度可以由库仑定律和电场强度的叠加原理求出：$E=2\pi k\sigma\left[1-\dfrac{x}{(R^2+x^2)^{\frac{1}{2}}}\right]$，方向沿 x 轴. 现考虑单位面积带电量为 σ_0 的无限大均匀带电平板，从其中间挖去一半径为 r 的圆板，如图 12.13(b)所示. 则圆孔轴线上任意一点 Q(坐标为 x)的电场强度为(　　).

A. $2\pi k\sigma_0\dfrac{x}{(r^2+x^2)^{\frac{1}{2}}}$　　B. $2\pi k\sigma_0\dfrac{r}{(r^2+x^2)^{\frac{1}{2}}}$

C. $2\pi k\sigma_0 \frac{x}{r}$　　　　D. $2\pi k\sigma_0 \frac{r}{x}$

(a)　　(b)

图 12.13

解析　根据半径为 R 的均匀带电圆形平板在 P 点的电场强度

$$E = 2\pi k\sigma\left[1 - \frac{x}{(R^2 + x^2)^{\frac{1}{2}}}\right],$$

可推知当带电圆板无限大时(即当 $R\to\infty$ 时)的电场强度 $E' = 2\pi k\sigma$. 对于无限大带电平板,挖去一半径为 r 的圆板后的电场强度为

$$E'_Q = 2\pi k\sigma_0 - 2\pi k\sigma_0\left[1 - \frac{x}{(r^2 + x^2)^{\frac{1}{2}}}\right] = 2\pi k\sigma_0 \frac{x}{(r^2 + x^2)^{\frac{1}{2}}}.$$

所以 A 选项正确.

12.2.2　特殊值分析法

对于某些物理问题,特别是某些选择题,即使题中给出了有关物理量的具体数据或数值,也暂不使用或暂不代入,而是先代入某种极限特征值,然后考虑所求结果的最后表达式是否正确. 这种方法称为特殊值分析法.

(2011 年高考福建卷)如图 12.14 所示,一不可伸长的轻质细绳过定滑轮后,两端分别悬挂质量为 m_1 和 m_2 的物体 A 和 B. 若滑轮有一定大小,质量为 m 且分布均匀,滑轮转动时与绳之间无相对滑动,不计滑轮与轴之间的摩擦. 设细绳对 A 和 B 的拉力大小分别为 T_1 和 T_2,已知下列四个关于 T_1 的表达式中有一个是正确的. 请你根据所学的物理知识,通过一定的分析,判断正确的表达式是(　　).

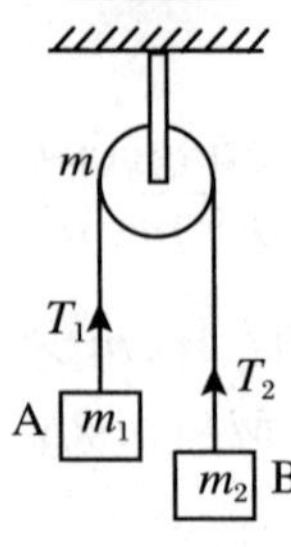

图 12.14

A. $T_1 = \frac{(m + 2m_2)m_1 g}{m + 2(m_1 + m_2)}$　　B. $T_1 = \frac{(m + 2m_1)m_2 g}{m + 4(m_1 + m_2)}$

C. $T_1 = \frac{(m + 4m_2)m_1 g}{m + 2(m_1 + m_2)}$　　D. $T_1 = \frac{(m + 4m_1)m_2 g}{m + 4(m_1 + m_2)}$

解析　取 $m_1 = m_2$ 这种特殊情况,此时两物体处于平衡状态,绳的拉力 $T_1 = m_1 g = m_2 g$,验证所给的表达式,可得 C 选项正确.

例 4　某个由导电介质制成的电阻截面如图 12.15 所示. 导电介质的电阻率为 ρ,制成内、外半径分别为 a 和 b 的半球壳层形状(图 12.15 中阴影部分),半径为 a、电阻不计的球形电极被嵌入导电介质的球心为一个引出电极,在导电介质的外层球壳上镀上一

层电阻不计的金属膜成为另外一个电极.设该电阻的阻值为 R.下面给出的 R 的四个表达式中只有一个是合理的,你可能不会求解 R,但是你可以通过一定的物理分析,对下列表达式的合理性做出判断.根据你的判断,R 的合理表达式应为(　　).

A. $R=\dfrac{\rho(b+a)}{2\pi ab}$　　B. $R=\dfrac{\rho(b-a)}{2\pi ab}$

C. $R=\dfrac{\rho ab}{2\pi(b-a)}$　　D. $R=\dfrac{\rho ab}{2\pi(b+a)}$

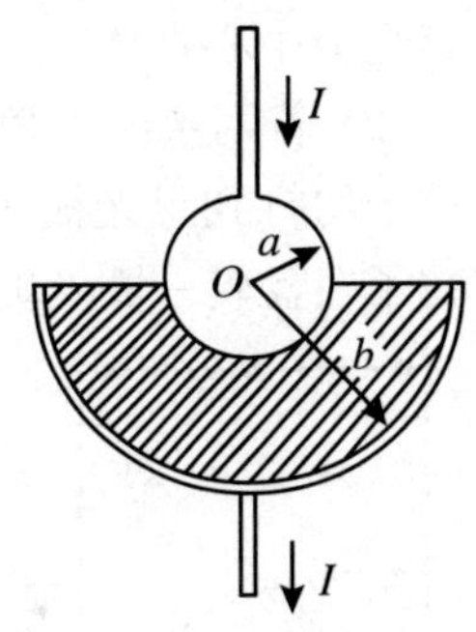

图 12.15

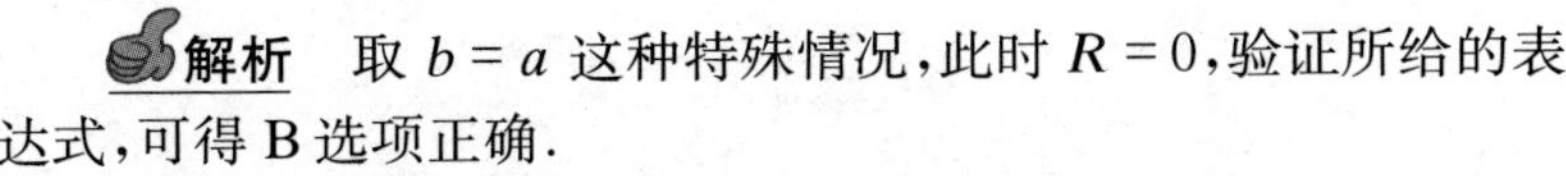

解析　取 $b=a$ 这种特殊情况,此时 $R=0$,验证所给的表达式,可得 B 选项正确.

12.2.3　临界状态分析法

当物体由一种物理状态变为另一种物理状态时,会存在一个过渡的转折点,这时我们通常说物体处于临界状态,与之相关的条件则称为临界条件.我们通常要根据临界条件来建立方程,所以解答临界问题的关键是找到临界条件.如何来寻找临界条件呢?极限思维是一种非常有效的方法.极限法分析临界问题,是通过分析把关键物理量同时推向极大和极小时的物理现象,从而找出解决问题的突破口的一种方法.能用较短的时间分析问题,便于分清物理变化过程,从而得出正确的结论.

例 5　(2010 年高考广东卷)如图 12.16(a)所示,左侧为某同学设想的粒子速度选择装置,由水平转轴及两个薄盘 N_1、N_2 构成,两盘面平行且与转轴垂直,相距为 L,盘上各开一狭缝,两狭缝夹角 θ 可调,如图 12.16(b)所示;右侧为水平放置的长为 d 的感光板,板的正上方有一匀强磁场,方向垂直纸面向外,磁感应强度为 B.一小束速度不同、带正电的粒子沿水平方向射入 N_1,能通过 N_2 的粒子经 O 点垂直进入磁场.O 到感光板的距离为 $\dfrac{d}{2}$,粒子电荷量为 q,质量为 m,不计重力.

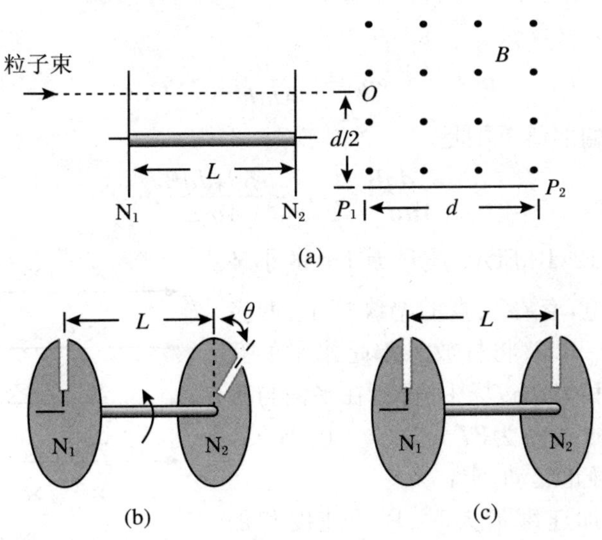

图 12.16

(1) 若两狭缝平行且盘静止,如图 12.16(c)所示,某一粒子进入磁场后,竖直向下打

在感光板中心点 M 上,求该粒子在磁场中运动的时间 t.

(2) 若两狭缝夹角为 θ_0,盘匀速转动,转动方向如图 12.16(b)所示.要使穿过 N_1、N_2 的粒子均打到感光板 P_1P_2 连线上,试分析盘转动角速度 ω 的取值范围(设通过 N_1 的所有粒子在盘转一圈的时间内都能到达 N_2).

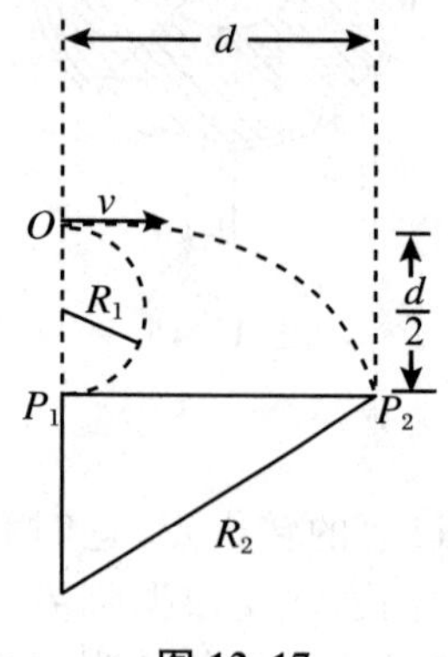

图 12.17

解析 (1) 粒子在磁场中运动的时间 $t=\dfrac{T}{4}=\dfrac{\pi m}{2qB}$.

(2) 当粒子恰好打在感光板的左端点 P_1 时,半径最小,速度最小,盘转动角速度最小,如图 12.17 所示.则有

$$R_1=\frac{d}{4},$$

$$qv_1B=m\frac{v_1^2}{R_1},$$

$$\frac{L}{v_1}=\frac{\theta_0}{\omega_1}.$$

联立解得

$$\omega_1=\frac{\theta_0 dqB}{4mL}.$$

当粒子恰好打在感光板的左端点 P_2 时,半径最大,速度最大,盘转动角速度最大.则有

$$R_2^2=d^2+\left(R_2-\frac{d}{2}\right)^2,$$

$$qv_2B=m\frac{v_2^2}{R_2},$$

$$\frac{L}{v_2}=\frac{\theta_0}{\omega_2}.$$

联立解得

$$\omega_2=\frac{5\theta_0 dqB}{4mL}.$$

所以盘转动角速度的取值范围是

$$\frac{\theta_0 dqB}{4mL}\leqslant\omega\leqslant\frac{5\theta_0 dqB}{4mL}.$$

例 6 如图 12.18 所示,质量为 1 g 的小环带 4×10^{-4} C 的正电,套在长直的绝缘杆上,两者间的动摩擦因数 $\mu=0.2$.将杆放入都是水平的互相垂直的匀强电场和匀强磁场中,杆所在平面与磁场垂直,杆与电场的夹角为37°.若 $E=10$ N/C,$B=0.5$ T,小环从静止起动.求:

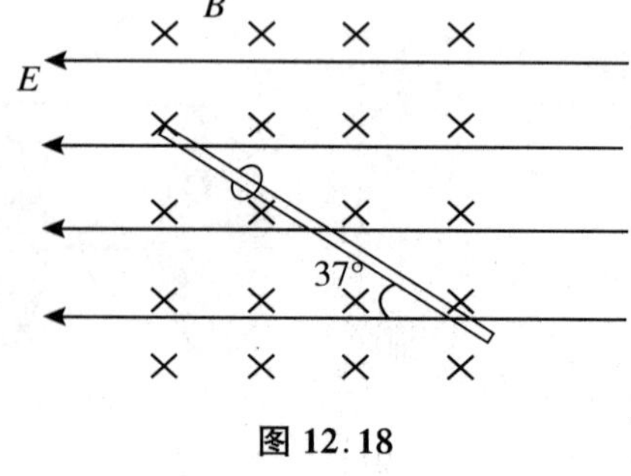

图 12.18

(1) 当小环的加速度最大时,环的速度和加速度.

(2) 当小环的速度最大时,环的速度和加速度.

解析 (1) 小环从静止起开始运动后，环受力如图 12.19(a)所示，随着速度的增大，垂直杆方向的洛伦兹力也增大，于是环上侧与杆间的弹力减小，摩擦力减小，加速度增大. 当环的速度为 v_0 时，正压力为零，摩擦力消失，此时环有最大加速度 a_m.

在沿杆方向上，有

$$mg\sin 37^\circ - qE\cos 37^\circ = ma_m.$$

解得

$$a_m = 2.8\ \mathrm{m/s^2}.$$

在垂直于杆的方向上，有

$$qv_0B = mg\cos 37^\circ + qE\sin 37^\circ.$$

解得

$$v_0 = 52\ \mathrm{m/s}.$$

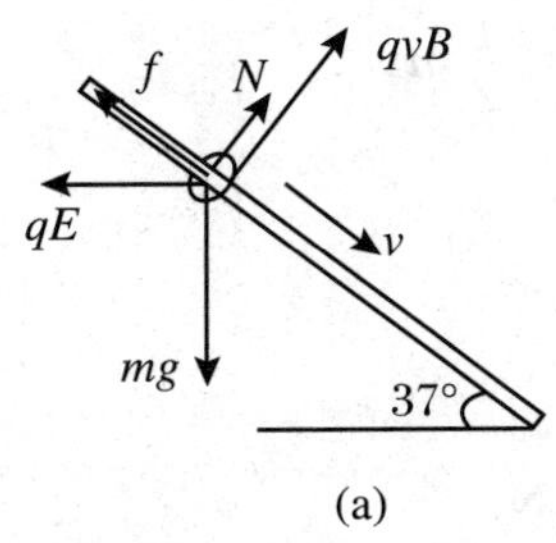

(a)

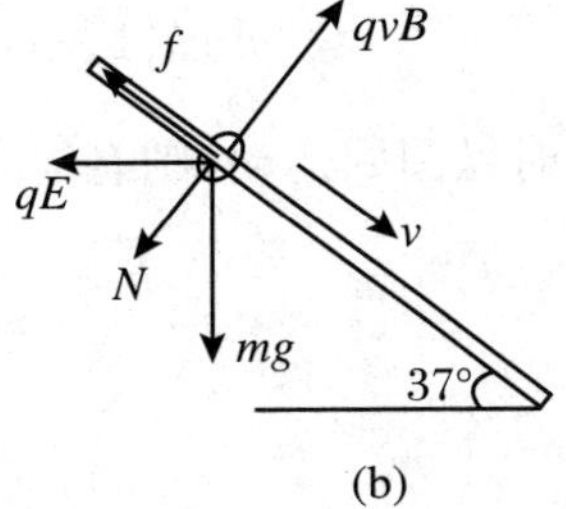

(b)

图 12.19

(2) 在上述状态之后，环的速度继续增大，导致洛伦兹力继续增大，致使小环下侧与杆之间出现弹力 N，如图 12.19(b)所示. 于是摩擦力又产生，并且随着速度增大，洛伦兹力增大，弹力增大，摩擦力增大，杆的加速度减小. 当减小到零时，环有最大速度 v_m.

在沿杆方向上，有

$$mg\sin 37^\circ = qE\cos 37^\circ + f.$$

在垂直于杆的方向上，有

$$qv_mB = mg\cos 37^\circ + qE\sin 37^\circ + N.$$

又

$$f = \mu N.$$

解得

$$v_m = 122\ \mathrm{m/s}.$$

12.2.4 函数求极值法

高考中对运用数学工具解决物理问题的要求越来越高，其中运用函数知识解决极值问题是常常遇到的. 数学上求极值的方法通常有利用二次函数求极值、利用均值不等式求极值、利用三角函数求极值等.

例 7 (2010 年高考江苏卷)在游乐节目中，选手需借助悬挂在高处的绳飞越到水面的浮台上. 小明和小阳观看后对此进行了讨论. 如图 12.20 所示，他们将选手简化为质量 $m = 60$ kg 的质点，选手抓住绳由静止开始摆动，此时绳与竖直方向夹角 $\alpha = 53^\circ$，绳的

悬挂点 O 距水面的高度为 $H=3$ m. 不考虑空气阻力和绳的质量，浮台露出水面的高度不计，水足够深. 取重力加速度 $g=10\ \text{m/s}^2$，$\sin 37^\circ=0.60$，$\cos 37^\circ=0.80$.

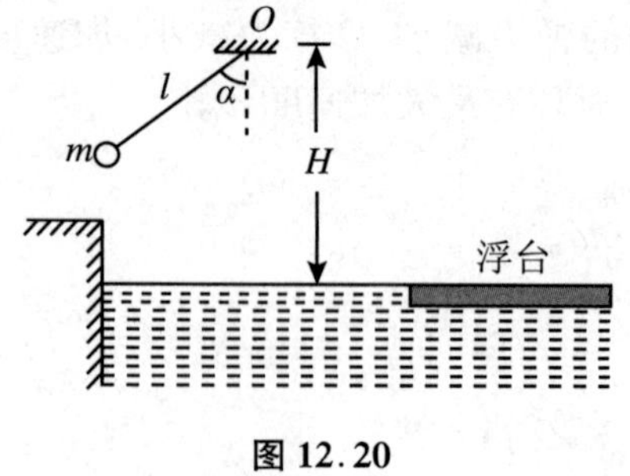

图 12.20

(1) 求选手摆到最低点时对绳拉力的大小 F.

(2) 若绳长 $l=2$ m，选手摆到最高点时松手落入水中. 设水对选手的平均浮力 $f_1=800$ N，平均阻力 $f_2=700$ N，求选手落入水中的深度 d.

(3) 若选手摆到最低点时松手，小明认为绳越长在浮台上的落点距岸边越远；小阳却认为绳越短落点距岸边越远. 请通过推算说说你的观点.

解析 (1) 设选手摆到最低点时的速度为 v，由机械能守恒定律，有

$$mgl(1-\cos\alpha)=\frac{1}{2}mv^2. \quad ①$$

选手在最低点时做圆周运动，则有

$$F-mg=m\frac{v^2}{l}. \quad ②$$

联立①②式，得

$$F=1080\ \text{N}.$$

(2) 根据动能定理，有

$$mg(H-L\cos\alpha+d)-(f_1+f_2)d=0.$$

解得

$$d=1.2\ \text{m}.$$

(3) 选手从最低点开始做平抛运动，则有

$$x=vt, \quad ③$$

$$H-l=\frac{1}{2}gt^2. \quad ④$$

联立①③④式，得

$$x=2\sqrt{l(H-l)(1-\cos\alpha)}.$$

由均值不等式，得

$$\sqrt{l(H-l)}\leqslant\frac{l+(H-l)}{2}=\frac{H}{2}.$$

上式取等号的条件为 $l=H-l$，即当 $l=\frac{H}{2}=1.5$ m 时，x 有最大值. 因此，小明和小阳的看法均不正确.

例 8 (2013 年“华约”联盟自主招生)明理同学平时注意锻炼身体，力量较大，最多能提起 $m=50$ kg 的物体. 如图 12.21 所示，一重物放置在倾角 $\theta=15^\circ$ 的粗糙斜坡上，重物与斜坡间的摩擦因数为 $\mu=\frac{\sqrt{3}}{3}$. 试求该同学向上拉动的重物质量 M 的最大值.

解析 设重物所受支持力为 F_N，所受摩擦力为 F_f，拉力 F 与斜面间的夹角为 α，受力分析如图 12.21 所示. 根据牛顿第二定律，有

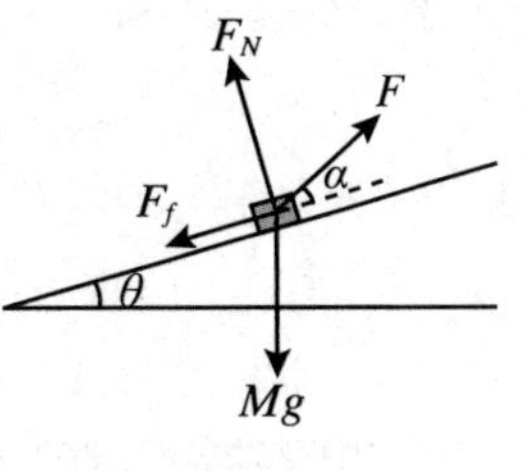

图 12.21

$$F\cos\alpha - Mg\sin\theta - F_f = Ma, \quad ①$$

$$F\sin\alpha + F_N - Mg\cos\theta = 0, \quad ②$$

$$F_f = \mu F_N. \quad ③$$

联立①～③式，得

$$M = \frac{F(\cos\alpha + \mu\sin\alpha)}{g(\sin\theta + \mu\cos\theta) + a}. \quad ④$$

由数学知识得

$$M = \frac{F\sqrt{1+\mu^2}\sin(\alpha+\beta)}{g(\sin\theta + \mu\cos\theta) + a}. \quad ⑤$$

当 $\sin(\alpha+\beta)=1$ 时，⑤式分子有最大值；当 $a=0$ 时，即重物刚好能被拉动，⑤式分母有最小值. 所以重物质量的最大值为

$$M_{\max} = \frac{F\sqrt{1+\mu^2}}{g(\sin\theta + \mu\cos\theta)} = \frac{m\sqrt{1+\mu^2}}{\sin\theta + \mu\cos\theta}.$$

代入数据，得

$$M_{\max} = 50\sqrt{2}\ \text{kg}.$$

通过以上极限法的例题精析，不难发现极限的哲学思想. 极限思想贯穿唯物辩证哲学的范畴，它揭示了变与不变、过程与结果、有限与无限、近似与精确、量变与质变的对立统一. 在理解极限思想时必须把单一、封闭、静态的形式逻辑思维提高到多维、开放、动静态相结合的辩证逻辑思维高度.

1. 极限思想是变与不变的对立统一. “变”与“不变”反映了客观事物运动变化与相对静止两种不同的状态. 不变是相对的，变是绝对的，但它们在一定条件下又可相互转化.

2. 极限思想是过程与结果的对立统一. 过程和结果在哲学上是辩证统一的关系，在极限思想中也充分体现了结果与过程的对立统一.

3. 极限思想是有限与无限的对立统一. 在辩证法中，有限与无限是对立统一的. 无限与有限有本质的不同，但二者又有联系，无限是有限的发展，同时借助极限法，从有限认识无限.

4. 极限思想是近似与精确的对立统一. 近似与精确是对立统一的关系，在一定条件下可相互转化，这种转化是理解数学运算的重要方法.

5. 极限思想是量变与质变的对立统一. 在唯物辩证法中，任何事物都具有质和量两个方面，都是质和量的统一体. 质是指事物成为它自身并区别于其他事物的内在规定性，量是指事物存在的规模、发展程度和速度，以及它的构成成分在空间上的排列组合等可以用数量来表示的规定性. 量变和质变既有区别又有联系，两者之间有着辩证关系. 量变是质变的准备，量的变化达到一定程度，就不可避免地引起质变，只有质的变化才是事物根本性质的变化，量变质变规律在数学研究工作中起重要作用.

6. 极限思想是否定与肯定的对立统一. 任何事物的内部都包含着肯定因素和否定因素，都是肯定方面和否定方面的对立统一.

12.3 极限法思维训练

1. 电容器 C_1、C_2 和可变电阻器 R_1、R_2 以及电源 E 连接成如图 12.22 所示的电路. 当 R_1 的滑动触头在图示位置时, C_1、C_2 的电量相等. 要使 C_1 的电量大于 C_2 的电量, 应(　　).

A. 增大 R_2　　B. 减小 R_2

C. 将 R_1 的滑动触头向 A 端移动　　D. 将 R_1 的滑动触头向 B 端滑动

2. (2003 年上海交通大学自主招生)如图 12.23 所示电路, 电源的内阻不能忽略. 已知定值电阻 $R_1 = 10\ \Omega$, $R_2 = 8\ \Omega$. 当单刀双掷开关 S 置于位置 1 时, 电流表读数为 0.2 A. 则当 S 置于位置 2 时, 电流表读数的可能值为(　　).

A. 0.35 A　　B. 0.22 A　　C. 0.19 A　　D. 0.16 A

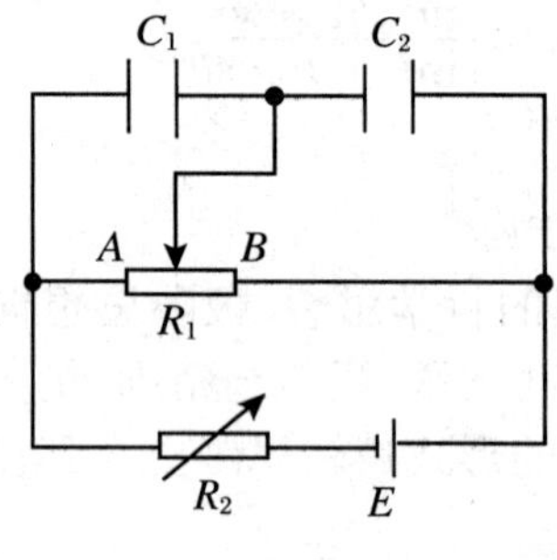

图 12.22

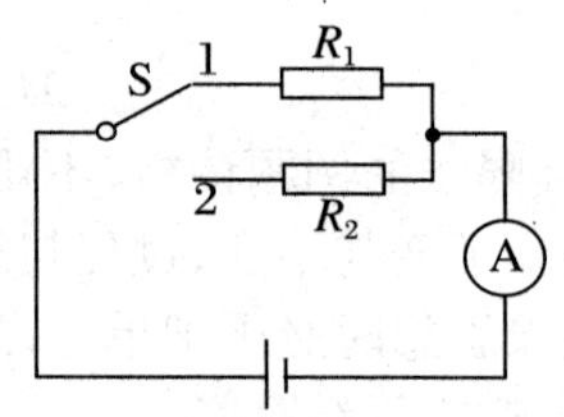

图 12.23

3. 如图 12.24 所示, 质量为 M 的小车置于光滑的水平面上, 有一质量为 m、速度为 v_0 的小物块从水平方向射入小车光滑轨道上, 假定小物块一直不离开轨道, 则在轨道上上升的最大高度为(　　).

A. $\dfrac{mv_0^2}{2(M+m)g}$　　B. $\dfrac{Mv_0^2}{2(M+m)g}$　　C. $\dfrac{Mv_0^2}{2mg}$　　D. $\dfrac{mv_0^2}{2Mg}$

4. 如图 12.25 所示, A 物体和 B 物体由轻质细线连接跨过定滑轮, A 置于斜面上, A、B 均静止. 已知 $m_A : m_B = 3 : 2$, 斜面倾角 $\theta = 30^\circ$. 若将一小物体 C 轻放在 A 上, A 仍保持静止, 则这时 A 受到斜面给它的摩擦力可能会(　　).

A. 变大, 方向沿斜面向下　　B. 变小, 方向沿斜面向下

C. 变为零　　D. 变小, 方向沿斜面向上

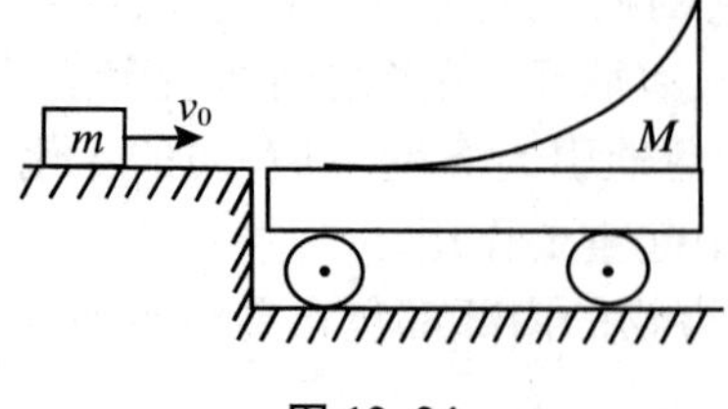

图 12.24

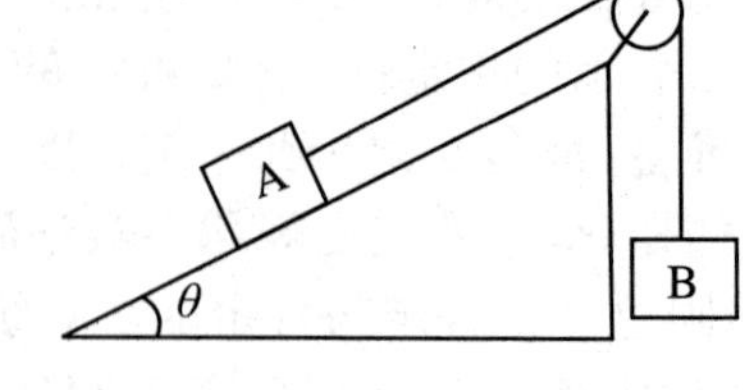

图 12.25

5. (2010 年高考新课标卷)如图 12.26 所示,在外力作用下某质点运动的 $v-t$ 图像为正弦曲线.从图中可以判断(　　).

A. 在 $0\sim t_1$时间内,外力做正功

B. 在 $0\sim t_1$时间内,外力的功率逐渐增大

C. 在 t_2时刻,外力的功率最大

D. 在 $t_1\sim t_3$时间内,外力做的总功为零

6. 如图 12.27 所示,在水平圆盘上沿半径方向放置用细线相连的质量均为 m 的 A、B 两个物体(可视为质点),A、B 到轴心 O 的距离分别为 $r_A=R$,$r_B=2R$,且 A、B 与转盘之间的最大静摩擦力都是 f_m,两物块随着转盘转动,且始终与圆盘保持相对静止.则圆盘转动的角速度从零逐渐缓慢增大的过程中,下列说法正确的是(　　).

A. A 受到的摩擦力一直指向圆心

B. B 受到的摩擦力一直指向圆心

C. A、B 两物块与圆盘保持相对静止时,绳上的最大拉力为 $3f_m$

D. A、B 两物块与圆盘保持相对静止时,圆盘转动的最大角速度为$\sqrt{\dfrac{f_m}{mR}}$

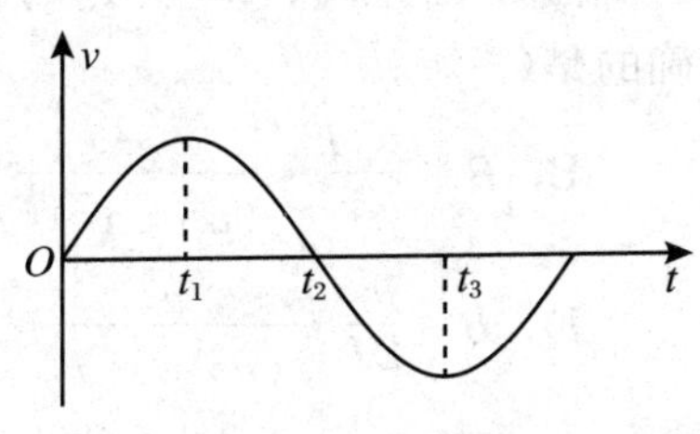

图 12.26

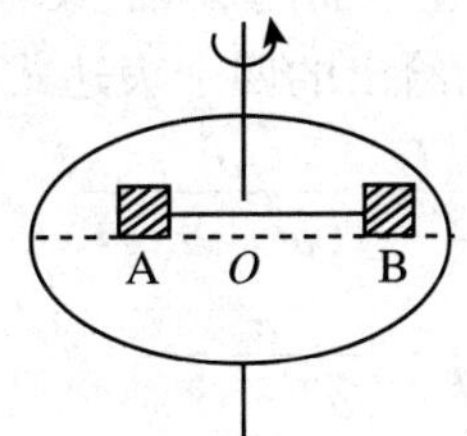

图 12.27

7. 足球运动员在距球门正前方 s 处的罚球点,准确地从球门正中央横梁下边缘踢进一球.横梁下边缘离地面的高度为 h,足球质量为 m,空气阻力忽略不计.运动员至少要对足球做的功为 W.下面给出的功 W 的四个表达式中只有一个是合理的,你可能不会求解 W,但是你可以通过一定的物理分析,对下列表达式的合理性做出判断.根据你的判断,W 的合理表达式应为(　　).

A. $W=\dfrac{1}{2}mg(h+\sqrt{h^2+s^2})$

B. $W=\dfrac{1}{2}mg\sqrt{h^2+s^2}$

C. $W=mgh$

D. $W=\dfrac{1}{2}mg(h^2+\sqrt{h^2+s^2})$

8. 如图 12.28 所示,在足够长的光滑水平面上有一静止的质量为 M 的斜面,斜面表面光滑,高度为 h,倾角为 θ.一质量为 $m(m<M)$的小物块以一定的初速度沿水平面向右运动,不计冲上斜面过程中机械能的损失.如果斜面固定,则小物块恰能冲到斜面顶端.如果斜面不固定,则小物块冲上斜面后能达到的最大高度为(　　).

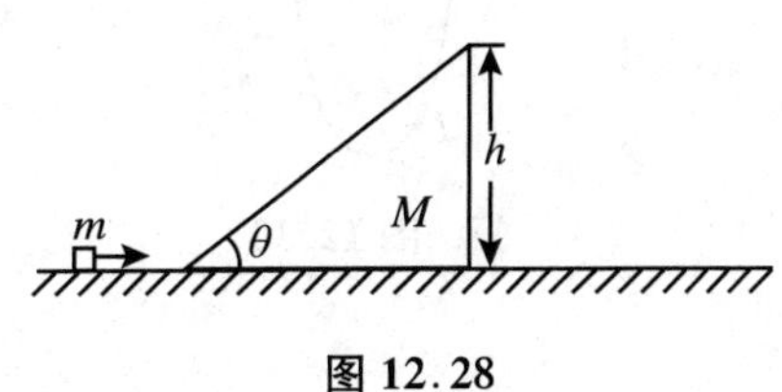

图 12.28

A. h

B. $\dfrac{m}{M+m}h$

C. $\dfrac{m}{M}h$

D. $\dfrac{M}{M+m}h$

9. 如图 12.29 所示，在水平面内有一质量分布均匀的木杆可绕端点 O 在水平面上自由转动. 一颗子弹以垂直于杆的水平速度 v_0 击中静止木杆上的 P 点，并随木杆一起转动. 已知木杆质量为 M，长度为 L；子弹质量为 m，点 P 到点 O 的距离为 x. 忽略木杆与水平面间的摩擦. 设子弹击中木杆后绕点 O 转动的角速度为 ω. 下面给出的 ω 的四个表达式中只有一个是合理的. 根据你的判断，ω 的合理表达式应为(　　).

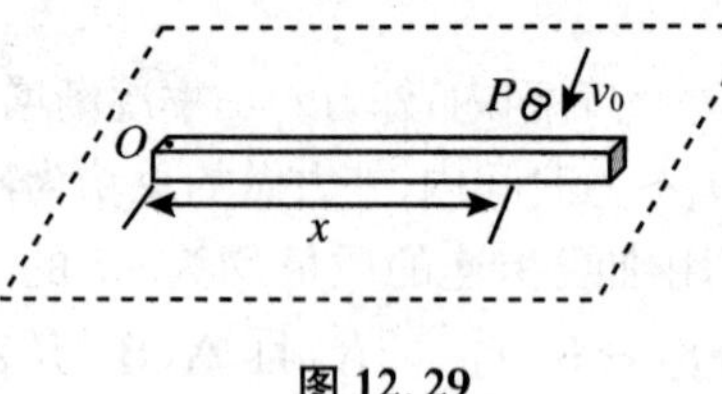

图 12.29

A. $\omega=\dfrac{3mv_0x}{3mx^2+ML^2}$　　B. $\omega=\dfrac{3mv_0x^2}{3mx^2+ML^2}$

C. $\omega=\dfrac{3Mv_0x}{3Mx^2+mL^2}$　　D. $\omega=\dfrac{3mv_0L}{3mL^2+Mx^2}$

10. 图 12.30 为真空中半径为 R 的圆环，环中电流为 I，以圆环圆心 O 为原点，建立垂直于圆环所在平面的 x 轴. 设轴上任意点 P 到点 O 的距离为 x，点 P 的磁感应强度大小为 B. 则下面给出的四个表达式中，可能正确的是(　　).

A. $B=\dfrac{\mu_0 I}{2}\cdot\dfrac{a^2}{(a^2+x^2)^{\frac{3}{2}}}$　　B. $B=\dfrac{\mu_0 I}{2}\cdot\dfrac{a^2}{(a^2+x^2)^{\frac{1}{2}}}$

C. $B=\dfrac{\mu_0}{2I}\cdot\dfrac{a^2}{(a^2+x^2)^{\frac{3}{2}}}$　　D. $B=\dfrac{\mu_0}{2I}\cdot\dfrac{a^2}{(a^2+x^2)^{\frac{1}{2}}}$

11. (2013 年高考山东卷)如图 12.31 所示，一质量 $m=0.4$ kg 的小物块，以 $v_0=2$ m/s 的初速度，在与斜面成某一夹角的拉力 F 作用下，沿斜面向上做匀加速运动，经 $t=2$ s的时间，物块由 A 点运动到 B 点，A、B 之间的距离 $L=10$ m. 已知斜面倾角 $\theta=30°$，物块与斜面之间的动摩擦因数 $\mu=\dfrac{\sqrt{3}}{3}$. 重力加速度 g 取 10 m/s^2.

(1) 求物块加速度的大小及到达 B 点时速度的大小.

(2) 拉力 F 与斜面的夹角多大时，拉力 F 最小？拉力 F 的最小值是多少？

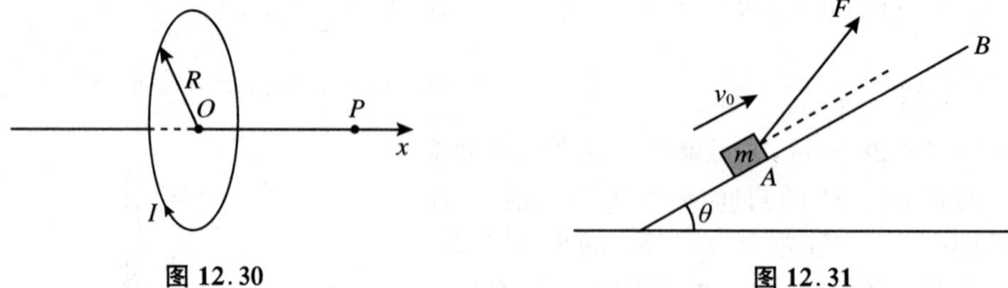

图 12.30　　图 12.31

12.4 极限法思维训练参考答案

1. D
2. B
3. B
4. BCD
5. AD
6. BC
7. A
8. D
9. A
10. A
11. (1) $3\ m/s^2$, $8\ m/s$ (2) 30°, $\frac{13\sqrt{3}}{5}$ N

13 假 设 法

13.1 假设法概述

有一类物理问题，由于各方面的干扰因素较多，我们难以对问题的最后结果做出较为迅速和准确的判断．此时，如果我们采用假设法来分析推理，可以起到意想不到的效果．假设法是一种重要的思维方法，它把思维的触角尽量向各个方向延伸，大胆地做出多种可能的猜想和假设．假设法是对于待求解的问题，在与原题所给条件不相违的前提下，人为地加上或减去某些条件，以使原题方便求解的方法．

例 1 （2009 年复旦大学自主招生）一颗子弹的速度为 600 m/s，打穿第一块木板后，速度减为 400 m/s，则（　　）．

A．这颗子弹还能打穿两块同样的木板

B．这颗子弹在打穿第二块相同的木板后，停止在第三块同样的木板中

C．这颗子弹在打穿第二块相同的木板后速度降为零

D．这颗子弹不能再打穿第二块相同的木板

解析 设子弹打穿第一块木板时阻力做功为 W_f，根据动能定理，有

$$W_f = \frac{1}{2}m(400)^2 - \frac{1}{2}m(600)^2 = -100000m.$$

假设子弹能打穿第二块木板，打穿第二块木板时的动能为 E_k，根据动能定理，有

$$W_f = E_k - \frac{1}{2}m(400)^2 = -100000m.$$

解得

$$E_k = -20000m < 0.$$

所以这颗子弹不能再打穿第二块相同的木板，D 选项正确．

例 2 如图 13.1 所示，倾角为 α 的斜面和倾角为 β 的斜面具有共同的顶点 P，在顶点上安装一个轻质小滑轮．重量均为 G 的两物块 A、B 分别放在两斜面上，由一根跨过滑轮的细线连接着．已知倾角为 α 的斜面粗糙，物块与斜面间摩擦因数为 μ，倾角为 β 的斜面光滑．为了使两物块能静止在斜面上，试列出 α、β 满足的关系式．

解析 因为题目中没有给出具体数值，所以粗糙斜面上物块的运动趋势就不能确

定,应考虑两种可能.令细线的张力为 T,假设物块 A 即将沿斜面向上运动,对物块 A,有

$$T = G\sin\alpha + \mu G\cos\alpha.$$

对物块 B,有

$$T = G\sin\beta.$$

图 13.1

联立解得

$$\sin\beta = \sin\alpha + \mu\cos\alpha.$$

同理,假设物块 A 即将沿斜面向下运动,则有

$$\sin\beta = \sin\alpha - \mu\cos\alpha.$$

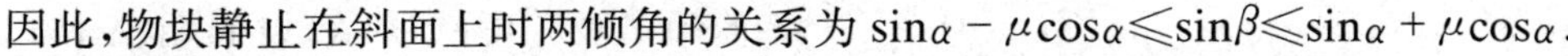

因此,物块静止在斜面上时两倾角的关系为 $\sin\alpha - \mu\cos\alpha \leqslant \sin\beta \leqslant \sin\alpha + \mu\cos\alpha$.

例 3 利用学过的知识,请你设计一个方案,想办法把具有相同动能的质子和 α 粒子分开,要说出理由和方法.

解析 由于没有条件限制,各种可能性都存在,此时就必须假设具体条件进行讨论.

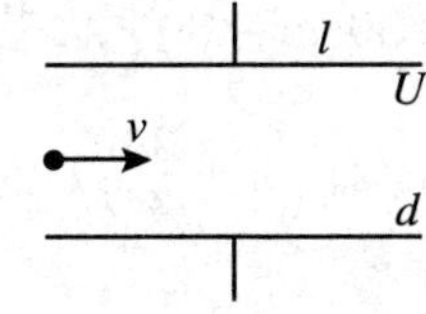

图 13.2

(1) 假设利用电场偏转.

如图 13.2 所示,将两粒子以水平速度垂直电场方向射入电场,两粒子动能为 E_k.根据电荷在电场中的运动规律可知,粒子射出电场时在竖直方向的偏转距离为

$$y = \frac{1}{2}at^2 = \frac{1}{2}\frac{qU}{md}\left(\frac{l}{v}\right)^2 = \frac{qUl^2}{4dE_k}.$$

由以上可看出,E_k、U、d、l 相同,q 大的话,偏转距离也大,即经过偏转电场,α 粒子的偏转距离大,因而可利用电场将质子和 α 粒子分开.

(2) 假设利用磁场.

当粒子垂直磁场方向进入磁场区域时,粒子在磁场中做匀速圆周运动,运动半径 $R = \frac{mv}{qB} = \frac{\sqrt{2mE_k}}{qB}$,而 $m_\alpha = 4m_p$,$q_\alpha = 2q_p$,得到 $R_\alpha = R_p$,两者半径相等,难以区分.

例 4 (2003 年高考上海卷)如图 13.3 所示,一高度为 $h = 0.2$ m 的水平面在 A 点处与一倾角为 $\theta = 30^\circ$ 的斜面连接,一小球以 $v_0 = 5$ m/s 的速度在平面上向右运动.求小球从 A 点运动到地面所需的时间(平面与斜面均光滑,取 $g = 10$ m/s^2).

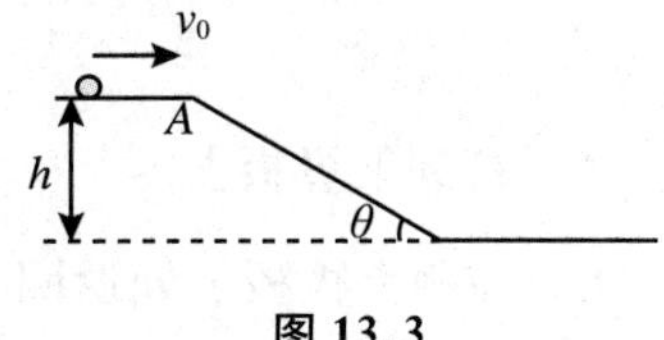

图 13.3

某同学对此题的解法为:小球沿斜面运动,则 $\frac{h}{\sin\theta} = v_0t + \frac{1}{2}g\sin\theta \cdot t^2$,由此可求得落地的时间 t.

问:你同意上述解法吗?若同意,求出所需时间;若不同意,则说明理由并求出你认为正确的结果.

解析 由于小球开始在水平面上运动,离开 A 点时不会马上沿斜面下滑,而是先做平抛运动，在运动到地面之前小球是否要经过斜面，要看小球下落 h 后，小球运动的水平距离是否大于$\frac{h}{\tan\theta}\approx 0.35$ m. 如果大于 0.35 m，则小球不可能经过斜面，反之则要撞到斜面上.

我们先假设小球一直做平抛运动，它下落 h 的时间 $t=\sqrt{\frac{2h}{g}}=0.2$ s，运动的水平距离为 $s=v_0t=1$ m$>$0.35 m，所以小球不会撞到斜面. 小球从 A 点运动到地面所需的时间 $t=0.2$ s. 该同学的解法不正确.

例 5 一列横波在 x 轴上传播，在 $t_1=0$ 和 $t_2=0.005$ s 时的波形曲线分别如图 13.4 中实线和虚线所示. 设周期小于 t_2-t_1 并且波速为 6000 m/s，求波的传播方向.

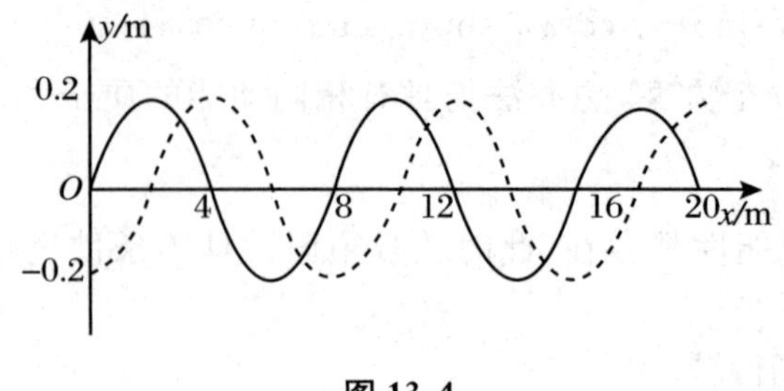

图 13.4

解析 由图 13.4 可知，此列波的波长 $\lambda=8$ m，则在 t_2-t_1 时间内传播距离为 $s_1=v(t_2-t_1)=30\ \text{m}=3\frac{3}{4}\lambda$. 若波向右传播，传播距离应有 $\left(n+\frac{1}{4}\right)\lambda$ 的规律（$n=0$、1、2、…），所以波不可能向右传播.

假设波向左传播，则传播距离有 $\left(n+\frac{3}{4}\right)\lambda$ 的规律（$n=0$、1、2、…），符合前面的计算结果，所以波向左传播.

例 6 (2013 年高考新课标Ⅰ卷)一水平放置的平行板电容器的两极板间距为 d，极板分别与电池两极相连，上极板中心有一小孔(小孔对电场的影响可忽略不计). 小孔正上方$\frac{d}{2}$处的 P 点有一带电粒子，该粒子从静止开始下落，经过小孔进入电容器，并在下极板处(未与极板接触)返回. 若将下极板向上平移$\frac{d}{3}$，则从 P 点开始下落的相同粒子将(　　).

A. 打到下极板上　　　　B. 在下极板处返回

C. 在距上极板$\frac{d}{2}$处返回　　　　D. 在距上极板$\frac{2}{5}d$ 处返回

解析 设电源电压为 U，下极板未移动时，根据动能定理，有

$$mg\left(\frac{d}{2}+d\right)-qU=0.$$

下极板向上平移$\frac{d}{3}$时，假设带电粒子在距上极板 x 处返回，根据动能定理，有

$$mg\left(\frac{d}{2}+x\right)-q\frac{U}{\frac{2}{3}d}x=0.$$

联立解得 $x=\frac{2}{5}d$，假设成立，所以D选项正确.

例7 (2009年高考浙江卷)如图13.5所示，x 轴正方向水平向右，y 轴正方向竖直向上.在 xOy 平面内有与 y 轴平行的匀强电场，在半径为 R 的圆内还有与 xOy 平面垂直的匀强磁场.在圆的左边放置一带电微粒发射装置，它沿 x 轴正方向发射出一束具有相同质量 m、电荷量 $q(q>0)$ 和初速度 v 的带电微粒.发射时，这束带电微粒分布在 $0<y<2R$ 的区间内.已知重力加速度大小为 g.

(1) 从 A 点射出的带电微粒平行于 x 轴从 C 点进入有磁场的区域，并从坐标原点 O 沿 y 轴负方向离开，求电场强度和磁感应强度的大小与方向.

(2) 请指出这束带电微粒与 x 轴相交的区域，并说明理由.

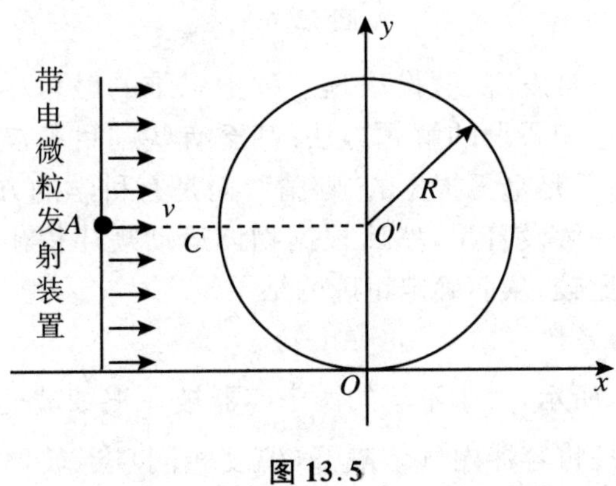

图13.5

解析 (1) 本题考查带电微粒在复合场中的运动.带电微粒平行于 x 轴从 C 点进入磁场，说明带电微粒所受重力和电场力平衡.设电场强度大小为 E，由

$$mg=qE,$$

可得

$$E=\frac{mg}{q},$$

方向沿 y 轴正方向.带电微粒进入磁场后，将做圆周运动，且 $r=R$.如图13.6(a)所示，设磁感应强度大小为 B.由

$$qvB=\frac{mv^2}{R},$$

得

$$B=\frac{mv}{qR},$$

方向垂直于纸面向外.

(2) 从任一点 P 水平进入磁场的带电微粒在磁场中做半径为 R 的匀速圆周运动，圆心位于其正下方的 Q 点，如图13.6(b)所示.假设带电微粒的出射点为圆周上的 O_1，连接 PQ、QO_1、O_1O'、$O'P$，得四边形 PQO_1O'.由于 $PQ=QO_1=O_1O'=O'P=R$，四边形 PQO_1O' 为菱形，则有 $PQ/\!/O'O_1$，因而 O_1 点为坐标原点 O，即任一带电微粒射出磁

场时都将经过坐标原点.

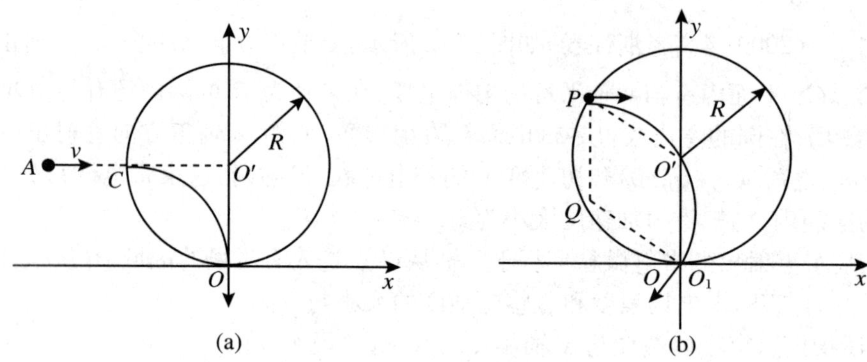

图 13.6

通过以上 7 个例子不难发现:假设法是一种把思维的触角尽量向各个方向延伸,大胆地做出多种可能的猜想和假设的解题方法.甚至有些题目若没有假设,解题就无法进行.要注意的是“假设”并不是毫无根据的“瞎猜”,而是有科学的方式和方法.其具体方法就是根据题中要求从某一假设着手,然后根据物体运动规律得出相应的结论,再与原来的条件或物理过程对照比较,从而确定正确的结果.

再看几个例子.

例 8 如图 13.7 所示,大小不等的两个容器被一根细玻璃管连通,玻璃管中有一段水银柱将容器内气体隔开(温度相同),当玻璃管竖直放置时,大容器在上,小容器在下,水银柱刚好在玻璃管的正中间,现将两容器同时降低同样的温度,若不考虑容器的变化,则细管中水银柱的移动情况是(　　).

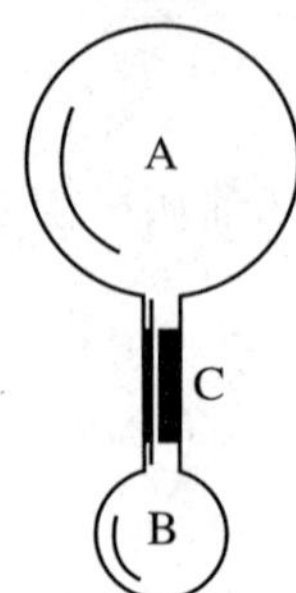

图 13.7

A. 不动　　　　B. 上升

C. 下降　　　　D. 先上升后下降

解析 只要假设水银柱不动,分析气体压强随温度的变化情况,就可判定水银柱怎样移动.

假设水银柱不动,则两部分气体的体积都不变,根据查理定律,有

$$\frac{p}{T}=\frac{p-\Delta p}{T-\Delta T}.$$

可得

$$\Delta p=\frac{\Delta T}{T}p.$$

则

$$\Delta p_A=\frac{\Delta T}{T}p_A,\quad \Delta p_B=\frac{\Delta T}{T}p_B.$$

由于 $p_A<p_B$,所以 $\Delta p_A<\Delta p_B$,水银柱向下移动.C 选项正确.

例 9 如图 13.8 所示，将一定量的水银灌入竖直放置的 U 形管中，管的内径均匀，内直径 $d=1.2\ \text{cm}$. 水银灌完后，两管内水银在平衡位置附近做简谐振动，振动周期 $T=3.43\ \text{s}$. 已知水银的密度 $\rho=1.36\times10^4\ \text{kg/m}^3$. 试求水银的质量 m.

图 13.8

解析 水银做简谐振动，根据简谐振动的周期公式 $T=2\pi\sqrt{\dfrac{m}{k}}$，$T$ 已知，求水银的质量 m 的关键是求出 k. 如图 13.8 所示，设水银离开平衡位置的距离为 x，则回复力为

$$F=\pi\left(\frac{d}{2}\right)^2\cdot 2x\cdot\rho g.$$

由回复力的大小 $F=kx$，得

$$k=\frac{F}{x}=\frac{1}{2}\pi d^2\rho g.$$

根据 $T=2\pi\sqrt{\dfrac{m}{k}}$，可得水银的质量为

$$m=\frac{kT^2}{4\pi^2}=\frac{\rho g T^2 d^2}{8\pi}=8.99\ \text{kg}.$$

例 10 如图 13.9 所示，用导热材料制成的两端开口的 U 形管 $ABCD$，其中 AB 高 $L_1=24\ \text{cm}$，CD 高 $L_2=20\ \text{cm}$，截面积分别为 $S_{AB}=1\ \text{cm}^2$，$S_{CD}=2\ \text{cm}^2$，开始时两管内均有高 $h=16\ \text{cm}$ 的水银柱，现用两个橡皮帽将两个管口封闭，打开下方的阀门 K，用注射器从底部缓慢抽出水银，当其中的一个管内的水银被抽干时立即关闭阀门 K（已知大气压强为 $p_0=75\ \text{cmHg}$）.

(1) 请你判断首先被抽干的是哪一管中的水银.

(2) 另一只管中剩余的水银柱高度为多少？

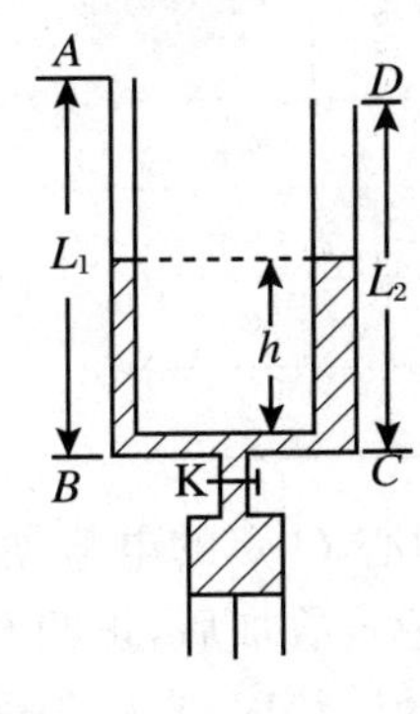

图 13.9

解析 求解这类问题时，应根据可解的情况先做出必要的假设，然后按照所做出的假设进行推理. 在推理过程中，对所做假设做出否定或认同即可求解.

假设左管内水银先被抽干，并设这时右管内剩余水银柱的高度为 x，对左管内封闭气体应用玻意耳定律，有

$$p_1V_1=p_1'V_1'.$$

可得

$$p_1'=\frac{V_1}{V_1'}p_1=\frac{(24-16)S_{AB}}{24S_{AB}}\times75\ \text{cmHg}=25\ \text{cmHg}.$$

所以右管内气体压强为 $p_2'=(25-x)\text{cmHg}$.

再对右管内封闭气体应用玻意耳定律，有

$$p_2V_2=p_2'V_2'.$$

即

$$75(20-16)S_{CD}=(25-x)(20-x)S_{CD}.$$

解得

$$x=5\ \text{cm}\quad 或\quad x=40\ \text{cm}(不合题意,舍去).$$

在根据以上假设列出的方程中,有满足题设的实数解,故所做假设成立.即左管内水银先抽干,且此时右管内剩余水银柱高度为5 cm.

例 11 (第十二届全国中学生物理竞赛决赛)如图13.10所示,正四面体$ABCD$各面均为导体,但又彼此绝缘,已知带电后四个面的电势分别为φ_1、φ_2、φ_3、φ_4,求四面体中心点的电势.

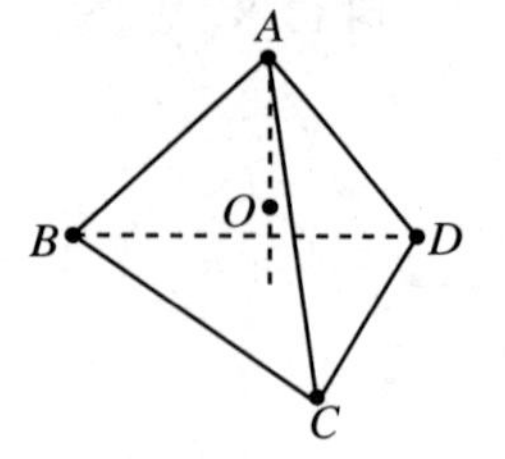

图 13.10

解析 保持四面体不动,假设按照下述一定方式调换四个面上的电荷(由电荷分布决定的电势相应地也变换),这一方式是假设四个面的电荷绕中心O转动,由此保持了它们的相对位置不变,结果会得到正四面体的四个面的若干带电模式,从中可选出以下四种模式,如表13.1所示.

表 13.1

四种带电模式 \ 电势 \ 四个面的符号	Ⅰ	Ⅱ	Ⅲ	Ⅳ
1	φ_1	φ_2	φ_3	φ_4
2	φ_4	φ_1	φ_2	φ_3
3	φ_3	φ_4	φ_1	φ_2
4	φ_2	φ_3	φ_4	φ_1

由于转动时并未改变各面电荷之间的相对位置,所以各种模式在中心O点的电势φ_0都相同.现假设将四种模式叠加,则O点电势应为$4\varphi_0$.另一方面,四种模式叠加后,正四面体每个面的电势皆为$\varphi_1+\varphi_2+\varphi_3+\varphi_4$,这时正四面体构成一近似封闭的等势面,它所包围的空间(其中无电荷)就近似为一等势体,因此O点的电势为$\varphi_1+\varphi_2+\varphi_3+\varphi_4$.则有$4\varphi_0=\varphi_1+\varphi_2+\varphi_3+\varphi_4$,所以四面体中心点的电势为$\varphi_0=\dfrac{1}{4}(\varphi_1+\varphi_2+\varphi_3+\varphi_4)$.

例 12 无穷方格电阻丝网格如图13.11所示,其中每一小段电阻丝的电阻均为r,试求相邻两个格点A、B间的等效电阻R_{AB}.

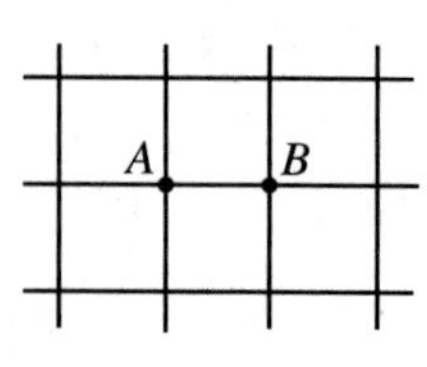

图 13.11

解析 这个问题看上去似乎很难求解,它涉及无穷多个回路和无穷多个节点,若用直流电路中普遍的基尔霍夫方程组则将得到无穷多个方程,难以求解.然而这一无穷的方格子网络具有形体上的对称性,利用对称性分析,求解则变得相当简单.

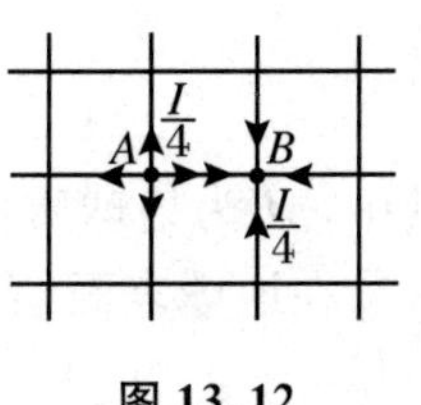

图 13.12

根据对称性与叠加原理，假设有一电流 I 从 A 点经网络流向无穷远的边缘处，则流经与 A 点相连的四段电阻丝中的电流均为$\frac{I}{4}$（见图 13.12）. 同样，若有电流 I 从无穷远的边缘处经网络再从 B 点流出，则流经与 B 点相连的四段电阻丝中的电流均为$\frac{I}{4}$. 将两者叠加后，等效于有一电流从 A 点流入，从 B 点流出，而连接 A、B 的电阻丝的电流为$\frac{I}{2}$，则有 $U_{AB}=\frac{1}{2}Ir$. 所以 A、B 间的等效电阻 $R_{AB}=\frac{U_{AB}}{I}=\frac{1}{2}r$.

假设法是一种研究问题的重要方法，是一种在解决物理问题时体现出创造性的思维活动. 用假设法分析物体受力、用假设法判定物体运动、假设气体等温等容等压、假设临界进行计算判断等在物理解题中屡见不鲜，起着独特的作用.

其思维程序如下：

假设→推理得出结论→判断原结论是否成立或得出原题结论（讨论）. 显然，假设法能够突破思维方法上的局限性，化繁为简、化难为易，有效地提高解题速度.

13.2 假设法例题精析

假设法是一种科学的思维方法，也是行之有效的解题方法. 它以科学的事实为基础，对物理量、物理条件、物理过程、物理状态、物理模型、物理命题、可能的结论等进行合理的假设，然后根据物理知识进行分析、讨论和计算，使问题迎刃而解.

13.2.1 物理量假设

在有些问题中，有的物理量并不要求求出，但我们可以通过假设这些物理量作为中间过渡，然后根据物理规律方便地写出相应的方程，从而得出我们要求的结论. 此种假设的方法应用非常广泛.

例 1 （1999 年高考全国卷）地球同步卫星到地球的距离 r 可由 $r^3=\frac{a^2b^2c}{4\pi^2}$ 求出. 已知式中 a 的单位是 m，b 的单位是 s，c 的单位是 m/s^2，则（　　）.

A. a 是地球半径，b 是地球自转的周期，c 是地球表面处的重力加速度

B. a 是地球半径，b 是同步卫星绕地心运动的周期，c 是同步卫星的加速度

C. a 是赤道周长，b 是地球自转的周期，c 是同步卫星的加速度

D. a 是地球半径，b 是同步卫星绕地心运动的周期，c 是地球表面处的重力加速度

解析 由于不知 a、b、c 到底是什么物理量，所以我们可以先假设地球半径为 R，同步卫星绕地心运动的周期（等于地球自转周期）为 T，地球表面处的重力加速度为 g，然后根据相应的物理规律进行计算，与所给表达式进行比较，最后得出结论.

地球同步卫星绕地球运动，根据万有引力定律和牛顿第二定律，有

$$G\frac{Mm}{r^2}=m\left(\frac{2\pi}{T}\right)^2r.$$

其中,M 为地球质量,m 为卫星质量.

在地球表面,有

$$G\frac{Mm}{R^2}=mg.$$

联立解得

$$r^3=\frac{T^2R^2g}{4\pi^2}.$$

与 $r^3=\frac{a^2b^2c}{4\pi^2}$ 比较可知,A、D 选项正确.

13.2.2 条件假设

有些物理问题,由于给出的条件不完备,其中还可能出现多种情况,此时我们必须根据可能出现的多种情况进行假设,设立相应的限制条件,从而得到题目的完整解答.此类假设通常用在讨论型问题和多解问题中.

例 2 如图 13.13 所示,质量为 m、带电量为 $q(q>0)$的小球,用一长度为 L 的绝缘细线系于匀强电场中的 O 点,电场方向竖直向上,电场强度为 E,则小球在最低点要以多大的水平速度 v_0 运动,才能使带电小球在竖直平面内绕 O 点做完整的圆周运动?

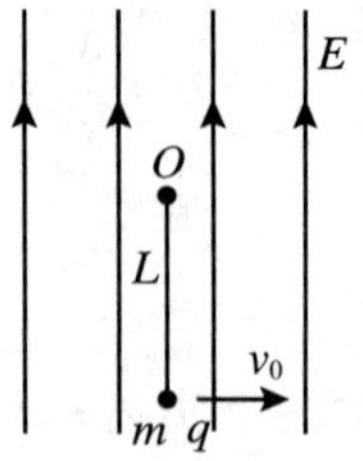

图 13.13

解析 因为不知道小球所受重力 mg 和电场力 qE 的大小关系,所以要假设三种不同的情况.如果不这样分析,就会漏解.

(1) 假设 $mg=qE$,此时只要 $v_0>0$,小球即可在竖直平面内绕 O 点做匀速圆周运动.

(2) 假设 $mg<qE$,设小球在最低点所受绳子的拉力为 T,则有

$$T+qE-mg=m\frac{v_0^2}{L}.$$

要使带电小球在竖直平面内绕 O 点做完整的圆周运动,应有 $T\geqslant0$,所以

$$v_0\geqslant\sqrt{\frac{(qE-mg)L}{m}}.$$

(3) 假设 $mg>qE$,设小球在最高点时速度为 v_1,所受绳子的拉力为 T',根据动能定理,有

$$(qE-mg)2L=\frac{1}{2}mv_1^2-\frac{1}{2}mv_0^2.$$

在最高点,有

$$mg+T'-qE=m\frac{v_1^2}{L}.$$

而 $T'\geqslant0$,所以 $v_0\geqslant\sqrt{\frac{5(mg-qE)L}{m}}$.

以上三种情况,就是问题的全部解答.

13.2.3 过程假设

有些物理问题，若直接分析计算，得出结果很困难，但如果我们根据问题的特点，假设某一物理状态或过程，再进行分析比较，就可以比较容易地得出结论.

例 3 一列火车在恒定功率的牵引下由静止从车站出发，沿直轨道运动，行驶5 min后速度达到20 m/s，设列车所受阻力恒定，则可以判定列车在这段时间内行驶的距离(　　).

A. 一定大于3 km　　B. 可能等于3 km

C. 一定小于3 km　　D. 条件不足，无法确定

解析 列车在恒定功率牵引下运动，由 $P=Fv$ 知列车加速度 $a=\dfrac{F-f}{m}=\dfrac{P}{mv}-\dfrac{f}{m}$. 随着速度的增加，列车将做加速度减小的加速运动，直到最后速度达到最大后做匀速直线运动. 在此过程中，列车行驶的距离是很难计算的. 但如果我们假设一匀加速直线运动过程，在5 min内速度由0增加到20 m/s，则列车通过的距离为 $s=\dfrac{vt}{2}=3$ km. 对于两种运动情况，通过比较图13.14所示的图像可知，做匀加速运动通过的距离较小，所以A选项正确.

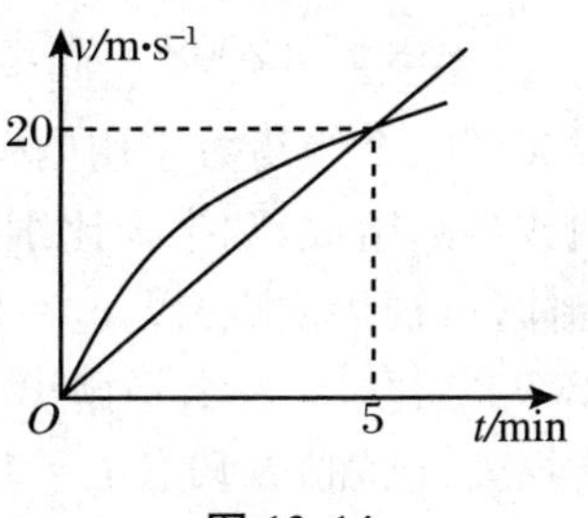

图 13.14

13.2.4 临界状态假设

很多物理问题在它的发生发展过程中存在着临界状态，若能把可能存在的临界状态假设出来，然后对此状态进行分析和判断，把所得的结果与实际情况进行比较以鉴别假设的正确与否，这无疑是很有效的解题方法.

例 4 如图13.15所示，一个光滑的圆锥体固定在水平圆盘上，其轴线沿竖直方向并与圆盘中心重合，母线与轴线之间的夹角为 θ. 一条长为 L 的细绳，一端固定在圆锥体的顶点 O 处，另一端拴着一质量为 m 的小球(可视为质点). 现让圆锥体绕其中心轴线由静止开始转动，求当其角速度由零增大到 $\sqrt{\dfrac{2g}{L\cos\theta}}$ 且稳定时的过程中，细绳的拉力对小球所做的功.

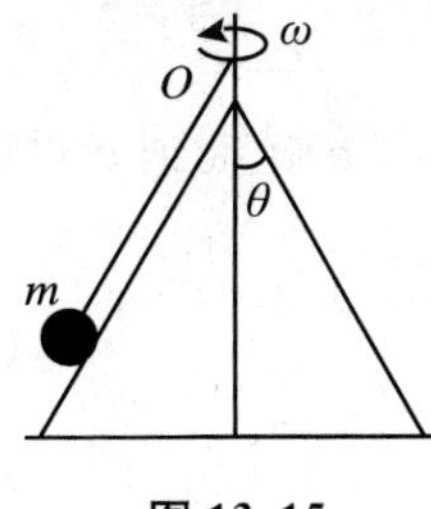

图 13.15

解析 设角速度为 ω_0 时小球恰好离开斜面，则有

$$mg\tan\theta = m\omega_0^2 r,$$
$$r = L\sin\theta.$$

解得

$$\omega_0 = \sqrt{\frac{g}{L\cos\theta}}.$$

由于 $\omega>\omega_0$，小球将离开斜面，稳定后细绳与竖直方向的夹角为 α，则有

$$mg\tan\alpha = m\omega^2 R,$$
$$R = L\sin\alpha.$$

在此过程中根据动能定理,有

$$W - mg(L\cos\theta - L\cos\alpha) = \frac{1}{2}m(\omega R)^2 - 0.$$

解得细绳的拉力对小球所做的功为

$$W = mgL\frac{4+\cos^2\theta}{4\cos\theta}.$$

13.2.5 矢量方向假设

确定矢量的方向往往成为解题的关键,如果题目中没有明确给定矢量的方向,这时可以先把矢量的方向假设出来,会收到意想不到的效果.

例 5 (2008年高考山东卷)某兴趣小组设计了如图13.16所示的玩具轨道,其中"2008"四个等高数字用内壁光滑的薄壁细圆管弯成,固定在竖直平面内(所有数字均由圆或半圆组成,圆半径比细管的内径大得多),底端与水平地面相切.弹射装置将一个小物体(可视为质点)以 $v_a = 5\ \text{m/s}$ 的水平初速度由 a 点弹出,从 b 点进入轨道,依次经过"8002"后从 p 点水平抛出.小物体与地面 ab 段间的动摩擦因数 $\mu = 0.3$,不计其他机械能损失.已知 ab 段长 $L = 1.5\ \text{m}$,数字"0"的半径 $R = 0.2\ \text{m}$,小物体质量 $m = 0.01\ \text{kg}$,$g = 10\ \text{m/s}^2$.求:

(1) 小物体从 p 点抛出后的水平射程.

(2) 小物体经过数字"0"的最高点时管道对小物体作用力的大小和方向.

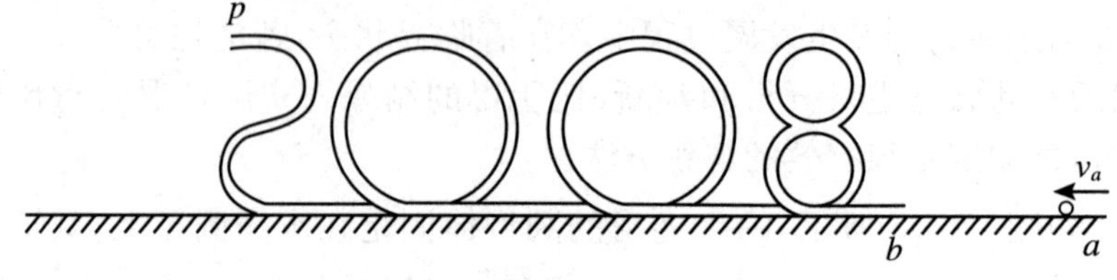

图 13.16

解析 (1) 设小物体运动到 p 点时的速度大小为 v,对小物体由 a 运动到 p 过程应用动能定理,得

$$-\mu mgL - mg\cdot 2R = \frac{1}{2}mv^2 - \frac{1}{2}mv_a^2. \quad ①$$

$$2R = \frac{1}{2}gt^2. \quad ②$$

$$s = vt. \quad ③$$

联立①~③式,代入数据解得

$$s = 0.8\ \text{m}.$$

(2) 假设在数字"0"的最高点时管道对小物体的作用力大小为 F,方向竖直向下.根据牛顿第二定律,有

$$F + mg = m\frac{v^2}{R}. \quad ④$$

联立①④式,代入数据解得

$$F = 0.3\ \text{N},$$

方向竖直向下.

13.2.6 结论假设

有些物理问题,最后结论可能暂时无法确定或可能有几个正确结论,此时我们可以先假设某一个结论或几个结论,在此基础上分析讨论,从而找出最后答案.

例 6 (2007 年上海交通大学自主招生)在如图 13.17 所示的电路中,A、B 两灯泡原来都正常发光,突然 B 灯比原来更亮了.则电路中可能的故障为(　　).

A. R_1 断路　　B. R_2 断路

C. R_3 断路　　D. A 灯断路

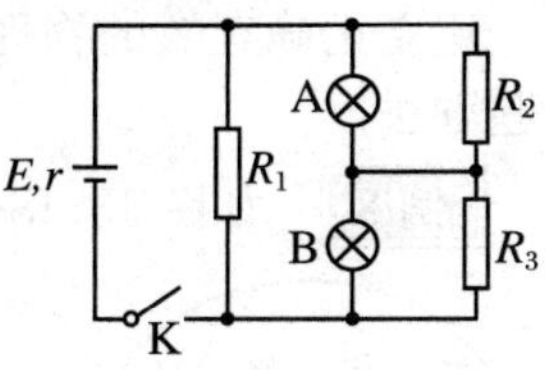

图 13.17

解析 假设 R_1 断路,则总电阻增大,总电流减小,路端电压增大,即 A 灯与 B 灯电压之和增大,A、B 两灯都变亮,A 选项正确.

假设 R_2 断路,则总电阻增大,总电流减小,路端电压增大,流过 R_1 的电流增大,流过 B 灯与 R_3 并联部分的电流减小,而 B 灯与 R_3 的电路结构不变,则流过 B 灯的电流减小,故 B 灯变暗,B 选项错误.

假设 R_3 断路,则总电阻增大,总电流减小,路端电压增大,流过 R_1 的电流增大,流过 A 灯与 R_2 并联部分的电流减小,而 A 灯与 R_2 的电路结构不变,则 A 灯与 R_2 并联部分的电压减小,B 灯的电压增大,故 B 灯变亮,C 选项正确.

假设 A 灯断路,则总电阻增大,总电流减小,路端电压增大,流过 R_1 的电流增大,流过 B 灯与 R_3 并联部分的电流减小,而 B 灯与 R_3 的电路结构不变,则流过 B 灯的电流减小,故 B 灯变暗,D 选项错误.

13.2.7 虚拟假设

虚拟假设是一种虚拟和假设相结合的思维方法,合理的虚设能在解题上起到辅助作用.求解物理问题常用的有虚设物理情景、虚设物理过程、虚设物理量等.利用虚设法处理某些物理问题,往往能突破思维障碍,找出新的解题途径,化难为易,化繁为简.

例 7 (2013 年"华约"联盟自主招生)自行车胎打足气后骑着很轻快.由于慢撒气——缓慢漏气,车胎内气压下降了四分之一.求漏掉气体占原来气体的比例 η.假设漏气过程是绝热的,一定质量的气体在绝热过程中其压强 p 和体积 V 满足关系 $pV^{\gamma}=$ 常量,式中参数 γ 是与胎内气体有关的常数.

解析 设漏气前车胎内气压为 p、体积为 V,漏气后车胎内气压下降了四分之一,即 $\frac{3}{4}p$,体积仍为 V.假设如果不漏气,当气压为 $\frac{3}{4}p$ 时,体积为 V'.根据绝热过程中压强 p 和体积 V 满足的关系式,有

$$pV^{\gamma} = \frac{3}{4}pV'^{\gamma}.$$

解得

$$V' = \left(\frac{4}{3}\right)^{\frac{1}{\gamma}}V.$$

所以漏掉气体占原来气体的比例为

$$\eta = \frac{V' - V}{V'} = 1 - \left(\frac{3}{4}\right)^{\frac{1}{\gamma}}.$$

13.2.8 模型假设

建立正确有效的物理模型是解题中至关重要的一步. 不同的物理模型预示着不同的解题方法.

例 8 如图 13.18 所示,磁感应强度为 B 的匀强磁场充满半径为 r 的圆柱形区域,其方向与圆柱的轴线平行,大小以$\frac{\Delta B}{\Delta t}$的速率增加. 一根长为 r 的细金属棒垂直于磁场方向放在圆柱形区域内,杆的两端恰在圆周上,求棒中的感应电动势.

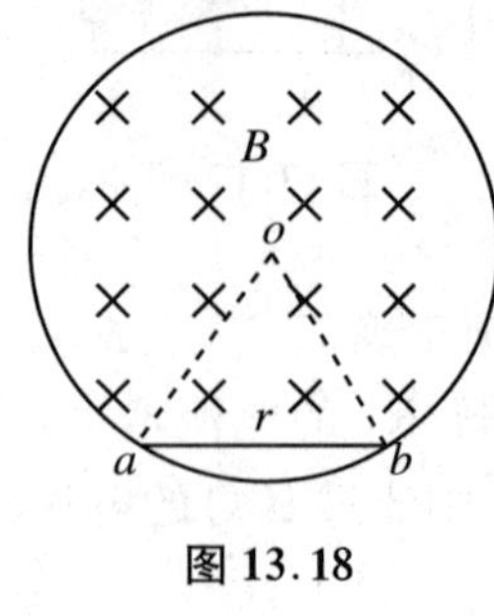

图 13.18

解析 1 设想在圆柱形区域内有一个内接的正六边形,ab 是它的一条边. 根据对称性,金属棒中的感应电动势应是正六边形回路中感应电动势的$\frac{1}{6}$. 所以,由法拉第电磁感应定律可得

$$E_{ab} = \frac{1}{6}E = \frac{1}{6}\cdot\frac{\Delta\phi}{\Delta t} = \frac{1}{6}\cdot\frac{\Delta B}{\Delta t}S = \frac{\sqrt{3}r^2}{4}\cdot\frac{\Delta B}{\Delta t}.$$

解析 2 假设有两段导线 oa、ob 与 ab 构成一个等边三角形闭合回路 aob. 根据法拉第电磁感应定律,$\triangle aob$ 回路中的感应电动势为

$$E = \frac{\Delta\phi}{\Delta t} = \frac{\Delta B}{\Delta t}S = \frac{\sqrt{3}r^2}{4}\cdot\frac{\Delta B}{\Delta t}.$$

因为变化的磁场产生的涡旋电场(感生电场)与 oa、ob 垂直,oa、ob 中无感应电动势,所以棒 ab 中的感应电动势为

$$E_{ab} = \frac{\sqrt{3}r^2}{4}\cdot\frac{\Delta B}{\Delta t}.$$

显然,不同的模型假设具有不同的解题方法,但是最后的结果是相同的. 这里假设的思维方法显得极其重要.

13.3 假设法思维训练

1. 质量分别为 m_1 和 m_2 的两个物体,用一个未发生形变的弹簧连接,如图 13.19 所示. 让它们从高处同时自由下落,不考虑空气阻力,则下落过程中,弹簧的形变将是(　　).

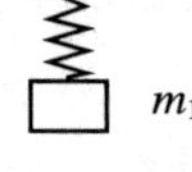

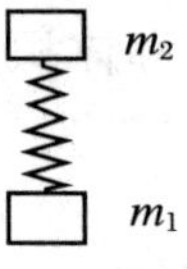

图 13.19

A. 若 $m_1 > m_2$,则弹簧将被压缩

B. 若 $m_1 > m_2$,则弹簧将被拉伸

C. 只有 $m_1 = m_2$,弹簧才会保持原长

D. 无论 m_1 和 m_2 为何值,弹簧长度均不变

2. 如图 13.20 所示，a、b 是一列横波上的两个质点，它们在 x 轴上的距离 s 为 30 m，波沿 x 轴正方向传播，当质点 a 到达最高点时，质点 b 恰好经过平衡位置，经过 3 s，波向前传播 30 m，并且 a 经过平衡位置时 b 恰好达到最高点，下列说法正确的是（　　）.

A. 这列波的周期可能是 2.4 s　　B. 这列波的波长可能是 24 m

C. 这列波的周期可能是 3 s　　D. 这列波的速度一定是 10 m/s

3. 一带负电的油滴，从 A 点以速度 v_0、与水平方向成 θ 角射入水平向右的匀强电场中，电场范围足够大，如图 13.21 所示. 当油滴在电场中运动到最高点 B 时，它的速度大小恰好等于 v_0，考虑重力作用，则 B 点的位置（　　）.

A. 一定在 A 点的正上方　　B. 一定在 A 点的右上方

C. 一定在 A 点的左上方　　D. 条件不足，无法判断

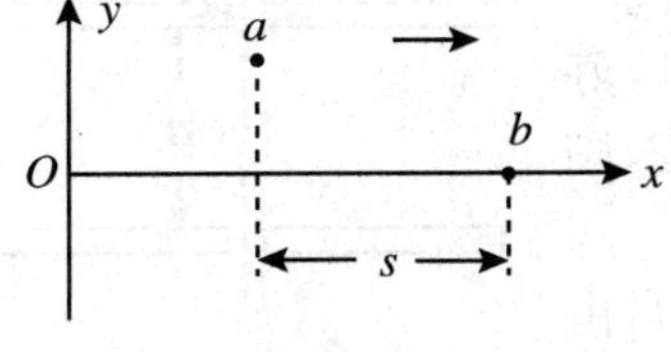

图 13.20

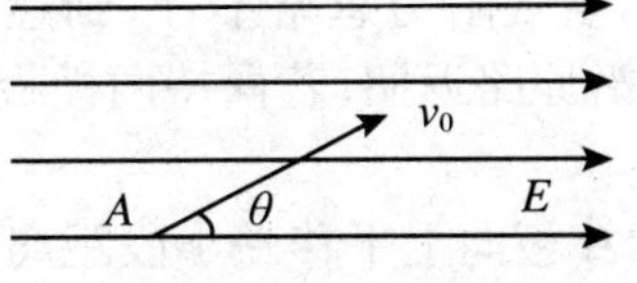

图 13.21

4. 在如图 13.22 所示的电路中，已知电源电动势为 $E=6$ V，内阻不计，电阻 $R_1=12\ \Omega$，$R_2=10\ \Omega$，$R_3=20\ \Omega$，$R_4=15\ \Omega$，$R_5=2\ \Omega$，则电阻 R_5 中（　　）.

A. 有电流从 a 到 b　　B. 有电流从 b 到 a

C. 没有电流　　D. 无法确定有无电流及电流流向

5. 如图 13.23 所示，斜面光滑且固定不动，斜面的倾角为 θ，A、B 两物体在斜面上一起下滑且相对静止，A、B 的质量分别为 m_A 和 m_B，A、B 间的动摩擦因数为 μ，求 A、B 间的摩擦力大小.

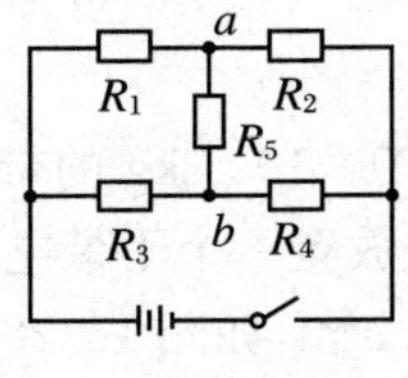

图 13.22

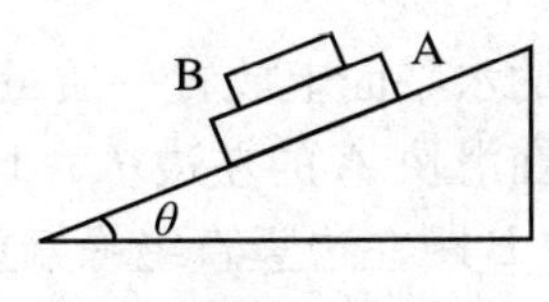

图 13.23

6.（1998 年高考全国卷）如图 13.24 所示，两种电路中电源相同，各电阻阻值相同，各电流表的内阻相等且不可忽略，电流表 A_1、A_2、A_3 和 A_4 的示数分别为 I_1、I_2、I_3 和 I_4. 下列关系式中正确的是（　　）.

A. $I_1=I_3$　　B. $I_1<I_4$　　C. $I_2=2I_1$　　D. $I_2<I_3+I_4$

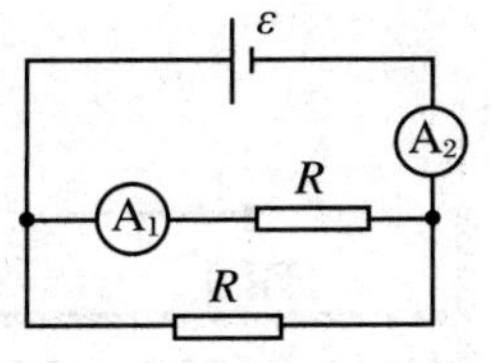

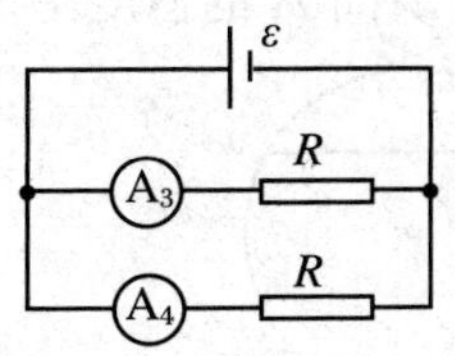

图 13.24

7. 如图 13.25 所示，滑块 A 和 B 的质量分别为 m_1 和 m_2，$m_1 < m_2$，由轻质弹簧相连接，置于光滑的水平面上，用一轻绳把两滑块拉至最近，使弹簧处于最大压缩状态后系紧，两滑块一起以恒定的速度 v_0 向右滑动. 突然轻绳断开，当弹簧伸长至自然长度时，滑块 A 的速度正好为零. 试证明在以后的运动过程中，滑块 B 不会有速度等于零的时刻.

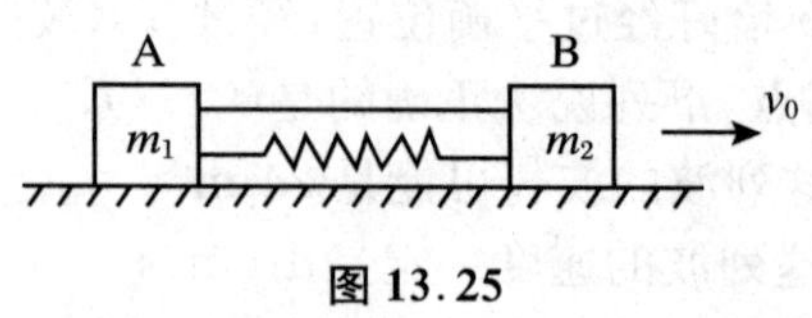

图 13.25

8. (1997 年高考上海卷)如图 13.26 所示，A、B 为平行金属板，两板相距为 d，分别与电源两极相连，两板的中央各有一小孔 M 和 N，今有一带电质点自 A 板上方相距为 d 的 P 点由静止自由下落(P、M、N 在同一竖直线上)，空气阻力忽略不计，到达 N 孔时速度恰好为零，然后沿原路返回. 若保持两极板间的电压不变，则(　　).

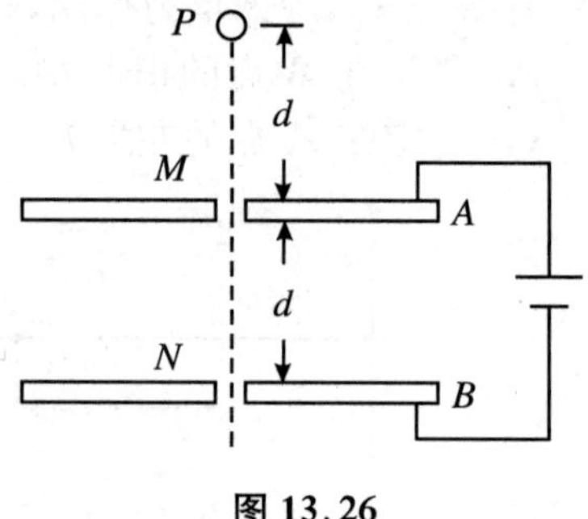

图 13.26

A. 把 A 板向上平移一小段距离，质点自 P 点自由下落后仍能返回

B. 把 A 板向下平移一小段距离，质点自 P 点自由下落后将穿过 N 孔继续下落

C. 把 B 板向上平移一小段距离，质点自 P 点自由下落后仍能返回

D. 把 B 板向下平移一小段距离，质点自 P 点自由下落后将穿过 N 孔继续下落

9. 如图 13.27 所示，在半径为 r 的圆柱形区域内，充满与圆柱轴线平行的匀强磁场，一长为 $\sqrt{3}r$ 的金属棒 MN 垂直于磁场方向放在圆柱形区域内，棒的端点 MN 恰在磁场边界的圆周上，已知磁感应强度 B 随时间均匀变化，其变化率为 $\frac{\Delta B}{\Delta t} = k$，则 MN 中产生的电动势为多大?

10. 在绝缘粗糙的水平面上放置一质量 $m = 2.0 \times 10^{-3}$ kg 的带电滑块 A，所带电荷量 $q = 1.0 \times 10^{-7}$ C，在滑块 A 的左边 $L = 1.2$ m 处放置一个不带电的滑块 B，质量为 $M = 6.0 \times 10^{-3}$ kg，滑块 B 距左边竖直绝缘墙壁 $s = 0.5$ m，如图 13.28 所示. 在水平面上方空间加一方向水平向左的匀强电场，电场强度为 $E = 4.0 \times 10^5$ N/C，滑块 A 将由静止开始向左滑动，与滑块 B 发生碰撞，设碰撞时间极短，碰撞后两滑块结合在一起共同运动并与墙壁发生无机械能损失的碰撞，此后两滑块不再分开，两滑块的体积大小可以忽略不计，与水平面间的动摩擦因数均为 $\mu = 0.5$，两滑块所受最大静摩擦力为 4.2×10^{-2} N. $g = 10$ m/s²，问:

(1) A 与 B 相碰前瞬间 A 的速度是多少?

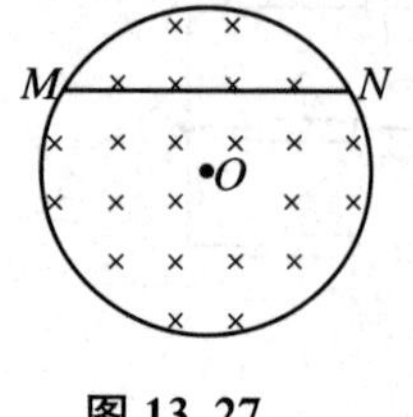

图 13.27

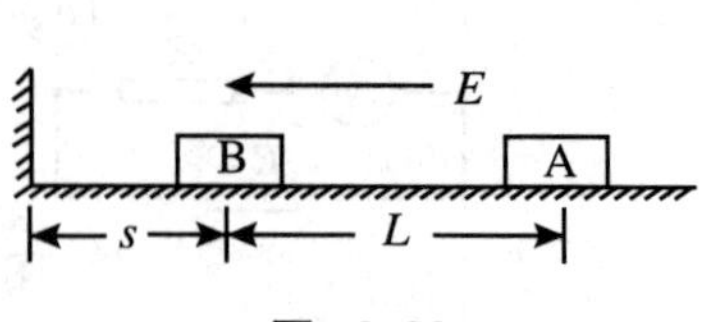

图 13.28

(2) A与B相碰后瞬间B的速度是多少?

(3) A滑块在整个运动过程中运动的路程为多少?

11. 如图13.29所示,A、B两容器容积相等,用粗细均匀的细玻璃管相连,容器内装有不同气体,细管中央有一段水银且保持平衡,此时A中气体的温度为0 ℃,B中气体的温度为20 ℃,若将它们的温度都降低10 ℃,则水银柱将( ).

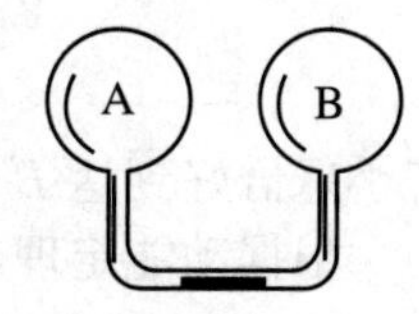

图13.29

A. 向A移动　　B. 向B移动

C. 不动　　D. 不能确定

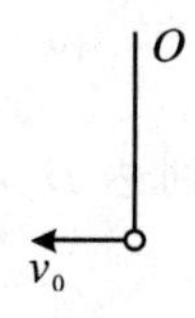

图13.30

12. (2010年南京大学自主招生)一根长为 h 的细线,上端固定于 O 点,下端悬挂一可视为质点的小球.现给小球一个水平初速度 v_0,大小为$\sqrt{\frac{7gh}{2}}$,如图13.30所示.

(1) 小球转过多大角度时开始不做圆周运动?

(2) 证明小球恰能击中最低点(初始点).

13.4 假设法思维训练参考答案

1. D
2. ABD
3. C
4. A
5. 0
6. BD
7. 略
8. ACD
9. $\frac{\sqrt{3}}{4}kr^2$
10. (1) $v_0=6\text{ m/s}$ (2) $v=1.5\text{ m/s}$ (3) $\frac{29}{16}\text{ m}$
11. A
12. (1) 如图13.31所示,小球在竖直平面内做圆周运动,在最高点 C 的方程为

$$F+mg=m\frac{v_C^2}{h}.$$

若小球恰好到达最高点 C,则 $F=0,v_C=\sqrt{gh}$.

根据动能定理,有

$$-2mgh=\frac{1}{2}mv_C^2-\frac{1}{2}mv_0^2.$$

解得

$$v_0 = \sqrt{5gh}.$$

小球在 B 点的方程为

$$F = m\frac{v_B^2}{h}.$$

若小球恰好到达 B 点，则 $F = 0$，$v_B = 0$.

根据动能定理，有

$$-mgh = \frac{1}{2}mv_B^2 - \frac{1}{2}mv_0^2.$$

解得

$$v_0 = \sqrt{2gh}.$$

当 $\sqrt{2gh} < v_0 < \sqrt{5gh}$ 时，小球将超过 B 点，但不能到达 C 点，即小球恰好到达 B、C 之间的某点 D 脱离轨道做斜上抛运动.

当小球在最低点时，给球一个 $v_0 = \sqrt{\frac{7gh}{2}}$ 的水平初速度，由于 $\sqrt{2gh} < v_0 < \sqrt{5gh}$，因此小球将在 B、C 之间的某点 D 脱离轨道做斜上抛运动. 小球在 D 点的方程为

$$mg\cos\theta = m\frac{v_D^2}{h}. \quad ①$$

$A \to D$ 过程，根据动能定理，有

$$-mg(h + h\cos\theta) = \frac{1}{2}mv_D^2 - \frac{1}{2}mv_0^2. \quad ②$$

联立①②式，得

$$\cos\theta = \frac{1}{2}, \quad v_D = \sqrt{\frac{gh}{2}}.$$

则 $\theta = \frac{\pi}{3}$，即小球转过 $\frac{2\pi}{3}$ 时开始不做圆周运动.

(2) 假设小球运动时间 t 后到达圆周上的 E 点，OE 与竖直方向的夹角为 α，如图 13.32 所示. 斜上抛运动可以分解为水平方向的匀速直线运动和竖直方向的竖直上抛运动，则有

$$h\sin\theta + h\sin\alpha = v_D\cos\theta \cdot t, \quad ③$$

$$-(h\cos\theta + h\cos\alpha) = v_D\sin\theta \cdot t - \frac{1}{2}gt^2. \quad ④$$

联立③④式，得

$$\alpha = 0°.$$

所以小球做斜上抛运动后恰能击中最低点 A.

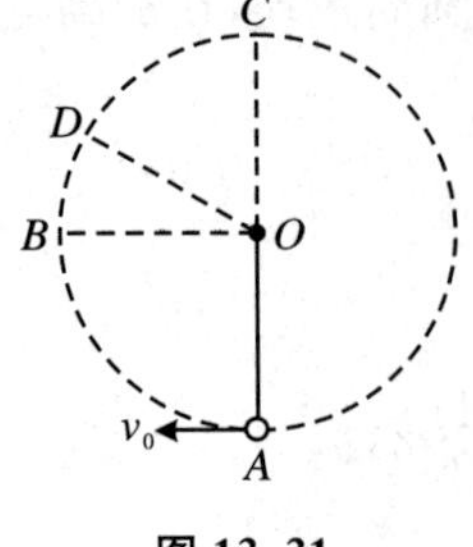

图 13.31

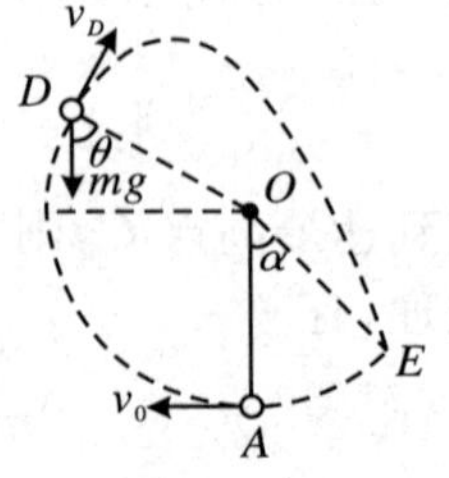

图 13.32

14 反　证　法

14.1　反证法概述

下面的两则故事，对于我们正确理解反证法很有帮助.

故事一：南方某风水先生到北方看风水，恰逢天降大雪，乃作一歪诗："天公下雪不下雨，雪到地上变成雨；早知雪要变成雨，何不当初就下雨."他的歪诗又恰被一牧童听到，亦作一打油诗讽刺风水先生："先生吃饭不吃屎，饭到肚里变成屎；早知饭要变成屎，何不当初就吃屎."

实际上，小牧童正是巧妙运用了反证法，驳斥了风水先生否定事物普遍运动的规律，只强调结果，不要变化过程的形而上学的错误观点：假设风水先生说的是真理，只强调变化最后的结果，不要变化过程也可，那么，根据他的逻辑，即可得出先生当初就应吃屎的荒唐结论.风水先生当然不会承认这个事实了.那么，他说的就是谬论了.

这就是威力无比的反证法.一个原本非常复杂难证的哲学问题被牧童运用"以其人之道，还其人之身"的反证法解决了.

如果说这则故事还不能让我们明白反证法的思路的话，不妨再看看故事二.

故事二：王戎小时候爱和小朋友在路上玩耍.一天，他们发现路边的一棵树上结满了李子，小朋友一哄而上，去摘李子，独有王戎没动.等到小朋友们摘了李子一尝，原来是苦的！他们都问王戎："你怎么知道李子是苦的呢?"王戎说："假如李子不苦的话，早被路人摘光了，而这树上却结满了李子，所以李子一定是苦的."

这是很著名的"道旁苦李"的故事.实质上王戎的论述也正是运用了反证法.

所谓反证法是属于"间接证明法"的一类，是从反面的角度思考问题的证明方法.它先假设"结论"不成立，然后把"结论"的反面当作已知条件，进而运用数学、物理等有关知识进行正确的逻辑推理，得出与题设或已知的公理、定义、定理相矛盾的结论，从而说明假设不成立，即原"结论"成立.这种先驳倒"结论"反面，而后肯定"结论"本身的证明方法叫作反证法.当"结论"的反面只有一个时，这种反证法又叫作归谬法；当"结论"的反面不止一个时，这种反证法又叫作穷举法.反证法的理论依据是形式逻辑中的两个基本规律——矛盾律和排中律.下面我们先从两道例题入手来认识它.

例 1　如图 14.1 所示，滑块 A、B 的质量分别为 m_1、m_2，$m_1<m_2$，由轻质弹簧相连接，置于光滑的水平面上，用一轻绳把两滑块拉至最近，使弹簧处于最大压缩状态后绷

紧.两物块一起以恒定的速度 v_0 向右滑动,突然轻绳断开,当弹簧伸长至本身的自然长度时,物块A的速度正好等于0.问在以后的运动过程中,物块B是否有等于零的时刻?试通过定量分析讨论,证明你的结论.

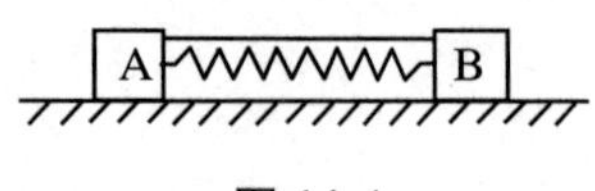

图 14.1

解析 此题正向证明过程较复杂,若采用反证法,则论证过程将会简单得多.假设以后运动中滑块B可以出现速度为零的时刻,并设此时物块A的速度为 v_A,根据动量守恒定律,有 $(m_1+m_2)v_0=m_1v_A$,所以此时物块A的动能 $E_{kA}=\frac{1}{2}m_1v_A^2=\frac{(m_1+m_2)v_0^2}{2m_1}$.又设此时弹簧的弹性势能为 E_p,所以弹性系统的总机械能 $E_2=E_{kA}+E_p$.

由题意知:当弹簧伸至自然长度时,A物块速度为零,设此时B物块的速度为 v_B,根据动量守恒定律,有 $(m_1+m_2)v_0=m_2v_B$,所以此时物块B的动能 $E_{kB}=\frac{1}{2}m_2v_B^2=\frac{(m_1+m_2)v_0^2}{2m_2}$.由于此时弹簧的弹性势能为零,因此系统的总机械能 $E_1=E_{kB}$.

根据机械能守恒定律知 $E_{kA}+E_p=E_{kB}$.

又由于 $E_p\geqslant 0$,$E_{kA}\leqslant E_{kB}$,即 $\frac{(m_1+m_2)v_0^2}{2m_1}\leqslant\frac{(m_1+m_2)v_0^2}{2m_2}$.

解得 $m_1\geqslant m_2$,这与题设给定的条件 $m_1<m_2$ 相矛盾,故假设不成立,即B的速度不会有等于零的时刻.

例2 试证明不存在如图14.2所示的电场(即电场线互相平行,电场线间距逐渐增大.)

解析 假设存在如图14.2所示的电场.在电场中取一矩形回路 $abcd$,使 ab 和 cd 平行于电场线,ad 和 bc 垂直于电场线.设正电荷 q 沿 $abcda$ 移动一周,则电场力对电荷 q 做功的情况是:在 ad 和 bc 段不做功,即 $W_{ad}=W_{bc}=0$;在 ab 段做正功,即 $W_{ab}>0$;在 cd 段做负功,即 $W_{cd}<0$.从电场线的疏密可知,上部电场强度大于下部电场强度,故有 $|W_{ab}|>|W_{cd}|$.

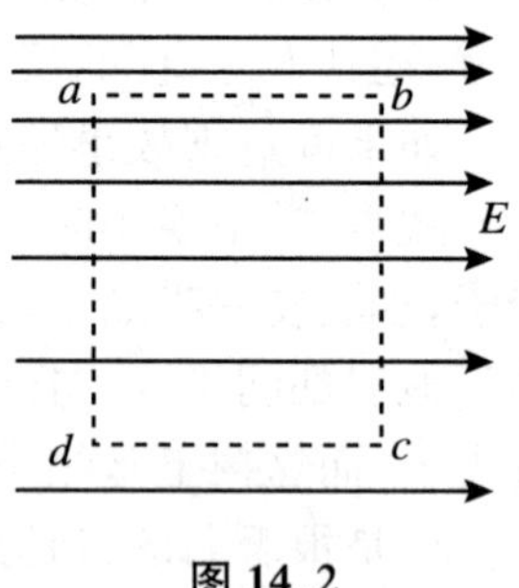

图 14.2

根据电场力对电荷做功公式 $W_{AB}=q(\varphi_A-\varphi_B)$,则有 $W=q(\varphi_a-\varphi_a)=W_{ab}+W_{cd}>0$,即 $\varphi_a\neq\varphi_a$.这一结果表明,在选定同一零势点的情况下,同一点 a 有两个不同的电势值.这与电场中各点电势是确定值相矛盾,说明不存在如图14.2所示的电场.

例3 如图14.3所示,物体A放在传送带上,与传送带一起水平向右做匀速直线运动,试作出A受力的示意图.

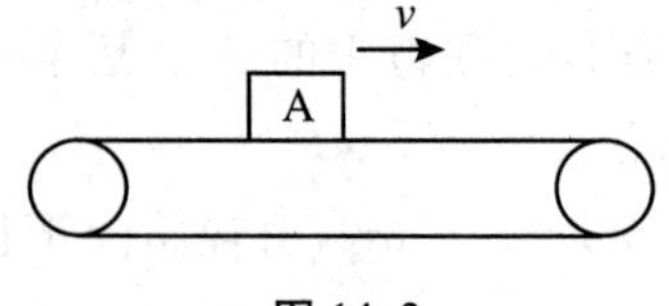

图 14.3

解析 本题表面上是一道作图题,但其实同学们感到最纠结的不是如何作图,而是无法明确判定物体A是否受摩擦力!这也正是本题的难点所在.由于"吃不准"

物体A是否受摩擦力，不少同学会作出如图14.4(a)或图14.4(b)所示的两种错误示意图.

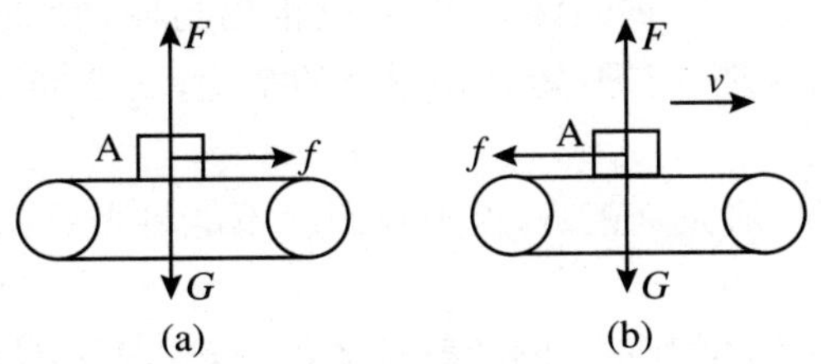

图14.4

按常规的解题思路，即从摩擦力产生的条件来判断的话，由于A与传送带一起运动，两者处于相对静止状态，两者之间没有相对运动，只可能存在相对运动的趋势，因此只可能存在静摩擦，但因为“相对运动的趋势”本身是无法直接观察到的，所以从“有无相对运动趋势”去判断“有无静摩擦力”的常规思路在这里是行不通的.

换一种思路，若从题目的结论“是否受摩擦力”入手分析呢？关于“物体A是否受摩擦力”，全部可能的结论如图14.5所示.

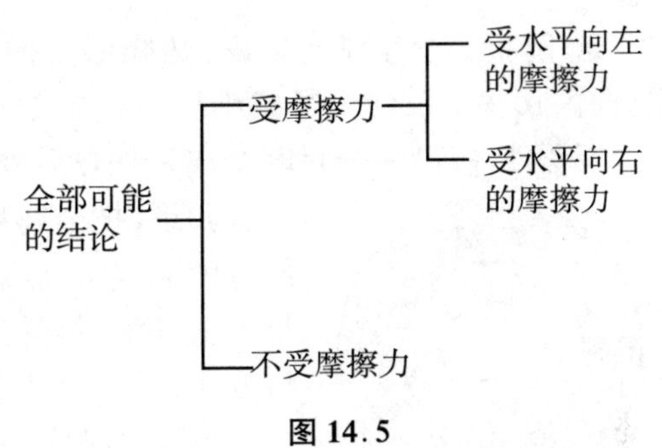

图14.5

假如A受水平向左的摩擦力(或受水平向右的摩擦力)，则由于受力不平衡，A不可能做匀速直线运动，这就与题设条件“与传送带一起水平向右做匀速直线运动”相矛盾了，因此可知，假设A受水平向左的摩擦力(或受水平向右的摩擦力)是不成立的！否定了A受水平向左的摩擦力(或受水平向右的摩擦力)的假设，则A只能不受摩擦力！

上述论证“物体A不受摩擦力”的方法就是反证法(又称归谬法、背理法)，反证法是一种间接的证明方法，它不是对欲证明的结论展开直接论证，而是先提出和欲证明结论相反的假定——“物体A受摩擦力”，然后从这个假定中得出和已知条件(与传送带一起水平向右做匀速直线运动)相矛盾的结果(A不可能做匀速直线运动)，这样就否定了原来的假定而肯定了所欲证明的结论.

虽然反证法属于间接证明的方法，但如应用得当，同样具有严密的逻辑性和说服力，从以上几道例题不难总结出应用反证法论证的基本步骤：

(1) 反设.假设所要证明的结论不成立，而设结论的各种反面成立——否定结论.

(2) 归谬.将“反设”作为条件，由此出发，经过正确的推理，推导出与已知条件、已知的公理、定义、定理及明显的事实相矛盾或自相矛盾的结果——推导矛盾.

(3) 结论.因为推理正确，所以产生矛盾的原因在于“反设”的谬误，既然结论的反面不成立，就证明了原来命题是正确的——结论成立.

反证法是逆向思维，当有些问题难以从正面论述时，反证法就显示出了它的独到之处.那么哪些题目适合用反证法呢？从题目条件推出所知的很少或无法用已知条件进行直接证明的；当问题中能用来作为推理依据的公理、定理很少，无法直接证明或证明无从下手的；结论以否定的形式出现，无法引用定理来证明否定形式的结论的；对要证明的命题，已知它的逆命题是正确的；要求证明的命题适合某种条件的结论唯一存在的.用反证法论证物理问题时，常用如下三种归谬方式：一是推出与原命题题设条件相矛盾的结论；二是推出与公认的现象、原理、定理、定义相矛盾的结论；三是推出两个互相矛盾的结论.

应用反证法时要注意：

(1) 归谬推理的过程必须完全正确，否则我们就不能将矛盾出现的原因唯一地归结于反设.

(2) 归谬推理时绝不能忽视原命题的题设条件，否则要么推不出错误，要么不能断定所推导出来的结论是否是谬论.

(3) 在否定结论时，要分析可能出现的各种情况，若有两种以上的情况，要否定掉所有其他情况，不能有遗漏.

下面我们再来尝试用反证法论证几个问题.

例 4 证明一个封闭金属环加热后内径将增大.

解析 学生常有疑虑：热膨胀是向各个方向进行的，金属环应该向内、向外都膨胀，向内膨胀应该使内径减小！怎么会变大呢？

反设1：假设一个封闭金属环加热后外径增大，内径将减小.

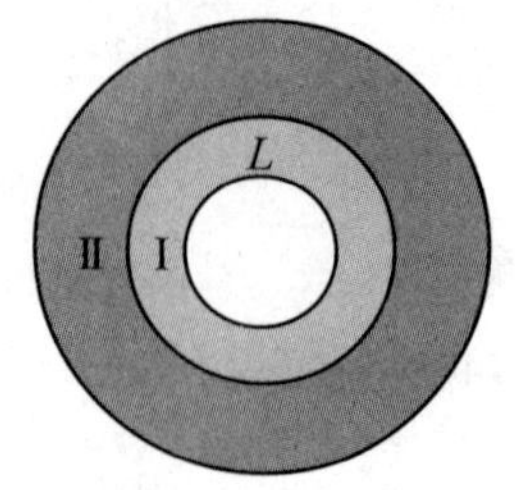

图 14.6

归谬：把金属环看成由Ⅰ、Ⅱ两部分组成，如图14.6所示，两部分的交线 L 是第Ⅰ环的外沿也是第Ⅱ环的内沿，当把 L 看成是Ⅰ的外沿时，受热将伸长，由于它又是环Ⅱ的内沿，按反设1它将变小.同一个 L 既伸长又缩短，这是不可能的.

反设2：假设一个封闭金属环加热后外径增大，内径将不变，同样可推导出“同一个 L 既伸长又不变”的矛盾结论.

结论：反设1、反设2都不成立，只有一种可能，即封闭金属环加热后内径将增大.

例 5 如图14.7所示，放在光滑水平面上的小车固定一块磁铁，一人用木杆吊着一块磁铁，始终保持两块磁铁之间有一定的间隙且不变，则小车的状态是(　　).

A. 向左运动，越来越快

B. 向右运动，越来越快

C. 匀速直线运动或静止

D. 有时快有时慢的直线运动

图 14.7

解析 不少学生可能会认为，小车上固定的磁铁受到了另一磁铁的吸引力，因此小车会向右运动起来，并越来越快，其实这是没有全面分析小车受力所形成的错误判断！在水平方向上，除了受到另一磁铁的吸引力外，小车还受到人(脚底)向左的摩擦力.

通过详细分析小车等各个物体的受力情况来判断小车的运动状态，是常用的解题思路，但甚为烦琐！而运用反证法来进行排除，则简单得多！详细论述过程如下.

反设：假设小车运动状态如选项A(或选项B、或选项D).

归谬：由题设条件“始终保持两块磁铁之间有一定的间隙且不变”可知，小车、两个磁

铁、人、杆之间是保持相对静止的，因此可以把它们当作一个运动状态完全一样的整体，由反设可知，这个整体的运动状态如选项 A(或选项 B、或选项 D)，由运动和力的相关知识可推得这个整体应该受到非平衡力.

分析整体实际受的力，整体在水平方向上没有受到外力(整体以外的物体施加的力)的作用，原来各个部分之间的相互作用力(称为内力)，如两个磁铁间的相互作用，由于大小相等、方向相反、作用在同一直线上，且作用于同一个整体上，所以对整体而言，这样的两个力相当于平衡力，因此这个整体实际受到的是平衡力!

结论：假设小车运动状态如选项 A(或选项 B、或选项 D)都不成立，小车(整体)实际受平衡力，应做匀速直线运动或保持静止.

同理，如图 14.8 所示，在光滑的水平面上有一辆平板车，一个人站在这辆平板车上，用铁锤敲打车的右端. 在锤的连续敲打下，这辆平板车也不可能连续地向左驶去. 同样，人也不能揪着自己的头发离开地面!

图 14.8

例 6 证明冰水混合物中冰与水的质量保持相对稳定时，其温度必定为 0 ℃.

解析 关于冰水混合物的温度，存在三种可能，即大于 0 ℃、小于 0 ℃、等于 0 ℃，如果能排除其中的两种可能，则冰水混合物的温度必然是剩下的第三种可能.

反设 1：冰水混合物的温度大于 0 ℃.

归谬 1：这种情况下，其中的冰会融化，冰的质量会减少，水的质量会增加，这与条件“冰水混合物中冰与水的质量保持相对稳定”相矛盾.

结论 1：冰水混合物的温度不可能高于 0 ℃.

反设 2：冰水混合物的温度小于 0 ℃.

归谬 2：这种情况下，其中的水会凝固，冰的质量会增加，水的质量会减少，这与条件“冰水混合物中冰与水的质量保持相对稳定”相矛盾.

结论 2：冰水混合物的温度不可能低于 0 ℃.

结论：冰水混合物中冰与水的质量保持相对稳定时，其温度必定为 0 ℃.

14.2 反证法例题精析

反证法在物理教学的各个环节中起着重要作用，我们在物理教学实践中，对某些问题有意识地运用反证法，收到了较好的效果. 本节试从反证法解释物理现象、反证法论证物理规律、反证法理解物理概念、反证法阐明物理学说的正误、反证法解答物理习题五个方面说明反证法的重要性.

14.2.1 反证法解释物理现象

学生由于受生活经验的干扰，很难摆脱一些错误的生活常识. 如“有力作用在物体上物体才运动”. 教师在帮助学生正确建立“运动和力”的关系时，常常用很多语言来解释，而用反证法则会事半功倍.

例 1 试说明地球通信卫星(同步卫星)的轨道一定在地球赤道平面上.

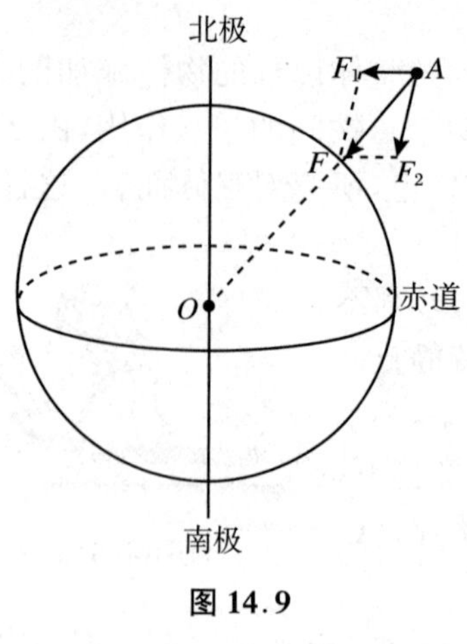

图 14.9

解析 地球同步卫星的周期与地球自转周期相同,相对于地球静止,它围绕地球的自转轴做匀速圆周运动,向心力由地球和卫星间的万有引力提供.那么它的轨道为什么一定要在地球赤道平面上呢?从反面来考虑,假设同步卫星的轨道不在地球赤道平面上,而过地面上空任一点,如图 14.9 所示的 A 点,则它受地球的引力 F 指向地心,一个分力 F_1 使它绕地轴转动,另一个分力 F_2 必然使卫星沿此方向坠落而与地球不能同步(因 F 与 $F_向$ 不共线造成),所以同步卫星的轨道只能在赤道平面上(这时 F 与 $F_向$ 共线且 $F = F_向$).

14.2.2 反证法论证物理规律

高中是培养学生抽象思维能力的重要时期.通过物理课程的教学,使学生掌握一些思维方法,促进学生思维能力的发展,这是物理教师的一项重要任务.物理学中有些问题直接论证(或说理解释)很困难,而采用间接证明就比较容易,有时会使他们从"山重水复疑无路"的困境中解脱出来,开拓了学生的思路,促进了学生思维能力的发展.

例 2 试论证楞次定律的正确性.

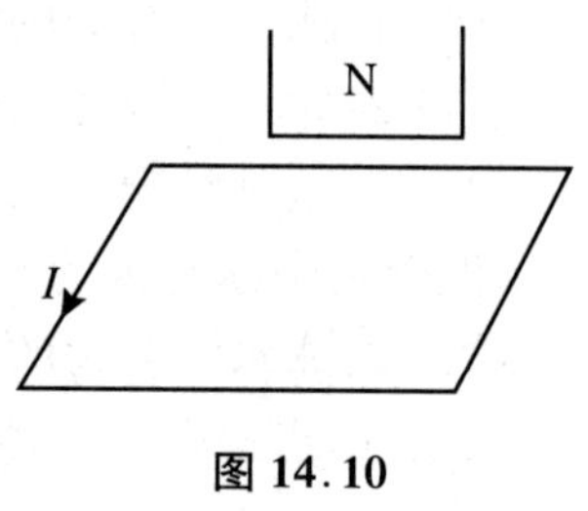

图 14.10

解析 根据楞次定律,感应电流的磁场总是阻碍引起感应电流的磁通量的变化.如图 14.10 所示,当磁铁向下移动时,穿过线圈的磁通量增加,依楞次定律可判定线圈中感应电流方向是逆时针的(俯视),阻碍原磁通量的增强,使磁铁机械能的减少转化为线圈中的电能.要证明楞次定律正确,可在图 14.10 中假设磁铁向下运动时,线圈中感应电流方向不是由楞次定律得出的逆时针方向,而是顺时针方向,则感应电流的磁场与原磁场方向相同,吸引磁铁使之机械能增加,同时线圈中又产生与感应电流对应的电能.这样,在整个过程中除没有消耗能量外还创生了能量,违背了能量的转化与守恒定律,故楞次定律是正确的.

例 3 证明任意两条磁感线不可能相交.

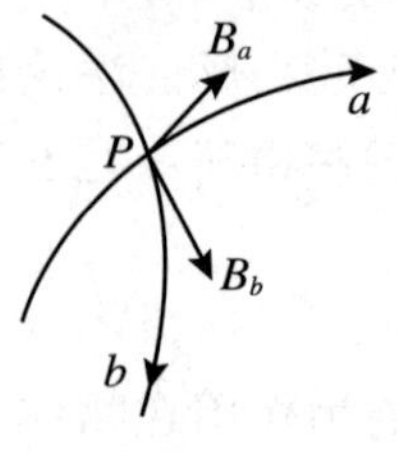

图 14.11

解析 1. 反设:假设两条磁感线 a、b 相交于 P 点,如图 14.11 所示.

2. 归谬:由磁感线性质可知,线上某点的切线方向与该点的磁场方向一致.在 P 点,对应于两条不同的磁感线就有两个不同的磁场方向 B_a、B_b,但某点的磁场只能有唯一确定的方向,不可能有两个方向.

3. 结论:假设不成立,即磁感线不会相交.

14.2.3 反证法理解物理概念

在物理教学中应用反证法，对学生理解、掌握物理概念，突破一些教学难点起到了较好的作用.比如高中教材《力学》中静摩擦力的概念、弹力的概念都是学生比较难掌握的，仅从正面进行反复讲解，学生总是理解不深、不透.我们结合一些习题运用反证法进行讲解，收到了较好的效果.

由弹力定义："两个物体直接接触，又彼此发生形变时，它们之间有相互作用的一对力叫弹力."这里需要说明"直接接触"只是产生弹力的必要条件，而不是充分条件.如果只有接触而无形变，也不产生弹力.

例 4 如图 14.12 所示，金属球分别与光滑的 AB 面、BC 面接触于 D、E 两点而处于静止状态，试分析金属球的受力情况.

解析 对于这道题，一部分学生认为，金属球受到三个力的作用：N_1、N_2、G，如图 14.13 所示.其实，N_1 是不存在的，这从正面阐述是很不容易说清楚的.而通过反证法，就可很容易证明.

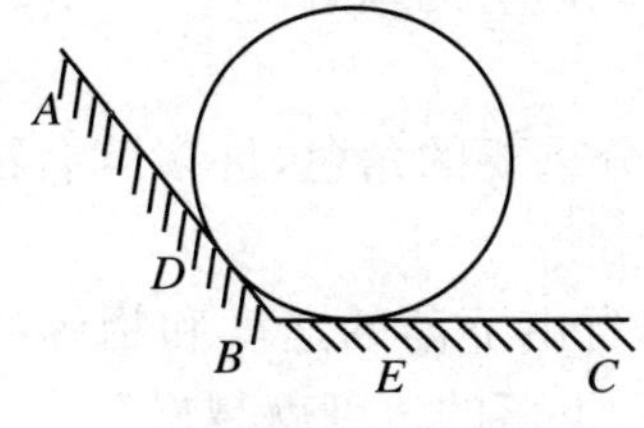

图 14.12

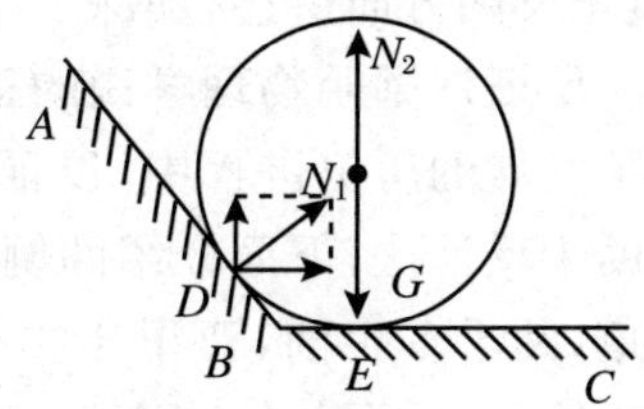

图 14.13

假设：N_1 这个力存在.

推论：则 N_1 的水平分力 N_{1x} 向右，而金属球并没有受到别的力与之平衡.即物体所受合外力不为零（$F_{合}\neq 0$）.根据牛顿第二定律，则金属球必有向右的加速度.

结论：以上推论跟已知条件金属球处于静止的前提相矛盾，所以假设不成立，则 N_1 是不存在的力.

由摩擦力定义："相互接触的两个物体，在接触面上发生阻碍相对运动的力叫摩擦力."这里需要说明"接触"只是产生摩擦的必要条件，而不是充分条件.如果只有接触面没有相对运动（或相对运动趋势），就不存在摩擦力.

例 5 圆盘在水平面内绕中心 O 点匀速转动.放在盘上的木块相对盘静止，与盘一起转动.分析木块受到的力.

解析 正确的受力分析如图 14.14(a)所示，木块受重力 G，方向竖直向下；受支持力 N，方向竖直向上；受摩擦力 f，方向指向圆心 O 点.

f 的方向总有学生认为不是指向圆心，而是指向前进的方向.理由是木块相对圆盘有沿切线方向向后运动的趋势.这种错误想法在学生中普遍存在着.

先用反证法证明 f 的方向指向圆心 O 点.

假设 f 的方向不指向圆心 O 点，而是与指向圆心的方向夹一 θ 角，如图 14.14(b)所示的水平面图.将 f 分解为 f_1 和 f_2 两个分力，f_2 为向心力，f_1 的存在要产生切线方向的加速度，改变木块速度的大小.这样木块将做非匀速圆周运动，它与圆盘不能保持相对静止，这与木块相对圆盘静止做匀速圆周运动相矛盾.因此分力 f_1 应等于零.因此 f 的方向只能指向圆心.

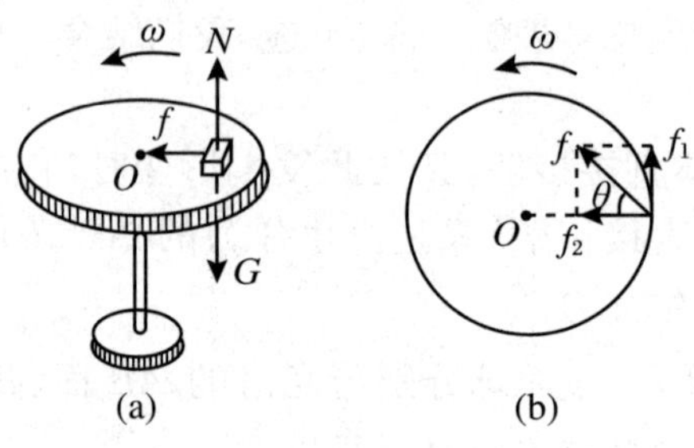

图 14.14

在学生确认 f 的方向必须指向圆心的基础上，再进一步分析木块相对于圆盘接触点的运动趋势不是沿切线向后，而是沿半径向外.尽管分析过程较复杂，学生听起来仍是津津有味，通过正反两方面讲述，加深了学生对相对运动趋势的理解.

14.2.4 反证法阐明物理学说的正误

在物理学发展的历史进程中，反证法扮演了十分重要的角色，许多著名物理问题的解决都曾借助于反证法，下面介绍两例.

我们知道，两千多年前，亚里士多德认为“物体自由下落的速度和物体的重量成正比”.因此，“物体越重，下落的速度就越快；物体越轻，下落的速度就越慢”.这一观察似乎接近日常生活的事实，因此两千多年来没有人怀疑过.直到伽利略在比萨斜塔用实验证明：一对同样大小的木球和铅球同时落地，从而确立了自由下落的物体的下落速度与它的质量没有关系.这是关于自由落体运动的一个重要结论.

那么，伽利略是怎么想到设计实验来挑战亚里士多德的观点的呢？其实在实验之前，通过反证法伽利略已经意识到亚氏学说的错误，他的论证过程如下.

例 6 证明：质量不同的物体同时自由下落时，它们的下落速度时刻保持相同.

解析 1. 反设：假设自由下落时，质量不同的物体下落的速度不相同，如重的物体下落快，轻的物体下落慢.

2. 归谬：如果把轻重两物体捆在一起，下落得更快还是更慢.一方面，捆在一起后总体重量更大，应该落得更快；另一方面，因重物下落快，轻物下落慢，下落快的重物将向下“牵带”着轻的物体，使其下落加快，而轻的物体将向上“牵拉”影响重物，使其下落变慢，因而两物体捆在一起的下落速度应介于两者之间.

3. 结论：上面从不同角度进行的两个推理，其推理过程正确无误，但结论却互相矛盾，说明原来的反设是错误的！同理，若一开始反设“重的物体下落慢，轻的物体下落快”，同样可以归谬出两个相矛盾的结论.这样，关于重物下落时的速度，只剩下一种可能的情况，即重量不同的物体同时自由下落时，其速度是相同的.

14.2.5 反证法解答物理习题

在实际教学中注意引导学生用反证法来分析问题，对培养逆向思维，开阔思路及提

高解题技巧无疑是大有帮助的.

例 7 如图 14.15 所示,A、B、C 三物体叠放在水平面上,在外力 F 作用下(作用于 B 物体)一起向右匀速运动,画出 B 物体的受力图.

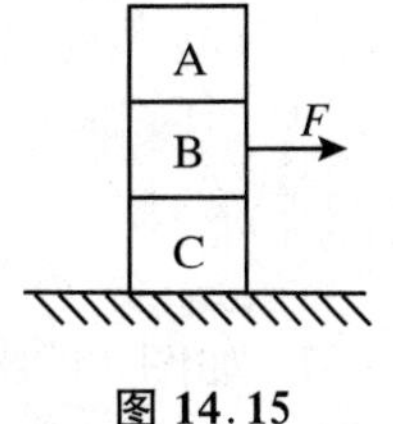

图 14.15

解析 设 B 物体受力情形如图 14.16(a)所示,根据牛顿第三定律画出 A 物体受力如图 14.16(b)所示,水平方向 $F_{合}=f_{BA}\neq 0$,由牛顿第二定律,得 A 物体加速向右运动,这与题设匀速运动相矛盾,说明 f_{BA} 及 f_{AB} 根本不存在,B 物体受力图应是如图 14.16(c)所示.

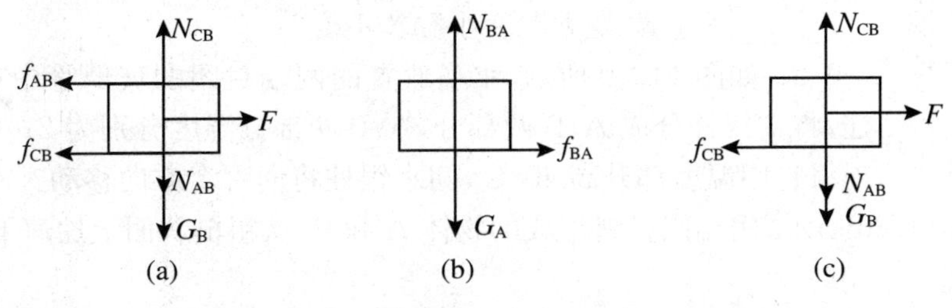

图 14.16

通过本题的反证,使学生领悟到:在不容易直接判断物体是否发生形变的情况下,就要根据物体的运动状态,运用力学知识来确定是否存在弹力作用.

例 8 如图 14.17 所示,竖直放置的光滑平行金属导轨,相距为 l,在导轨一端接有一个电容为 C 的电容器,匀强磁场垂直纸面向里,磁感应强度为 B.质量为 m 的金属棒 ab 可紧靠导轨自由滑动,试讨论金属 ab 的运动情况,并求出金属棒的加速度.(不计任何电阻,阻力也不计.)

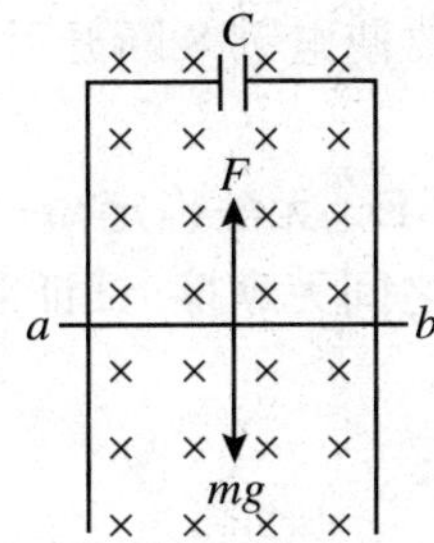

图 14.17

解析 ab 下滑时受重力 mg 和安培力 F 作用,且 $F=BIl$,式中,I 为充电电流.因电容器电量 $Q=CU=CBlv$,加速度 $a=\dfrac{\Delta v}{\Delta t}$,所以 $I=\dfrac{\Delta Q}{\Delta t}=CBl\dfrac{\Delta v}{\Delta t}=CBla$.

假设 ab 下滑时加速度 a 不断增大,由牛顿第二定律知 $a=\dfrac{mg-BIl}{m}$,若 a 不断增大,则要求 I 不断减小,这与 $I=BlCa$ 中 a 增大时,I 增大相矛盾,故 a 不可能增大,同理可以得出 a 减小是不可能的,所以 ab 棒必定会以恒定的加速度向下加速运动.

由牛顿第二定律知 $a=\dfrac{mg-BIl}{m}$,将 $I=CBla$ 代入,解得 $a=\dfrac{mg}{m+B^2l^2C}$.

总之,反证法是物理教学中一种行之有效的.值得注意的是,反证法也不是万能的,在实际应用中,要能够方便假设出与需要证明的结论相矛盾的论断,并且此结论的荒谬性较易推理论证时,采用反证法才较合适.此时,反证法作为证明方法的一种,有时起着直接证法不可替代的作用.

14.3 反证法思维训练

1. 如图 14.18 所示,某同学用 8 N 的力 F 把重 5 N 的木块压在竖直墙上保持静止,则:

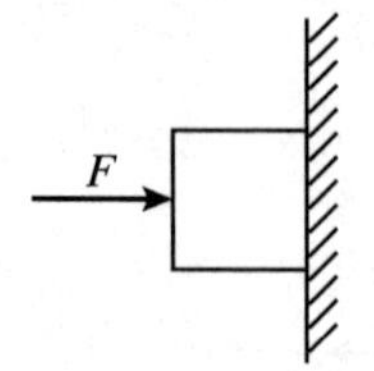

图 14.18

(1) 木块受到的摩擦力大小为________ N,方向________.

(2) 当人手对木块的压力增大到 12 N 时,木块受到的摩擦力将________.(选填“变大”“变小”或“不变”)

2. 如图 14.19 所示,水平放置的两端封闭的玻璃管中有一段水银柱,将空气柱分成 A、B 两部分,A、B 两部分温度分别为 27 ℃和 77 ℃.现将它们温度都升高 40 ℃,问水银柱将向哪个方向移动?

3. 如图 14.20 所示,用相同材料组成的物体 A 和 B,从粗糙斜面上加速下滑时,各受几个力作用?

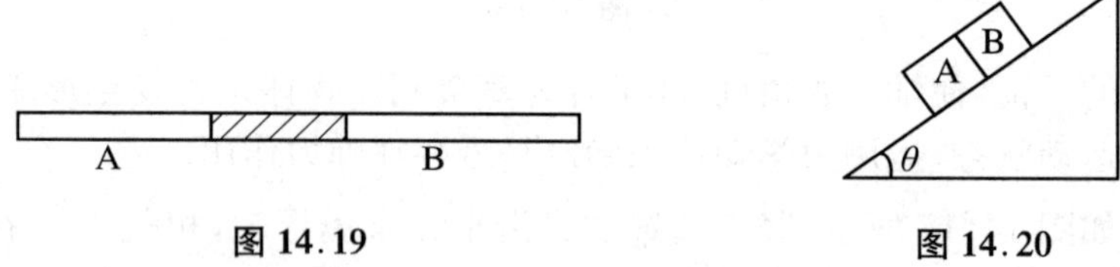

图 14.19　　图 14.20

4. 如图 14.21 所示,电源电压不变,闭合电键 S,灯 L 正常发光,要使电键 S 断开后,灯 L 仍正常发光,滑动变阻器的滑片 P 应(　　).

A. 向右移动　　B. 不动　　C. 向左移动　　D. 无法确定

5. 如图 14.22 所示,小钢球用细线拉着靠在光滑的墙上,球和墙之间无摩擦.试证明球静止时细线的延长线过球心.

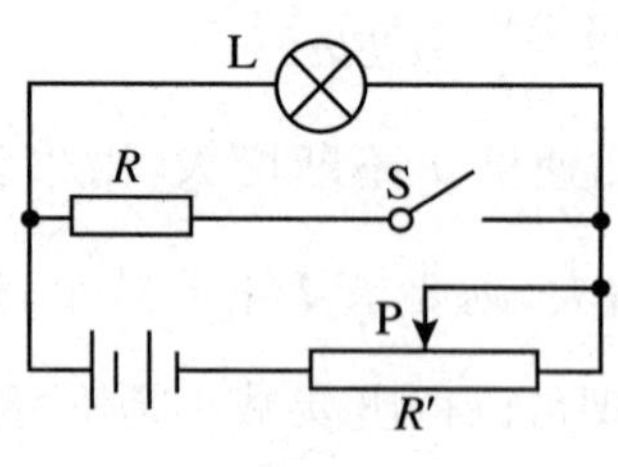

图 14.21

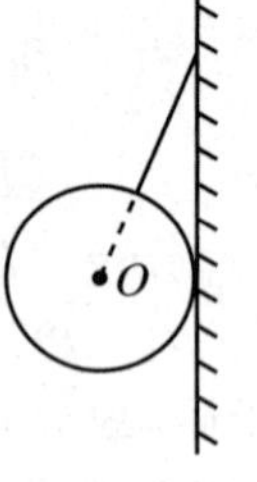

图 14.22

6. 一束光线射到放在空中的厚度均匀的玻璃砖上,如图 14.23 所示,试说明光线在玻璃砖表面 1 和表面 2 都不会发生全反射.

7. 证明:电场线与等势面垂直.

8. 证明:电荷只受电场力作用时,不可能总沿同一条弯曲的电场线运动.

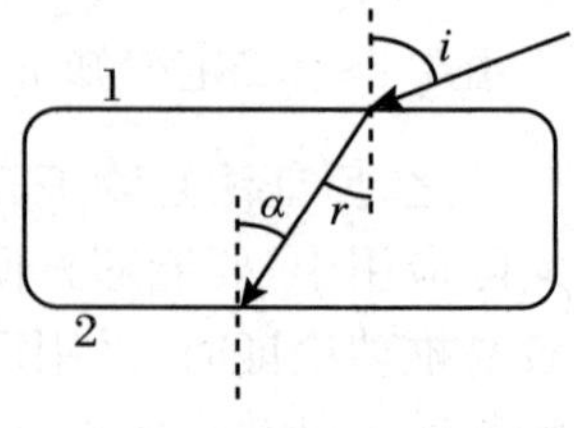

图 14.23

9. 如图 14.24 所示，在光滑的水平面上，质量为 M 的小球以速度 v_0 与一个静止的质量为 m 的小球发生正碰. 证明：若 $M>m$，则碰撞后 M 不可能反弹.

10. 如图 14.25 所示，质量为 M 的半圆槽放在光滑水平面上，质量为 m 的滑块从槽内最高点无初速度滑下(槽内表面光滑，初速度也为零)，试问滑块第二次达到最高点时是否还能达到原来的高度？(滑块可视为质点)

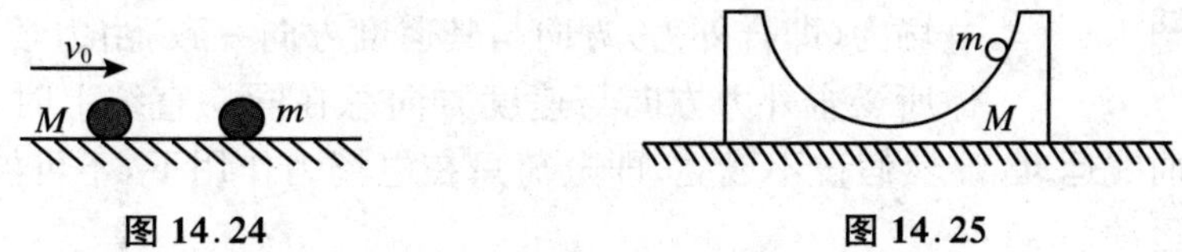

图 14.24　　图 14.25

14.4 反证法思维训练参考答案

1. (1) 5，竖直向上　(2) 不变

2. 向右

3. 均受 3 个力作用

4. A

5. 假设球静止时细线延长线不过球心，分析小球受力如图 14.26 所示. 则线对球的拉力 T 对球心产生一个力矩，这样 $\sum M_O \neq 0$，球要发生转动，这与球处于静止状态相矛盾，所以细线延长线一定要过球心.

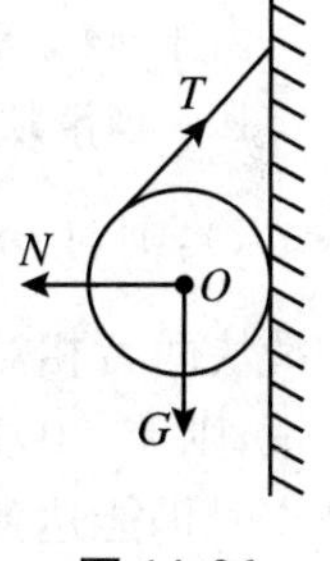

图 14.26

6. 光发生全反射的条件有两条. 一是光从光密介质射向光疏介质；二是入射角大于临界角. 设光射向玻璃砖表面 1 时的入射角为 i、折射角为 r，因为光从光疏介质射向光密介质，所以光不会在表面 1 发生全反射；从表面 1 折射的光线射到表面 2 发生折射时，是光密介质到光疏介质，其入射角为 α，设玻璃的折射率为 n，则临界角 $C=\arcsin\left(\frac{1}{n}\right)$，现在的关键是看入射角能否大于等于临界角 C. 假设入射角 $\alpha \geqslant C$，因为玻璃砖表面 1 和表面 2 平行，所以 $r=\alpha \geqslant C$，由折射定律 $n=\frac{\sin i}{\sin r}$，可得 $i \geqslant 90^\circ$. 这与实际不符，所以光在玻璃砖表面 2 也不可能发生全反射.

7. 假设电场线与等势面不垂直，如图 14.27 所示(虚线为等势面). 若沿等势面把检验电荷 q 由 A 点移到 B 点，移动过程中检验电荷所受电场力(与电场线平行)与移动方向不垂直，电场力必对检验电荷做功 W，由 $U_{AB}=W/q$ 知 A、B 两点必存在电势差，这与 A、B 两点在同一等势面上矛盾，假设不成立，故电场线一定与等势面垂直.

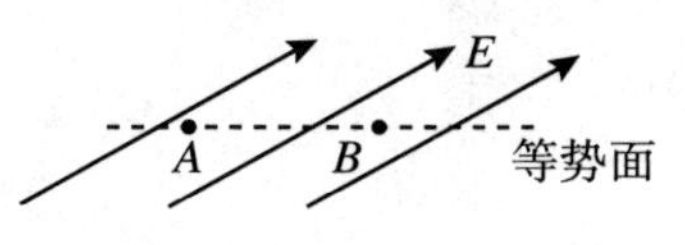

图 14.27

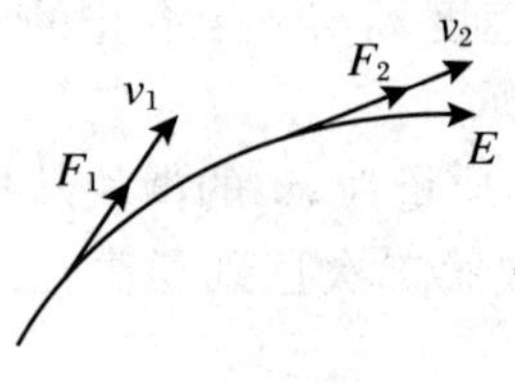

图 14.28

8. 假设电荷 $+q$ 只在电场力作用下沿同一条弯曲的电场线运动,即运动轨迹与弯曲的电场线重合,如图 14.28 所示.由电场线性质知,电荷 $+q$ 在任一位置所受电场力方向与该点电场线切线方向一致;由曲线运动特点知,电荷 $+q$ 在任一位置的速度方向与轨迹在该点切线方向一致.所以电荷在任一位置所受电场力(即合外力)方向与其速度方向一致.由力学知识知:当物体所受合外力方向与速度方向总在同一直线上时,物体必做直线运动而不是曲线运动.显然假设不成立,即电荷只在电场力作用下,不可能总沿同一条弯曲的电场线运动.

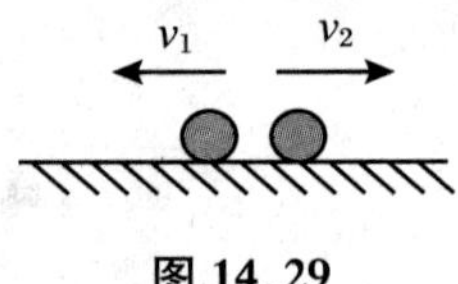

图 14.29

9. 假设碰撞后 M 反弹,其速度的大小为 v_1,而碰撞后 m 的速度大小为 v_2,如图 14.29 所示.取向右为正方向,根据动量守恒定律,有 $Mv_0=-Mv_1+mv_2$,则 $v_2=\dfrac{M(v_0+v_1)}{m}$.

碰撞前,系统总动能为

$$E_{前}=\frac{1}{2}Mv_0^2.$$

碰撞后,系统总动能为

$$E_{后}=\frac{1}{2}Mv_1^2+\frac{1}{2}mv_2^2=\frac{1}{2}M\left[v_1^2+\frac{M}{m}(v_0+v_1)^2\right].$$

由于 $M>m$,显然 $E_{后}>E_{前}$,这违背了能量守恒定律.故碰撞后 M 不可能反弹.

10. 当滑块第二次运动到最高点时,设它不能达到原来的高度(距离槽最底部为 h,$h<R$),则对 m、M 系统应用机械能守恒定律,有 $mgR=\dfrac{1}{2}(M+m)v^2+mgh$.此时槽和滑块两者相对静止有共同速度 v.又因为槽和滑块组成的系统水平方向不受外力,动量守恒,则 $v=0$,这样必有 $h=R$(从机械能守恒定律给出式得到),即滑块第二次运动到最高点时仍能达到原来的高度(此时 m、M 速度皆为零).

15 降 维 法

15.1 降维法概述

降维法是一种化繁为易、化难为易的思维方法，将一个三维图变成几个二维图或将一个二维图变成几个一维图就使问题变简单了．降维法的优点是把不易观察的三维空间物理量的关系在二维图中清晰地表现出来，或者把二维复杂的物理过程用简单的一维物理过程呈现出来，从而很容易地找到各物理量之间的关系．例如，当遇到一个空间受力问题时，将物体受到的力分解到两个不同平面上再求解．

在解答力学的三维空间问题时，应选择几个恰当的角度把物体受到的力分解到几个不同的平面上来进行求解．

例 1 如图 15.1 所示，长方形斜面体倾角为 37°，其长为 0.8 m，宽为 0.6 m．一重为 20 N 的木块原先在斜面体上部，当对它施加平行于 AB 边的恒力 F 时，刚好可使木块沿对角线 AC 匀速下滑，求木块与斜面间的动摩擦因数 μ 和恒力 F 的大小．

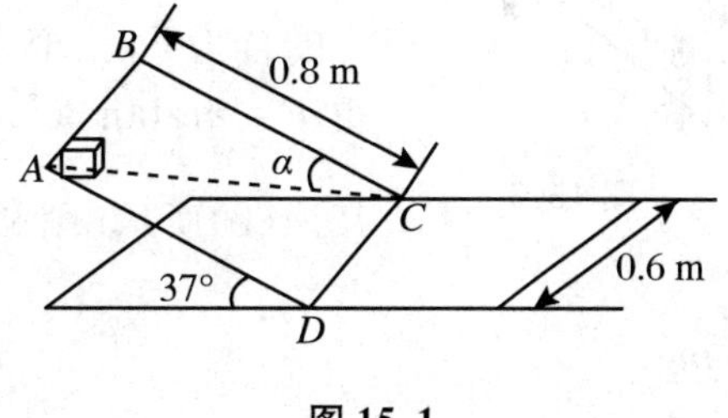

图 15.1

解析 木块在重力、推力、斜面的支持力和摩擦力四个力的作用下做匀速直线运动，所以受力平衡．但这四个力不在同一平面内，不容易看出它们之间的关系．如果我们把这些力分解在两个平面内，就可以将空间问题变为平面问题，使问题得到解决了．

将重力沿斜面、垂直于斜面的竖直面分解．我们从上面、侧面观察，如图 15.2(a)和图 15.2(b)所示．

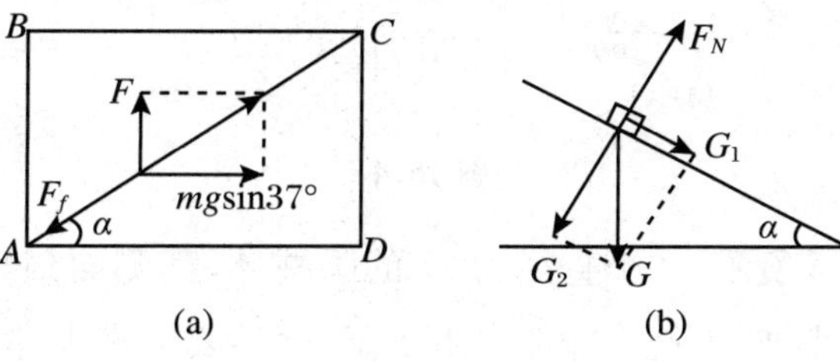

图 15.2

由于木块沿斜面向下做匀速直线运动，由平衡条件可知，重力沿斜面向下的分力 $mg\sin 37^\circ$ 与水平推力 F 的合力和木块受到的滑动摩擦力平衡，由几何关系，得

$$F = mg\sin 37^\circ \tan\alpha = 20 \times \frac{3}{5} \times \frac{0.6}{0.8}\ \mathrm{N} = 9\ \mathrm{N}.$$

木块受到的滑动摩擦力为

$$F_f = \sqrt{(mg\sin 37^\circ)^2 + F^2} = \sqrt{\left(20 \times \frac{3}{5}\right)^2 + 9^2}\ \mathrm{N} = 15\ \mathrm{N}.$$

木块受到的支持力为

$$F_N = mg\cos 37^\circ = 20 \times \frac{4}{5}\ \mathrm{N} = 16\ \mathrm{N}.$$

动摩擦因数为

$$\mu = \frac{F_f}{F_N} = \frac{15}{16}.$$

例 2 如图 15.3 所示，A、B 为竖直墙壁上等高的两点，AO、BO 为长度相等的两根轻绳，CO 为一根轻杆．转轴 C 在 AB 中点 D 的正下方，AOB 在同一水平面上．$\angle AOB = 90^\circ$，$\angle COD = 60^\circ$．若在 O 点处用轻绳悬挂一个质量为 m 的物体，则平衡后绳 AO 所受拉力的大小为________．

图 15.3

解析 设绳 AO 和绳 BO 拉力的合力为 F，对 O 点进行受力分析可知，O 点受到竖直绳的拉力 mg、杆的弹力 F_1 和绳 AO、BO 拉力的合力 F，三个力都在竖直面内，如图 15.4(a)所示．由平衡条件，得 $F = mg\tan 30^\circ$．再将 F 在 OAB 平面内沿 OA、OB 方向分解，如图 15.4(b)所示．则故绳 AO 所受拉力的大小为 $F_A = F_B = \frac{\sqrt{2}}{2}F = \frac{\sqrt{6}}{6}mg$．

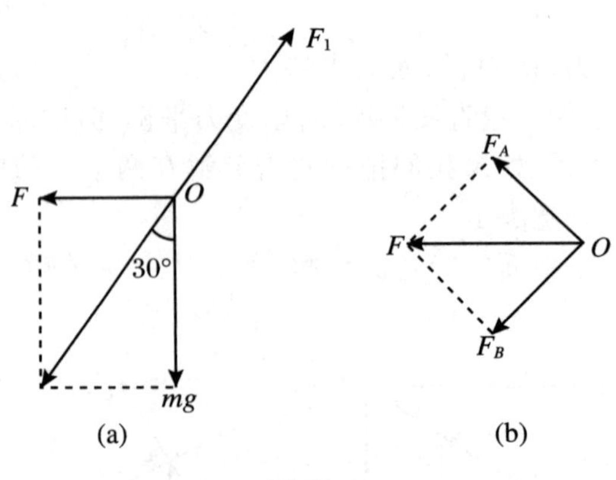

图 15.4

例 3 如图 15.5 所示，一个直径为 D 的圆柱体，其侧面刻有螺距为 h 的光滑的螺旋形凹槽，槽内有一小球，为使小球能自由下落，必须要以多大的加速度来拉缠在圆柱

体侧面的绳子?

解析 将圆柱体侧面的等距螺旋形凹槽展开成为平面上的斜槽,如图15.6所示,当圆柱体转一周时,相当于沿斜槽下降一个螺距 h,当圆柱体转 n 周时,外侧面上一共移动的水平距离为

$$n\pi D = \frac{1}{2}at^2. \quad ①$$

圆弧槽内小球下降的高度为

$$nh = \frac{1}{2}gt^2. \quad ②$$

联立①②式,得

$$a = \frac{\pi Dg}{h}.$$

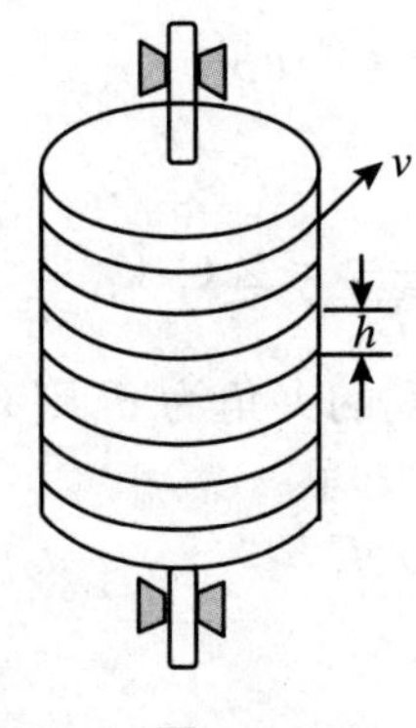

图 15.5

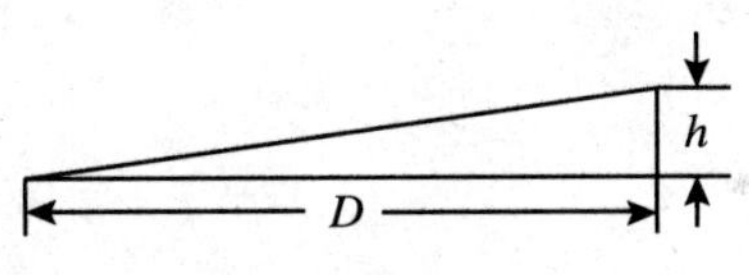

图 15.6

解题时利用等效的思想将立体图展开为平面图,具体将圆柱体侧面的等距螺旋形凹槽展开成平面上的斜槽,问题便迎刃而解.

例 4 有一边长为 a 的正方体盒子 $ABCD-EFGH$,如图15.7所示.在盒子的底部 E 处有一只蜘蛛,而在对角的顶点 C 处有一只苍蝇,假定苍蝇在 C 处不动.蜘蛛以恒定的速率 v 沿着盒子的表面爬行,求蜘蛛能捕捉到苍蝇的最短时间.

解析 将正方形盒子展开,把空间图形转化为平面图形,如图15.8所示.根据"两点之间的线段最短"可知,蜘蛛沿线段 EC 爬行时路径最短,所用时间最短.由勾股定理,得 $EC=\sqrt{5}a$.所以最短时间为 $t_{\min}=\frac{\sqrt{5}a}{v}$.

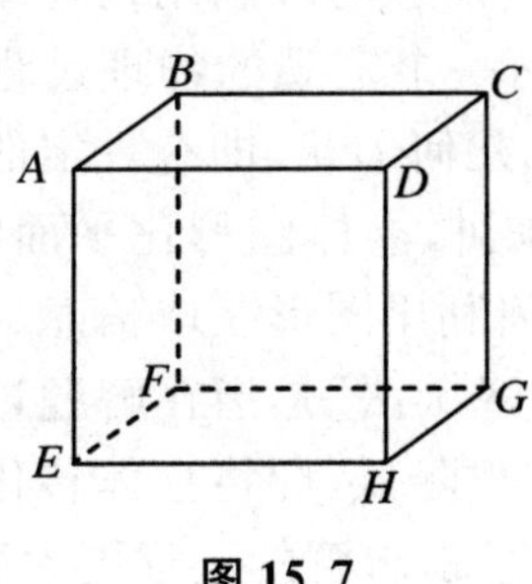

图 15.7

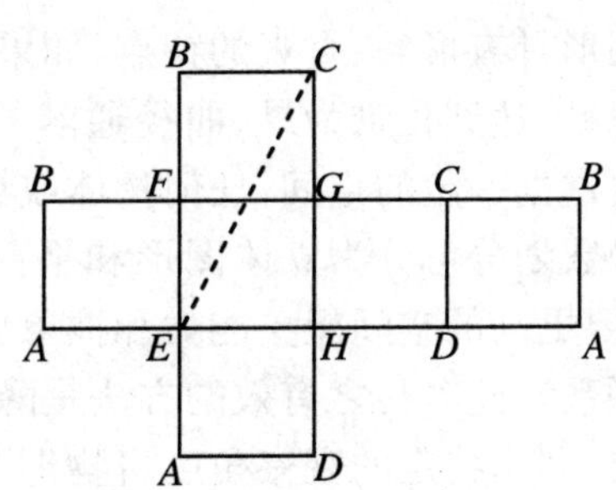

图 15.8

通过将空间问题转化为平面问题来研究，可使所研究的问题化难为易，变抽象为直观.

例 5 (2013 年南京大学自主招生)一带负电粒子以速度 $v = 20\ \mathrm{m/s}$ 射入存在重力场、电场和磁场的空间中，做匀速直线运动. 已知电场强度 $E = 4\ \mathrm{N/C}$，磁感应强度 $B = 0.15\ \mathrm{T}$，电场 E 和磁场 B 方向相同，求：

(1) 粒子的比荷.

(2) 确定电场和磁场的所有可能的方向.

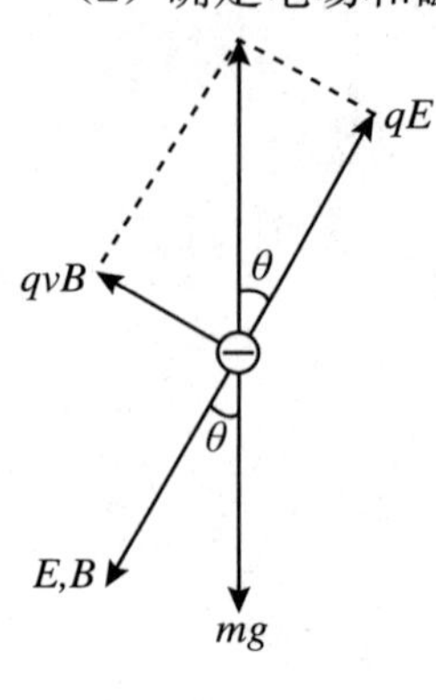

图 15.9

解析 根据带电粒子做匀速直线运动的条件，得知此带电粒子所受重力、电场力和洛伦兹力的合力为零. 由此推知，此三个力在同一竖直平面内，如图 15.9 所示，质点的速度垂直纸面向外. 根据平衡条件，有

$$(mg)^2 = (qvB)^2 + (qE)^2.$$

则粒子的比荷为

$$\frac{q}{m} = \frac{g}{\sqrt{(vB)^2 + E^2}} = 2\ \mathrm{C/kg}.$$

设电场和磁场方向与重力方向之间的夹角为 θ，则有

$$\tan\theta = \frac{qvB}{qE}.$$

解得

$$\theta = \arctan\frac{vB}{E} = 37^\circ.$$

即磁场是沿着与重力方向夹角 $\theta = 37^\circ$，且斜向下方的一切方向.

通过上面的 5 个例子，我们看到了降维法的思维特点，也看到了降维法对解题带来的直观形象. 一言以蔽之，“降维”的思想就是简化的思想，这种思维是物理思维的重要组成部分.

15.2 降维法例题精析

物理图形具有形象、直观的特点，如果在物理解题中能够巧妙利用物理图形，可以启迪学生的思维，达到化难为易、曲径通幽的效果. 但任何一个宏观的物理过程、微观的物质结构都要占据一定的空间，任何物体或场都有一定的几何形状，即有一定的空间维数，其按空间维数划分可分为立体图形和平面图形. 一般来讲，立体图形比平面图形要复杂得多，它需要更高的空间想象能力和抽象思维能力. 如何利用图形获取信息、找出各物理量之间的联系？此时行之有效的方法是降维法，所谓“降维法”是指在解题过程中，根据问题的需要，利用特定的观察角度将物理图形的空间维数降低，即将立体转化为平面、平面转化为直线、直线转化为点，从而使研究的对象更为直观、求解的过程更为简捷.

15.2.1 三维到二维

例 1 用同种规格的 12 根导线焊成一个立方体的骨架，如图 15.10 所示，若每根导线的电阻都是 r，求 A、C 间的总电阻.

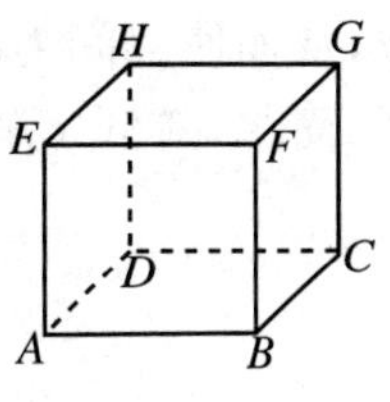

图 15.10

解析 为了画出等效电路图，我们可以把导线看成由橡皮筋做成，导线可以任意地伸长或缩短，但导线的电阻不变. 利用橡皮筋的形变，将下底面 $ABCD$ 的四条边扩大、上底面 $EFGH$ 的四条边缩小，再把上底面压到下底面上去，使立体图形成为平面图形，得到图 15.11(a). 该图以 AC 连线为中线，由于上下两部分对称，故 D、H、F、B 四点等电势，因此 DH 边与 FB 边可拆去，这时不难看出电路由三大支路并联而成，如图 15.11(b)所示. 其等效电路如图 15.11(c)所示. 这三大支路的电阻分别为 $2r$、$3r$、$2r$，由串、并联电路的特点可知，A、C 间的总电阻满足 $\frac{1}{R_{AC}}=\frac{1}{2r}+\frac{1}{3r}+\frac{1}{2r}$，所以 $R_{AC}=\frac{3}{4}r$.

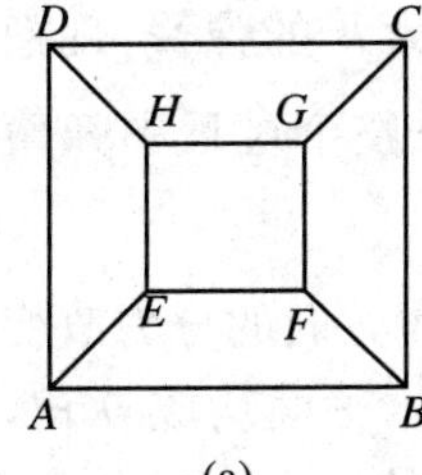

(a)

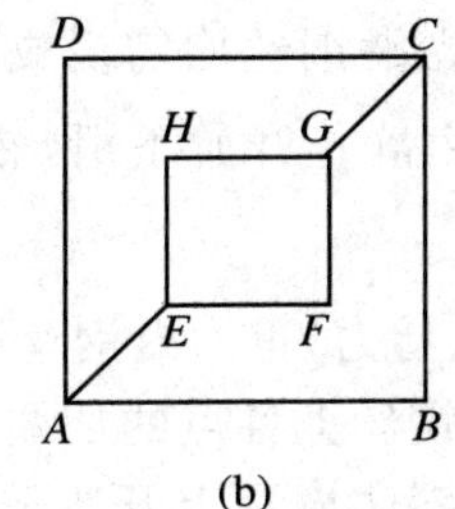

(b)

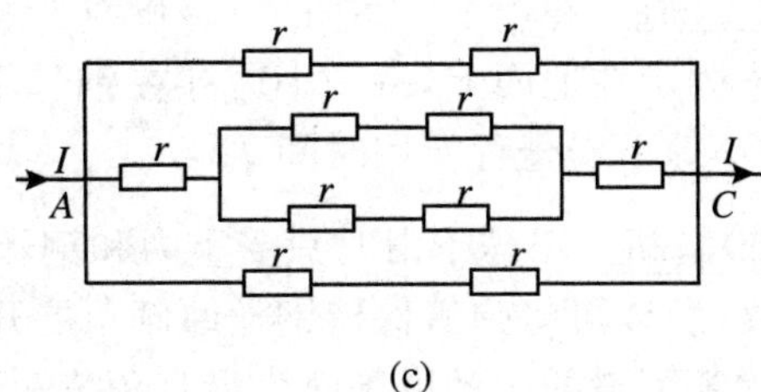

(c)

图 15.11

例 2 如图 15.12 所示，一个静止的圆锥体竖直放置，顶角为 α，质量为 m 且均匀分布的链条环水平地套在圆锥体上，忽略链条与圆锥体间的摩擦力，求链条环的张力.

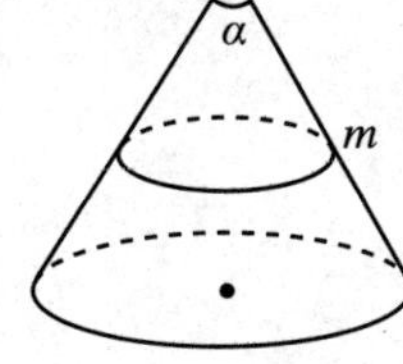

图 15.12

解析 假设链条环的半径为 R，在链条环中任取一小段 Δl，则其质量为 $\Delta m=\frac{\Delta l}{2\pi R}m$，$\Delta l$ 所对应的圆心角为 $\Delta\varphi$. 以这一小段链条为研究对象，受力有锥体的支持力 N，方向垂直于锥面向上，以及两端的张力 T 和重力 Δmg，这几个力并不在同一个平面内，故作出不同角度的平面图进行研究.

先作出俯视图，如图 15.13(a)所示，在水平面上 Δm 所受链条张力的合力为 $F=2T\sin\frac{\Delta\varphi}{2}$，因为 $\Delta\varphi$ 很小，则 $\sin\frac{\Delta\varphi}{2}\approx\frac{\Delta\varphi}{2}$，所以 $F=T\Delta\varphi$.

再作出正视图，如图 15.13(b)所示. Δm 受力平衡，在竖直方向有 $\Delta mg=N\sin\frac{\alpha}{2}$，在水平方向有 $F=N\cos\frac{\alpha}{2}$. 联立两式可得 $\tan\frac{\alpha}{2}=\frac{\Delta mg}{F}=\frac{\Delta mg}{T\Delta\varphi}$，把 $\Delta m=\frac{\Delta l}{2\pi R}m$，$\Delta l=R\Delta\varphi$ 代入，得 $T=\dfrac{mg}{2\pi\tan\frac{\alpha}{2}}$.

本题将研究对象的三维空间受力图转化为二维平面上的受力图，降低了空间的维数，从而使空间力的平衡问题转化为平面力的平衡问题，使研究对象的受力情况变得直观、简单，降低了解题的难度.

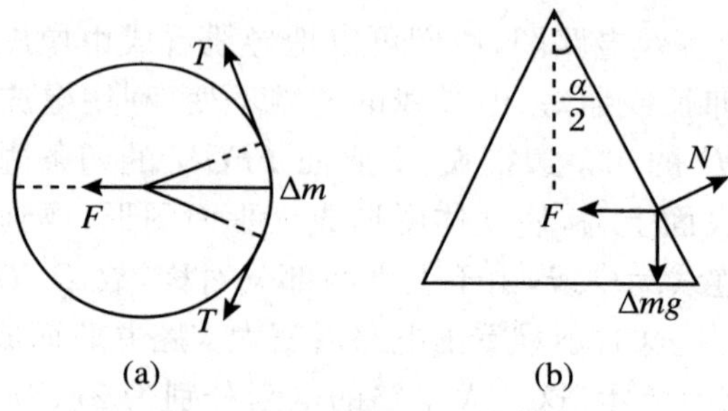

图 15.13

15.2.2 三维到一维

例 3 如图 15.14 所示，把长为 L 的光滑钢丝均匀绕成高为 h 的弹簧，现把该弹簧竖直固定在地面上，将一小球穿在钢丝上由静止开始下滑，忽略整个过程中弹簧的形变，求小球下滑全程所用时间 t.

解析 小球下滑时只受重力和钢丝支持力，重力沿钢丝切线方向的分力改变小球的速度.所以可将弹簧保持钢丝原倾角展开，钢丝上各点的切线与水平面均成 θ 角，故小球沿弹簧下滑的运动可等效为沿直角三角形斜边由顶点开始下滑的运动，如图 15.15 所示.则有

$$L = \frac{1}{2}at^2 = \frac{1}{2} \cdot g\sin\theta \cdot t^2,$$

$$\sin\theta = \frac{h}{L}.$$

解得

$$t = L\sqrt{\frac{2}{gh}}.$$

通过把三维的问题转化为一维的问题，使复杂的问题迎刃而解.

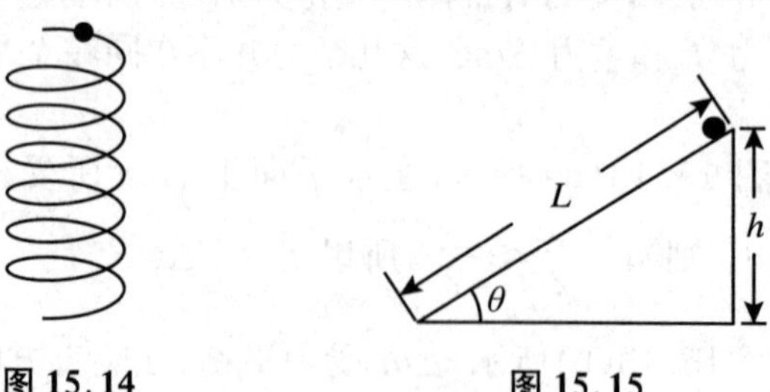

图 15.14　　图 15.15

15.2.3 二维到一维

例 4 如图 15.16 所示，边长为 a 的正方形线圈 $abcd$，在磁感应强度为 B 的匀强磁场中绕中心轴 OO' 匀速转动，转动的角速度为 ω，从图示位置开始计时，求线圈中感应电动势的瞬时表达式.

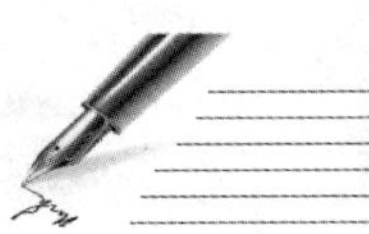

解析 线圈在磁场中转动时，有两条边 ad、bc 切割磁感线，因切割速度的方向在空间不断变化，故计算感应电动势比较麻烦．为此，可画出它的俯视图，如图 15.17 所示．

这样线圈平面在空间的转动就等效为直线 ab 在平面内的转动．在任一时刻 t，每一边产生的感应电动势均为

$$e_1 = Bav\cos\omega t,$$

其中 $v=\omega\dfrac{a}{2}$．回路中的总电动势为

$$e = 2e_1 = Ba^2\omega\cos\omega t.$$

将线圈平面在空间内的转动转化为直线在平面内的转动，感应电动势的产生过程变得简单、易于理解．

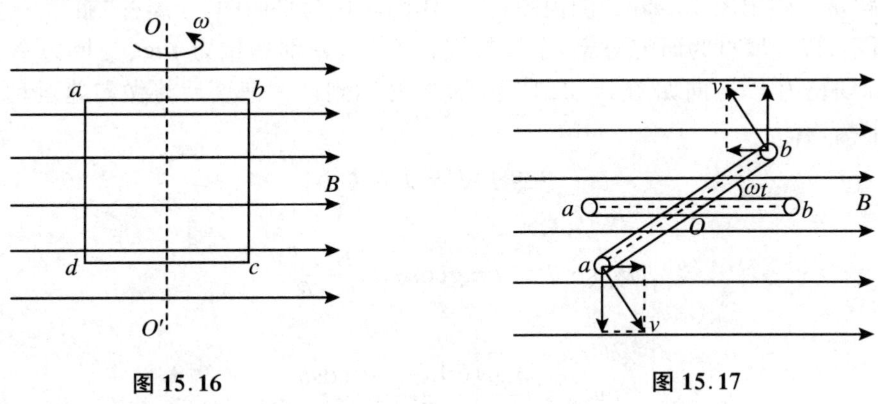

图 15.16　　图 15.17

15.2.4 一维到零维

例 5 如图 15.18 所示，一根通有电流 I_1 的长直导线 OO' 竖直放置，另有一矩形导线框 $abcd$ 放在竖直平面内，通有如图所示的电流 I_2，OO' 到 $abcd$ 平面的距离为 $4r$，边长 $ab=cd=5r$，$ad=bc=6r$，且 ab 和 cd 两边所在处的磁感应强度为 B（由 I_1 产生），试求 ab 边和 cd 边所受安培力的大小．

解析 画出图 15.18 的俯视图，如图 15.19 所示．直线段 OO'、ab、cd 分别"缩"为一点，根据安培定则，电流产生的磁场为以 OO' 为圆心的一系列同心圆，ab、cd 所在处的磁感应强度为 B，B 又与 ab、cd 垂直，故 ab 边和 cd 边受安培力如下：

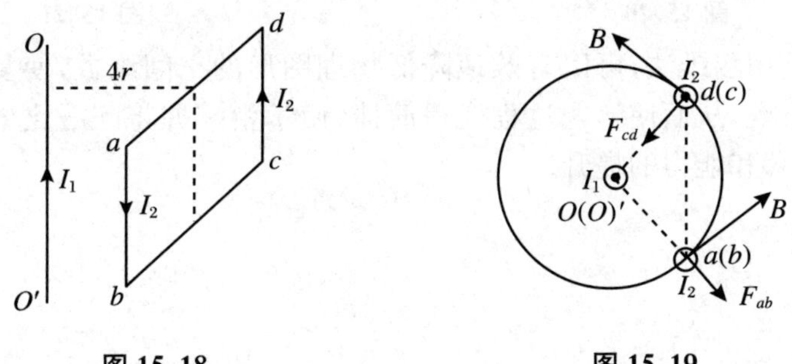

图 15.18　　图 15.19

$F_{ab}=BI_2(5r)=5BI_2r$，方向沿 Oa 向外背离 OO'．

$F_{cd}=BI_2(5r)=5BI_2r$，方向沿 dO 向里指向 OO'．

根据左手定则,安培力的方向既要垂直于磁场方向,又要垂直于电流方向,即安培力的方向垂直于电流和磁场所决定的平面,将导线“缩”为一点后,三者的方向显得直观且容易判定.

例 6 (2004 年高考北京卷)如图 15.20 所示,两根足够长的直金属导轨 MN、PQ 平行放置在倾角为 θ 的绝缘斜面上,两导轨间距为 L. M、P 两点间接有阻值为 R 的电阻.一根质量为 m 的均匀直金属杆 ab 放在两导轨上,并与导轨垂直,整套装置处于磁感应强度为 B 的匀强磁场中,磁场方向垂直斜面向下.导轨和金属杆的电阻可忽略.让 ab 杆沿导轨由静止开始下滑,导轨和金属杆接触良好,动摩擦因数为 μ.求在下滑过程中,ab 杆可以达到的速度的最大值.

解析 画出图 15.20 的侧视图,将立体图转化为平面图,金属杆“缩”为一点,如图 15.21 所示.以金属杆为研究对象,金属杆受四个力,分别是重力 mg、支持力 N、滑动摩擦力 f 和安培力 F,方向如图 15.21 所示.金属杆达到最大速度后将做匀速运动,故金属杆受力平衡,有

$$mg\sin\theta = f + F,$$

即

$$mg\sin\theta = \mu mg\cos\theta + \frac{B^2L^2v_m}{R}.$$

解得

$$v_m = \frac{mgR(\sin\theta - \mu\cos\theta)}{B^2L^2}.$$

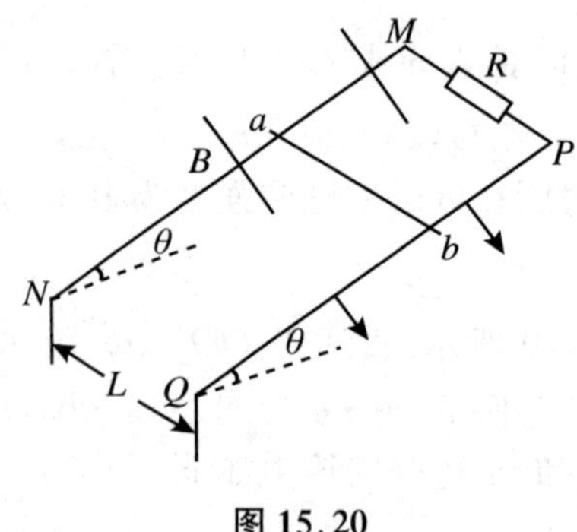

图 15.20

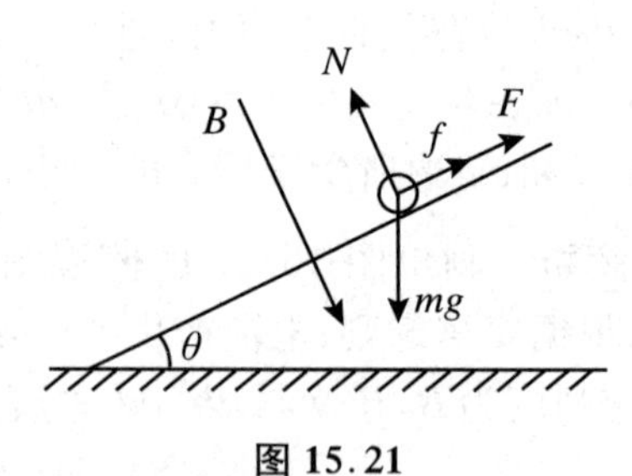

图 15.21

综上所述,利用降维法,可以有效地降低物理图形的空间维数,使复杂、抽象的物理图形变得简单、直观,从而使解题过程变得简捷,使学生掌握将问题化繁为简的方法,顺利实现知识的迁移和能力的提升.

15.3 降维法思维训练

1. 质量 $m=0.8$ kg 的长方形木块静止在倾角为 30°的斜面上，若用平行于斜面沿水平方向大小 $F=3$ N 的力推物体，它仍保持静止，如图 15.22 所示，则木块所受摩擦力的大小为________，方向为________.

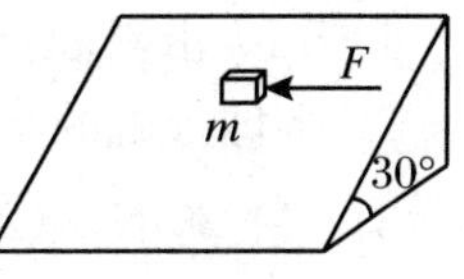

图 15.22

2. 三个半径为 r、质量相等的球放在一个半球形碗内，现把第四个半径也为 r、质量也相等的球放在这三个球的正上方，要使四个球都能静止，半球形碗的半径应满足什么条件？不考虑各处摩擦.

3. 如图 15.23 所示，表面光滑的实心圆球 B 的半径 $R=20$ cm，质量 $M=20$ kg，悬线长 $L=30$ cm. 正方形物块 A 的厚度 $\Delta h=10$ cm，质量 $m=2$ kg，物体 A 与墙之间的动摩擦因数 $\mu=0.2$，取 $g=10$ m/s^2. 问：

(1) 墙对物块 A 的摩擦力为多大？

(2) 如果在物块 A 上施加一个与墙平行的外力，使物块 A 在未脱离圆球前贴着墙沿水平方向做加速度 $a=5$ m/s^2 的匀加速直线运动，那么这个外力的大小和方向如何？

图 15.23

4. 雨伞绕竖直轴以角速度 ω 匀速转动，设雨伞伞面是水平的，距地面高为 h，伞面的半径为 R，落在伞面上的雨滴缓慢地流到边缘，雨滴从伞面边缘飞出后落到地面上形成一个大圆圈，则雨滴形成的圆圈的半径是多少？

5. 杂技演员在圆筒形建筑物内表演飞车走壁. 演员骑摩托车从底部开始运动，随着速度增加，圈子越兜越大，最后在竖直圆筒壁上匀速行驶，如图 15.24 所示. 如果演员和摩托车的总质量为 M，直壁半径为 R，匀速行驶的速率为 v，每绕一周上升的距离为 h，求摩托车匀速走壁时的向心力.

6. 将同种材料粗细均匀的电阻丝连接成立方体的形状，如图 15.25 所示，每段电阻丝电阻均为 r. 试求：

(1) A、G 两点间的等效电阻 R_{AG}.

(2) A、D 两点间的等效电阻 R_{AD}.

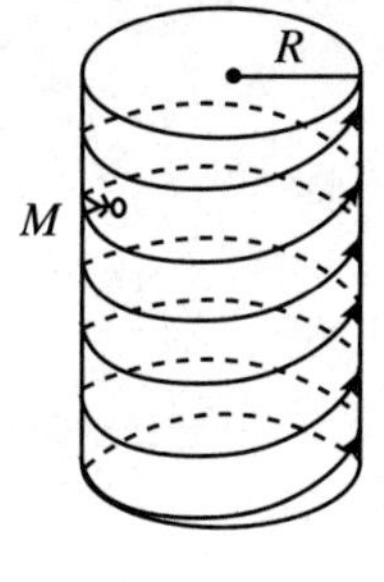

图 15.24

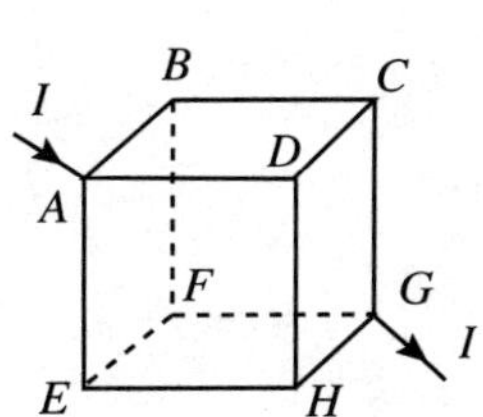

图 15.25

15.4 降维法思维训练参考答案

1. 5 N,沿斜面指向右上方,与水平方向的夹角为 53°

2. 半球形碗的半径需满足 $R \leqslant 7.633r$

3. (1) 20 N (2) $20\sqrt{5}$ N,方向沿墙面斜向上且与物体 A 水平运动方向的夹角为 $\arctan\frac{1}{2}$

4. $R\sqrt{1+\frac{2h\omega^2}{g}}$

5. $Mv^2\frac{4\pi^2 R}{4\pi^2 R^2+h^2}$

6. (1) $R_{AG}=\frac{5}{6}r$ (2) $R_{AD}=\frac{7}{12}r$

16 估 算 法

16.1 估算法概述

1945 年 7 月,当世界上第一颗原子弹爆炸时,物理学家费米把事先准备好的碎纸片从他的头顶上方撒下,碎纸片落到他身后约 2 m 处,由此费米估算出那颗原子弹爆炸的威力相当于 1 万吨 TNT 炸药爆炸的威力.那么费米是如何估算出原子弹爆炸威力的呢?其实,他的方法很简单,就是利用平抛运动的规律估算出来的.假设纸片是从 1.8 m 处撒下,根据平抛运动的规律 $x = v_0 t$ 和 $y = \frac{1}{2}gt^2$,解得风速为 $v_0 = x\sqrt{\frac{g}{2y}} \approx 3.3\ \text{m/s}$.费米正是利用这个速度进而估算出那颗原子弹爆炸的威力的.

物理学不是一门"精确"的科学,而是一门合理近似的科学.比精确计算更为重要的是,你如何对手头的问题进行合理的近似,进而对特征物理量进行一定的估算.估算是一种十分重要而有用的物理思考方法,也是在解决实际问题中非常需要的一种能力.在理论研究中,为了选择和建立恰当的物理模型,需要从总体上把握全局,首先要估算各参量的大小和各种可能效应的相对重要性,以判断什么是决定现象的主要机制,判断所采用的近似方法、抽象模型能否适用;在物理实验中,无论在设计实验方案还是在测量过程中,都要粗略估算被测量量的数值范围或数量级,以便选择适当的仪器;就算是在生产和日常生活中,也常要对某些物理量进行估算,以利于生产和生活.

下面我们看一下若干估算的例子.

16.1.1 云彩直径的估算

例 1 晴天正午,一朵圆形的云彩投影至大地,如图 16.1 所示.测得阴影的直径为 D,你是否能够从这唯一的测量值 D 来确定云的直径 d?

解析 若知道太阳离地的垂直距离 H 以及云彩离地的垂直距离 h,由三角形的相似可得精确的关系式为

$$d = \frac{D(H-h)}{H}.$$

h 的数量级是 10^3 m,而 H 的数量级是 10^{11} m.所以,我们可以大胆地得出近似答案为 $d = D$.虽不是很精确,但有其物理意义.

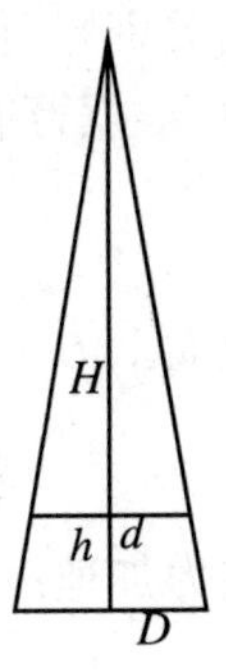

图 16.1

16.1.2　太阳质量的估算

例 2　为了研究太阳演化进程,需要知道目前太阳的质量 M.已知地球半径 $R=6.4\times10^6$ m,地球质量 $m=6.0\times10^{24}$ kg,日地中心的距离 $r=1.5\times10^{11}$ m,地球表面处的重力加速度 $g=10$ m/s^2,1 年约为 3.2×10^7 s,试估算目前太阳的质量 M.

解析　由于地球半径 R 与日地中心距离 r 相差五个数量级,故地球可以看成质点.地球绕太阳做匀速圆周运动,根据万有引力定律和牛顿第二定律,有

$$G\frac{Mm}{r^2}=m\left(\frac{2\pi}{T}\right)^2r.$$

地球表面处的重力加速度 $g=\frac{Gm}{R^2}$,所以 $M=m\left(\frac{2\pi}{T}\right)^2\frac{r^3}{R^2g}$.代入的数据很复杂,计算过程却可以做近似处理.比如,$\pi^2\approx g$,$3.2^2\approx10$,$6.4^2\approx40$,所以 $T^2=(3.2\times10^7)^2\approx10^{15}$,$R^2=(6.4\times10^6)^2\approx4\times10^{13}$.可以快速得到数量级正确的结果为 $M=2\times10^{30}$ kg.

16.1.3　地球大气层分子数的估算

例 3　已知地球半径 $R=6.4\times10^6$ m,地球表面处的重力加速度 $g=9.8$ m/s^2,大气压强 $p_0=1.0\times10^5$ N/m^2,空气的平均摩尔质量 $M=29$ g/mol,阿伏伽德罗常数 $N_A=6.02\times10^{23}$/mol.估算地球周围大气层的空气分子数.

解析　已知空气平均摩尔质量为 M,为了计算空气分子数,就必须求出大气总质量 m,再联想到“大气压强是由大气重量产生的”这一结论,由大气压强 p_0 和地球半径就能求出大气的总质量 m.则有

$$p_0=\frac{mg}{S}=\frac{mg}{4\pi R^2}.$$

解得

$$m=\frac{4\pi R^2p_0}{g}=\frac{4\times3.14\times(6.4\times10^6)^2\times1\times10^5}{9.8}\text{ kg}=5.2\times10^{18}\text{ kg}.$$

空气分子数为

$$N=\frac{m}{M}N_A=\frac{5.2\times10^{18}}{2.9\times10^{-2}}\times6\times10^{23}=1\times10^{44}.$$

这里也许有人认为,不同高度处重力加速度是不同的,上面的估算是不成立的,为了回答这一问题,我们可以研究一下大气层不同高度处重力加速度的变化到底有多大.从相关资料(例如高中地理课本)中可以查出:大气质量的99.9%集中在50 km以下的范围内.根据万有引力定律,得地球表面处的重力加速度为

$$g=\frac{Gm_{地}}{R^2}.$$

地面上方 h 高度处的重力加速度为

$$g'=\frac{Gm_{地}}{(R+h)^2}.$$

重力加速度的相对变化为

$$\frac{\Delta g}{g}=\frac{g-g'}{g}=1-\frac{R^2}{(R+h)^2}=\frac{2Rh+h^2}{(R+h)^2}.$$

$R=6.4\times10^{6}$ m，取 $h=50$ km，h 远小于 R，上式可简化为

$$\frac{\Delta g}{g}\approx\frac{2h}{R}=1.6\%.$$

作为估算，这样的加速度变化可以忽略，而近似地认为大气层不同高度处加速度是相同的.

16.1.4 水分子直径的估算

例 4 根据有关知识估算水分子的直径.

解析 虽然水分子有着复杂的内部结构，但为了知道水分子的大小，我们可以把小球作为水分子的简化模型，认为它们一个挨一个排列在一起. 则每个水分子的体积为 $V_0=\frac{4}{3}\pi R^3$. 1 mol 水的质量为 $M=1.8\times10^{-2}$ kg，其摩尔体积为 $V=\frac{M}{\rho}=\frac{1.8\times10^{-2}}{1.0\times10^{3}}\ \text{m}^3=1.8\times10^{-5}\ \text{m}^3$. 每个水分子所占的体积为 $V_0=\frac{V}{N_A}$，所以有 $\frac{4}{3}\pi R^3=\frac{V}{N_A}$，得 $R=\sqrt[3]{\frac{3V}{4\pi N_A}}\approx2.0\times10^{-10}$ m.

进行上面计算的前提是把水分子想象为一个挨一个排列在一起的球体.

16.1.5 光电效应估算

例 5 在讲授爱因斯坦光电效应一节时，可对产生的光电流的可观测性提出疑问，估算其产生的光电流的大小.

解析 如果以强度为 $1.4\times10^{3}\ \text{W/m}^2$（相当于太阳照射到地球表面的强度）的紫光照射感光金属，紫光的频率是 6.7×10^{14} Hz. 假定能产生光电效应，金属表面每平方厘米每秒收到的能量为

$$W=1.4\times10^{3}\times1\times10^{-4}\times1\ \text{J}=0.14\ \text{J}.$$

由爱因斯坦的光子说，得每个光子的能量为

$$E=h\nu=6.63\times10^{-34}\times6.7\times10^{14}\ \text{J}=4.44\times10^{-19}\ \text{J}.$$

金属表面每平方厘米每秒收到的光子数为

$$N=\frac{W}{E}=\frac{0.14}{4.44\times10^{-19}}=3.15\times10^{17}.$$

原子直径的数量级是10^{-10} m，金属表面每平方厘米约有的电子数为

$$n=\frac{S}{\frac{1}{4}\pi d^2}=\frac{1\times10^{-4}}{\frac{1}{4}\times3.14\times(10^{-10})^2}=1.27\times10^{16}.$$

所以，一个电子每秒吸收一个光子的概率为

$$\frac{N}{n}=\frac{3.15\times10^{17}}{1.27\times10^{16}}=24.8.$$

产生光电效应的时间是非常短的，只有10^{-9} s，可以说，如果调节加在光电管两端的电位器，那么流过光电管的饱和电流（每秒逸出金属表面的电量）约为

$$I=ne=1.27\times10^{16}\times1.60\times10^{-19}\ \text{A}=2.03\times10^{-3}\ \text{A}.$$

这是完全可以观测的电流强度. 再者如果入射光的强度越强，光电流也越大；如果是

多电子原子，光子被吸收的概率会更大，光电流也越强；光照射金属的面积越大，光电流也越强.

在上面的简单估算中，我们要用到光强度、爱因斯坦的光子假设等物理规律，还要用到量纲分析、近似理论等.通过估算，学生不仅加深了对光电效应的理解，锻炼了解决实际问题的能力，还提高了学习兴趣.

16.1.6 电学实验中的估算

例 6 (2009 年高考安徽卷)用如图 16.2 所示的电路测定一节干电池的电动势和内阻.电池的内阻较小，为了防止在调节滑动变阻器时造成短路，电路中用一个定值电阻 R_0 起保护作用.除电池、开关和导线外，可供使用的实验器材还有：

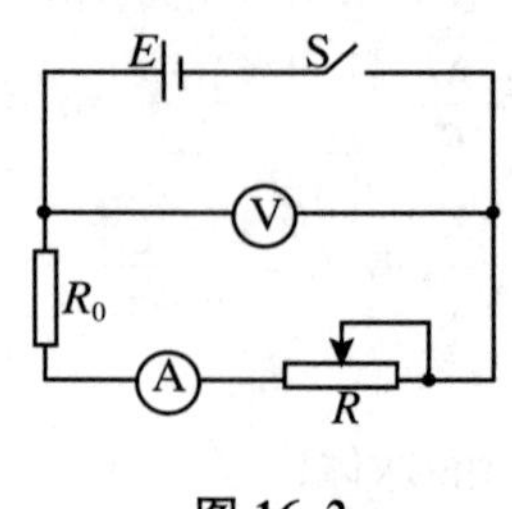

图 16.2

① 电流表(量程 0.6 A、3 A).
② 电压表(量程 3 V、15 V).
③ 定值电阻(阻值 1 Ω、额定功率 5 W).
④ 定值电阻(阻值 10 Ω、额定功率 10 W).
⑤ 滑动变阻器(阻值范围 0～10 Ω、额定电流 2 A).
⑥ 滑动变阻器(阻值范围 0～100 Ω、额定电流 1 A).

那么：

(1) 要正确完成实验，电压表的量程应选择________ V，电流表的量程应选择________ A；R_0 应选择________ Ω 的定值电阻，R 应选择阻值范围是________ Ω 的滑动变阻器.

(2) 引起该实验系统误差的主要原因是________________________.

解析 由于电源是一节干电池(1.5 V)，故选量程为 3 V 的电压表.估算电流时，考虑到干电池的内阻一般为几欧姆，加上保护电阻，最大电流在 0.5 A 左右，所以选量程为 0.6 A 的电流表.由于电池内阻很小，所以保护电阻不宜太大，否则会使得电流表、电压表取值范围过小，造成误差变大.滑动变阻器的最大阻值一般比电池内阻大几倍就好了，取 0～10 Ω 能很好地控制电路中的电流和电压，若取 0～100 Ω 则会出现开始几乎不变最后突然变化的现象.

系统误差一般是由测量工具和所选择的测量方法造成的，具有倾向性，总是偏大或者偏小.本实验中由于电压表的分流作用造成电流表读数总是比电池实际输出电流小.

其实，现实生活中常会遇到一些问题，能估算则足矣.从上面的几个例子我们可以看到，要使估算能力提高需要掌握如下方法：

(1) 直接记住一些基本常数、重要单位的换算率，以及在本人生活经历中有过特殊接触的事物的数量级.这是进一步对其他量做估算的出发点.如光速 $c=3\times10^8$ m/s，万有引力常数 $G=6.67\times10^{-11}$ N·m^2·kg^{-2}，普朗克常数 $h=6.626\times10^{-34}$ J·s，电子电量 $e=1.602\times10^{-19}$ C，地球半径 $R=6.4\times10^6$ m，地球表面处的重力加速度 $g=9.8$ m/s^2 等.

(2) 要留心物质世界时间和空间的数值范围或数量级，以便对估算结果的合理性心中有“数”.

(3) 在寻求量与量的相关关系时，常要借助物理规律、量纲分析、现象类比、近似理论等做一定的近似，建立适当的物理模型，做一些精确计算，做到“粗”中有“细”.

通过前面的叙述，我们可以明确在物理学中如何利用估算法进行解题和科学研究.估算法是一种重要的解题方法和科学研究方法.在解题方面，不同的题型有不同的估算方法，如何运用是讨论的关键，经常应用估算法可以启迪学生的思维，加深对物理知识的灵活应用，领悟物理学的真谛与奥妙.估算法可以使物理学研究具有自觉性，减少盲目性，它是发现新事物及建立新概念、新理论的桥梁.实践证明，通过教师的正确引导，让学生潜移默化地运用估算来解决学习或生活中所遇到的问题，久而久之，养成习惯，可以加深学生对物理现象的实感，从而增进学生对事物本质的洞察能力.

16.2 估算法例题精析

估算法(包括近似法)是利用物理概念、规律、常数和生活常识对物理量的数值、数量级进行快速计算以及对取值范围合理估测的方法.估算是一种科学的近似计算，它不但是一种常用的解题方法和思维方法，而且是一种重要的科学研究方法，在生产和生活中也有着重要作用.因此，估算题成为了高考命题的热点.

精确体现思维的严谨，估算体现思维的灵活.在生产和生活实践中，各种数据往往都是对真实数据在一定程度上的近似，真正准确的数据在操作和测量中是无法做到的，不同的只是在多大程度上的近似，所谓真实值只有在理论计算中才有意义.有些物理问题本身的结果并不一定需要有一个很精确的答案，比如长江的长度，我们若精确到毫米就实在没有多大意义了.但是，往往需要我们对问题有一个取值范围的估计；有些问题，由于现实条件的限制，无法测出准确数值，如测量分子的直径，这时我们可以充分利用实验结果，对其进行数量级的计算.可见，估算是一种十分重要而且有用的物理方法，也是解决实际问题所必需的一种能力.灵活运用物理知识对具体问题进行合理的估算，是学生科学素质和学习潜能的重要体现.在近几年的高考命题中，几乎每年都有估算型试题出现，所以应该引起足够的重视.

物理估算题一般是指依据一定的物理概念和规律，运用物理方法和近似计算方法，对所求物理量的数量级或物理量的取值范围进行大致的、合理的推算.其特点是在“理”不在“数”，它要求考生在分析和解决问题时，要善于抓住事物的本质特征和影响事物发展的主要因素，忽略次要因素，从而使问题得到简捷的解决，迅速获得合理的结果.

估算常用的方法有理想模型法、物理常量法、生活数据法、逻辑推理法、数学近似法、设计实验法等.下面是分类例析.

16.2.1 理想模型法

理想模型法是将实际问题抽象成理想模型后进行估算的一种方法.

例 1 已知喜马拉雅山岩石的密度约为 $\rho=2.5\times10^3\ \mathrm{kg/m^3}$，这种岩石能承受的最大压强约为 $p_m=2.75\times10^8\ \mathrm{Pa}$，试估算喜马拉雅山高度的极限.

解析 姑且把喜马拉雅山近似看作一个“柱形结构体”，这个柱体受到压力最大的部分是山的底部．一旦底部的压强超过允许的最大压强，这部分岩石就会开裂或熔化，引起山体坍塌．根据所建模型，设山高为 h，横截面积为 S，则山的重量为 $G=\rho Shg$．山底部岩石所能承受的压强为 $p_{\mathrm{m}}=\dfrac{G}{S}=\rho gh$，所以 $h=\dfrac{p_{\mathrm{m}}}{\rho g}=\dfrac{2.75\times10^{8}}{2.5\times10^{3}\times10}=1.1\times10^{4}$ m．这表明喜马拉雅山如果能继续长高的话，其最大高度也只能是 1.1 万米左右．

16.2.2 物理常量法

物理常量法是利用已知的一些物理常量进行估算的一种方法．

例 2 (1997 年高考全国卷)已知月球绕地球的运动可近似看作匀速圆周运动，则可估算出月球到地心的距离约为________ m.(结果只保留一位有效数字)

解析 设地球的质量为 M，月球的质量为 m，月球绕地球运动的周期为 T，月球到地心的距离为 r，地球对月球的万有引力充当月球绕地球做匀速圆周运动的向心力，即

$$G\frac{Mm}{r^2}=m\frac{4\pi^2}{T^2}r.$$

设地面上某一物体的质量为 m_0，地球半径为 R，不考虑地球自转的影响，物体所受的重力等于地球对物体的万有引力，即

$$m_0g=G\frac{Mm_0}{R^2}.$$

由①②两式，得

$$r=\sqrt[3]{\frac{gT^2R^2}{4\pi^2}}.$$

接下来，合理地利用物理常数将为估算带来方便．已知地球半径约为 6.4×10^{6} m，g 取 10 $\mathrm{m/s^2}$，$\pi^2=10$，月球绕地球运动的周期取 27 天，则

$$r=\sqrt[3]{\frac{10\times(27\times24\times3600)^2\times(6.4\times10^6)^2}{4\times10}}\approx4\times10^{8}(\mathrm{m}).$$

16.2.3 生活数据法

生活数据法是利用现实生活中一些合情合理的数据进行估算的一种方法．

例 3 (2004 年高考上海卷)1 kW·h 电能可以做很多事．请估算 1 kW·h 的电能全部用来托起一位普通高中生时，他被提升的高度最接近(　　)．

A. 2 m　　B. 20 m　　C. 700 m　　D. 7000 m

解析 $E_{电}=1$ kW·h $=3.6\times10^{6}$ J，一位普通高中生的质量大约为 50 kg，根据题意，消耗的电能转化为高中生的重力势能，即

$$E_{电}=mgh.$$

解得

$$h=\frac{E_{电}}{mg}=\frac{3.6\times10^6}{50\times10}\ \mathrm{m}=7200\ \mathrm{m}.$$

故选项 D 正确．

16.2.4 逻辑推理法

逻辑推理法就是运用相关物理知识和物理规律对问题进行综合分析、逻辑判断、合理推理，进而对结果进行有效估算.

例 4 如图16.3所示，在光滑的水平支撑面上，有A、B两个小球.A球动量为10 kg·m/s,B球动量为12 kg·m/s.A球追上B球并相碰，碰撞后，A球动量变为8 kg·m/s，方向没变，则A、B两球质量的比值为( ).

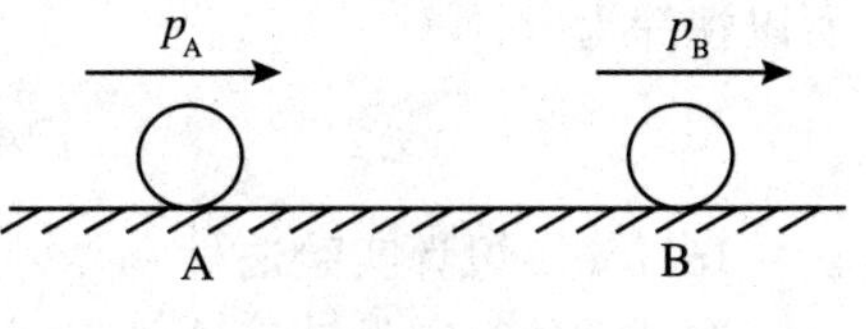

图 16.3

A. 0.5　　B. 0.6　　C. 0.65　　D. 0.75

解析 A、B两球同向运动，A球追上B球的条件是 $v_A > v_B$. 两球碰撞过程中动量守恒，且动能不会增加，碰撞结束后 $v_A' < v_B'$.

由碰前 $v_A > v_B$，得 $\frac{p_A}{m_A} > \frac{p_B}{m_B}$，即 $\frac{m_A}{m_B} < \frac{p_A}{p_B} = \frac{5}{6} = 0.83$.

由碰撞过程动量守恒，得 $p_A + p_B = p_A' + p_B'$，$p_B' = 14$ kg·m/s.

由碰撞过程的动能关系，得

$$\frac{p_A^2}{2m_A} + \frac{p_B^2}{2m_B} \geqslant \frac{p_A'^2}{2m_A} + \frac{p_B'^2}{2m_B}, \quad \frac{m_A}{m_B} \leqslant \frac{36}{52} = 0.69.$$

由碰后 $v_A' < v_B'$，得 $\frac{p_A'}{m_A} < \frac{p_B'}{m_B}$，$\frac{m_A}{m_B} > \frac{p_A'}{p_B'} = \frac{8}{14} = 0.57$.

所以A、B两球质量之比满足 $0.57 < \frac{m_A}{m_B} \leqslant 0.69$，选项B、C正确.

此题中的两球相碰过程遵守多条规律，在对问题的估算中，需同时对多种结果综合考虑、逻辑推理，才能给出对结果的最后预测.

16.2.5 数学近似法

数学近似法是利用合理的数学近似进行估算的一种方法. 在物理估算中，常用到下列一些数学近似公式：当 θ 很小时，$\sin\theta = \tan\theta = \theta$，$\cos\theta = 1$；当 $a \gg b$ 时，$a + b = a$，$\frac{1}{a} + \frac{1}{b} = \frac{1}{b}$；当 $a \approx b$ 时，$\sqrt{ab} = \frac{1}{2}(a+b)$；当 $a \ll 1$ 时，$(1 \pm a)^n = 1 \pm na$ 等.

例 5 在水下1 m处放置一个小物体，当人从水面正上方往下看时，物体离水面的深度为多少？(已知水的折射率 $n = 1.3$.)

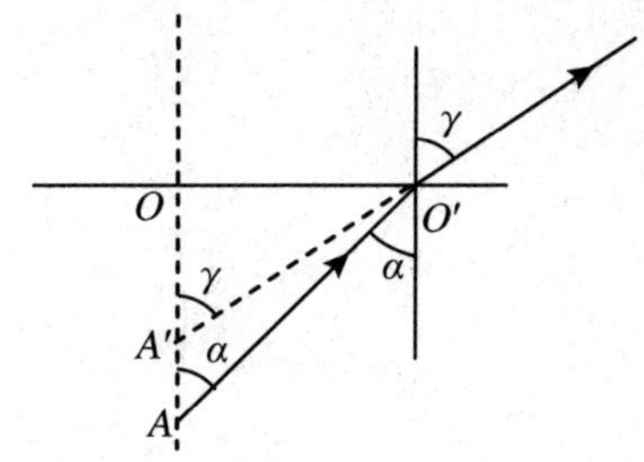

图 16.4

解析 水面下的物体A所发出的光线经水面折射，其像为A'，光路如图16.4所示. 由图可知

$$\tan\alpha = \frac{OO'}{OA}, \quad \tan\gamma = \frac{OO'}{OA'}.$$

当人眼从水面正上方往下看时，α 和 γ 都接近于零，因此

$$\tan\alpha = \sin\alpha, \quad \tan\gamma = \sin\gamma.$$

根据光的折射定律，有

$$n = \frac{\sin\gamma}{\sin\alpha} = \frac{\tan\gamma}{\tan\alpha} = \frac{OA}{OA'}.$$

所以视深为

$$OA' = \frac{OA}{n} = 0.76\ \text{m}.$$

16.2.6 设计实验法

有一类估算需设计某种切实可行的方案进行实验，在取得数据后才能进行估算.

例 6 (2011 年高考上海卷)在“用单分子油膜估测分子大小”实验中，若油酸酒精溶液体积浓度为 0.10%，一滴溶液的体积为 4.8×10^{-3} mL，其形成的油膜面积为 40 cm²，则估测出油酸分子的直径为________m.

解析 这是通过实验设计才能估算的问题.测油酸分子直径的具体方法为油膜法.用单分子油膜，即油膜的每一处都只有一层分子，将分子视作球体模型，油膜的厚度就可认为是油分子的直径，则

$$D = \frac{V}{S} = \frac{4.8\times10^{-3}\times10^{-6}\times0.10\%}{40\times10^{-4}}\ \text{m} = 1.2\times10^{-9}\ \text{m}.$$

物理估算题具有物理背景或物理过程比较模糊，待求量与已知量之间的联系比较隐蔽等特点，这类题目不追求数据的精确而强调方法的科学合理，解题过程中常需要对实际问题做出恰当的处理.通过上面的 6 道例题可知解决估算问题的基本思路大体有以下几点：① 建立必要的理想化模型.从大量的信息中排除干扰信息，捕捉本质信息，突出主要因素，忽略次要因素，正确、灵活运用恰当的物理知识把复杂的实际过程简化和纯化为理想模型和理想过程.② 挖掘隐含的题设条件.有些估算题往往文句简洁，显性的已知条件少或已知条件比较隐蔽，乍一看题，好像缺条件.我们只有通过认真审题，仔细推敲，才能挖掘出隐蔽的已知条件.③ 寻找估算的依据.弄清题意后，应利用与题中物理现象或物理过程密切相关的物理概念和物理规律，揭示题设条件中与要求回答的问题之间存在的物理关系，以此作为估算的依据.④ 理出简明的思路，科学处理数据.从解题依据出发，运用有关数学工具，并借助于物理常数及日常生活常识，简化求解过程和计算难度，科学处理数据，得出相应合理的结论，进而得到满足实际需要的结果.

总之，比精确计算更为重要的是，如何对一个物理问题做出恰当合理的近似，进而对特征物理量做出一定的估算.养成“悟物穷理、勤于思考”的习惯对提高学生的科学素质与能力大有益处.

16.3　估算法思维训练

1. (2011 年高考江苏卷)如图 16.5 所示,演员正在进行杂技表演.由图可估算出他将一颗鸡蛋抛出的过程中对鸡蛋所做的功最接近于(　　).

A. 0.3 J　　B. 3 J　　C. 30 J　　D. 300 J

2. (2007 年高考北京卷)图 16.6 所示为高速摄影机拍摄到的子弹穿透苹果瞬间的照片.该照片经放大后分辨出,在曝光时间内,子弹影像前后错开的距离约为子弹长度的 1%～2%.已知子弹飞行速度约为 500 m/s,由此可估算出这幅照片的曝光时间最接近于(　　).

A. 10^{-3} s　　B. 10^{-6} s　　C. 10^{-9} s　　D. 10^{-12} s

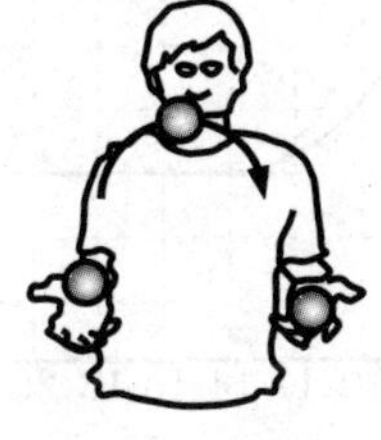

图 16.5

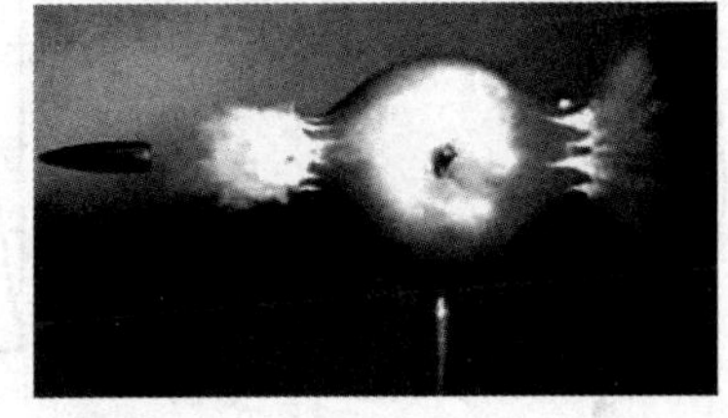

图 16.6

3. (2005 年高考北京卷)一人看到闪电 12.3 s 后又听到雷声.已知空气中的声速为 330～340 m/s,光速为 3×10^8 m/s,于是他用 12.3 除以 3,很快估算出闪电发生位置到他的距离为 4.1 km.根据你所学的物理知识可以判断(　　).

A. 这种估算方法是错误的,不可采用

B. 这种估算方法可以比较准确地估算出闪电发生位置与观察者间的距离

C. 这种估算方法没有考虑光的传播时间,结果误差很大

D. 即使声速增大 2 倍以上,本题的估算结果依然正确

4. (2011 年高考新课标卷)卫星电话信号需要通过地球同步卫星传送.如果你与同学在地面上用卫星电话通话,则从你发出信号至对方接收到信号所需最短时间最接近于(　　).(可能用到的数据:月球绕地球运动的轨道半径约为 3.8×10^5 km,运行周期约为 27 天,地球半径约为 6400 km,无线电信号的传播速度为 3×10^8 m/s.)

A. 0.1 s　　B. 0.25 s　　C. 0.5 s　　D. 1 s

5. (1999 年高考全国卷)一跳水运动员从离水面 10 m 高的平台上向上跃起,举双臂直体离开台面,此时其重心位于从手到脚全长的中点,跃起后重心升高 0.45 m 达到最高点,落水时身体竖直,手先入水(在此过程中运动员水平方向的运动忽略不计).从离开跳台到手触水面,他可用于完成空中动作的时间是________ s.(计算时,可以把运动员看作全部质量集中在重心的一个质点,g 取为 10 m/s^2,结果保留两位数.)

6. (1999 年高考上海卷)古希腊某地理学家通过长期观测,发现 6 月 21 日正午时

刻，在北半球A城阳光与铅直方向成7.5°角下射，而在A城正南方，与A城地面距离为L的B城，阳光恰好沿铅直方向下射，如图16.7所示，射到地球的太阳光可视为平行光，据此他估算出了地球的半径，试写出估算地球半径的表达式$R=$________.

7．(2008年高考上海卷)总质量为80 kg的跳伞运动员从离地500 m的直升机上跳下，经过2 s拉开绳索开启降落伞，如图16.8所示是跳伞过程中的$v-t$图，试根据图像求(g取10 m/s^2)：

(1) $t=1$ s时运动员的加速度和所受阻力的大小.

(2) 估算14 s内运动员下落的高度及克服阻力所做的功.

(3) 估算运动员从飞机上跳下到着地的总时间.

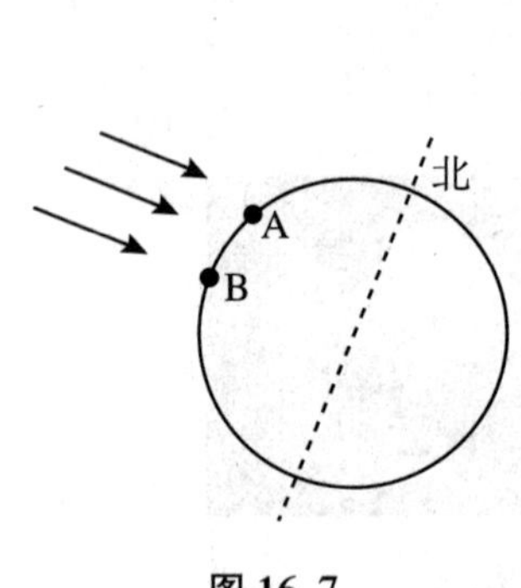

图16.7

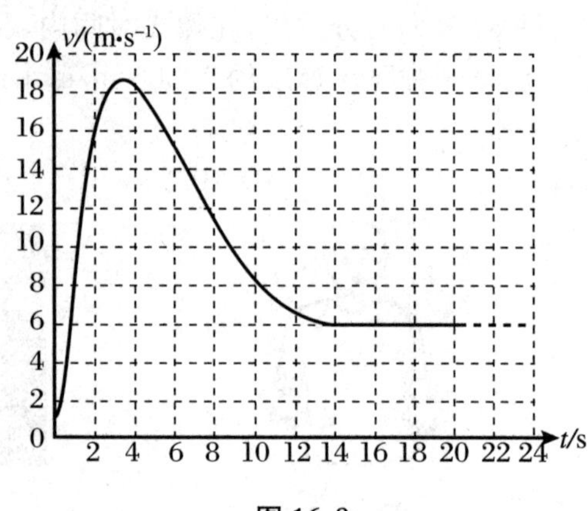

图16.8

8．(2001年高考上海卷)太阳与地球的距离为1.5×10^{11} m，太阳光以平行光束入射到地面.地球表面$\frac{2}{3}$的面积被水面所覆盖，太阳在一年中辐射到地球表面水面部分的总能量W约为1.87×10^{24} J.设水面对太阳辐射的平均反射率为7%，而且将吸收到的35%的能量重新辐射出去.太阳辐射可将水面的水蒸发(设在常温、常压下蒸发1 kg水需要2.2×10^{6} J的能量)，而后凝结成雨滴降落到地面.估算整个地球表面的年平均降雨量(以毫米表示，球面积为$4\pi R^2$).

9．(2010年高考浙江卷)有一个放射源水平放射出α、β和γ三种射线，垂直射入如图16.9所示的磁场.区域Ⅰ和Ⅱ的宽度均为d，各自存在垂直纸面的匀强磁场，两区域的磁感强度大小相等，均为B，方向相反(粒子运动不考虑相对论效应).

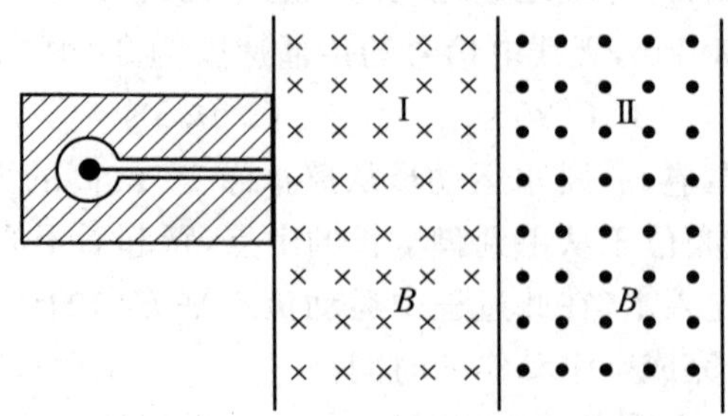

图16.9

(1) 若要筛选出速率大于 v_1 的β粒子进入区域Ⅱ,求磁场宽度 d 与 B 和 v_1 的关系.

(2) 若 $B=0.0034$ T,$v_1=0.1c$(c 是光速),则可得 d;α粒子的速率为 $0.001c$,计算α和γ射线离开区域Ⅰ时的距离;并给出去除α和γ射线的方法.

已知:电子质量 $m_e=9.1\times10^{-31}$ kg,α粒子质量 $m_\alpha=6.7\times10^{-27}$ kg,电子电荷量 $q=1.6\times10^{-19}$ C,$\sqrt{1+x}\approx1+\frac{x}{2}$($x\leqslant1$ 时).

10. (2007 年高考江苏卷)如图 16.10 所示,带电量分别为 $4q$ 和 $-q$ 的小球 A、B 固定在水平放置的光滑绝缘细杆上,相距为 d.若杆上套一带电小环 C,带电体 A、B 和 C 均可视为点电荷.

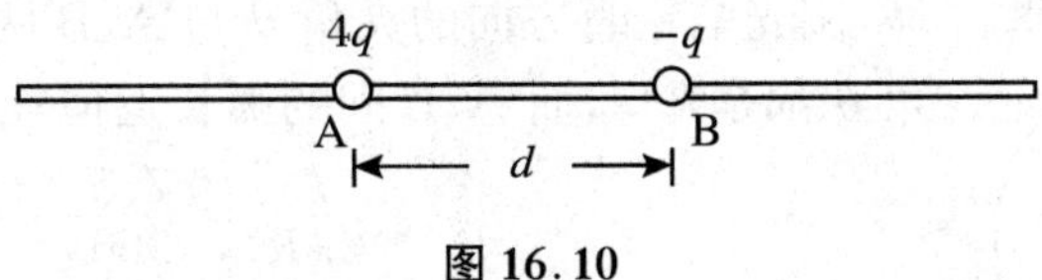

图 16.10

(1) 求小环 C 的平衡位置.

(2) 若小环 C 带电量为 $-q$,将小环拉离平衡位置一小位移 x($x<d$)后静止释放,试证明小环 C 将做简谐运动.$\left(\text{提示:当 } x<1 \text{ 时},\frac{1}{(1+\alpha)^n}\approx1-n\alpha.\right)$

16.4 估算法思维训练参考答案

1. 根据初中物理教科书的表述"托起一颗鸡蛋的力大约为 0.5 N",可估算出一颗鸡蛋重 0.5 N.由图 16.5 可知,鸡蛋上抛高度在 0.6 m 左右.则演员对鸡蛋做的功为 $W=mgh=0.5\times0.6\text{ J}=0.3\text{ J}$.故选项 A 正确.

2. 一个子弹的长度大约 5 cm,根据题意,在曝光时间内,子弹影像前后错开的距离就是子弹飞行的位移.则曝光时间约为 $t=\frac{s}{v}=\frac{5\times10^{-2}\times1\%}{500}=10^{-6}$(s).故选项 B 正确.

3. 由于光速远远大于声速,所以闪电的传播时间可以忽略不计,体现了在解决物理问题时忽略次要因素、抓住主要因素,建立理想化模型的重要思想.因此闪电发生位置与观察者间的距离为 $x=vt=330\text{ m/s}\times12.3\text{ s}\approx\frac{1}{3}\text{ km/s}\times12.3\text{ s}=4.1\text{ km}$.故选项 B 正确.

4. 设地球同步卫星、月球的轨道半径分别为 r_1、r_2,周期分别为 T_1、T_2,由开普勒第三定律 $\frac{r_1^3}{r_2^3}=\frac{T_1^2}{T_2^2}$,得 $r_1\approx4.2\times10^7$ m,则地球同步卫星离地面的高度为 $h=r_1-R\approx3.6\times10^7$ m.两同学在地面上的距离相比地球同步卫星离地面的高度可忽略不计,所以从你发出信号至对方接收信号所需最短时间为 $t=\frac{2h}{c}=0.24$ s.故选项 B 正确.

5. 运动员的跳水过程是一个很复杂的过程,主要是竖直方向的上下运动,但也有水平方向的运动，更有运动员做的各种动作. 构建运动模型，应抓主要因素. 现在要讨论的是运动员在空中的运动时间，这个时间从根本上讲与运动员所做的各种动作以及水平运动无关，应由竖直运动决定，因此忽略运动员的动作，把运动员当成一个质点，同时忽略他的水平运动，将运动员的跳水过程看作竖直上抛运动. 重心上升的高度 $h_1=0.45\ \text{m}$，上升的时间 $t_1=\sqrt{\frac{2h_1}{g}}=0.3\ \text{s}$；重心下降的高度 $h_2=10.45\ \text{m}$，下降的时间 $t_2=\sqrt{\frac{2h_2}{g}}=1.4\ \text{s}$. 所以，运动员在空中用于完成动作的时间是 $t=t_1+t_2=1.7\ \text{s}$.

6. 铅直方向是指向地球球心的方向，根据题意画出图 16.11. 由图 16.11 可知在 A 城，阳光与铅直方向的夹角 θ 与 A、B 两地的地球半径间的夹角 θ 都是7.5°，而 A、B 间的弧长近似等于 L. 则

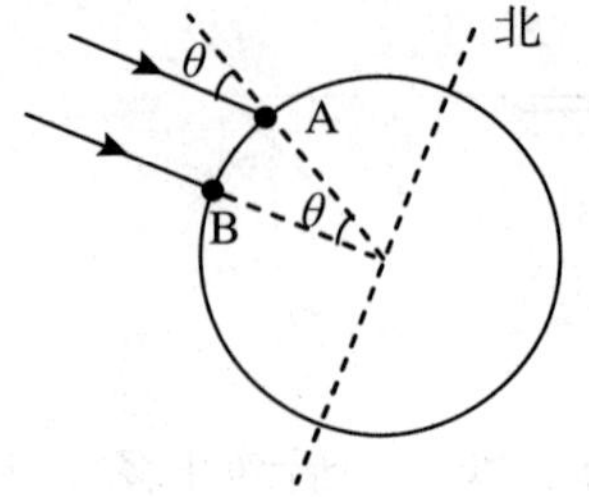

图 16.11

$$\frac{L}{2\pi R}=\frac{7.5^\circ}{360^\circ},$$

解得

$$R=\frac{24L}{\pi}.$$

7. (1) 从图 16.8 可以看出，在 $t=2\ \text{s}$ 内运动员做匀加速运动，其加速度大小为

$$a=\frac{\Delta v}{\Delta t}=\frac{16}{2}\ \text{m/s}^2=8\ \text{m/s}^2.$$

设此过程中运动员受到的阻力大小为 f，根据牛顿第二定律，有

$$mg-f=ma,$$

得

$$f=m(g-a)=80\times(10-8)\ \text{N}=160\ \text{N}.$$

(2) 下落的高度可以通过图像与时间轴所围成的面积估算，本题要通过数方格的个数来估算. 数格的原则是超过半格算一格，小于半格不算，共 39.5 个小格，每小格面积为 4 m，所以 14 s 内运动员下落的高度 $h=39.5\times4\ \text{m}=158\ \text{m}$. 由图 16.8 可知 14 s 末速度 $v=6\ \text{m/s}$，整个过程应用动能定理，得

$$mgh-W_f=\frac{1}{2}mv^2,$$

解得

$$W_f\approx1.25\times10^5\ \text{J}.$$

(3) 14 s 后运动员做匀速运动的时间为

$$t'=\frac{H-h}{v}=\frac{500-158}{6}\ \text{s}=57\ \text{s},$$

运动员从飞机上跳下到着地需要的总时间为

$$t_{总}=t+t'=(14+57)\ \text{s}=71\ \text{s}.$$

8. 设太阳在一年中辐射到地球水面部分的总能量为 W，则 $W=1.87\times10^{24}\ \text{J}$. 设凝结成雨滴年降落到地面的水的总质量为 m，根据题意，有

$$m=\frac{W\times(1-7\%)\times(1-35\%)}{2.2\times10^{6}}=5.14\times10^{17}\ \text{kg}.$$

设使地球表面覆盖一层水的厚度为 d，建立球壳模型，如图 16.12 所示. 由于球壳的厚度远远小于地球半径，在估算时可进一步将球壳模型处理成长方体模型，如图 16.13 所示. 设水的密度为 ρ，则

$$d=\frac{m}{\rho S_{\text{地球}}}=\frac{m}{\rho\cdot4\pi R^{2}}\approx1.01\times10^{3}\ \text{mm}.$$

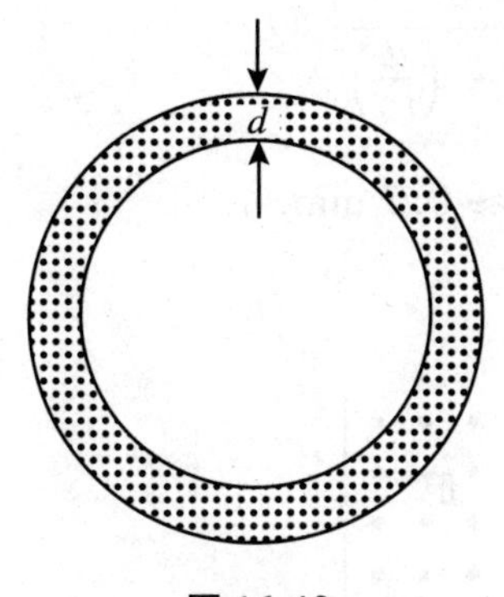

图 16.12

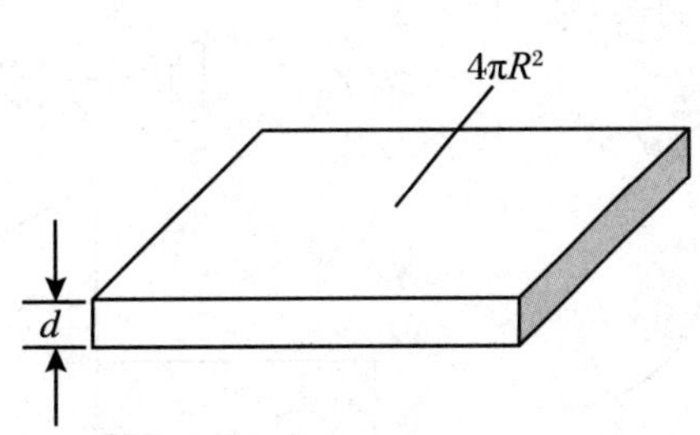

图 16.13

9. (1) β 粒子是电子，根据左手定则，进入区域Ⅰ后向下偏转，要进入区域Ⅱ，粒子做匀速圆周运动的半径必须大于 d，作出临界轨道如图 16.14 所示. 由几何关系知

$$r=d.$$

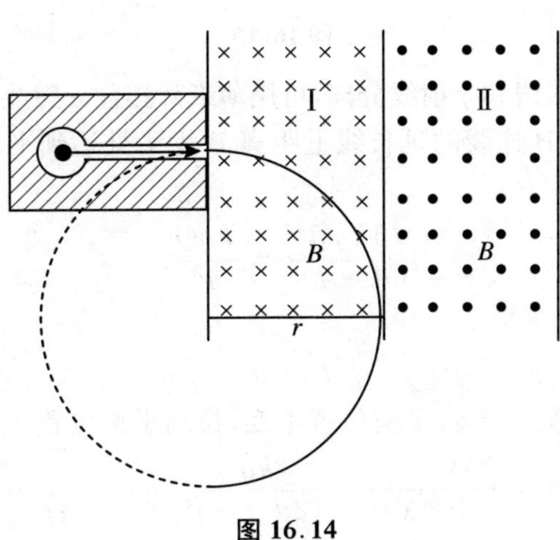

图 16.14

β 粒子做匀速圆周运动，洛伦兹力提供向心力，有

$$qv_1B=m_e\frac{v_1^2}{r}.$$

解得

$$d=\frac{m_ev_1}{qB}.$$

(2) 由(1)可知，区域的宽度为

$$d = \frac{m_e v_1}{qB} = \frac{9.1 \times 10^{-31} \times 0.1 \times 3 \times 10^8}{1.6 \times 10^{-19} \times 0.0034}\ \text{m} = 0.05\ \text{m}.$$

α粒子进入磁场后也做匀速圆周运动,其半径大小为

$$r_\alpha = \frac{m_\alpha v_\alpha}{q_\alpha B} = \frac{6.7 \times 10^{-27} \times 0.001 \times 3 \times 10^8}{2 \times 1.6 \times 10^{-19} \times 0.0034}\ \text{m} = 1.84\ \text{m} > d.$$

因此,α粒子要穿过区域Ⅰ,作出轨道如图16.15所示.γ射线在磁场中不发生偏转,沿直线前进,所以α和γ射线离开区域Ⅰ时的距离为

$$y = r_\alpha - \sqrt{r_\alpha^2 - d^2} = r_\alpha - r_\alpha\sqrt{1 - \left(\frac{d}{r_\alpha}\right)^2}$$

$$\approx r_\alpha - r_\alpha\left[1 - \frac{1}{2}\left(\frac{d}{r_\alpha}\right)^2\right] = \frac{d^2}{2r_\alpha} \approx 0.7\ \text{mm}.$$

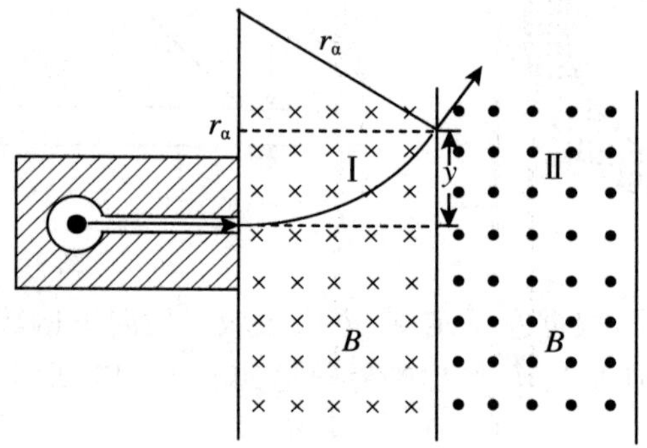

图 16.15

区域Ⅰ的磁场不能将α射线和γ射线分离,可用薄纸片挡住α射线,用厚铅板挡住γ射线.

10. (1) 设C在A、B连线的延长线上距离B为l处达到平衡,带电量为Q,由平衡条件,得

$$\frac{4kqQ}{(d+l)^2} = \frac{kqQ}{l^2}.$$

解得

$$l = d.$$

(2) 若小环C带电量为$-q$,平衡位置不变,拉离平衡位置一小位移x后,C受力为

$$F = \frac{kq^2}{(d+x)^2} - \frac{4kq^2}{(2d+x)^2}$$

$$= \frac{kq^2}{d^2}\left[\frac{1}{\left(1+\frac{x}{d}\right)^2} - \frac{1}{\left(1+\frac{x}{2d}\right)^2}\right]$$

$$\approx \frac{kq^2}{d^2}\left[\left(1 - 2\cdot\frac{x}{d}\right) - \left(1 - 2\cdot\frac{x}{2d}\right)\right]$$

$$= -\frac{kq^2}{d^3}x.$$

小环C所受的合外力与它偏离平衡位置的位移成正比,所以小环C将做简谐运动.

17 模 型 法

17.1 模型法概述

解物理问题就是建立和应用物理模型的过程.

我们先看一个应用“等时圆”模型解题的例子.

17.1.1 模型的建立

例 1 如图 17.1 所示,竖直放置的半径为 R 的圆环,PQ 为该圆环竖直直径,试证明:物体从 P 点沿任意光滑直杆自由滑到圆环上各点的时间相等,且等于沿竖直直径自由下滑的时间 $t=2\sqrt{\frac{R}{g}}$.

解析 如图 17.2 所示,PA、PB、PC、PD 为竖直圆环上过 P 点的任意弦,设任意弦 PA 与直径 PQ 夹角为 θ,PA 长为 $2R\cos\theta$. 物体沿 PA 做初速度为零的匀加速直线运动,加速度 $a=g\cos\theta$,到达 A 点的时间为 t,则有

$$2R\cos\theta = \frac{1}{2}\cdot g\cos\theta\cdot t^2.$$

解得

$$t = 2\sqrt{\frac{R}{g}} \quad (\text{与 } \theta \text{ 角无关}).$$

结论:物体从最高点由静止开始沿不同的光滑细杆到圆周上各点所用的时间相等. 有人把它叫作“等时圆”模型. 利用这样一个模型可以简洁、方便地解决很多物理问题.

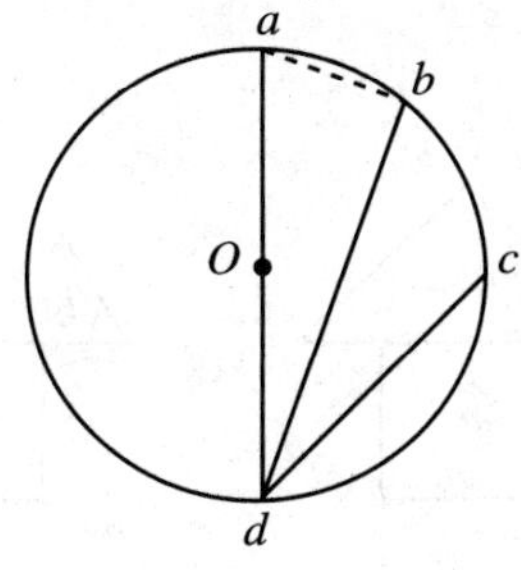

图 17.1

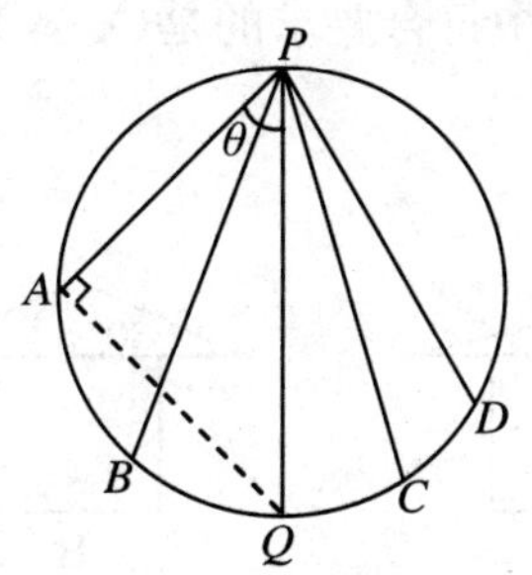

图 17.2

17.1.2 模型的应用

例 2 (2004 年高考全国Ⅰ卷)如图 17.3 所示，ad、bd、cd 是竖直面内三根固定的光滑细杆，每根杆上套着一个小滑环(图中未画出)，三个滑环分别从 a、b、c 处由静止释放，用 t_1、t_2、t_3 依次表示每个滑环到达 d 所用时间，则(　　).

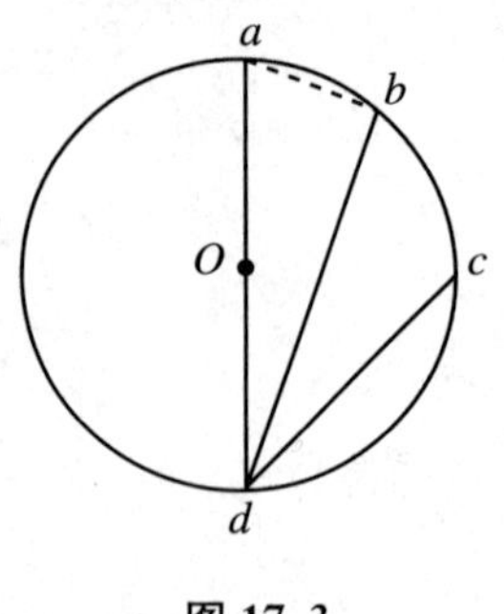

图 17.3

A. $t_1<t_2<t_3$　　B. $t_1>t_2>t_3$

C. $t_3>t_1>t_2$　　D. $t_1=t_2=t_3$

解析　显然，这是“等时圆”模型的推论：物体沿着位于同一竖直圆上的所有光滑弦由静止下滑，到达圆周最低点的时间相等. D 选项正确.

例 3　如图 17.4 所示，通过空间任意一点 A，可作无限多个斜面，如果将若干个小球在 A 点分别从静止沿这些倾角各不相同的光滑斜面同时滑下，那么在同一时刻，这些小物体所在位置构成的面是(　　).

A. 球面　　B. 抛物面　　C. 水平面　　D. 无法确定

解析　如图 17.5 所示，从 A 点沿斜面下滑的物体均做初速度为零的匀加速直线运动. 过 A 点作竖直线，取该直线上某点为球心，作过 A 点的球面，它与各斜面上物体的运动轨迹有交点. 由“等时圆”模型可知，物体从 A 点出发沿各斜面自由滑到各交点的时间相等，反之可说明各物体分别从静止沿这些倾角各不相同的光滑斜面同时滑下，在同一时刻，这些小物体所在位置构成的面是球面. A 选项正确.

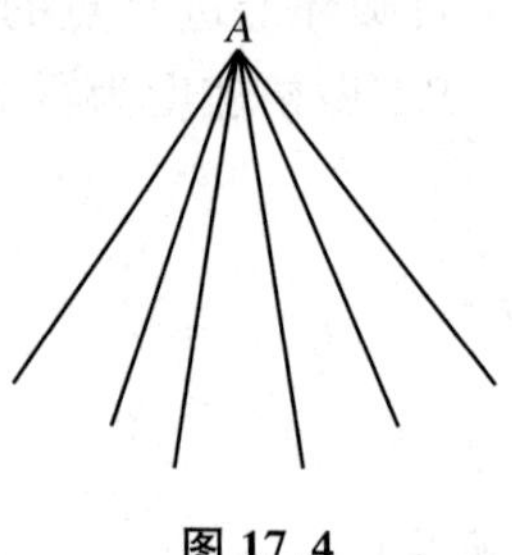

图 17.4

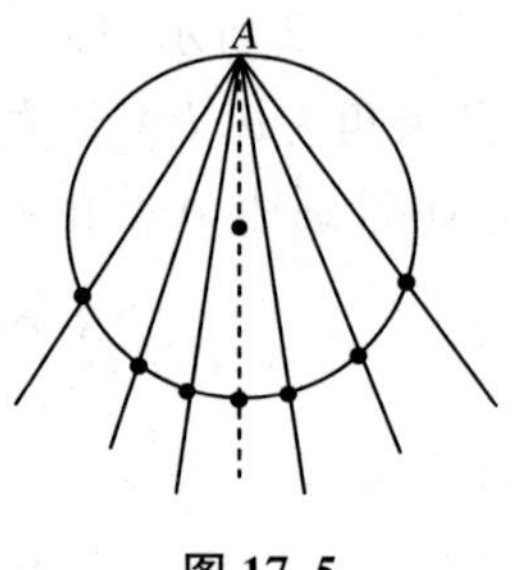

图 17.5

例 4　一间新房即将建成要封顶时，考虑到下雨时落至房顶的雨滴能尽快地淌离房顶，要设计好房顶的坡度，设雨滴沿房顶下淌时做无初速度无摩擦的运动，图 17.6 所示的四种情况中符合要求的是(　　).

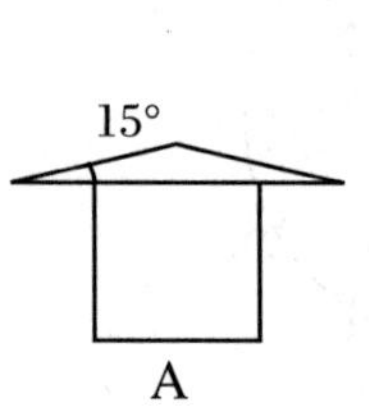

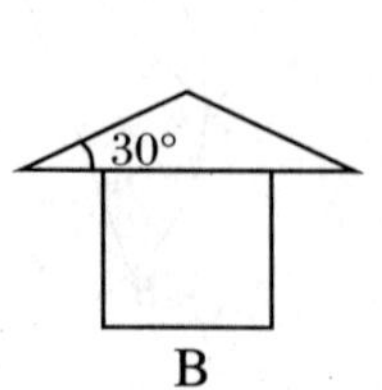

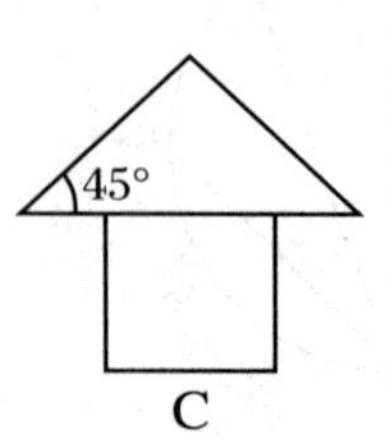

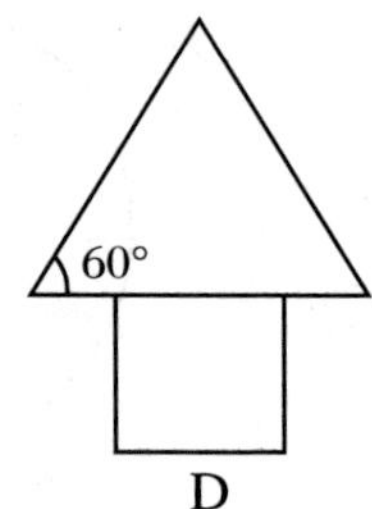

图 17.6

解析 由题意知，房顶跨度一定，设为 d，房顶坡度不同. 设房檐边界点为 P 点，过 P 点作竖直线，取 P 点上方相距为 $\frac{d}{2}$ 的 O 点，以 O 点为圆心、$\frac{d}{2}$ 为半径，作过 P 点的圆周，过房顶作竖直线 EQ，与圆相切于 C 点，如图 17.7 所示，A、B、C、D 分别为坡度不同的房顶. 由"等时圆"模型可知，雨滴从坡度为 45° 的房顶滑下的时间最短. C 选项正确.

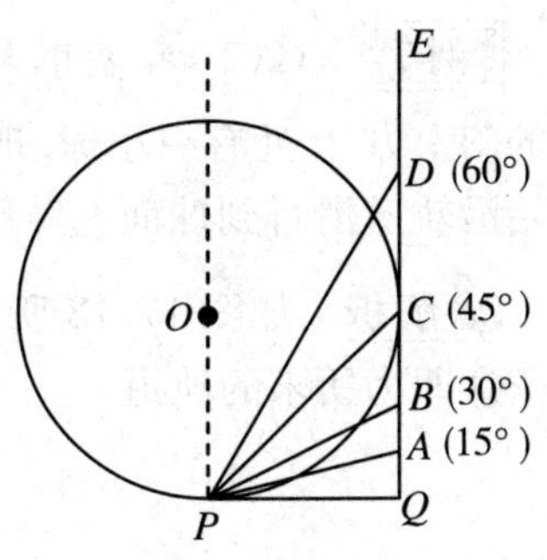

图 17.7

例 5 在离坡底 P 点 15 m 的山坡上竖直地固定一根长 15 m 的直杆 QO，Q 端与坡底 P 之间连有一钢绳，一穿心于钢绳上的小球从 Q 点由静止开始沿钢绳无摩擦地滑下，如图 17.8 所示，求其在钢绳上滑行的时间 t.

解析 由题意知，$OP=OQ=15$ m，以 O 点为圆心、l 为半径作圆周，则 QP 为该圆的一条弦，如图 17.9 所示. 由"等时圆"模型可知，小环从静止开始沿 QP 下滑的时间等于小环从 Q 点沿竖直直径自由下落到 E 点的时间. 所以 $t=2\sqrt{\frac{l}{g}}=\sqrt{6}$ s.

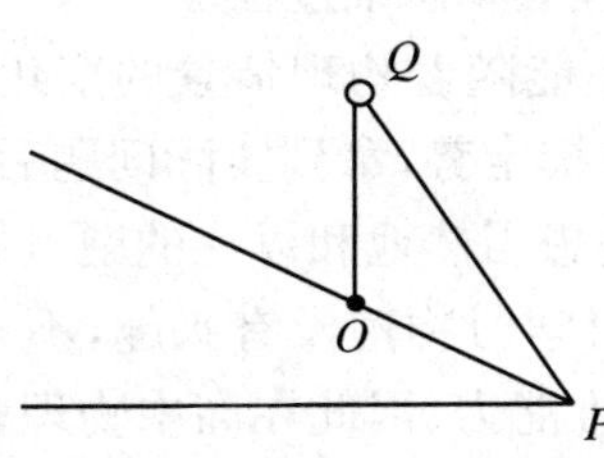

图 17.8

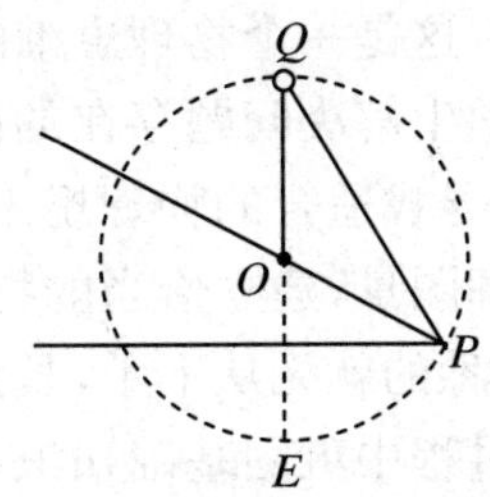

图 17.9

例 6 如图 17.10 为某制药厂自动生产流水线的一部分装置示意图. 传送带与水平面的夹角为 α，O 为漏斗，药片从漏斗中出来经光滑滑槽送到传送带上，设滑槽的摆放方向与竖直方向的夹角为 φ，则 φ 为多大时可使药片滑到传送带上的时间最短？（　　）

A. $\varphi=\alpha$　　B. $\varphi=2\alpha$　　C. $\varphi=\frac{\alpha}{2}$　　D. $\varphi=\frac{\sqrt{3}}{2}\alpha$

解析 如图 17.11 所示，OF 为竖直线，以 E 点为圆心、EO 为半径作圆周与传送带相切于 P 点，连接 PE，则 $\angle PEF=\alpha$，故 $\varphi=\frac{\alpha}{2}$. C 选项正确.

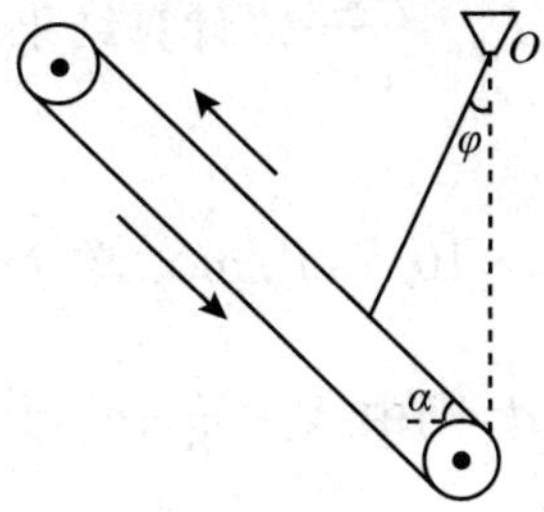

图 17.10

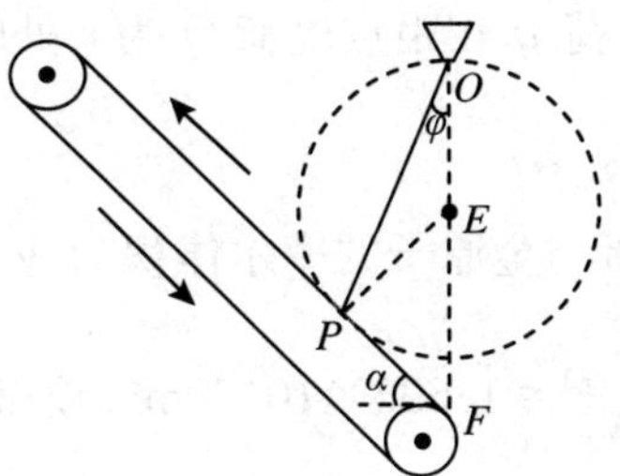

图 17.11

例7 (2010年南京大学自主招生)如图17.12所示,地面上有一固定的小球,球面的斜上方 P 处有一小球.现要求确定一条从 P 到球面的光滑斜直轨道,使小球从静止开始沿轨道滑行到球面上经历时间最短.

解析 如图17.13所示,以 P 为顶点作一球面,使其与所给球面相切于 Q,则线段 PQ 即为所求的轨道.

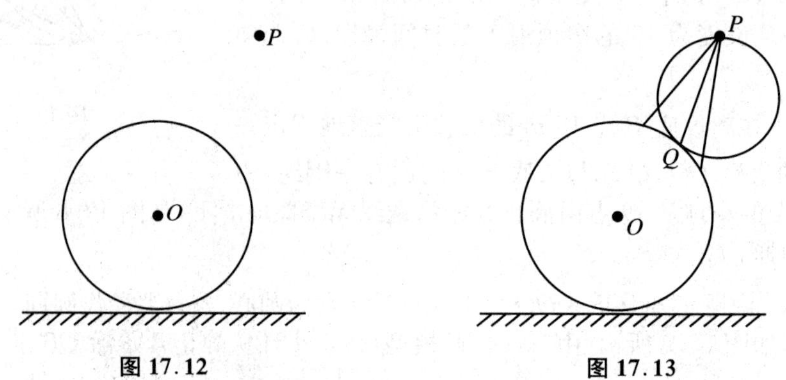

图17.12　　图17.13

能用"等时圆"模型解的物理问题很多.其实,解物理问题就是不断建立、应用物理模型的过程.显然,这是一个物理思维的过程,是物理模型思维过程.

高中阶段学生解决问题存在的困难就在于不能随着物理情景的变化而建立恰当的物理模型,从而寻找适合的物理规律.学生由于思维定势,拿到实际问题后不能从审题中确定准确的物理图景,建立恰当的物理模型,而是想当然地和以往的题目做比较,熟悉的就套公式,不熟悉的就无从下手,长此以往将会对学习物理没有兴趣,不知来龙去脉,更谈不上从解题过程中巩固基础知识,培养各种思维能力.因此在高中物理教学中,一定要重视物理模型思维方法的培养.

理解物理模型的建立在物理学习(特别是解题)中有十分广泛的应用,学生应学会将研究对象简化成理想模型,将新的物理情景抽象成我们熟知的物理模型并加以解决,在解题中不断建立新的物理模型.

下面再看几个物理模型的例子.

例8 从 α 粒子散射实验中估算金原子($^{197}_{79}\mathrm{Au}$)的大小.α 粒子速度 $v_\alpha=1.60\times10^7$ m/s,质子质量 $m_p=1.67\times10^{-27}$ kg,元电荷量 $e=1.60\times10^{-19}$ C,静电力常量 $k=9.0\times10^9\ \mathrm{N\cdot m^2/C^2}$,金的密度 $\rho=19.3\times10^3\ \mathrm{kg/m^3}$,阿伏伽德罗常数 $N_A=6.02\times10^{23}\ \mathrm{mol^{-1}}$.已知试探电荷 q 在距点电荷 Q 为 r 处时具有的电势能 $E_p=\dfrac{kQq}{r}$.(计算结果取一位有效数字)

解析 金原子的摩尔体积为 $V_{mol}=\dfrac{M_{mol}}{\rho}=1.02\times10^{-5}\ \mathrm{m^3/mol}$.单个金原子的体积为 $V=\dfrac{V_{mol}}{N_A}=1.696\times10^{-29}\ \mathrm{m^3}$.设金原子的直径为 d,则由 $V=\dfrac{1}{6}\pi d^3$,代入数据,得 $d=1\times10^{-10}$ m.

当 α 粒子距金原子核最近时，可认为 α 粒子的速度几乎减小为零，有 $\frac{1}{2}m_{\alpha}v_{\alpha}^{2}=k\frac{Qq}{r}$，其中 $m_{\alpha}=4m_{\mathrm{p}}$，$Q=79e$，$q=2e$，代入数据，得 $r=4\times10^{-14}$ m.

本题属于物质结构模型建立的题目．题中要估算金原子的直径，需建立原子的球体模型，用球体积公式最终求得原子的直径．本题中粒子与金原子核在作用过程中，只有当两核速度相等时，距离最近．但考虑到金原子核的质量远远大于 α 粒子的质量，故可近似认为金原子核静止不动．这样的模型虽简单，但不影响本题的作答．

例 9 如图 17.14 所示，小球的质量为 m，带电量为 q，整个区域加一水平方向的匀强电场 E，小球系在长为 L 的绳子的一端，且在与竖直方向成 45° 角的 P 点处于平衡状态．则：

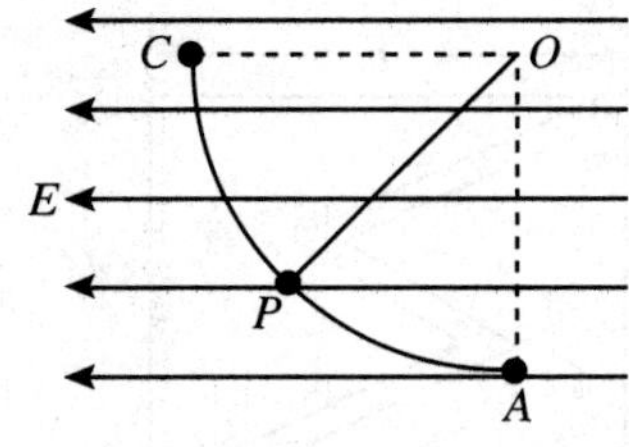

图 17.14

(1) 电场力多大？

(2) 如果小球被拉至与 O 点在同一水平位置的 C 点自由释放，则小球到达 A 点的速度为多大？此时绳上的拉力又为多大？

(3) 在竖直平面内，如果小球以 P 点为中心做微小的摆动，其振动周期如何求解？

(4) 若使小球在此竖直平面内恰好做圆周运动，最大速度和最小速度分别在哪点？大小分别为多少？

解析 (1) 小球在 P 点处于平衡，由平衡条件可知电场力 $qE=mg$.

(2) 由于小球无论在哪个位置所受重力和电场力均不发生变化，因此重力和电场力可以等效成一个新的合场力 F，大小为$\sqrt{2}mg$，方向与竖直方向成 45° 角斜向左下方.

小球从 C 点运动到 A 点的过程中，合场力 F 做功为零．根据动能定理，有 $W_F=\frac{1}{2}mv_A^2=0$，可得 $v_A=0$，绳中拉力 $T=mg$.

(3) 小球可等效在新的合场力 $F=\sqrt{2}mg$ 作用下做微小的摆动，其等效重力加速度为 $g'=\frac{F}{m}=\sqrt{2}g$，周期为 $T=2\pi\sqrt{\frac{L}{g'}}=2\pi\sqrt{\frac{L}{\sqrt{2}g}}$.

(4) 小球在等效场中做竖直平面内的圆周运动．通过与重力场类比，小球在 P 点(可视为等效最低点)的速度最大，在 P 点的对称点 P'点(可视为等效最高点)的速度最小.

根据牛顿第二定律，有

$$F=m\frac{v_{P'}^2}{L}.$$

解得

$$v_{P'}=\sqrt{\sqrt{2}gL}.$$

小球从 P'点到 P 点，根据动能定理，有

$$\sqrt{2}mg\cdot 2L=\frac{1}{2}mv_P^2-\frac{1}{2}mv_{P'}^2.$$

解得

$$v_P = \sqrt{5\sqrt{2}gL}.$$

本题属于运动模型——圆周运动的等效类比.平时在学习物理的过程中要熟知一些常规模型的受力特点、应用规律、使用范围,对相似、相近的物理情景易产生类比联想,从而形成需解决问题与已解决问题的内在联系的桥梁,实现已知物理模型向新物理模型的有效迁移.

例 10 如图 17.15 所示,宽为 d、质量为 M 的正方形木块静止在光滑的水平面上,一质量为 m 的小球由静止开始沿"Z"字通道从一端运动到另一端,求小球和木块的位移.

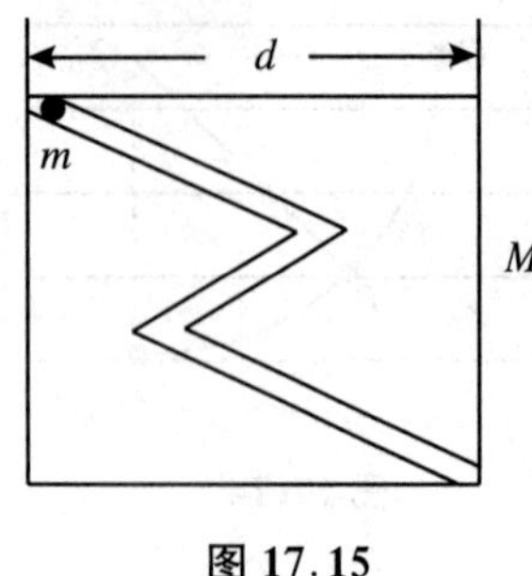

图 17.15

解析 把小球和木块看成一个系统,由于水平方向所受合外力为零,则水平方向动量守恒.若小球的位移为 s_1、木块的位移为 s_2,则有

$$ms_1 = Ms_2,$$

且

$$s_1 + s_2 = d.$$

解得

$$s_1 = \frac{M}{M+m}d, \quad s_2 = \frac{m}{M+m}d.$$

本题属于作用过程模型——人船模型.这不仅是动量守恒问题中典型的物理模型,也是最重要的力学综合模型之一.利用人船模型及其典型变形,通过类比和等效,可使许多动量守恒问题的分析思路和解答步骤变得极为简单,有时可直接看出答案.

17.1.3 模型的分类

物理模型是一个理想化的形式,根据物理模型的特点,可以分为三类:对象模型、过程模型和状态模型.

对象模型:用来代替由具体物质组成的、代表研究对象的实体系统.这种类型的模型是最常见的,在高中物理中有刚体、杠杆、轻弹簧、质子、单摆、弹簧振子、分子模型、绝缘材料、黑体、理想导体、绝缘体、理想电表、纯电阻、无限长螺线管、薄透镜、原子的核式结构模型等.

过程模型:把具体的物理过程纯粹化、理想化后抽象出来的一种物理过程,被称为过程模型.事情的性质发生变化的各种路径是极其复杂的,物理学的研究不可能面面俱到,关键是区分其主要因素和次要因素,然后忽略次要因素,在运动的过程中获得变化结果,以便只留下主要因素.理想的模型,如匀速直线运动、匀变速直线运动等运动过程,都是以突出某一方面的主要特点,忽略一些二次加工后的过程而抽象成为理想的过程的.这些都是过程模型.

状态模型:研究的外部条件处于理想状态中,排除外部条件中次要因素的干扰来研究运动的本质特征,因此而建立的模型被称为状态模型(也称为有条件的模型).如光滑平面、轻杆、轻绳、均匀介质、均匀电场等,都属于有条件的模型.有条件的模型的建立,是

为了简化问题的复杂性,从而在一种理想的运动状态中得出它的运动模式.

事实上,一个物理问题往往需要创建多个模型.我们不能仅仅满足于对知识的学习,应基于物理的思维方式,注意方法的渗透,自觉学习,注意加强模型意识,选择适当的模型来解决物理问题.

17.1.4 模型的转换

物理模型是有限的,但客观事物是无限的,尤其是高中物理教学,由于学生所学的物理知识和数学能力的限制,许多物理模型不能直接抽象为学生熟悉的模型.这就需要我们引导学生进行某些类型的操作,将陌生的模型转换成他们熟悉的模型,这样的操作往往可使问题变得更简单、更具体、更生动、更容易掌握.

1. 变换研究对象,进行模型转换.

一个物理问题中总会涉及很多物体,解决问题时首先应明确研究对象,能否根据题目的要求选择恰当的研究对象对于解题过程是否顺利起着决定性的作用.有时研究对象选单个物体,有时选多个相互作用的物体组成的系统,还有时在同一个问题中需根据研究过程情景的变化灵活变换研究对象来解决问题.

2. 认真分析运动过程,进行模型转换.

一个物理问题的解决,很重要的方面是物理过程和物理状态的分析,只有深刻透析过程中的物理性质,才能发现其所遵循的规律,以便选择适当的物理公式,解出未知的参数和未知量,以达到解决问题的目的.

3. 恰当选择参考系,进行模型转换,可达事半功倍的效果.

在研究物体的运动之前必须首先选定参考系,习惯上大家都选相对于地面不动的物体为参考系.但是,有时这样的选择却使得问题特别复杂而难以解决.因此为了研究的方便,也可以视问题的具体情况巧妙地选用其他物体做参考系,从而简化求解过程.

4. 适当运用逆向思维建立模型,化繁为简,提高解题能力.

逆向思维是一种与传统的、逻辑的或群体的思维方式完全相反的思维方式.它善于从相反的角度、不同的立场、不同的侧面去思考问题,当某一思路受阻时,能够迅速转移到另一思路,从而使问题得到顺利解决.例如,法拉第在“电能生磁”的基础上进行逆向思维,萌发了“磁能否生电”的想法,终于发现电磁感应现象,为电气化时代的诞生做出积极贡献.

5. 对实际问题进行理想化处理,建立模型,培养抽象思维能力.

所谓理想化,就是把客体抽象成模型的思维方法.为了剖析复杂烦琐的物理现象,物理学家通常采用简单化的方法,对客体进行科学化、逻辑化的抽象.在制约着研究对象的众多主次因素里,把作用小并且不影响本质的次要因素予以忽略,将事物抽象成只具有不影响原事物功能和特质的核心因素的模型.理想化是物理学中最重要的科学方法之一,中学物理教材中的内容几乎全都是在理想化思想指导下取得的人类智慧的结晶.自由落体运动、抛体运动、匀强电场等,无一不是理想化的过程或模型.

6. 巧妙类比,迁移知识建立模型,培养学生联想思维能力.

类比是从两类不同事物之间找出某些相似关系的思维方法,其本质、深刻的特征就在于要求突出地抓住类比对象之间的“关系”相似,根据两个对象部分属性相似或相同,

从而推出另一些属性也可能相似或相同.联想类比作为一种策略,在引导学生解决物理实际问题时也起着不可低估的作用.在解决具有创新能力的新题型时,要通过对题设信息的分析,探索出试题设问的实际问题与中学物理学科知识的相同点或相似点,将所学的知识迁移到新情境中去.通过联想类比,可以唤醒记忆,沟通新旧知识之间的联系,从而化难为易、化隐为显、化生疏为熟悉,使问题得以解决.

7. 运用估算法建立模型,解决实际问题.

物理估算是指对物理量的大致数值范围或数量级进行科学推算的方法.求解物理估算问题往往能够体现是否有明确的物理思想以及求解物理问题的灵活方法,也往往体现出是否具有优良的科学素质.估算与精确计算相比,不是降低而是提高了对运用数学解决物理问题能力的要求.学生往往具有一种单纯追求精确计算而忽视估算的倾向,一遇到已知数值"给得不够"的问题时,就放弃努力.事实上,许多这类问题是能够根据物理规律并通过估算得出令人满意的结果的.

一般来说,在简要说明物理估计问题过程中,所给的已知数据是有时很少、有时太多,这些已知量和未知量之间的关系还远未明朗,往往夹杂一些干扰因素.因此,解决实际的物理问题时,我们必须先仔细分析预设的物理现象,对给定的物理情景进行深入的分析,抽象出物理过程的本质,明确要解决的问题的知识范围,澄清有关概念,适当地选择物理定律,应用物理知识实现准确定位,从而达到解决问题的目的.

总结出运用物理模型解题的基本程序如下:

(1) 通过审题,摄取题目信息.如物理现象、物理事实、物理情景、物理状态、物理过程等.

(2) 弄清题给信息的诸多因素中什么是主要因素.

(3) 寻找与已有信息(熟悉的知识、方法、模型)相似、相近的联系,通过类比联想或抽象概括或逻辑推理、原型启发,建立起新的物理模型,将新情景问题转化为常规问题.

(4) 选择相关的物理规律求解.

子弹打木块问题是高中物理的难点知识,是动量与能量相结合应用的重要模型之一.下面以"子弹打木块模型"为例进一步认识模型法解题的步骤.

例 11 如图 17.16 所示,一质量为 M 的木块放在光滑的水平面上,一质量为 m 的子弹以初速度 v_0 水平射入木块并留在其中,设相互作用力为 f.

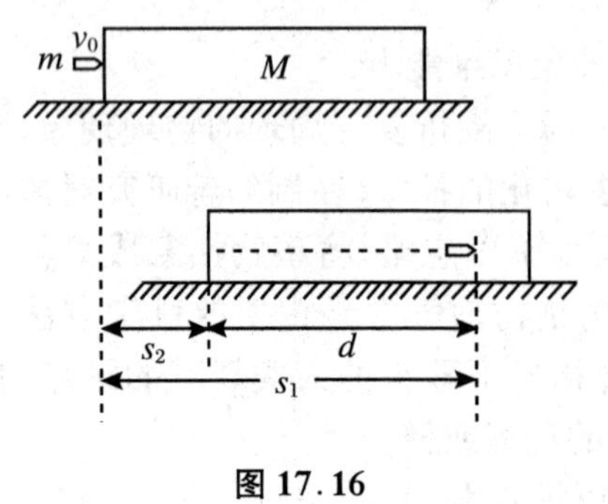

图 17.16

(1) 求子弹、木块相对静止时的速度 v.

(2) 求子弹在木块中运动的时间.

(3) 求子弹、木块的位移以及子弹射入木块的深度.

(4) 求系统损失的机械能、系统增加的内能.

(5) 要使子弹不穿出木块,木块至少多长?

解析 (1) 根据动量守恒,有

$$mv_0 = (M+m)v.$$

解得

$$v=\frac{m}{M+m}v_0.$$

(2) 根据动量定理,对木块有

$$ft=Mv-0.$$

对子弹有

$$-ft=mv-mv_0.$$

解得

$$t=\frac{Mmv_0}{f(M+m)}.$$

(3) 根据动能定理,对子弹有

$$-fs_1=\frac{1}{2}mv^2-\frac{1}{2}mv_0^2.$$

解得

$$s_1=\frac{Mm(M+2m)v_0^2}{2f(M+m)^2}.$$

对木块有

$$fs_2=\frac{1}{2}Mv^2.$$

解得

$$s_2=\frac{Mm^2v_0^2}{2f(M+m)^2}.$$

射入深度就是相对位移,故

$$d=s_1-s_2=\frac{Mmv_0^2}{2f(M+m)}.$$

(4) 系统损失的机械能等于系统增加的内能,即

$$\Delta E=Q=\frac{1}{2}mv_0^2-\frac{1}{2}(M+m)v^2=\frac{Mmv_0^2}{2(M+m)}.$$

或由问题(3)可得

$$Q=f(s_1-s_2)=\frac{Mmv_0^2}{2(M+m)}.$$

说明 相互作用力与相对位移(或路程)的乘积等于系统损失的机械能,这是一个重要关系,通常都可直接运用.

(5) 要使子弹不穿出木块,木块至少长为

$$L=d=\frac{Mmv_0^2}{2f(M+m)}.$$

下面运用例11中介绍的原型来看以下几个例子.

例12 如图17.17所示,木板 M 放在光滑水平面上,木块 m 以初速度 v_0 滑上木板,最终与木板一起运动,两者间的动摩擦因数为 μ.

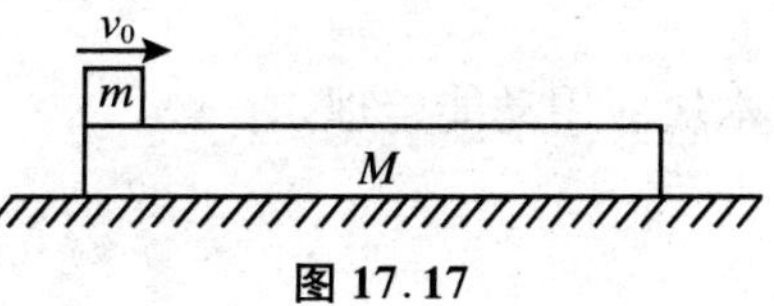

图17.17

(1) 求木块与木板相对静止时的速度.

(2) 求木块在木板上滑行的时间.

(3) 求在整个过程中系统增加的内能.

(4) 为使木块不从木板上掉下,木板至少多长?

解析 这是典型的“子弹打木块模型”的应用问题.

(1) 根据动量守恒,有

$$mv_0 = (M+m)v.$$

解得

$$v = \frac{m}{M+m}v_0.$$

(2) 根据动量定理,对木板有

$$\mu mgt = Mv - 0.$$

对木块有

$$-\mu mgt = mv - mv_0.$$

解得

$$t = \frac{Mv_0}{\mu(M+m)g}.$$

(3) 系统增加的内能等于系统损失的机械能,即

$$Q = \Delta E = \frac{1}{2}mv_0^2 - \frac{1}{2}(M+m)v^2 = \frac{Mmv_0^2}{2(M+m)}.$$

(4) 系统增加的内能 $Q=\mu mgL$,可得

$$L = \frac{Mv_0^2}{2\mu(M+m)g}.$$

例 13 如图 17.18 所示,木板在光滑水平面上以 v_0向右运动,木块 m 轻轻放上木板的右端,两者间动摩擦因数为 μ,木块不会从木板上掉下来.

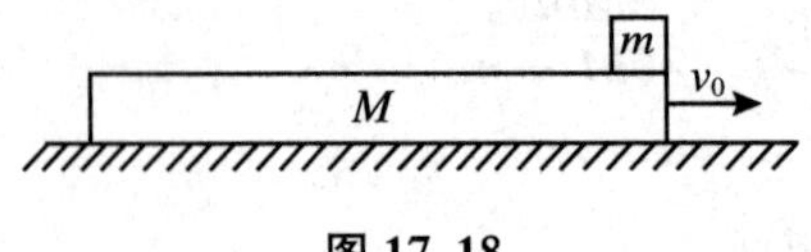

图 17.18

(1) 求从 m 放上 M 至相对静止时,m 的位移.

(2) 求系统增加的内能.

(3) 木板至少多长?

(4) 若对长木板施加一水平向右的作用力,使长木板速度保持不变,则相对滑动过程中,系统增加的内能以及水平力所做的功为多少?

解析 这是“子弹打木块模型”的直接和变形应用问题.

(1) 根据动量守恒定律,有

$$Mv_0 = (M+m)v.$$

解得

$$v = \frac{M}{M+m}v_0.$$

对木块应用动能定理,有

$$\mu mgs_1 = \frac{1}{2}mv^2.$$

解得

$$s_1 = \frac{M^2 v_0^2}{2\mu g(M+m)^2}.$$

(2) 根据能的转化和守恒定律，有

$$Q = \frac{1}{2}Mv_0^2 - \frac{1}{2}(M+m)v^2 = \frac{Mmv_0^2}{2(M+m)}.$$

(3) 系统增加的内能 $Q=\mu mgL$，可得

$$L = \frac{Mv_0^2}{2\mu(M+m)g}.$$

(4) 相对滑动过程中，木块做初速度为零的匀加速直线运动，而木板做匀速直线运动.

木块的位移为

$$s_1' = \frac{v_0}{2}t.$$

木板的位移为

$$s_2' = v_0 t.$$

相对位移为

$$\Delta s = s_2' - s_1' = \frac{v_0}{2}t = s_1'.$$

系统增加的内能为

$$Q = \mu mg\Delta s = \frac{1}{2}mv_0^2.$$

木块增加的动能为

$$\Delta E_k = \frac{1}{2}mv_0^2.$$

水平力所做的功为

$$W = Q + \Delta E_k = mv_0^2.$$

例 14 (1992 年高考全国卷)如图 17.19 所示，一质量为 M、长为 L 的长方形木板 B 放在光滑水平地面上，在其右端放上质量为 m 的小木块 A，$m<M$. 现以地面为参考系，给 A、B 以大小相等、方向相反的初速度，使 A 开始向左运动，B 开始向右运动，最后 A 刚好没有滑离木板 B.

(1) 若已知 A 和 B 的初速度大小为 v_0，求 A、B 间的动摩擦因数.

(2) 若初速度大小未知，求 A 向左运动的最大距离.

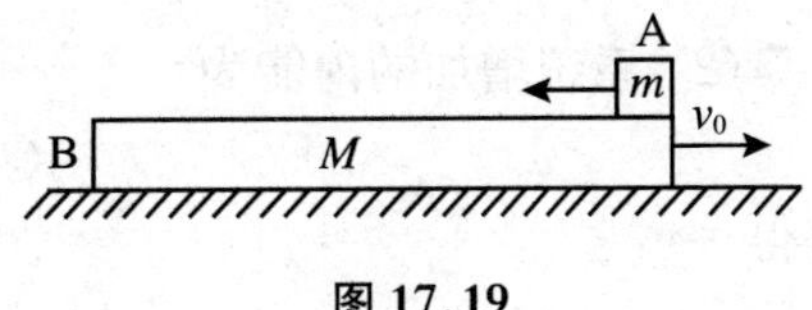

图 17.19

解析 题目看起来复杂，其实还是一个"子弹打木块模型"的直接和变形应用问题.

(1) 根据动量守恒定律，有

$$Mv_0 - mv_0 = (M+m)v.$$

解得

$$v = \frac{M - m}{M + m}v_0.$$

根据能的转化和守恒定律,有

$$\mu mgL = \frac{1}{2}(M + m)v_0^2 - \frac{1}{2}(M + m)v^2.$$

解得

$$\mu = \frac{2Mv_0^2}{(M + m)gL}.$$

(2) 根据动能定理,有

$$-\mu mgs = 0 - \frac{1}{2}mv_0^2.$$

解得

$$s = \frac{v_0^2}{2\mu g} = \frac{M + m}{4M}L.$$

例 15 如图 17.20 所示,质量为 M 的水平木板静止在光滑的水平地面上,在木板的左端放一质量为 m 的铁块,现给铁块一个水平向右的瞬时冲量,使其以初速度 v_0 开始运动,并与固定在木板另一端的弹簧相碰后返回,恰好又停在木板左端.问:

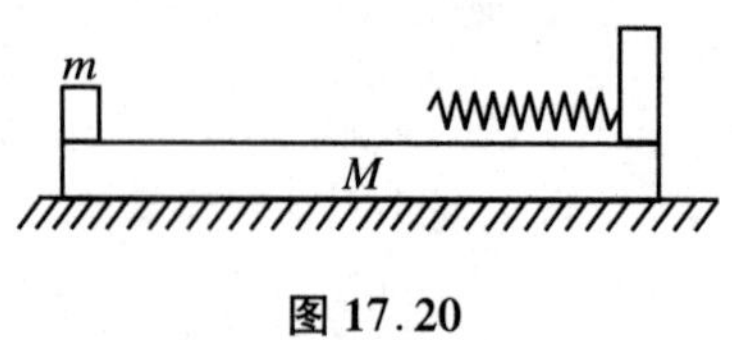

图 17.20

(1) 整个过程中系统克服摩擦力做的功是多少?

(2) 若铁块与木板间的动摩擦因数为 μ,铁块相对木板位移的最大值是多少?

(3) 系统的最大弹性势能是多少?

解析 该题从表面上看多了一个弹簧,且在铁块与弹簧发生相互作用时,其相互作用力是变力.但解题关键仍然是抓住动量、能量这两条主线,是“子弹打木块模型”的变形模型.

(1) 设弹簧被压缩至最短时,木板、铁块有共同速度 v_1,此时弹性势能 E_p 最大.铁块回到木板左端时,两者有共同速度 v_2.根据动量守恒定律,有

$$mv_0 = (M + m)v_1 = (M + m)v_2.$$

整个过程系统克服摩擦力做功为

$$W_f = \frac{1}{2}mv_0^2 - \frac{1}{2}(M + m)v_2^2 = \frac{Mmv_0^2}{2(M + m)}.$$

(2) 系统增加的内能为

$$Q = W_f = 2\mu mgL.$$

解得

$$L = \frac{Mv_0^2}{4\mu(M + m)g}.$$

(3) 根据能的转化和守恒定律,有

$$\frac{1}{2}Q + E_p = \frac{1}{2}mv_0^2 - \frac{1}{2}(M + m)v_1^2.$$

解得

$$E_p = \frac{Mmv_0^2}{4(M+m)}.$$

例 16 如图 17.21 所示，电容器固定在一个绝缘座上，绝缘座放在光滑水平面上. 平行板电容器板间距离为 d，电容为 C. 右极板有一个小孔，通过小孔有一长为 $\frac{3}{2}d$ 的绝缘杆，左端固定在左极板上，电容器极板连同底座、绝缘杆的总质量为 M. 给电容器充入电量 Q 后，有一质量为 m、带电量为 $+q$ 的环套在杆上以某一初速度 v_0 对准小孔向左运动 $(M=3m)$. 设带电环不影响电容器极板间的电场分布，电容器外部电场忽略不计. 带电环进入电容器后到左极板的最小距离为 $\frac{1}{2}d$，试求：

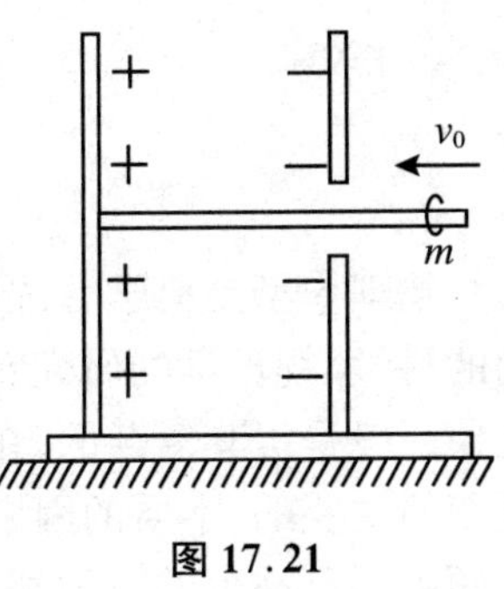

图 17.21

(1) 带电环与左极板相距最近时的速度.

(2) 带电环受绝缘杆的摩擦力.

解析 (1) 带电环距左极板最近时，类似于子弹、木块相对静止时. 根据动量守恒定律，有

$$mv_0 = (M+m)v.$$

解得

$$v = \frac{m}{M+m}v_0 = \frac{1}{4}v_0.$$

(2) 带电环与其余部分间的相互作用力中做功的有电场力 $F = qE = \frac{qQ}{Cd}$，摩擦力 f. 根据能的转化和守恒定律，有

$$F\left(d - \frac{d}{2}\right) + f\left(\frac{3d}{2} - \frac{d}{2}\right) = \frac{1}{2}mv_0^2 - \frac{1}{2}(M+m)v^2.$$

解得

$$f = \frac{3mv_0^2}{8d} - \frac{qQ}{2Cd}.$$

总结 子弹打木块这类问题，关键是要抓住动量与能量这两条主线，弄清系统内参与做功的是什么力，其相对位移(或相对路程)是多少，从而顺利建立等量关系. 以上几例从形式上、条件上、问法上都有不同之处，但解决问题的思路却是相同的. 这就要求在物理教学过程中，注重培养学生学会透过现象抓住本质、吃透基本模型的能力.

上面只是模型法应用的几个例子，下面就高中物理中模型法解题的问题做进一步分析.

17.2 模型法例题精析

物理模型是科学方法中的一种——理想化方法的产物.物理学是研究物质的机械运动的科学.物理学的研究对象——由物质组成的物质系统,它们的运动过程和所发生的现象一般是极其复杂的.在物理学的研究中,突出物质系统和它们的运动过程及所发生现象的主要的、本质的因素,忽略次要的、非本质的因素是必不可少的,也是学生在正确解题中不可缺少的一种基本功.自然界中的物质及其发生的物理现象的过程大多是复杂的,处理这样的问题时,第一步应将情况理想化,并且对有关过程做出简化假设.物理问题的理想化处理首先是解决问题的客观需求、抓主要矛盾、忽略次要因素.

研究物理问题时,通常都要从"模型"入手,依赖于建立正确的物理模型、确定清楚的物理过程、选准合适的研究对象、运用对应的物理规律等,其中建立正确的物理模型又是最为重要的一环.所谓物理模型,是指从物理现象中抽象出来的、理想化的、具有一定特点的物理对象或蕴含客观规律的物理过程.所谓"建模"就是将我们研究的物理对象或物理过程运用理想化、简化、类化、等效、抽象等方法进行"去粗存精",找出其内在规律,形成"物理模型".模型是一种感性认识到理性认识的上升,它更有利于揭示并掌握物理现象及物理运动的内在规律,模型法就是用最简单的物理模型来描述自然界的一些物理现象.每一个模型都对应一套特定的概念、规律和分析与处理方法的体系.高中物理模型解题方法主要有以下几种.

17.2.1 物理对象模型

用来代替由具体物质组成的、代表研究对象的实体系统的模型称为对象模型(也可称为概念模型),即把研究对象本身理想化.常见的如力学中有质点、刚体、杠杆、轻质弹簧、单摆、弹簧振子、弹性体、绝热物质等,电学中有点电荷、检验电荷、理想导体、绝缘体、理想电表、纯电阻、纯电感、纯电容、理想变压器等,光学、原子物理中有薄透镜、波粒二象性模型、原子模型等.

例1 由上海飞往美国洛杉矶与美国洛杉矶飞往上海的飞机在飞越太平洋的过程中,飞机的速度大小和距离海面的高度均相同,两种情况下相比较,(　　).

A. 飞机上的乘客对座椅的压力两种情况大小一样

B. 飞机上的乘客对座椅的压力前者稍大于后者

C. 飞机上的乘客对座椅的压力前者一定稍小于后者

D. 飞机上的乘客对座椅的压力可能为零

解析 本题中把研究对象飞机作为质点模型,即为对象模型.地球本身自西向东转,由上海飞往美国洛杉矶的方向为自西向东,因此相对地心的速度大,所需向心力大,座椅对乘客的支持力小,乘客对座椅的压力也小.C选项正确.

例2 (1994年高考上海卷)如图17.22所示,理想变压器原、副线圈的匝数比

$n_1:n_2=4:1$,当导体棒在匀强磁场中向左做匀速直线运动切割磁感线时,电流表 A_1 的示数是 12 mA,则电流表 A_2 的示数为(　　).

A. 2 mA

B. 0 mA

C. 48 mA

D. 与负载 R 的值有关

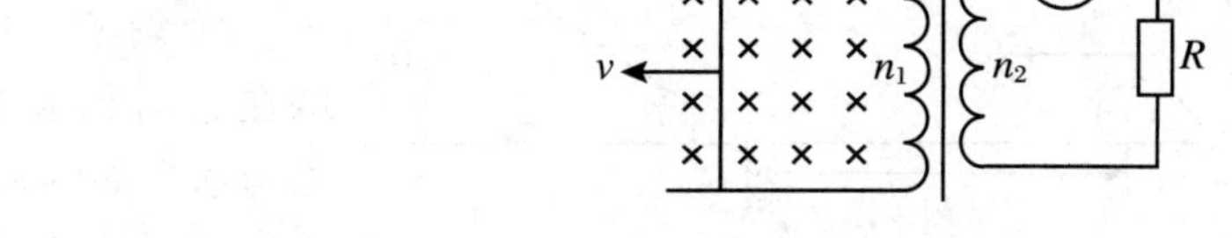

图 17.22

解析　理想变压器是对象模型,不能在恒定电压和恒定电流的电路中工作.导体棒向左匀速切割磁感线时,在原线圈中通过的是恒定电流,不能引起副线圈中磁通量的变化,在副线圈中无感应电动势产生,所以 A_2 中无电流通过.B 选项正确.

例 3　(2006 年北京大学自主招生)有 A、B、C 三个外形一样的小球,已知 A 带电荷量为 Q 的正电,B 与 C 均带电荷量为 Q 的负电,A 与 B 相距 L 长度时相互的引力大小为 F_1,B 与 C 相距 L 长度时相互的斥力大小为 F_2.请比较 F_1 与 F_2 的大小并说明原因.

解析　因为两球心距离不比球的半径大很多,所以不能看作点电荷,必须考虑电荷在球上的实际分布.A、B 带异种电荷,由于引力,两球电荷分布如图 17.23(a)所示,等效点电荷间距小于 L,则 $F_1>k\dfrac{Q^2}{L^2}$.B、C 带同种电荷,由于斥力,两球电荷分布如图 17.23(b)所示,等效点电荷间距大于 L,则 $F_2<k\dfrac{Q^2}{L^2}$.所以 $F_1>F_2$.

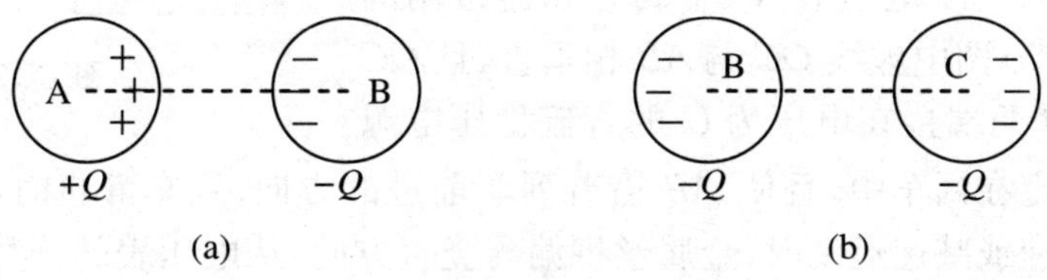

图 17.23

17.2.2　物理条件模型

把研究对象所处的外部条件理想化,排除外部条件中干扰研究对象运动变化的次要因素,突出外部条件的本质特征或最主要的方面,从而建立的物理模型称为条件模型.例如物体沿水平面运动时所受摩擦力对运动的影响不起主要作用,或需要假设一种没有摩擦力的环境而引入光滑平面的模型,其他如轻绳、轻杆、轻弹簧、均匀介质、匀强电场、匀强磁场等.一般情况下题目都会给出条件模型,引入条件模型主要是为了简化对问题的研究.例如,研究在地面上空无初速下落物体的运动,就可简化为不同物体下落时均只受重力作用的简单情况.

例 4　如图 17.24 所示,水平面与斜面由光滑的小圆弧相连,一光滑小球甲从倾角 $\theta=30^\circ$ 的斜面上高 $h=5$ cm 的 A 点由静止释放,同时小球乙自 C 点以初速度 v_0 沿水平面向右运动,甲释放后经过 $t=1$ s 在水平面上刚好与乙相碰.不考虑小球甲经过 B 点时的机械能损失.已知 C 点与斜面底端 B 处的距离 $L=3.8\ \mathrm{m}$,小球乙与水平面的动摩擦因数 $\mu=0.2$,求乙的初速度 v_0.(g 取 $10\ \mathrm{m/s^2}$)

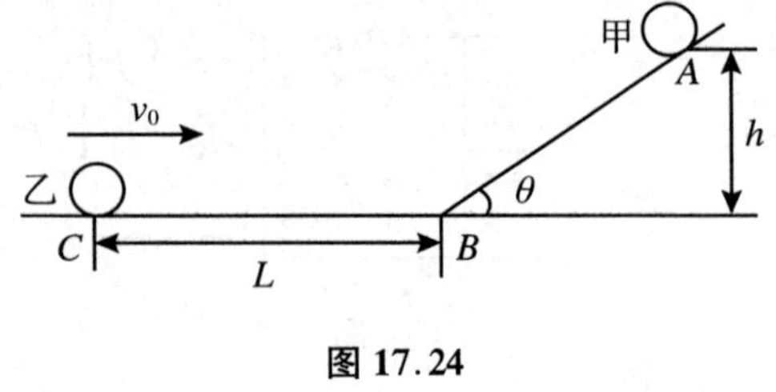

图 17.24

解析 “光滑小球”这一条件说明小球在斜面和水平面都不受摩擦力作用,小球乙与水平面的动摩擦因数 $\mu=0.2$ 说明小球乙在水平面上做匀减速运动,不考虑小球甲经过 B 点时的机械能损失说明小球甲由斜面进入水平面时速度大小不变,且做匀速运动.设小球甲在光滑斜面上运动的加速度为 a_1,运动时间为 t_1,运动到 B 处时的速度为 v_1,从 B 处到与小球乙相碰所用时间为 t_2.则 $a_1=g\sin\theta=5\ \mathrm{m/s^2}$.由 $\dfrac{h}{\sin\theta}=\dfrac{1}{2}a_1t_1^2$,得 $t_1=0.2\ \mathrm{s}$.则 $v_1=a_1t_1=1\ \mathrm{m/s}$,$t_2=t-t_1=0.8\ \mathrm{s}$.乙球运动的加速度 $a_2=\mu g=2\ \mathrm{m/s^2}$.甲、乙两球相遇时满足 $v_0t-\dfrac{1}{2}a_2t^2+v_1t_2=L$,代入数据,得 $v_0=4\ \mathrm{m/s}$.

例 5 如图 17.25 所示是一种悬球式加速度计,它可以用来测定沿水平轨道运动的列车的加速度.m 是一个金属球,它系在金属丝的下端,金属丝的上端悬挂在 O 点上,B 是一根长为 L 的均匀电阻丝,其阻值为 R,金属丝与电阻丝接触良好,摩擦不计.电阻丝的中点 C 焊接一根导线,从 O 点也引出一根导线,两线之间接入一个电压表 V(金属丝和连接用的导线的电阻不计),图中虚线 OC 与 AB 相垂直,且 $OC=h$.电阻丝 AB 两端接在电压为 U 的直流稳压电源上,整个装置固定在列车中,且使 AB 沿着列车前进的方向.列车静止时,金属丝呈竖直状态,当列车加速或减速运动时,金属丝将偏离竖直方向,从电压表的读数就可以测出列车加速度的大小.

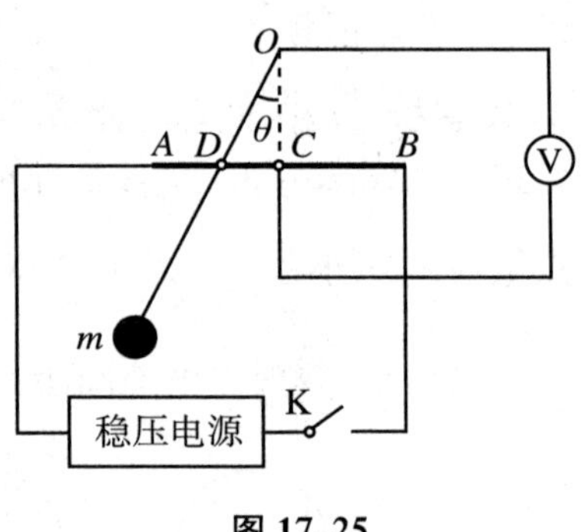

图 17.25

(1) 当列车沿水平轨道向右做匀加速运动时,试写出加速度的大小 a 与电压表读数 U' 的对应关系,以便重新刻制电压表表盘,使它成为直接读加速度数值的加速度计.

(2) 这个装置测得的最大加速度 a_{m} 为多少?

(3) 为什么 C 点设置在电阻丝 AB 的中间?对电压表的零刻度线的位置有什么要求?

解析 (1) 火车在水平轨道上加速运动时,小球所受重力和金属丝拉力的合力必在水平方向上,易得 $a=g\tan\theta$.由几何关系,得 $\tan\theta=\dfrac{DC}{OC}$.“均匀金属丝”这一条件模型说明电压和长度成正比,同时认为电压表的内阻无穷大(假设条件),所以 $\dfrac{U'}{U}=\dfrac{DC}{AB}=\dfrac{h\tan\theta}{L}=\dfrac{ha}{Lg}$,即 $a=\dfrac{Lg}{Uh}U'$.

(2) 偏转角最大时加速度最大，则 $\tan\theta_m = \frac{L/2}{h}$，所以 $a_m = \frac{Lg}{2h}$.

(3) 由于火车可能加速和减速，所以加速度的零刻度线位于表盘的中间.

例 6 (2008 年高考天津卷)光滑水平面上放着质量 $m_A = 1$ kg 的物块 A 与质量 $m_B = 2$ kg 的物块 B，A 与 B 均可视为质点，A 靠在竖直墙壁上，A、B 间夹一个被压缩的轻弹簧(弹簧与 A、B 均不拴接)，用手挡住 B 不动，此时弹簧弹性势能 $E_p = 49$ J. 在 A、B 间系一轻质细绳，细绳长度大于弹簧的自然长度，如图 17.26 所示. 放手后 B 向右运动，绳在短暂时间内被拉断，之后 B 冲上与水平面相切的竖直半圆光滑轨道，其半径 $R = 0.5$ m，B 恰能到达最高点 C. 取 $g = 10$ m/s^2，求：

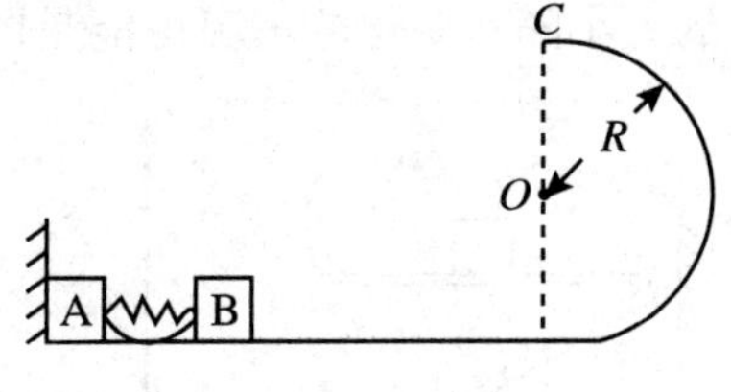

图 17.26

(1) 绳拉断后瞬间 B 的速度 v_B 的大小.

(2) 绳拉断过程绳对 B 的冲量 I 的大小.

(3) 绳拉断过程绳对 A 所做的功 W.

解析 (1) 设 B 在绳被拉断后瞬间的速度为 v_B，到达 C 点时的速度为 v_C，有

$$m_B g = m_B \frac{v_C^2}{R},$$

$$\frac{1}{2} m_B v_B^2 = \frac{1}{2} m_B v_C^2 + 2 m_B g R.$$

代入数据，得

$$v_B = 5 \text{ m/s}.$$

(2) 设弹簧恢复到自然长度时 B 的速度为 v_1，取水平向右为正方向，有

$$E_p = \frac{1}{2} m_B v_1^2,$$

$$I = m_B v_B - m_B v_1.$$

代入数据，得

$$I = -4 \text{ N} \cdot \text{s},$$

其大小为 4 N · s.

(3) 设绳断后 A 的速度为 v_A，取水平向右为正方向，有

$$m_B v_1 = m_B v_B + m_A v_A,$$

$$W = \frac{1}{2} m_A v_A^2.$$

代入数据，得

$$W = 8 \text{ J}.$$

17.2.3 物理状态模型

把具体物理状态纯粹化、理想化后抽象出来的一种物理状态，称作状态模型. 例如，共点力作用下的物体平衡状态、有固定转动轴的力矩平衡状态、热平衡状态、临界状

态等.

例 7 如图 17.27(a)所示,长木板 L 的一端固定在铰链上,木块放在木板上,初始木板处于水平状态.在木板向下缓慢转动、θ 角逐渐增大的过程中,木块受到的摩擦力 f 的大小随 θ 变化的情况可能是图 17.27(b)中的(　　).

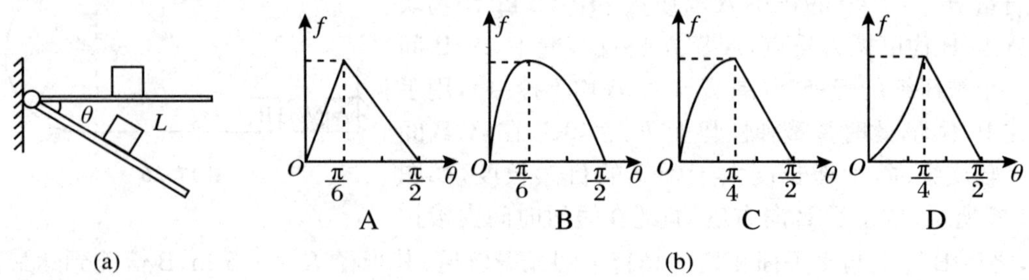

图 17.27

解析 由于木板向下缓慢转动,所以木块每时每刻都处于平衡状态(称作动态平衡).当 θ 较小时,木块与木板间的摩擦力为静摩擦力,大小为 $f=mg\sin\theta$,按正弦规律变化;当 θ 较大时,木块与木板间的摩擦力为滑动摩擦力,大小为 $f=\mu mg\cos\theta$,按余弦规律变化.B 选项正确.

例 8 (2008 年上海交通大学自主招生)如图 17.28 所示,质量为 80 kg 的人沿图示的梯子从底部向上攀登,梯子质量为 25 kg,顶角为 30°.已知 AC 和 CE 都为 5 m 长且用铰链在 C 点处相连.BD 为一段轻绳,两端固定在梯子高度一半处.设梯子与地面的摩擦可以忽略,求在人向上攀登过程中轻绳中张力的变化规律.(取重力加速度 $g=10\ \text{m/s}^2$)

解析 设梯子的质量为 M,人的质量为 m,系统受外力情况如图 17.29(a)所示.当人爬到离 A 点的距离为 x 时,列出以 A 点为轴的力矩平衡方程,有

$$mg\cdot x\cos 75^\circ + Mg\cdot AC\cos 75^\circ = N_2\cdot 2AC\cos 75^\circ.$$

代入数据,得

$$N_2 = 80x + 125.$$

如图 17.29(b)所示,设绳中的张力为 T,以 C 点为轴,右半部分梯子的力矩平衡方程为

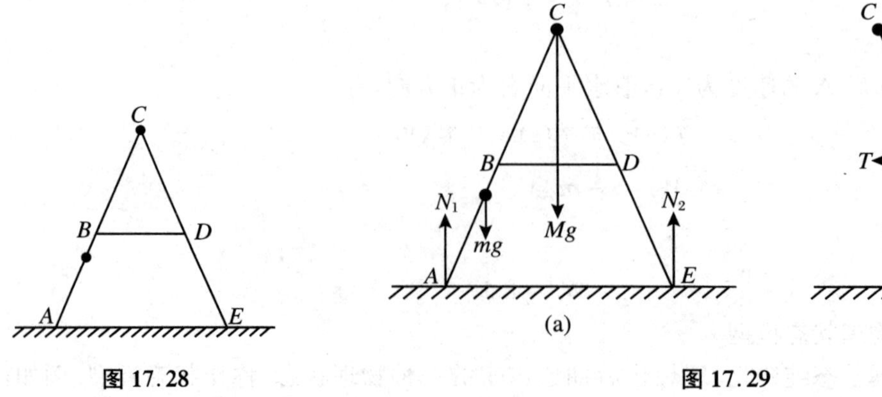

图 17.28　　　　图 17.29

$$T \cdot CD\cos 15^\circ + \frac{Mg}{2} \cdot CD\sin 15^\circ = N_2 \cdot CE\sin 15^\circ.$$

代入数据，得

$$T = (160x + 125)\tan 15^\circ = 42.87x + 33.49.$$

例 9 一根粗细均匀的导线中通有 5 A 的恒定电流，若导线散热损失不计，经过一段时间后，导线升高的温度应与(　　).

A. 导线长度成正比　　B. 导线长度的平方成正比

C. 导线横截面积成反比　　D. 导线横截面积的平方成反比

解析 根据焦耳定律，有 $Q_1 = I^2Rt$. 根据比热容公式，有 $Q_2 = cm\Delta t$. 因为导线散热损失不计，所以导线处于热平衡状态，有 $Q_1 = Q_2$，即 $I^2Rt = cm\Delta t$. 将 $m = \rho LS$，$R = \rho'\frac{L}{S}$ 代入，有 $I^2\rho'\frac{L}{S}t = c\rho LS\Delta t$. 化简，得 $\Delta t = \frac{I^2\rho' t}{c\rho S^2}$.（其中 t 是时间，Δt 是温度变化，ρ 是密度，ρ' 是电阻率，I 是电流，S 是导线横截面积，L 是导线长度.）所以温度变化与横截面积的平方成反比，D 选项正确.

例 10 (2009 年高考安徽卷)过山车是游乐场中常见的设施. 图 17.30 是一种过山车的简易模型，它由水平轨道和在竖直平面内的三个圆形轨道组成，B、C、D 分别是三个圆形轨道的最低点，B、C 间距与 C、D 间距相等，半径 $R_1 = 2.0$ m，$R_2 = 1.4$ m. 一个质量为 $m = 1.0$ kg 的小球(视为质点)从轨道的左侧 A 点以 $v_0 = 12.0$ m/s 的初速度沿轨道向右运动，A、B 间距 $L_1 = 6.0$ m. 小球与水平轨道间的动摩擦因数 $\mu = 0.2$，圆形轨道是光滑的. 假设水平轨道足够长，圆形轨道间不相互重叠. 重力加速度 $g = 10$ m/s^2，计算结果保留一位小数.

(1) 试求小球在经过第一个圆形轨道的最高点时，轨道对小球作用力的大小.

(2) 如果小球恰能通过第二个圆形轨道，B、C 间距 L 应是多少?

(3) 在满足(2)的条件下，如果要使小球不脱离轨道，在第三个圆形轨道的设计中，半径 R_3 应满足的条件是什么? 小球最终停留点与起点 A 的距离是多少?

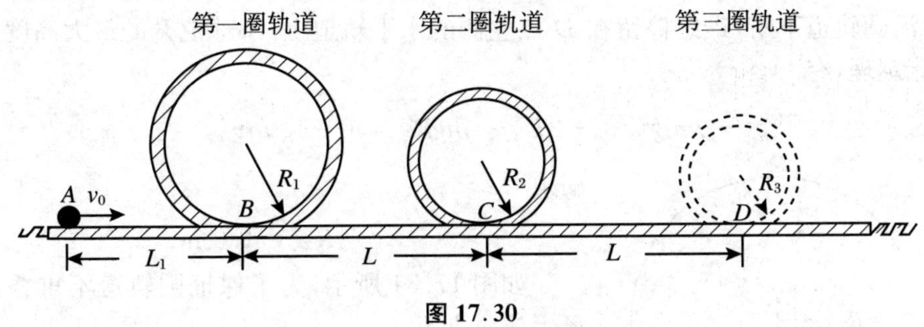

图 17.30

解析 (1) 设小球经过第一个圆轨道的最高点时的速度为 v_1，根据动能定理，有

$$-\mu mgL_1 - 2mgR_1 = \frac{1}{2}mv_1^2 - \frac{1}{2}mv_0^2. \quad ①$$

小球在最高点受到重力 mg 和轨道对它的作用力 F，则

$$F + mg = m\frac{v_1^2}{R_1}. \qquad ②$$

联立①②式,得

$$F = 10.0\ \text{N}. \qquad ③$$

(2) 设小球在第二个圆轨道的最高点的速度为 v_2,则

$$mg = m\frac{v_2^2}{R_2}. \qquad ④$$

根据动能定理,有

$$-\mu mg(L_1 + L) - 2mgR_2 = \frac{1}{2}mv_2^2 - \frac{1}{2}mv_0^2. \qquad ⑤$$

联立④⑤式,得

$$L = 12.5\ \text{m}. \qquad ⑥$$

(3) 要保证小球不脱离第三个圆形轨道,可分两种情况进行讨论.

临界情况一:轨道半径较小,小球恰能通过第三个圆形轨道的最高点,重力提供向心力,最终停留在 D 点右侧水平轨道上.设小球在最高点的速度为 v_3,则

$$mg = m\frac{v_3^2}{R_3}. \qquad ⑦$$

根据动能定理,有

$$-\mu mg(L_1 + 2L) - 2mgR_3 = \frac{1}{2}mv_3^2 - \frac{1}{2}mv_0^2. \qquad ⑧$$

联立⑥⑦⑧式,得

$$R_3 = 0.4\ \text{m}.$$

所以当 $0 < R_3 \leqslant 0.4$ m 时,小球不脱离轨道,设最终停留点与起始点 A 的距离为 L',则

$$-\mu mgL' = 0 - \frac{1}{2}mv_0^2,$$

解得

$$L' = 36.0\ \text{m}.$$

临界情况二:轨道半径较大,小球先沿轨道上滑,到达与圆心等高处时速度恰好为零;而后沿圆轨道下滑,最终停留在 D 点左侧的水平轨道上.小球上升的最大高度为 R_3,根据动能定理,有

$$-\mu mg(L_1 + 2L) - mgR_3 = 0 - \frac{1}{2}mv_0^2,$$

解得

$$R_3 = 1.0\ \text{m}.$$

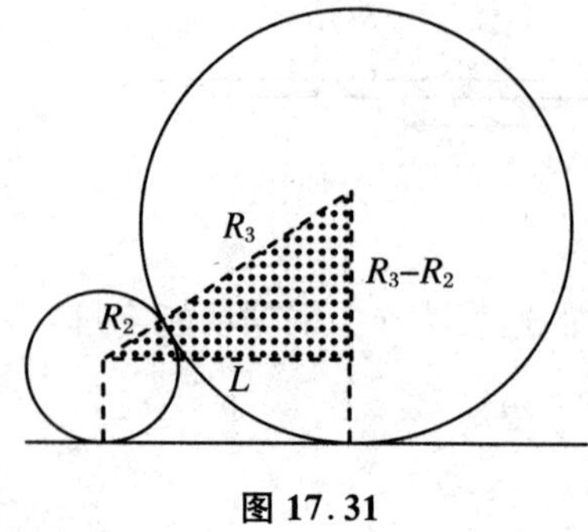

图 17.31

如图 17.31 所示,为了保证圆轨道不重叠,R_3 的最大值应满足

$$(R_2 + R_3)^2 = L^2 + (R_3 - R_2)^2,$$

解得

$$R_3 = 27.9\ \text{m}.$$

所以当 $1.0\ \text{m} \leqslant R_3 \leqslant 27.9$ m 时,小球不脱离轨道,设

最终停留点与起始点 A 的距离为L'',则

$$L'' = L' - 2(L' - L_1 - 2L) = 26.0\ \text{m}.$$

临界状态具有一定的隐蔽性,解题灵活性较大,审题时应力求还原习题的物理情景,抓住临界状态的特征,找到正确的解题方向.

17.2.4 物理过程模型

把具体过程纯粹化、理想化后抽象出来的一种物理过程的模型称为过程模型.例如,把某些复杂的运动过程纯粹化、理想化,看作是一个质点(对象模型)做单一的某种运动,如匀速直线运动、匀加速直线运动、匀速圆周运动等.另外,如弹性碰撞、完全非弹性碰撞、纯滚动、简谐运动、等温过程、等压过程、等容过程、绝热过程、恒定电流等,都是突出某一方面的主要特征,忽略一些次要特征后抽象出来的理想过程,都是一种过程模型.同学们在利用这些模型时最重要的是抓住题设情景中这些模型的特点及应用条件,深刻理解其物理意义.

例 11 (2013 年"北约"联盟自主招生)在一个绝热的竖直气缸里面放有一定质量的理想气体,绝热的活塞原来是固定的.现拆去销钉(图中未画出),气体因膨胀把活塞及重物举高后如图 17.32 所示.则在此过程中气体的(　　).

A. 压强不变,温度升高

B. 压强不变,温度降低

C. 压强减小,温度升高

D. 压强减小,温度降低

图 17.32

解析 缸内气体膨胀,对外做功,即 $W>0$,缸内气体与外界无热交换,即 $Q=0$,由热力学第一定律 $\Delta U=Q+W$ 可知,$\Delta U<0$,即缸内气体的内能减小,温度降低.由理想气体的状态方程$\dfrac{pV}{T}=C$(常量)可知,V 增大、T 减小则 p 减小,D 选项正确.

例 12 如图 17.33 所示,金属棒 ab 的质量 $m=5\ \text{g}$,放置在宽 $L=1\ \text{m}$、光滑的金属导轨的边缘上.两金属导轨处于水平面上,该处有竖直向下的匀强磁场,磁感应强度为 $B=0.5\ \text{T}$.电容器的电容 $C=200\ \mu\text{F}$,电源电动势 $E=16\ \text{V}$,导轨平面距离地面高度 $h=0.8\ \text{m}$,g 取 $10\ \text{m/s}^2$.在电键 S 与"1"接通并稳定后,再使它与"2"接通,金属棒 ab 被抛到 $s=0.064\ \text{m}$ 的地面上,试求 ab 棒被水平抛出时电容器两端的电压.

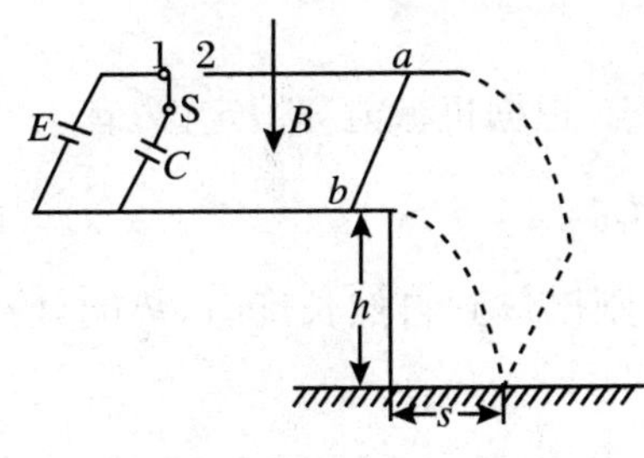

图 17.33

解析 当 S 接"1"时,电容器充电,稳定时两极板的电压为 $U=E=16\ \text{V}$.所以带电量为 $Q=CE=3.2\times10^{-3}\ \text{C}$.

当 S 接"2"时,电容器放电,有放电电流通过 ab 棒,但该电流是变化的,所以 ab 棒受到的安培力也是变化的.ab 棒离开水平导轨的初速度 v_0 可由平抛运动的规律求出.由

$s=v_0t$,$h=\dfrac{1}{2}gt^2$,得 $v_0=s\sqrt{\dfrac{g}{2h}}=0.16\ \text{m/s}$.

在放电过程中，通过 ab 棒的电量为 ΔQ. 根据动量定理，有

$$B\bar{I}L\Delta t = BL\Delta Q = mv_0.$$

则

$$\Delta Q = \frac{mv_0}{BL} = 1.6\times10^{-3}\ \text{C}.$$

所以 ab 棒被抛出时电容器极板上剩余的电量为 $Q' = Q - \Delta Q = 1.6\times10^{-3}$ C，电容器两端的电压为 $U' = \frac{Q'}{C} = 8$ V.

例 13 (2000 年高考全国卷)在原子核物理中，研究核子与核子关系的最有效途径是"双电荷交换反应". 这类反应的前半部分过程和下述力学模型类似：两个小球 A 和 B 用轻质弹簧相连，在光滑的水平直轨道上处于静止状态. 在它们左边有一垂直于轨道的固定挡板 P，右边有一小球 C 沿轨道以速度 v_0 射向 B 球，如图 17.34 所示，C 与 B 发生碰撞并立即结成一个整体 D. 在它们继续向左运动的过程中，当弹簧长度变到最短时，长度突然被锁定，不再改变. 然后，A 球与挡板 P 发生碰撞，碰后 A、D 静止不动，A 与 P 接触而不粘连. 过一段时间，突然解除锁定(锁定及解除锁定均无机械能损失)，已知 A、B、C 三球的质量均为 m.

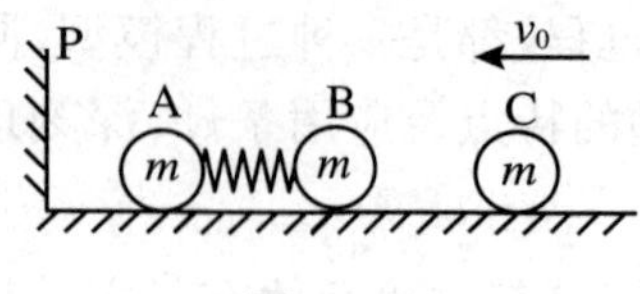

图 17.34

(1) 求弹簧长度刚被锁定后 A 球的速度.

(2) 求在 A 球离开挡板 P 之后的运动过程中，弹簧的最大弹性势能.

解析 (1) 设 C 球与 B 球粘连成 D 时，D 的速度为 v_1. 根据动量守恒定律，有

$$mv_0 = 2mv_1. \quad ①$$

当弹簧压至最短时，D 与 A 的速度相等，设此速度为 v_2. 根据动量守恒定律，有

$$2mv_1 = 3mv_2. \quad ②$$

联立①②式，得 A 的速度为

$$v_2 = \frac{1}{3}v_0. \quad ③$$

(2) 设弹簧长度被锁定后，贮存在弹簧中的势能为 E_p. 根据机械能守恒定律，有

$$\frac{1}{2}\cdot 2mv_1^2 = \frac{1}{2}\cdot 3mv_2^2 + E_p. \quad ④$$

撞击 P 后，A 与 D 的动能都为零，解除锁定，当弹簧刚恢复到自然长度时，势能全部转变成 D 的动能，设 D 的速度为 v_3，则有

$$E_p = \frac{1}{2}\cdot 2mv_3^2. \quad ⑤$$

以后弹簧伸长，A 球离开挡板 P，并获得速度，当 A、D 的速度相等时，弹簧伸至最长，设此时速度为 v_4. 根据动量守恒定律，有

$$2mv_3 = 3mv_4. \quad ⑥$$

当弹簧伸到最长时，其势能最大，设此势能为 E_p'. 根据机械能守恒定律，有

$$\frac{1}{2}\cdot 2mv_3^2 = \frac{1}{2}\cdot 3mv_4^2 + E_p'. \quad ⑦$$

解以上各式,得

$$E'_{\mathrm{p}}=\frac{1}{36}mv_0^2.$$

17.2.5 结构模拟式模型

比如原子核式结构、氢原子能级、电场线、磁感线、力作用示意图.

例 14 (2009 年高考北京卷)单位时间内流过管道横截面的液体体积叫作液体的体积流量(以下简称流量).有一种利用电磁原理测量非磁性导电液体(如自来水、啤酒等)流量的装置,称为电磁流量计.它主要由将流量转换为电压信号的传感器和显示仪表两部分组成.

传感器的结构如图 17.35 所示,圆筒形测量管内壁绝缘,其上装有一对电极 a 和 c,a、c 间的距离等于测量管内径 D,测量管的轴线与 a、c 的连线方向以及通电线圈产生的磁场方向三者相互垂直.当导电液体流过测量管时,在电极 a、c 间出现感应电动势 E,并通过与电极连接的仪表显示出液体的流量 Q.设磁场均匀恒定,磁感应强度为 B.

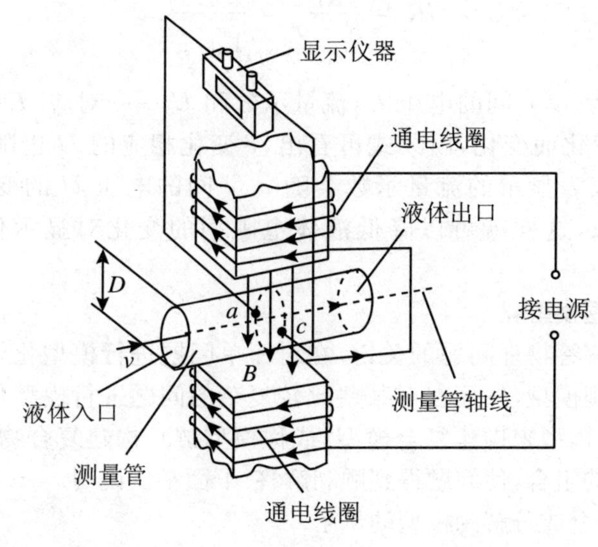

图 17.35

(1) 已知 $D=0.40\ \mathrm{m}$,$B=2.5\times10^{-3}\ \mathrm{T}$,$Q=0.12\ \mathrm{m^3/s}$.试求 E 的大小(π 取 3.0).

(2) 一新建供水站安装了电磁流量计,在向外供水时流量本应显示为正值,但实际显示却为负值.经检查,原因是误将测量管接反了,即液体由测量管出水口流入,从入水口流出.因水已加压充满管道,不便再将测量管拆下重装,请你提出使显示仪表的流量指示变为正值的简便方法.

(3) 显示仪表相当于传感器的负载电阻,其阻值记为 R.a、c 间导电液体的电阻 r 随液体电阻率的变化而变化,从而会影响显示仪表的示数.试以 E、R、r 为参量,给出电极 a、c 间输出电压 U 的表达式,并说明怎样可以降低液体电阻率变化对显示仪表示数的影响.

解析 (1) 导电液体通过测量管时,相当于导线做切割磁感线的运动.在电极 a、c 间切割感应线的液柱长度为 D,设液体的流速为 v,则产生的感应电动势为

$$E = BDv. \qquad ①$$

根据流量的定义,有

$$Q = Sv = \frac{\pi D^2}{4}v. \qquad ②$$

联立①②式,得

$$E = \frac{4BQ}{\pi D} = 1.0 \times 10^{-3}\ \text{V}.$$

(2) 改变通电线圈中电流的方向,使磁场 B 反向;或将传感器输出端对调接入显示仪表.

(3) 传感器和显示仪表构成闭合电路,根据闭合电路的欧姆定律,有

$$I = \frac{E}{R + r},$$

$$U = IR = \frac{RE}{R + r} = \frac{E}{1 + \frac{r}{R}}. \qquad ③$$

输入显示仪表的是 a、c 间的电压 U,流量示数和 U 一一对应.E 与液体电阻率无关,而 r 随电阻率的变化而变化,由③式可看出,r 变化相应的 U 也随之变化.在实际流量不变的情况下,仪表显示的流量示数会随 a、c 间的电压 U 的变化而变化.增大 R,使 $R \gg r$,则 $U \approx E$,这样就可以降低液体电阻率的变化对显示仪表流量示数的影响.

17.2.6 典型问题模型化

抽象物理模型是解答物理问题的关键.在对简单问题进行模型化处理时,常可把它抽象为一个已知的物理模型,然而在对某些比较复杂的问题进行模型化处理时,常常通过联想旧模型、创造新模型来构建复合模型(或称模型链).构建复合物理模型能将复杂问题转化为简单问题的组合,使问题得到顺利解答.下面举例说明.

例 15 为构建速度合成分解的模型的例子.

例 15 如图 17.36 所示,竖直平面内放置一直角杆 AOB,杆的水平部分粗糙,竖直部分光滑,两部分各有质量相等的小球 A 和 B 套在杆上,A、B 间用轻绳相连,以下说法正确的是( ).

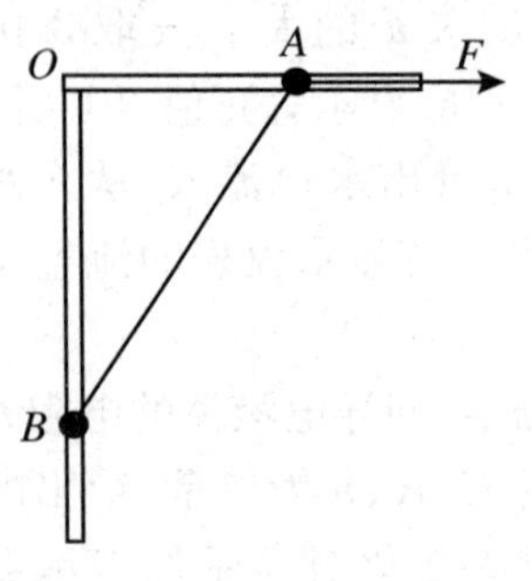

图 17.36

A. 若用水平拉力向右缓慢拉动 A,则拉动过程中 A 受到的摩擦力不变

B. 若以一较明显的速度向右匀速拉动 A,则拉动过程中 A 受到的摩擦力不变

C. 若以一较明显的速度向右匀速拉动 A,则拉动过程中 A 受到的摩擦力比静止时的摩擦力要大

D. 若以一较明显的速度向下匀速拉动 B,则拉动过

程中 A 受到的摩擦力与静止时的摩擦力相等

解析 当向右缓慢拉动 A 时，由于整体在竖直方向受力平衡，故 A 受到的支持力不变，即 $F_N = G_A + G_B$，由 $F_f = \mu F_N$ 可知，A 受到的摩擦力不变. A 选项正确.

若向右以某一明显速度拉动 A，A 与 B 的实际运动可分解为沿绳和垂直于绳的运动，如图 17.37 所示. A、B 沿绳方向速度相等，则 $v_A\sin\alpha = v_B\cos\alpha$，可得 $v_B = v_A\tan\alpha$. A 向右运动时，α 角增大，则 $\tan\alpha$ 增大，故 v_B 增大，B 向上做加速运动，整体在竖直方向有向上的合力，则 A 处的弹力应大于 A、B 两物体重力之和，由 $F_f = \mu F_N$ 可知，A 受到的摩擦力大于静止时的摩擦力. B 选项错误，C 选项正确.

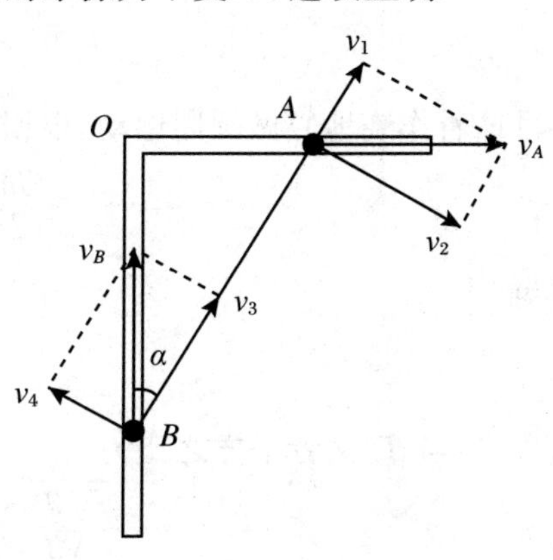

图 17.37

若向下匀速拉动 B，由于整体在竖直方向受力平衡，则 $F_N = G_A + G_B + F$，故压力增大，A 受到的摩擦力大于静止时的摩擦力. D 选项错误.

例 16 为双星模型的例子.

例 16 (2010 年高考全国Ⅰ卷)如图 17.38 所示，质量分别为 m 和 M 的两个星球 A 和 B 在引力作用下都绕 O 点做匀速圆周运动，星球 A 和 B 两者中心之间的距离为 L. 已知 A、B 的中心和 O 三点始终共线，A 和 B 分别在 O 的两侧. 引力常数为 G.

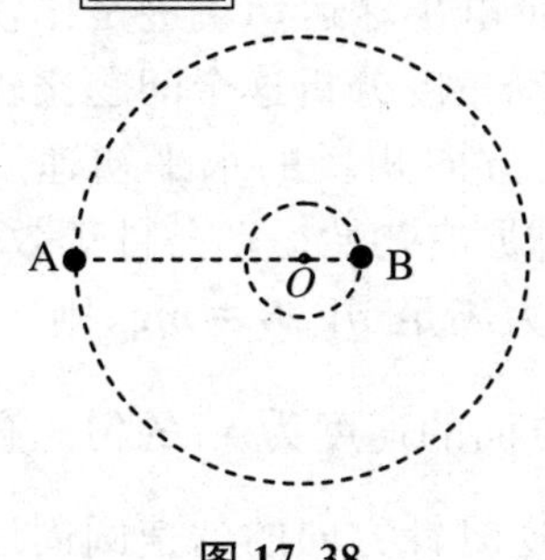

图 17.38

(1) 求两星球做圆周运动的周期.

(2) 在地月系统中，若忽略其他星球的影响，可以将月球和地球看成上述星球 A 和 B，月球绕其轨道中心运行时的周期记为 T_1. 但在近似处理问题时，常常认为月球是绕地心做圆周运动的，这样算得的运行周期记为 T_2. 已知地球和月球的质量分别为 5.98×10^{24} kg 和 7.35×10^{22} kg. 求 T_2 与 T_1 两者平方之比.(结果保留三位小数)

解析 (1) A 和 B 绕 O 做匀速圆周运动，它们之间的万有引力提供向心力，则 A 和 B 的向心力相等. 且 A、B 与 O 始终共线，说明 A 和 B 有相同的角速度和周期. 因此有

$$m\omega^2 r = M\omega^2 R,$$

$$r + R = L.$$

联立解得

$$R = \frac{m}{M+m}L,\quad r = \frac{M}{M+m}L.$$

对 A 根据牛顿第二定律和万有引力定律，有

$$\frac{GMm}{L^2} = m\left(\frac{2\pi}{T}\right)^2\frac{M}{M+m}L.$$

解得

$$T = 2\pi\sqrt{\frac{L^3}{G(M+m)}}.$$

(2) 将地月看成双星，由(1)得

$$T_1 = 2\pi\sqrt{\frac{L^3}{G(M+m)}}.$$

将月球看作绕地心做圆周运动，根据牛顿第二定律和万有引力定律，有

$$\frac{GMm}{L^2} = m\left(\frac{2\pi}{T_2}\right)^2 L.$$

解得

$$T_2 = 2\pi\sqrt{\frac{L^3}{GM}}.$$

所以 T_2与 T_1两者平方之比为

$$\left(\frac{T_2}{T_1}\right)^2 = \frac{M+m}{M} = 1.01.$$

例 17 为复合模型的例子.

例 17 如图 17.39 所示，一质量为 m、带电量为 $+q$ 的小球从磁感应强度为 B 的匀强磁场中的 A 点由静止开始下落，试求带电小球下落的最大高度 h.

图 17.39

解析 可以证明这个问题中带电小球运动轨迹是比较复杂的摆线，对高中学生而言从合运动角度分析这个问题比较困难. 现构建小球有两个大小相等、方向相反的水平初速度 v_1、v_2，所构建的这两个分运动与小球原有初始运动条件等效. 现使小球的分运动 v_1产生的洛伦兹力满足 $qv_1B = mg$，则 $v_1 = \frac{mg}{qB}$，因此小球的运动可视为水平方向的速度为 v_1的匀速直线运动和竖直平面内的速度为 v_2的逆时针方向的匀速圆周运动的合运动. 匀速圆周运动的半径 $R = \frac{mv_2}{qB} = \frac{m^2 g}{q^2 B^2}$，所以小球在运动过程中下落的最大高度为 $H_m = 2R = \frac{2m^2 g}{q^2 B^2}$.

例 18 如图 17.40 所示，两个平行板内存在互相平行的匀强电场和匀强磁场，电场强度为 E，方向竖直向上，磁感应强度为 B. 在平行板的右端处有一荧光屏 MN，中心为 O，OO'既垂直电场方向又垂直荧光屏，长度为 L. 在荧光屏上以 O'点为原点建立一直角坐标系，y 轴方向竖直向上，x 轴方向垂直纸面向外. 现有一束具有相同速度和比荷的带正电的粒子束，沿 OO' 方向从 O'点射入此电场区域，最后打在荧光屏上. 若屏上亮点坐标为 $\left(\frac{\sqrt{3}}{3}L, \frac{1}{6}L\right)$，重力不计.

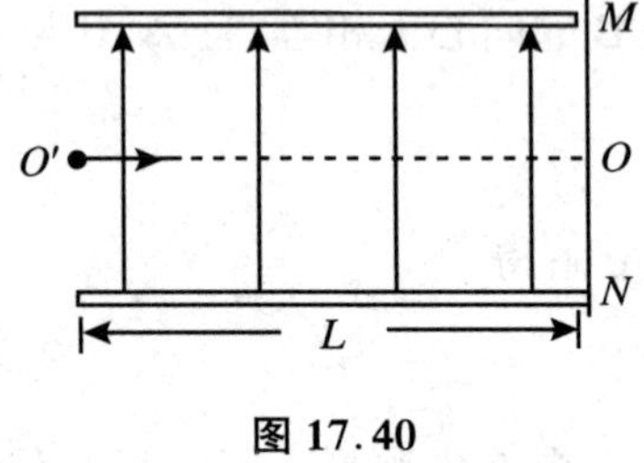

图 17.40

试求：

(1) 磁场方向.

(2) 带电粒子的比荷.

解析 (1) 磁场方向竖直向上.

(2) 带电粒子在相互平行的匀强电场与匀强磁场中的运动为比较复杂的三维运动(螺旋线运动).根据力和运动独立作用原理,可以把此螺旋线运动构建为 y 轴方向上的加速直线运动和 xOz 平面内的匀速圆周运动的复合运动模型.在 xOz 平面内构建出如图 17.41 所示的几何图形,根据几何关系,有

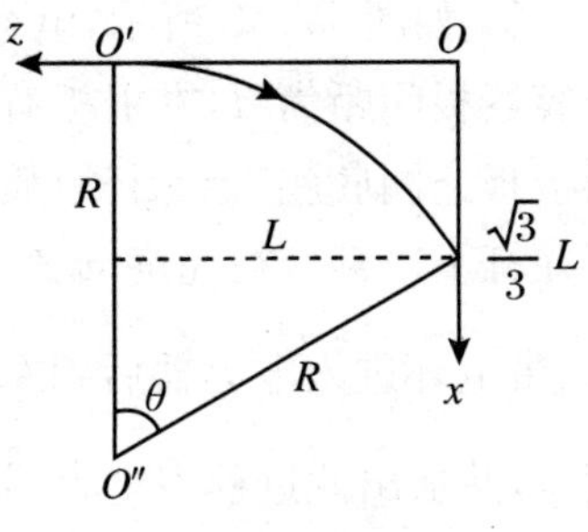

图 17.41

$$R^2=\left(R-\frac{\sqrt{3}}{3}L\right)^2+L^2.$$

解得

$$R=\frac{2\sqrt{3}}{3}L.$$

则 $\sin\theta=\frac{\sqrt{3}}{2}$,即 $\theta=\frac{\pi}{3}$.

粒子在磁场中运动的时间为 $t=\frac{T}{6}=\frac{\pi m}{3qB}$,结合 $y=\frac{1}{2}\frac{qE}{m}t^2=\frac{L}{6}$ 得粒子的荷质比为 $\frac{q}{m}=\frac{\pi^2 E}{3B^2 L}$.

建立理想模型在物理学的抽象中有着特别重要的意义,理想模型是对客观世界的近似反映,由于它只反映原来实体中某些主要的功能和性质,突出了主要矛盾,因而具有认识上的抽象性和应用上的广泛性.

17.3 模型法思维训练

1. 现有一定质量的氢气,装在密闭的绝热气缸内,如图 17.42 所示.若稍稍向下移动活塞压缩气体,下列叙述符合事实的是(　　).

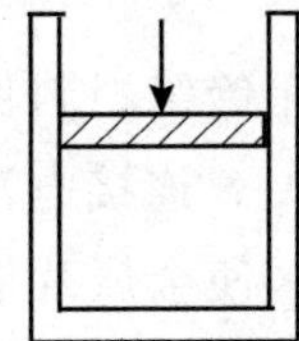
图 17.42

A. 气体的内能一定增加

B. 气体的温度一定升高

C. 气体的温度可能不变

D. 气体分子间距不变

2. 近几年我国北方地区常遭遇沙尘暴天气.现把沙尘上扬后的情况简化为如下情景:v 为竖直向上的风速,沙尘颗粒被扬起后悬浮在空中(不

动).这时风对沙尘的作用力相当于空气不动而沙尘以速度 v 竖直向下运动时所受的阻力,此阻力可表示为 $f=\alpha\rho sv^2$,其中 α 为一系数,s 为沙尘颗粒的截面积,ρ 为空气密度.若沙粒的密度 $\rho_s=2.8\times10^3\ \mathrm{kg/m^3}$,沙尘颗粒为球形,半径 $r=2.5\times10^{-4}\ \mathrm{m}$,地球表面处空气密度 $\rho_0=1.25\ \mathrm{kg/m^3}$,$\alpha=0.45$,试估算在地面附近,上述 v 的最小值.

3. 如图 17.43 所示,电容器固定在一个绝缘座上,绝缘座放在光滑水平面上,平行板电容器板间距为 d,右极板有一个小孔,通过孔有一绝缘杆,左端固定在左极板上,电容器极板连同底座、绝缘杆总质量为 M.给电容器充电后,有一质量为 m 的带正电的环恰套在杆上以某一初速度 v_0 对准小孔向左运动,设带电环不影响电容器极板间电场的分布.带电环进入电容器后到左板的最小距离为 $\dfrac{d}{2}$,试求带电环与左极板相距最近时的速度 v,并求出此过程中电容器移动的距离.

4. 由长度分别为 L 和 $2L$ 的 AC 和 BC 两根细绳悬挂着一小球,如图 17.44 所示,每根细绳与竖直方向的夹角均为 30°.当该小球向纸外做微小摆动时,其摆动周期为多少?

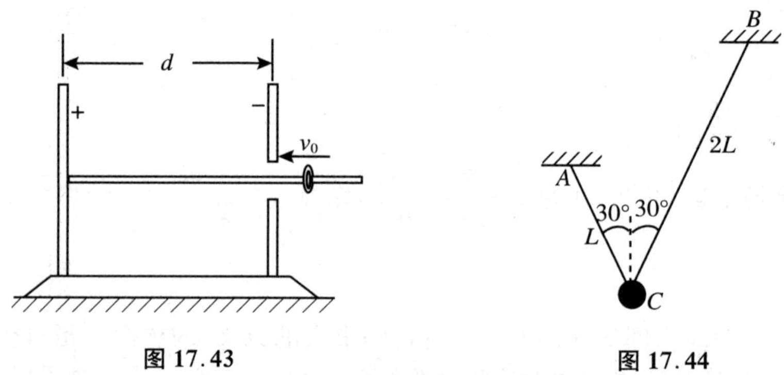

图 17.43　　　　图 17.44

5. (2009 年上海交通大学自主招生)心脏是血液循环的动力装置.心脏中的右心房接收来自全身的静脉血,经过心脏瓣膜进入右心室,再通过右心室的压缩进入肺动脉.肺动脉把静脉血输入肺脏,进行氧和二氧化碳的交换后,富含氧气的动脉血通过肺静脉流回心脏的左心房,再进入左心室,通过左心室的压缩,动脉血通过主动脉和通往身体各部分的大动脉被输送到全身的毛细血管.正常成年人在安静时心跳频率平均为 75 次/min,主动脉收缩压平均为 120 mmHg,肺动脉收缩压为主动脉的 $\dfrac{1}{6}$.在左、右心室收缩前,心室中的血液压强接近于零(相对于大气压强).心脏中的左、右心室在每个搏动周期的血液搏出量均约为 70 mL.试估算正常成年人心脏的功率.

6. 如图 17.45 所示,架设在水平桌面上的两条足够长的水平导轨是用绝缘材料做的,导轨间距为0.2 m,轨道左端通过开关 S 连接电池 E,在轨道的 M 和 P 两处各固定金属片,使金属片能与电池通过开关接通,金属杆 a 放在两金属片上,金属杆 b 平行于 a 放在导轨上.两杆都与轨道垂直,两杆之间用轻弹簧连接.弹簧轴线与轨道平行,初始弹簧为自

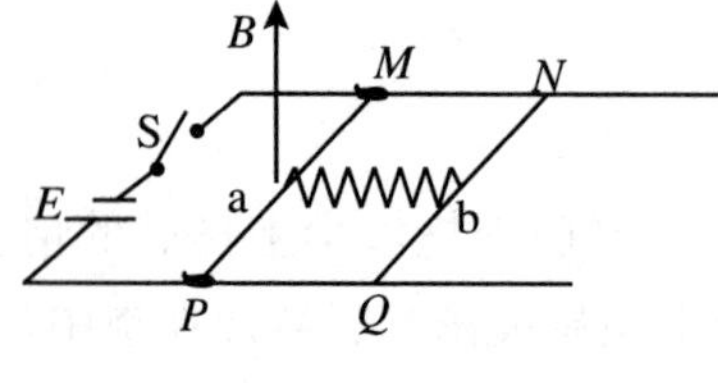

图 17.45

然长度.两金属杆质量都是 $m=20$ g,在金属杆 a 处加有竖直向上的匀强磁场,磁感应强度为 $B=0.5$ T.当把开关 S 闭合时,金属杆 a 向右滑出,此后运动中已知弹簧弹性势能的最大值为 0.03 J.不计轨道阻力,问开关接通后通过金属杆 a 的电量是多少?

7. 有一种磁性加热装置,其关键部分由焊接在两个等大的金属圆环上的 n 根间距相等的平行金属条组成,成“鼠笼”状,如图 17.46 所示.每根金属条的长度为 l,电阻为 R,金属环的直径为 D,电阻不计.图中虚线所示的空间范围内存在着磁感应强度 $B=0.4$ T 的匀强磁场,磁场的宽度恰好等于“鼠笼”金属条的间距.当金属环以角速度 ω 绕过两圆环的圆心的轴 OO' 旋转时,始终有一根金属条在垂直切割磁感线.“鼠笼”的转动由一台电动机带动,这套设备的效率为 η,求电动机输出的机械功率.

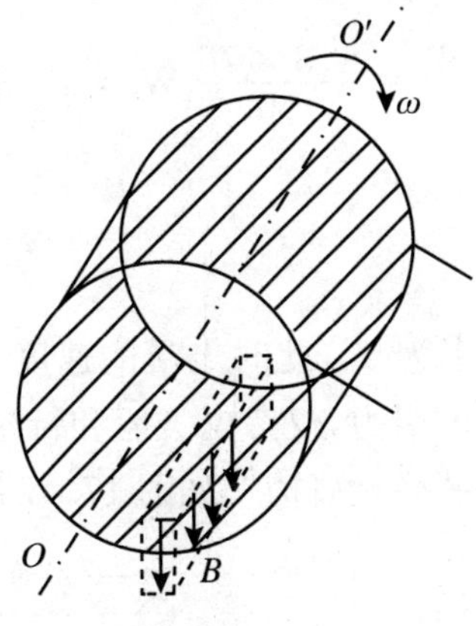

图 17.46

8. (2011 年复旦大学自主招生)设土星质量为 $M=5.67\times10^{26}$ kg,其相对于太阳的轨道速率为 $V=9.6$ km/s;一空间探测器质量为 $m=150$ kg,其相对于太阳的速率为 $v=10.4$ km/s,并迎向土星方向飞行.由于土星的引力,探测器绕过土星沿着和原来速度相反的方向离去,则它离开土星后相对于太阳的速率为(　　)km/s.

A. 20　　B. 29.6　　C. 9.6　　D. 4.8

17.4　模型法思维训练参考答案

1. AB

2. 4.0 m/s

3. $v=\dfrac{mv_0}{M+m}$, $s=\dfrac{md}{2(M+m)}$

4. $T=6.75\sqrt{\dfrac{L}{g}}$

5. 1 标准大气压为

$$p_0 = 760\ \text{mmHg} = 1.01 \times 10^5\ \text{Pa}.$$

主动脉收缩压平均为

$$p_1 = 120\ \text{mmHg} = \frac{120}{760} \times 1.01 \times 10^5\ \text{Pa} = 1.59 \times 10^4\ \text{Pa}.$$

肺动脉收缩压平均为

$$p_2 = \frac{1}{6} p_1 = 2.66 \times 10^3\ \text{Pa}.$$

心脏每搏动一次做功为

$$W = p_1 V + p_2 V = 1.3\ \text{J}.$$

故正常成年人心脏的功率为

$$P = \frac{W}{t} = \frac{1.3 \times 75}{60}\ \text{W} = 1.63\ \text{W}.$$

6. $q = 0.49\ \text{C}$

7. $\dfrac{(n-1)B^2 l^2 \omega^2 D^2}{4n\eta R}$

8. 设飞船离开土星后的速率为 v'，此时土星的速度为 V'. 在飞船和土星相互作用的过程中，忽略其他天体对它们的引力，仅考虑飞船和行星间的相互作用，我们可以把整个作用过程等效为一个无接触的“弹性碰撞”，如图 17.47 所示.

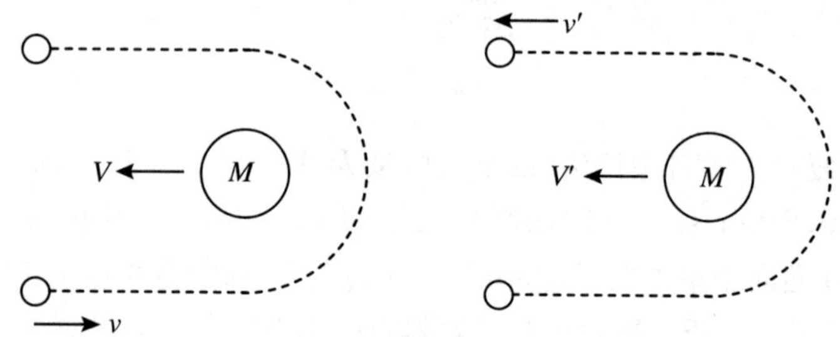

图 17.47

飞船和土星组成的系统只受万有引力，并且只有万有引力做功，因此该系统的动量和机械能均守恒，取向左的方向为正方向，则

$$MV - mv = MV' + mv',$$

$$\frac{1}{2}MV^2 + \frac{1}{2}mv^2 = \frac{1}{2}MV'^2 + \frac{1}{2}mv'^2.$$

联立解得

$$v' = \frac{M-m}{M+m}v + \frac{2M}{M+m}V,$$

$$V' = \frac{2m}{M+m}v + \frac{M-m}{M+m}V.$$

因为 $M = 5.67 \times 10^{26}\ \text{kg}$，$m = 150\ \text{kg}$，故 $M \gg m$，所以 $v' \approx v + 2V$，$V' \approx V$. 飞船离开土星时的速率比飞向土星时的速率大了 $2V$，代入数据，得 $v' = 29.6\ \text{km/s}$，B 选项正确.

18 量 纲 法

18.1 量纲法概述

量纲是指物理量的基本属性. 物理学的研究可定量地描述各种物理现象,描述中所采用的各类物理量之间有着密切的关系,即它们之间具有确定的函数关系. 为了准确地描述这些关系,物理量可分为基本量和导出量. 基本量是具有独立量纲的物理量,导出量是指其量纲可以表示为基本量量纲组合的物理量;一切导出量均可由基本量导出,由此建立了物理量之间的函数关系. 这种函数关系通常称为量制. 以给定量制中基本量量纲的幂的乘积表示某量量纲的表达式,称为量纲式或量纲积,它定性地表达了导出量与基本量的关系. 在物理学发展的历史过程中,先后曾建立过各种不同的量制:CGS 量制、静电量制、高斯量制等. 1971 年以后,国际上普遍采用了国际单位制(简称 SI),选定了由 7 个基本量构成的量制,导出量均可用这 7 个基本量导出. 7 个基本量的量纲分别用长度 L、质量 M、时间 T、电流 I、热学温度 Θ、物质的量 n 和发光强度 J 表示,则任一导出量的量纲为

$$\dim A = \mathrm{L}^{\alpha}\mathrm{M}^{\beta}\mathrm{T}^{\gamma}\mathrm{I}^{\delta}\Theta^{\varepsilon}\mathrm{n}^{\zeta}\mathrm{J}^{\eta}.$$

这是量纲的通式,式中的指数 $\alpha,\beta,\gamma,\cdots$ 称为量纲指数. 全部指数均为零的物理量称为无量纲量,如精细结构常数即为无量纲量. 此外,如速度 v 的量纲 $\dim v=\mathrm{LT}^{-1}$,加速度 a 的量纲 $\dim a=\mathrm{LT}^{-2}$ 等.

量纲也叫因次,是指物理量固有的、可度量的物理属性. 一个物理量是由自身的物理属性(量纲)和为度量物理属性而规定的量度单位两个因素构成的. 每一个物理量都只有一个量纲,不以人的意志为转移;每一个量纲下的量度单位(量度标准)是人为定义的,因度量衡的标准和尺度而异. 量纲描述的是一个物理量,它由基本物理量组成(所谓的"基本",就是说这几个物理量之间是互相独立的,你不能由这几个基本物理量的任意组合得到另外的基本物理量),或者说,度量物理量单位的类别就叫作量纲. 例如,速度的量纲就是长度除以时间,对应于国际单位制就是 $\mathrm{m\cdot s^{-1}}$,常用单位有 $\mathrm{cm\cdot s^{-1}}$、$\mathrm{km\cdot h^{-1}}$ 等. 所以,量纲与单位不同:量纲是相对于物理量来说的,而单位是衡量这个物理量的一种标准,也就是单位之间存在换算. 例如,$\mathrm{cm\cdot s^{-1}}$ 与 $\mathrm{m\cdot s^{-1}}$ 虽然都是速度的单位,它们不一样,存在换算;但是如果站在量纲的角度,它们的量纲是相同的,都是长度除以时间. 量纲的这一物理属性为解物理问题提供了方法——量纲法.

高中生面对复杂的物理问题，养成良好的物理思维方法对解决问题特别重要.在高中阶段思维方法有很多，结合大量高中物理问题，总结出量纲法在物理解题中的应用可以使问题得以简化.下面的例题都是高考中出现过的，体现出量纲法的独特魅力.

例 1 如图 18.1 所示为一个半径为 R 的均匀带电圆环，其单位长度带电量为 η.取环面中心 O 为原点，以垂直于环面的轴线为 x 轴.设轴上任意点 P 到 O 点的距离为 x，以无限远处为零电势点，P 点电势的大小为 φ.下面给出 φ 的四个表达式(式中 k 为静电力常量)，其中只有一个是合理的.你可能不会求解此处的电势 φ，但是你可以通过一定的物理分析，对下列表达式的合理性做出判断.根据你的判断，φ 的合理表达式应为(　　).

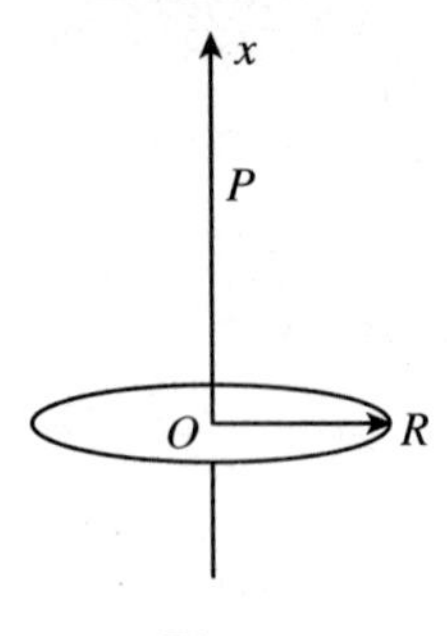

图 18.1

A. $\varphi=\dfrac{2\pi R\eta k}{\sqrt{R^2+x^2}}$　　B. $\varphi=\dfrac{2\pi Rk}{\sqrt{R^2+x^2}}$

C. $\varphi=\dfrac{2\pi R\eta k}{\sqrt{R^2-x^2}}$　　D. $\varphi=\dfrac{2\pi R\eta k}{\sqrt{R^2+x^2}}x$

解析 电势的单位是 V，$1\ \mathrm{V}=1\ \mathrm{N\cdot m\cdot C^{-1}}$.选项 A 的等式右边单位是 $\mathrm{N\cdot m\cdot C^{-1}}$，与等式左边单位相同，从量纲角度看意义合理，故选项 A 正确.选项 B 的等式右边单位是 $\mathrm{N\cdot m^2\cdot C^{-2}}$，与等式左边单位不同，故 B 项不合理.选项 C 的等式左右两边单位相同，但从数学角度分析，当 $x>R$ 时，根号内 $R^2-x^2<0$，没有意义，故选项 C 不合理.选项 D 的等式右边单位是 $\mathrm{N\cdot m^2\cdot C^{-1}}$，与等式左边单位不同，故 D 项不合理.正确选项为 A.

例 2 物理关系式不仅反映了物理量之间的关系，也确定了单位间的关系，根据单位间的关系可以判断物理关系式是否可能正确.某组同学在探究“声速 v 与空气压强 p 和空气密度 ρ 的关系”时，推导出四个空气中声速的关系式，式中 k 为比例常数，无单位.则可能正确的关系式是(　　).

A. $v=k\sqrt{\dfrac{p}{\rho}}$　　B. $v=k\sqrt{\dfrac{p^2}{\rho}}$　　C. $v=k\sqrt{\dfrac{p^3}{\rho}}$　　D. $v=k\sqrt{\dfrac{p}{\rho^3}}$

解析 速度的单位是 $\mathrm{m\cdot s^{-1}}$.根据量纲分析可知，A 选项的单位是 $\mathrm{m\cdot s^{-1}}$，可知 A 选项可能正确；B、C、D 选项的单位都不是 $\mathrm{m\cdot s^{-1}}$，所以 B、C、D 选项都不正确.

例 3 “约瑟夫森结”由超导体和绝缘体制成，若在结两端加恒定电压 U，则它会辐射频率为 ν 的电磁波，且与 U 成正比，即 $\nu=kU$.已知比例系数 k 仅与元电荷 e 的 2 倍和普朗克常量 h 有关.你可能不了解此现象的机理，但仍可运用物理学中常用的方法，在下列选项中推理判断比例系数 k 的值可能为(　　).

A. $\dfrac{h}{2e}$　　B. $\dfrac{2e}{h}$　　C. $2he$　　D. $\dfrac{1}{2he}$

解析 由公式 $\nu=kU$ 可知，k 的单位为 $(\mathrm{s\cdot V})^{-1}$，元电荷 e 的单位是 C，普朗克常量 h 的单位是 $\mathrm{J\cdot s}$，又可以表示为 $\mathrm{V\cdot C\cdot s}$，由四个选项的量纲分析可知，只有 $2e/h$

的量纲为$(\mathrm{s}\cdot\mathrm{V})^{-1}$，所以比例系数 k 的值可能为 $2e/h$，选项 B 正确.

例 4 如图 18.2 所示，从地面以大小为 v_1 的初速度竖直向上抛出一个皮球，经过时间 t 皮球落回地面，落地时皮球的速度大小为 v_2. 已知皮球在运动过程中受到空气阻力的大小与速度的大小成正比，重力加速度大小为 g. 下面给出时间 t 的四个表达式中只有一个是合理的. 你可能不会求解 t，但是你可以通过一定的物理分析，对下列表达式的合理性做出判断. 根据你的判断，你认为 t 的合理表达式应为(　　).

图 18.2

A. $t=\dfrac{v_1+v_2}{g}$　　B. $t=\dfrac{v_1-v_2}{g}$　　C. $t=\dfrac{v_1v_2}{g}$　　D. $t=\dfrac{\sqrt{v_1v_2}}{g}$

解析 利用量纲分析，可知选项 C 错误；下降过程中物体做加速运动，若忽略次要因素(空气阻力)，时间约为$\dfrac{v_2}{g}$，而上升过程中做匀减速运动，同理忽略次要因素，时间约为$\dfrac{v_1}{g}$，故总时间约为$\dfrac{v_1+v_2}{g}$，选项 A 正确，BD 错误.

例 5 (2013 年高考福建卷)在国际单位制(简称 SI)中，力学和电学的基本单位有 m(米)、kg(千克)、s(秒)、A(安培). 导出单位 V(伏特)用上述基本单位可表示为(　　).

A. $\mathrm{m^2\cdot kg\cdot s^{-4}\cdot A^{-1}}$　　B. $\mathrm{m^2\cdot kg\cdot s^{-3}\cdot A^{-1}}$

C. $\mathrm{m^2\cdot kg\cdot s^{-2}\cdot A^{-1}}$　　D. $\mathrm{m^2\cdot kg\cdot s^{-1}\cdot A^{-1}}$

解析 由 $Fx=qU$，$F=ma$，$x=\dfrac{1}{2}at^2$，$q=It$ 可知，$U=Fx/q=2mx^2/(It^3)$，导出单位 V(伏特)用上述基本单位可表示为 $\mathrm{m^2\cdot kg\cdot s^{-3}\cdot A^{-1}}$，选项 B 正确.

例 6 (2011 年高考北京卷)物理关系式不仅反映了物理量之间的关系，也确定了单位间的关系. 如关系式 $U=IR$ 既反映了电压、电流和电阻之间的关系，也确定了 V(伏)与 A(安)和 Ω(欧)的乘积等效. 现有物理量单位：m(米)、s(秒)、N(牛)、J(焦)、W(瓦)、C(库)、F(法)、A(安)、Ω(欧)和 T(特)，由它们组合成的单位都与电压单位 V(伏)等效的是(　　).

A. $\mathrm{J\cdot C^{-1}}$和$\mathrm{N\cdot C^{-1}}$　　B. $\mathrm{C\cdot F^{-1}}$和$\mathrm{T\cdot m^2\cdot s^{-1}}$

C. $\mathrm{W\cdot A^{-1}}$和$\mathrm{C\cdot T\cdot m\cdot s^{-1}}$　　D. $\mathrm{W^{1/2}\cdot \Omega^{1/2}}$和$\mathrm{T\cdot A\cdot m}$

解析 由电场力功公式 $W=qU$ 可知，选项 A 中 $\mathrm{J\cdot C^{-1}}$与电压单位等效，而 $\mathrm{N\cdot C^{-1}}$是电场强度单位，故选项 A 错误；由电容量定义 $C=Q/U$ 可知，选项 B 中单位 $\mathrm{C\cdot F^{-1}}$与电压单位等效，由法拉第电磁感应定律 $E=BLv$ 可知，$\mathrm{T\cdot m^2\cdot s^{-1}}$与电压单位等效，故选项 B 正确；由电功率公式 $P=UI$ 可知，$\mathrm{W\cdot A^{-1}}$与电压单位等效，而由洛伦兹力公式 $F=qvB$ 可知，$\mathrm{C\cdot T\cdot m\cdot s^{-1}}$与力的单位 N 等效，故选项 C 错误；由功率公式 $P=U^2/R$ 可知，$\mathrm{W^{1/2}\cdot \Omega^{1/2}}$与电压单位等效，而由安培力公式 $F=BIL$ 可知，$\mathrm{T\cdot A\cdot m}$与力的单位等效，故选项 D 错误.

例 7 (2015 年高考安徽卷)由库仑定律可知，真空中两个静止的点电荷，带电量

分别为 q_1 和 q_2，其间距离为 r 时，相互作用力的大小为 $F=k\frac{q_1q_2}{r^2}$，式中 k 为静电力常量.若用国际单位制的基本单位表示，k 的单位应为(　　).

A. $kg\cdot A^2\cdot m^3$　　　　B. $kg\cdot A^{-2}\cdot m^3\cdot s^{-4}$

C. $kg\cdot m^2\cdot C^{-2}$　　　　D. $N\cdot m^2\cdot A^{-2}$

解析　将公式 $F=k\frac{q_1q_2}{r^2}$ 变形可得 $k=\frac{Fr^2}{q_1q_2}$，若用国际单位制的基本单位表示，k 的单位应为 $N\cdot m^2\cdot C^{-2}$，而 $1\ N=1\ kg\cdot m\cdot s^{-2}$，$1\ C=1\ A\cdot s$，所以 k 的单位应为 $kg\cdot A^{-2}\cdot m^3\cdot s^{-4}$，故选项B正确.

仅仅从解选择题的技巧来看，有些问题用量纲吻合的角度考虑时确实简单方便，效率极高.其实很多这样的问题往往已暗示要用量纲方法解决问题.

用量纲法解题时，我们要明确物理量、物理量的单位、量纲等的概念.

1. 基本量与基本单位.

物理学中的物理量较多，可以把物理量分成许多类，从每一类中选出某一特定的量作为一个称之为“单位”的参考量，其测量值可以表示为 $Q=\{数值\}[单位]$.

由于各个物理量之间存在规律性的联系，所以不必每个物理量的单位都独立地予以规定.可以选定一些物理量作为基本量，并规定一个基本单位.规定的一组数目最少的物理量作为基本量，其单位规定为基本单位.

国际单位制：1954年国际计量大会决定1978年1月1日实行.1984年2月27日，我国国务院颁布实行以SI制为基础的法定单位制(见表18.1).

表18.1

物理量	长度	质量	时间	热力学温度	电流	物质的量	发光强度
单位名称	米	千克	秒	开尔文	安培	摩尔	坎德拉
单位符号	m	kg	s	K	A	mol	cd

2. 导出量与导出单位.

其他通过物理定义或物理定律导出的物理量叫作导出量，其单位称为导出单位，部分导出量及其单位如表18.2所示.

表18.2

物理量	定义或定律	单位
速度	$v=dr/dt$	$m\cdot s^{-1}$
加速度	$a=dv/dt$	$m\cdot s^{-2}$
力	$F=ma$	N，$1\ N=1\ kg\cdot m\cdot s^{-2}$
功	$W=Fs$	J，$1\ J=1\ N\cdot m$

基本单位和导出单位就构成了一套单位制.

3. SI 词头(见表 18.3).

表 18.3

中文名称	吉	兆	千	毫	微	纳	皮	飞
词头符号	G	M	k	m	μ	n	p	f
所代表的因数	10^9	10^6	10^3	10^{-3}	10^{-6}	10^{-9}	10^{-12}	10^{-15}
外文名称	giga	mega	kilo	milli	micro	nano	pico	femto

由于物理量之间存在规律性的联系,因此在选定了一个单位制的基本量之后,其他物理量都可以通过一定的物理关系与基本量联系起来.为了定性地描述物理量,特别是定性地给出导出量与基本量之间的关系,可以引入量纲的概念.量纲的好处显而易见:

(1) 量纲的引入给不同的单位制换算带来了方便;

(2) 只有量纲相同的物理量才能相加减或用等号相连接;

(3) 量纲可以用来帮助记忆与推导公式.

18.2 量纲法例题精析

物理是一个极其综合的学科,涉及面十分广泛.面对这样的一个学科更需要很好的理科素养和理科思维方法.高中生面对物理问题常常出现这样的状况:对于一个物理问题,能够比较好地理解题目表达的意思,但是却没有解题思路,不知道如何入手.因此,应用合适的解题思维可以有效快速地解决某些物理问题,并且能够在考试中节约大量的时间,增强学生的自信心,感受物理的魅力.

物理公式不但确定了数量的关系,也确定了单位的关系.度量物理量单位的类别就唯一确定下来,这就是量纲.量纲法就是用物理公式的单位遵循的规律来解题的一种方法.量纲法是指一个物理量必须与它所对应的量纲相符合,应用到解决物理问题上,即要求所求物理量最后求出的单位必须与该物理量的量纲单位相吻合.

18.2.1 确定物理量间的公式关系

例 1 我们生活中的许多现象如果要用物理规律严格地进行求解往往会很复杂,甚至可能无法求解,而有些问题用量纲分析法就简便得多.比如,鸟能够飞起来的必要条件是空气对鸟的升力大于鸟的重力,设空气对鸟的升力为 f,它与鸟的翅膀面积 S 和飞行速度 v 有关,另外鸟是在空气中飞行的,因而可能与空气的密度 ρ 有关,人们猜测 f 与这些有关因素之间的关系式为 $f=CS^a v^b \rho^c$,其中 C 为无量纲的常数.根据量纲分析的方法,你认为该公式中的 a、b、c 应分别为(　　).

A. $a=1, b=1, c=1$　　B. $a=1, b=2, c=1$

C. $a=1, b=2, c=2$　　D. $a=2, b=2, c=2$

解析 面积 S 的单位是 m^2,速度 v 的单位是 $m \cdot s^{-1}$,密度 ρ 的单位是 $kg \cdot m^{-3}$,

力 f 的单位是 N，即 $kg \cdot m \cdot s^{-2}$，把 $a=1, b=1, c=1$ 代入鸟的升力公式 $f=CS^a v^b \rho^c$，单位为 $m^2 \cdot (m \cdot s^{-1}) \cdot (kg \cdot m^{-3}) = kg \cdot s^{-1}$，不是力的单位，故 A 错误. 同理把 $a=1$，$b=2, c=1$ 代入 $f=CS^a v^b \rho^c$，单位为 $kg \cdot m \cdot s^{-2}$，是力的单位，故 B 正确. 把 $a=1, b=2, c=2$ 代入 $f=CS^a v^b \rho^c$，单位为 $kg^2 \cdot s^{-2} \cdot m^{-2}$，不是力的单位，故 C 错误. 把 $a=2, b=2, c=2$ 代入 $f=CS^a v^b \rho^c$，单位为 $kg^2 \cdot s^{-2}$，不是力的单位，故 D 错误. 正确选项为 B.

18.2.2 确定物理量的单位

例 2 第 26 届国际计量大会通过“修订国际单位制”决议，正式更新包括国际标准质量单位“千克”在内的 4 项基本单位.“千克”由量子力学中普朗克常数为基准进行了重新定义. 请你用学过的知识判断下列质量表达式（其中 a、b 为无单位常数，f 为频率，h 为普朗克常数，g 为重力加速度，u 为速度）可能正确的是（　　）.

A. $m=\dfrac{af^2h}{4bgu}$　　B. $m=\dfrac{a^2f^2h}{4bgu^2}$　　C. $m=\dfrac{af^2h}{4bg^2u}$　　D. $m=\dfrac{ah}{2b}\sqrt{\dfrac{f}{gu}}$

解析 频率 f 的单位是 Hz，即 s^{-1}，普朗克常数 h 的单位是 $J \cdot s$，重力加速度 g 的单位是 $m \cdot s^{-2}$，速度 u 的单位是 $m \cdot s^{-1}$，a、b 为无单位常数，代入各式可得：

A 选项中等式右边的单位是 $\dfrac{s^{-2} \cdot J \cdot s}{m \cdot s^{-2} \cdot m \cdot s^{-2}} = s^2 \cdot m^{-2} \cdot J$，由动能表达式 $E_k = \dfrac{1}{2}mv^2$，知 $J = kg \cdot m^2 \cdot s^{-2}$，得到 $kg = s^2 \cdot m^{-2} \cdot J$，左边和右边单位相同，故 A 正确.

B 选项中等式右边的单位是 $\dfrac{s^{-2} \cdot J \cdot s}{m \cdot s^{-2} \cdot m^2 \cdot s^{-2}} = J \cdot s^3 \cdot m^{-3} = kg \cdot s \cdot m^{-1}$，与质量的单位不同，故 B 错误.

C 选项中等式右边的单位是 $\dfrac{s^{-2} \cdot J \cdot s}{m^2 \cdot s^{-4} \cdot m \cdot s^{-1}} = J \cdot s^2 \cdot m^{-1} = kg \cdot m$，与质量的单位不同，故 C 错误.

D 选项中等式右边的单位是 $J \cdot s \sqrt{\dfrac{s^{-1}}{m \cdot s^{-2} \cdot m \cdot s^{-1}}} = J \cdot s^2 \cdot m^{-1} = kg \cdot m$，与质量的单位不同，故 D 错误.

因此正确选项为 A.

18.2.3 确定物理常数的单位

例 3 近 10 年来我国大力发展航空和航海事业，新增舰船是除美国外其他国家的总和. 无论是飞机还是战舰设计，都需要复杂的流体力学知识. 当流体流动时，根据流动特征可以分成层流和湍流：如果流体质点的轨迹（一般说初始空间坐标 x、y、z 随时间 t 而变）是有规则的光滑曲线（最简单的情形是直线），这种流动叫层流，此时流体分层流动，各层互不混合；没有这种性质的流动叫湍流. 不同状态的流体动力学方程不一样. 流体力学中用一个无量纲的数——雷诺数 Re（Reynolds number），来表征流体的这一特征. 一般情况下，雷诺数小的时候是层流，雷诺数大的时候是湍流. 已知雷诺数由四个变量决定，即流体的流速 v、流体的密度 ρ、特征长度 d 和黏性系数 μ. 请根据所学知识对雷诺数的表达式做出判断，以下表达式可能正确的是（流体中相距 dx 的两平行液层，由于

内摩擦,使垂直于流动方向的液层间存在速度梯度$\frac{\mathrm{d}v}{\mathrm{d}x}$,当速度梯度为1个单位时,相邻层"单位"接触面 S 上所产生的黏滞力 F(亦称内摩擦力)即黏性系数,以 μ 表示:$\mu=\frac{F}{S}/\frac{\mathrm{d}v}{\mathrm{d}x}$,它的单位是 Pa·s)(　　).

A. $Re=\frac{\rho\sqrt{v}d}{\mu}$　　B. $Re=\frac{\rho vd}{\mu}$　　C. $Re=\frac{\rho vd^2}{\mu}$　　D. $Re=\frac{\rho vd}{\mu^3}$

解析　对于A选项,$Re=\frac{\rho\sqrt{v}d}{\mu}$,其单位为$\frac{\mathrm{kg}\cdot\mathrm{m}^{1/2}\cdot\mathrm{m}}{\mathrm{m}^3\cdot\mathrm{s}^{1/2}\cdot\mathrm{Pa}\cdot\mathrm{s}}=\frac{\mathrm{kg}\cdot\mathrm{m}^{1/2}\cdot\mathrm{m}^2\cdot\mathrm{s}^2}{\mathrm{m}^3\cdot\mathrm{s}^{1/2}\cdot\mathrm{kg}\cdot\mathrm{s}}=\frac{\mathrm{s}^{\frac{1}{2}}}{\mathrm{m}^{\frac{1}{2}}}$,由于雷诺数是无量纲的,故A错误.

对于B选项,$Re=\frac{\rho vd}{\mu}$,其单位为$\frac{\mathrm{kg}\cdot\mathrm{m}\cdot\mathrm{m}}{\mathrm{m}^3\cdot\mathrm{s}\cdot\mathrm{Pa}\cdot\mathrm{s}}=\frac{\mathrm{kg}\cdot\mathrm{m}\cdot\mathrm{m}^2\cdot\mathrm{s}^2}{\mathrm{m}^3\cdot\mathrm{s}\cdot\mathrm{kg}\cdot\mathrm{s}}=1$,由于雷诺数是无量纲的,故B正确.

对于C选项,$Re=\frac{\rho vd^2}{\mu}$,单位为$\frac{\mathrm{kg}\cdot\mathrm{m}\cdot\mathrm{m}^2}{\mathrm{m}^3\cdot\mathrm{s}\cdot\mathrm{Pa}\cdot\mathrm{s}}=\frac{\mathrm{kg}\cdot\mathrm{m}\cdot\mathrm{m}^2\cdot\mathrm{m}\cdot\mathrm{s}^2}{\mathrm{m}^3\cdot\mathrm{s}\cdot\mathrm{kg}\cdot\mathrm{s}}=\mathrm{m}$,由于雷诺数是无量纲的,故C错误.

对于D选项,$Re=\frac{\rho vd}{\mu^3}$,单位为$\frac{\mathrm{kg}\cdot\mathrm{m}\cdot\mathrm{m}}{\mathrm{m}^3\cdot\mathrm{s}\cdot\mathrm{Pa}^3\cdot\mathrm{s}^3}=\frac{\mathrm{kg}\cdot\mathrm{m}\cdot\mathrm{m}\cdot\mathrm{m}^3\cdot\mathrm{s}^6}{\mathrm{m}^3\cdot\mathrm{s}\cdot\mathrm{kg}^3\cdot\mathrm{s}^3}=\frac{\mathrm{m}^2\cdot\mathrm{s}^2}{\mathrm{kg}^2}$,由于雷诺数是无量纲的,故D错误.

因此B选项正确.

18.2.4　确定物理量的换算关系

例4　根据流体力学知识,流体对物体的作用力可用 $f=\alpha\rho_0Av^2$ 来表达.其中 α 为一系数,ρ_0 为空气密度,A 为物体的截面积,v 为物体相对于流体的速度.已知地球表面处 $\alpha=0.45$,$\rho_0=1.25\ \mathrm{kg}\cdot\mathrm{m}^{-3}$,$g=10\ \mathrm{m}\cdot\mathrm{s}^{-2}$.球体积公式为 $V=\frac{4}{3}\pi r^3$.若将沙尘颗粒近似为球形,沙尘颗粒密度 $\rho_s=2.7\times10^3\mathrm{kg}\cdot\mathrm{m}^{-3}$,半径 $r=2.5\times10^{-4}$ m.求:

(1) 沙尘颗粒在空气中由静止竖直下落过程中最大加速度的大小;

(2) 沙尘颗粒在空气中竖直下落时的速度最大值,并说明地面附近要形成扬沙天气的风速至少为多少.

解析　(1) 沙尘颗粒刚开始下落时速度为零,阻力 $f=0$,只受重力,此时加速度最大,即 $a_{\max}=g$,方向竖直向下.

(2) 沙尘颗粒竖直下落的速度最大时,加速度为零,即

$$f=mg.\qquad ①$$

又因为

$$f=\alpha\rho_0Av^2,\qquad ②$$

沙尘颗粒的横截面积为

$$A=\pi r^2,\qquad ③$$

质量为

$$m = \rho_s V = \rho_s \frac{4}{3}\pi r^3. \quad ④$$

联立①～④式，解得

$$v_{\max} = 3.46\ \text{m}\cdot\text{s}^{-1}.$$

若地面附近要形成扬沙，风对沙尘颗粒的作用力 f 至少要等于重力 mg，所以可得风速至少为

$$v_{\min} = v_{\max} = 3.46\ \text{m}\cdot\text{s}^{-1}.$$

量纲的唯一和单位的统一使运算变得简捷明了.

18.2.5 规范简化物理关系式的书写

例 5 一个原来静止在光滑水平桌面上的物体，质量为 7 kg，在 21 N 的水平恒力作用下，5 s 末的速度多大？5 s 内通过的路程是多少？

解析 根据牛顿第二定律得 $F=ma$，即物体产生的加速度为 $a=\frac{F}{m}=\frac{21}{7}\ \text{m}\cdot\text{s}^{-2}=3\ \text{m}\cdot\text{s}^{-2}$. 所以物体在 5 s 末的速度是 $v=at=3\times5\ \text{m/s}=15\ \text{m}\cdot\text{s}^{-1}$. 5 s 内通过的路程是 $s=\frac{1}{2}at^2=\frac{1}{2}\times3\times5^2\ \text{m}=37.5\ \text{m}$.

量纲是物理量的属性，每个物理量的量纲都是唯一的，而单位有很多. 但是一旦对单位做出明确的规定，则其物理运算时的单位运算和结果就唯一确定了. 这显然使物理运算变得规范、简捷.

利用量纲可以检验方程的准确性，并且通过量纲分析，也可以得到一些有用的结论，即有时可以不必知道定律与物理机制的细节，仅从量纲分析就可以得到一些有用的信息，因此可以做出一些定性的判断.

18.3 量纲法思维训练

1. 科学家发现，在真空中的两块不带电的金属板相距很近时，它们之间会存在一种作用力. 这一现象的实质是与量子力学中的真空零点能相关的宏观现象，可以形象理解为金属板之间充满了具有能量的电磁波，当它们相互靠近时(如图 18.3 所示)，两板间的一些波会逐渐被“挤压”出去，使得周围空间的能量高于两板之间的能量，推动它们继续靠近，从而表现得像是存在一种作用力的效果. 已知这种作用力 F 与普朗克常量 h、真空中电磁波的波速 c、平行金属板间的距离 d 以及两板间的正对面积 S 有关. 你可能不会求解 F 的表达式，但根据所学的知识你可以对 F 表达式的合理性做出一些判断. 根据你的判断，下列关于 F 的表达式可能正确的是(式中的 η 是无单位的物理常量)(　　).

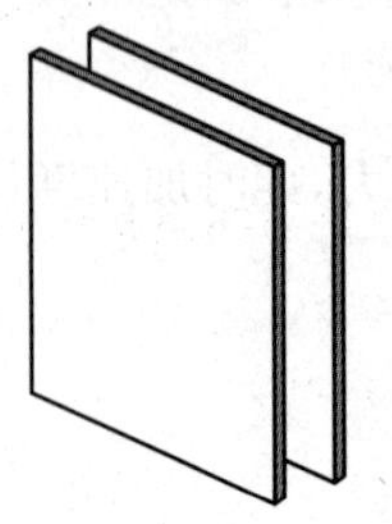
图 18.3

A. $F=\dfrac{\eta hcS}{d^4}$　　B. $F=\dfrac{\eta hcS^2}{d^4}$　　C. $F=\dfrac{\eta hS}{cd^3}$　　D. $F=\dfrac{\eta hcS^2}{d^5}$

2. 2018 年国际基本单位之一的“千克”被重新定义为：1 千克等于普朗克常量 h 除以 $6.62607015\times10^{-34}\ \mathrm{m^2\cdot s^{-1}}$，则普朗克常量 h 的单位是（　　）.

A. $\dfrac{\mathrm{kg\cdot s}}{\mathrm{m^2}}$　　B. $\dfrac{\mathrm{kg\cdot m^2}}{\mathrm{s}}$　　C. $\dfrac{\mathrm{m^2}}{\mathrm{kg\cdot s}}$　　D. $\dfrac{\mathrm{m^2\cdot s}}{\mathrm{kg}}$

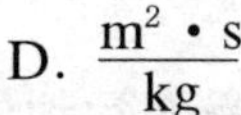

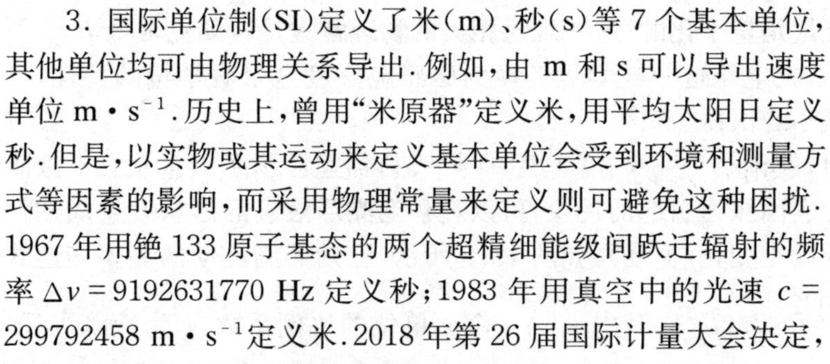

3. 国际单位制(SI)定义了米(m)、秒(s)等 7 个基本单位，其他单位均可由物理关系导出. 例如，由 m 和 s 可以导出速度单位 $\mathrm{m\cdot s^{-1}}$. 历史上，曾用“米原器”定义米，用平均太阳日定义秒. 但是，以实物或其运动来定义基本单位会受到环境和测量方式等因素的影响，而采用物理常量来定义则可避免这种困扰. 1967 年用铯 133 原子基态的两个超精细能级间跃迁辐射的频率 $\Delta\nu=9192631770$ Hz 定义秒；1983 年用真空中的光速 $c=299792458\ \mathrm{m\cdot s^{-1}}$定义米. 2018 年第 26 届国际计量大会决定，7 个基本单位全部用基本物理常量来定义(对应关系如图 18.4 所示，例如，s 对应 $\Delta\nu$，m 对应 c). 新 SI 自 2019 年 5 月 20 日(国际计量日)正式实施，这对科学和技术的发展产生了深远影响. 下列选项不正确的是（　　）.

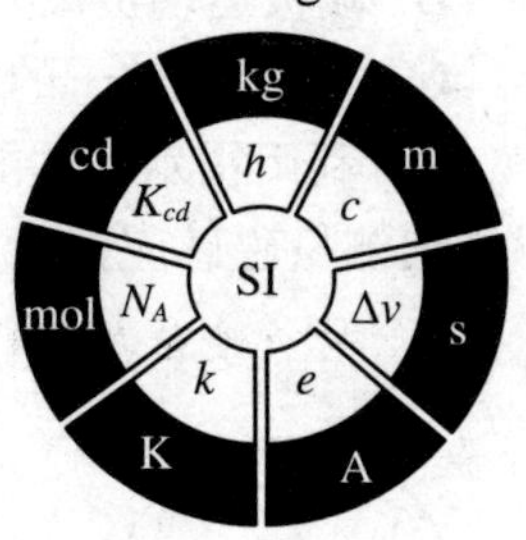

图 18.4

A. 7 个基本单位全部用物理常量定义，保证了基本单位的稳定性

B. 用真空中的光速 $c(\mathrm{m\cdot s^{-1}})$定义米，因为长度 l 与速度 v 存在关系 $l=vt$，而秒已定义

C. 用基本电荷 e(C)定义安培(A)，因为电荷量与电流 I 存在关系 $I=q/t$，而秒已定义

D. 因为普朗克常量 h(J·s)的单位中没有 kg，所以无法用它来定义质量单位

4. 物理学家金斯说过：“虽然 h 的数值很小，但是我们应当承认，它是关系到保证宇宙存在的. 如果说 h 严格等于 0，那么宇宙的物质、宇宙的物质能量将在十亿万分之一秒的时间内全部变为辐射.”其中 h 是指普朗克常数. 关于 h 的单位，用国际单位制的基本单位表示，正确的是（　　）.

A. $\mathrm{J\cdot s}$　　B. $\mathrm{J\cdot s^{-1}}$　　C. $\mathrm{kg\cdot m^2\cdot s^{-1}}$　　D. $\mathrm{kg\cdot m^2\cdot s^3}$

5. 电导率 σ 是电阻率 ρ 的倒数，即 $\sigma=\dfrac{1}{\rho}$. σ 用国际单位制中的基本单位表示，正确的是（　　）.

A. $\mathrm{kg\cdot m^2\cdot s^{-1}\cdot C^{-2}}$　　B. $\mathrm{kg\cdot m^3\cdot s^{-1}\cdot C^{-2}}$

C. $\mathrm{kg^{-1}\cdot m^{-3}\cdot s^3\cdot A^2}$　　D. $\mathrm{kg^{-1}\cdot m^{-2}\cdot s^3\cdot A^2}$

6. 鸟能够飞起来的条件是空气对鸟的升力大于鸟的重力. 人们猜测空气对鸟的升力 f 与鸟的翅膀面积 s 和飞行速度 v 有关，关系式为 $f=ksv^2$，则 k 的单位是（　　）.

A. $\mathrm{kg\cdot m^{-3}}$　　B. $\mathrm{kg\cdot m^3}$　　C. $\mathrm{kg\cdot m^{-2}}$　　D. $\mathrm{kg\cdot m^2}$

7. 夸克(quark)是一种基本粒子，也是构成物质的基本单元. 其中正、反顶夸克之间的强相互作用势能可写为 $E_\mathrm{p}=-k\dfrac{4\alpha_\mathrm{s}}{3r}$，式中 r 是正反顶夸克之间的距离，α_s是无单位的

常量，k 是与单位制有关的常数，则在国际单位制中常数 k 的单位是（　　）.

A. N·m　　B. N　　C. $J\cdot m^{-1}$　　D. J·m

8. 下列叙述正确的是（　　）.

A. 力、长度和时间是力学中的三个基本物理量，它们的单位牛顿、米和秒就是基本单位

B. 蹦极运动员离开蹦床上升过程中处于超重状态

C. 与“微观粒子的能量是量子化的”这一观念相关的物理常量是普朗克常量 h

D. 利用霍尔元件能够把电压这个电学量转换为磁感应强度这个磁学量的特性，可以制出测量磁感应强度大小的仪器

9. 2013 年 6 月 20 日，航天员王亚平在“天宫一号”飞行器里展示了失重状态下液滴的表面张力引起的现象，可以观察到漂浮液滴的形状发生周期性的微小变化（振动），如图 18.5 所示. 已知液滴振动的频率表达式为 $f=k\sqrt{\dfrac{\sigma}{\rho r^3}}$，其中 k 为一个无单位的比例系数，r 为液滴半径，ρ 为液体密度，σ 为液体表面张力系数（单位为 $N\cdot m^{-1}$）. σ 与液体表面自由能的增加量 ΔE、液体表面面积的增加量 ΔS 有关，则在下列相关的关系式中，可能正确的是（　　）.

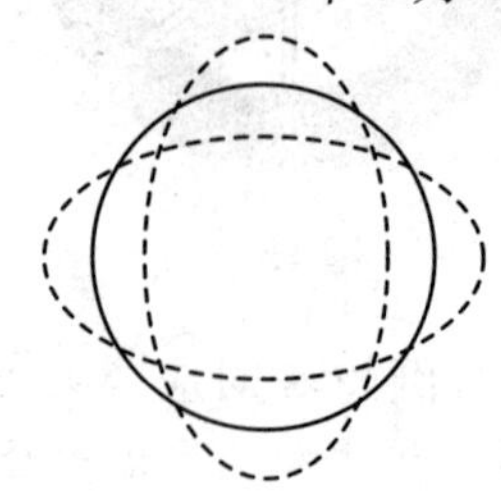
图 18.5

A. $\sigma=\dfrac{\Delta E}{\Delta S}$　　B. $\sigma=\dfrac{\Delta S}{\Delta E}$　　C. $\sigma=\Delta E\cdot\Delta S$　　D. $\sigma=\dfrac{1}{\Delta E\cdot\Delta S}$

10. 物理关系式不仅反映了物理量之间的数值关系，也确定了单位间的关系. 单位分析是帮助我们检验研究结果正确性的一种方法. 下面是同学们在研究平行板电容器充电后储存的能量 E_C 与哪些量有关的过程中得出的一些结论，式中 C 为电容器的电容，U 为电容器充电后其两极板间的电压，E 为两极板间的电场强度，d 为两极板间的距离，S 为两极板正对面积，ε 为两极板间所充介质的相对介电常数（没有单位），k 为静电力常量. 请你分析下面给出的关于 E_C 的表达式，可能正确的是（　　）.

A. $E_C=\dfrac{1}{2}C^2U$　　B. $E_C=\dfrac{1}{2}CU^3$

C. $E_C=\dfrac{\varepsilon}{8\pi k}E^2Sd$　　D. $E_C=\dfrac{\varepsilon}{8\pi k}ESd$

11. 物理学中有些结论不一定要通过计算才能验证，有时只需通过一定的分析就能判断结论是否正确. 根据流体力学知识，喷气式飞机喷出气体的速度 v 与飞机发动机燃烧室内气体的压强 p、气体的密度 ρ 及外界大气压强 p_0 有关. 试分析判断下列关于喷出气体的速度的倒数 $\dfrac{1}{v}$ 的表达式正确的是（　　）.

A. $\dfrac{1}{v}=\sqrt{\dfrac{\rho}{2(p-p_0)}}$　　B. $\dfrac{1}{v}=\sqrt{\dfrac{2\rho}{p+p_0}}$

C. $\dfrac{1}{v}=\sqrt{\dfrac{2(p-p_0)}{2\rho}}$　　D. $\dfrac{1}{v}=\sqrt{2\rho(p-p_0)}$

12. 现有一个物理量及其表达式为 $A=\dfrac{4\pi^2r^3}{GT^2}$，其中 r 是长度，T 是时间，又已知 G

的单位是 $N \cdot m^2 \cdot kg^{-2}$. 据此，能推知（　　）.

A. 物理量 A 的国际单位是基本单位

B. 物理量 A 的国际单位是导出单位

C. 物理量 A 与力 F 和加速度 a 的比值是同一个物理量

D. 物理量 A 与加速度 a 和时间 t 的乘积是同一个物理量

13. 某个由导电介质制成的电阻截面如图 18.6 所示. 导电介质的电阻率为 ρ，制成内、外半径分别为 a 和 b 的半球壳层形状（图中阴影部分），半径为 a、电阻不计的球形电极被嵌入导电介质的球心为一个引出电极，在导电介质的外层球壳上镀上一层电阻不计的金属膜成为另外一个电极. 设该电阻的阻值为 R. 下面给出的 R 的四个表达式中只有一个是合理的，你可能不会求解 R，但是可以通过一定的物理分析，对下列表达式的合理性做出判断. 根据你的判断，R 的合理表达式应为（　　）.

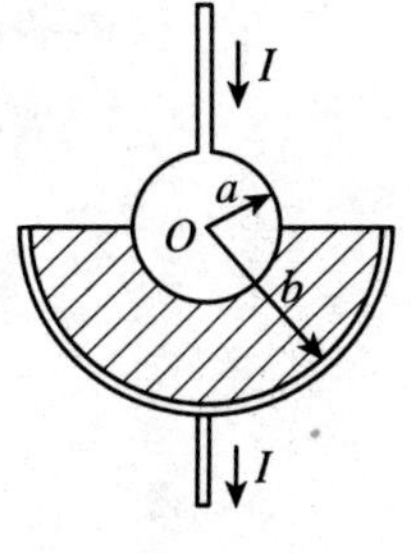

图 18.6

A. $R=\dfrac{\rho(b+a)}{2\pi ab}$　　B. $R=\dfrac{\rho(b-a)}{2\pi ab}$

C. $R=\dfrac{\rho ab}{2\pi(b-a)}$　　D. $R=\dfrac{\rho ab}{2\pi(b+a)}$

18.4 量纲法思维训练参考答案

1. A
2. B
3. D
4. C
5. C
6. A
7. D
8. C
9. A
10. C
11. A
12. AC
13. B

19 逆 向 法

19.1 逆向法概述

在物理学的发展历史中，逆向思维有着独特的魅力．开普勒行星运动三大定律，解决了“行星怎样运动”的问题；牛顿经过逆向思维，提出“行星为什么这样运动”，通过推理论证、分析归纳，不但找到了天体运动的原因，而且发展和总结出了永载科学史册的万有引力定律；法拉第从“电产生磁”的现象中得到启发，从反方向思考并提出问题：“磁能不能产生电?”经过十年的艰辛努力，反复实验，终于发现了电磁感应定律，实现了他“把磁转变成电”的誓言；麦克斯韦电磁场理论的基本观点——变化的磁场产生电场，变化的电场也产生磁场，也是逆向思维的典型示例．

心理学认为，每一个思维过程都有一个与之相反的思维过程，在这个互逆过程中存在正逆向思维的联结．所谓逆向思维，是指和正向思维方向相反而又相互联系的思维过程，即我们通常所说的“倒着想”或“反过来想一想”，它是分析和解决物理问题的一种行之有效的、科学的创造性思维方式．

某一物质系统经过某一过程，由某一状态变到另一状态，如果存在另一过程，它能使物质系统和环境完全复原，即物质复原到原来状态，同时消除了原来过程对环境所产生的影响，则原来的过程称为可逆过程．反之，如果用任何方法都不可能使系统和环境完全复原，则原来的过程称为不可逆过程．

物理学意义上的不可逆性概念最初是由经典热力学提出的．它把热的过程区分为可逆的和不可逆的两种，并指出在一个封闭系统的热过程中，热量总是自发地从较热物体传输给较冷物体．热力学第二定律用熵的增加来描述这种不可逆过程．这个定律的统计解释表明，不可逆过程就是封闭的分子系统从有序状态趋向于无序状态．

物理学意义上的可逆性是指时间反演，即过程按相反的顺序进行．在经典力学的运动方程中，把时间参量 t 换成 $-t$，就意味着过程按相反的顺序历经原来的一切状态，最后回到初始状态．但实际上，机械运动过程总是受到各种复杂的随机因素的作用，因此完全的可逆性是不存在的．

1．可逆过程的特点．

(1) 可逆过程是以无限小的变化进行的，整个过程由一连串非常接近于平衡态的状态所构成．

(2) 在反向的过程中，用同样的程序循着原来过程的逆过程，可以使系统和环境完全恢复到原来的状态，而无任何耗散效应.

(3) 在热学中，理想的等温可逆膨胀过程中系统对环境做最大功，在等温可逆压缩过程中环境对系统做最小功.

2. 不可逆过程的特点.

(1) 自然界中一切自发过程都是不可逆过程.

(2) 不平衡和耗散等因素的存在，是导致过程不可逆的原因，只有当过程中的每一步，系统都无限接近平衡态，而且没有摩擦等耗散因素时，过程才是可逆的.

(3) 不可逆过程并不是不能在反方向进行的过程，而是当逆过程完成后，对外界的影响不能消除.

(4) 可逆是指过程的可反演性，不可逆是指过程的不可反演性. 当系统经历了一个过程，如果过程的每一步都可沿相反的方向进行，同时不引起外界的任何变化，那么这个过程就称为可逆过程.

显然，在可逆过程中，系统和外界都能恢复到原来的状态. 反之，如果对于某一过程，用任何方法都不能使系统和外界恢复到原来的状态，该过程就是不可逆过程.

自然界发展中的进化和退化是不可逆过程的两种形式. 虽然自然界中的不可逆过程是绝对的，但有些过程在一定的条件下却表现出相对的可逆性，因此，人类可以创造条件，利用这种近似的可逆性. 然而，逆向思维不受物理过程是否可逆的影响. 通常用的逆向思维的三种模式在高中物理解题中都有体现，它们是运用可逆性原理、运用反证归谬、运用执果索因进行逆思等. 简单一点说，所谓“逆向思维”，就是“倒过来想一想”. 这种方法对于解物理题，特别是某些难题很有好处，请看下面的例子.

19.1.1 逆向思维在力学中的应用

例 1 如图 19.1 所示，质量为 M 的木板放在倾角为 α 的光滑斜面上，木板上有一个质量为 m 的人，应以多大的加速度向什么方向跑，才可以使木板静止在斜面上?

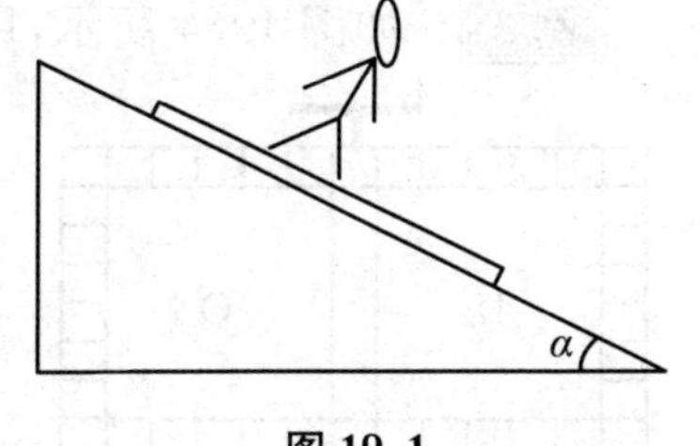

图 19.1

解析 本题若直接从已知出发，要求出人的加速度的大小和方向需颇费周折，但若从结果出发，进行逆向分析，执果索因，则容易求解，从而化难为易. 要使木板静止在斜面上，则通过对木板进行受力分析可知，人对木板的静摩擦力必须沿斜面向上，木板受重力 Mg、斜面的支持力 N_1、人的压力 N_2 和摩擦力 f，如图 19.2 所示. 由 $F_{合}=0$ 可知

$$f = Mg\sin\alpha.$$

以人为研究对象，人受重力 mg、木板的支持力 N_2' 和静摩擦力 f'，如图 19.3 所示，根据牛顿第二定律，有

$$F_{合} = ma,\quad f' + mg\sin\alpha = ma,$$

$$a = \frac{f' + mg\sin\alpha}{m}.$$

又 $f'=f$,可得

$$a=\frac{(M+m)g\sin\alpha}{m}.$$

图 19.2　　　　图 19.3

所以,人必须以加速度$\dfrac{(M+m)g\sin\alpha}{m}$沿斜面向下运动,才能使木板静止在斜面上.

19.1.2　逆向思维在电学中的应用

例 2　有 4 个电容器,其电容分别为 $C_1=15\ \mu\text{F}$, $C_2=0.5\ \mu\text{F}$, $C_3=0.15\ \mu\text{F}$, $C_4=0.05\ \mu\text{F}$,把它们串联后的总电容 C 为多少?

解析　若直接按常规思路,用电容串联公式进行计算,将是十分复杂的.但若把问题倒过来想,就会发现 C_2 可看成由 30 个 C_1 串联得到的等效电容,C_3 可看成由 100 个 C_1 串联得到的等效电容,C_4 可看成由 300 个 C_1 串联得到的等效电容.因此,所求电容可看作由 431 个 C_1 串联得到的等效电容,故 $C=\dfrac{C_1}{431}=\dfrac{15}{431}\ \mu\text{F}$.

19.1.3　逆向思维在热学中的应用

例 3　如图 19.4 所示,用销钉固定的绝热隔板将一绝热容器内部空间分成容积相等的左、右两部分,分别充有质量和温度都相同的氢气和氧气,把销钉拔出,如果摩擦可以略去不计,那么隔板将会向右移动,在此过程中,H_2、O_2 温度如何变化?

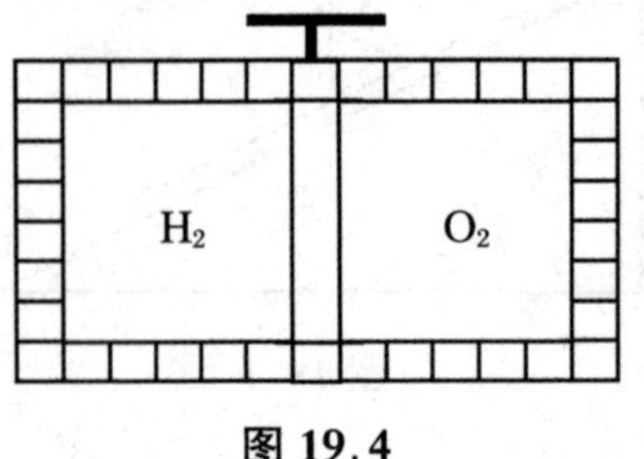

图 19.4

解析　若按常规解法,分别选 H_2、O_2 为研究对象,根据理想气体状态方程确定其温度变化,由于未知量较多且有几个未知量要同时发生变化,这样判断温度的变化很困难,可我们知道一定量的理想气体内能是温度的单值函数,即温度的变化引起内能改变,温度升高时内能增加,温度降低时内能减少.如果我们反过来考虑,从判定内能的增减来推知温度的变化情况,则可以使问题大大简化.因为隔板向右移,H_2 绝热膨胀对 O_2 做功,H_2 内能减少,温度降低,而 O_2 就会被绝热压缩,由于 H_2 对它做了功,它的内能增加,温度会升高.

19.1.4　逆向思维法在光学中的应用

例 4　如图 19.5 所示,a、b、c 三条光线交于一点 S,如果在 S 点前任意位置放一

块平面镜 M,则 a、b、c 三条光线的反射光线( ).

A. 可能交于一点,也可能不交于一点

B. 一定不交于一点

C. 一定交于平面镜前一点

D. 延长线交于镜后一点

解析 用光路可逆性分析可知:把 a、b、c 看成平面镜 M 的反射光线,S 是平面镜的虚像,根据平面镜的物体与其像对称的关系,可以找到相应的点光源和光路,如图 19.6 所示.由此可知:a、b、c 三条光线的反射光线一定交于平面镜前一点,这一点与 S 点关于平面镜对称.故正确答案为 C.

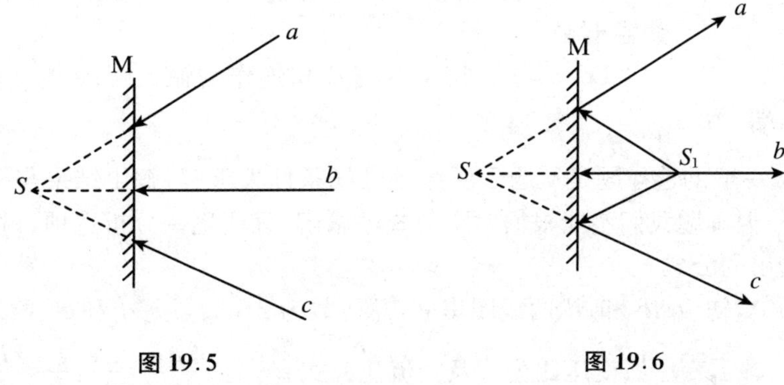

图 19.5　　图 19.6

近几年许多学生之所以处于低层次的学习水平,有一个重要因素,即逆向思维能力薄弱,定性于顺向学习公式、定理等并加以死板套用,缺乏创造能力、观察能力、分析能力和开拓精神,找不到简捷的方法,导致解题过程复杂化,白白浪费了时间,增加了难度.

对逆向思维的运用原理进行归纳分析并阐述其在物理中的应用,旨在破除单一正向思维的定势,提高学生的思维能力和创新意识.

实践证明:逆向思维能力不仅在物理学科中应用较广,在其他学科中也有广泛的应用,还可用于社会生活的诸多行业中,如新闻报道、商业开发、政治策略、研究开发等,因此有必要对逆向思维能力进行强化训练,从而培养创新思维和创造性思维,为进入社会后的发展打下坚实的基础.

19.2 逆向法例题精析

在解决物理问题过程中,不少学生因为找不到简捷的方法,使解题过程复杂化.逆向思维方法在物理解题中有着广泛的应用,它能防止学生理解僵化、方法刻板,培养思维的灵活性、广阔性和深刻性,开拓思路,活化知识,提高解答物理问题的能力.

19.2.1 解题程序中的逆向思维

解题程序一般是从已知到未知,一步步求解,通常称为正向思维.但有些题目反过来思考，从未知到已知逐步推理，反而更方便些.

例 1 如图 19.7 所示，一理想变压器的原、副线圈分别由双线圈 ab 和 cd（匝数都为 n_1）、ef 和 gh（匝数都为 n_2）组成. 用 I_1 和 U_1 表示输入电流和电压，用 I_2 和 U_2 表示输出电流和电压. 在下列四种接法中，符合关系 $\frac{U_1}{U_2}=\frac{n_1}{n_2}$，$\frac{I_1}{I_2}=\frac{n_2}{n_1}$ 的为（　　）.

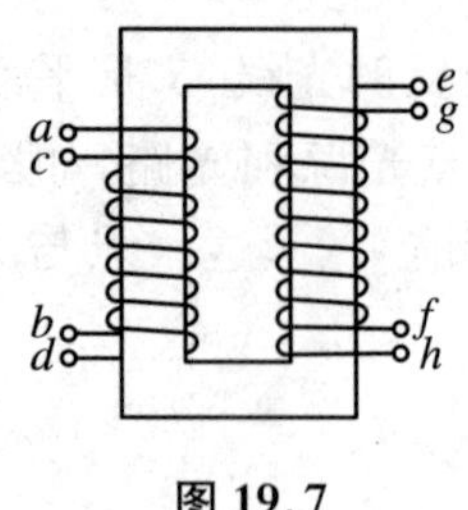

图 19.7

A. b 与 c 相连，以 a、d 为输入端；f 与 g 相连，以 e、h 为输入端

B. b 与 c 相连，以 a、d 为输入端；e 与 g 相连、f 与 h 相连作为输入端

C. a 与 c 相连，b 与 d 相连作为输入端；f 与 g 相连，以 e、h 为输出端

D. a 与 c 相连，b 与 d 相连作为输入端；e 与 g 相连、f 与 h 相连作为输出端

解析 一般的选择题是从题干所给的已知条件去求解，解出结果与选项比较，哪个正确选哪个. 但本题我们不能根据两个公式去求解，只能逐一分析选项，讨论哪种方法能得出题干给出的公式.

对于选项 A，初级 ab 和 cd 两线圈串联，总匝数为 $2n_1$，次级 ef 和 gh 两线圈亦串联，总匝数为 $2n_2$，根据变压器变压比公式及变流比公式有 $\frac{U_1}{U_2}=\frac{2n_1}{2n_2}=\frac{n_1}{n_2}$，$\frac{I_1}{I_2}=\frac{U_2}{U_1}=\frac{n_2}{n_1}$.

对于选项 B，初级线圈总匝数为 $2n_1$，次级线圈总匝数为 n_2（ef 与 gh 并联），不符合题给的两个公式.

对于选项 C，初级线圈总匝数为 n_1，次级线圈总匝数为 $2n_2$，亦不符合题给的两个公式.

对于选项 D，初级线圈总匝数为 n_1，次级线圈总匝数为 n_2，符合题给的两个公式.

故本题选 AD.

这种在解题程序上应用逆向思维法，较多用于选择题和证明题，因为此类题给出了要求的结果，便于逆推.

19.2.2 因果关系中的逆向思维

物理过程有一定的因果关系，通常从原因出发推导结果，称为正向思维. 但有时反过来，从结果倒推原因，可称为逆向思维.

例 2 某人透过焦距为 10 cm、直径为 4 cm 的薄凸透镜观看方格纸，每个方格纸的边长为 0.3 cm，他使透镜的主轴与方格纸垂直，透镜与纸面相距 10 cm，眼睛位于透镜主轴上离透镜 5 cm 处，问他至多能看到同一行上几个完整的方格？

解析 根据初中的凸透镜成像规律，当 $u=f$ 时，是不成像的，而本题中物（方格纸）正是放在焦平面上，怎能看见像？因此按正向思维求解较难. 但如果逆向思考，运用光路的可逆性原理，把观察点作“物”，则它对凸透镜是能成像的. 根据题意，如图 19.8 所示，眼睛在 S 处能看到方格纸，亦即方格纸上某点通过凸透镜 AB 后有折射光通过 S 点，

所有方格纸上这样的点的集合即为眼睛能看到的方格范围.根据光线的可逆性，自 S 发出的光线经凸透镜 AB 后的所有折射光线，与方格纸相交的范围与前述眼睛能看到的方格的范围是重合的.

设 S 为光源，它发出的光经凸透镜 AB 会聚后照到屏 MN 上，其反向延长交主轴于 S'，则 S' 可看作 S 的虚像.

物距 $u=\frac{f}{2}$，根据透镜成像公式 $\frac{1}{u}+\frac{1}{v}=\frac{1}{f}$，可得像距为

$$v=\frac{uf}{u-f}=\frac{5\times 10}{5-10}=-10\ (\text{cm}).$$

由图 19.8 可知，$\triangle S'AB$ 与 $\triangle S'MN$ 相似，所以

$$\frac{AB}{MN}=\frac{v}{v+f}=\frac{10}{10+10}=\frac{1}{2}.$$

故 $MN=2AB=2\times 4.0=8.0\ (\text{cm})$.

MN 中包含的方格数至多为 $\frac{MN}{a}=\frac{8.0}{0.30}\approx 26$，其中 a 为每个方格的边长.

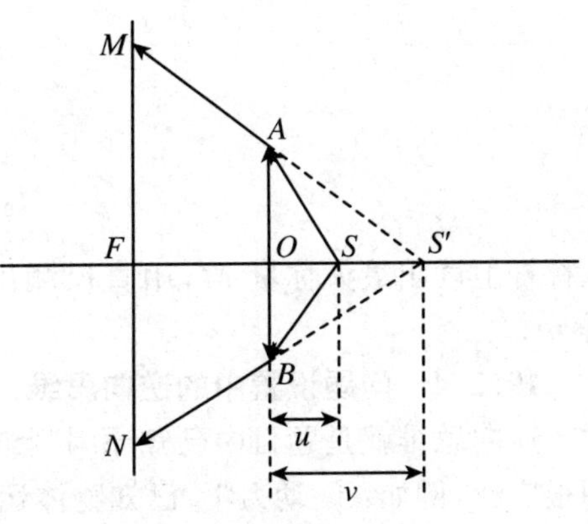

图 19.8

此类逆推法也应用广泛.例如，在碰撞类问题中，已知物体碰撞后的速度求碰撞前的速度；在电磁感应类问题中，已知感生电流的方向求导体如何运动等.

在解决某些物理问题的过程中直接入手有一定的难度时，可以改变思考问题的顺序，从相反的方向进行思考，进而解决问题，这种解题方法称为逆向思维法.逆向思维法的运用主要体现在可逆性物理过程中（如运动的可逆性、光路的可逆性等），也可运用反证归谬法等，逆向思维法是一种具有创造性的思维方法.

19.2.3 迁移规律中的逆向思维

在见到一个新题后，有时会联想到以前解过的题目或已有的物理知识、物理情境，把"陈题"的思维方法应用到"新题"上，称为"迁移".但有时"新题"与"陈题"是互逆关系，即在新题中为已知的，在陈题中为所求；在新题中为所求的，在陈题中为已知.这就要求用逆向思维去迁移.

例 3 有一准确的杆秤.今只给你一把有刻度的直尺，要求用它测出这杆秤的秤砣的质量.试导出表示秤砣质量的公式，并说明所需测量的量.

解析 秤杆上的各刻度是隐含的已知量，秤的结构如图 19.9 所示.秤钩 B 到提纽的距离为 d，零刻度（即定盘星）A 到提纽的距离为 l_0，满刻度 D 到提纽的距离为 l，秤杆和秤钩所受的重力为 P，秤水平时 P 对提纽的力臂为 d_0，设秤砣的质量为 m，秤的最大称量为 M.

当空称平衡时，有

$$mgl_0=Pd_0. \qquad ①$$

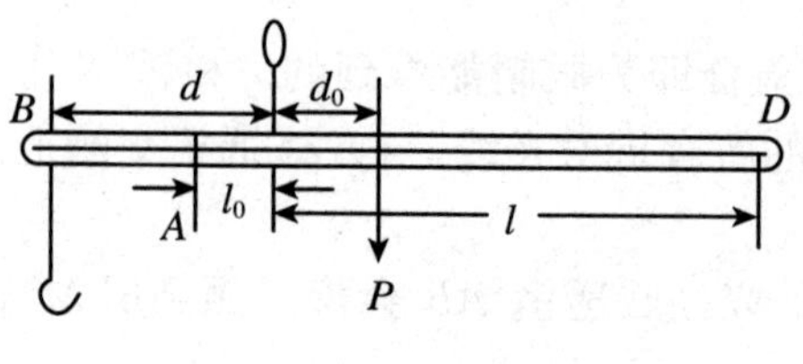

图 19.9

当满称量平衡时，有

$$Mgd = Pd_0 + mg. \tag{②}$$

联立①②式，得

$$m = \frac{Md}{l_0 + l}, \tag{③}$$

或

$$l_0 + l = \frac{Md}{m}.$$

从秤杆上读出最大称量 M，用直尺测出 d 和从 A 到 D 的距离 $l_0 + l$，代入③式即可求得 m.

19.2.4 问题设置中的逆向思维

逆向思维就是题目中已知原因判结果与已知结果判原因之间的变换.逆向思维的应用很广泛，例如：① 动力学.已知物体运动特点或运动图像，受力应有何特点？② 电磁感应现象.如图 19.10 所示，一通电直导线附近放置一导线框，导线框与直导线在一个平面内，什么情况下可以使导线框中产生顺时针的感应电流？③ 振动及波动现象.若两相干波源振动相反，则加强和减弱的条件如何？④ 电学.根据电路特点判断电流的情况.

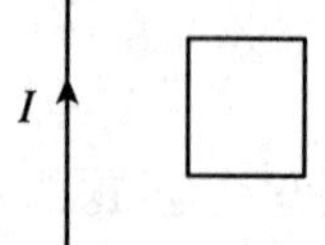

图 19.10

例 4 如图 19.11 所示，若 x 轴表示时间，y 轴表示位置，则该图像反映了某质点做匀速直线运动时，位置与时间的关系.若令 x 轴和 y 轴分别表示其他的物理量，则该图像又可以反映在某种情况下相应的物理量之间的关系.则下列说法正确的是（　　）.

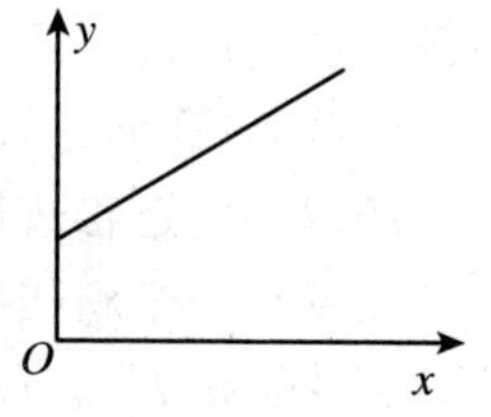

图 19.11

A. 若 x 轴表示时间，y 轴表示动能，则该图像可以反映某物体受恒定合外力作用做直线运动过程中，物体动能与时间的关系

B. 若 x 轴表示频率，y 轴表示动能，则该图像可以反映光电效应中，光电子最大初动能与入射光频率之间的关系

C. 若 x 轴表示时间，y 轴表示动量，则该图像可以反映某物体在沿运动方向的恒定合外力作用下，动量与时间的关系

D. 若 x 轴表示时间，y 轴表示感应电动势，则该图像可以反映静置于磁场中的某闭合回路，当磁感应强度随时间均匀增大时，闭合回路的感应电动势与时间的关系

解析 设物体的质量为 m，物体的加速度为 a，初速为 v_0，t 时刻的速度为 v，由运动学公式及动能的定义式，可得 $E_k = \frac{1}{2}mv^2 = \frac{1}{2}m(v_0 + at)^2$，动能与时间是二次函数

关系，图像为抛物线而不是直线，故 A 错误.

由爱因斯坦的光电效应方程 $E_k = h\nu - W_0$ 可知，当 y 轴表示动能，x 轴表示入射光频率时，图像与 y 轴的交点应在 y 轴负半轴，故 B 错误.

由动量定理，得 $p = p_0 + Ft$，即动量 P 与时间 t 满足一次函数关系，故 C 正确.

由法拉第电磁感应定律，得 $E = \dfrac{\Delta B}{\Delta t}S$，感应电动势保持不变，故 D 错误.

因此答案为 C 选项.

根据物理规律画图像学生平时训练得比较多，可以说是能熟练掌握. 而此题要求通过图像分析物理规律，这类新题与已有习题思维过程反向，考查学生对物理规律的形成过程是否掌握，锻炼学生的逆向思维能力.

19.2.5 原理运用中的逆向思维

把好的题目加以变形或推广，换一个面貌出现，这是常用的命题方法，叫作命题转换. 逆向思维法是探求命题转换的解法的一种途径.

例 5 一颗子弹（看作质点）以 700 m/s 的速度打穿同样的、并排放置的三块木板后速度减为零，如图 19.12 所示，问子弹在三块木板中运动的时间比是多少？

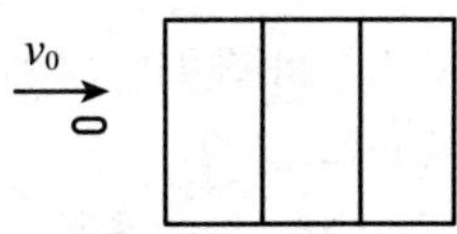

图 19.12

解析 此题正向思维按匀减速直线运动来解，比较烦琐. 但若根据运动的可逆性倒过来从后往前推，将子弹的运动看成初速度为零的匀加速直线运动，问题就变得很简单了，即求初速度为零的匀加速直线运动通过连续相等位移的时间比，所以

$$t_3 : t_2 : t_1 = 1 : (\sqrt{2} - 1) : (\sqrt{3} - \sqrt{2}),$$

因此

$$t_1 : t_2 : t_3 = (\sqrt{3} - \sqrt{2}) : (\sqrt{2} - 1) : 1.$$

物理学中的可逆性过程，如运动形式的可逆性、时间反演的可逆性、光路的可逆性等，往往用正向思维解题较困难，用逆向思维则简单明了.

19.2.6 反证归谬中的逆向思维

反证归谬是逆向思维的常用方法，基本思路是：① 反设，即假设问题结论的反面正确；② 归谬，即从这个临时假设出发，利用已知条件进行推理，推导出谬误的结论；③ 结论，即指出反设错误，由排中律确定原来结论是正确的. 它是通过否定反面来肯定正面的.

例 6 在如图 19.13 所示的静电感应现象中，A 是带正电 q 的点电荷，B 是中性导体，试证 B 左端的感生负电荷 q' 小于或等于施感电荷 q.

A⊕ B

图 19.13

解析 根据电场线性质 1，可知电场线发自正电荷（或无限远），止于负电荷（或无限远），在无电荷处不中断. 导体 B 左端的负电荷处一定有电场线终止，这些电场线的来源只有三种可能：① A 上的正电荷，② B 右端的正电荷，③ 无限远. 下面先用反证法排除②③两种可能性.假定止于B端的电场线发自B左端的正电荷,根据电场线性质2,可知各点的电势沿着电场线方向不断减少,同一条电场线不能有电势相等的点,于是,B的左右两端电势不等,这就与导体在静电平衡时是等势体的结论矛盾,可见第②种可能性不成立.再假定止于B左端的电场线发自无限远,根据电场线性质2,可知 $\varphi_\infty > \varphi_B$,又B右端的正电荷的电场线既然不能止于B左端的负电荷,就只能止于无限远,于是又有 $\varphi_\infty < \varphi_B$,这与 $\varphi_\infty > \varphi_B$ 矛盾,可见第③种可能性也不成立.于是,我们肯定终止于B左端的电场线全部来自正电荷A,再根据电场线性质1的定量表述,止于B左端的电场线条数正比于 q,而终止的条数只能小于或等于发出的条数,因此 $q' \leqslant q$.

19.3　逆向法思维训练

1. 如图19.14所示,半圆轨道固定在水平面上,一小球(可视为质点)从恰好与半圆轨道相切于 B 点的位置斜向左上方抛出,到达半圆轨道左端 A 点正上方 P 点时,小球的速度方向刚好水平,O 为半圆轨道圆心,半圆轨道半径为 R,OB 与水平方向的夹角为60°,重力加速度为 g,不计空气阻力,则小球在 P 点的水平速度为(　　).

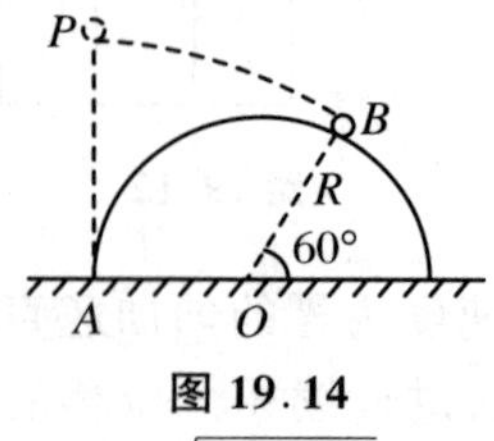

图19.14

A. $\sqrt{\dfrac{3\sqrt{3}gR}{2}}$　　B. $\sqrt{\dfrac{3gR}{2}}$　　C. $\sqrt{\dfrac{\sqrt{3}gR}{2}}$　　D. $\sqrt{\dfrac{\sqrt{3}gR}{3}}$

2. (2018年高考全国Ⅱ卷)甲、乙两汽车在同一条平直公路上同向运动,其速度-时间图像分别如图19.15中甲、乙两条曲线所示.已知两车在 t_2 时刻并排行驶,则下列说法正确的是(　　).

A. 两车在 t_1 时刻也并排行驶　　B. 在 t_1 时刻甲车在后,乙车在前

C. 甲车的加速度大小先增大后减小　　D. 乙车的加速度大小先减小后增大

3. 如图19.16所示,将一篮球从地面上方 B 点斜向上抛出,刚好垂直击中篮板上的 A 点,不计空气阻力.若抛射点 B 向篮板方向移动一小段距离,仍使抛出的篮球垂直击中 A 点,则下列选项可行的是(　　).

A. 增大抛射速度 v_0,同时减小抛射角 θ　　B. 减小抛射速度 v_0,同时减小抛射角 θ

C. 增大抛射角 θ,同时减小抛射速度 v_0　　D. 增大抛射角 θ,同时增大抛射速度 v_0

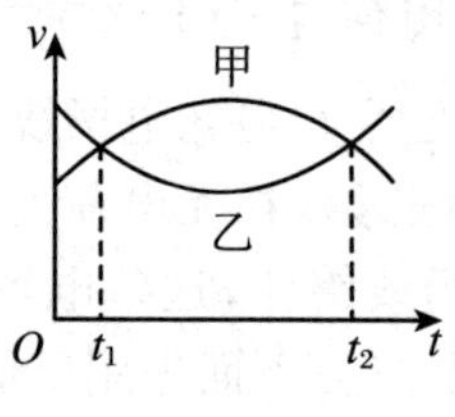

图19.15

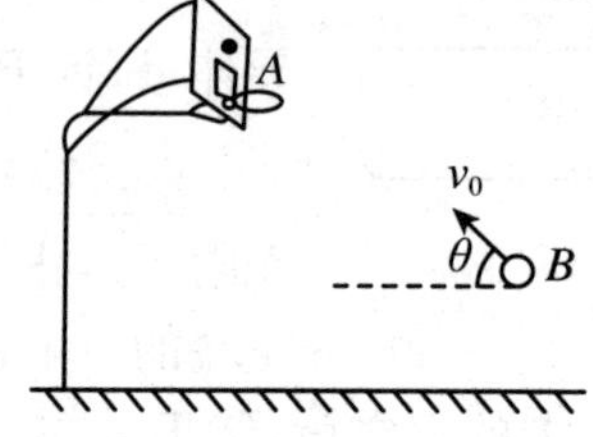

图19.16

4. 一小物体以一定的初速度自光滑斜面的底端 a 点上滑，最远可达 b 点，e 为 ab 的中点，已知物体由 a 到 e 的时间为 t_0，则它从 e 经 b 再返回 e 所需的时间为（　　）.

A. t_0　　B. $(\sqrt{2}-1)t_0$

C. $2(\sqrt{2}+1)t_0$　　D. $(2\sqrt{2}+1)t_0$

5. 一物体以某一初速度在粗糙的平面上做匀减速直线运动，最后静止下来. 若物体在最初 5 s 内通过的路程与最后 5 s 内通过的路程之比为 $s_1 : s_2 = 11 : 5$，物体运动的加速度大小为 $a = 1\ \mathrm{m/s^2}$，则（　　）.

A. 物体运动的时间可能大于 10 s

B. 物体在最初 5 s 内通过的路程与最后 5 s 内通过的路程差为 $s_1 - s_2 = 15\ \mathrm{m}$

C. 物体运动的时间为 8 s

D. 物体的初速度为 10 m/s

6. 在不计空气阻力的情形下将一物体以一定的初速度竖直上抛，从抛出至回到抛出点的时间为 $2t$，若在物体上升的最大高度的一半处设置一水平挡板，仍将该物体以相同的初速度竖直上抛，物体撞击挡板前后的速度大小相等、方向相反. 撞击所需时间不计，则这种情况下物体上升和下降的总时间约为（　　）.

A. $0.2t$　　B. $0.3t$　　C. $0.5t$　　D. $0.6t$

7. 一汽车在平直公路上以 15 m/s 的速度做匀速直线运动，当发现前方发生事故时以 $3\ \mathrm{m/s^2}$ 的加速度紧急刹车，停在发生事故位置前，那么刹车过程中前 2 s 内的位移与最后 2 s 的位移的比值为（　　）.

A. 1/4　　B. 4　　C. 5/2　　D. 3

8. 在竖直平面内固定一光滑细圆管道，管道半径为 R. 若沿如图 19.17 所示的两条虚线截去轨道的四分之一，管内有一个直径略小于管径的小球在运动，且恰能从一个截口抛出，从另一个截口无碰撞地进入继续做圆周运动，那么小球每次飞越无管区域的时间为（　　）

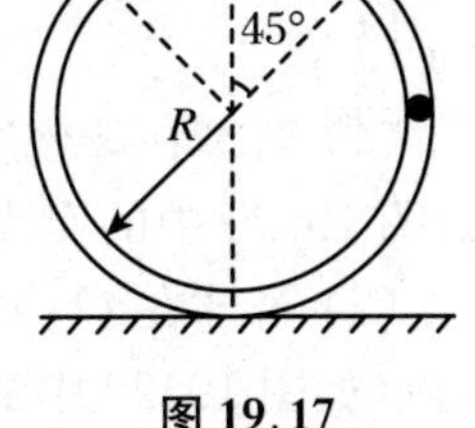

图 19.17

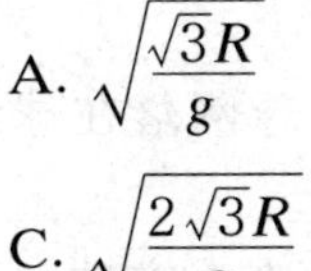

A. $\sqrt{\dfrac{\sqrt{3}R}{g}}$　　B. $\sqrt{\dfrac{2\sqrt{2}R}{g}}$

C. $\sqrt{\dfrac{2\sqrt{3}R}{g}}$　　D. $\sqrt{\dfrac{\sqrt{2}R}{g}}$

9. 将一个小球从光滑水平地面上一点抛出，小球的初始水平速度为 u，竖直方向速度为 v，忽略空气阻力，小球第一次到达最高点时到地面的距离为 h. 小球和地面发生第一次碰撞后，反弹至离地面 $h/4$ 的高度. 以后每一次碰撞后反弹的高度都是前一次的1/4（每次碰撞前后小球的水平速度不变），小球在停止弹跳时所移动的总水平距离的极限是（　　）.

A. uv/g　　B. $2uv/g$　　C. $3uv/g$　　D. $4uv/g$

10. 如图 19.18 所示，将篮球从同一位置斜向上抛出，其中有两次篮球垂直撞在竖直墙上，不计空气阻力，则下列说法正确的是（　　）.

A. 从抛出到撞墙，第二次球在空中运动的时间较短

B. 篮球两次撞墙的速度可能相等

C. 篮球两次抛出时速度的竖直分量可能相等

D. 抛出时的动能,第一次一定比第二次大

11. 某足球学校在一次训练课上训练定点吊球,现有 A、B、C 三位同学踢出的足球运动轨迹如图 19.19 中的实线所示,三球上升的最大高度相同,不计空气阻力,则下列说法错误的是(　　).

A. A 同学踢出的球落地时的速率最大

B. C 同学踢出的球在空中的运动时间最长

C. A、B、C 三位同学对球做的功一定相同

D. 三个足球初速度的竖直分量一定相同

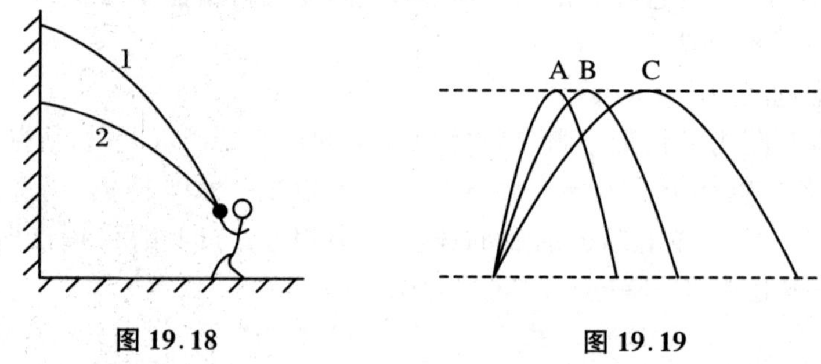

图 19.18　　　　图 19.19

12. 长度为 L 的橡皮带,一端拴住一个质量为 m 的小球,以另一端为中心,使小球在光滑水平面上做匀速圆周运动,角速度为 ω.若橡皮带每伸长单位长度产生的弹力为 f,试证明橡皮带的张力 $F=m\omega^2 fL/(f-m\omega^2)$.

13. (2008 年高考江苏卷)抛体运动在各类体育运动项目中很常见,如乒乓球的运动.现讨论乒乓球发球问题,设球台长为 $2L$,网高为 h,乒乓球反弹前后水平分速度不变,竖直分速度大小不变、方向相反,且不考虑乒乓球的旋转和空气阻力(设重力加速度为 g).

(1) 若球在球台边缘 O 点正上方高度为 h_1 处以速度 v_1 水平发出,落在球台的 P_1 点(如图 19.20 中的实线所示),求 P_1 点到 O 点的距离 x_1.

(2) 若球在 O 点正上方以速度 v_2 水平发出,恰好在最高点时越过球网落在球台的 P_2 点(如图 19.20 中的虚线所示),求 v_2 的大小.

(3) 若球在 O 点正上方水平发出后,经反弹恰好越过球网且刚好落在对方球台边缘的 P_3 点,求发球点距 O 点的高度 h_3.

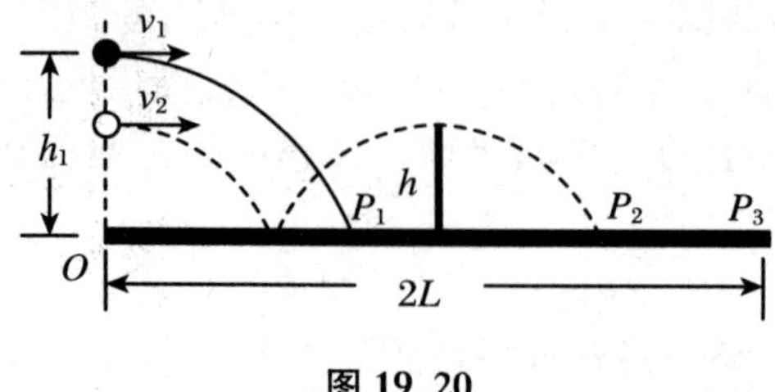

图 19.20

19.4 逆向法思维训练参考答案

1. A
2. BD
3. C
4. C
5. BC
6. D
7. B
8. B
9. D
10. A
11. ABC

12. 假设所证结论正确，则将 $F = m\omega^2 fL/(f - m\omega^2)$ 展开，逐步上溯得 $Ff - Fm\omega^2 = m\omega^2 fL$，$Ff = m\omega^2 fL + Fm\omega^2$，$F = m\omega^2(L + F/f) = m\omega^2(L + K\Delta L/f)$. 由题意知 $f = K$，故 $F = m\omega^2(L + \Delta L)$，此式正是反映小球在水平面内做匀速圆周运动时，所需要的向心力是由橡皮带的张力提供的，物理意义明确且步步可逆，所以得证.

13. (1) 由平抛运动的规律，得

$$h_1 = \frac{1}{2}gt_1^2,\quad x_1 = v_1 t_1.$$

联立解得

$$x_1 = v_1\sqrt{\frac{2h_1}{g}}.$$

(2) 同理，得

$$h_2 = \frac{1}{2}gt_2^2,\quad x_2 = v_2 t_2.$$

且 $h_2 = h$，$2x_2 = L$，如图 19.21 所示. 联立解得

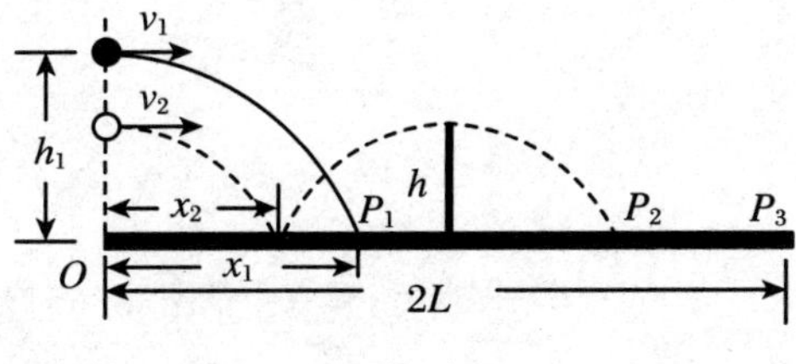

图 19.21

$$v_2 = \frac{L}{2}\sqrt{\frac{g}{2h}}.$$

(3) 如图 19.22 所示,同理,得

$$h_3 = \frac{1}{2}gt_3^2, \quad x_3 = v_3 t_3.$$

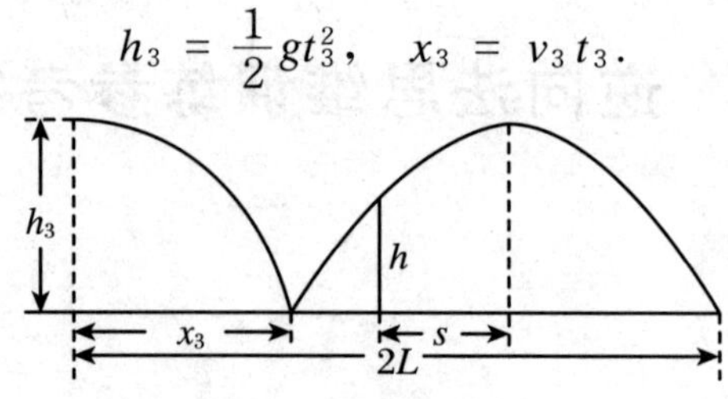

图 19.22

且 $3x_3 = 2L$. 设球从恰好越过球网到最高点的时间为 t,水平距离为 s,则有

$$h_3 - h = \frac{1}{2}gt^2, \quad s = v_3 t.$$

由几何关系得 $x_3 + s = L$,解得 $h_3 = \frac{4}{3}h$.

20 数 学 方 法

20.1 数学方法概述

数学是揭示宇宙奥秘的基础科学，它是所有自然科学甚至社会科学的工具. 自然现象、社会现象都可以抽象、概括成一个数学模型，这种特点在物理学中尤其明显. 可以说模型抽去其概念就变成数学；而数学如果赋予其物理概念、规律就变成了物理，所以几乎所有物理大师都是数学家. 由此可见应用数学工具解决物理问题是高中生应该具备的能力之一. 从近几年的高考题中也可以发现，应用数学方法解决物理问题是重点考查项目.

前面我们研究的递推法、降维法、图像法、微元法、极限法等都是数学方法中的一种，反证法、估算法、临界法等都与数学方法有着千丝万缕的联系. 尽管如此，还有很多精巧的数学方法没有涉及，因此不得不谈论数学方法. 下面仅以求解物理极值问题看看数学方法在物理学中的应用.

20.1.1 判别式法

对于一元二次方程 $ax^2+bx+c=0$，若方程有实数解，必须 $\Delta\geqslant 0$，即 $b^2-4ac\geqslant 0$，若方程无实数解，必须 $\Delta<0$，即 $b^2-4ac<0$，可以得到有关物理量的极值.

例 1 一辆汽车在十字路口等候绿灯，当绿灯亮时汽车以 3 m/s^2 的加速度开始行驶. 恰在这时一辆自行车以 6 m/s 的速度匀速驶来，从后边超过汽车. 汽车从路口开动后，在追上自行车之前两车的最远距离是多少？

解析 自行车做匀速直线运动，经过时间 t，其位移为 $s_1=vt$. 汽车做匀加速直线运动，经过时间 t，其位移为 $s_2=\dfrac{1}{2}at^2$. 两车相距为 $\Delta s=s_1-s_2=vt-\dfrac{1}{2}at^2$，代入数据，得 $\Delta s=6t-\dfrac{3}{2}t^2$，转化为一元二次方程为 $3t^2-12t+2\Delta s=0$. 要使方程有解，必须使判别式 $\Delta=12^2-4\times 3\times 2\Delta s\geqslant 0$，解不等式得 $\Delta s\leqslant 6$，即最大值为 6 m.

20.1.2 配方法

对于二次函数 $y=ax^2+bx+c$，函数解析式经配方可得 $y=a\left(x+\dfrac{b}{2a}\right)^2+\dfrac{4ac-b^2}{4a}$.

(1) 若 $a>0$，当 $x=-\dfrac{b}{2a}$ 时，y 有最小值 $y_{\min}=\dfrac{4ac-b^2}{4a}$.

(2) 若 $a<0$，当 $x=-\dfrac{b}{2a}$时，y 有最大值 $y_{\max}=\dfrac{4ac-b^2}{4a}$.

例 2 在如图 20.1 所示的电路中，电源电动势 $E=6$ V，电源内电阻 $r=10$ Ω. 求在滑片移动过程中，电源输出功率的最大值.

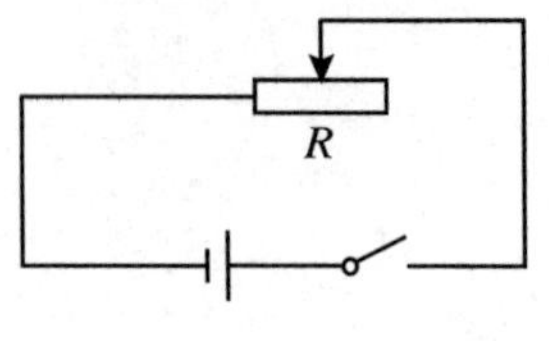

图 20.1

解析 这是一道典型的求极值问题. 电源输出功率的表达式为

$$P=I^2R=\left(\frac{E}{R+r}\right)^2R=\frac{E^2R}{R^2+r^2+2Rr}=\frac{E^2}{\dfrac{(R-r)^2}{R}+4r}.$$

可见只有当 $R=r$ 时，P 有最大值. 可得

$$P_{\max}=\frac{E^2}{4r}.$$

20.1.3 基本不等式法

对于不等式 $a+b\geqslant 2\sqrt{ab}$，当 $a=b$ 时取等号.

例 3 电阻 R_1 和 R_2 并联的总电阻为 R，则 R_1 和 R_2 串联的总电阻至少为多少？

解析 由并联电路的特点，得 $R=\dfrac{R_1R_2}{R_1+R_2}$，所以

$$(R_1+R_2)R=R_1R_2. \qquad ①$$

R_1 和 R_2 串联的总电阻为 $R_{串}=R_1+R_2\geqslant 2\sqrt{R_1R_2}$，所以

$$(R_1+R_2)^2\geqslant 4R_1R_2. \qquad ②$$

联立①②式，得

$$R_1+R_2\geqslant 4R.$$

所以 R_1 和 R_2 串联的总电阻至少为 $4R$.

20.1.4 三角函数法

某些物理量之间存在着三角函数关系，根据三角函数关系，可确定物理量的极值.

例 4 物体放置在水平地面上，物体与地面之间的动摩擦因数为 μ，物体所受重力为 mg，欲使其沿水平地面做匀速直线运动，所用拉力的最小值是多少？

解析 该题中物体受拉力 F 作用，沿水平地面做匀速直线运动时，由于夹角的不同拉力 F 可有不同的取值. 因此，可根据题意先受力分析，找到 F 与夹角 θ 的关系式，再求解.

如图 20.2 所示，设拉力 F 与水平方向的夹角为 θ，根据题意可列平衡方程，有

$$F\cos\theta=F_f, \qquad ①$$

$$F\sin\theta+F_N=mg, \qquad ②$$

$$F_f=\mu F_N. \qquad ③$$

图 20.2

联立①～③式,得

$$F=\frac{\mu mg}{\mu\sin\theta+\cos\theta}.$$

令 $\tan\alpha=\frac{1}{\mu}$,则有 $F=\frac{\mu mg}{\sqrt{1+\mu^2}}\frac{1}{\sin(\theta+\alpha)}$,所以最小拉力 $F_{\min}=\frac{\mu mg}{\sqrt{1+\mu^2}}$.

20.1.5 矢量图法

矢量图法的最大优点在于简捷、直观.在处理最小力与渡河问题中,最短航程等涉及矢量的问题时经常用到.

例 5 如图 20.3 所示,质量为 m、带电量为 q 的小球用细线悬挂于 O 点,在匀强电场中平衡时细线与竖直方向成 α 角,则所加电场的最小值为______.

解析 由受力分析(如图 20.4 所示)可知,小球受重力、拉力和电场力 3 个力的作用,当小球处于平衡状态时,拉力和电场力的合力与重力大小相等、方向相反,其中重力的大小和方向确定,拉力方向一定但大小不确定,根据以上条件作图,由受力分析图可知,当电场力方向与拉力垂直时电场力最小.根据几何关系,有 $\sin\alpha=\frac{F_{\min}}{mg}$,所以电场的最小值 $E_{\min}=\frac{F_{\min}}{q}=\frac{mg\sin\alpha}{q}$.

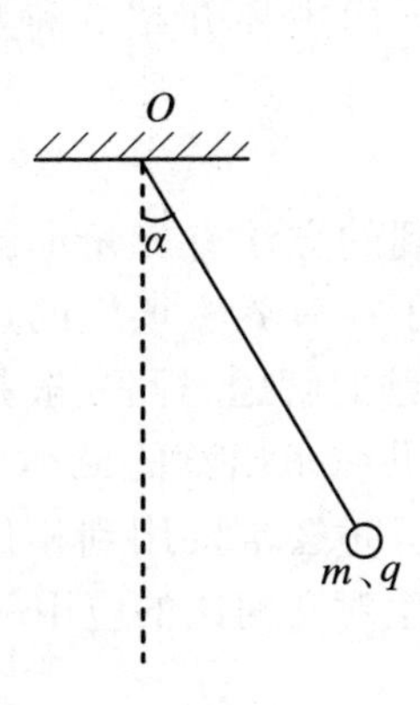

图 20.3

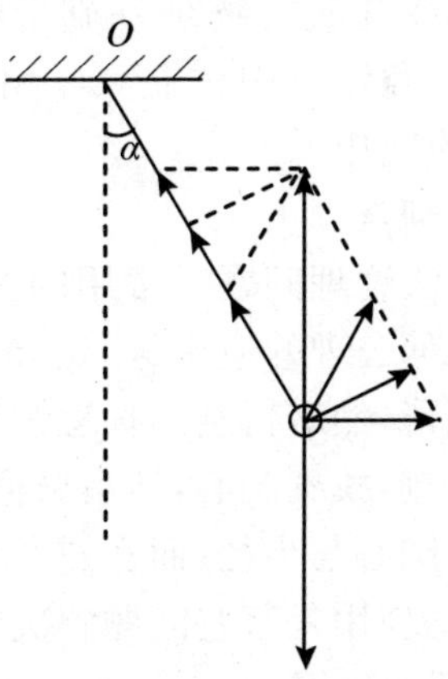

图 20.4

本题尽管也可以通过列出函数表达式后用数学方法讨论,但是要烦琐得多,所以首选矢量图法.

以上仅仅是用不同的数学方法求解物理当中的极值问题,可想而知,物理问题各式各样、数学方法如此丰富,两者结合解决问题的效率是不言而喻的.

20.2 数学方法例题精析

高考要求学生具备应用数学知识处理物理问题的能力，并在考试大纲中有明确的阐述：能够根据具体问题列出物理量之间的关系式，进行推导和求解，并根据结果得出物理结论；必要时能运用几何图形、函数图像进行表达、求解. 实际上数学知识在物理学中的应用一直非常广泛. 问题的关键是如何更好地运用数学工具加深学生对物理问题的认识和理解. 在处理物理问题时运用数学方法就是指把客观事物的状态、关系和过程用数学语言表达出来，并进行推导、演算和分析，以形成对问题的判断、解释和预测. 能够应用数学方法处理物理问题，就是要求学生能根据具体的物理问题列出物理量之间的关系，能把有关的物理规律、物理条件用数学方程表示出来. 在解决物理问题时经过数学推导和求解，或用合适的数学处理，或进行数值计算. 求得结果后还要用图像或函数关系把它表示出来，必要时应对数学运算的结果做出物理上的结论或解释. 所以能够熟练地应用一些典型的数学方法对物理学习是必要的. 在高中物理中，常用的数学方法有极值法、几何法、图像法、函数关系法、微元法、比值定义法等. 在扎实的物理基础上恰当、灵活地应用数学知识解决物理问题，能使学生在学科交叉和综合中树立大学科的思想观念. 下面主要介绍 9 种典型数学方法在高中物理中的应用.

20.2.1 几何法

几何法是解决物理问题时常用的方法之一，常用到的方法有三角形的相似、解直角三角形及一些几何公理的应用等. 比如在解决带电粒子在有界磁场中的运动问题时，关键是先作几何图形，然后再利用物理知识求解，此类问题的解题思路一般是：首先画出带电粒子的运动轨迹，找到圆心，然后根据两圆相交的公共弦求出圆的最小半径. 此类问题的重点在于确定圆心与半径. 而在进行物体的变力分析时经常要用到相似三角形法、作图法等. 几何法的应用是某些问题解决的关键，所以学生对几何法的应用一定要重视.

1. 正弦定理的应用.

例 1 (2008 年高考四川卷)两个可视为质点的小球 a 和 b，用质量可忽略的刚性细杆相连，放置在一个光滑的半球面内，如图 20.5 所示，已知小球 a 和 b 的质量之比为$\sqrt{3}$，细杆长度是球面半径的$\sqrt{2}$倍，两球处于平衡状态时，细杆与水平面的夹角 θ 是(　　).

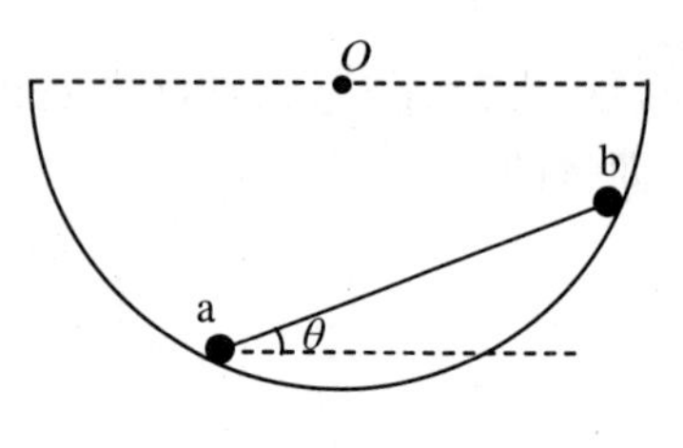

图 20.5

A. 45°　　　　B. 30°

C. 22.5°　　　　D. 15°

解析　对 a、b 受力分析可知，两球均受重力、杆的作用力、半球面的支持力. 由于这三个力的合力为零，则三个力可以首尾相接地组成三

角形,如图 20.6 所示.

依题意可知,$ab=\sqrt{2}Oa=\sqrt{2}Ob$,故$\triangle Oab$为等腰直角三角形.设$\angle aOc=90^\circ-\angle bOc=\alpha$.

由正弦定理,得

$$\frac{\sqrt{3}mg}{\sin 45^\circ}=\frac{F}{\sin\alpha},$$

$$\frac{mg}{\sin 45^\circ}=\frac{F}{\sin(90^\circ-\alpha)}.$$

解得

$$\alpha=30^\circ.$$

由几何关系可得 $\theta=15^\circ$.

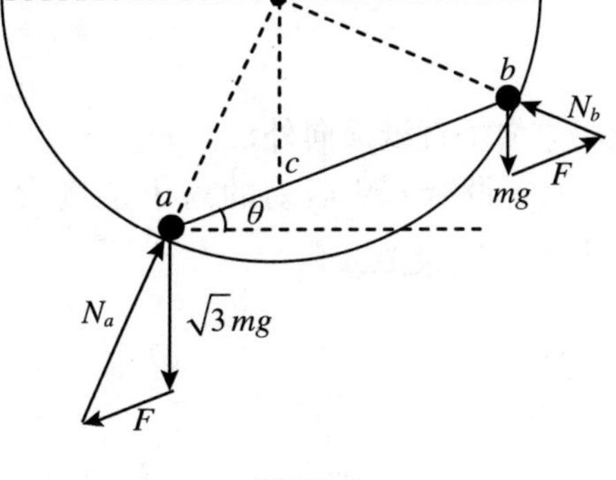

图 20.6

例 2 (2008 年高考重庆卷)如图 20.7 所示为一种质谱仪工作原理示意图.在以 O 为圆心、OH 为对称轴、夹角为 2α 的扇形区域内分布着方向垂直于纸面的匀强磁场.对称于 OH 轴的 C 和 D 分别是离子发射点和收集点.CM 垂直磁场左边界于 M,且 $OM=d$.现有一正离子束以小发散角(纸面内)从 C 射出,这些离子在 CM 方向上的分速度均为 v_0.若该离子束中比荷为$\dfrac{q}{m}$的离子都能汇聚到 D,试求:

(1) 磁感应强度的大小和方向(提示:可考虑以沿 CM 方向运动的离子为研究对象).

(2) 离子沿与 CM 成 θ 角的直线 CN 进入磁场时,其轨道半径和在磁场中的运动时间.

(3) 线段 CM 的长度.

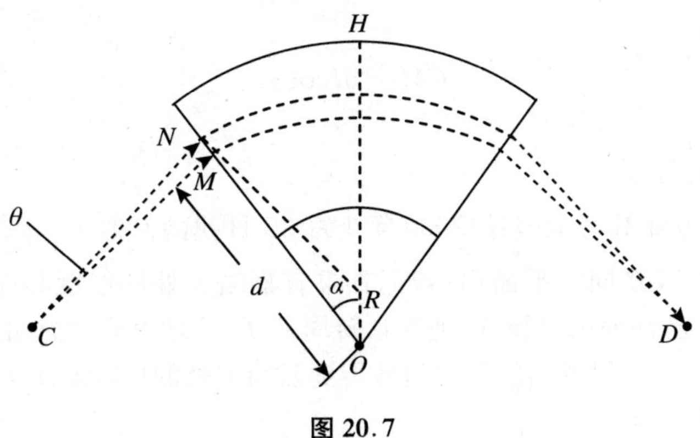

图 20.7

解析 (1) 沿 CM 方向运动的离子在磁场中做圆周运动的轨道半径为

$$R=d.$$

由

$$qv_0B=m\frac{v_0^2}{R},$$

解得

$$B = \frac{mv_0}{qd},$$

磁场方向垂直纸面向外.

(2) 设沿 CN 运动的离子速度大小为 v,在磁场中的轨道半径为 R',运动时间为 t.由

$$v\cos\theta = v_0,$$

得

$$v = \frac{v_0}{\cos\theta}.$$

则

$$R' = \frac{mv}{qB} = \frac{d}{\cos\theta}.$$

离子在磁场中做匀速圆周运动的周期为

$$T = \frac{2\pi m}{qB},$$

则

$$t = \frac{\theta + \alpha}{\pi}T = \frac{2(\theta + \alpha)d}{v_0}.$$

(3) $CM = MN\cot\theta$.根据正弦定理,有

$$\frac{MN + d}{\sin(\theta + \alpha)} = \frac{R'}{\sin\alpha}.$$

而

$$R' = \frac{d}{\cos\theta},$$

所以

$$CM = d\cot\alpha.$$

2. 余弦定理的应用.

例 3 (2000 年高考全国卷)2000 年 1 月 26 日我国发射了一颗同步卫星,其定点位置与东经98°的经线在同一平面内.若把甘肃省嘉峪关处的经度和纬度近似取为东经98°和北纬 $\alpha = 40°$,已知地球半径 R、地球自转周期 T、地球表面重力加速度 g(视为常量)和光速 c.试求该同步卫星发出的微波信号传到嘉峪关处的接收站所需的时间(要求用题给的已知量的符号表示).

解析 设 m 为卫星质量,M 为地球质量,r 为卫星到地球中心的距离,ω 为卫星绕地心转动的角速度,由万有引力定律和牛顿定律,有

$$G\frac{Mm}{r^2} = mr\omega^2,$$

式中 G 为万有引力常量.因同步卫星绕地心转动的角速度 ω 与地球自转的角速度相

等,故

$$\omega = \frac{2\pi}{T}.$$

由 $G\frac{Mm}{R^2} = mg$,得

$$GM = gR^2.$$

设嘉峪关到同步卫星的距离为 L,如图 20.8 所示,由余弦定理,得

$$L = \sqrt{r^2 + R^2 - 2rR\cos\alpha}.$$

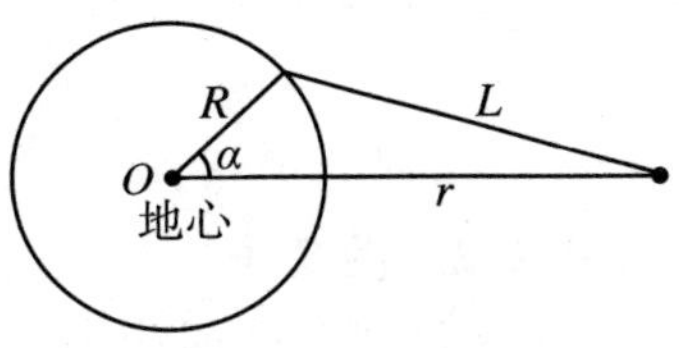

图 20.8

所求时间为

$$t = \frac{L}{c}.$$

由以上各式得

$$t = \frac{\sqrt{\left(\frac{R^2gT^2}{4\pi^2}\right)^{\frac{2}{3}} + R^2 - 2R\left(\frac{R^2gT^2}{4\pi^2}\right)^{\frac{1}{3}}\cos\alpha}}{c}.$$

例 4 (2007 年高考宁夏卷)在半径为 R 的半圆形区域中有一匀强磁场,磁场的方向垂直于纸面,磁感应强度为 B.一质量为 m、带有电量 q 的粒子以一定的速度沿垂直于半圆直径 AD 方向经 P 点($AP = d$)射入磁场(不计重力影响).

(1) 如果粒子恰好从 A 点射出磁场,求入射粒子的速度.

(2) 如果粒子经纸面内 Q 点从磁场中射出,出射方向与半圆在 Q 点切线方向的夹角为 φ,如图 20.9 所示,求入射粒子的速度.

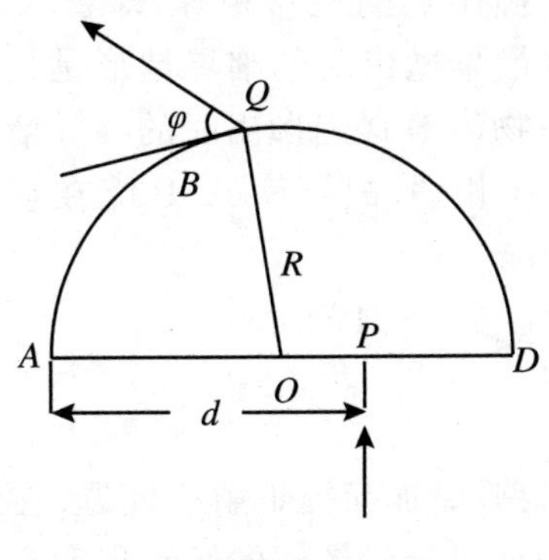

图 20.9

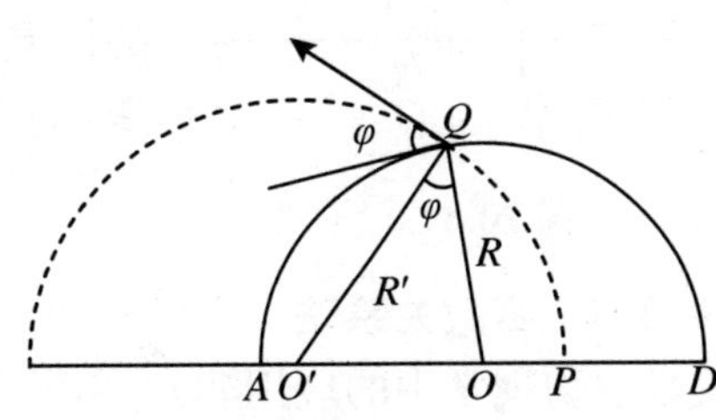

图 20.10

解析 (1) 由于粒子在 P 点垂直射入磁场,故圆弧轨道的圆心在 AP 上,AP 是直径.设入射粒子的速度为 v_1,则$\frac{d}{2} = \frac{mv_1}{qB}$,解得 $v_1 = \frac{qBd}{2m}$.

(2) 如图 20.10 所示,设 O'是粒子在磁场中圆弧轨道的圆心,连接 $O'Q$,设 $O'Q = R'$,由几何关系得

$$\angle OQO' = \varphi,$$
$$OO' = R' + R - d.$$

由余弦定理得

$$OO'^2 = R^2 + R'^2 - 2RR'\cos\varphi,$$

解得

$$R' = \frac{d(2R-d)}{2[R(1+\cos\varphi)-d]}.$$

设入射粒子的速度为 v_2，由 $R' = \frac{mv_2}{qB}$，解得

$$v_2 = \frac{qBd(2R-d)}{2m[R(1+\cos\varphi)-d]}.$$

20.2.2 图像法

在解决物理问题时应用图像可以将问题简明化、直观化，通过图像，物理量间的相互制约关系也被清晰地展现出来，从而使问题更加明确，解题过程大大简化. 物理学中常用的图像有一次函数图像、二次函数图像和正余弦函数图像. 在利用图像解题时，不仅要明确图像中的横轴与纵轴所代表的物理量，还要明确斜率、截距和图线与坐标轴围成的面积等各代表的物理意义. 比如，在位置-时间图像中，斜率表示速度，截距表示初位置；在速度-时间图像中，斜率表示加速度，截距表示初速度，面积表示位移. 学生只有正确理解物理图像的意义，才能够在物理学习中更加游刃有余.

例 5 从地面上以初速度 $2v_0$ 竖直上抛一物体 A，相隔 Δt 时间后又以初速度 v_0 从地面上竖直上抛另一物体 B，要使 A、B 能在空中相遇，则 Δt 应满足什么条件？

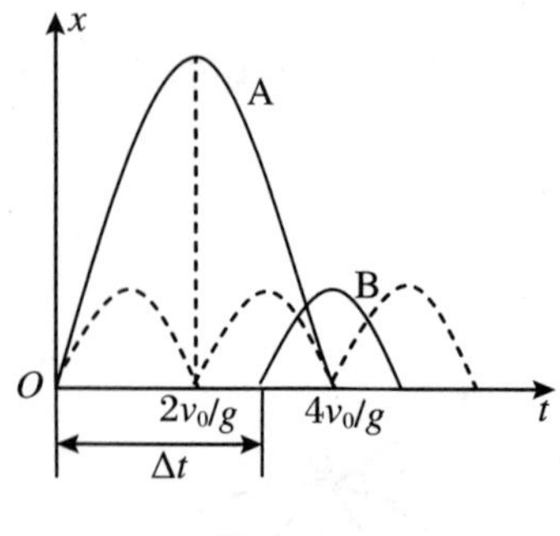

图 20.11

解析 在同一坐标系中作两物体做竖直上抛运动的 $x-t$ 图像，如图 20.11 所示. 要使 A、B 能在空中相遇，必须使两者相对于抛出点的位移相等，即要求 A、B 图线必须相交. 物体 B 最早抛出时的临界情形是物体 B 落地时恰好与 A 相遇；物体 B 最迟抛出时的临界情形是物体 B 抛出时恰好与 A 相遇. 故要使 A、B 能在空中相遇，Δt 应满足的条件为

$$\frac{2v_0}{g} < \Delta t < \frac{4v_0}{g}.$$

20.2.3 函数关系法

函数在物理学中的应用非常广泛，学生利用函数能够更加简捷地解决问题. 在运动学、位移图像、速度图像中都用到了函数，比如运动学中通过比较图线的倾斜程度来比较运动的快慢，就用到了斜率正切函数；在运动的合成与分解中进一步用到了正切、正弦和余弦函数的知识；在学习了匀变速直线运动后，将二次函数渗透到学生的解题中，要求学生作初速度为零的匀变速直线运动的位移-时间图像. 在物理问题的解决过程中，运用了很多的函数关系，所以学生要能够熟练掌握用函数关系解决物理问题的方法.

1. Δ 判别式法.

例 6 (2008 年高考四川卷)如图 20.12 所示，一半径为 R 的光滑绝缘半球面开口向下，固定在水平面上. 整个空间存在匀强磁场，磁感应强度方向竖直向下. 一电荷量

为 $q(q>0)$、质量为 m 的小球在球面上做水平的匀速圆周运动，圆心为 O'. 球心 O 到该圆周上任一点的连线与竖直方向的夹角为 $\theta\left(0<\theta<\frac{\pi}{2}\right)$. 为了使小球能够在该圆周上运动，求磁感应强度大小的最小值及小球相应的速率.（重力加速度为 g）

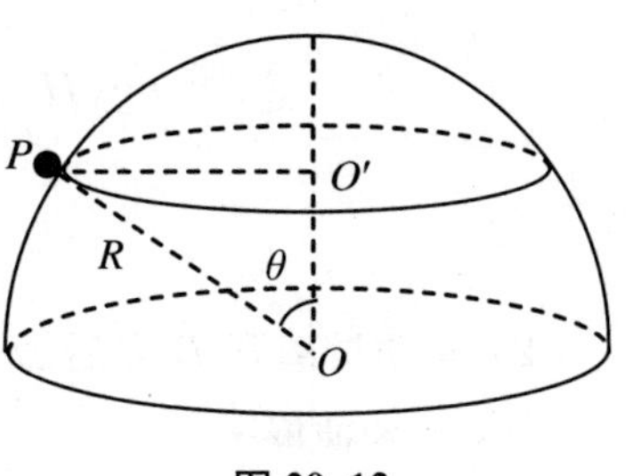

图 20.12

解析 据题意，小球受到向下的重力 mg、球面对它沿 OP 方向的支持力 N 和磁场的洛伦兹力 $f=qvB$，f 的方向指向 O'. 根据牛顿第二定律，有

$$N\cos\theta - mg = 0,$$

$$f - N\sin\theta = m\frac{v^2}{R\sin\theta}.$$

联立解得

$$v^2 - \frac{qBR\sin\theta}{m}v + \frac{gR\sin^2\theta}{\cos\theta} = 0.$$

由于 v 是实数，必须满足

$$\Delta = \left(\frac{qBR\sin\theta}{m}\right)^2 - \frac{4gR\sin^2\theta}{\cos\theta} \geqslant 0,$$

故

$$B \geqslant \frac{2m}{q}\sqrt{\frac{g}{R\cos\theta}}.$$

可见，磁感应强度大小的最小值为 $B_{\min} = \dfrac{2m}{q}\sqrt{\dfrac{g}{R\cos\theta}}$.

此时，带电小球做匀速圆周运动的速率为 $v = \sqrt{\dfrac{gR}{\cos\theta}}\sin\theta$.

2. 配方法.

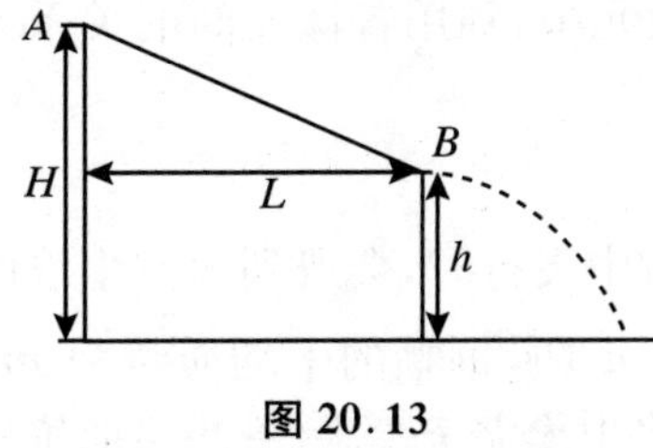

图 20.13

例 7 （2010 年高考浙江卷）在一次国际城市运动会中，要求运动员从高为 H 的平台上的 A 点由静止出发，沿着动摩擦因数为 μ 的滑道向下运动到 B 点后水平滑出，最后落在水池中，如图 20.13 所示. 设滑道的水平距离为 L，B 点的高度 h 可由运动员自由调节（取 $g=10\ \mathrm{m/s^2}$）.

(1) 求运动员到达 B 点的速度与高度 h 的关系.

(2) 运动员要达到最大水平运动距离，B 点的高度 h 应调为多大？对应的最大水平距离 $S_{\max}$ 为多少？

(3) 若图 20.13 中 $H=4\ \mathrm{m}$，$L=5\ \mathrm{m}$，动摩擦因数 $\mu=0.2$，则水平运动距离要达到 7 m，h 应为多少？

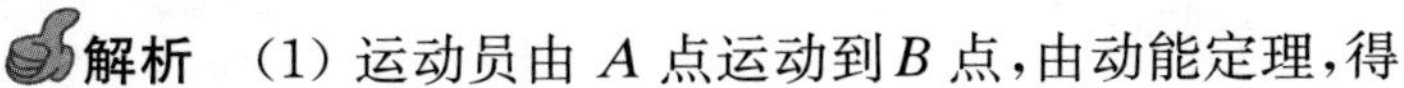

解析 (1) 运动员由 A 点运动到 B 点，由动能定理，得

$$mg(H-h)-\mu mg\cos\theta\cdot\frac{L}{\cos\theta}=\frac{1}{2}mv_B^2,$$

所以

$$v_B=\sqrt{2g(H-h-\mu L)}.$$

(2) 运动员离开 B 点后做平抛运动,则

$$x=v_Bt,\quad h=\frac{1}{2}gt^2.$$

解得

$$\begin{aligned}x&=2\sqrt{(H-h-\mu L)h}\\&=2\sqrt{-h^2+(H-\mu L)h}\\&=2\sqrt{-\left(h-\frac{H-\mu L}{2}\right)^2+\frac{(H-\mu L)^2}{4}},\end{aligned}$$

当 $h=\dfrac{H-\mu L}{2}$ 时,x 有最大值,$S_{\max}=L+H-\mu L$.

(3) 将所给数据代入 $x=2\sqrt{(H-h-\mu L)h}$,得

$$h^2-3h+1=0,$$

解得

$$h_1=\frac{3+\sqrt{5}}{2}=2.62\ (\mathrm{m}),\quad h_2=\frac{3-\sqrt{5}}{2}=0.38\ (\mathrm{m}).$$

20.2.4 微元法

微元法的使用在物理学中非常普遍,所谓微元法是指利用数学中的微分思想对物理问题进行分析的方法.也就是将研究对象进行无限细分,再对其中某一微小单元进行分析,从而发现被研究对象的变化规律.利用微元法进行解题的基本思维程序为:首先选择研究对象,研究对象要选择恰当的微元,可以是一小块面积、一小段线段或者一小质量等;然后建立模型,将微元视作点电荷、匀速转动或匀速直线运动,并运用相关的物理规律求解;最后推广泛化,将此解决的微元结果推广到其他微元中,利用各微元间的关系叠加各微元的结果,最终求得整体的解答.

1. 微元隔离法.

例 8 (2011 年复旦大学自主招生)太空飞船在宇宙中飞行时,会遇到太空尘埃的碰撞而受到阻碍作用.设单位体积的太空均匀分布尘埃为 n 颗,每颗的平均质量为 m,尘埃的速度可忽略.飞船的横截面积为 S,与尘埃碰撞后,将尘埃完全黏附住.当飞船维持恒定的速率 v 飞行时,飞船引擎需提供的平均推力为(　　).

A. $\dfrac{nmSv^2}{2}$　　B. $nmSv^2$　　C. $\dfrac{3nmSv^2}{2}$　　D. $\dfrac{nmSv^2}{3}$

解析 设 Δt 时间内黏附在飞船上的尘埃的质量为 Δm,则

$$\Delta m=n\cdot v\Delta tS\cdot m. \qquad ①$$

这些尘埃由静止至随飞船一起运动,设飞船给这些尘埃的平均作用力为 F,根据动量定理,有

$$F\Delta t = \Delta p = \Delta m v. \quad ②$$

联立①②式，得

$$F = \frac{\Delta m}{\Delta t}v = nmSv^2.$$

根据牛顿第三定律，尘埃对飞船的平均作用力 $F' = F$. 为使飞船的速率保持不变，飞船引擎需提供的平均推力 $\Delta F = F'$，B 选项正确.

2. 微元集合法.

例 9 （2006 年高考江苏卷）如图 20.14 所示，顶角 $\theta = 45^\circ$ 的金属导轨 MON 固定在水平面内，导轨处在方向竖直、磁感应强度为 B 的匀强磁场中. 一根与 ON 垂直的导体棒在水平外力作用下以恒定速度 v_0 沿导轨 MON 向右滑动，导体棒的质量为 m，导轨与导体棒单位长度的电阻均为 r，导体棒与导轨接触点为 a 和 b，导体棒在滑动过程中始终保持与导轨良好接触. 当 $t = 0$ 时，导体棒位于顶角 O 处，若在 t_0 时刻将外力 F 撤去，求导体棒最终在导轨上静止时的坐标 x.

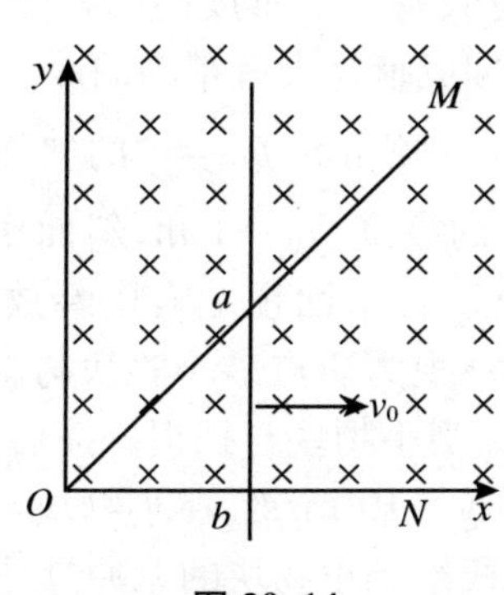

图 20.14

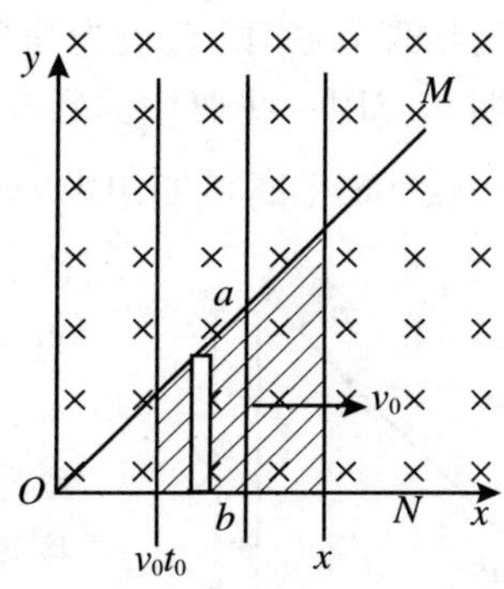

图 20.15

解析 如图 20.15 所示，设撤去外力后，任意时刻 t 导体棒的坐标为 x，速度为 v，取很短的时间 Δt，则导体棒以速度 v 匀速运动很短的距离 Δx，且 $\Delta x = v\Delta t$.

t 时刻，导体棒的有效长度为 x，导体棒的电动势 $E = Bxv$，回路总电阻 $R = (2+\sqrt{2})xr$，电流强度 $I = \dfrac{E}{R} = \dfrac{Bv}{(2+\sqrt{2})r}$. 在 $t \sim t+\Delta t$ 时间内，由动量定理得

$$-BIx\Delta t = m\Delta v,$$

即

$$-B\frac{Bv}{(2+\sqrt{2})r}x\Delta t = m\Delta v.$$

对运动全过程求和，有

$$\sum\left[-B\frac{Bv}{(2+\sqrt{2})r}x\Delta t\right] = \sum m\Delta v,$$

$$\frac{B^2}{(2+\sqrt{2})r}\sum x\Delta x = mv_0,$$

$x\Delta x$ 为图 20.15 中一个小矩形的面积，$\sum x\Delta x$ 为图中整个梯形的面积. 所以

$$S=\sum x\Delta x=\frac{(v_0t_0+x)(x-v_0t_0)}{2}=\frac{x^2-v_0^2t_0^2}{2}=\frac{(2+\sqrt{2})rmv_0}{B^2},$$

解得

$$x=\sqrt{\frac{2(2+\sqrt{2})rmv_0}{B^2}+v_0^2t_0^2}.$$

20.2.5 数学归纳法

数学归纳法在物理学中起着举足轻重的作用.所谓数学归纳法是指从特殊情况出发,类推出一般情况下的公式并应用到类似情景中的方法.在许多物理问题中直接用教材中给定的公式可能无法解决问题,这就需要在解题的过程中边整理思路边总结归纳出适用于解决本问题的通用公式.学生在某一情景中进行总结,便能够触类旁通,应用到其他情景中去.这不仅提高了效率,还锻炼了数学思维.数学是一门基础学科,学好数学是学好物理的重要基础.在具体的解题中不仅要注重物理与数学的结合,更重要的是以物理过程分析为主,数学思想与方法渗透和应用为辅.近几年的高考中出现了很多涉及应用数学方法的物理问题,既有较为简单的选择题,也有具备一定难度的综合性计算题,所以熟练地掌握和应用一些典型的数学方法,对提高物理成绩是大有帮助的.

例 10 (2008 年高考四川卷)如图 20.16 所示,一倾角为 $\theta=45^\circ$ 的斜面固定于地面,斜面顶端离地面的高度 $h_0=1$ m,斜面底端有一垂直于斜面的固定挡板.在斜面顶端自由释放一质量 $m=0.09$ kg 的小物块(视为质点),小物块与斜面之间的动摩擦因数 $\mu=0.2$.当小物块与挡板碰撞后,将以原速率返回.重力加速度 $g=10$ m/s^2.在小物块与挡板的前 4 次碰撞过程中,挡板给予小物块的总冲量是多少?

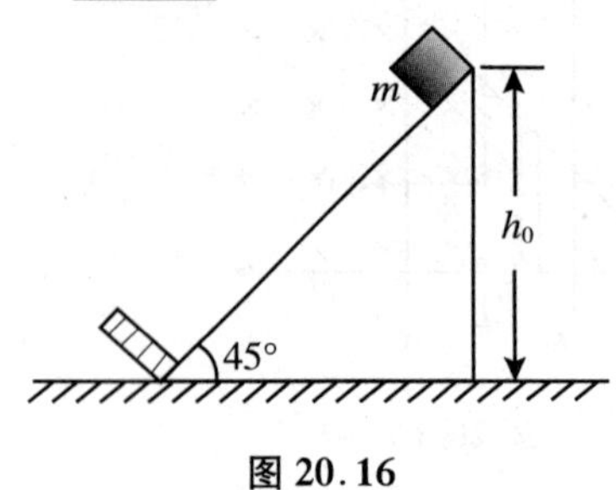

图 20.16

解析 设小物块从高为 h_0 处由静止开始沿斜面向下运动,到达斜面底端时速度为 v.由动能定理,得

$$mgh_0-\mu mg\cos\theta\frac{h_0}{\sin\theta}=\frac{1}{2}mv^2. \quad ①$$

以沿斜面向上为动量的正方向.按动量定理,碰撞过程中挡板给小物块的冲量为

$$I=mv-m(-v). \quad ②$$

设碰撞后小物块所能达到的最大高度为 h',上行过程中由动能定理,得

$$-mgh'-\mu mg\cos\theta\frac{h'}{\sin\theta}=0-\frac{1}{2}mv^2. \quad ③$$

下行过程中由动能定理,得

$$mgh'-\mu mg\cos\theta\frac{h'}{\sin\theta}=\frac{1}{2}mv'^2, \quad ④$$

$$I'=mv'-m(-v'). \quad ⑤$$

式中,v'为小物块再次到达斜面底端时的速度,I'为再次碰撞过程中挡板给小物块的冲量.由②~⑤式,得

$$I'=kI,$$

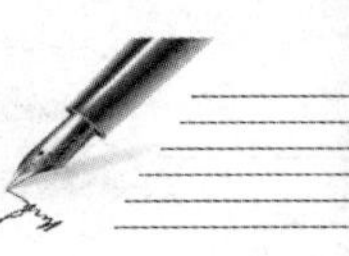

其中

$$k = \sqrt{\frac{\tan\theta - \mu}{\tan\theta + \mu}}.$$

由此可知，小物块前 4 次与挡板碰撞所获得的冲量成等比数列，由①②式得首项为

$$I_1 = 2m\sqrt{2gh_0(1 - \mu\cot\theta)}.$$

前 4 次碰撞过程中总冲量为

$$I = I_1 + I_2 + I_3 + I_4 = I_1(1 + k + k^2 + k^3).$$

由等比数列求和公式 $S_n = \frac{a_1(1-q^n)}{1-q}$，其中 a_1 为首项，q 为公比，且 $q \neq 1$. 所以

$$1 + k + k^2 + \cdots + k^{n-1} = \frac{1 - k^n}{1 - k}.$$

得

$$I = \frac{1 - k^4}{1 - k} \cdot 2m\sqrt{2gh_0(1 - \mu\cot\theta)}.$$

代入数据得

$$I = 0.43(3 + \sqrt{6})\ \mathrm{N \cdot s}.$$

例 11 (2010 年高考北京卷)雨滴在穿过云层的过程中，不断与漂浮在云层中的小水珠相遇并结合为一体，其质量逐渐增大. 现将上述过程简化为沿竖直方向的一系列碰撞. 已知雨滴的初始质量为 m_0，初速度为 v_0，下降距离 l 后与静止的小水珠碰撞且合并，质量变为 m_1. 此后每经过同样的距离 l 后，雨滴均与静止的小水珠碰撞且合并，质量依次变为 m_2、m_3、…、m_n、…(设各质量为已知量). 不计空气阻力.

(1) 若不计重力，求第 n 次碰撞后雨滴的速度 v'_n.

(2) 若考虑重力的影响，① 求第 1 次碰撞前、后雨滴的速度 v_1 和 v'_1；② 求第 n 次碰撞后雨滴的动能 $\frac{1}{2}m_n v'^2_n$.

解析 (1) 不计重力，全过程中动量守恒，则

$$m_0 v_0 = m_n v'_n,$$

可得

$$v'_n = \frac{m_0}{m_n} v_0.$$

(2) 若考虑重力的影响，雨滴下降过程中做加速度为 g 的匀加速运动，碰撞瞬间动量守恒.

① 第 1 次碰撞前

$$v_1^2 = v_0^2 + 2gl.$$

第 1 次碰撞后

$$m_0 v_1 = m_1 v'_1,$$

$$v'^2_1 = \left(\frac{m_0}{m_1}\right)^2 v_1^2 = \left(\frac{m_0}{m_1}\right)^2 (v_0^2 + 2gl). \quad ①$$

② 第 2 次碰撞前

$$v_2^2 = v_1'^2 + 2gl.$$

利用①式化简得

$$v_2^2 = \left(\frac{m_0}{m_1}\right)^2 v_0^2 + \left(\frac{m_0^2 + m_1^2}{m_1^2}\right)2gl. \qquad ②$$

第 2 次碰撞后

$$m_1 v_2 = m_2 v_2',$$

利用②式得

$$v_2'^2 = \left(\frac{m_1}{m_2}\right)^2 v_2^2 = \left(\frac{m_0}{m_2}\right)^2 v_0^2 + \left(\frac{m_0^2 + m_1^2}{m_2^2}\right)2gl.$$

同理,第 3 次碰撞后

$$v_3'^2 = \left(\frac{m_0}{m_3}\right)^2 v_0^2 + \left(\frac{m_0^2 + m_1^2 + m_2^2}{m_3^2}\right)2gl.$$

……

第 n 次碰撞后

$$v_n'^2 = \left(\frac{m_0}{m_n}\right)^2 v_0^2 + \left(\frac{\sum_{i=0}^{n-1} m_i^2}{m_n^2}\right)2gl.$$

动能为

$$\frac{1}{2}m_n v_n'^2 = \frac{1}{2m_n}\left(m_0^2 v_0^2 + 2gl\sum_{i=0}^{n-1} m_i^2\right).$$

20.2.6 均值不等式

均值不等式是解决最值问题的有效工具.运用均值不等式求最值要同时满足条件:一正、二定、三相等,缺一不可.多数求最值的问题具有隐蔽性,需要进行适当的变形才能用均值不等式求解.掌握一些常见的变形技巧,可以更好地使用均值不等式求最值.

例 12 (2012 年高考全国Ⅰ卷)一探险队员在探险时遇到一山沟,山沟的一侧竖直,另一侧的坡面呈抛物线形状.此队员从山沟的竖直一侧,以速度 v_0 沿水平方向跳向另一侧坡面.如图 20.17 所示,以沟底的 O 点为原点建立坐标系 xOy.已知山沟竖直一侧的高度为 $2h$,坡面的抛物线方程为 $y = \frac{1}{2h}x^2$,探险队员的质量为 m.人视为质点,忽略空气阻力,重力加速度为 g.

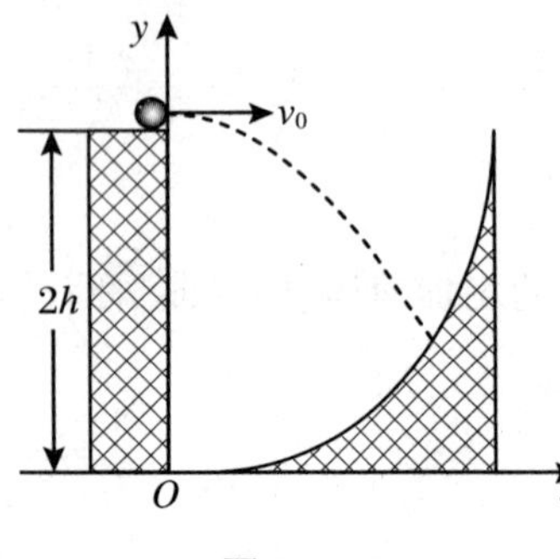

图 20.17

(1) 求此人落到坡面时的动能.

(2) 此人水平跳出的速度为多大时,他落在坡面时的动能最小?动能的最小值为多少?

解析 (1) 设探险队员在空中运动的时间为 t,在坡面上落点的横坐标为 x,纵坐标为 y.由平抛运动规律有

$$x = v_0 t,$$

$$2h - y = \frac{1}{2}gt^2.$$

坡面的抛物线方程为

$$y = \frac{1}{2h}x^2.$$

整个过程中,由动能定理得

$$mg(2h - y) = E_k - \frac{1}{2}mv_0^2.$$

解以上各式得

$$E_k = \frac{1}{2}m\left(v_0^2 + \frac{4g^2h^2}{v_0^2 + gh}\right).$$

(2) 上式可以改写为

$$E_k = \frac{1}{2}m\left(v_0^2 + gh + \frac{4g^2h^2}{v_0^2 + gh}\right) - \frac{1}{2}mgh.$$

由均值不等式,得

$$(v_0^2 + gh) + \frac{4g^2h^2}{v_0^2 + gh} \geqslant 2\sqrt{(v_0^2 + gh)\cdot\frac{4g^2h^2}{v_0^2 + gh}} = 4gh.$$

上式取等号的条件为

$$v_0^2 + gh = \frac{4g^2h^2}{v_0^2 + gh}.$$

由此得

$$v_0 = \sqrt{gh}.$$

所以动能的最小值为

$$E_{k\min} = \frac{3}{2}mgh.$$

例 13 (2011 年北京大学自主招生)如图 20.18 所示,三个小球 A、B、C 静止放在光滑水平桌面上,B 在 A、C 之间,如果各球之间的碰撞均为完全弹性正碰,现使 A 球以速度 v_0 碰撞 B 球,B 球又撞击 C 球,如果 A、C 两球的质量 m_1、m_3 确定,则 B 球的质量 m_2 为多少时可使 C 球获得的速度最大?

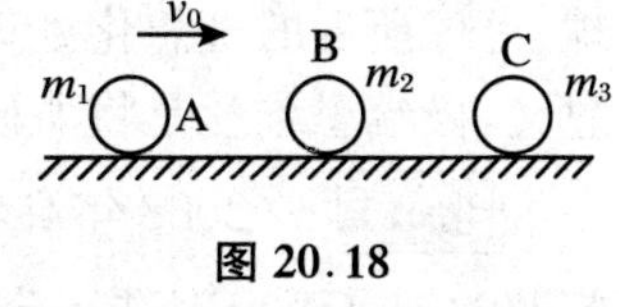

图 20.18

解析 设碰撞后 A 球与 B 球的速度分别为 v_1 和 v_2,根据动量守恒定律,有

$$m_1v_0 = m_1v_1 + m_2v_2.$$

由于碰撞过程中无机械能损失,则

$$\frac{1}{2}m_1v_0^2 = \frac{1}{2}m_1v_1^2 + \frac{1}{2}m_2v_2^2.$$

联立以上两式,解得

$$v_2 = \frac{2m_1}{m_1 + m_2}v_0.$$

同理可得,B 球与 C 球碰撞后,C 球的速度为

$$v_3 = \frac{2m_2}{m_2 + m_3}v_2 = \frac{2m_2}{m_2 + m_3} \cdot \frac{2m_1}{m_1 + m_2}v_0.$$

而

$$\frac{4m_1 m_2}{m_2^2 + (m_1 + m_3)m_2 + m_1 m_3}v_0 = \frac{4m_1}{m_2 + (m_1 + m_3) + \frac{m_1 m_3}{m_2}}v_0.$$

由均值不等式,得

$$m_2 + \frac{m_1 m_3}{m_2} \geqslant 2\sqrt{m_2 \cdot \frac{m_1 m_3}{m_2}} = 2\sqrt{m_1 m_3}.$$

上式取等号的条件为

$$m_2 = \frac{m_1 m_3}{m_2}.$$

由此得

$$m_2 = \sqrt{m_1 m_3}.$$

20.2.7 极端法

某些物理问题(研究对象)错综复杂,各种因素交织在一起,使人难以找出其规律,在解决过程中,可采用极端思维,把研究对象的某些属性推至极端状态做理想化处理,突出主要因素,忽略次要因素,使研究对象以一种简化或纯化的形态呈现出来.1665 年,牛顿对万有引力定律就有了成熟的思考,但他一直不能发表这一成果,主要原因是未能把地球、月球作为质点来处理.1685 年,牛顿对地球、月球做了理想化处理.他把地球、月球作为无形状、无大小而质量全部集中在它们各自中心的质点来处理,并在数学上给予了证明(证明一个由具有引力的物质组成的球吸引它外边的物体时就好像所有的质量都集中在它的中心一样).由于研究对象的简化,原来复杂的数学运算也变得简单易行.计算结果表明,月球的轨道运动的向心加速度与地面上物体的重力加速度之比,正好等于地球半径的平方与月地距离的平方之比,从而获得了关于万有引力定律的科学认识.这里,牛顿对地球、月球所做的理想化处理(把它们的体积推至极端状态零),就是运用了极端思维.顾名思义,极端思维就是将所研究的问题在思维中推至极端状态进行思考的一种思维方法.

例 14 (2008 年高考北京卷)有一些问题你可能不会求解,但是你仍有可能对这些问题的解是否合理进行分析和判断.例如,从解的物理量单位,解随某些已知量变化的趋势,解在一些特殊条件下的结果等方面进行分析,并与预期结果、实验结论等进行比较,从而判断解的合理性或正确性.

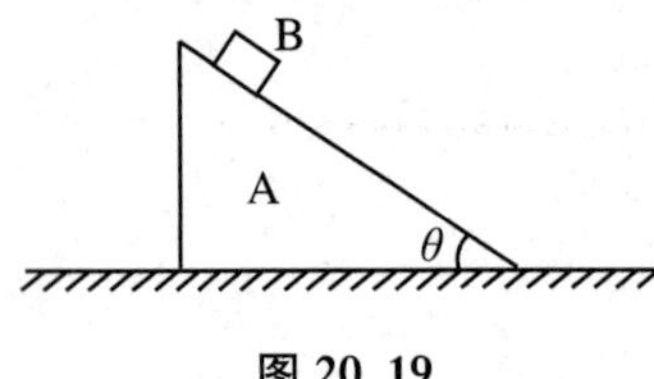

图 20.19

举例如下:如图 20.19 所示.质量为 M、倾角为 θ 的滑块 A 放于水平地面上.把质量为 m 的滑块 B 放在 A 的斜面上.忽略一切摩擦,有人求得 B 相对地面的加速度 $a = \frac{M + m}{M + m\sin^2\theta}g\sin\theta$,式中 g 为重力加速度.

对于上述解,某同学首先分析了等号右侧量的单位,

没发现问题.他进一步利用特殊条件对该解做了如下四项分析和判断,所得结论都是“解可能是对的”.但是,其中有一项是错误的,该项为(　　).

A. 当 $\theta=0^\circ$ 时,该解给出 $a=0$,这符合常识,说明该解可能是对的

B. 当 $\theta=90^\circ$ 时,该解给出 $a=g$,这符合实验结论,说明该解可能是对的

C. 当 $M\gg m$ 时,该解给出 $a=g\sin\theta$,这符合预期的结果,说明该解可能是对的

D. 当 $m\gg M$ 时,该解给出 $a=\dfrac{g}{\sin\theta}$,这符合预期的结果,说明该解可能是对的

解析　正如题干所述,某同学首先分析了等号右侧量的单位,没发现问题.一个公式在物理上是否合理也是至关重要的,通常的判别方法是看它在极端情况下能否成立.A、B 选项分别取了 $\theta=0^\circ$ 和 $\theta=90^\circ$ 这两类情况,所以都是正确的.接着我们在极端情况下用极限的思维方式去思考,当 $M\gg m$ 时,

$$a=\frac{1+(m/M)}{1+(m/M)\sin^2\theta}g\sin\theta\approx g\sin\theta,$$

所以 C 选项正确.而当 $m\gg M$ 时,

$$a=\frac{(M/m)+1}{(M/m)+\sin^2\theta}g\sin\theta\approx\frac{g}{\sin\theta}>g,$$

这是不可能出现的,所以 D 选项错误.

例 15　(2011 年高考福建卷)如图 20.20 所示,一不可伸长的轻质细绳过定滑轮后,两端分别悬挂质量为 m_1 和 m_2 的物体 A 和 B.若滑轮有一定大小,质量为 m 且分布均匀,滑轮转动时与绳之间无相对滑动,不计滑轮与轴之间的摩擦.设细绳对 A 和 B 的拉力大小分别为 T_1 和 T_2,已知下列四个关于 T_1 的表达式中有一个是正确的.请你根据所学的物理知识,通过一定的分析,判断正确的表达式是(　　).

A. $T_1=\dfrac{(m+2m_2)m_1g}{m+2(m_1+m_2)}$

B. $T_1=\dfrac{(m+2m_1)m_2g}{m+4(m_1+m_2)}$

C. $T_1=\dfrac{(m+4m_2)m_1g}{m+2(m_1+m_2)}$

D. $T_1=\dfrac{(m+4m_1)m_2g}{m+4(m_1+m_2)}$

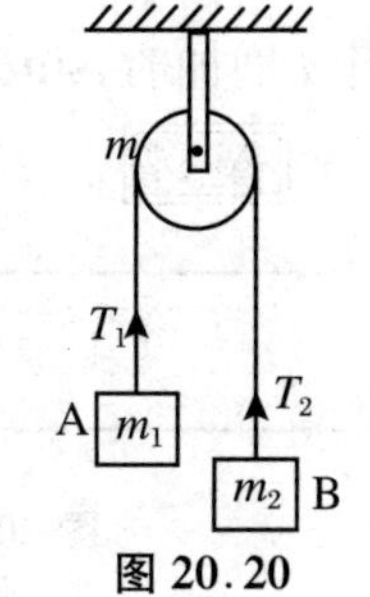

图 20.20

解析　取 $m_1=m_2$ 这种特殊情况,此时两物体处于平衡状态,绳的拉力 $T_1=m_1g=m_2g$,验证所给的选项可得 C 选项正确.

20.2.8　导数的应用

导数在物理解题中的应用主要包括以下几个方面:一是利用导数定义求解物理量;二是利用导数判断图像变化趋势;三是利用导数求解物理量极值.

1. 利用导数定义求解物理量.

例 16　(2011 年“华约”联盟自主招生)如图 20.21 所示,纸面内两根足够长的细杆 AB、CD 都穿过小环 M,杆 AB 可以在纸面内绕过 A 点并与纸面垂直的定轴转动,若杆

AB 从图 20.21 所示位置开始，按照图中箭头所示的方向以匀角速度转动，则小环 M 的加速度(　　).

A. 逐渐增大　　　　　　　　　　B. 先减小后增大

C. 先增大后减小　　　　　　　　D. 逐渐减小

解析　如图 20.22 所示，设杆 AB 与环 M 相交于 O 点，问题的约束条件是杆上 O 点与环上 O 点有相同的垂直杆 AB 方向的速度 v_1，这个速度正是杆上 O 点关于 A 点的转动速度；环 M 相对杆 AB 滑动，速度为 v_2. 则

$$v_1 = \omega \cdot OA = \omega \cdot \frac{h}{\cos\theta},$$

$$v = \frac{v_1}{\cos\theta} = \frac{\omega h}{\cos^2\theta}.$$

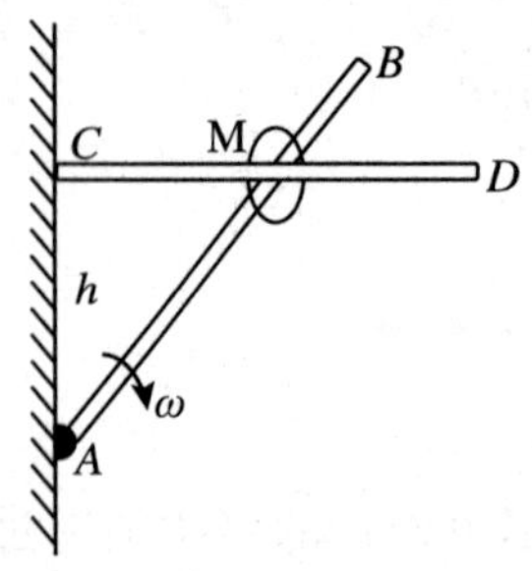

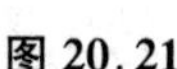
图 20.21

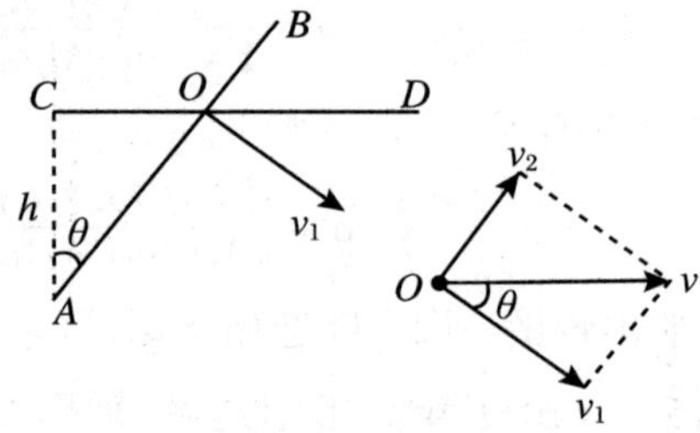

图 20.22

故环的加速度为

$$a = \frac{\mathrm{d}v}{\mathrm{d}t} = \frac{\mathrm{d}v}{\mathrm{d}\theta} \cdot \frac{\mathrm{d}\theta}{\mathrm{d}t} = \omega\frac{\mathrm{d}v}{\mathrm{d}\theta} = \frac{2\omega^2 h\sin\theta}{\cos^2\theta}.$$

当 θ 增加时，$\sin\theta$ 增加，$\cos\theta$ 减小，a 增加，所以 A 选项正确.

例 17　(2003 年高考江苏卷)如图 20.23 所示，两根平行金属导轨固定在水平桌面上，每根导轨每米的电阻为 $r_0 = 0.10\ \Omega/\mathrm{m}$，导轨的端点 P、Q 用电阻可以忽略的导线相连，两导轨间的距离 $l = 0.2$ m. 有随时间变化的匀强磁场垂直于桌面，已知磁感应强度 B 与时间 t 的关系为 $B = kt$，比例系数 $k = 0.020$ T/s. 一电阻不计的金属杆可在导轨上无摩擦地滑动，在滑动过程中保持其与导轨垂直. 在 $t = 0$ 时刻，金属杆紧靠在 P、Q 端，在外力作用下，杆以恒定的加速度从静止开始向导轨的另一端滑动，求在 $t = 6.0$ s 时金属杆所受的安培力.

图 20.23

解析　以 a 表示金属杆运动的加速度，在 t 时刻，金属杆与初始位置的距离 $L = \frac{1}{2}at^2$. 此时杆与导轨构成的回路的面积 $S = Ll$，磁通量 $\varphi = BS = \frac{1}{2}klat^3$. 所以，回路中的感应电动势为

$$E = \frac{\mathrm{d}\varphi}{\mathrm{d}t} = \frac{3}{2}klat^2.$$

回路的总电阻为

$$R = 2Lr_0 = ar_0 t^2.$$

回路中的感应电流为

$$I = \frac{E}{R} = \frac{\frac{3}{2}klat^2}{ar_0 t^2} = \frac{3kl}{2r_0}.$$

金属杆所受的安培力为

$$F = BIl = \frac{3k^2 l^2}{2r_0}t.$$

当 $t = 6.0$ s时，$F = 1.44 \times 10^{-3}$ N.

2. 利用导数判断图像变化趋势.

例 18 （2012年高考江苏卷）一只皮球竖直向上抛出，皮球运动时受到空气阻力的大小与速度的大小成正比. 下列描绘皮球在上升过程中加速度大小 a 与时间 t 关系的图像，可能正确的是（　　）.

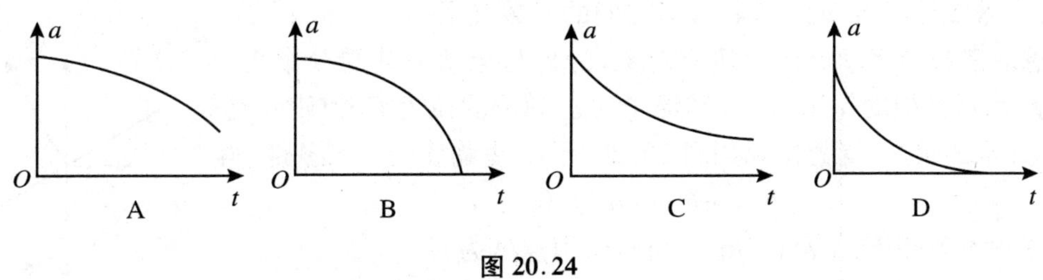

图 20.24

解析 皮球上升过程中受重力和空气阻力作用，根据牛顿第二定律，得皮球的加速度大小 $a = \frac{mg + kv}{m} = g + \frac{k}{m}v$. a 随 v 的减小而减小，当皮球上升至最高点时，速度为零，加速度为 g，B、D 选项错误. $a - t$ 图像斜率的大小 $\left|\frac{\mathrm{d}a}{\mathrm{d}t}\right| = \frac{k}{m} \cdot \left|\frac{\mathrm{d}v}{\mathrm{d}t}\right| = \frac{k}{m}a$，随 a 的减小而减小，C 选项正确.

3. 利用导数求解物理量极值.

对于数学中的连续函数，我们可以通过求导数的方式求函数的最大值或最小值. 对于一个物理问题，如果解题目标是求某个物理量的最大值或最小值，我们同样可以运用导数知识求解. 具体步骤如下：

(1) 通过具体分析，应用物理规律在已知量和未知量之间建立一定的函数式.

(2) 求导数，并令导数为零得到独立方程，解此方程得到自变量或自变量的表达式.

(3) 将自变量代入原来的函数式中求出目标量的最大值或最小值.

在这三个步骤中，(1)是最重要的一步，它体现的是解题者对该题的准确理解和正确表述，只有解题者准确地把握了该题的物理过程、状态，各个物理量哪些是已知量，哪些是未知量，各个物理量之间的关系如何，才能得到函数式. 步骤(2)仅仅是多种运算方式中的一种而已，有时运用物理本学科所常用的一些解法可能更简明，但要运用一些技巧，这种技巧如果想不到，题目就解不出来；而用导数求解"最值问题"，其方法比较固定，不需要方法上的技巧，解题者能很快地找到具体的运算技巧.

例 19 在电视节目中，我们常常能看到一种精彩的水上运动——滑水板，如图 20.25 所示. 运动员在快艇的水平牵引力作用下，脚踏倾斜滑板在水上匀速滑行，设滑板是光滑的，若运动员与滑板的总质量为 m，滑板的滑水面积为 S，水的密度为 ρ. 理论研究表明：当滑板与水平方向的夹角为 θ（板前端抬起的角度）时，水对板的作用力大小为 $F_N=\rho S v^2\sin^2\theta$，方向垂直于板面. 式中 v 为快艇的牵引速度，S 为滑板的滑水面积. 求为使滑板能在水面上滑行，快艇水平牵引的最小速度.

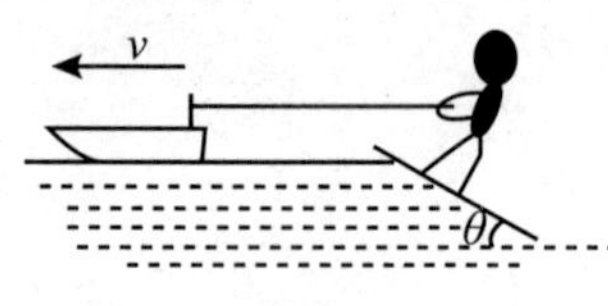

图 20.25

解析 从电视节目中可以看到，滑水运动员在由快艇牵引下的滑行过程中，经常变换姿势，这既是为了使运动具有观赏性，也是出于平衡的需要. 滑板与水平方向间的夹角 θ 与快艇的牵引速度 v 等都是相互联系的. 要解决"快艇牵引滑板的最小速度"的问题，首先需要弄清 S、v、θ 等物理量之间的函数关系.

选取滑板与运动员作为研究对象，滑板与运动员共受 3 个力：重力 mg、水对滑板的作用力 F_N 和绳子对运动员的拉力 F. 为使问题简化，不计水的阻力. 受力情况如图 20.26 所示. 由物体的平衡条件，得

$$F_N\cos\theta-mg=0.$$

又根据题设条件 $F_N=\rho S v^2\sin^2\theta$，可得牵引速度为

$$v=\sqrt{\frac{mg}{\rho S\sin^2\theta\cos\theta}}.$$

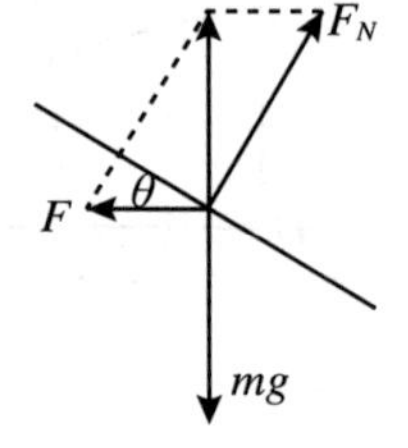

图 20.26

在 mg、ρ、S 一定的条件下，v 是 θ 的函数. 当 θ 取一定值时 v 有最小值. 设 $y=\sin^2\theta\cos\theta$，则当 y 取最大值时，牵引速度最小. 求 y 的导数并令其为零，则有

$$y'=2\sin\theta\cos^2\theta-\sin^3\theta=0,$$

可得 $\tan\theta=\sqrt{2}$，$y_{\max}=\frac{2\sqrt{3}}{9}$. 代入速度表达式中，得

$$v_{\min}=\sqrt{\frac{mg}{\rho S y_{\max}}}=\sqrt{\frac{3\sqrt{3}mg}{2\rho S}}.$$

20.2.9 数形结合法

数形结合的思维方法，不仅对中学数学有重要的指导作用，还起到了帮助学生更深入地分析物理过程的作用. 图像有着简明、直观的特点，有助于解决一些实际问题，能达到将物理问题和物理过程化繁为简的目的，同时，在处理实验数据和分析实验误差方面，图像法也占据着不可取代的地位.

例 20 （2008 年复旦大学自主招生）边长为 10 cm 的正方形木块（密度为 0.5 g/cm^3）浮在有水的杯中，杯的横截面积为 200 cm^2，水的密度是 1 g/cm^3，平衡时杯内水深

10 cm，g 取 10 m/s^2，用力使木块慢慢沉到杯底，外力所做的功为（　　）.

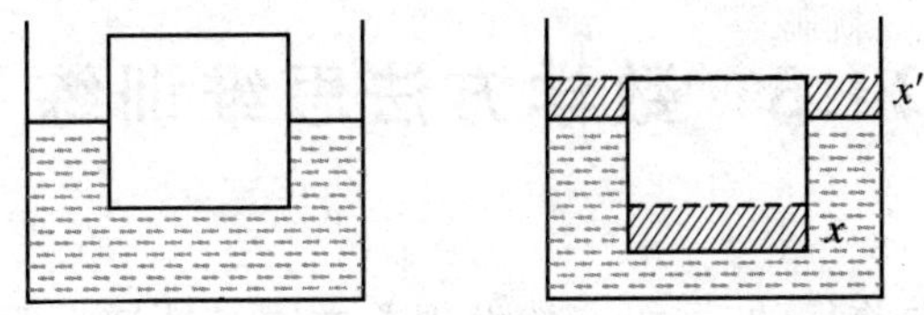

图 20.27

A. $\frac{1}{4}$ J　　B. $\frac{1}{9}$ J　　C. $\frac{3}{16}$ J　　D. $\frac{3}{10}$ J

解析　以 l 表示木块的边长，h 表示施力前木块浸入水中的深度，根据平衡条件，有

$$\rho_{木} l^3 g = \rho_{水} g l^2 h.$$

解得

$$h = 0.05 \text{ m}.$$

则木块底面距离杯底为 0.05 m. 用力使木块慢慢向下运动，当木块刚好浸没时，相对于初始位置下降 x，液面相对于初始位置上升 x'，如图 20.27 所示.

以 S 表示杯的横截面积，则有

$$l^2 x = (S - l^2) x', \quad ①$$

$$x + x' = l - h. \quad ②$$

联立①②式，得

$$x = 0.025 \text{ m}.$$

此时，外力满足等式

$$F + \rho_{木} l^3 g = \rho_{水} g l^3.$$

解得

$$F = 5 \text{ N}.$$

作出外力与位移关系图像如图 20.28 所示. 在第一个过程中，力均匀等大，当力达到 5 N 时，大小恒定.

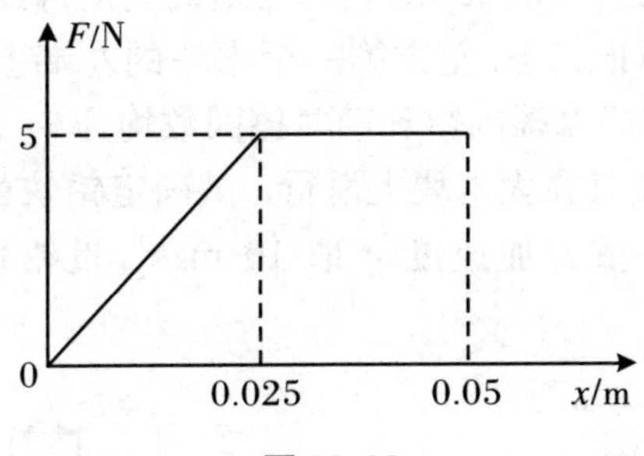

图 20.28

外力所做的功为 $F-x$ 图像的面积，所以

$$W_F = \left(\frac{1}{2} \times 0.025 \times 5 + 0.025 \times 5\right) \text{ J} = \frac{3}{16} \text{ J}.$$

20.3 数学方法思维训练

1. 汽车以速率 v_1 向前行驶，司机突然发现前方同一轨道上距车为 s 处有一货车正沿相同方向以一较小速率 v_2 向前匀速行驶，汽车司机立即以加速度 a 做匀减速直线运动，要使两车不相撞，求加速度 a 应满足的条件.

2. 一火车沿直线轨道从静止出发由 A 地驶向 B 地，并停止在 B 地. A、B 两地相距 s，火车做加速运动时，其加速度最大为 a_1，做减速运动时，其加速度的绝对值最大为 a_2，由此可以判断出该火车由 A 到 B 所需的最短时间为________.

3. 质量为 10 kg 的木箱置于水平地面上，如图 20.29 所示. 它与地面之间的动摩擦因数 $\mu=\frac{\sqrt{3}}{3}$，并受到一个与水平方向成 θ 角斜向上的拉力 F，为使木箱做匀速直线运动，拉力 F 的最小值是多少？（$g=10\ \text{m/s}^2$）

4. 巡航快艇 A 从港口 P 出发拦截正以速度 v_B 沿直线 MN 航行的船 B，港口 P 与 B 船航线 MN 的垂直距离为 a，A 艇起航时 B 船到港口的距离为 b（$b>a$），如图 20.30 所示. 如果忽略 A 艇启动时的加速过程，认为它始终做匀速运动，试求 A 艇能拦住 B 船所需的最小速率.

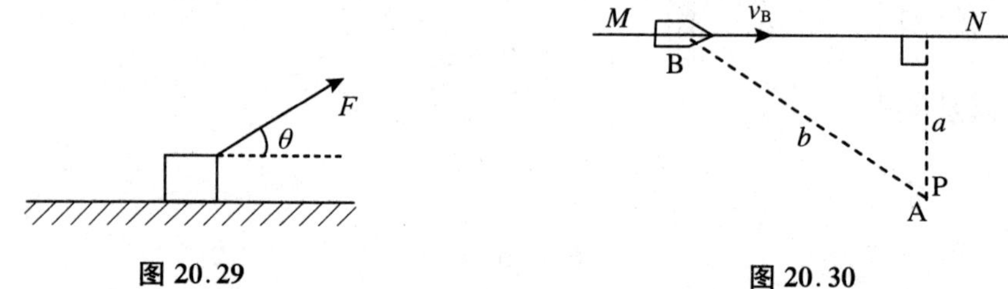

图 20.29　　　　图 20.30

5. 10 个相同的扁长木块一个紧挨一个地放在水平地面上，如图 20.31 所示，每个木块的质量 $m=0.40$ kg，长度 $l=0.50$ m，它们与地面间的静摩擦因数和动摩擦因数均为 $\mu_2=0.10$. 原来木块处于静止状态. 左方第一个木块的左端上方放一个质量为 $M=1.0$ kg 的小铅块，它与木块间的静摩擦因数和动摩擦因数均为 $\mu_1=0.20$. 现突然给铅块一向右的初速度 $v_0=4.3$ m/s，使其在大木块上滑行. 试确定铅块最后的位置在何处（落在地上还是停在哪块木块上）.（重力加速度 g 取 10 m/s²，设铅块的长度与木块相比可以忽略.）

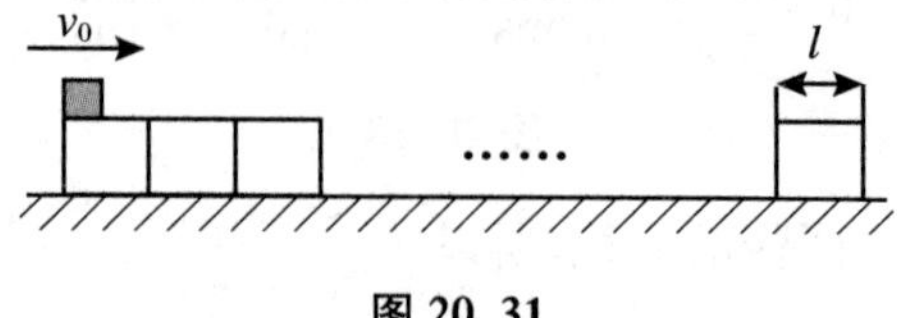

图 20.31

6. 某物体做初速度不为零的匀变速直线运动，在时间 t 内通过的位移为 s，设运动过程中间时刻的瞬时速度为 v_1，通过位移 s 中点的瞬时速度为 v_2，则（　　）.

A. 若物体做匀加速直线运动，则 $v_1 > v_2$

B. 若物体做匀加速直线运动，则 $v_1 < v_2$

C. 若物体做匀减速直线运动，则 $v_1 > v_2$

D. 若物体做匀减速直线运动，则 $v_1 < v_2$

7. 如图 20.32 所示，PQ、MN 是两条水平放置彼此平行的金属导轨，匀强磁场的磁感线垂直于导轨平面. 导轨左端接阻值 $R = 1.5\ \Omega$ 的电阻，电阻两端并联一电压表，垂直导轨跨接一金属杆 ab，ab 的质量 $m = 0.1$ kg，电阻 $r = 0.5\ \Omega$，ab 与导轨间的动摩擦因数 $\mu = 0.5$，导轨电阻不计. 现用 $F = 0.7$ N的恒力水平向右拉 ab，使之从静止开始运动，经 $t = 2$ s 后，ab 开始做匀速运动，此时电压表示数 $U = 0.3$ V，重力加速度 $g = 10\ \mathrm{m/s^2}$，求：

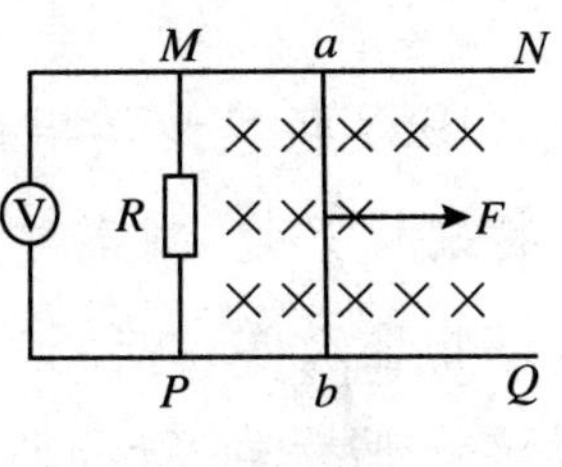

图 20.32

(1) ab 匀速运动时，外力 F 的功率.

(2) ab 杆加速过程中，通过 R 的电量.

(3) ab 加速运动的距离.

20.4 数学方法思维训练参考答案

1. $a > \dfrac{(v_2 - v_1)^2}{2s}$

2. $\sqrt{\dfrac{2s(a_1 + a_2)}{a_1 a_2}}$

3. 50 N

4. $\dfrac{a}{b} v_{\mathrm{B}}$

5. 第 10 个木块

6. BD

7. (1) 0.28 W　(2) 0.36 C　(3) 0.72 m

后　记

1983 年我大学毕业，成为了一名中学物理教师，从那时起就对物理解题方法特别感兴趣，对教学中遇到的每一道"难题"都要做一番研究.我陆续订阅了很多物理教学杂志，诸如《物理教学》《中学物理教学参考》《物理教师》《中学物理》《物理教学探讨》等，甚至订阅过美国的《物理教师》，对每一本杂志都细细品味，觉得受益匪浅.

迅速发展的网络使我可以更加便利地找到自己想要的资料.我经常光顾"百度网""学科网""东北师大图书馆""人民教育出版社高中物理网""魔方格物理网""学优高考网""菁优网""精英家教网"等网站，并从中下载了很多物理问题和有用的解题方法.思考后的结果是取其精华，去其糟粕.

物理教学中难免会遇到让人感到"困难"的问题，此时和同行们进行探讨是快乐的，我也听了很多同行的课和专题报告，并对探讨的结果进行了整理.这个过程和结果是难忘的.可谓交流感情，启迪思想.

2013 年，我被聘为东北师范大学附属中学物理首席教师，并承担了学校的科研课题，于是我想到对物理解题方法做系统研究和整理，研究的结果是一本书，名字叫《高中物理解题方法与技巧》.

在众多出版社中，中国科学技术大学出版社是我的偏爱.在我的同事王文涛老师的引荐下，最终我同中国科学技术大学出版社签约出版发行本书，这是我的荣幸.

由于时间仓促，编写的过程中可能对某一道题的来源、解法的引用，对某一段文字的借鉴等没有给出具体的标注，在这里向原著作者表示歉意.

尹雄杰

2020 年 12 月

中国科学技术大学出版社中学物理用书

初中物理培优讲义．一阶/郭军

初中物理培优讲义．二阶/郭军

新编初中物理竞赛辅导/刘坤

高中物理学．1/沈克琦

高中物理学．2/沈克琦

高中物理学．3/沈克琦

高中物理学．4/沈克琦

高中物理学习题详解/黄鹏志　李弘　蔡子星

加拿大物理奥林匹克/黄晶　矫健　孙佳琪

美国物理奥林匹克/黄晶　孙佳琪　矫健

俄罗斯物理奥林匹克/黄晶　俞超　申强

中学奥林匹克竞赛物理教程・力学篇(第2版)/程稼夫

中学奥林匹克竞赛物理教程・电磁学篇(第2版)/程稼夫

中学奥林匹克竞赛物理讲座(第2版)/程稼夫

高中物理奥林匹克竞赛标准教材(第2版)/郑永令

中学物理奥赛辅导:热学・光学・近代物理学(第2版)/崔宏滨

物理竞赛真题解析:热学・光学・近代物理学/崔宏滨

物理竞赛专题精编/江四喜

物理竞赛解题方法漫谈/江四喜

奥林匹克物理一题一议/江四喜

中学奥林匹克竞赛物理实验讲座/江兴方　郭小建

国际物理奥林匹克竞赛理论试题与解析(第31—47届)/陈怡　杨军伟

亚洲物理奥林匹克竞赛理论试题与解析(第1—19届)/陈怡　杨军伟

全国中学生物理竞赛预赛试题详解(第1—36届)/张元元

全国中学生物理竞赛复赛试题详解(第13—36届)/张元元

物理学难题集萃．上册/舒幼生　胡望雨　陈秉乾

物理学难题集萃．下册/舒幼生　胡望雨　陈秉乾

大学物理先修课教材:力学/鲁志祥　黄诗登

大学物理先修课教材:电磁学/黄诗登　鲁志祥

大学物理先修课教材：热学、光学和近代物理学/钟小平
强基计划校考物理模拟试题精选/方景贤　陈志坚
名牌大学学科营与自主招生考试绿卡·物理真题篇(第2版)/王文涛　黄晶
重点大学自主招生物理培训讲义/江四喜
高中物理母题与衍生·力学篇/董马云
高中物理母题与衍生·电磁学篇/董马云
物理高考题典：压轴题(第2版)/尹雄杰　张晓顺
物理高考题典：选择题/尹雄杰　张晓顺
高中物理解题方法与技巧(第2版)/尹雄杰　王文涛
高中物理必修1学习指导：概念·规律·方法/王溢然
高中物理必修2学习指导：概念·规律·方法/王溢然
中学物理数学方法讲座/王溢然
高中物理经典名题精解精析/江四喜
高中物理一点一题型/温应春
力学问题讨论/缪钟英　罗启蕙
电磁学问题讨论/缪钟英

中学生物理思维方法丛书

分析与综合/岳燕宁
守恒/王溢然　徐燕翔
猜想与假设/王溢然
图示与图像/王溢然　王亮
模型/王溢然
等效/王溢然
对称/王溢然　王明秋
分割与积累/王溢然　许洪生
归纳与演绎/岳燕宁
类比/王溢然　张耀久
求异/王溢然　徐达林　施坚
数学物理方法/王溢然
形象、抽象、直觉/王溢然